Speth (Hrsg.)

Volks- und Betriebswirtschaftslehre
für das berufliche Gymnasium –
wirtschaftswissenschaftliche Richtung (WG)

Band 1: Eingangsklasse

Speth (Hrsg.)

Volks- und Betriebswirtschaftslehre
für das berufliche Gymnasium – wirtschaftswissenschaftliche Richtung (WG)
Band 1: Eingangsklasse

Merkur
Verlag Rinteln

Wirtschaftswissenschaftliche Bücherei für Schule und Praxis
Begründet von Handelsschul-Direktor Dipl.-Hdl. Friedrich Hutkap †

Herausgeber:
Dr. Hermann Speth

Verfasser:
Dr. Hermann Speth, Professor, Dipl.-Handelslehrer
Alfons Kaier, Professor, Dipl.-Handelslehrer
Aloys Waltermann, Dipl.-Kfm. Dipl.-Hdl.
Gernot B. Hartmann, Dipl.-Handelslehrer
Friedrich Härter, Dipl.-Volkswirt
Dr. Eberhard Boller, Studiendirektor, Dipl.-Handelslehrer

Fast alle in diesem Buch erwähnten Hard- und Softwarebezeichnungen sind eingetragene Warenzeichen.

Das Werk und seine Teile sind urheberrechtlich geschützt. Jede Nutzung in anderen als den gesetzlich zugelassenen Fällen bedarf der vorherigen schriftlichen Einwilligung des Verlages. Hinweis zu § 52a UrhG: Weder das Werk noch seine Teile dürfen ohne eine solche Einwilligung eingescannt und in ein Netzwerk eingestellt werden. Dies gilt auch für Intranets von Schulen und sonstigen Bildungseinrichtungen.

* * * * *

14. Auflage 2014
© 1999 by MERKUR VERLAG RINTELN

Gesamtherstellung:
MERKUR VERLAG RINTELN Hutkap GmbH & Co. KG, 31735 Rinteln

E-Mail: info@merkur-verlag.de
lehrer-service@merkur-verlag.de
Internet: www.merkur-verlag.de

ISBN 978-3-8120-**0453**-4

Vorwort

Dieses Lehrbuch umfasst alle für die Eingangsklasse geforderten Lerngebiete und Lerninhalte für das profilbildende Fach „Volks- und Betriebswirtschaftslehre".

Für Ihre Arbeit mit dem vorgelegten Lehrbuch möchten wir auf Folgendes hinweisen:

- Das Buch hat mehrere Zielsetzungen. Es soll den Lernenden
    - alle Informationen liefern, die zur Erarbeitung des Lernstoffs notwendig sind;
    - dabei helfen, die im Lehrplan enthaltenen Lerninhalte in Allein-, Partner- oder Teamarbeit zu erarbeiten, Entscheidungen zu treffen, diese zu begründen und über die Ergebnisse verbal oder schriftlich zu berichten;
    - fächerübergreifende Zusammenhänge näherbringen.
- Durch die Verbindung von betriebswirtschaftlichen Inhalten mit denen des Rechnungswesens wird das Denken in Zusammenhängen geschult.
- Als Unterstützung für das Kapitel 6 Wettbewerbssimulationen werden die dafür notwendigen betriebswirtschaftlichen Entscheidungsprozesse thematisiert.
- Die Lerninhalte werden zu klar abgegrenzten Einheiten zusammengefasst, die sich in die Bereiche Stoffinformationen, Zusammenfassungen und Übungsmaßnahmen aufgliedern. Viele Merksätze, Beispiele und Schaubilder veranschaulichen die praxisbezogenen Lerninhalte.
- Fachwörter, Fachbegriffe und Fremdwörter werden grundsätzlich im Text oder in Fußnoten erklärt.
- Die Einführungskapitel im Buchführungsteil sind dabei bewusst in kleinere Lernschritte aufgeteilt worden. Als unterstützende Anschauungshilfe werden in der Einführungsphase im Buchführungsteil (bis Kapitel 5.9 Umsatzsteuer, S. 363) bei allen Beispielen folgende Farben beim Buchen verwendet: Aktivkonten: grün, Passivkonten: rot, Aufwendungen: violett, Erträge: blau.
- Für die Inhalte der Jahrgangsstufen 1 und 2 stehen zwei Folgebände zur Verfügung, die auf diesem Buch aufbauen: für den Themenkomplex Betriebswirtschaftslehre (einschließlich Rechnungswesen) das Merkurbuch BN 0454, für den Bereich Volkswirtschaftslehre das Merkurbuch BN 0490.

Vorwort zur 14. Auflage

Diese Auflage wurde zur Umstellung der Aufgaben auf die EPA-Operatoren und die SEPA-konforme Gestaltung aller Belege genutzt. Ferner wurde das Datenmaterial (z.B. Rechengrößen der Sozialversicherung) aktualisiert.

Wir wünschen Ihnen einen guten Lehr- und Lernerfolg!

Die Verfasser

Inhaltsverzeichnis

1 Grundlagen ökonomischen Denkens und Handelns

1.1	Motive für wirtschaftliches Handeln	13
1.1.1	Bedürfnisvielfalt	13
1.1.1.1	Begriff und Arten der Bedürfnisse	13
1.1.1.2	Bedarf	14
1.1.1.3	Nachfrage	15
1.1.1.4	Präferenzen	15
1.1.2	Güterknappheit	16
1.1.2.1	Begriff Güter	16
1.1.2.2	Knappe Ressourcen versus Bevölkerungswachstum	16
1.2	Ökonomisches Prinzip	19
1.2.1	Maximal- und Minimalprinzip	19
1.2.2	Homo oeconomicus und menschliches Verhalten in der Realität	21
1.3	Grundfragen jeder Volkswirtschaft und deren Lösungsmöglichkeiten	25
1.4	Güterarten	29
1.4.1	Einteilung der Güter	29
1.4.2	Dilemmasituation am Beispiel öffentlicher Güter	31
1.5	Volkswirtschaftliche Produktionsfaktoren	34
1.5.1	Begriff Produktionsfaktoren	34
1.5.2	Natur als öffentliches Gut	34
1.5.2.1	Leistungen des Produktionsfaktors Natur	34
1.5.2.2	Ökologische Folgen durch die Nutzung der Natur als öffentliches Gut	35
1.5.2.3	Allmendeproblem	36
1.5.3	Arbeitsteilung und Arbeitsproduktivität	38
1.5.3.1	Begriff Arbeit	38
1.5.3.2	Arbeitsteilung	38
1.5.3.3	Arbeitsproduktivität	41
1.5.4	Kapitalbildung und Investition	43
1.5.4.1	Begriffe Kapital und Kapitalbildung	43
1.5.4.2	Begriff und Arten von Investitionen	43
1.5.5	Bildung (Humankapital)	44
1.6	Kombination der Produktionsfaktoren	49
1.6.1	Optimale Allokation der Produktionsfaktoren	49
1.6.2	Produktionspotenzial und Produktionsmöglichkeitenkurve	50
1.6.3	Minimalkostenkombination	53
1.6.4	Faktorsubstitution	54
1.6.5	Ökonomische und soziale Folgen einer Faktorsubstitution	55
1.7	Betriebs- und volkswirtschaftliche Kostenbegriffe	57
1.8	Güterverteilung	62
1.8.1	Problemstellung	62
1.8.2	Gerechte Einkommens- und Vermögensverteilung	63
1.8.2.1	Grundlagen	63
1.8.2.2	Verteilungsprinzipien	63
1.8.2.3	Maßnahmen der Einkommens- und Vermögensverteilung	64
1.8.3	Internationale Verteilungsprobleme	66
1.9	Funktionen des Geldes	70

1.10	Einfacher Geld- und Güterkreislauf einer stationären Wirtschaft.	71
1.11	Idealtypische Wirtschaftsordnungen	74
1.11.1	Begriff der Wirtschaftsordnung	74
1.11.2	Freie Marktwirtschaft als idealtypische Wirtschaftsordnung	74
1.11.3	Zentralverwaltungswirtschaft als idealtypische Wirtschaftsordnung	76
1.12	Marktmodell	79
1.12.1	Marktformen	79
1.12.1.1	Begriff Markt	79
1.12.1.2	Einteilung der Märkte	80
1.12.2	Einheitspreisbildung am Beispiel einer Börse	82
1.13	Funktionen des Preises in einer freien Marktwirtschaft	85

2 Wirtschaftsordnung und Wirtschaftskreislauf in der Bundesrepublik Deutschland

2.1	Wurzeln, Grundlagen und Fehlentwicklungen einer marktwirtschaftlichen Ordnung	89
2.1.1	Individualismus als geistige Grundlage (Wurzel) der freien Marktwirtschaft	89
2.1.2	Fehlentwicklungen in einer rein marktwirtschaftlichen Ordnung	90
2.2	Grundlagen und Ordnungsmerkmale der sozialen Marktwirtschaft	93
2.2.1	Dualismus als geistige Grundlage der sozialen Marktwirtschaft	93
2.2.2	Grundgesetz und soziale Marktwirtschaft.	94
2.2.3	Wettbewerbsordnung in der sozialen Marktwirtschaft	99
2.2.3.1	Auswirkungen von Kooperation und Konzentration auf den Verbraucher.	99
2.2.3.2	Sicherung des Wettbewerbs	101
2.2.4	Arbeitsordnung	104
2.2.4.1	Tarifvertrag.	104
2.2.4.2	Mitbestimmung	107
2.2.5	Sozialordnung	112
2.2.5.1	Sozialpolitische Aktivitäten des Staates.	112
2.2.5.2	Arbeitsschutzpolitik	113
2.2.5.3	Politik zur Absicherung von Arbeitsrisiken	115
2.3	Bedeutung der Wirtschaftssektoren im Rahmen der gesamtwirtschaftlichen Leistungserstellung und Leistungsverwendung in der sozialen Marktwirtschaft der Bundesrepublik Deutschland	119
2.3.1	Grundlegendes.	119
2.3.2	Entstehung und Verwendung des Bruttoinlandsprodukts und die Verteilung des Volkseinkommens	121
2.3.2.1	Entstehungsrechnung.	121
2.3.2.2	Verwendungsrechnung	123
2.3.2.3	Verteilungsrechnung	123
2.3.3	Einnahmen und Ausgaben des Staates und die Staatsverschuldung	125
2.4	Kritik am Modell des BIP als Wohlstandsindikator.	128
2.5	Alternative Wohlstandsindikatoren	130
2.5.1	Net Economic Welfare (NEW)	130
2.5.2	Human Development Index (HDI)	131
2.6	Entwicklungsphasen und aktuelle Probleme der sozialen Marktwirtschaft	135
2.6.1	Entwicklung der sozialen Marktwirtschaft in der Bundesrepublik Deutschland . .	135
2.6.2	Aktuelle Probleme der sozialen Marktwirtschaft.	136
2.7	Abgrenzung der Aufgabenbereiche der Betriebswirtschaftslehre und der Volkswirtschaftslehre anhand der Sektoren des Wirtschaftskreislaufs	140

3 Rechtliche Grundlagen des Handelns privater Haushalte

3.1	Rechtliche Grundbegriffe	142
3.1.1	Rechts- und Geschäftsfähigkeit	142
	3.1.1.1 Rechtsfähigkeit	142
	3.1.1.2 Geschäftsfähigkeit	143
3.1.2	Zustandekommen und Arten von Rechtsgeschäften	146
	3.1.2.1 Willenserklärung als wesentlicher Bestandteil eines Rechtsgeschäfts	146
	3.1.2.2 Arten von Rechtsgeschäften	147
3.1.3	Verpflichtungs- und Erfüllungsgeschäft	149
3.1.4	Vertragsfreiheit	150
3.1.5	Form der Rechtsgeschäfte	152
3.1.6	Besitz und Eigentum	155
	3.1.6.1 Besitz und dessen Übertragung	155
	3.1.6.2 Eigentum und dessen Übertragung	156
3.1.7	Nichtigkeit und Anfechtbarkeit von Rechtsgeschäften	159
	3.1.7.1 Nichtigkeit von Rechtsgeschäften	159
	3.1.7.2 Anfechtbarkeit von Rechtsgeschäften (Willenserklärungen)	160
3.2	Kaufvertrag – dargestellt am Beispiel des Verbrauchsgüterkaufs	165
3.2.1	Begriffe Kaufvertrag und Verbrauchsgüterkauf	165
3.2.2	Abschluss eines Verbrauchsgüterkaufvertrags	166
3.2.3	Inhalt eines Verbrauchsgüterkaufvertrags	167
	3.2.3.1 Art, Qualität, Menge und Preis der Ware	168
	3.2.3.2 Zahlungs- und Lieferungsbedingungen	169
	3.2.3.3 Leistungsort und Gerichtsstand	170
3.2.4	Vertragspflichten von Verkäufer und Käufer (Erfüllungsgeschäft)	172
	3.2.4.1 Vertragspflichten des Verkäufers	172
	3.2.4.2 Vertragspflichten des Käufers	172
3.2.5	Allgemeine Geschäftsbedingungen	175
	3.2.5.1 Zielsetzungen und Begriff der allgemeinen Geschäftsbedingungen	175
	3.2.5.2 AGB und Verbraucherschutz	175
3.3	Fernabsatzvertrag als Beispiel eines Verbrauchervertrags	180
3.3.1	Begriff Fernabsatzvertrag	180
3.3.2	Informationspflichten des Unternehmers	182
3.3.3	Widerrufsrecht	182
3.3.4	Pflichten des Unternehmers im elektronischen Geschäftsverkehr	184
3.4	Störungen bei der Erfüllung von Verbrauchsgüterkaufverträgen	186
3.4.1	Begriff Leistungsstörungen und Überblick über mögliche Leistungsstörungen	186
3.4.2	Mangelhafte Lieferung (Schlechtleistung)	187
	3.4.2.1 Begriff mangelhafte Lieferung	187
	3.4.2.2 Arten von Mängeln	187
	3.4.2.3 Rechte des Käufers (Gewährleistungsrechte)	190
	3.4.2.4 Verjährungsfristen von Mängelansprüchen	194
3.4.3	Lieferungsverzug (Nicht-Rechtzeitig-Lieferung)	197
	3.4.3.1 Begriff und Voraussetzungen des Lieferungsverzugs	197
	3.4.3.2 Rechte des Käufers	199
3.4.4	Zahlungsverzug (Nicht-Rechtzeitig-Zahlung)	204
	3.4.4.1 Begriff und Eintritt des Zahlungsverzugs	204
	3.4.4.2 Rechte des Verkäufers	206
	3.4.4.3 Gerichtliches Mahnverfahren (Mahnbescheid)	210
	3.4.4.4 Streitiges Verfahren (Klage auf Zahlung)	212
	3.4.4.5 Grundzüge des Vollstreckungsrechts	212

3.5	Überschuldung privater Haushalte	217
3.5.1	Gründe für die Überschuldung	217
3.5.2	Lösungsansätze	220
3.5.2.1	Schuldnerberatung	220
3.5.2.2	Budgetplanung im privaten Haushalt	220
3.5.2.3	Verbraucherinsolvenz	224
3.5.2.3.1	Begriff und Gründe für die Eröffnung eines Insolvenzverfahrens	224
3.5.2.3.2	Voraussetzungen für die Eröffnung des Verbraucherinsolvenzverfahrens	225
3.5.2.3.3	Ablauf des Verbraucherinsolvenzverfahrens	225

4 Betriebswirtschaftliche Grundlagen des Handelns privater Unternehmen

4.1	Begriff Unternehmen, Arten und Funktionsbereiche eines Unternehmens	232
4.1.1	Begriff Unternehmen	232
4.1.2	Arten von Unternehmen	232
4.1.3	Funktionsbereiche eines Unternehmens	233
4.2	Aufgabenbereich Leistungserstellung	234
4.2.1	Leistungserstellung im Industrieunternehmen	234
4.2.2	Leistungserstellung im Handelsunternehmen	236
4.2.3	Leistungserstellung im Dienstleistungsunternehmen	238
4.3	Aufgabenbereich Beschaffung	241
4.3.1	Aufgaben und Ziele der Beschaffung	241
4.3.2	Angebotsvergleich	242
4.3.2.1	Grundsätzliches	242
4.3.2.2	Einfaktorenvergleich mit Bezugskalkulation	242
4.3.2.3	Mehrfaktorenvergleich (Scoring-Modell)	243
4.3.3	Optimale Bestellmenge	247
4.3.4	Bestandsoptimierung auf der Basis von Lagerkennzahlen	250
4.3.4.1	Risiken einer fehlerhaften Lagerplanung	250
4.3.4.2	Berechnung von Lagerkennzahlen	250
4.4	Aufgabenbereich Absatz	255
4.4.1	Konzeption des Marketings und die absatzpolitischen Instrumente eines Unternehmens	255
4.4.2	Produktpolitik	257
4.4.2.1	Entscheidungen zu den Produktmerkmalen	257
4.4.2.2	Entscheidungen zum Produktprogramm	260
4.4.2.3	Produktmix	261
4.4.3	Preispolitik	265
4.4.3.1	Begriff Preispolitik	265
4.4.3.2	Arten der Preispolitik	265
4.4.3.2.1	Kostenorientierte Preispolitik	265
4.4.3.2.2	Abnehmerorientierte (nachfrageorientierte) Preispolitik	266
4.4.3.2.3	Wettbewerbsorientierte (konkurrenzorientierte) Preispolitik	268
4.4.3.3	Lieferbedingungen	269
4.4.3.4	Finanzdienstleistungen	270
4.4.4	Distributionspolitik	271
4.4.4.1	Absatzorgane	272
4.4.4.2	Absatzwege	273
4.4.5	Kommunikationspolitik	275
4.4.5.1	Werbung	275

	4.4.5.2 Verkaufsförderung (Salespromotion)	276
	4.4.5.3 Öffentlichkeitsarbeit (Public Relations)	277
4.4.6	Beispiel für einen Marketing-Mix	279
4.5	Aufgabenbereich Personal	279
4.5.1	Personalauswahl	279
4.5.2	Arbeitsvertrag	281

5 Einführung in das externe Rechnungswesen

5.1	Kontoführung	290
5.1.1	Begriff kaufmännische Buchführung	290
5.1.2	Erfassung von Geschäftsvorfällen am Beispiel des Kontos Kasse	290
5.2	Inventur und Inventar	295
5.2.1	Inventur	295
	5.2.1.1 Ablauf der Inventur	295
	5.2.1.2 Zielsetzung der Inventur	296
5.2.2	Inventar	296
5.3	Bilanz	298
5.3.1	Gesetzliche Grundlagen zur Aufstellung der Bilanz	298
5.3.2	Gegenüberstellung von Inventar und Bilanz	302
5.3.3	Zusammenhang zwischen Inventur, Inventar, Bilanz und Buchführung	302
5.3.4	Wertveränderungen der Bilanzposten durch Geschäftsvorfälle (vier Grundfälle)	304
5.4	Bestandskonten	308
5.4.1	Von der Bilanz zu den Konten	308
5.4.2	Buchungen auf Aktivkonten (Vermögenskonten)	310
	5.4.2.1 Begriffsklärungen, Buchungsregeln und die einseitigen Buchungen auf den Aktivkonten (Vermögenskonten)	310
	5.4.2.2 Überleitung zum System der doppelten Buchführung	311
5.4.3	Buchungen auf Passivkonten (Schuldkonten)	315
5.4.4	Buchungssatz	319
	5.4.4.1 Einfacher Buchungssatz ohne Buchungen nach Belegen	319
	5.4.4.2 Einfacher Buchungssatz mit Buchungen nach Belegen	321
	5.4.4.3 Zusammengesetzter Buchungssatz	325
5.4.5	Eröffnung und Abschluss der Bestandskonten (Eröffnungsbilanzkonto und Schlussbilanzkonto)	327
5.4.6	Zusammenhang zwischen Bestandskonten, Inventur, Inventar und Bilanz	331
5.5	Organisation der Buchführung	333
5.5.1	Bücher der Buchführung	333
5.5.2	Kontenrahmen als Organisationsmittel der Buchführung	335
	5.5.2.1 Allgemeines zum Kontenrahmen	335
	5.5.2.2 Bedeutung des Kontenrahmens	335
	5.5.2.3 Vom Kontenrahmen zum Kontenplan	335
	5.5.2.4 Aufbauprinzip eines Kontenrahmens am Beispiel des Industriekontenrahmens	337
5.6	Ergebniskonten (Erfolgskonten)	340
5.6.1	Aufwendungen, Erträge, Aufwandskonten, Ertragskonten	340
5.6.2	Buchungen auf den Ergebniskonten	342
5.6.3	Buchung des Verbrauchs an Werkstoffen und Handelswaren	345
5.6.4	Abschluss der Aufwands- und Ertragskonten über das Gewinn- und Verlustkonto	348

5.7	Privatentnahmen und -einlagen	350
5.7.1	Privatentnahmen von Geldmitteln	350
5.7.2	Privateinlagen von Geldmitteln	351
5.7.3	Ergebnisermittlung (Erfolgsermittlung) durch Eigenkapitalvergleich unter Einbeziehung des Privatkontos	352
5.8	Jahresabschluss	354
5.8.1	Einfacher Jahresabschluss – Gesetzliche Regelungen	354
5.8.2	Zusammenhang zwischen Buchführung und Jahresabschluss	355
5.8.3	Inventurdifferenzen	360
5.9	Umsatzsteuer (Mehrwertsteuer)	363
5.9.1	Aufbau der Umsatzsteuer	363
5.9.2	Buchhalterische Erfassung der Geschäftsvorfälle Ein- und Verkauf von Handelswaren, Beschaffung von Material und Verkauf von Erzeugnissen	366
5.9.2.1	Ein- und Verkauf von Handelswaren	366
5.9.2.2	Einkauf von Werkstoffen und Verkauf von Fertigerzeugnissen	369
5.9.3	Ermittlung und Buchung der Zahllast	377
5.10	Bestandsveränderungen	379
5.10.1	Bestandsveränderungen bei fertigen Erzeugnissen	379
5.10.1.1	Problemstellung	379
5.10.1.2	Buchung von Bestandsveränderungen	379
5.10.2	Bestandsveränderungen bei unfertigen Erzeugnissen	388
5.11	Lohn- und Gehaltsbuchungen	392
5.11.1	Aufbau der Lohn- und Gehaltsabrechnung	392
5.11.2	Berechnung der Lohnsteuer, des Solidaritätszuschlags und der Kirchensteuer	393
5.11.3	Berechnung der Sozialversicherungsbeiträge	395
5.11.4	Problem der Lohnnebenkosten	397
5.11.5	Buchung von Personalaufwendungen	399
5.12	Zugänge von Anlagegütern einschließlich Anschaffungsnebenkosten	403
5.13	Abschreibungen	407
5.13.1	Ursachen der Abschreibung	407
5.13.2	Berechnungsmethoden für die Abschreibung	407
5.13.3	Buchung der Abschreibungen	412
5.14	Zeitliche Abgrenzung	414
5.14.1	Zahlungszeitpunkt liegt in der neuen Geschäftsperiode (nachträgliche Zahlung) – Übrige sonstige Verbindlichkeiten und Übrige sonstige Forderungen	414
5.14.1.1	Problemstellung	414
5.14.1.2	Buchhalterische Darstellung	415
5.14.2	Zahlungszeitpunkt liegt in der alten Geschäftsperiode (Zahlung im Voraus) – Aktive Jahresabgrenzung und Passive Jahresabgrenzung	419
5.14.2.1	Problemstellung	419
5.14.2.2	Buchhalterische Darstellung	420
5.15	Rückstellungen	425
5.15.1	Begriff Rückstellungen	425
5.15.2	Bildung von Rückstellungen	425
5.15.3	Buchungen bei der Bildung und Auflösung von Rückstellungen	426
5.15.3.1	Bildung der Rückstellung im alten Jahr	426
5.15.3.2	Auflösung der Rückstellungen im neuen Jahr	427
5.15.3.3	Buchung der Umsatzsteuer	429
5.16	Beleggeschäftsgang	431

6 Wettbewerbssimulation

6.1	Modellcharakter von Unternehmensplanspielen.	443
6.1.1	Begriff Unternehmensplanspiele.	443
6.1.2	Märkte als Bindeglieder.	443
6.2	Durchführung einer Wettbewerbssimulation.	445
6.2.1	Entscheidungsprozesse.	445
	6.2.1.1 Entscheidungsformular	445
	6.2.1.2 Informationsbeschaffung und -verarbeitung	446
	6.2.1.3 Entscheidungsprozesse als Regelkreise	446
6.2.2	Unternehmerische Entscheidungen in den einzelnen Bereichen	448
	6.2.2.1 Überlegungen zum Marketing-Mix	448
	6.2.2.2 Materialdisposition	452
	6.2.2.3 Entscheidungen im Produktionsbereich	453
	6.2.2.4 Ermittlung des Personalbedarfs	454
	6.2.2.5 Finanzwirtschaftliche Vorausschau	454

Abkürzungen 458
Stichwortverzeichnis 459
Kontenrahmen

1 Grundlagen ökonomischen Denkens und Handelns

1.1 Motive für wirtschaftliches Handeln

1.1.1 Bedürfnisvielfalt

1.1.1.1 Begriff und Arten der Bedürfnisse

(1) Begriff Bedürfnisse

> **Merke:**
>
> Unter **Bedürfnissen** versteht man Mangelempfindungen der Menschen, die diese zu beheben bestrebt sind. Die Bedürfnisse sind die Antriebe (Motive) für das wirtschaftliche Handeln der Menschen.

Im Zusammenhang mit den Bedürfnissen unterstellt die Wirtschaftswissenschaft, dass die Bedürfnisse der Menschen **unersättlich** sind, sie also fortwährend bestrebt sind, einen **immer höheren Versorgungsgrad** zu erreichen.

(2) Gliederung der Bedürfnisse

■ Gliederung der Bedürfnisse nach der Dringlichkeit

Bedürfnis	Erläuterungen	Beispiele
Existenz-bedürfnisse	Sie sind körperliche Bedürfnisse. Sie müssen befriedigt werden: Ihre Befriedigung ist lebensnotwendig.	Hunger, Durst; das Bedürfnis, sich vor Kälte schützen zu wollen.
Kultur-bedürfnisse	Sie entstehen mit zunehmender kultureller, also auch technischer, wirtschaftlicher oder künstlerischer Entwicklung, weil die Ansprüche, die der Einzelne an das Leben stellt, wachsen.	Sich modisch kleiden wollen; der Wunsch nach einer Ferienreise; ein eigenes Auto fahren wollen.
Luxus-bedürfnisse	Von Luxusbedürfnissen spricht man, wenn sich die Bedürfnisse auf Sachgüter oder Dienstleistungen richten, die sich in einer bestimmten Gesellschaft nur wenige Begüterte leisten können.	Modellkleider, eine Villa mit Schwimmbecken und/oder eine Segeljacht besitzen wollen.

Eine genaue Abgrenzung zwischen Kultur- und Luxusbedürfnissen ist nicht möglich. Gemeinsam ist ihnen, dass ihre Befriedigung **nicht** unbedingt lebensnotwendig ist.

■ **Gliederung der Bedürfnisse nach der Bewusstheit der Bedürfnisse**

Bedürfnis	Erläuterungen	Beispiele
Offene Bedürfnisse	Bei offenen Bedürfnissen handelt es sich um solche Mangelempfindungen, die dem Einzelnen bewusst sind.	Im Anschluss an eine Doppelstunde Sport verspürt ein Schüler den Wunsch, ein Getränk zu sich zu nehmen, um den Durst zu löschen.
Latente[1] Bedürfnisse	Sie sind beim Einzelnen unterschwellig vorhanden und müssen erst noch durch die Umwelt geweckt werden. Die Bewusstwerdung dieser im Unterbewusstsein bereits existenten Wünsche wird durch einen „äußeren Reiz" ausgelöst.	So hat gewiss jeder schon einmal die Erfahrung gemacht, dass er bei einem Bummel durch die Stadt – angelockt von einer Schaufensterauslage oder einem herrlichen Essensduft – etwas gekauft hat, was bis zu diesem Zeitpunkt nicht auf seiner „Einkaufsliste" stand.
Manipulierte Bedürfnisse	Bei manipulierten Bedürfnissen handelt es sich um ein Mangelempfinden, das gezielt von z.B. Werbung, Politik oder Medien erzeugt wird. Dabei spricht insbesondere die Werbung nicht nur (latent) vorhandene Bedürfnisse an, sie erzeugt vielmehr bei den Zielgruppen auch neuartige Bedürfnisse.	Das Image der aktuellen Pop- und Rock-Stars und die damit verbundene Art, sich zu schminken oder zu kleiden, wird regelmäßig von gewissen Medien zur Mode stilisiert und infolge millionenfach verkauft. Zudem wird häufig beim Kauf eines Produktes eine Elitezugehörigkeit suggeriert oder ein Produkt mit Sexualität verknüpft, um es auf diese Weise attraktiv zu machen („sex sells"). Weitere Beispiele sind Handyschmuck, Schönheitsoperationen.

1.1.1.2 Bedarf

Da die Bedürfnisse der Menschen unbegrenzt sind, können sie mit Blick auf die nur **begrenzt** vorhandenen (finanziellen) **Mittel** nicht alle befriedigt werden. Der **Teil** der Bedürfnisse, der sich von dem **verfügbaren** Taschengeld oder Einkommen bzw. den Ersparnissen realisieren lässt, wird als Bedarf bezeichnet.

Beispiel:

Der 17-jährige Philipp, der sein monatliches Taschengeld schon aufgebraucht hat, würde sich gerne den neuesten James-Bond-Film im Kino ansehen. Leider bleibt dieser Wunsch zunächst ein Bedürfnis. Erst wenn er zu Beginn des neuen Monats von seinen Eltern seine 50,00 EUR Taschengeld erhält, könnte er sich den Film im Kino anschauen. Das Bedürfnis wird erst dann zum konkreten Bedarf.

Merke:

Die mit Kaufkraft versehenen Bedürfnisse bezeichnet man als **Bedarf**.

---

1 Latent: versteckt.

1.1.1.3 Nachfrage

> **Merke:**
>
> Die **Nachfrage** ist der Teil des Bedarfs, der **tatsächlich** am Markt an Gütern und Dienstleistungen **nachgefragt** wird.

Der Bedarf muss **nicht** in vollem Umfang mit der am Markt tatsächlich nachgefragten Gütermenge übereinstimmen, da unterschiedliche Gründe dazu führen können, dass Güter, die in den Bedarfskreis des Einzelnen fallen, letztlich nicht nachgefragt werden.

1.1.1.4 Präferenzen

> **Merke:**
>
> - **Präferenzen** bedeuten, dass es **Bevorzugungen** der Nachfrager (z. B. Käufer) für bestimmte Anbieter (z. B. Verkäufer) bzw. der Anbieter (z. B. Verkäufer) für bestimmte Nachfrager (z. B. Käufer) gibt.
> - Die Bevorzugungen können sich auf den **Anbieter/Nachfrager selbst** und/oder deren **Erzeugnisse** beziehen.

In der nachfolgenden Tabelle sind verschiedene Formen von Präferenzen zusammengefasst.

Form der Präferenz	Erläuterungen	Beispiele
Sachliche Präferenz	Die Käufer haben sachliche Präferenzen, wenn die Güte (Qualität) der angebotenen Waren oder Erzeugnisse unterschiedlich ist. Vielfach spielt auch die persönliche Meinung der Kunden eine erhebliche Rolle, obwohl die angebotenen Güter objektiv gleichwertig sind.	Eine Gruppe von Bierliebhabern „schwört" auf das „Gänsebier", die andere auf das „Felsenbier". In diesem Fall besitzen die beiden Bierhersteller ein „Meinungsmonopol", das ihnen gestattet, für ihre Biere unterschiedliche Preise zu verlangen.
Persönliche Präferenz	Ein Käufer bevorzugt einen Anbieter/ein Erzeugnis aus persönlichen Gründen.	Der Anbieter ist dem Kunden persönlich bekannt und besonders sympathisch; die Bedienung ist sehr geschickt; der Service ist einwandfrei.
Räumliche Präferenz	Hier ziehen die Käufer den nächstliegenden Anbieter aus Bequemlichkeit, aus Gründen der Zeit- und Transportkostenersparnis oder wegen der Besichtigungsmöglichkeit der Erzeugnisse und Waren vor.	Der „Laden um die Ecke" ist schneller und bequemer erreichbar als der möglicherweise preisgünstigere Supermarkt am Rand der Stadt.
Zeitliche Präferenz	In diesem Fall ist ein Anbieter deshalb für eine Vielzahl von Kunden attraktiv, weil er schneller und/oder pünktlicher als seine Mitbewerber zu liefern imstande ist.	Im Elektromarkt am Ort kann man den gekauften Laptop gleich mitnehmen, auf den im Internet bestellten Laptop muss man u. U. einige Tage warten.

Die Summe aller möglichen Präferenzen verschmilzt in der Praxis zu einer Einheit, die man in der volkswirtschaftlichen Literatur als **akquisitorisches**[1] **Kapital** eines Unternehmens bezeichnet hat. Je stärker dieses akquisitorische Kapital ist, desto größer ist die Möglichkeit der Anbieter, Preispolitik zu betreiben.

1.1.2 Güterknappheit

1.1.2.1 Begriff Güter

Bedürfnisse wollen befriedigt werden. Wer Hunger hat, braucht Nahrung. Wer Durst hat, braucht Getränke, um seinen Durst zu stillen. Wer friert, braucht Kleidung. Wer Neues wissen will, braucht Informationen (z. B. eine Zeitung, das Internet). Und wer krank ist, braucht eine ärztliche Beratung. Der Gebrauch oder Verbrauch aller Sachen und Dienstleistungen, die der Bedürfnisbefriedigung dienen, erhöhen das Wohlbefinden des Menschen. Man sagt, dass die Bedürfnisbefriedigung „Nutzen" stiftet.

> **Merke:**
>
> Die Mittel, die dem Menschen Nutzen stiften, heißen **Güter**.

1.1.2.2 Knappe Ressourcen versus Bevölkerungswachstum

(1) Ressourcenverbrauch und Bevölkerungswachstum

> **Merke:**
>
> - Unter **Ressourcen** versteht man alle **lebensbedeutenden Umweltgüter**. Ressourcen umfassen u. a. Energie (z. B. Erdöl, Erdgas, Kohle), Metalle (z. B. Aluminium, Kupfer, Blei, Uran, Gold), Agrarprodukte (z. B. Weizen, Soja, Kaffee, Baumwolle, Vieh) oder Wasser.
>
> - In Abgrenzung zu Ressourcen versteht man unter **Rohstoffen** solche Umweltgüter, die aus ihrer natürlichen Quelle gefördert und zur weiteren Verwendung aufbereitet oder verarbeitet wurden.

Den Menschen stehen auf unserem Planeten nur noch wenige Ressourcen **unbegrenzt** zur Verfügung, wie beispielsweise Luft, Sonnenlicht, Wind, Regen- oder Meerwasser. Diese Umweltgüter bezeichnet man als **freie Güter**[2], da sie in dem betreffenden Gebiet in ausreichendem Maße zur Verfügung stehen und in beliebigen Mengen konsumiert werden können. Es ist keine wirtschaftliche Betätigung notwendig, um die Bedürfnisse nach diesen Gütern zu befriedigen. Allerdings ist die unbegrenzte Verfügbarkeit einzelner Ressourcen **regional unterschiedlich** und kann sich zudem **im Zeitablauf ändern**. So ist es durchaus vorstellbar, dass in bestimmten Regionen Güter wie saubere Luft oder sauberes Trinkwasser nicht mehr unbegrenzt zur Verfügung stehen und fortan bewirtschaftet werden müssen.

---

1 Akquisition: Erwerb, Anschaffung.
2 Vgl. hierzu Kapitel 1.4.1, S. 29.

Die meisten Ressourcen auf unserem Planeten stehen den Menschen in **nicht ausreichendem** Maße zur Verfügung. Sie sind **knapp**, da die verfügbaren Mengen nicht genügen, um die Bedürfnisse nach diesen Ressourcen zu befriedigen. Die nachgefragte Menge ist größer, als die vorhandene Menge. Diese Knappheit der Ressourcen steht in einem **Spannungsverhältnis** zu der wachsenden Weltbevölkerung und der damit einhergehenden steigenden Nachfrage.

Migrationsbewegungen, Klimawandel, Zerstörung der Urwälder, Überfischung der Meere und Konflikte um Rohstoffe, Land oder Wasser sind nur einige Erscheinungen, die das zunehmende Spannungsverhältnis zwischen Bevölkerungsentwicklung und den immer knapper werdenden Ressourcen verdeutlichen.

> **Merke:**
>
> Unter **Weltbevölkerung** versteht man die geschätzte Anzahl der Menschen, die zu einem bestimmten Zeitpunkt auf der Erde leben.

Überschritt die Weltbevölkerung im Jahre 1804 erstmals eine Milliarde Menschen, so wächst die Anzahl der Menschen auf diesem Planeten aktuell um jährlich ca. 80 Millionen. Im Jahr 2011 hat die Weltbevölkerung erstmals die 7-Milliarden-Marke überschritten.

Die wesentliche Herausforderung der nahen Zukunft besteht darin, eine ausreichende Befriedigung der Bedürfnisse der schnell wachsenden Weltbevölkerung mit Nahrungsmitteln, Energie und Rohstoffen sicherzustellen. Der Verbrauch von Ressourcen wird vor dem Hintergrund der wachsenden Weltbevölkerung weiter stark zunehmen. In vielen Ländern werden schon heute die natürlichen Ressourcen wie Wälder, Grundwasser, Weide- und Agrarflächen völlig überbeansprucht, um die stark wachsende Bevölkerung versorgen zu können.

Beträgt der globale Ressourcenverbrauch aktuell jährlich etwa 60 Milliarden Tonnen, so wird der Verbrauch bis zum Jahr 2030 auf ca. 100 Milliarden Tonnen pro Jahr ansteigen.

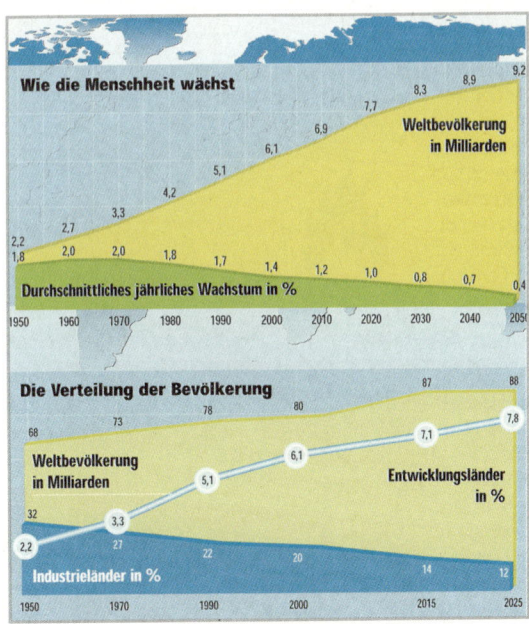

Quelle: Bundesministerium für wirtschaftliche Zusammenarbeit und Entwicklung.

Neben dem Bevölkerungswachstum ist dieser Anstieg des Ressourcenverbrauchs darauf zurückzuführen, dass die genutzten Produkte heute in der Regel aufwendig hergestellt und während der Herstellung weitere Rohstoffe verbraucht werden. Die sinnbildliche Darstellung der Menge an Ressourcen, die bei der Herstellung, dem Gebrauch und der Entsorgung eines Produktes oder einer Dienstleistung verbraucht werden, bezeichnet man als **„ökologischen Rucksack"**.

Ökologischer Rucksack

In den meisten Produkten steckt viel mehr Material, als ihr Gewicht ahnen lässt: Beim Abbau der Rohstoffe entsteht Abraum; für den Transport und die Verarbeitung wird Energie verbraucht, für deren Erzeugung wiederum Brennstoffe verbraucht werden; bei der Herstellung entstehen Abfälle.

Alleine, um ein Kilo Stahl zu erzeugen, müssen der Erde im Durchschnitt acht Kilo Gestein und fossile Brennstoffe entnommen werden; für ein Kilo Kupfer 348 Kilo und für ein Kilo Aluminium 37 Kilo. Eine Weltjahresproduktion von 31,9 Millionen Tonnen Aluminium bedeutet also, dass insgesamt 1,18 Milliarden Tonnen Material bewegt werden müssen. Der gesamte Materialverbrauch abzüglich des Eigengewichts eines Produktes ist sein „ökologischer Rucksack".

Er ist oft erstaunlich schwer: Eine Armbanduhr wiegt mit ökologischem Rucksack 12,5 Kilo, eine Jeans 30 Kilo, Laufschuhe 3,5 Kilo und ein Laptop mit drei Kilo Gewicht über 300 Kilogramm. In einem Kilogramm Getreide stecken 1 000 Liter Wasser. Global finden sich etwa 7 Prozent der genutzten Ressourcen tatsächlich in Produkten wieder; 93 Prozent werden schon vorher zu Abfall. Von diesen Produkten werden etwa 80 Prozent nur einmal genutzt, dann werden auch sie zu Abfall.

Quelle: www.oekosystem-erde.de

(2) Beispiel: Energieverbrauch und Bevölkerungswachstum

Wie sich das Bevölkerungswachstum auf den Weltenergieverbrauch auswirkt und wie lange die Vorräte ausgewählter Ressourcen reichen, verdeutlichen nachfolgende Abbildungen bzw. nachfolgende Artikel.

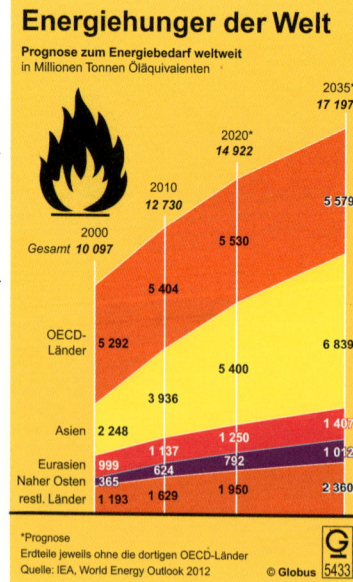

Die Welt braucht immer mehr Energie: Laut der Prognose der Internationalen Energieagentur IEA steigt der Bedarf bis 2035 auf 17 Mrd. Tonnen Öläquivalente, 70 Prozent mehr als im Jahr 2000. Besonders stark steigt der Bedarf in den sich schnell entwickelnden Ländern: China wird 2035 mehr als vier Mal so viel Energie brauchen wie 2000 (Anstieg von 881 auf 3872 Mio. Tonnen). Indien entwickelt sich ähnlich mit einem Anstieg von 317 auf 1516 Mio. Tonnen. Auch im Nahen Osten verfünffacht sich der Wert beinahe. Dagegen ist die Entwicklung in den weit entwickelten OECD-Ländern mit plus einem Viertel sogar vergleichsweise moderat.

Die weltweiten Reserven von fossilen Energieträgern sind sehr begrenzt. Nach neuesten Berechnungen lagern 738 Mrd. Tonnen Kohle in der Erde. Das reicht – den heutigen Verbrauch vorausgesetzt – für 145 Jahre. Weitaus geringer sind die Erdölvorräte, die in 61 Jahren versiegen würden, wenn man das heutige Verbrauchsniveau unterstellt. Diese Berechnungen gehen allerdings davon aus, dass der Verbrauch konstant bleibt und die wirtschaftlich gewinnbaren Vorräte sich nicht erhöhen. Tatsächlich lohnt es sich bei steigenden Rohstoffpreisen jedoch, neue Vorkommen zu erschließen. Und schließlich setzen Experten darauf, dass die sogenannten regenerativen Energien nach und nach die fossilen Energieträger ersetzen können.

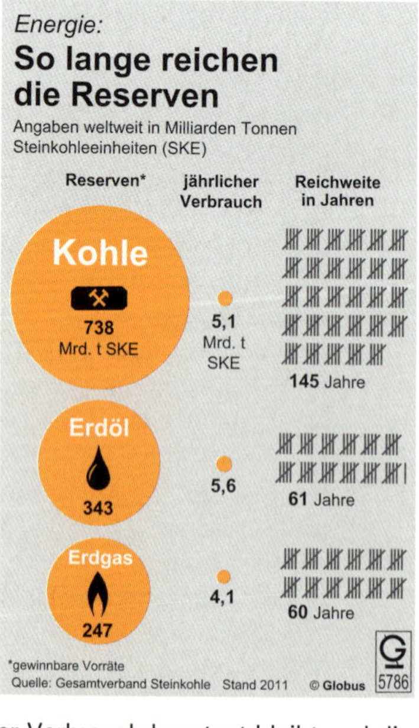

Bei den Steigerungsraten des Verbrauchs, welche die Internationale Agentur des OECD (International Energy Agency, IEA) berechnete, ergibt sich:
- ein Ende des Erdöls um 2035,
- von Erdgas vermutlich vor 2040,
- Kohle reicht bis maximal 2100. Dabei ist jedoch nicht berücksichtigt, dass sie die anderen Energieträger ersetzen muss und gleichzeitig zu einem gesteigerten CO_2-Ausstoß führt.

- Uran reicht bei der heutigen Förderung nur bis 2040.
- Schon 2010 produzieren die OPEC des Nahen Ostens 50 Prozent des Öls. Das verschafft diesen, teilweise politisch instabilen Ländern eine bedeutende Machtposition – nicht nur über die Preise. Ähnlich sieht es beim Erdgas aus, das Deutschland im Jahr 2010 vermutlich zu 90 Prozent aus Russland importieren wird.

Quelle: Fachzeitschrift Politische Ökologie, zitiert nach www.BUND.de.

Dass diese Voraussagen nicht zwingend zutreffen müssen, ist auf verschiedene Ursachen zurückzuführen. Einerseits verschiebt der technische Fortschritt sowohl bei der Lagerstättenerkundung als auch bei den Abbaumöglichkeiten scheinbare Grenzen. Andererseits unterliegt der weltweite Verbrauch ständigen Schwankungen. War die Nutzung der Ressourcen über viele Jahrhunderte ein lokales bzw. regionales Problem, so gehört die Sicherung der weiteren Verfügbarkeit von Ressourcen heute zu den globalen Problemen, weil damit die Lebensinteressen aller Völker und Staaten berührt werden.

> **Beispiele:**
> - Mittels transkontinentaler Pipelines gelangt Erdgas aus Westsibirien nach Mitteleuropa.
> - Eisenerz und Kohle werden als Massenrohstoffe von Australien um die halbe Welt transportiert.

> **Merke:**
>
> Die **globale Dimension** des Ressourcenverbrauchs äußert sich auf mehreren Ebenen:
> - **Förderung und Verbrauch** von Ressourcen haben zugenommen. In den letzten fünfzig Jahren wurden so viele mineralische Rohstoffe verbraucht wie in der gesamten Menschheitsgeschichte vorher.
> - Die **Einzugsbereiche für die Rohstoffversorgung** wurden räumlich auf die ganze Erde erweitert. Selbst aus weit entfernten Gebieten können heute Rohstoffe in großen Mengen und kostengünstig bezogen werden.

1.2 Ökonomisches Prinzip

1.2.1 Maximal- und Minimalprinzip

(1) Notwendigkeit des wirtschaftlichen Handelns

Den unbegrenzten Bedürfnissen des Menschen stehen nur begrenzte Mittel (knappe Güter) gegenüber. Aus der Knappheit der Gütervorräte folgt, dass der Mensch bestrebt sein muss, mit den vorhandenen Gütern vernünftig (z. B. sparsam) umzugehen, um die bestmögliche Bedürfnisbefriedigung zu erzielen. Der Mensch ist gezwungen zu wirtschaften.

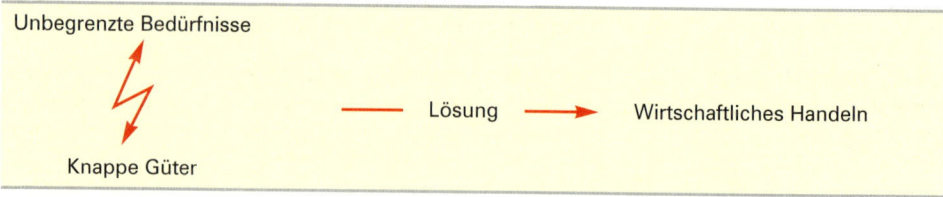

Merke:

- Unter **Wirtschaften** versteht man ein planvolles menschliches Handeln, um eine optimale Bedürfnisbefriedigung zu erreichen.

- Sind die Bedürfnisse größer als die Gütermenge, die zu ihrer Befriedigung bereitsteht, liegt **Knappheit** vor.

(2) Begriff ökonomisches Prinzip

Bei vernünftigem (rationalem) Verhalten erfolgt das Bewirtschaften der knappen Güter nach dem sogenannten **ökonomischen Prinzip**. Zur Umsetzung des wirtschaftlichen Handelns sind zwei Handlungsmöglichkeiten denkbar:

- **Maximalprinzip**

Das **Maximalprinzip** besagt: Mit den **gegebenen Mitteln** ist der **größtmögliche (maximale) Erfolg (Nutzen)** anzustreben.

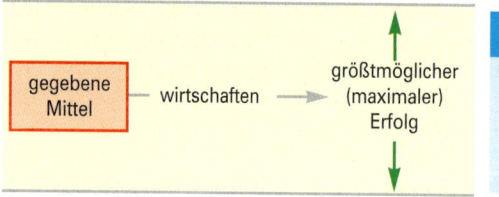

Beispiel:

Das Lebensmittelhaus Hans Wetzel e. Kfm. setzt sich zum Ziel, mit der vorhandenen Anzahl an Mitarbeitern den größtmöglichen Gewinn zu erzielen.

- **Minimalprinzip**

Das **Minimalprinzip** besagt: Einen **geplanten Erfolg** (Nutzen) mit dem **geringsten (minimalen) Einsatz an Mitteln** zu erreichen.

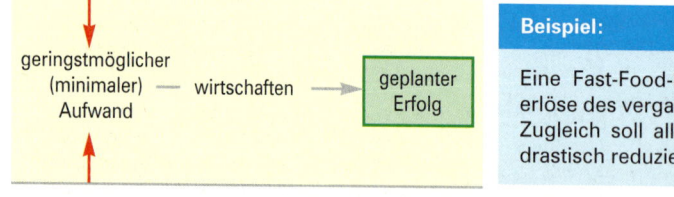

Beispiel:

Eine Fast-Food-Kette möchte die Umsatzerlöse des vergangenen Jahres beibehalten. Zugleich soll allerdings die Mitarbeiterzahl drastisch reduziert werden.

Unsinnig, d. h. logisch nicht umsetzbar, wäre die Formulierung des ökonomischen Prinzips dergestalt, dass mit geringstmöglichen Mitteln ein größtmöglicher Erfolg angestrebt werden soll. So ist es beispielsweise undenkbar, ohne jeglichen Lernaufwand alle Prüfungsaufgaben richtig zu beantworten.

1.2.2 Homo oeconomicus und menschliches Verhalten in der Realität

Die Wirtschaftstheorie unterstellt in ihren Modellen grundsätzlich, dass die Wirtschaftssubjekte immer nach dem ökonomischen Prinzip handeln. Wirtschaftssubjekte sind die wirtschaftlich handelnden Einzelpersonen, Gruppen und Organisationen (z.B. Betriebe, staatliche Stellen, Gewerkschaften, Unternehmensverbände).

> **Merke:**
>
> Wirtschaftssubjekte, die ihr **gesamtes** Handeln ausschließlich an dem **ökonomischen Prinzip** ausrichten, bezeichnet man als **„Homo oeconomicus"**.

Handlungsbestimmend für den Homo oeconomicus ist das Streben nach **Nutzenmaximierung (Konsumenten)** bzw. nach **Gewinnmaximierung (Produzenten).** Viele Modelle der Volkswirtschaftslehre basieren auf dieser Fiktion[1] des Homo oeconomicus.

In der Realität hingegen lässt sich aufzeigen, dass Wirtschaftssubjekte ihr Handeln eben **nicht ausschließlich an dem ökonomischen Prinzip** ausrichten, sondern nicht selten andere Motive das Handeln des Einzelnen prägen.

> **Beispiele:**
>
> - Vorführungen im Kino werden am Wochenende besser besucht als Vorführungen unter der Woche, und das, obwohl diese mitunter wesentlich preiswerter angeboten werden.
> - Ein Landwirt arbeitet weiterhin in seinem Betrieb, obwohl er bei gleicher Anzahl von Arbeitsstunden in einem Unternehmen ein wesentlich höheres Einkommen erzielen könnte.

Mit der wissenschaftlichen Untersuchung rationalen Verhaltens beschäftigt sich unter anderem die **Spieltheorie,** die ein besonderes Gewicht auf das Studium menschlicher Interaktionen legt. Die spieltheoretische Modellbildung geht von einem allgemeinen Entscheidungsproblem für mehrere Individuen aus und betont die Aspekte von Konflikt und Kooperation, die sich aus der konkurrierenden Zielsetzung der einzelnen Individuen ergeben. Wie derartige Untersuchungen den „Homo oeconomicus" widerlegen, soll am Beispiel des **„Ultimatum-Spiels"** verdeutlicht werden.

> **Beispiel: Ultimatum-Spiel**
>
> Bei diesem Spiel handelt es sich um die Simulation einer ökonomischen Entscheidung. Die Grundidee des Spiels besteht darin, dass ein feststehender Betrag (z.B. 1 000,00 EUR) unter zwei Personen (A und B) aufgeteilt werden soll. Dabei muss Spieler A dem Spieler B unter Angabe eines Ultimatums ein Angebot unterbreiten, wie viel Letzterer erhalten soll. Die strengen Spielregeln sehen vor, dass beide Personen nicht miteinander kommunizieren dürfen, sodass keine Verhandlungen im eigentlichen Sinne stattfinden. Des Weiteren gilt, dass das Spiel nicht wiederholbar ist. Spieler B hat nach Unterbreitung des Angebots nunmehr zwei Optionen:[2]
>
> - Er nimmt dieses Angebot an mit der Konsequenz, dass der Betrag dann entsprechend dem Vorschlag des Spielers A zwischen beiden Personen aufgeteilt wird.
> - Lehnt B das Angebot ab, so gehen beide Parteien leer aus; der Geldbetrag ist unwiderruflich verloren.
>
> Der Wirtschaftstheorie folgend müsste eigentlich gelten, dass Spieler A im Sinne der Nutzenmaximierung dem Spieler B einen möglichst geringen Betrag anbietet, um sein Einkommen zu maximieren. Spieler B hingegen müsste dem Rationalprinzip folgend jeden Betragsvorschlag akzeptieren. So bedeutet bei-

---
1 Fiktion: Vorstellung, Vermutung.
2 Option: freie Entscheidung; Wahlmöglichkeit.

spielsweise ein Angebot von 1,00 EUR, dass Spieler B bei Annahme des Angebots diesen Euro erhält, wohingegen er im Falle einer Ablehnung nichts erhalten würde.

Tatsächlich aber zeigen die Ergebnisse dieses spieltheoretischen Versuchs – unabhängig vom zu verteilenden Betrag, des Kulturkreises oder anderer Einflussfaktoren –, dass im Gegensatz zur bloßen Maximierung des Nutzens (hier Einkommens) die meisten Menschen hohen Wert auf Fairness legen. So haben nur wenige Spieler in der Rolle der Person A eine stark „ungleiche" Verteilung vorgeschlagen. Gleichzeitig war zu beobachten, dass die Bereitschaft der Spieler B, einen Verteilungsvorschlag zu akzeptieren, abnahm, je schlechter der Verteilungsschlüssel für ihn ausfiel.

Merke:

Die **Spieltheorie** belegt, dass Menschen ihr gesamtes Handeln nicht ausschließlich an dem ökonomischen Prinzip ausrichten, vielmehr scheinen andere Werte – wie beispielsweise Solidarität, Fairness und Gerechtigkeit – ihnen gleichfalls von Bedeutung zu sein.

Zusammenfassung

- Unter **Bedürfnissen** versteht man **Mangelempfindungen** der Menschen, die diese zu beheben bestrebt sind. Die Bedürfnisse sind die **Antriebe** (Motive) für das wirtschaftliche Handeln der Menschen.
- Die mit **Kaufkraft** versehenen Bedürfnisse bezeichnet man als **Bedarf**.
- Den Teil des Bedarfs, der tatsächlich am Markt an Gütern und Dienstleistungen nachgefragt wird, bezeichnet man als **Nachfrage**.
- **Präferenzen** bedeuten, dass es Bevorzugungen der Nachfrager für bestimmte Anbieter gibt und umgekehrt.
- Die Mittel, die dem Menschen **Nutzen** stiften, heißen **Güter**.
- Unter **Ressourcen** versteht man alle **lebensnotwendigen Umweltgüter**.
- Zwischen den **begrenzt** zur Verfügung stehenden **Ressourcen** und der **wachsenden Weltbevölkerung** besteht ein **Spannungsverhältnis**.
- Eine **nachhaltige Entwicklung** setzt voraus, dass wir heute so leben und handeln, dass **künftige Generationen** eine **lebenswerte Umwelt** vorfinden und ihre Bedürfnisse befriedigen können.
- Unter **Wirtschaften** versteht man ein planvolles menschliches Handeln, um eine **optimale** Bedürfnisbefriedigung zu erreichen. Bei derartigem Verhalten erfolgt das Bewirtschaften der knappen Güter nach dem **ökonomischen Prinzip**.
- Wirtschaftssubjekte, die ihr **gesamtes** Handeln ausschließlich an dem ökonomischen Prinzip ausrichten, bezeichnet man als „**Homo oeconomicus**".
- Wie die Spieltheorie belegt, richten Menschen ihr gesamtes Handeln **nicht ausschließlich an dem ökonomischen Prinzip** aus, vielmehr scheinen andere Werte – wie beispielsweise Solidarität, Fairness und Gerechtigkeit – ihnen gleichfalls von Bedeutung zu sein.

Übungsaufgaben

1 Textauszug:

„In den hoch industrialisierten Ländern wird zwar der Mensch dazu erzogen, viel zu konsumieren. So hängt sein Sozialprestige, also das Ansehen, das der Einzelne in der Gesellschaft genießt, von dem Konsumstandard ab, den er sich leisten kann. ‚Es verwundert deshalb nicht, wenn der Einzelne durch Steigerung seines Konsums seine soziale Position zu verbessern oder zumindest zu erhalten sucht und wenn auf diese Weise die Bedürfnisse immer schneller steigen … Es gibt andere Kultursysteme, in denen der Mensch zur Selbstgenügsamkeit erzogen wird. Hier ist keineswegs selbstverständlich, dass die Bedürfnisse mit der Produktion zunehmen'.[1] Aber selbst in den entwickelten Ländern scheint das Wachstum der Bedürfnisse abzuflachen. Wie anders wäre es sonst erklärlich, dass das Problem der Absatzschwierigkeiten und der damit verbundenen Arbeitslosigkeit sich in den Vordergrund schiebt. Die Unternehmen werden gezwungen, den Absatzmarkt planmäßig zu gestalten (Marketing), um ihren Absatz zu sichern und auszuweiten. ‚Es hieße die Augen vor der Wirklichkeit verschließen, wollte man auch hier noch davon sprechen, dass die Bewältigung der Knappheit das einzige und wichtige Problem sei.'"[2]

Aufgaben:

1. Definieren Sie den Begriff Bedürfnis!
2. Teilen Sie die Bedürfnisse nach ihrer Dringlichkeit ein und bilden Sie jeweils mindestens zwei Beispiele!
3. Nach weit verbreiteter Auffassung sind die Bedürfnisse der Menschen unbegrenzt. Lesen Sie zunächst den obigen Text durch und nehmen Sie sodann Stellung zu dieser These!

2 Textauszug:

Ernährungskrise: Eine Welt ist nicht genug

Lebensmittel sind knapp. Das liegt auch am Essverhalten: Würden sich alle wie Europäer ernähren, bräuchte man drei Planeten, um die Menschheit zu versorgen… Das Wetter folgt nicht mehr den alten Mustern. Für die Menschen in Westafrika ist das dramatisch, denn wenn der Wechsel der Jahreszeiten durcheinandergerät, müssen sie Hunger leiden. Die meisten Bauern betreiben Regenfeldbau, sie können sich keinen Ernteausfall leisten. Wenn aber im Frühjahr nach dem ersten Regen weitere Niederschläge ausbleiben, verdorrt die Saat. Und ungewöhnlich heftige Platzregen in den folgenden Monaten schwemmen dann die letzten Pflanzen aus den Ackerfurchen. Diese Situationen gibt es in Westafrika heute häufiger als früher, und anderswo auf der Welt ist es ähnlich: Dürre in Kenia, ausgetrocknete Brunnen im Norden Chinas und Wassermangel in Kalifornien sind die Folgen, wenn extreme Wetterphänomene wegen des Klimawandels zunehmen. Das bedroht weltweit die Ernährung von Milliarden Menschen.

Dass der Klimawandel Wetterphänomene und Vegetationsperioden durcheinanderwirbelt, ist nur ein Aspekt jener dramatischen Situation, die unter dem Schlagwort Ernährungskrise diskutiert wird. Die Welternährungsorganisation FAO warnt seit Jahren vor einer Verknappung des Nahrungsmittelangebots. Das Problem war seit etwa 1990 aus dem Blickfeld vieler Beobachter geraten, Hunger und Unterernährung gingen weltweit zurück. Dann stiegen die Getreidepreise bis zum Sommer 2008 von einem Rekord zum nächsten. Immer mehr Menschen konnten Reis, Mais oder andere Grundnahrungsmittel nicht mehr bezahlen. In Haiti, Bangladesch, Mexiko, Ägypten und fast 50 weiteren Ländern entlud sich ihre Wut in gewaltsamen Unruhen. Die Preise für Lebensmittel sind zwar wieder etwas gefallen. Doch die Prognosen der FAO bestärken jene, die nur von einer Ruhe vor dem Sturm sprechen. Die Zeit weltweiter Nahrungsmittelüberschüsse ist endgültig vorbei. Etwa 6,7 Milliarden Menschen leben heute auf der Erde, 923 Millionen von ihnen hungern. Bis zum Jahr 2050 wird die Weltbevölkerung auf 9,2 Milliarden Menschen wachsen, die Zahl der bitterarmen Hungernden auf drei Milliarden.

---

1 KÜLP, B.: Grundfragen der Wirtschaft, 1967, S. 49.
2 KÜLP, B.: Grundfragen der Wirtschaft, 1967, S. 50.

Tischlein deck dich – neu

Laut FAO müssten sich die Erträge von Weizen, Reis, Mais, Kartoffeln und anderen Grundnahrungsmitteln bis zum Jahr 2050 verdoppeln, um diese wachsende Weltbevölkerung zu ernähren. Es brauche daher eine zweite Grüne Revolution, mahnt die FAO, denn die Erntesteigerungen müssen unter stetig schlechteren Bedingungen erzielt werden. Neue Nutzpflanzen sind nötig, die Dürre oder Fluten vertragen, die zugleich genügsam sind und mehr Ertrag abwerfen.

Laut Berechnungen von Agrarexperten reichen die heutigen Produktionskapazitäten eigentlich aus, um neun Milliarden Menschen zu ernähren. Allerdings müssten dann die Tische der Welt anders gedeckt werden – mit einer sehr fleischarmen Kost. Lebte stattdessen jeder Mensch auf dem Konsumniveau eines Europäers, wären drei Planeten nötig, um den Lebensmittelbedarf aller zu decken. Vor allem die Menschen in den Industrieländern müssten also ihre Ernährungsgewohnheiten umstellen, um die Lebensmittelkrise zu mildern. Noch sieht es jedoch eher nach der umgekehrten Entwicklung aus: Mit steigendem Wohlstand in Schwellenländern wie Indien oder Brasilien steigen die Ansprüche – die Menschen passen sich westlichen Ernährungsgewohnheiten an.

In China etwa wird sich im Vergleich zu 1995 der Fleischverbrauch bis 2020 verdoppeln. Die Nachfrage nach Reis, dem wichtigsten Grundnahrungsmittel des Landes, steigt hingegen bisher kaum. Die FAO schätzt, dass sich der Fleischbedarf weltweit bis 2050 verdoppeln wird. Fleisch ist teuer und aufwendig zu erzeugen. Schon heute werden etwa 40 Prozent der globalen Getreideernte an Vieh verfüttert. Nur verwerten Tiere das Futter ineffizient. Ein Rind braucht etwa sieben Kilogramm Getreide, um ein Kilogramm Fleisch anzusetzen. Eine Tonne Protein aus Erbsen zu gewinnen, kostet einen Landwirt 1,3 Hektar Land und 185 Kubikmeter Wasser.

Um die gleiche Menge Eiweiß aus Schweinefleisch zu gewinnen, braucht es einen wesentlich höheren Einsatz: Es müssten 125 Schweine mit etwa 50 Tonnen Pflanzen gefüttert werden, die 11 421 Kubikmeter Wasser verbrauchten und auf 12,4 Hektar Land angebaut werden müssten. Eine wachsende Weltbevölkerung benötigt nicht nur mehr Lebensmittel, sondern auch viel Platz: Städte werden sich auf Kosten landwirtschaftlich nutzbarer Flächen ausdehnen. Durch Überbeanspruchung, durch Erosion und Verbauung geht Boden verloren. Verbleibende Flächen sind durch jahrzehntelange intensive Nutzung oft ausgelaugt.

Auch mehr Dünger, mehr Pestizide können die Erträge vielerorts nicht mehr steigern. 1960 waren weltweit noch 4300 Quadratmeter Ackerland pro Kopf verfügbar, 2005 waren es noch 2 300 und bis 2030 werden es nur noch 1 800 Quadratmeter sein. Die Energiekrise verschärft das Problem: Etwa zehn Prozent der weltweiten Maisernte werden zu Bio-Sprit statt zu Lebensmitteln verarbeitet. Zuletzt entsteht Hunger auch durch ein Verteilungsproblem. „Argentinien verbrennt seinen Getreideüberfluss, Amerika lässt in den Speichern sein Korn verfaulen, Kanada hat mehr als zwei Millionen Tonnen Getreide übrig – und in Russland sterben Millionen vor Hunger." Es war 1921, als der spätere Friedensnobelpreisträger Fridtjof Nansen so klagte. Dass sich daran bis heute kaum etwas geändert hat, macht wenig Hoffnung

Quelle: Süddeutsche Zeitung vom 26.08.2009.

Aufgaben:
1. Beschreiben Sie kurz, worauf die zunehmende Verknappung von Lebensmitteln und die damit einhergehende Ernährungskrise zurückzuführen ist!
2. Beurteilen Sie das Ernährungsverhalten der Europäer vor dem Hintergrund der Zunahme der Weltbevölkerung und einer nachhaltigen Entwicklung!
3. Diskutieren Sie mögliche Lösungsvorschläge zur Bekämpfung der Ernährungskrise!
4. Auf der Erde werden mehr Nahrungsmittel erzeugt als für die Ernährung aller Menschen notwendig ist. In vielen Ländern gibt es jedoch zu wenig Grundnahrungsmittel. Erläutern Sie Möglichkeiten, die diesen Widerspruch auflösen könnten!

3
1. Nennen Sie zwei eigene Beispiele für das Handeln nach dem ökonomischen Prinzip
    1.1 im privaten Haushalt und
    1.2 im wirtschaftlichen Betrieb!
2. Begründen Sie, warum Minimalprinzip und Maximalprinzip zwei Ausprägungen des wirtschaftlichen Prinzips darstellen!

3. Fräulein Rudolph ist Sekretärin und verdient monatlich 2 300,00 EUR netto. Sie legt monatlich 300,00 EUR von vornherein bei ihrer Bank an, den Rest gibt sie für Miete, Lebensmittel, Kleidung, Körperpflege, Genussmittel und Unterhaltung aus. Sie macht regelmäßig Preisvergleiche und informiert sich beim Kauf von Gebrauchsgütern in Verbraucherzeitschriften über Preise und Qualitäten, sodass sie grundsätzlich so preiswert wie möglich kaufen kann.

   Aufgabe:
   Erläutern Sie, nach welchem Prinzip und nach welcher Ausprägungsform dieses Prinzips die Sekretärin handelt!

4. Beurteilen Sie diese Formulierung des ökonomischen Prinzips:
   „Mit möglichst geringem Aufwand an Mitteln soll der größtmögliche Erfolg erzielt werden."!

5. Zwischen dem ökonomischen Prinzip und den Prinzipien der Humanisierung der Arbeit und der Schonung der Natur besteht ein inneres Spannungsverhältnis.

   Aufgaben:
   5.1 Formulieren Sie ein Beispiel, wo es zwischen diesen Prinzipien zu Spannungen kommen kann!
   5.2 Diskutieren Sie die Frage, ob zwischen den drei Prinzipien eine Abstufung nach der Dringlichkeit möglich ist!

1.3 Grundfragen jeder Volkswirtschaft und deren Lösungsmöglichkeiten

(1) Konzept der nachhaltigen Entwicklung

Globale Umweltprobleme wie die Erwärmung der Erdatmosphäre, das Ozonloch oder die Vernichtung der tropischen Regenwälder zeigen, dass eine Globalisierung der Maßnahmen zur Erhaltung unserer Lebensgrundlagen notwendig ist.

Nebenstehende Grafik macht das Ausmaß der weltweiten Umweltzerstörung deutlich, die sich tagtäglich wiederholt.

Die Überwindung der immer größer werdenden Kluft zwischen armen und reichen Ländern, aber auch zwischen Arm und Reich innerhalb einzelner Volkswirtschaften bedarf ebenfalls globaler Anstrengungen.

Dabei steht außer Frage, dass die **Industrieländer** eine **besondere Verantwortung** für eine Reduzierung der weltweiten Umweltbelastungen haben, da sie für den Großteil der weltwirtschaftlichen Produktion verantwortlich sind. Würde man nämlich den Ressourcenverbrauch der Industrieländer auf die Entwicklungsländer übertragen, so würde dies zum **Kollaps der Öko-Systeme** der Welt führen.

Auf der UNO-Konferenz „Umwelt und Entwicklung" in Rio de Janeiro im Jahr 1992 wurde die Resolution[1] **Agenda 21** beschlossen, die bis heute von 179 Staaten (darunter auch Deutschland) unterzeichnet wurde. Die Agenda 21 ist ein Handlungsprogramm für das 21. Jahrhundert. Sie fordert als Leitziel eine **nachhaltige Entwicklung** (engl.: **sustainable development**).

> **Merke:**
>
> **Nachhaltige Entwicklung (Wirtschaften)** erfordert, dass wir heute so leben und handeln, dass künftige Generationen überall eine lebenswerte Umwelt vorfinden und ihre Bedürfnisse befriedigen können.

Der Begriff der Nachhaltigkeit stammt ursprünglich aus der Forstwirtschaft und wurde erstmals Anfang des 18. Jahrhunderts von *Hans Carl von Carlowitz* verwendet. Die vom Bergbau ausgelöste Holzknappheit veranlasste ihn zur Erarbeitung eines **Nachhaltigkeitskonzepts**[2] zur Sicherung des Waldbestands als natürliche Ressource für die Holzwirtschaft, wonach immer nur so viel Holz geschlagen wird, wie durch Wiederaufforstung nachwachsen kann. Auf heutige Verhältnisse übertragen ist außerdem dafür zu sorgen, dass dem Wald nicht die **natürlichen Lebens- und Wachstumsvoraussetzungen** entzogen werden, z. B. durch Schadstoffe im Boden und in der Luft (saurer Regen, Waldsterben), durch Klimawandel (Treibhauseffekt) oder durch Schädigung der Erdatmosphäre (Ozonloch).[3]

Nicht zuletzt vor dem Hintergrund der nachhaltigen Entwicklung stellt sich die Frage: **Was und wie viel soll produziert werden?**

(2) Ziele der Agenda 21

Die **Agenda 21** fordert, dass Industrienationen und Entwicklungsländer zukunftsfähige, dauerhafte und tragfähige Konzepte erstellen, die

- ökologisches Gleichgewicht,
- ökonomische Sicherheit und
- soziale Gerechtigkeit

schaffen (**„Magisches Dreieck"** der Nachhaltigkeit).

Damit die Agenda 21 ihre Ziele erreicht, müssen insbesondere die reichen Industrienationen ihre ressourcenfressende und umweltschädigende Produktions- und Lebensweise umstellen.

---

1 Resolution: Beschluss, Entschließung.
2 Konzept: Entwurf, Plan.
3 Vgl. http://www.learn-line.nrw.de/angebote/agenda21/info/nachhalt.htm#Mag3eck, 12.08.2005.

Im Sinne einer **nachhaltigen Entwicklung** sollen insbesondere die **Industrieländer** durch eine veränderte Wirtschafts-, Umwelt- und Entwicklungspolitik die Bedürfnisse der heutigen Generation befriedigen, ohne dabei jedoch die Chancen künftiger Generationen zu gefährden oder gar zu zerstören.

Die **Forderung zur Nachhaltigkeit** ist auch für ein Handelsunternehmen **von Bedeutung:**

Bereich Ökonomie	■ Nur Waren ins Sortiment aufnehmen, bei denen verantwortungsvoll mit Rohstoffen und Energie umgegangen wird. ■ Nur Waren aus ökologisch kontrolliertem Anbau bzw. ökologisch kontrollierter Tierhaltung ins Sortiment aufnehmen. ■ Ständig auf die Wettbewerbsfähigkeit achten, um die geschaffenen Arbeitsplätze langfristig zu erhalten.
Bereich Ökologie	■ Vermeidung von überflüssigem und aufwendigem Verpackungsmaterial bei Waren. ■ Recycelfähige Abfälle aussondern. ■ Maßnahmen ergreifen, um Energie einzusparen. ■ Umweltverträgliche sowie regionale Produkte ins Sortiment aufnehmen. ■ Umweltschädliche Waren bzw. umweltschädliches Verpackungsmaterial meiden.
Bereich soziale Gerechtigkeit	■ Mitarbeiter leistungsgerecht bezahlen und hierbei auf die Gleichstellung von Mann und Frau achten. ■ Sozialverträgliche Arbeitszeitmodelle anbieten. ■ Lehrstellen anbieten. ■ Nur Waren ins Sortiment aufnehmen, die die Sozialstandards einhalten. ■ Soziale Einrichtungen unterstützen (z.B. durch die Weitergabe überzähliger Kleidung, Lebensmittel).

Die Agenda 21 versteht sich insgesamt als **Maßnahmebündel,** das vorrangig internationale Organisationen und nationale Regierungen anspricht, aber auch alle weiteren politischen Ebenen auffordert, im Sinne dieser Ziele zu agieren. Da viele globale Probleme am besten auf der örtlichen Ebene zu lösen sind, besteht beispielsweise in Deutschland ein Beschluss zahlreicher Kommunen zur Erarbeitung einer **„Lokalen Agenda 21"** zur Realisierung von Nachhaltigkeit in ihrer Region.

Übungsaufgabe

4 Unterrichtsvorschlag: Rollenspiel

In einem Luftkurort sind die Bürger seit einigen Wochen sehr beunruhigt, denn eine Zementfabrik plant, sich in ihrer Stadt, die über große Kalksteinvorkommen verfügt, niederzulassen.

Die Manager der Zementfabrik haben den Gemeinderat des Luftkurortes gebeten, einen Teil des Gemeindegrundes, auf dem zurzeit viele kleine Schrebergärten angelegt sind, zu verkaufen. Darüber hinaus wurden auch mehrere Kleinlandwirte angesprochen, ihren Grund und Boden teilweise zu verkaufen, damit das neue Zementwerk möglichst in der Nähe der Kalksteinvorkommen gebaut werden kann. Zudem muss ein Teil des an die Schrebergärten angrenzenden Waldes, in dem viele geschützte Vogelarten heimisch sind, abgeholzt werden.

Im Luftkurort herrschen unterschiedliche Auffassungen über die geplante Errichtung der Fabrik. Da sich die Bewohner in Befürworter und Gegner gespalten haben, wurden unterschiedliche Interessengruppen gebildet.

Um sich über die verschiedenen Meinungen der Bürger zu informieren, hat der Gemeinderat vor der endgültigen Entscheidung über den geplanten Bau der Zementfabrik die Interessengruppen zu einer öffentlichen Gemeinderatssitzung im Dorfgasthof „Alte Schmiede" eingeladen.

Die Interessengruppen treffen sich bereits **20 Minuten vor** der anstehenden Sitzung, um eine gemeinsame Linie festzulegen. Als Interessengruppen vertreten sind: die Mitglieder des Gemeinderates, Arbeitsuchende, Umweltschützer und die Unternehmensmanager.

Aufgabe:

Überlegen Sie, in welcher Interessengruppe Sie gerne mitarbeiten möchten und finden Sie sich am jeweiligen „Stammtisch" ein. Nach ca. 20 Minuten Vorbereitungszeit sollte die Gemeinderatssitzung beginnen.

Abbildung: Rollenkarten

Mitglieder des Gemeinderates

Sie sind Mitglied des Gemeinderates und wurden von den Zementwerkmanagern bereits im Vorfeld gefragt, ob Sie den kalksteinhaltigen Gemeindegrund, auf dem zurzeit die Schrebergärten stehen, verkaufen würden.

In den vergangenen Tagen mussten Sie allerdings feststellen, dass es nicht nur Befürworter für die Errichtung des Zementwerkes innerhalb der Bevölkerung gibt.

Um die Situation nicht weiter eskalieren zu lassen, haben Sie die Einberufung einer öffentlichen Gemeinderatssitzung beschlossen, an der die unterschiedlichen Interessenvertreter (z. B. Zementwerkmanager, Naturschützer, Arbeitsuchende) teilnehmen.

Umweltschützer

Als Bürger des Luftkurortes sind Sie von Geburt an eng mit Ihrer Heimat verwurzelt. Dabei lieben Sie vor allem die reizvolle Landschaft dieses Luftkurortes und sind zudem sehr naturverbunden.

Mit großem Entsetzen haben Sie deshalb in den vergangenen Tagen die Nachricht verfolgt, dass unweit Ihres Wohnhauses auf dem Schrebergartengelände ein Zementwerk errichtet werden soll. Um dies zu verhindern, haben Sie sich sofort der Bürgerinitiative „Naturfreunde unserer Stadt" angeschlossen, deren Ziel es ist, die Errichtung des Zementwerks – zumindest unter den derzeitig geplanten Bedingungen – zu verhindern.

Arbeitsuchende

Nach Beendigung Ihrer Ausbildung zum Bankkaufmann möchten Sie sich beruflich verändern und als kaufmännischer Angestellter zu einem Großunternehmen wechseln. Wie Ihnen die Agentur für Arbeit mitteilte, sind die Aussichten auf eine gut dotierte Stelle in dieser Region allerdings gering. Mit großem Interesse haben Sie deshalb die Nachrichten von der geplanten Errichtung des Zementwerkes verfolgt, da hierdurch 500 Arbeitsplätze im kaufmännischen Bereich entstehen sollen.

Um Ihre Interessen zu wahren, haben Sie sich deshalb der neu gegründeten Bürgerinitiative **„Arbeit in unserer Stadt"** angeschlossen, die eine Errichtung des Zementwerkes befürwortet.

Unternehmensmanager

Als Unternehmensmanager und Mitinhaber eines der weltweit führenden Zementherstellers planen Sie die Errichtung einer Zementfabrik im Luftkurort. Nach ersten Untersuchungen handelt es sich um eines der größten Kalksteinvorkommen Deutschlands, welches leicht zugänglich ist und somit entsprechend geringe Abbaukosten verursacht.

Nachdem Ihnen sowohl der Gemeinderat als auch die angesprochenen Bauern bereits Bereitschaft für den Verkauf des Geländes signalisiert haben, werden Sie vom Bürgermeister zu einer öffentlichen Gemeinderatssitzung bestellt, da sich Widerstand innerhalb der Bevölkerung breitgemacht hat.

1.4 Güterarten

1.4.1 Einteilung der Güter

(1) Freie Güter und wirtschaftliche Güter

■ **Freie Güter**

Die freien Güter, d.h. solche, die in unbeschränktem Maße zur Verfügung stehen (z.B. Luft, Sonnenstrahlen, Meerwasser), können von jedem Menschen nach Belieben in Anspruch genommen werden. Sie sind nicht Gegenstand des Wirtschaftens. Allerdings ist zu bemerken, dass sich die Zahl der freien Güter durch den Raubbau an der Natur (Vernichtung der Tierwelt, Verschmutzung der Binnengewässer, der Meere und der Luft) immer mehr verringert. Die ehemals freien Güter werden zu wirtschaftlichen Gütern und es gilt, sie mit Verstand (rational) zu verwalten und zu verteilen.

■ **Wirtschaftliche Güter**

Diese Güter stehen nur beschränkt zur Verfügung, d.h., sie sind **knapp**. Da ihre Gewinnung bzw. Herstellung Kosten verursacht, werden sie gegen Entgelt am Markt angeboten und erzielen einen Preis. Zu den wirtschaftlichen Gütern zählen die **Sachgüter**[1] (z.B. Lebensmittel, Kleidung, Fahrzeug), die **Dienstleistungen**[2] (z.B. Beratung durch einen Rechtsanwalt, Unterricht, Durchführung eines Dauerauftrags durch die Bank) oder **Rechte**[2] (z.B. Planung, Firmenwert, Gebrauchsmuster).

> **Beispiel:**
>
> Zwischen den Begriffen **Knappheit** und **Seltenheit** besteht ein Unterschied. Malt der Sonntagsmaler Fröhlich z.B. ein Bild, so besteht dieses Bild nur ein Mal auf der Welt. Das Bild ist „selten". Will indessen kein Mensch dieses Bild haben, geschweige denn kaufen, ist das Bild nicht knapp. Knappheit liegt nur vor, wenn die Bedürfnisse nach bestimmten Gütern größer sind als die Zahl dieser verfügbaren Güter.

(2) Konsumgüter und Produktionsgüter

Güterart	Erläuterungen	Beispiele
Konsumgüter	Güter, die der unmittelbaren Bedürfnisbefriedigung dienen, nennt man Konsumgüter (konsumieren: verzehren). Man spricht deshalb auch von **Gegenwartsgütern.**	Eigentumswohnung, Kühlschrank, ein Laib Brot, eine Kiste Mineralwasser.
Produktionsgüter	Güter, die zur Herstellung (Produktion) von Wirtschaftsgütern benötigt werden, heißen Produktionsgüter. Weil die Produktionsgüter letztlich der Erzeugung von Konsumgütern dienen sollen, heißen sie auch **Zukunftsgüter.**	Rohstoffe, Fabrikgebäude, Handelshäuser, maschinelle Anlagen, Transportanlagen, Werkzeuge.

---

[1] Sachgüter stellen **materielle Güter** dar.
[2] Dienstleistungen und Rechte stellen **immaterielle Güter** dar.

(3) Private und öffentliche Güter

Die wirtschaftlichen Güter lassen sich nach deren Eigenschaften in Bezug auf Rivalität und Ausschließbarkeit unterteilen.

Rivalitätsprinzip	Kann ein Gut stets von nur einem Konsumenten oder Produzenten genutzt werden, so herrscht Rivalität in Bezug auf die Nutzung des Gutes. Ist ein Gut hingegen nur kollektiv[1] nutzbar, so spricht man von fehlender Rivalität im Konsum.
Prinzip der Ausschließbarkeit (Ausschlussprinzip)	Während bei einem Teil der Güter alle von der Inanspruchnahme ausgeschlossen werden, die nicht den geforderten Preis zu zahlen bereit sind, wird die Nutzung bei dem anderen Teil der Güter nicht von der Zahlung eines Entgelts abhängig gemacht, da dies entweder technisch nicht möglich ist (z. B. Straßenbeleuchtung, Leuchtturm, äußere Sicherheit) oder nicht zweckmäßig erscheint (z. B. Schulbildung, innere Sicherheit).

Auf der Basis dieser Eigenschaften lassen sich die wirtschaftlichen Güter – wie nachfolgende Übersicht verdeutlicht – in vier Gruppen unterteilen.

		Rivalitätsprinzip möglich	
		Ja	Nein
Prinzip der Ausschließbarkeit	Ja	private Güter **Beispiele:** ■ Handy ■ Motorroller ■ verstopfte Mautstraße	Kollektivgüter **Beispiele:** ■ Feuerwehr ■ Kabelfernsehen ■ unverstopfte Mautstraße
	Nein	Allmendegüter[2] (unreine öffentliche Güter) **Beispiele:** ■ Umwelt ■ Meeresfische ■ verstopfte öffentliche Straße	(reine) öffentliche Güter **Beispiele:** ■ Alarmsirene ■ Landesverteidigung ■ nicht verstopfte öffentliche Straße

Merke:

■ **Private Güter** sind dadurch gekennzeichnet, dass sowohl Konkurrenz in Bezug auf deren Nutzung besteht als auch alle von der Inanspruchnahme ausgeschlossen werden können, die nicht den geforderten Preis zu zahlen bereit sind.

■ Alle anderen Güter haben „**öffentlichen Charakter**", da ihnen entweder die Ausschließbarkeit und/oder die Rivalität im Konsum fehlen. Funktionieren weder das Rivalitäts- noch das Ausschlussprinzip, spricht man von **rein öffentlichen Gütern**.

---

[1] Kollektiv: Gesamtheit, Gemeinschaft.
[2] Allmende: gemeinsam genutztes Gemeindeland. Man spricht auch von Gesellschaftsgütern. Zu Einzelheiten siehe S. 36f.

1.4.2 Dilemmasituation am Beispiel öffentlicher Güter

(1) Problem des Trittbrettfahrerverhaltens

Da bei den privaten Gütern das Prinzip der Ausschließbarkeit und das Rivalitätsprinzip funktioniert, werden diese über den Markt bereitgestellt. Der Konsument kann nur dann den Nutzen aus dem Gut ziehen, wenn er den Marktpreis zu zahlen bereit ist. Der Anbieter kann also davon ausgehen, dass sein Gut – eine entsprechende Nutzenstiftung vorausgesetzt – von den Interessenten zum Marktpreis gekauft wird.

Ist hingegen das Prinzip der Ausschließbarkeit nicht anwendbar, kann also ein Anbieter nicht allen, die an dem Gut interessiert sind, den Nutzen des Gutes bis zum Kauf vorenthalten, liegt **Wettbewerbsversagen** vor.[1] Der Einzelne neigt dann dazu, möglichst ohne Zahlung des Marktpreises am Konsum des Gutes zu partizipieren **(Trittbrettfahren)**.

Aus Sicht des Individuums ist es mit Blick auf die kostenlose Nutzung geradezu rational, die Beteiligung an den Kosten für Sicherheit abzulehnen **(individuelle Rationalität)**. Aus Sicht der Gemeinschaft wäre es dagegen sinnvoll, sich an den Kosten für die Sicherheit zu beteiligen **(kollektive Rationalität)**.

> **Beispiel:**
>
> Das Gut äußere oder innere Sicherheit wird durch Militär und Polizei für eine bestimmte Region „produziert". Damit erhöht sich die Sicherheit aller dort wohnenden Menschen. Einzelne Personen können bereits aus technischen Gründen (äußere Sicherheit) bzw. mangels Zweckmäßigkeit (innere Sicherheit) nicht vom Nutzen des Gutes „Sicherheit" ausgeschlossen werden. Entsprechend ist es für den einzelnen Bürger vorteilhaft, die Dringlichkeit seiner Nachfrage nach solchen Gütern nicht offenzulegen. Er wird versuchen, am Konsum des Gutes teilzuhaben, ohne einen Preis zu bezahlen.

Wegen dieses **Trittbrettfahrerverhaltens** ist ein Anbieten des Gutes für einen privaten Unternehmer uninteressant. Gelöst werden kann das Trittbrettfahrerproblem u.a. durch die Bereitstellung der Güter durch den Staat, die Finanzierung der Güter über staatlichen Zwang (Gebühren, Beiträge, Steuern) oder dadurch, dass die betroffene Gemeinschaft für die Nutzung der Güter Regeln aufstellt.

(2) Externe Effekte[2]

Durch die Möglichkeit, öffentliche Güter kostenlos zu nutzen, kommt es zu sogenannten **externen Effekten**. Darunter versteht man das Phänomen, dass ökonomische Handlungen (Produktion oder Konsum) einer Wirtschaftseinheit (Unternehmung, natürliche Person) direkt auf andere Wirtschaftseinheiten einwirken können, **ohne** dass sie in einem **Preis erfasst** werden und **ohne** dass sie der **Verursacher zu tragen** hat.

> **Merke:**
>
> **Externe Effekte** liegen immer dann vor, wenn durch die Produktion bzw. den Konsum von Wirtschaftseinheiten anderen Wirtschaftssubjekten **Vorteile (externe Erträge)** oder **Nachteile (externe Kosten)** entstehen.

---

1 Vgl. hierzu und im Folgenden Bartling, H. und Luzius, F.: Grundzüge der Volkswirtschaftslehre, 15. Auflage 2004.
2 Vgl. auch Kapitel 1.5.2.3, S. 36f.

> **Beispiele:**
>
> **Externe Erträge:** Erholungsgebiet nach Anlage eines Stausees zur Energieerzeugung, durch die Produktion von Honig wird der Obstanbau begünstigt.
>
> **Externe Kosten:** Durch Produktionsprozesse der chemischen Industrie wird CO_2 ausgestoßen, ein Sägewerk verursacht erhebliche Lärmemissionen.

Von besonderer Bedeutung sind vor allem die negativen externen Effekte, die zu Kosten führen. Man bezeichnet sie auch als **externe Kosten**[1] oder **soziale Kosten,** denn diese Kosten sind nicht vom Verursacher, sondern von der gesamten Gesellschaft zu tragen.

Aufgabe der Politik wäre es nunmehr, diese externen Effekte möglichst zu **neutralisieren** und dem **Verursacher** entsprechend **zuzuschreiben.**

Zusammenfassung

- Überblick über wichtige Güterarten:

  freie Güter — wirtschaftliche Güter | Konsumgüter — Produktionsgüter | private Güter — öffentliche Güter

- Aufgrund des **Rivalitätsprinzips** und des **Prinzips der Ausschließbarkeit** unterscheidet man bei öffentlichen Gütern:
  - reine öffentliche Güter,
  - Allmendegüter (unreine öffentliche Güter).
- Die Dilemmasituation der öffentlichen Güter dokumentiert sich im **Problem des Trittbrettfahrerverhaltens** und im **Problem der externen Effekte.**

Übungsaufgaben

5
1. Erläutern Sie, welchem Zweck die Bereitstellung der Güter durch die Volkswirtschaft dient!
2. 2.1 Erläutern Sie, worin sich die freien Güter von den wirtschaftlichen Gütern unterscheiden!
   2.2 Bilden Sie hierzu jeweils zwei Beispiele!
3. Es ist nicht selten, dass ein Gut einmal ein Produktionsgut, einmal ein Konsumgut ist. Beispiel: PC im Büro – PC im Haushalt.
   Aufgabe:
   Geben Sie weitere Beispiele (mindestens vier) an!
4. Ordnen Sie folgende Mittel der Bedürfnisbefriedigung den Sachgütern oder den Dienstleistungen zu:
   Nahrungsmittel, Kohle, Arbeitsleistung des Einzelhandelskaufmanns, Gebäude, Auto, Maschinen, Leistungen des Zahnarztes, Kran, Blumenstrauß, Unternehmertätigkeit.
5. Begründen Sie, warum die Luft und das Wasser zunehmend zu wirtschaftlichen Gütern werden!

6
1. Wirtschaftliche Güter lassen sich nach deren Eigenschaften in Bezug auf Rivalität und Ausschließbarkeit unterteilen. Auf der Basis dieser Kriterien lassen sich die wirtschaftlichen Güter in vier Gruppen unterteilen.
   Aufgaben:
   1.1 Erläutern Sie kurz das Rivalitätsprinzip und das Prinzip der Ausschließbarkeit!

---
[1] Zu Einzelheiten siehe Kapitel 1.7, S. 57f.

1.2 Übertragen Sie die Übersicht von S. 30 – ohne die dortigen Beispiele – in Ihr Aufgabenheft und vervollständigen Sie diese anschließend, indem Sie nachfolgende Beispiele in die Übersicht eintragen:
- Straßenbeleuchtung
- Laptop
- MP3-Player
- Bauland in Ballungsgebieten
- saubere Luft
- Telefonfestnetz
- überfüllter städtischer Kindergarten
- terrestrische[1] Rundfunkübertragung
- Fußballübertragung im „Pay-per-view-Verfahren"
- öffentliches Schwimmbad
- Warnsignal eines Leuchtturms
- verstopfte öffentliche Straßen

2. Von der Möglichkeit, bisher rein öffentliche Güter in sogenannte private Güter „umzuwandeln", berichtet nachfolgender Artikel:

Teststrecke in Lemgo
Straßenbeleuchtung per SMS

Von Markus Rinke

Dunkle Abende, unbeleuchtete Straßen – ein unwohles Gefühl auf dem Heimweg. Viele Kommunen schalten nachts die Straßenbeleuchtung aus. Im Lippischen Lemgo sind die Bürger nicht nur sparsam, sondern auch findig. Hier sollen die Lampen per Kurzmitteilung angehen.

„Wir haben hier einen tollen Fahrradweg und eine tolle Beleuchtung, aber nachts geht das Licht aus", sagt Angelika Grote. Die Stadt Lemgo spart seit drei Jahren nachts Strom. Um elf Uhr werden in den Außenbezirken die Laternen abgestellt. Rund 50 000 Euro spart die Stadt so jedes Jahr. Doch der Mutter von zwei Jugendlichen war es ein Dorn im Auge, dass die Kinder im Dunklen nach Hause kommen. „Gerade am Wochenende, wenn die Jugendlichen auf Parties sind, wollen sie nicht abgeholt werden." Aber es gibt eine Lösung: Ehemann Dieter Grote wählt mit seinem Handy eine Kurzmitteilung an die Stadtwerke und schon wenige Sekunden später ist der stockdustere Weg durch Laternen ein wenig erleuchtet.

Und die Umsetzung ist relativ einfach. Ähnlich wie beim Parkschein Ziehen per Handy ist in den Schaltkästen ein Modem eingebaut. Der Fußgänger schickt eine SMS mit einer Nummer an die Stadtwerke. Von dort geht das Signal weiter an den Schaltkasten und schon geht das Licht an. Bei den modernen Lampen, die schnell leuchten und relativ wenig Strom verbrauchen, ist das technisch kein Problem, versichert Georg Klene, der das Projekt bei den Stadtwerken leitet. Der Fußgänger muss sich allerdings mit seinem Handy bei den Stadtwerken registrieren lassen und später den Strom bezahlen. Damit soll der Missbrauch vermieden und Geld verdient werden.

Für die zwei Kilometer lange Teststrecke soll eine 15 Minuten dauernde Beleuchtung 50 Cent kosten. Allerdings ist das nur ein grober Richtwert und zumindest für Dieter Grote nebensächlich: „Das ist schon ein tolles Gefühl, wenn man hier mit dem Handy das Licht einschalten kann." Angenehmer Nebeneffekt für die Grotes ist dabei, dass es sich bei der Versuchsstrecke genau um den Weg handelt, den die Kinder immer aus Lemgo nach Hause nehmen.

Doch die Lipper gelten nicht umsonst als sparsam und geschäftstüchtig. Bisher ist es noch ein Versuch, doch die Stadtwerke haben das Anschalten der Laternen per SMS als Patent angemeldet und damit große Pläne: „Wir können das deutschlandweit einsetzen und stehen schon aktiv mit mehreren Kommunen in Kontakt", sagt Georg Klene. Noch in diesem Jahr stellt er die Idee in einer Stadt im Ruhrgebiet vor. Und Dieter Grote hat bereits weitere Pläne: So könnten Rettungswagen nachts Einsätze in Wohngebieten beleuchten lassen, Taxifahrer ihren Kunden Licht vor der Haustür als besonderen Service anbieten oder Jogger an Winterabenden das Flutlicht eines Sportplatzes anschalten.

Quelle: www.wdr.de

Aufgabe:
Diskutieren Sie weitere Möglichkeiten der Umwandlung öffentlicher Güter in private Güter! Gehen Sie bei Ihren Vorschlägen auch auf die konkrete Umsetzung ein und erläutern Sie mögliche Probleme bei der Umsetzung!

---

1 Terrestrisch (lat.): durch Sendemarken, nicht über Kabel oder Satellit (gesendet, empfangen).

1.5 Volkswirtschaftliche Produktionsfaktoren

1.5.1 Begriff Produktionsfaktoren

Das Produzieren im volkswirtschaftlichen Sinn, also das Beschaffen, Erzeugen und Verteilen von Gütern, geht auf die Vereinigung der beiden Grundelemente **Natur**[1] und menschliche **Arbeit** zurück. Diese beiden Grundelemente werden daher auch als **ursprüngliche (originäre) Produktionsfaktoren**[2] bezeichnet.

> **Merke:**
>
> **Produktionsfaktoren** sind alle Hilfsmittel (Ressourcen), die bei der Produktion mitwirken.

Neben den **originären Produktionsfaktoren Natur** und **Arbeit** setzt der Mensch als weitere Hilfsmittel noch die Produktionsfaktoren **Kapital** und **Bildung** ein, um den Erfolg seiner Arbeit zu erhöhen.

Da die Produktion der Güter durch **unterschiedliche Kombinationen** der einzelnen Produktionsfaktoren erfolgen kann, stellt sich insbesondere die **Frage: Wie soll produziert werden?**

1.5.2 Natur als öffentliches Gut

1.5.2.1 Leistungen des Produktionsfaktors Natur

> **Merke:**
>
> Der **Produktionsfaktor Natur** umfasst die **Erdoberfläche** und **alle von der Natur bereitgestellten Ressourcen** (z. B. Bodenschätze, Wind, Sonne, Klima, Wasser, Pflanzen, Tiere).

Der Produktionsfaktor Natur dient dem Menschen als **Anbaufaktor,** als **Abbaufaktor** und als **Standortfaktor.**

Anbaufaktor	Die Natur liefert uns den **Boden,** die **Luft,** das **Wasser** und die **Sonnenenergie.** Vor allem der Boden dient der Produktion auf vielfache Weise. In der landwirtschaftlichen Produktion ist er Anbaufaktor, indem mit seiner Hilfe Nahrungsmittel (z. B. Getreide) oder Rohstoffe (z. B. Baumwolle) hervorgebracht werden. Der Boden liefert der Forstwirtschaft den wichtigen Rohstoff Holz (z. B. zur Herstellung von Möbeln, Baumaterialien oder Papier).
Abbaufaktor	Zugleich ist der Boden ein Abbaufaktor, indem er uns Rohstoffe wie z.B. Kohle, Erze, Erdgas oder Erdöl liefert. Die Bodenschätze sind jedoch nicht unerschöpflich und es lässt sich absehen, dass diese bald ausgebeutet sein werden. Damit wird sich die Menschheit einem neuen Knappheitsproblem gegenübersehen, dem nicht mit primär wirtschaftlichen, sondern nur mit technischen Mitteln begegnet werden kann (z. B. Entwicklung neuer Technologien zur Erschließung weiterer Energiequellen).

---
1 Da der **Boden** bei der Produktion eine ganz wesentliche Rolle spielt, wird in der Volkswirtschaftslehre statt vom Produktionsfaktor „Natur" auch vom Produktionsfaktor „Boden" gesprochen.
2 Faktor: Mitbewirker, mitbestimmender Grund.

Standortfaktor	Ferner gibt uns der Boden die Flächen, die wir für die Erstellung von Fabrikanlagen, Handelsgeschäften oder land- und forstwirtschaftlichen Betrieben benötigen. Der Boden dient als Standortfaktor.

Die Grenzen Deutschlands umfassen rund 357 169 Quadratkilometer Land- und Wasserflächen. Rund die Hälfte des deutschen Bodens steht mit knapp 186 500 Quadratkilometern (52,2 %) der Landwirtschaft zur Verfügung. Wälder nehmen mit rund 108 000 Quadratkilometern (30,2 %) die zweitgrößte Fläche ein. Die sogenannte Siedlungs- und Verkehrsfläche umfasst knapp 48 200 Quadratkilometer, was einem Anteil von 13,5 % der Gesamtfläche entspricht. Sie umfasst sowohl Gebäude-, Betriebs- und Verkehrsflächen als auch Friedhöfe. In den Jahren 2009 bis 2012 hat sie um 2,3 % oder 1087 Quadratkilometer zugenommen. Rein rechnerisch entsprach das einem täglichen Anstieg von 74 Hektar oder 106 Fußballfeldern.

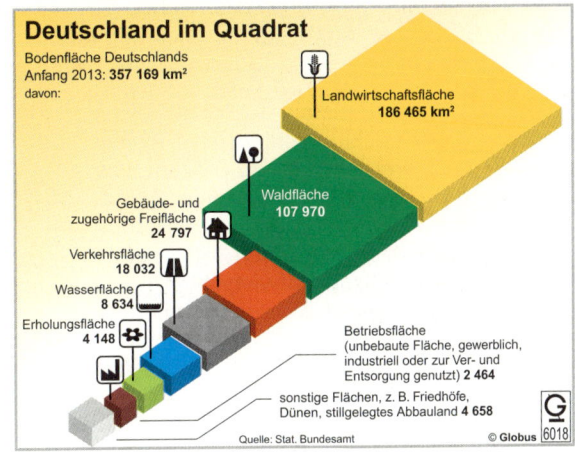

1.5.2.2 Ökologische Folgen durch die Nutzung der Natur als öffentliches Gut

Lange Zeit wurde die Natur als kostenloser Produktionsfaktor gesehen, den man beliebig „nutzen", „benutzen" und „ausbeuten" kann. In der heutigen Zeit, in der die natürlichen Ressourcen immer knapper werden, die Natur als „kostenlose" Lagerstätte für Abfälle aller Art missbraucht wird und täglich zahlreiche Tier- und Pflanzenarten für immer ausgerottet werden, beginnt sich die Ansicht durchzusetzen, dass die Natur nicht länger als „Gratisquelle" und als „Gratisdeponie" betrachtet werden darf.

Die Benutzung der Natur als Deponie, also die **Umweltbelastung,** tritt in folgenden Formen auf:

Luftverschmutzung	Die Luft enthält viele Verunreinigungen, die teilweise auf natürliche Quellen (z. B. Staub aus Vulkanausbrüchen und aus Verwehungen), in immer stärkerem Maße jedoch auf das menschliche Produzieren und Verbrauchen zurückzuführen sind (z. B. industrielle Stäube, Abgase und Abwässer, Verbrennungsrückstände, Abwärme, Radioaktivität).
Gewässerbelastung	Binnengewässer und Meere werden zunehmend durch giftige Stoffe verschmutzt. Dünge- und Reinigungsmittel enthalten Nitrate und Phosphate, die die Flüsse in die Meere schwemmen. Chemieabfälle werden in den Meeren „verklappt". Ungereinigte Abwässer ergießen sich in Flüsse und Meere. Radioaktive Abfälle und andere gefährliche Stoffe werden in die Meere versenkt.
Bodenbelastung	Luft-, Wasser- und Bodenverschmutzung hängen eng zusammen. Die in der Luft enthaltenen Schadstoffe werden abgeregnet und gelangen in den Boden und von dort in die Gewässer. Düngemittel, Unkraut- und Insektenvertilgungsmittel belasten die Böden immer stärker.

Die Folgen der Umweltverschmutzung sind die weitere Zerstörung von naturnahen Räumen und Erholungslandschaften, Vergiftung der Nahrungsmittel mit Chemierückständen und Radioaktivität, Klimaveränderungen, Vernichtung der Arten und letztlich Entziehung der Lebensgrundlagen der Menschen.

Die Frage ist, was man tun kann, um die verhängnisvolle Entwicklung zu bremsen. Notwendig ist eine globale Umweltpolitik, die bislang nur in Ansätzen vorhanden ist. Eine Form der globalen Umweltpolitik ist das **Konzept der nachhaltigen Entwicklung**.

Ein wesentlicher Baustein für eine solche nachhaltige Entwicklung bildet das **Recycling**. Weltweit werden rund 80 Prozent aller gefertigten Produkte nach einmaliger Benutzung weggeworfen. Vor dem Hintergrund der Knappheit der Ressourcen tritt in einer **funktionierenden Kreislaufwirtschaft** an die Stelle des Wegwerfens in immer stärkerem Maße das Recycling. Dabei fließen Rohstoffe aus nicht mehr benötigten Gütern als **Sekundärrohstoffe** wieder in die Produktion ein.

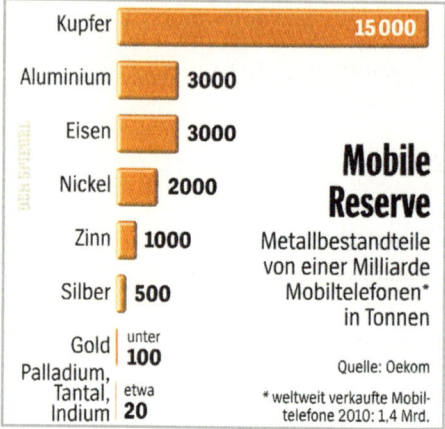

Quelle: Der Spiegel, 23/2011.

1.5.2.3 Allmendeproblem

(1) Begriff Allmendegüter[1]

Allmende heißt (auf Mittelhochdeutsch) so viel wie „das allgemeine Land". Es handelte sich um Liegenschaften im Eigentum von Gemeinden, die jedes Gemeindemitglied nutzen konnte. So konnte auf den Dorfwiesen jeder Dorfbewohner sein Vieh weiden lassen. Wirtschaftlich gesehen lag somit Rivalität vor, da das Gras, welches durch das Vieh des einen Bauern gefressen wurde, nicht mehr von dem Vieh des anderen Bauern genutzt werden konnte.

> **Merke:**
>
> **Allmendegüter**[2] sind Güter, von deren Nutzung andere Nachfrager nicht ausschließbar sind und bei denen die Nutzungsansprüche der Nachfrager rivalisieren.

(2) Problem von Allmendegütern

Bei Allmendegütern herrscht **Rivalität in der Nutzung**, d.h., der Konsum eines Nutzers mindert den Konsum eines anderen Nutzers, wobei es keinen (einfachen) Ausschluss von der Nutzung des Gutes gibt. Dadurch entsteht ein **externer Effekt**[3] auf Dritte.

---

1 Vgl. auch www.fiwi.uni-muenchen.de/lehre/archiv/v...
2 Allmendegüter weisen bei geringer Nutzung die Eigenschaften eines (reinen) öffentliches Gutes auf.
3 Wiederholen Sie hierzu das Kapitel 1.4.2, S. 31f.

> **Beispiel:**
>
> Unterstellen wir, dass der Staat einigen hauptberuflichen Fischern ein größeres Gewässer zum Fischfang kostenlos zur Verfügung stellt. Individuell rational handelt der einzelne Fischer, wenn er zur Steigerung seines Einkommens möglichst viele Fische in dem Gewässer fängt. Durch dieses Verhalten kommt es allerdings zu einer Abnahme des Fischbestandes, sodass die Fischerei in diesem Gewässer eventuell eingestellt werden muss. Jeder Fischer schädigt also durch sein individuell rationales Verhalten seine Kollegen. Unter dem Aspekt der kollektiven Rationalität wäre also eine andere Handlungsweise wünschenswert.[1]
>
> Weiten wir das Beispiel auf den weltweiten Fischfang aus, so tritt als externer Effekt die Überfischung der Weltmeere auf und damit ein Problem für die Nahrungsmittelversorgung der Bevölkerung.

Zwei weitere Beispiele sollen die Problematik noch vertiefen:

Beispiele	Allmendeproblem	Externer Effekt
Autofahren	Stau: Jeder Autofahrer behindert etwas den anderen Autofahrer.	Umweltemission vermindert die Luftqualität.
Fußballspielen	Einengung der Spielfläche: Zusätzliche Spieler auf einem Spielplatz machen es den anderen Spielern schwerer, Fußball nach Regeln zu spielen.	Lärmbelästigung der Anwohner

> **Merke:**
>
> Die **Übernutzung eines Allmendegutes** mindert den Nutzen eines anderen Nachfragers und wirkt sich zudem auf Dritte aus.

(3) Maßnahmen zur Reduzierung des Allmendeproblems am Beispiel des „Fischerspiels"

Maßnahmen	Beispiel: Fischerspiel
Nutzungs- und Zugangsgebühr	Es wird eine Lizenzgebühr verlangt.
Privatisierung	Verkauf der Gewässer an einen Privatmann, der gegen ein Nutzungsentgelt den Fischern Fangrechte verkauft.
Kooperation der Betroffenen	Jedem Fischer wird ein bestimmter Seeabschnitt zugeteilt. Weil die Abschnitte unterschiedliche Fischbestände haben, rotieren die jeweiligen Seegebiete zwischen den Betroffenen.

---

1 Das „Fischerspiel" kann kostenlos bei der Landeszentrale für politische Bildung Baden-Württemberg (www.lpb.bwue.de) bestellt werden.

1.5.3 Arbeitsteilung und Arbeitsproduktivität

1.5.3.1 Begriff Arbeit

Merke:

Arbeit im Sinne der Volkswirtschaftslehre ist die auf Bedarfsdeckung, d.h. auf Erzielung von Ertrag bzw. Einkommen gerichtete körperliche und geistige Tätigkeit der Menschen.

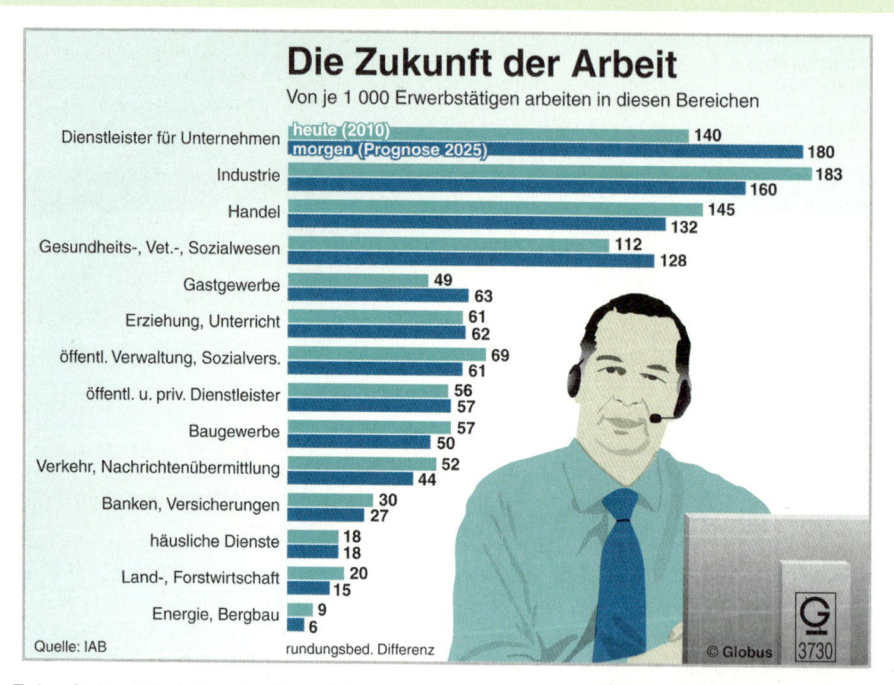

Die Zukunft der Arbeit
Von je 1 000 Erwerbstätigen arbeiten in diesen Bereichen

Bereich	heute (2010)	morgen (Prognose 2025)
Dienstleister für Unternehmen	140	180
Industrie	183	160
Handel	145	132
Gesundheits-, Vet.-, Sozialwesen	112	128
Gastgewerbe	49	63
Erziehung, Unterricht	61	62
öffentl. Verwaltung, Sozialvers.	69	61
öffentl. u. priv. Dienstleister	56	57
Baugewerbe	57	50
Verkehr, Nachrichtenübermittlung	52	44
Banken, Versicherungen	30	27
häusliche Dienste	18	18
Land-, Forstwirtschaft	20	15
Energie, Bergbau	9	6

Quelle: IAB, rundungsbed. Differenz © Globus 3730

Die Zukunft der Arbeit liegt im Dienstleistungsbereich. Waren dort Mitte der 90er-Jahre weniger als zwei Drittel aller Erwerbstätigen beschäftigt, so sind es heute rund 73 %. Bis zum Jahr 2025 wird ihr Anteil weiter auf fast 77 % steigen. Das geht aus einer Studie des Instituts für Arbeitsmarkt- und Berufsforschung (IAB) hervor. Neue Arbeitsplätze werden vor allem bei den Dienstleistungen für Unternehmen entstehen: Heute sind dort 140 von je 1 000 Erwerbstätigen beschäftigt; im Jahr 2025 werden es 180 von je 1 000 sein. Darin sind auch die Firmen enthalten, deren Dienste vorher von den Industrieunternehmen selbst erbracht wurden und heute unter dem Stichwort Outsourcing vermehrt zugekauft werden.

1.5.3.2 Arbeitsteilung

(1) Begriff Arbeitsteilung

Müsste jeder Einzelne die von ihm benötigten Schuhe, Kleider, Nahrungsmittel usw. selbst herstellen, so würde ihm dies wohl nur mühsam und wahrscheinlich in schlechter Qualität gelingen. Sicher würde er weder eine besondere Fähigkeit, noch eine überdurchschnittliche Geschicklichkeit bei der Herstellung dieser Güter erlangen, da er die einzelnen Güter nicht häufig genug herstellt. Der Ertrag seiner Arbeit wäre sehr gering.

> **Merke:**
>
> Unter **Arbeitsteilung** versteht man die Auflösung einer Arbeitsleistung in Teilverrichtungen und/oder das Zusammenwirken von Arbeitenden in der Weise, dass jeder Arbeitende eine besondere Aufgabe erfüllt.

Die **Arbeitsteilung,** die ein Betrieb vornimmt, kann **innerbetrieblich** oder **zwischenbetrieblich** angelegt sein.

Arbeitsteilung	Erläuterungen	Beispiele
Innerbetriebliche Arbeitsteilung	Sie erfolgt vor allem nach technischen und organisatorischen Erfordernissen. Im Kern handelt es sich um eine Arbeitszerlegung.	Zur Herstellung eines Stanzteiles wird ein Automat benutzt, der von mehreren Mitarbeitern bedient und gewartet wird.
Zwischenbetriebliche Arbeitsteilung	Hier werden Produktionsprozesse zwischen verschiedenen – wirtschaftlich selbstständigen oder unselbstständigen – Produktionsstätten aufgeteilt.	Der Zulieferer eines Automobilwerks entwickelt und produziert eine Bremsanlage für einen bestimmten Autotyp. Das Automobilwerk baut das Vorprodukt ein.

(2) Komparativer[1] Kostenvorteil am Beispiel betrieblicher Arbeitsteilung

Im Folgenden soll am Beispiel der **zwischenbetrieblichen Arbeitsteilung** aufgezeigt werden, wie die beiden beteiligten Unternehmen davon profitieren.

Beispiel:

Angenommen zwei Unternehmen der Möbelindustrie (U 1 und U 2) haben sich auf die Produktion von Tischen und Stühlen spezialisiert. Die **Produktionskosten** werden in **Arbeitsstunden** ausgedrückt.

Unternehmen	Arbeitsstunden für die Herstellung von 1 Tisch	Arbeitsstunden für die Herstellung von 1 Stuhl
U 1	10 Stunden	5 Stunden
U 2	2 Stunden	4 Stunden

Wie die vorangestellte Übersicht verdeutlicht, hat das Unternehmen U2 sowohl bei der Produktion von Stühlen als auch bei der Produktion von Tischen einen **absoluten** Kostenvorteil, da es beide Möbelstücke mit geringeren Kosten – also mit weniger Arbeitsstunden – herstellen kann. Unternehmen 2 scheint also mit Blick auf die absoluten Kostenvorteile von einer zwischenbetrieblichen Arbeitsteilung nicht zu profitieren und somit an einer Kooperation nicht interessiert.

Betrachtet man jedoch nicht die **absoluten,** sondern die **relativen (komparativen) Kostenvorteile,** kann die zwischenbetriebliche Arbeitsteilung – wie die nachfolgenden Überlegungen verdeutlichen – dennoch für die beiden beteiligten Unternehmen von Vorteil sein.

---

1 Komparativ (lat.): vergleichsweise, relativierend.

In der Zeit, in der die Unternehmen Stühle produzieren, können sie nicht gleichzeitig an der Produktion von Tischen arbeiten. Wenn also Unternehmen 2 in zwei Stunden einen Tisch produziert, verzichtet es in eben dieser Zeit auf die Produktion von einem halben Stuhl (da die Produktion eines Stuhls vier Stunden dauert). Für Unternehmen 1 hingegen gilt, dass es in den 10 Stunden, in denen es einen Tisch produziert, auf die Produktion von zwei Stühlen verzichtet.

Die Opportunitätskosten[1] für die Herstellung von Stühlen sind jeweils der Kehrwert der Opportunitätskosten der Tischproduktion.

Die **komparativen** Kosten betragen:

Unternehmen	Komparative Kosten	
	Tisch : Stuhl	Stuhl : Tisch
U1	10 : 5 = **2**	5 : 10 = **0,5**
U2	2 : 4 = **0,5**	4 : 2 = **2**

Das Unternehmen mit den **niedrigeren Opportunitätskosten** hat einen komparativen Vorteil bei der Herstellung des jeweiligen Möbelstücks, wobei es ausgeschlossen ist, dass ein Unternehmen bei beiden Möbelstücken gleichzeitig einen komparativen Kostenvorteil erzielt.

Auch wenn das Unternehmen 1 beide Möbelstücke zu absolut höheren Produktionskosten herstellt als das Unternehmen 2, lohnt sich die zwischenbetriebliche Arbeitsteilung im Sinne einer Spezialisierung bei der Produktion für beide Unternehmen. Die Unternehmen können von der Arbeitsteilung profitieren, wenn

- beide Unternehmen das Möbelstück vom jeweils anderen Unternehmen erwerben, bei dem der Kooperationspartner über einen komparativen Vorteil verfügt und
- dessen Preis unter den eigenen Opportunitätskosten der Herstellung dieses Möbelstückes liegt.

Beweis: Spezialisiert sich das Unternehmen 1 auf die Produktion von Stühlen, weil es diese vergleichsweise billiger herstellt als Tische, und das Unternehmen 2 auf die Produktion von Tischen, weil es diese vergleichsweise billiger herstellt als Stühle, ergibt sich folgendes Ergebnis, wenn man von einer Produktion von jeweils 100 Tischen und 100 Stühlen ausgeht.

Unternehmen	U1		U2		Gesamtkosten beider Unternehmen
Güterart	Tische	Stühle	Tische	Stühle	
Kosten **vor** der zwischenbetrieblichen Arbeitsteilung in Arbeitsstunden	1 000	500	200	400	2 100
Kosten **nach** der zwischenbetrieblichen Arbeitsteilung in Arbeitsstunden	–	1 000	400	–	1 400
Ersparnis	500		200		700

Durch die Spezialisierung im Rahmen der zwischenbetrieblichen Arbeitsteilung spart das Unternehmen 1 insgesamt 500 Arbeitsstunden, das Unternehmen 2 hingegen 200 Arbeitsstunden. Die ersparten Arbeitsstunden können zur Kapazitäts- und somit Produktionsausweitung eingesetzt werden.

---

[1] Den Nutzenentgang durch einen Verzicht auf eine Alternativanlage bezeichnet man als **Opportunitätskosten**. Zu Einzelheiten siehe Seite 59.

Das vorangestellte Beispiel hat gezeigt, dass die Vorteilhaftigkeit der Aufteilung von Produktionsprozessen zwischen zwei Unternehmen und einer damit einhergehenden Spezialisierung nicht von den absoluten Produktionskosten abhängt, sondern von den **relativen (komparativen) Kosten** der produzierten Güter zueinander.

> **Merke:**
>
> - Grundsätzlich ist die **Arbeitsteilung zwischen Unternehmen** immer **vorteilhaft**, wenn bei beiden Unternehmen **unterschiedliche Produktionskostenstrukturen** existieren, d. h., wenn ein Unternehmen für ein produziertes Gut auf weniger Einheiten eines anderen Gutes verzichten muss als das andere Unternehmen (niedrigere **Opportunitätskosten**).
> - **Komparative Kostenvorteile** können auf **verschiedenen Ebenen** auftreten:
>   - innerhalb eines Unternehmens (innerbetriebliche Arbeitsteilung)
>   - innerhalb einer Volkswirtschaft zwischen Unternehmen (zwischenbetriebliche Arbeitsteilung) und
>   - zwischen verschiedenen Ländern (internationale Arbeitsteilung).

1.5.3.3 Arbeitsproduktivität

(1) Begriff Produktivität

> **Merke:**
>
> Die **Produktivität** ist die technische Ergiebigkeit eines Produktionsvorgangs. Sie stellt das Verhältnis von Ausbringungsmenge zu den Einsatzmengen der Produktionsfaktoren dar:
>
> $$\text{Produktivität} = \frac{\text{Ausbringungsmenge}}{\text{Einsatzmenge}}$$

Aus dieser allgemeinen Formulierung lassen sich **Teilproduktivitäten** ableiten.

Je nachdem, an welchem Produktionsfaktor wir die Ausbringungsmenge messen, erhalten wir verschiedene Produktivitäten. Hier eine Auswahl:

- **Arbeitsproduktivität** = Ausbringungsmenge : Anzahl der Lohnstunden
- **Maschinenproduktivität** = Ausbringungsmenge : Anzahl der Maschinenstunden
- **Rohstoffproduktivität** = Ausbringungsmenge : mengenmäßiger Rohstoffeinsatz

(2) Berechnung der Arbeitsproduktivität

> **Merke:**
>
> Die **Arbeitsproduktivität** ist das **Verhältnis** von hergestellter **Produktionsmenge** zu eingesetzter **Arbeitskraft**.

Dividiert man eine gegebene Ausbringungsmenge je Periode durch die Anzahl der in dieser Periode beschäftigten Arbeitskräfte, erhält man die Produktivität je Arbeitskraft. Wird die Ausbringungsmenge je Periode durch die insgesamt geleisteten Arbeitsstunden je Periode dividiert, ergibt sich die Produktivität je Arbeitsstunde.

Allgemein gilt:

$$\text{Arbeitsproduktivität} = \frac{\text{Ausbringung je Periode}}{\text{Arbeitseinsatz}}$$

> **Beispiel:**
>
> Ein Bauunternehmen erstellte im Monat April mit seinen Beschäftigten 2000 m³ umbauten Raum, im Mai 2400 m³. Die geleisteten Arbeitsstunden betrugen im April 3840 und im Mai 4416 Arbeitsstunden. Der Einsatz von Werkzeugen, Maschinen, Fahrzeugen, Ausstattung und Gebäude blieb unverändert (Wert 300 000,00 EUR).
>
> **Aufgabe:**
> Berechnen Sie die Arbeitsproduktivität für die Monate April und Mai und geben Sie mögliche Gründe für die Entwicklung der Arbeitsproduktivität an!

Lösung:

Monat	Arbeitsproduktivität	Monat	Arbeitsproduktivität
April	$\frac{2000}{3840} = \underline{\underline{0{,}52}}$	Mai	$\frac{2400}{4416} = \underline{\underline{0{,}54}}$

Das Ergebnis zeigt, dass sich die Arbeitsproduktivität im Mai erhöht hat. Da sich die Ausstattung mit Maschinen und Werkzeugen **nicht** geändert hat, ist die Produktivitätssteigerung ausschließlich auf die Arbeiter zurückzuführen.

Gründe können sein: besseres Wetter (die Arbeitskräfte fühlen sich wohler); die Aufsicht wurde verbessert; die Arbeitskräfte befürchten Entlassungen und strengen sich daher mehr an; das Betriebsklima ist besser geworden; die im April gewonnene Routine (Gewandtheit) nach der Winterpause führte im Mai zur Leistungssteigerung.

> **Beachte:**
>
> Die eingesetzten Produktionsfaktoren sind verschiedenartig (z. B. Maschinen, Arbeitskräfte, Hilfsstoffe). Sie können daher nicht addiert werden, sodass es eine technische Gesamtproduktivität des Betriebs nicht geben kann.

1.5.4 Kapitalbildung und Investition

1.5.4.1 Begriffe Kapital und Kapitalbildung

Produzieren ist durch die **Kombination**[1] der beiden ursprünglichen Produktionsfaktoren **Arbeit** und **Natur** möglich. In der Regel setzt der Mensch noch einen weiteren Produktionsfaktor – das **Kapital** – ein, um den Erfolg seiner Arbeit zu erhöhen.

> **Beispiel:**
>
> Um uns den Begriff des Kapitals klarzumachen, greifen wir zu einem sehr vereinfachenden naturalwirtschaftlichen[2] Modell.
>
> Angenommen, eine kleine Gruppe Schiffbrüchiger landet auf einer einsamen Insel. Die Leute haben nichts gerettet außer den Kleidern, die sie auf dem Leib tragen. Um ihre Existenz zu sichern, ernähren sie sich tagelang nur von Früchten, Wurzeln und Kleingetier. An den Ufern und in den Bächen gibt es jedoch Fische genug und in den Wäldern lebt Wild in Hülle und Fülle. Da wenig Hoffnung auf Rettung besteht, beschließen die Schiffbrüchigen, einige geschickte Leute vom Früchtesammeln freizustellen, damit diese Angelgeräte und Jagdwaffen herstellen können. Dieser Entschluss bedeutet für die Schiffbrüchigen zunächst teilweisen Verzicht auf die gewohnte Menge Nahrungsmittel, also Konsumverzicht. Nach Fertigstellung der Jagdgeräte (des „Kapitals") erhöht sich jedoch die täglich zur Verfügung stehende Nahrungsmittelmenge (Fisch, Fleisch). Die Befriedigung der Existenzbedürfnisse ist gesichert. Weiterer Konsumverzicht fällt den Schiffbrüchigen leichter, wenn sie z.B. ihren Lebensstandard durch das Anfertigen von Kleidung oder den Bau von Hütten erhöhen wollen.

Durch den vorläufigen Verzicht auf die Produktion von Konsumgütern können Produktionsgüter hergestellt werden. Zu den Produktionsgütern zählen **Sachgüter** (z.B. Maschinen, Werkzeuge, Nutzpflanzen) und **immaterielle**[3] **Güter** (z.B. Computerprogramme, Urheberrechte, Suchbohrungen). Die Produktionsgüter erleichtern anschließend die Herstellung von Konsumgütern und erhöhen gleichzeitig die Wirksamkeit der Arbeit (Arbeitsproduktivität). In welchem Umfang die Arbeitsproduktivität gesteigert werden kann, hängt dabei nicht nur von der Menge, sondern auch von der Qualität (dem technischen Fortschritt) der Produktionsgüter ab.

> **Merke:**
>
> ■ Unter **Kapital** im volkswirtschaftlichen Sinn verstehen wir **produzierte Produktionsmittel (Sachkapital** und **immaterielles Kapital).**[4]
> ■ Das Kapital ist ein **abgeleiteter (derivativer) Produktionsfaktor.**
> ■ Die **Kapitalbildung** im volkswirtschaftlichen Sinne erfordert **Konsumverzicht (Sparen).**

1.5.4.2 Begriff und Arten von Investitionen

In einer **Geldwirtschaft** erfolgt **Sparen** nicht durch Vorratsbildung (wie beim Schiffbrüchigenbeispiel), sondern durch Verzicht auf vollständige Ausgabe des Geldeinkommens. Wird das so gebildete **Geldkapital** für **Sachkapital (Produktivvermögen)** und **immaterielle Anlagegüter** ausgegeben, so liegt eine **Investition** vor.

---

1 Kombination: Zusammenwirken.
2 Eine Naturalwirtschaft ist eine Wirtschaft ohne Geld als Zwischentauschgut.
3 Immateriell: unstofflich, geistig.
4 **Geldkapital** stellt im volkswirtschaftlichen Sinne kein Produktionsmittel dar, weil mit (angespartem) Geldkapital kein Produkt bestellt werden kann.

> **Merke:**
>
> Die Anlage von Geld-, Sach- und immateriellem Kapital in Produktionsmittel wird als **Investition** bezeichnet.

Wichtige **Investitionsbegriffe** sind:

Ersatzinvestition	Die meisten Produktionsmittel (Investitionsgüter) nützen sich im Zeitablauf ab. Soll die Produktionskraft einer Wirtschaft erhalten bleiben, müssen Ersatzinvestitionen (Reinvestitionen) vorgenommen werden.
Nettoinvestition	Soll jedoch die Leistungskraft einer Volkswirtschaft erhöht werden, so müssen die Bruttoinvestitionen (Gesamtinvestitionen) in Anlagegüter die Reinvestitionen übersteigen. Die über die Reinvestitionen hinausgehenden Investitionen nennt man Nettoinvestitionen. Sind die Nettoinvestitionen positiv, liegt eine Kapitalneubildung vor.
Rationalisierungsinvestition	Auch wenn die Nettoinvestitionen null sind, kann die volkswirtschaftliche Kapazität steigen, falls die Reinvestitionen technische Verbesserungen beinhalten (Verbesserungsinvestitionen, Rationalisierungsinvestitionen). In Wirklichkeit gehen Erweiterungs-, Erneuerungs- und Verbesserungsinvestitionen Hand in Hand.
Bruttoinvestition	Dies ist die Summe aller Investitionen in Vorräte (**Vorratsinvestition**) und Anlagen (**Anlageinvestition**).

Investitionen sind für die Entwicklung einer Volkswirtschaft von entscheidender Bedeutung. Eine Wirtschaft kann bei gegebenem technischen Stand nur wachsen (**evolutorische Wirtschaft**), wenn **positive Nettoinvestitionen** vorgenommen werden. Andernfalls bleibt die Wirtschaft **stationär**.

Es gilt:

> Nettoinvestitionen = Bruttoinvestitionen − Ersatzinvestitionen

1.5.5 Bildung (Humankapital)

Mit unserem Schiffbrüchigenbeispiel (vgl. Seite 43) haben wir Jahrtausende der Menschheitsentwicklung im Zeitraffer zusammengefasst. Die Menschheit brauchte sehr lange, bis sie es verstand, die Produktion mithilfe von Werkzeugen (Kapital) zu steigern.

Die Schiffbrüchigen konnten die Werkzeuge nur deswegen so schnell bauen, weil sie ein bestimmtes Maß an Bildung im weitesten Sinne, hier also **technisches Wissen (Know-how,**[1] **Human Capital**[2]**)**, aus der Zivilisation mitbrachten. Umfang und Qualität der Produktion hängen somit nicht nur von den Produktionsfaktoren Natur, Arbeit und Kapital, sondern auch vom **technischen Fortschritt** der wirtschaftenden Menschen ab.

Vor diesem Hintergrund ist Bildung für breite Bevölkerungsschichten die beste Investition in die Zukunft jedes Einzelnen und somit auch eines Staates. Dies erklärt auch, warum das Recht auf Bildung zu den Grundrechten unseres Landes zählt. Heute versteht man unter **„Recht auf Bildung"** auch die Weiter- und Höherbildung.

---

[1] Know-how (engl.): gewusst wie.
[2] Human Capital (engl.): menschliches Kapital (Bildung, technisches Wissen und Können, Ausbildungsstandard).

Da Bildung und Ausbildung dem Menschen nicht von vornherein gegeben sind, sondern oft mühevoll erworben werden müssen, handelt es sich bei der Bildung ebenfalls um einen **abgeleiteten** (derivativen) **Produktionsfaktor**.

> **Merke:**
>
> Unter dem **Produktionsfaktor Bildung** versteht man die Summe an organisatorischem und technischem Wissen (Know-how).

In der Bundesrepublik Deutschland wird – wie in vielen anderen Volkswirtschaften auch – die Ausgestaltung des Bildungssystems im Wesentlichen durch die Bildungspolitik bestimmt. Die **Bildungspolitik** beinhaltet die Gesamtheit aller **finanziellen, personellen** und **inhaltlichen** Entscheidungen, die das gesetzliche Rahmenwerk sowie die **institutionelle und organisatorische Struktur des Bildungswesens** betreffen.

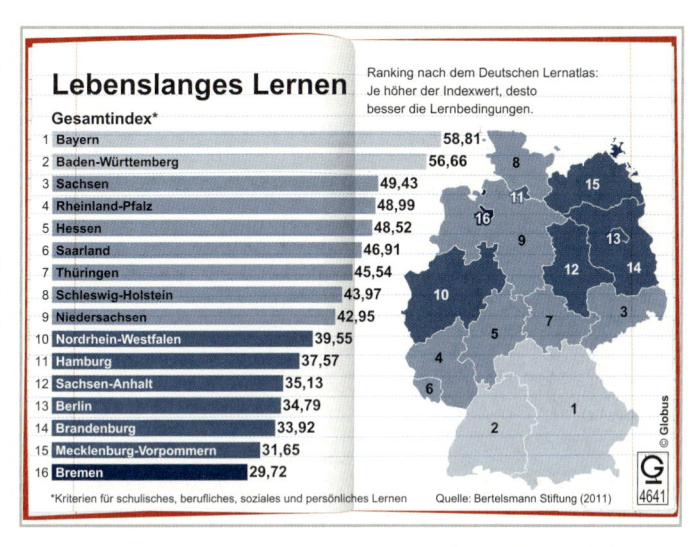

Lebenslanges Lernen
Gesamtindex*
Ranking nach dem Deutschen Lernatlas: Je höher der Indexwert, desto besser die Lernbedingungen.

1 Bayern 58,81
2 Baden-Württemberg 56,66
3 Sachsen 49,43
4 Rheinland-Pfalz 48,99
5 Hessen 48,52
6 Saarland 46,91
7 Thüringen 45,54
8 Schleswig-Holstein 43,97
9 Niedersachsen 42,95
10 Nordrhein-Westfalen 39,55
11 Hamburg 37,57
12 Sachsen-Anhalt 35,13
13 Berlin 34,79
14 Brandenburg 33,92
15 Mecklenburg-Vorpommern 31,65
16 Bremen 29,72

*Kriterien für schulisches, berufliches, soziales und persönliches Lernen
Quelle: Bertelsmann Stiftung (2011)

Die Bereitstellung des Gutes Bildung bzw. Sicherung eines bestimmten Bildungsniveaus ist ein aus dem **Grundgesetz** ableitbares gesellschaftliches Ziel. Es besteht faktisch ein **Monopol des Staates** als **Bildungsanbieter;** begründet dadurch, dass Bildung als **öffentliches Gut** bezeichnet wird, sowie mit der These, nur der Staat kann die von der Verfassung geforderte **Einheitlichkeit der Lebensverhältnisse** gewährleisten. Schließlich gilt die **persönliche Qualifikation** nach wie vor als **wichtigste Erwerbsquelle** und stellt somit eine wesentliche Grundlage für den **individuellen Wohlstand** dar. Nicht zuletzt deshalb muss eine gezielte Förderung der Bildung von „Humankapital" als Teil einer auf mehr **Chancengleichheit** abstellenden **Vermögenspolitik** angesehen werden.

Für Bildung und Wissenschaft

Im Jahr 2012 wurden in Deutschland **247,4 Milliarden Euro** für Bildung, Forschung und Wissenschaft ausgegeben.
Davon für:

Bildungs- und Wissenschaftsinfrastruktur 5,1
Bildungsförderung und Bildungsgüter privater Haushalte 20,3
Weiterbildung, Jugendarbeit, Horte, Volkshochschulen u. ä. 21,7
Forschung und Entwicklung von Unternehmen und außeruniversitären Einrichtungen 65,3
Erstausbildung in Kindergärten, Schulen und Hochschulen sowie duale Ausbildung 134,9 Mrd. €

Quelle: Stat. Bundesamt
© Globus   vorläufige Angaben   rundungsbedingte Differenz

Merke:

Mit Blick darauf, dass das Bildungsniveau eines Landes wesentlichen Einfluss auf den Wohlstand dieser Volkswirtschaft hat, werden Ausgaben in diesem Bereich als **Investitionen für die Zukunft** verstanden.

Zusammenfassung

- **Produktionsfaktoren** sind alle Grundelemente, die bei der Produktion mitwirken.
- Wir unterscheiden folgende **Arten von volkswirtschaftlichen Produktionsfaktoren:**

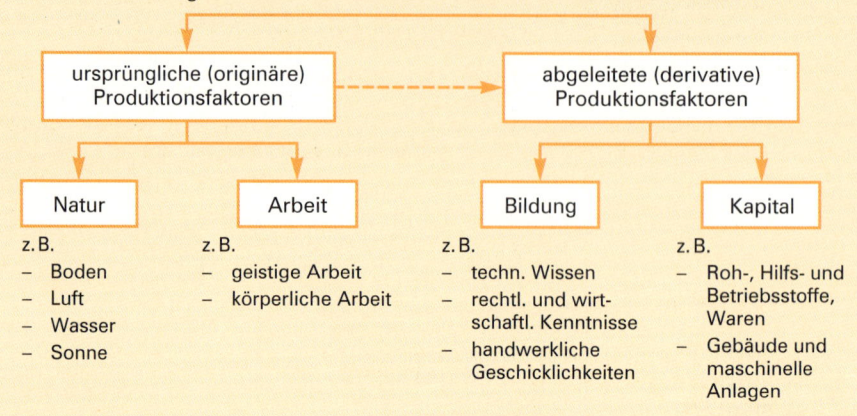

```
        ursprüngliche (originäre)              abgeleitete (derivative)
          Produktionsfaktoren                    Produktionsfaktoren
          ↓              ↓                        ↓              ↓
        Natur          Arbeit                  Bildung         Kapital
```

Natur	Arbeit	Bildung	Kapital
z. B.	z. B.	z. B.	z. B.
– Boden – Luft – Wasser – Sonne	– geistige Arbeit – körperliche Arbeit	– techn. Wissen – rechtl. und wirtschaftl. Kenntnisse – handwerkliche Geschicklichkeiten	– Roh-, Hilfs- und Betriebsstoffe, Waren – Gebäude und maschinelle Anlagen

- Der **Produktionsfaktor Natur** umfasst die Erdoberfläche und alle von der Natur bereitgestellten Ressourcen.
  - **Ökologische Folgen** durch die **Nutzung der Natur** als öffentliches Gut sind: **Luftverschmutzung, Gewässerbelastung** und **Bodenbelastung.**
  - **Allmendegüter** sind Güter, von deren Nutzung andere Nachfrager nicht ausschließbar sind und bei denen die Nutzungsansprüche der Nachfrager rivalisieren.
  - Die **Übernutzung eines Allmendegutes** mindert den Nutzen eines anderen Nachfragers und wirkt sich zudem auf Dritte aus **(externe Effekte).**
- Der **Produktionsfaktor Arbeit** ist die auf Bedarfsdeckung zielende Verrichtung körperlicher und geistiger Tätigkeiten.
  - Unter **Arbeitsteilung** versteht man die Auflösung einer Arbeitsleistung in Teilverrichtungen und/oder das Zusammenwirken von Arbeitenden in der Weise, dass jeder Arbeitende eine besondere Aufgabe erfüllt.
  - Die **Vorteilhaftigkeit der Aufteilung von Produktionsprozessen** zwischen zwei Unternehmen und einer damit einhergehenden Spezialisierung hängt **nicht von den absoluten Produktionskosten ab,** sondern von den **relativen (komparativen) Kosten** der produzierten Güter zueinander.
  - Die **Produktivität** ist die technische Ergiebigkeit eines Produktionsvorgangs. Sie stellt das **Verhältnis** von Ausbringungsmenge zu den Einsatzmengen der Produktionsfaktoren dar.
  - Bei der **Arbeitsproduktivität** wird die hergestellte Produktionsmenge ins Verhältnis zur eingesetzten Arbeitskraft gesetzt.
- Unter **Kapital** im volkswirtschaftlichen Sinn verstehen wir **produzierte Produktionsmittel (Sachgüter** und **immaterielle Güter).**
  - Die Herstellung von Kapital im volkswirtschaftlichen Sinne erfordert **Konsumverzicht (Sparen).**

- Die Anlage von Geld-, Sach- und immateriellem Kapital in Produktionsmittel wird als **Investition** bezeichnet.
- Unter dem **Produktionsfaktor Bildung** versteht man die Summe an organisatorischem und technischem Wissen (Know-how).
- Mit Blick darauf, dass das Bildungsniveau eines Landes wesentlichen Einfluss auf den **Wohlstand** dieser Volkswirtschaft hat, werden Ausgaben in diesem Bereich als **Investitionen für die Zukunft** verstanden.

Übungsaufgaben

7

1. Der Anteil der Produktionsfaktoren an einem Gut kann unterschiedlich hoch sein. Übertragen Sie die nachstehende Tabelle in Ihr Aufgabenheft und füllen Sie diese aus, indem Sie die Bedeutung der volkswirtschaftlichen Produktionsfaktoren angeben! (1: große Bedeutung; 2: mittlere Bedeutung; 3: verhältnismäßig geringe Bedeutung)

Gut	Bedeutung der Produktionsfaktoren		
	Arbeit	Natur	Kapital
Ölraffinerie			
Friseur			
Bank			
Spielwarengeschäft			
Bauernhof			

2. HERBERT GRUHL schrieb schon 1975 in seinem Buch „Ein Planet wird geplündert – die Schreckensbilanz unserer Politik":[1] Dass die Rohstoffe „als freie Güter angesehen wurden, hielt jedermann für richtig; denn sie waren ja von der Natur «geschenkt». Ihr Abbau und ihre Verarbeitung kosteten in den ersten Jahrhunderten der Nutzung auch so viel Schweiß und Mühe, dass niemand solche Unternehmungen begonnen hätte, wenn auch noch große Summen allein für den Erwerb des Rohstoffes aufzubringen gewesen wären. So ergab es sich, dass der Eigentümer des jeweiligen Grund und Bodens nur ein kleines Entgelt für die Schürfrechte bekam, das in der Höhe etwa dem Ertrag der benötigten Fläche bei ihrer landwirtschaftlichen Nutzung entsprach, also sehr niedrig war. In der Bundesrepublik Deutschland betrug der Förderzins 1973 für Erdgas und Erdöl 5% des Bruttoerlöses abzüglich der Manipulationskosten. Für den Steinkohleabbau wird gar nichts gezahlt."

Aufgaben:

2.1 Begründen Sie mit eigenen Worten, warum der Produktionsfaktor Natur bislang weitgehend als „Gratisfaktor" betrachtet wurde!

2.2 Überlegen Sie sich Maßnahmen, wie der Raubbau an der Natur gebremst werden kann!

3. 3.1 Soll das Allmendeproblem privat, öffentlich oder in einer anderen Form gelöst werden? Erläutern Sie Ihre Meinung!

3.2 Nennen Sie das Allmendeproblem und mögliche externe Effekte für

3.2.1 Tennisspielen,

3.2.2 Anpflanzen von Mais zur Herstellung von Biogas!

---

1 GRUHL, H.: Ein Planet wird geplündert. Die Schreckensbilanz unserer Politik, 1976, S. 71f.

4. 4.1 Erläutern Sie den Begriff der Arbeitsteilung!
   4.2 Erläutern Sie, warum die Arbeitsteilung zur Produktivitätssteigerung führt!
   4.3 Glaser Müller stellte zusammen mit seinen drei Gesellen im Monat Mai in 720 Arbeitsstunden 100 Fenster gleicher Größe und Qualität her, die auch verkauft wurden. Der Verkaufspreis je Stück betrug 150,00 EUR.

   Aufgabe:
   Berechnen Sie die Arbeitsproduktivität!

5. 5.1 Erklären Sie am Beispiel der betrieblichen Arbeitsteilung, worin der komparative Kostenvorteil bestehen kann!
   5.2 Zwei Unternehmen der Autoindustrie (U_1 und U_2) haben sich auf die Produktion von Kupplungen und Bremsen spezialisiert. Die Produktionskosten werden in Arbeitstagen ausgedrückt.

Unternehmen	Arbeitsstunden für die Herstellung von einer Kupplung	Arbeitsstunden für die Herstellung von einer Bremse
U_1	80	90
U_2	120	100

   Aufgabe:
   Berechnen Sie, um wie viel Prozent Kupplungen- und Bremsenproduktion steigen, wenn sich U_1 auf die Herstellung von Kupplungen und U_2 auf die Herstellung von Bremsen spezialisieren!

6. 6.1 Präsident Lincoln verbot 1865 in den USA die Sklaverei. „Mit einem Schlag hat er damit einen großen Teil des Kapitals zerstört, das der Süden im Laufe der Jahre angesammelt hatte."

   Aufgabe:
   Nehmen Sie zu dieser Aussage Stellung!

   6.2 Erklären Sie den Vorgang der Kapitalbildung an einem selbst gewählten Beispiel!
   6.3 Begründen Sie, warum angespartes Geldkapital volkswirtschaftlich kein Sachkapital darstellt!
   6.4 In einer Volkswirtschaft wurden insgesamt 50 Mrd. GE für produktive Zwecke investiert. Davon sind 5 Mrd. GE in zusätzlichen Vorräten angelegt worden, 30 Mrd. GE wurden für den Ersatz verbrauchter Anlagen verwendet.

   Aufgabe:
   Berechnen Sie die Höhe der Nettoinvestition!

   6.5 Unterscheiden Sie zwischen freiwilliger und erzwungener Ersparnis! Bilden Sie je zwei Beispiele!

8
1. Unterscheiden Sie die originären und die derivativen volkswirtschaftlichen Produktionsfaktoren!
2. Interpretieren Sie nachstehende Textauszüge (Häuptling Seattle, 1855, in seiner Stellungnahme an den Präsidenten der Vereinigten Staaten zu dessen Angebot, die Gebiete seines Stammes zu kaufen)!

> „Wenn wir unser Land verkaufen, so müsst ihr euch daran erinnern und eure Kinder lehren: Die Flüsse sind unsere Brüder – und eure –, und ihr müsst von nun an den Flüssen eure Güte geben, so wie jedem anderen Bruder auch ... Wir wissen, dass der weiße Mann unsere Art nicht versteht. Ein Teil des Landes ist ihm gleich jedem anderen, denn er ist ein Fremder, der kommt in der Nacht und nimmt von der Erde, was immer er braucht. Die Erde ist sein Bruder nicht, sondern Feind, und wenn er sie erobert hat, schreitet er weiter. Er lässt die Gräber seiner Väter zurück – und kümmert sich nicht. Er stiehlt die Erde von seinen Kindern – und kümmert sich nicht. Seiner Väter Gräber und seiner Kinder Geburtsrecht sind vergessen. Er behandelt seine Mutter, die Erde, und seinen Bruder, den Himmel, wie Dinge zum Kaufen und Plündern, zum Verkaufen wie Schafe oder glänzende Perlen. Sein Hunger wird die Erde verschlingen und nichts zurücklassen als eine Wüste ...
>
> Ich bin ein Wilder und verstehe es nicht anders. Ich habe tausend verrottende Büffel gesehen, vom weißen Mann zurückgelassen – erschossen aus einem vorüberfahrenden Zug. Ich bin ein Wilder und kann nicht verstehen, wie das qualmende Eisenpferd wichtiger sein soll als der Büffel, den wir nur töten, um am Leben zu bleiben. Was ist der Mensch ohne die Tiere? Wären alle Tiere fort, so stürbe der Mensch an großer Einsamkeit des Geistes. Was immer den Tieren geschieht – geschieht bald auch den Menschen. Alle Dinge sind miteinander verbunden. Was die Erde befällt, befällt auch die Söhne der Erde ...
>
> Es ist unwichtig, wo wir den Rest unserer Tage verbringen. Es sind nicht mehr viele. Noch wenige Stunden, ein paar Winter – und kein Kind der großen Stämme, die einst in diesem Land lebten oder jetzt in kleinen Gruppen durch die Wälder streifen, wird mehr übrig sein, um an den Gräbern eines Volkes zu trauern – das einst so stark und voller Hoffnung war wie das eure. Aber warum soll ich trauern über den Untergang meines Volkes; Völker bestehen aus Menschen – nichts anderem. Menschen kommen und gehen wie die Wellen im Meer.
>
> Auch die Weißen werden vergehen, eher vielleicht als alle anderen Stämme. Fahret fort, euer Bett zu verseuchen, und eines Nachts werdet ihr im eigenen Abfall ersticken. Aber in eurem Untergang werdet ihr hell strahlen – angefeuert von der Stärke des Gottes, der euch in dieses Land brachte – und euch bestimmte, über dieses Land und den roten Mann zu herrschen ..."

3. Begründen Sie, warum man den volkswirtschaftlichen Produktionsprozess als sinnvolle Kombination von Produktionsfaktoren bezeichnen kann!

1.6 Kombination der Produktionsfaktoren

1.6.1 Optimale Allokation der Produktionsfaktoren

(1) Gesamtwirtschaftliche Produktionsfunktion

Die Güter werden durch die Kombination der Produktionsfaktoren (z.B. menschliche Arbeit, Rohstoffe, Maschinen, Fabrikanlagen und Handelshäuser) im Produktionsprozess hergestellt. Das Produktionsergebnis (Output) wird einerseits bestimmt durch die Menge und Qualität der eingesetzten Produktionsfaktoren (Input) und andererseits durch die gewählte Kombination der Produktionsfaktoren.

Der Zusammenhang zwischen eingesetzten Produktionsfaktoren und Produktionsergebnis lässt sich mathematisch als Produktionsfunktion beschreiben.

$$\text{Produktionsergebnis} = \rightarrow (\text{Natur, Arbeit, Kapital})$$

> **Merke:**
>
> Eine **Produktionsfunktion** zeigt die Abhängigkeit eines mengenmäßigen (physischen) Ertrags vom mengenmäßigen Einsatz eines Produktionsfaktors bzw. einer Produktionsfaktorengruppe (kurz Faktorgruppe).

(2) Einsatz der Produktionsfaktoren nach dem Maximalprinzip

Welche Güterkombination in einer vollbeschäftigten Wirtschaft anzustreben ist, muss politisch entschieden werden. Nach dem ökonomischen Prinzip (Maximalprinzip) müssen die Entscheidungsträger (z.B. die Regierungen, die Parlamente) die zu erzeugende Güterkombination anstreben, die der Gesellschaft den höchsten Nutzen bringt (optimale Güterkombination). Dies ist die Güterkombination, bei der der Nutzengewinn aus der Mehrproduktion des Gutes A den Nutzenverlust aus der Verringerung der Produktion des Gutes B gerade ausgleicht. Die zur Erstellung der optimalen Güterkombination erforderliche Faktorkombination wird in der Fachsprache als **optimale Faktorallokation**[1] **(optimale Allokation der Produktionsfaktoren)** bezeichnet. Liegt eine optimale Faktorallokation vor, dann produziert die Volkswirtschaft auf der Produktionsmöglichkeitskurve, d.h., es besteht Vollbeschäftigung.

> **Merke:**
>
> Die **Allokation der Produktionsfaktoren** ist dann **optimal,** wenn bei gegebenen ökonomischen Daten der Nutzengewinn aus der Mehrproduktion eines Gutes den Nutzenverlust aus der Verringerung der Produktion eines anderen Gutes ausgleicht.

1.6.2 Produktionspotenzial und Produktionsmöglichkeitenkurve

(1) Produktionspotenzial

> **Merke:**
>
> Das **gesamtwirtschaftliche Produktionsergebnis** einer Volkswirtschaft, das bei **vollständiger Auslastung** (Vollbeschäftigung) und **optimaler Kombination aller Produktionsfaktoren** hergestellt werden kann, bezeichnet man als **Produktionspotenzial.**

Da eine Volkswirtschaft nie alle Bedürfnisse der Menschen befriedigen kann, muss eine Entscheidung getroffen werden, welche Bedürfnisse vorrangig befriedigt werden sollen, d.h., welche Güter bereitzustellen, also zu produzieren sind. Eine solche Entscheidung bedeutet aber gleichzeitig, dass auf die Produktion anderer Güter, die der Befriedigung anderer Bedürfnisse dienen könnten, verzichtet werden muss. Den Nutzenentgang, der durch diesen Verzicht entsteht, bezeichnet man als **Opportunitätskosten (Alternativkosten).**[2] Diese Problematik machen wir uns im Folgenden mithilfe eines einfachen Modells klar.

---

[1] Faktor (lat.): Mitbewirker.
Allokation (lat.): Aufteilung. Hier: Aufteilung der Produktionsfaktoren auf alternative Verwendungen.

[2] Opportun (lat.): In der gegenwärtigen Situation von Vorteil. Opportunität: Zweckmäßigkeit in der gegenwärtigen Situation. Zu Einzelheiten siehe S. 59.
Alternativ (lat.-fr.): wahlweise, zwischen zwei Möglichkeiten die Wahl lassend.

> **Merke:**
>
> Ein **Modell** ist ein von der Wirklichkeit weitgehend losgelöstes Denkschema, dessen Ergebnisse nur unter den von vornherein festgelegten Voraussetzungen (Prämissen) gültig sind.

(2) Produktionsmöglichkeitenkurve

■ Verlauf der Produktionsmöglichkeitenkurve (Transformationskurve)

In unserem Modell nehmen wir an, dass in einer Volkswirtschaft nur zwei Güter (bzw. Güterarten) produziert werden sollen.[1] Bei vollständiger Ausnutzung des **Produktionspotenzials** der Volkswirtschaft **(Vollbeschäftigung)** sei zwischen Getreideanbau und/oder Straßenbau zu wählen. Das Getreide steht stellvertretend für die Produktion von **Individualgütern,** der Straßenbau stellvertretend für die Herstellung von **Kollektivgütern.** Wir wollen unterstellen, dass unsere Modellwirtschaft – als ein Extrem – mit den verfügbaren Mitteln (Arbeitskräfte, Maschinen) bei gegebenem technischem Stand 1500 km Straßen je Periode herstellen kann, wenn sie bereit ist, auf das Getreide völlig zu verzichten. Das andere Extrem – so wird weiterhin angenommen – besteht in der Erzeugung von 10 Millionen Tonnen Getreide, falls überhaupt keine Straßen gebaut werden. Innerhalb dieser beiden Grenzfälle gibt es natürlich eine Vielzahl weiterer Möglichkeiten, ein Produktionsziel teilweise durch ein anderes zu **substituieren,** d. h. zu ersetzen. Anders ausgedrückt: Man kann den Straßenbau in Getreideanbau und umgekehrt **transformieren** (umwandeln). So ist es möglich, auf etwas Getreide zu verzichten und dafür einige Kilometer Straßen zu bauen. Je mehr auf den Getreideanbau verzichtet wird, desto mehr Straßen können gebaut werden. Es ergibt sich z. B. nebenstehende Substitutionstabelle.

Möglich-keiten	Straßen in 100 km	Getreide in Mio. t
A	15	– –
B	14	2
C	12	4
D	9	6
E	5	8
F	– –	10

Substitutionstabelle[2]

Die Erzeugung eines Gutes A erfordert also bei Vollbeschäftigung den Verzicht auf die Erzeugung eine Gutes B. Die Mengeneinheiten eines Gutes B, auf die bei der Mehrproduktion eines Gutes A verzichtet werden muss, bezeichnet man als **Opportunitätskosten** oder als **Alternativkosten.**

> **Beispiel:**
>
> Wird die Getreideproduktion von 2 auf 4 Mio. t Getreide erhöht, betragen die Opportunitätskosten 200 km Straßen, d. h., es muss auf den Bau von 200 km Straßen verzichtet werden.

---

[1] Wegen der Knappheit der Güter ist es nicht möglich, genügend Güter für **jeden** Bedarf herzustellen. Die Frage ist immer, wie viel der gewünschten Güter innerhalb der gegebenen Produktionsmöglichkeiten, d. h. bei gegebener Kapazität der Volkswirtschaft, hergestellt werden sollen. Um ein derart schwieriges Problem erörtern zu können, muss man vereinfachen, d. h. ein **Modell** konstruieren. Schlussfolgerungen aus einem Modell – mögen sie noch so logisch sein – können nicht ohne Weiteres auf die Wirklichkeit übertragen werden. Dies ist nur möglich, wenn die Prämissen auch in der Wirklichkeit zutreffen.
[2] Beispiel nach SAMUELSON, P.: Volkswirtschaftslehre. Eine Einführung, Bd. 1, 1965, S. 31 ff.

Die Werte aus der vorangestellten Tabelle lassen sich auch grafisch darstellen. Verbindet man die einzelnen Punkte (geglättete Kurve), erhält man eine **Produktionsmöglichkeitenkurve**, auch **Kapazitätslinie** oder **Transformationskurve** genannt. Sie zeigt, dass bei gegebenem technischem Stand und bei gegebenem Produktionspotenzial die Gesellschaft immer vor der Wahl steht, entweder ein Gut A (d. h. eine Güterart A) oder ein Gut B (d. h. eine Güterart B) oder eine Kombination beider zu produzieren. Jeder Punkt, der innerhalb der Kurve liegt (z. B. Punkt Z), bedeutet, dass die Kapazität nicht voll ausgenutzt ist **(Unterbeschäftigung,** d. h. Arbeitslosigkeit, freie Kapazitäten der Unternehmen und/oder unausgenutzte Rohstoffquellen bzw. -reserven). Die Wirtschaft könnte sowohl mehr Kollektivgüter (z. B. Straßen) als auch mehr Individualgüter (z. B. Getreide) erzeugen.

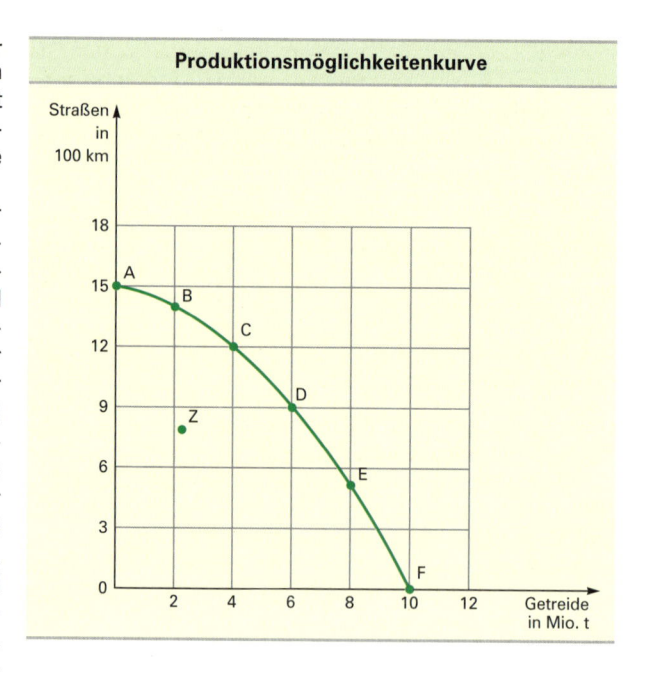

> **Merke:**
>
> ▪ Durch die **Produktionsmöglichkeitenkurve (Transformationskurve)** werden alle möglichen Kombinationen von zwei Gütern aufgezeigt, die in einer Volkswirtschaft – bei voller Ausschöpfung des Produktionspotenzials und optimaler Kombination der Produktionsfaktoren – höchstens hergestellt werden können.
>
> ▪ Wird innerhalb der Produktionsmöglichkeitenkurve produziert, liegt **Unterbeschäftigung** vor. Die Volkswirtschaft könnte noch mehr Güter produzieren.
>
> ▪ Wird genau auf der Produktionsmöglichkeitenkurve produziert, liegt **Vollbeschäftigung** vor. Die Mehrproduktion einer Gütergruppe geht immer zulasten einer anderen.
>
> ▪ Eine **rechts von der Produktionsmöglichkeitenkurve liegende Güterkombination** kann bei gegebenem Bestand an Produktionsfaktoren und technisch-organisatorischem Wissen **nicht verwirklicht** werden.

▪ **Gesetz der zunehmenden Opportunitätskosten**

Wird in einer Volkswirtschaft die in Punkt D markierte Güterkombination (siehe obige Produktionsmöglichkeitenkurve) realisiert, so verfügt diese am Ende der Produktionsperiode über 6 Mio. t Getreide (Konsumgüter) und 900 km Straßen (Produktionsgüter). Soll nunmehr künftig eine höhere Menge an Konsumgütern produziert werden (z. B. Menge E, d. h. 8 Mio. t Getreide), so lässt sich dies nur unter Verzicht auf eine bestimmte Menge an

Investitionsgütern (ca. 400 km Straßen) realisieren. Dieser **Substitutionsvorgang** entlang der Transformationskurve kann mithilfe der Opportunitätskosten gemessen werden. Dieses Messkonzept gibt beispielsweise an, auf welche Menge an Produktionsgütern verzichtet werden muss, wenn die Menge an Konsumgütern um eine Mengeneinheit steigen soll.

> **Merke:**
>
> **Opportunitätskosten** $= \dfrac{\text{Verringerung der Menge der Produktionsgüter}}{\text{Erhöhung der Menge der Konsumgüter}}$

Die Zunahme der Opportunitätskosten lässt sich aus dem Verlauf der Produktionsmöglichkeitenkurve begründen.

Die dargestellte Produktionsmöglichkeitenkurve verläuft konvex, d. h., sie hat einen nach außen gekehrten „Bauch". Warum? Um 2 Mio. Tonnen Getreide zu erhalten, müssen wir auf 100 km Straße verzichten. 4 Mio. Tonnen Getreide erfordern bereits einen Verzicht auf 300 km Straße. Der Grund ist darin zu sehen, dass bei steigender Getreideproduktion zum einen Arbeitskräfte in der Landwirtschaft angestellt werden müssen, die die Arbeit dort nicht kennen, entsprechend langsamer arbeiten und Fehler machen, und zum anderen Böden herangezogen werden müssen, die unfruchtbarer sind bzw. klimatisch ungünstiger als die bisherigen liegen, was wiederum ein Mehr an Düngemitteln und Maschineneinsatz bzw. Arbeitseinsatz bedeutet. Bei zunehmender Getreideproduktion nimmt also der Einsatz von Mensch und Maschine überproportional zu.[1]

1.6.3 Minimalkostenkombination

Bei der Minimalkostenkombination wird diejenige Kombination der Produktionsfaktoren gesucht, die bei gegebenem **Kostenbudget den höchsten Output** erbringt bzw. bei gegebener Ausbringungsmenge die **geringsten Kosten** verursacht. Die Preise der einzelnen Produktionsfaktoren sind dabei ebenso vorgegeben wie die Technologie.

> **Merke:**
>
> Eine **Minimalkostenkombination** ist die Umsetzung des **ökonomischen Prinzips** im **Produktionsbereich** einer Unternehmung. So wird entweder ein **gegebenes Ziel** mit geringstem Aufwand (Minimumversion) angestrebt, oder es soll mit **gegebenem Aufwand** (Maximumversion) eine möglichst große Ausbringungsmenge erreicht werden.

Voraussetzung für das Auffinden der Minimalkostenkombination ist, dass die Produktionsfaktoren untereinander **austauschbar (substituierbar)** sind. Durch die Substitution besteht die Möglichkeit, eine bestimmte Ausbringungsmenge durch verschiedene, technisch gleich effiziente Kombination von Produktionsfaktoren zu erstellen.

---

[1] Anders ausgedrückt: Mit zunehmendem Einsatz von Arbeit und sonstiger Produktionsmittel nimmt der physische (körperliche) Ertrag nur unterproportional zu („Ertragsgesetz").

1.6.4 Faktorsubstitution

Es wurde bereits deutlich, dass die Produktion das Ergebnis eines **Kombinationsprozesses** von Produktionsfaktoren (kurz: **„Faktoren"**) ist. Ändert sich das technische Wissen und/oder ändern sich die Faktorpreise, werden auch die Produktionsfaktoren ganz oder teilweise gegeneinander ausgetauscht, d. h. **substituiert**.

Beispiele:

Menschliche Arbeit wird durch Maschinenarbeit – Metalle, Holz und Leder durch Kunststoffe – Heizöl durch Sonnenenergie ersetzt.

Merke:

Die Wandlungen der Produktionsverhältnisse sind durch ständige **Substitutionsvorgänge** gekennzeichnet.

Beispiel:

Das Kombinations- und Substitutionsproblem lässt sich am besten mit einer Boulding-Tabelle[1] verdeutlichen. Die **Zeilen** zeigen die mögliche mengenmäßige Produktion (Ausbringung, Output) bei unterschiedlichem Einsatz (Input) des Produktionsfaktors A (im Beispiel Arbeit), die **Spalten** die mögliche mengenmäßige Produktion bei unterschiedlichem Einsatz des Produktionsfaktors M (im Beispiel Maschinen).

Einsatzmenge des Produktionsfaktors M (Maschinen)	Ausbringung (Stanzteile)									
10	25	40	50	58	66	74	81	89	95	100
9	24	39	49	56	63	70	78	84	90	95
8	23	38	48	53	60	68	74	80	85	89
7	22	37	46	50	57	64	70	74	75	81
6	21	35	43	47	54	60	66	70	72	74
5	20	33	40	44	50	55	59	63	65	66
4	18	29	36	40	44	50	52	54	57	58
3	16	25	30	33	37	40	43	46	48	50
2	13	20	23	25	28	30	33	36	38	40
1	10	13	15	17	19	21	22	23	24	25
	1	2	3	4	5	6	7	8	9	10

Einsatzmenge des Produktionsfaktors A (Arbeit in Stunden)

Aus der Tabelle lässt sich somit ablesen, dass z. B. beim Einsatz von 4 Arbeitsstunden und 7 Maschinen je Periode ein Output von 50 (im Beispiel 50 Stanzteile) erzeugt werden kann.

Welche Kombination der Betrieb tatsächlich wählt, hängt von den Faktorpreisen ab. Setzt sich der Betrieb z. B. zum Ziel, 50 Stanzteile zu produzieren, könnte er – falls er die Kosten[2] außer Betracht lässt – folgende Faktorkombinationen wählen:

Arbeit in Stunden:	3	4	5	6	10
Zahl der Maschinen:	10	7	5	4	3

---

[1] Vgl. Woll, A.: Allgemeine Volkswirtschaftslehre, 4. Aufl. 1994, S. 113.
[2] Kosten: Faktoreinsatzmenge · Preise

Beträgt der Stundenlohn 40,00 EUR und die Maschinenkosten 60,00 EUR je Maschine, erhält man folgende Werte:

Arbeitskosten (Löhne):	120,00	160,00	200,00	240,00	400,00
Maschinenkosten:	600,00	420,00	300,00	240,00	180,00
Gesamtkosten:	720,00	580,00	500,00	480,00	580,00

Bei einem Stundenlohn von 40,00 EUR und Kosten von 60,00 EUR je Maschine wird der Betrieb die Faktorkombination 6 Arbeitsstunden und 4 Maschinen wählen, weil dies die kostengünstigste Faktorkombination ist, um 50 Stanzteile herzustellen.

Steigen die Löhne auf 65,00 EUR bei gleichbleibenden Maschinenkosten, wird der Produktionsfaktor Arbeit im Verhältnis zum Produktionsfaktor Maschinen teurer. Deswegen werden Arbeitsstunden durch Maschinen substituiert, **wenn der Betrieb nach dem ökonomischen Prinzip** (hier nach dem **Minimalprinzip**) handelt.

Arbeitskosten (Löhne):	195,00	260,00	325,00	390,00	650,00
Maschinenkosten:	600,00	420,00	300,00	240,00	180,00
Gesamtkosten:	795,00	680,00	625,00	630,00	830,00

Die kostengünstigste Faktorkombination („Minimalkostenkombination") besteht jetzt aus dem Arbeitseinsatz von 5 Arbeitsstunden (5 · 65,00 EUR) und 5 Maschinen (5 · 60,00 EUR).

Bei einer Produktion mit **nicht austauschbaren** Produktionsfaktoren (**limitationale** Produktionsfunktion) gibt es nur eine effiziente Ausbringungsmenge, die ausschließlich durch technische Gegebenheiten bestimmt wird.

> **Beispiele:**
>
> Ein Fahrrad und ein Fahrradkurier, ein Lkw und ein Lkw-Fahrer.

Ein Austausch der einzelnen Produktionsfaktoren wäre nicht sinnvoll, da die Faktoren in einem festen Verhältnis zueinander stehen.

1.6.5 Ökonomische und soziale Folgen einer Faktorsubstitution

Von der Faktorsubstitution ist hierzulande in erster Linie der Produktionsfaktor **Arbeit** betroffen, der zumeist durch den Produktionsfaktor Kapital ersetzt wird.

> **Merke:**
>
> Der **Austausch des Faktors Arbeit durch das Kapital** setzt sich insbesondere immer dann weiter fort, wenn sich der **Faktor Arbeit** durch entsprechende Lohnsteigerungen oder durch die Erhöhung von Lohnnebenkosten weiter **verteuert** bzw. der **technische Fortschritt** neue Möglichkeiten eines Austauschprozesses erschließt.

> **Beispiele:**
>
> - Die Entwicklung von Geldausgabeautomaten oder Kontoauszugsdruckern ermöglichte die Freisetzung von Kassierern und Servicepersonal in Banken und Sparkassen.
> - Die Entwicklung von Schweißrobotern sorgte für Massenentlassungen in der Automobilindustrie.

Die Auswirkungen dieses andauernden Substitutionsprozesses führen u. a. zu einer **Zunahme der Arbeitslosigkeit** mit den entsprechenden negativen Begleiterscheinungen für den Einzelnen und die Gesamtheit.

Kategorie	Erläuterungen
Folgen für den Einzelnen	■ Für den Arbeitslosen selbst ergeben sich zunächst **finanzielle** Folgen. So verringert sich durch die Arbeitslosigkeit sein verfügbares Einkommen. Gleichzeitig erhöht sich sein Rentenanspruch nicht in dem Maße, wie dies bei Fortbestehen des Beschäftigungsverhältnisses der Fall wäre. ■ Neben den finanziellen Folgen hat die Arbeitslosigkeit **soziale** Auswirkungen. So verliert der Arbeitslose nicht nur die sozialen Kontakte zu den Arbeitskollegen. Meist sinkt auch sein gesellschaftliches Ansehen. Die mangelnde gesellschaftliche Anerkennung und die fehlende Selbstverwirklichung im Beruf können ebenfalls zu psychischen Belastungen führen. ■ Bei längerer Arbeitslosigkeit findet zudem eine **Entwertung der Qualifikation** des Betroffenen statt.
Folgen für die Gesamtheit	■ Zunächst bedeutet Arbeitslosigkeit eine erhebliche **Belastung des Staatshaushaltes** (fehlende Einnahmen aus der Lohn- und Einkommensteuer) und der **Sozialsysteme** in zweierlei Hinsicht. So erhöhen sich durch die zu leistenden Transferzahlungen in Form von Arbeitslosengeld I oder Arbeitslosengeld II nicht nur die Ausgaben der Arbeitslosenversicherung bzw. des Bundes, vielmehr **sinkt** gleichzeitig auch das **Beitragsaufkommen der Sozialversicherung**. Die aus sinkenden Beitragseinnahmen bei gleichzeitig steigenden Ausgaben entstehende Finanzierungslücke bei den Sozialsystemen kann häufig nur durch einen höheren **Zuschuss** aus dem Bundeshaushalt geschlossen werden. ■ Durch das Absinken des verfügbaren Einkommens bei den Arbeitslosen **verringert** sich auch die **Inlandsnachfrage**. Dies wiederum kann eine weitere Arbeitskräftefreisetzung zur Folge haben; zudem **sinkt** das **Steueraufkommen**. ■ Schließlich stehen vielen Beziehern von Arbeitslosengeld II aufgrund des geringen Einkommens weitere staatliche Hilfen zu (z. B. Wohngeld, Kinderzuschlag für bedürftige Familien), die die öffentlichen Kassen zusätzlich belasten.

Gleichwohl können von dem Substitutionsprozess auch positive Auswirkungen auf die Arbeitskräfte ausgehen, indem neue Techniken die Arbeitskräfte entlasten (z. B. Entlastung von zeitintensiven Routinearbeiten). Des Weiteren werden die Arbeitskräfte durch den Substitutionsprozess mehr gefordert, wodurch auch die Motivation der Mitarbeiter wächst.

Schließlich trägt der Substitutionsprozess auch zu einer Mehrung des Wohlstandes bei. So ist in vielen Bereichen durch entsprechenden Maschineneinsatz die Fertigung großer Stückzahlen möglich. Dies führt nicht nur zu einer Ausweitung des Güterangebots insgesamt, sondern nach dem Gesetz der Massenproduktion[1] über fallende Stückkosten auch zu sinkenden Preisen bei den entsprechenden Produkten. Dies ermöglicht einem größeren Kreis von Nachfragern den Kauf oder Zusatzkonsum dieser Produkte, sodass eine Besserversorgung der Bevölkerung erreicht wird.

---

[1] Mit steigender Produktionsmenge sinken die Produktionskosten pro Stück. Während die variablen Kosten pro Stück konstant bleiben, sinken die fixen Kosten pro Stück mit zunehmender Beschäftigung.

1.7 Betriebs- und volkswirtschaftliche Kostenbegriffe

(1) Betriebswirtschaftlicher Kostenbegriff

In der Kostenrechnung werden nur die Aufwendungen erfasst, die ursächlich im Zusammenhang mit der Herstellung, der Lagerung und dem Verkauf der Erzeugnisse stehen.

Merke:

Unter dem Begriff **Kosten** versteht man den betrieblichen und relativ regelmäßig anfallenden Güter- und Leistungsverzehr zur Erstellung betrieblicher Leistungen, gemessen in Geld (z. B. Löhne, Gehälter, Geschäftsmiete, Aufwendungen für Rohstoffe, Bürobedarf).

Die **Begriffsbestimmung der Kosten** enthält somit **drei Wesensmerkmale:**

- Kosten können sich sowohl im **Verbrauch von Gütern** als auch in **erbrachten Diensten** niederschlagen.
- Kosten sind in **Geldeinheiten** bewertet.
- Kosten stehen in einem **unmittelbaren Bezug zu den Leistungen**, sie sind also leistungsbedingt.

(2) Externe Kosten (soziale Kosten)

- **Begriffsklärungen**

Externe Kosten sind zurückzuführen auf sogenannte externe Effekte[1].

Merke:

- Wirkungen, bei denen **Verursacher** und **Betroffener nicht** übereinstimmen, bezeichnet man als **externe Effekte**.
- Kosten, die nicht demjenigen angelastet werden, der sie verursacht hat, bezeichnet man als **externe Kosten** oder **soziale Kosten**.

Externe Effekte liegen immer dann vor, wenn durch Produktion bzw. Konsum anderen Wirtschaftssubjekten Vorteile (externe Erträge) oder Nachteile (externe Kosten) entstehen.

Beispiele:

Externe Erträge: Umwelt erhaltende Tätigkeit der Landwirtschaft, Nutzung der Infrastruktur; Ausbildungsleistung der Unternehmen.	**Externe Kosten:** Stetiger Abbau nicht ersetzbarer Rohstoffe; Zerstörung der natürlichen Umwelt durch Verbauung und Verschmutzung, Entstehung von Krankheiten durch Lärm, Schmutz und Unfälle.

Als Folge dieser externen Effekte stimmen die einzel- und volkswirtschaftlichen Ertrags- bzw. Kostenrechnungen ökonomischer Aktivitäten nicht überein. So sind bei externen Erträgen die privaten Erträge des „Verursachers" geringer als die gesamtwirtschaftlichen (soziale Erträge), wohingegen bei negativen Effekten der Verursacher gesamtwirtschaft-

---

[1] Vgl. hierzu Kapitel 1.4.2, S. 31f.

lich relevante Kosten verursacht (soziale Kosten), die nicht in seiner privaten Kostenrechnung erscheinen.

> **Merke:**
>
> Durch ein System von **Steuern** und **Subventionen** kann man die **privaten** Kosten an die **sozialen** Kosten angleichen. Während Verursacher externer Kosten z.B. zu besteuern sind, müssten die Verursacher positiver Effekte subventioniert werden.

■ **Problem der Erfassung von externen Kosten**

Der Hauptgrund für die Nichterfassung der externen Kosten ist darin zu sehen, dass die Nutzung des weitgehend „freien Gutes" Umwelt keinen Preis hat und das Marktsystem somit auch nicht die Knappheit dieses Gutes signalisiert. Vor diesem Hintergrund lenken die Marktsignale die Produzenten und Konsumenten in die falsche Richtung. Der **marktwirtschaftliche Selbststeuerungsmechanismus versagt.** Als Folge dieser externen Effekte werden beispielsweise umweltbelastende Güter mit zu niedrigen Preisen kalkuliert und angeboten, als dies bei Zurechnung mit allen durch sie verursachten Kosten – also beispielsweise inklusive der für die Beseitigung der mit ihrer Produktion bzw. mit ihrem Konsum verbundenen Umweltschäden – der Fall wäre. Durch diese verzerrte Preisbildung tritt bei zu hoher Produktion von Umweltproblemgütern eine Fehlsteuerung von Produktion und Verbrauch auf, die mit entsprechenden Umweltschäden verbunden ist.

> **Merke:**
>
> ■ Da die **natürliche Umwelt** ein lebenswichtiges, aber auch knappes Gut ist, muss sie **bewirtschaftet werden,** ihre „Inanspruchnahme" also über den Preis am Markt Berücksichtigung finden.
>
> ■ Die Aufgabe des Staates im Rahmen der **Umweltpolitik** besteht nunmehr darin, diesen **„Defekt des Selbststeuerungsmechanismus"** zu korrigieren; denn solange der Staat als „Anwalt der Umwelt" nicht eingreift, bleiben die externen Kosten unberücksichtigt.
>
> ■ Ziel dieser Politik ist also die **Internalisierung**[1] **der externen Effekte,** d.h., die Wirtschaftsrechnung muss vervollständigt werden mit der Folge, dass die Marktsteuerung wieder funktioniert.

Dem **Verursacherprinzip** folgend müssen also die Kosten für die Vermeidung oder Beseitigung der Umweltbelastung demjenigen zugerechnet werden, der für die Entstehung dieser Belastung verantwortlich ist. Durch diese Zurechnung der Kosten werden umweltbelastende Güter nicht mehr mit zu niedrigen Preisen kalkuliert und angeboten, wodurch eine Fehlsteuerung von Produktion und Konsum vermieden wird. Die Internalisierung externer Effekte ist jedoch sehr problematisch, da beispielsweise der „Verursacher" der Umweltbelastung nicht immer eindeutig identifiziert werden kann. Auch die Wahl des richtigen Instrumentariums stellt die Politik vor Probleme. Zwar sind sich die Politiker und Ökonomen über das Erfordernis der Internalisierung externer Effekte durch die staatliche Umweltpolitik einig, die Meinungen über die Maßnahmen der Zielrealisation gehen allerdings weit auseinander.

---

1 Internalisierung: Zurechnung externer Effekte und dadurch verursachter sozialer Kosten auf den Verursacher.

(3) Opportunitätskosten

Dadurch, dass den unendlich großen Bedürfnissen der Menschen nur begrenzte finanzielle Mittel zu deren Befriedigung zur Verfügung stehen, entsteht ein Spannungsverhältnis. Zur Überwindung der Knappheit der Güter auf der einen Seite und der Knappheit der Kaufmittel auf der anderen Seite sind die Wirtschaftssubjekte gezwungen, zu wirtschaften. **Wirtschaften** bedeutet letztlich nichts anderes, als die aufgezeigten Spannungen durch **planvolles Handeln** so weit wie möglich zu verringern und somit einen **größtmöglichen Nutzen** zu realisieren.

Hierbei gilt es allerdings zu berücksichtigen, dass jede **wirtschaftliche Entscheidung** mit Blick auf die generelle Knappheit ihren Preis hat: den **Nutzenentgang** der **zweitbesten Lösung**. Diesen Nutzenentgang bezeichnet man in der Volkswirtschaftslehre auch als **Opportunitätskosten (Alternativkosten).** Wie derartige Kosten bei alltäglichen Entscheidungen anfallen, verdeutlicht nachfolgendes Beispiel.

> **Beispiel:**
>
> Die 17-jährige Sophie verfügt aufgrund verschiedener Ferienjobs über insgesamt 1 500,00 EUR. Mit diesem Geld könnte nunmehr entweder einer der beiden seit längerer Zeit gehegten Wünsche – eine dreiwöchige Urlaubsreise in die USA anzutreten bzw. einen neuen PC nebst Flachbildschirm und Drucker anzuschaffen – realisiert werden oder das angesparte Kapital für den in naher Zukunft geplanten Kauf eines Autos erhöht werden. Unabhängig davon, für welche Verwendung sich Sophie letztlich auch entscheiden mag, auf die beiden anderen Alternativen muss sie dann (zunächst einmal) verzichten. Dieser Verzicht beziffert dann die Opportunitätskosten ihrer Entscheidung.

> **Merke:**
>
> - Die **Opportunitätskosten (Alternativkosten)** geben an, auf wie viele Einheiten eines Gutes bei der Produktion eines anderen Gutes verzichtet werden muss.
> - Opportunitätskosten entstehen nur für **knappe Produktionsfaktoren,** für **nicht knappe Produktionsfaktoren** sind sie stets **gleich null.**

> **Zusammenfassung**
>
> - Die **Allokation der Produktionsfaktoren** ist dann optimal, wenn bei gegebenen ökonomischen Daten der Nutzengewinn aus der Mehrproduktion eines Gutes den Nutzenverlust aus der Verringerung der Produktion eines anderen Gutes ausgleicht.
> - Das gesamtwirtschaftliche Produktionsergebnis einer Volkswirtschaft, das bei **vollständiger Auslastung (Vollbeschäftigung)** und **optimaler Kombination aller Produktionsfaktoren** hergestellt werden kann, bezeichnet man als **Produktionspotenzial.**
> - Ein **Modell** ist ein von der Wirklichkeit weitgehend losgelöstes Denkschema, dessen Ergebnisse nur unter den von vornherein festgelegten Voraussetzungen gültig sind.
> - Eine **Produktionsfunktion** zeigt die Abhängigkeit eines mengenmäßigen Ertrags vom mengenmäßigen Einsatz eines Produktionsfaktors bzw. einer Produktionsfaktorengruppe.
> - Durch die **Produktionsmöglichkeitenkurve** werden alle möglichen Kombinationen von zwei Gütern aufgezeigt, die in einer Volkswirtschaft bei voller Ausschöpfung des Produktionspotenzials und optimaler Kombination der Produktionsfaktoren höchstens hergestellt werden können.

- Eine **Minimalkostenkombination** ist letztlich die Umsetzung des **ökonomischen Prinzips** im Produktionsbereich einer Unternehmung. So wird entweder ein gegebenes Ziel mit geringstem Aufwand (Minimumversion) angestrebt oder es soll mit gegebenem Aufwand (Maximumversion) eine möglichst große Ausbringungsmenge erreicht werden.
- Ändert sich das technische Wissen und/oder die Faktorpreise, werden auch die **Produktionsfaktoren substituiert**. Hiervon betroffen ist insbesondere der Produktionsfaktor Arbeit, der zumeist durch den Produktionsfaktor Kapital ersetzt wird.
- Unter dem Begriff **Kosten** versteht man den betrieblichen und relativ regelmäßig anfallenden Güter- und Leistungsverzehr zur **Erstellung** betrieblicher Leistungen gemessen in Geld.
- Wirkungen, bei denen Verursacher und Betroffener **nicht** übereinstimmen, bezeichnet man als **externe Effekte**.
- Durch ein System von Steuern und Subventionen kann man die **privaten Kosten** an die **sozialen** Kosten **angleichen**. Während Verursacher externer Kosten z. B. zu besteuern sind, müssten die Verursacher positiver Effekte subventioniert werden.
- **Opportunitätskosten** sind der entgangene Nutzen für die beste, nicht gewählte Handlungsalternative.
- Opportunitätskosten entstehen nur für **knappe Produktionsfaktoren**, für **nicht knappe** Produktionsfaktoren sind sie stets **gleich null**.

Übungsaufgaben

9 Für eine Volkswirtschaft gilt nebenstehende Substitutionstabelle mit zwei Gütern, und zwar „Maschinen" (stellvertretend für Zukunftsgüter) und „Personenwagen" (stellvertretend für Gegenwartsgüter).

Möglich-keiten	Personenwagen (je Periode)	Maschinen (je Periode)
A	6 000	–
B	5 000	2 000
C	4 000	3 000
D	3 000	3 800
E	2 000	4 500
F	1 000	5 000
G	–	5 250

Aufgaben:

1. Zeichnen Sie die Produktionsmöglichkeitenkurve!
2. Die Darstellung der Wahlentscheidung mithilfe von Produktionsmöglichkeitenkurven ist ein stark vereinfachendes Modell.
   2.1 Erklären Sie, was unter einem Modell zu verstehen ist!
   2.2 Begründen Sie die Notwendigkeit, mit volkswirtschaftlichen Modellen zu arbeiten!
3. Erläutern Sie, was die von Ihnen gezeichnete Produktionsmöglichkeitenkurve (Aufgabe 1) aussagt!
4. Begründen Sie, warum die in Aufgabe 1 gezeichnete Produktionsmöglichkeitenkurve konvex verläuft!
5. Angenommen, die in Aufgabe 1 genannte Volkswirtschaft stellt 3000 Personenwagen und 2500 Maschinen her. Welche gesamtwirtschaftliche Situation liegt vor? Begründen Sie Ihre Antwort!
6. Angenommen, die Nachfrage nach Personenwagen beträgt 4000 Stück je Periode und die Nachfrage nach Maschinen 4500 Stück je Periode. Welche gesamtwirtschaftliche Situation liegt vor? Begründen Sie Ihre Antwort!
7. Suchen Sie nach einem sinnvollen Zahlenbeispiel, bei dem Sie lineare Produktionsmöglichkeitenkurven erhalten!
8. Nennen und begründen Sie die Faktoren, die den Verlauf einer Produktionsmöglichkeitenkurve bestimmen!

9. Erläutern Sie gesellschafts- und wirtschaftspolitischen Vor- und Nachteile die sich ergeben, wenn sich eine Volkswirtschaft zur verstärkten Produktion von Zukunftsgütern (Produktionsgütern) zulasten der Produktion von Gegenwartsgütern (Konsumgütern) entschließt!
10. Stellen Sie dar, wie sich Ihre Antwort ändert, wenn Sie annehmen, dass in einer vollbeschäftigten Wirtschaft die Produktion militärischer Güter zulasten der Produktion ziviler Güter ausgedehnt wird!
11. Verdeutlichen Sie den Unterschied der Produktionsmöglichkeiten einer
    11.1 unterbeschäftigten und
    11.2 vollbeschäftigten Wirtschaft!

10
1. Erläutern Sie, inwiefern die Produktion einen ständigen Kombinationsprozess von Produktionsfaktoren darstellt!
2. Erläutern Sie, inwiefern die Produktion einen ständigen Substitutionsprozess von Produktionsfaktoren darstellt!
3. In der Tabelle auf Seite 54 wird gezeigt, mit welchen Faktorkombinationen ein Betrieb eine bestimmte Menge Stanzteile erzeugen kann.

   Aufgaben:
   3.1 Nennen Sie die Faktorkombinationen, mit denen der Betrieb jeweils 40 Stanzteile erzeugen kann!
   3.2 Angenommen, der Betrieb setzt sich zum Ziel, 40 Stanzteile zu erzeugen. Die Arbeitskosten betragen 40,00 EUR je Stunde, die Maschinenkosten belaufen sich auf 30,00 EUR je Maschine. Entscheiden Sie, welche Faktorkombination der Betrieb wählen wird, wenn er nach dem ökonomischen Prinzip handelt!

11
„Durch die Anwendung neuer Techniken, durch Produktionsveränderungen und durch organisatorische Rationalisierungsmaßnahmen werden Arbeitsinhalte verändert und bisherige Tätigkeiten überflüssig. Herkömmliche Qualifikationen werden nutzlos. Das Veränderungstempo beschleunigt sich. Eine Analyse des Bundesministeriums für Forschung und Technologie lässt erkennen, dass vor allem diejenigen Branchen Beschäftigungszuwächse erzielt haben, die überdurchschnittlich Informations- und Kommunikationstechniken einsetzen.

Als Folgen für den Arbeitnehmer sind zu erwarten bzw. bereits eingetreten:
– Traditionelle soziale Strukturen der Arbeitswelt werden zerstört, weil der Bildschirm zum neuen ‚Arbeitskollegen' und Gesprächspartner wird wie zum Beispiel bei der computergesteuerten Sachbearbeitung.
– Facharbeiterqualifikationen werden nicht mehr benötigt, wenn zum Beispiel CAD-Systeme[1] die Aufgaben von technischen Zeichnern übernehmen.
– Die Automatisierung in der Produktion wird vor allem an- und ungelernte Arbeitskräfte freisetzen, so können zum Beispiel Industrieroboter komplette Montagetätigkeiten in der Automobilproduktion durchführen.
– Im Büro übernehmen Textsysteme die Tätigkeit der Schreibkräfte sowie Routinetätigkeiten der Sachbearbeiter. So wurden in Versicherungskonzernen durch Textverarbeitungssysteme bis zu 30% der Beschäftigten eingespart.
– Industrieroboter ersetzen nach Untersuchungen in Automobilfabriken im Durchschnitt vier Arbeitskräfte.
– Numerisch gesteuerte Werkzeugmaschinen haben die vierfache Produktivität gegenüber konventionellen Maschinen.
– CAD-Systeme in Konstruktionsbüros sparen bis zu 20% der technischen Zeichner und Detailkonstrukteure ein.

Die durch die neuen Technologien veränderten Arbeitsplatzinhalte erfordern zunehmend folgende Qualifikationen:
– Kreativität,
– abstraktes, theoretisches Denken (Umgang mit Software),
– planerisches Denken (Flussdiagramme, Software-Abläufe),
– Bereitschaft zur Teamarbeit,

---

[1] Unter **C**omputer **A**ided **D**esign (CAD) versteht man computerunterstütztes Konstruieren. Das Zeichenbrett wird hier durch den Bildschirm ersetzt.

- Flexibilität (Akzeptanz neuer Verfahren),
- Lernbereitschaft ('lebenslanges Lernen').

Allerdings muss bei allen Auswirkungen des Einsatzes der neuen Technologien auf die Arbeitsplätze auch berücksichtigt werden, dass Arbeitslosigkeit auch von anderen Einflüssen abhängig ist wie zum Beispiel von konjunkturellen Einflüssen, von internationaler Konkurrenz, vom Arbeitszeitvolumen. Viele Untersuchungen beziehen sich zudem einseitig auf eine Betrachtung des industriellen Sektors. Hier erhebt sich die Frage, ob diese Betrachtung gerechtfertigt ist, d.h., ob dieser Sektor zukünftig eine große Rolle für die Beschäftigung spielen wird."

Quelle: HENNING, B.: Sozioökonomische Perspektiven der neuen Technologien, in: Grundfragen der Ökonomie, hrsg. von der Bundeszentrale für politische Bildung, Bonn 1989, S. 390f.

Aufgaben:
1. Erläutern Sie, von welchem Substitutionsprozess in obigem Textauszug die Rede ist!
2. Nennen Sie negative Auswirkungen dieses Substitutionsprozesses!
3. Begründen Sie, ob der genannte Substitutionsprozess auch positive Auswirkungen für die Arbeitskräfte haben kann!
4. Im obigen Text wird gesagt, dass Arbeitslosigkeit u.a. vom Arbeitszeitvolumen abhängig sei. Erklären Sie diese Aussage!

1.8 Güterverteilung

1.8.1 Problemstellung

Der deutsche Philosoph Friedrich Nietzsche[1] führte einmal an, dass es sich bei Politik darum handele, möglichst vielen ein erträgliches Leben zu ermöglichen. Aus gesamtwirtschaftlicher Sicht formuliert bedeutet dies letztlich, den **Gesamtnutzen** der innerhalb eines Staates Lebenden möglichst zu optimieren. Somit wird nicht die Nutzenmaximierung des Einzelnen, des Individuums, gesucht, sondern eine Aggregation[2] über alle Individuen hinweg.

Da jedes Individuum eigene Interessen hat und verfolgt, gibt es innerhalb einer Gesellschaft unterschiedliche Vorstellungen bezüglich der Güterverteilung. Finden sich darüber hinaus Gemeinschaften von Individuen mit gleichen Interessen zusammen, kommt es zur **Bildung von Interessengruppen,** welche nunmehr aufgrund ihrer gemeinsamen „Schlagkraft" mehr Macht als Einzelpersonen ausüben können. Im Zusammenhang mit der Verteilungspolitik kommt dem Begriff einer **„gerechten" Verteilung** bei den unterschiedlichsten Interessengruppen eine zentrale Rolle zu, **ohne** dass dieser Begriff jedoch mit **konkreten** oder gar **wertneutralen Inhalten** gefüllt wäre. So ist es nicht verwunderlich, dass es durch die Subjektivität der einzelnen am Verteilungsprozess beteiligten Gruppen zu **Verteilungskonflikten** bei der Güterverteilung kommt.

> **Merke:**
>
> Die **Verteilungspolitik** innerhalb des Staates umfasst die **Verteilung von Einkommen und Vermögen** zwischen Arm und Reich (z.B. Spitzenverdienern und Geringverdienern), zwischen Jung und Alt (z.B. Arbeitnehmern und Rentnern) und die **Bereitstellung öffentlicher Güter.**

Die Einkommens- und Vermögensverteilung entscheidet letztlich auch über die **Güterverteilung** innerhalb einer Volkswirtschaft. Vor diesem Hintergrund gewinnt insbesondere folgende **Frage** enorm an Bedeutung: **Für wen soll produziert werden?**

---
[1] Friedrich Nietzsche 1844 – 1900.
[2] Aggregation: Anhäufung.

1.8.2 Gerechte Einkommens- und Vermögensverteilung

1.8.2.1 Grundlagen

Das wichtigste **Ziel der Einkommens- und Vermögensverteilung** ist, jeder Person innerhalb einer Volkswirtschaft, die Erzielung eines zur **Existenzsicherung** ausreichenden Einkommens zu ermöglichen. Gelingt dies nicht, ist in einer **sozialen Marktwirtschaft**[1] der **Staat** gefragt. Seine Aufgabe im Rahmen der Verteilungspolitik besteht nunmehr darin, über eine **Umverteilung (Redistribution)** die Marktergebnisse zu korrigieren.

Die konkrete Ausgestaltung dieses staatlichen Eingreifens im Rahmen der Verteilungspolitik ist **allerdings** eng mit der Frage nach einer **„gerechten" Verteilung** verknüpft. Eine Antwort darauf, welche Einkommens- und Vermögensverteilung als gerecht anzusehen ist, lässt sich **objektiv** nicht geben. Schließlich ist **Gerechtigkeit** ein **Empfinden** und als solche nicht **absolut** messbar. Eine gerechte Einkommens- und Vermögensverteilung wäre demzufolge allenfalls dann realisiert, wenn **alle** Wirtschaftssubjekte einer Gesellschaft ihre relative Einkommens- und Vermögensposition als gerecht ansehen. Eine derartige Zieldefinition dürfte allerdings in der Realität nicht zu erreichen sein.

1.8.2.2 Verteilungsprinzipien

Grundsätzliche Bezugsgrößen einer gerechten Verteilung sind **Bedarf** und **Leistung**. Hieraus lassen sich zwei Verteilungsprinzipien ableiten:

Leistungsprinzip	Es besagt, dass jeder das Einkommen (und somit auch Vermögen) erhalten soll, das dem Wert des von ihm erbrachten Beitrages innerhalb des Produktionsprozesses entspricht.
Bedarfsprinzip	Bei diesem Prinzip wird die Stellung der Wirtschaftssubjekte als Konsumenten betont. Ausgangspunkt bildet die Überlegung, dass die Wirtschaftssubjekte zu ihrer physischen und kulturellen Existenz einer ausreichenden Menge an Güter bedürfen. Die Umsetzung dieses Verteilungsprinzips erfordert zweifelsohne die größte Umverteilung staatlicherseits. Allerdings gibt es bis heute noch keinen Konsens über eine einheitliche Verteilungsnorm nach dem Bedarfsprinzip.

Wenn also das wirtschaftspolitische Ziel einer „gerechten" Einkommens- und Vermögensverteilung inhaltlich **nicht verbindlich festgelegt** werden kann, so besteht doch heute weitgehend Einigkeit darüber, dass die personalen Einkommensunterschiede, wie sie sich als Ergebnis des Marktprozesses bilden, durch Umverteilung verringert werden sollen.

> **Merke:**
>
> Das **Ziel der Verteilungspolitik** besteht primär darin, zu einer **gleichmäßigeren Verteilung** von Einkommen und Vermögen innerhalb einer Gesellschaft beizutragen.

Welches Verständnis bezüglich der **sozialen Gerechtigkeit** innerhalb der Bevölkerung aktuell vorherrscht, verdeutlicht nachfolgendes Umfrageergebnis.

---
1 Vgl. hierzu Kapitel 2.2, S. 93ff.

Was soziale Gerechtigkeit bedeutet

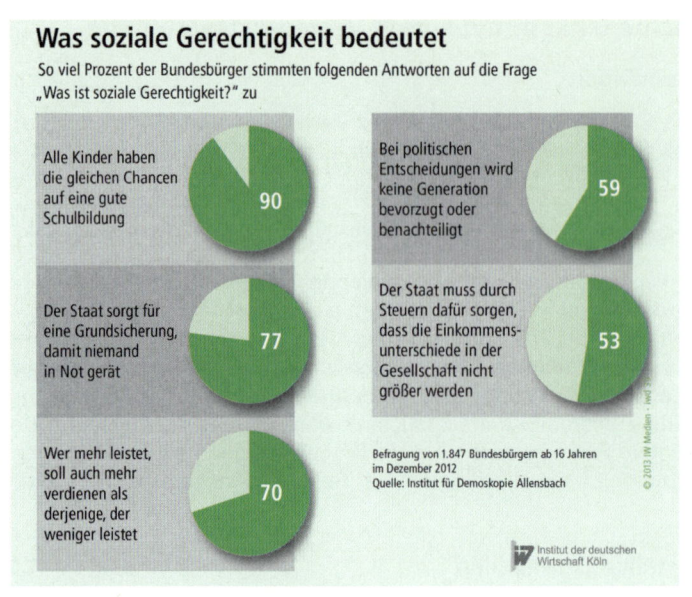

So viel Prozent der Bundesbürger stimmten folgenden Antworten auf die Frage „Was ist soziale Gerechtigkeit?" zu

- Alle Kinder haben die gleichen Chancen auf eine gute Schulbildung: **90**
- Bei politischen Entscheidungen wird keine Generation bevorzugt oder benachteiligt: **59**
- Der Staat sorgt für eine Grundsicherung, damit niemand in Not gerät: **77**
- Der Staat muss durch Steuern dafür sorgen, dass die Einkommensunterschiede in der Gesellschaft nicht größer werden: **53**
- Wer mehr leistet, soll auch mehr verdienen als derjenige, der weniger leistet: **70**

Befragung von 1.847 Bundesbürgern ab 16 Jahren im Dezember 2012
Quelle: Institut für Demoskopie Allensbach

© 2013 IW Medien – iwd

Institut der deutschen Wirtschaft Köln

Quelle: iw-dienst Nr. 39, 26. September 2013.

1.8.2.3 Maßnahmen der Einkommens- und Vermögensverteilung

(1) Überblick

Die Maßnahmen zur Einkommens- und Vermögensverteilung lassen sich in Abhängigkeit ihres Verteilungsansatzes grundsätzlich in **drei Kategorien** einteilen:

- Einflussnahme auf die **funktionale Einkommensverteilung**: Beeinflussung der Lohnsätze **(Primärverteilung)**,
- Einflussnahme auf die **personelle Einkommensverteilung**: Maßnahmen des Staates zur Einkommensumverteilung **(Sekundärverteilung)**,
- **Vermögenspolitik**.

(2) Primärverteilung (funktionale Einkommensverteilung)

> **Merke:**
>
> Unter **Primärverteilung** versteht man die Verteilung des Einkommens auf die Wirtschaftssubjekte entsprechend ihrer **Beteiligung am Produktionsprozess**.

Die Gestaltung der Primärverteilung ist in der Bundesrepublik Deutschland **Aufgabe der Tarifparteien**. Die Tarifauseinandersetzungen und somit die **Verteilung des Ergebnisses des Produktionsprozesses** werden über die Verbände der Arbeitgeber auf der einen Seite und den Gewerkschaften als Arbeitnehmervertreter auf der anderen Seite ausgehandelt. Aus diesen Verteilungskämpfen **hält sich der Staat hierzulande weitestgehend heraus**; schließlich sind die Tarifparteien gemäß Artikel 9 des Grundgesetzes **(Tarifautonomie) von staatlichen Weisungen unabhängig**. Ein **direktes Einwirken** des Staates auf die primäre Einkommensverteilung ist also **nicht** möglich.

(3) Sekundärverteilung (personelle Einkommensverteilung)

> **Merke:**
>
> Als **sekundäre Einkommensverteilung** bezeichnet man das Ergebnis, das sich **nach dem Eingreifen des Staates** in die Verteilung der am Markt erzielten Einkommen ergibt.

Im Gegensatz zur Primärverteilung stehen dem Staat im Rahmen der **Sekundärverteilung** vielfältige Gestaltungsmöglichkeiten zur Verfügung, wodurch die Ergebnisse der Primärverteilung korrigiert werden können. Dabei basiert die **staatliche Umverteilung (Redistribution)** im Wesentlichen auf **drei Säulen:**

- Erhebung von **Steuern,**
- Zahlung von **Transfers und Subventionen,**
- Angebot von **öffentlichen Gütern.**

(4) Vermögenspolitik

Im Rahmen der Vermögenspolitik kann der Staat entweder die **Umverteilung von Vermögensbeständen** verfolgen oder die **Vermögensbildung fördern.** Während die Umverteilung vorhandenen Vermögens – beispielsweise im Wege von Enteignungen – den radikalsten Weg darstellt und mit Blick auf Artikel 14 Grundgesetz nur in Ausnahmefällen gegen volle Entschädigung zulässig ist, scheint die Vermögensbildungspolitik vom Ansatz her besonders gut geeignet, eine gleichmäßigere Verteilung des Volkseinkommens auf die Haushalte zu realisieren.

Schließlich ist das heutige Ungleichgewicht bei der Verteilung von Einkommen vor allem darauf zurückzuführen, dass viele Haushalte praktisch nur eine Einkunftsart erzielen (Einkommen aus unselbstständiger Tätigkeit), während einem relativ geringen Bevölkerungsteil von Vermögenden aufgrund von Eigentumsrechten zusätzlich Zins-, Pacht-, Miet- und Gewinneinkünfte zufließen.

In der Bundesrepublik Deutschland wird vorrangig die **Vermögensbildung** für einkommensschwächere Personenkreise gefördert, insbesondere durch das 5. Vermögensbildungsgesetz und die sogenannte Riester-Rente.

5. Vermögens-bildungsgesetz	■ Es sieht vor, dass der Arbeitgeber für den Arbeitnehmer Geld in Form bestimmter Vermögensanlagen (z.B. Bausparverträge, Sparverträge bei einem Kreditinstitut) anlegt **(vermögenswirksame Leistungen).** ■ Die vermögenswirksame Sparleistung wird staatlich durch eine **Arbeitnehmersparzulage** gefördert, wobei Grenzen bei der Höhe der Sparleistung sowie Einkommensgrenzen einzuhalten sind.
Riester-Rente[1]	Sie ist eine Möglichkeit, eine **zusätzliche Altersversorgung** aufzubauen. Die Beitragszahlungen werden vom Staat in Form von **Zulagen** und **Steuervorteilen** gefördert. Allerdings muss wegen der Förderung in der Ansparphase die Rentenzahlung im Alter voll versteuert werden. Die Riester-Verträge gibt es bei Banken, Fonds-Gesellschaften und Versicherungsunternehmen.

---

[1] Die Bezeichnung Riester-Rente geht auf Walter Riester zurück, der als Bundesminister für Arbeit und Sozialordnung die Förderung der freiwilligen Altersvorsorge durch eine Altersvorsorgezulage vorschlug.

1.8.3 Internationale Verteilungsprobleme

Trotz der Globalisierung zeigt die Zusammensetzung und Entwicklung der **globalen Wertschöpfung**,[1] dass das **Wohlstandsgefälle** zwischen den reichen und den armen Staaten bis heute nicht geringer, sondern eher größer geworden ist. Eine wesentliche Umverteilung des Wohlstands fand nicht statt; allenfalls **zwei Staatengruppen** konnten den Abstand zu den reichen Industrieländern – gemessen am Bruttoinlandsprodukt pro Kopf – beträchtlich verringern.

Zu den zwei Staatengruppen zählen einerseits die **Staaten im Nahen Osten,** die aufgrund ihrer enormen **Erdölexporte** hohe Einnahmen zu verzeichnen haben. Andererseits handelt es sich um die sogenannten **Schwellenländer,** die ihren Wachstumserfolg insbesondere der **Öffnung** ihrer Volkswirtschaft für den internationalen Handel zu verdanken haben.

Zu den wohl bedeutsamsten Schwellenländern zählen die Volksrepublik China, Südkorea, Taiwan und Singapur. Nachfolgende Abbildung zeigt, wie sich die Ländergruppen der sogenannten **Gruppe der G-20**[2] auf unserem Globus verteilen.

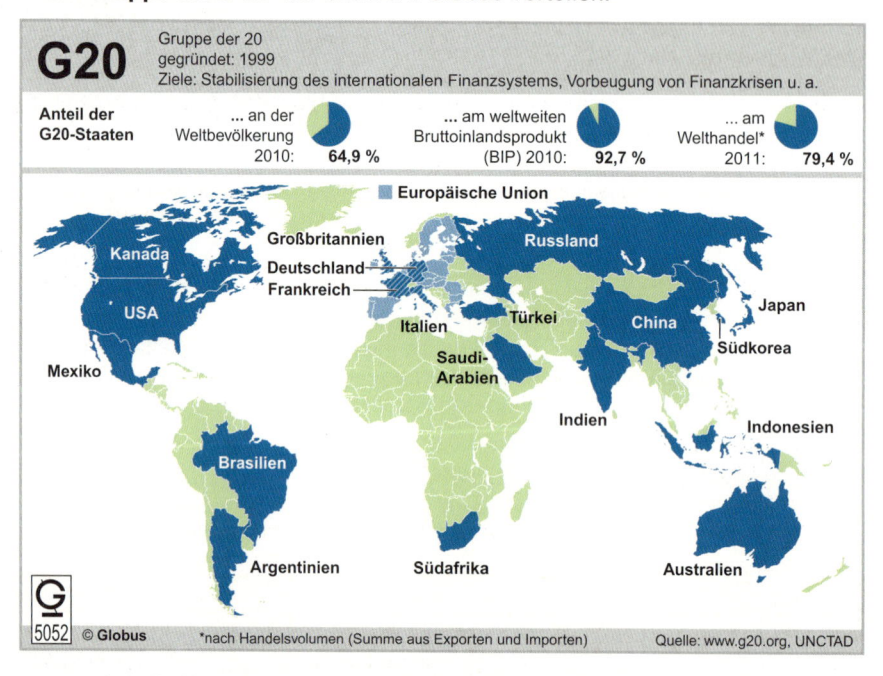

Insgesamt wird die **Ungleichverteilung des Wohlstands** nicht nur in den Entwicklungsländern zunehmend kritisch gesehen. Auch die Industrieländer sind bestrebt, diese Unterschiede aufzulösen, wobei vor allem den wirtschaftspolitischen Regelungen des Welthandels eine besondere Bedeutung beizumessen ist. Nicht zuletzt vor diesem Hintergrund

---

[1] Hierbei handelt es sich um das gesamte weltweit produzierte Sozialprodukt.
[2] Gegründet wurde die G-20 Ende der 1990er-Jahre als Reaktion auf die Finanzkrisen in Asien, Brasilien und Russland. Zur G-20 gehören nicht nur die großen Volkswirtschaften der G8, sondern auch Schwellenländer. Die Europäische Union ist durch den jeweiligen Ratspräsidenten und die Europäische Zentralbank vertreten. Die G-20 vereint Länder ganz unterschiedlicher wirtschaftlicher Stärke: In den USA liegt die Wirtschaftsleistung pro Kopf bei über 40000 US-Dollar, in Indonesien und Indien dagegen zwischen 3000 und 4000 US-Dollar.

sollen Entwicklungs- und Schwellenländer zukünftig verstärkt in den Welthandel und die damit einhergehenden Wohlstandsverbesserungen integriert werden.

Mehr als sieben Milliarden Menschen leben heute auf unserer Erde – rund 85 Prozent davon in den 154 Schwellen- und Entwicklungsländern. Diese Menschen haben aber nur einen Anteil von knapp 50 Prozent an der Weltwirtschaftsleistung und nur 39 Prozent Anteil am Welthandel. Ganz anders die 35 wohlhabenden Industrieländer: Sie stellen nicht einmal 15 Prozent der Weltbevölkerung, stehen aber für über die Hälfte der Weltwirtschaftsleistung und beherrschen den weltweiten Handel mit einem Anteil von 61 Prozent. Beim Blick auf die wirtschaftliche Entwicklung zeigt sich, dass die ärmeren Länder aufholen. So erwartet der Internationale Währungsfonds für die Schwellen- und Entwicklungsländer für 2014 ein Wirtschaftswachstum von 5,1 Prozent (nach 4,5 Prozent im Jahr 2013). In den Industrieländern wird das Wachstum nur zwei Prozent betragen (nach 1,2 Prozent im Jahr 2013). Allerdings muss man berücksichtigen, dass das Wachstum in den weniger entwickelten Ländern von einer niedrigeren Basis ausgeht als in den reichen Industrienationen.

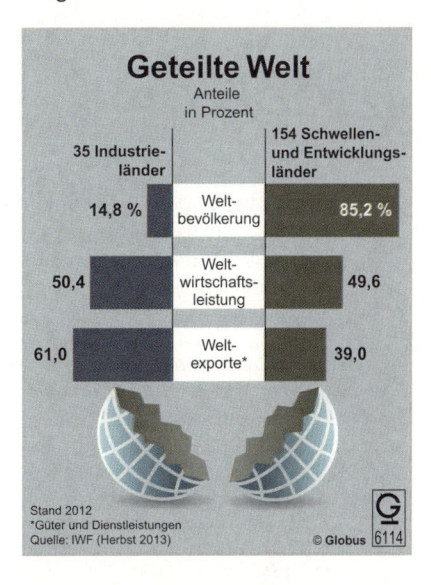

Zusammenfassung

- Die **Verteilungspolitik** innerhalb eines Staates umfasst die Verteilung von Einkommen und Vermögen zwischen Arm und Reich, zwischen Jung und Alt und die Bereitstellung öffentlicher Güter.

- Die **Ziele der Einkommens- und Vermögensverteilung** sind **eng** miteinander **verknüpft** und werden häufig als **Einheit** betrachtet, da Einkommen und Vermögen in einer **Wechselwirkung** zueinander stehen.

- Das **Ziel der Verteilungspolitik** besteht primär darin, zu einer **gleichmäßigeren Verteilung von Einkommen und Vermögen** innerhalb einer Gesellschaft beizutragen.

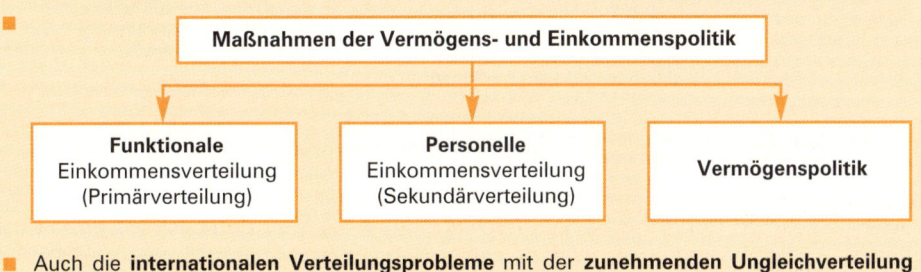

- **Maßnahmen der Vermögens- und Einkommenspolitik**
  - **Funktionale** Einkommensverteilung (Primärverteilung)
  - **Personelle** Einkommensverteilung (Sekundärverteilung)
  - **Vermögenspolitik**

- Auch die **internationalen Verteilungsprobleme** mit der **zunehmenden Ungleichverteilung** von Wohlstand rücken stärker in den Fokus der Öffentlichkeit.

Übungsaufgabe

12
1. Erläutern Sie kurz die beiden Verteilungsprinzipien!
2. Lesen Sie zunächst nachfolgende Geschichte!

Eine Steuerfabel

Es waren einmal 10 Männer, die jeden Tag miteinander zum Essen gingen, und die Rechnung für alle zusammen betrug jeden Tag genau 100,00 Euro. Die Gäste zahlten ihre Rechnung wie wir unsere Steuern und das sah ungefähr so aus:

Vier Gäste (die Ärmsten) zahlten nichts. Der Fünfte zahlte 1,00 Euro. Der Sechste 3,00 Euro. Der Siebte 7,00 Euro. Der Achte 12,00 Euro. Der Neunte 18,00 Euro. Der Zehnte (der Reichste) zahlte 59,00 Euro.

Das ging eine ganze Zeitlang gut. Jeden Tag kamen sie zum Essen und alle waren zufrieden. – Bis der Wirt Unruhe in das Arrangement brachte, indem er vorschlug, den Preis für das Essen um 20,00 Euro zu reduzieren. „Weil Sie alle so gute Gäste sind!" Wie nett von ihm! Jetzt kostete das Essen für die 10 nur noch 80,00 Euro, aber die Gruppe wollte unbedingt beibehalten, so zu bezahlen, wie wir besteuert werden. Dabei änderte sich für die ersten vier nichts, sie aßen weiterhin kostenlos. Wie sah es aber mit den restlichen sechs aus? Wie konnten sie die 20,00 Euro Ersparnis so aufteilen, dass jeder etwas davon hatte? Die sechs stellten schnell fest, dass 20,00 Euro geteilt durch sechs Zahler 3,33 Euro ergibt. Aber wenn sie das von den einzelnen Teilen abziehen würden, bekämen der fünfte und der sechste Gast noch Geld dafür, dass sie überhaupt zum Essen gehen.

Also schlug der Wirt den Gästen vor, dass jeder ungefähr prozentual so viel weniger zahlen sollte, wie er insgesamt beisteuert. Er setzte sich also hin und begann das für seine Gäste auszurechnen. Heraus kam Folgendes:

Der fünfte Gast, ebenso wie die ersten vier, zahlte ab sofort nicht mehr (100 % Ersparnis).

Der Sechste zahlte 2,00 Euro statt 3,00 Euro (33 % Ersparnis). Der Siebte zahlte 5,00 statt 7,00 Euro (28 % Ersparnis). Der Achte zahlte 9,00 statt 12,00 Euro (25 % Ersparnis). Der Neunte zahlte 14,00 statt 18,00 Euro (22 % Ersparnis). Und der Zehnte (der Reichste) zahlte 50,00 statt 59,00 Euro (15 % Ersparnis).

Jeder der sechs kam günstiger weg als vorher und die ersten vier aßen immer noch kostenlos. Aber als sie vor der Wirtschaft noch mal nachrechneten, war das alles doch nicht so ideal, wie sie dachten. „Ich hab' nur 1,00 Euro von den 20,00 Euro bekommen"! sagte der sechste Gast und zeigte auf den zehnten Gast, den Reichen. „Aber er kriegt 9,00 Euro!" „Stimmt!", rief der Fünfte. „Ich hab' nur 1,00 Euro gespart und er spart sich neunmal so viel wie ich." „Wie wahr!", rief der Siebte. „Warum kriegt er 9,00 Euro zurück und ich nur 2,00 Euro? Alles kriegen mal wieder die Reichen!" „Moment mal", riefen da die ersten vier aus einem Munde. „Wir haben überhaupt nichts bekommen. Das System beutet die Ärmsten aus!" Und wie aus heiterem Himmel gingen die neun gemeinsam auf den Zehnten los und verprügelten ihn.

Am nächsten Abend tauchte der zehnte Gast nicht zum Essen auf. Also setzten die übrigen 9 sich zusammen und aßen ohne ihn. Aber als es an der Zeit war, die Rechnung zu bezahlen, stellten sie etwas Außerordentliches fest: Alle zusammen hatten nicht genügend Geld, um auch nur die Hälfte der Rechnung bezahlen zu können!

Und wenn sie nicht verhungert sind, wundern sie sich noch heute.

Quelle: Autor unbekannt

Aufgabe:

In der Bundesrepublik Deutschland dienen die Steuern unter anderem der Umsetzung verteilungs- und sozialpolitischer Zielsetzungen. Erläutern Sie auf der Grundlage der vorangestellten Fabel das Problem einer über das Steuersystem angestrebten „gerechteren" Verteilung!

3. **Unterrichtsvorschlag: Referat**

   Stellen Sie Ihren Mitschülern die zurzeit in der politischen Diskussion befindlichen Maßnahmen zur Einkommens- und Vermögensverteilung vor!

   Führen Sie darüber hinaus eine Beurteilung der Wirkungen der einzelnen Vorschläge durch!

   Diskutieren Sie anschließend in der Klasse, welcher Vorschlag nach Meinung Ihrer Mitschüler am geeignetsten erscheint!

4. Im Rahmen der Entwicklungspolitik sind die Industrieländer bestrebt, die globalen Wohlstandsunterschiede schrittweise auszugleichen. Diese Absicht steht jedoch oftmals im Widerspruch zu politischen Regelungen auf anderen Politikfeldern der Industrieländer, wie auch nachfolgender Text verdeutlicht.

Was Moses von der Milch bleibt

[...] In den Regalen der Supermarktkette Uchumi in Kampala, Uganda, herrscht kein Mangel an Milchprodukten: Mascarpone und Parmesan aus Italien, Gouda aus Holland, Milchpulver aus Irland und Südafrika. Markt-Manager Eric Korir ist stolz auf das internationale Sortiment. „Die nationale Produktion kann die Nachfrage ja längst nicht befriedigen."

Das ist wahr und falsch zugleich. Denn Ugandas Bauern liefern ausreichend Milch – viele haben schon vor Jahren Friesen-Kühe eingekreuzt, um die Erträge zu steigern. Doch der Großteil der Milch findet nicht den Weg in Molkereien. Die Vermarktung, die die staatliche Milchgesellschaft bis Anfang der 90er organisierte, funktioniert nicht mehr.

„GBK Dairy Products" ist eine der wenigen Molkereien, die den Niedergang der Milchwirtschaft nach der Liberalisierungseuphorie überlebt haben. Am einzigen Standort in Mbarara verarbeitet GBK heute gerade mal bis zu 35 000 Liter Milch am Tag – auch zu Butter und Yoghurt. „Wir würden die Kapazität gerne steigern, die Nachfrage ist da, aber uns fehlen die Mittel", sagt Betriebsleiter Godwin Tumwebaze.

[...] Gegen die Dumpingimporte aus Europa haben heimische Produzenten so gut wie keine Chance. Nach Berechnungen von Oxfam liegen die Exportpreise in Deutschland im Schnitt 41 Prozent und in der EU 31 Prozent unter den Produktionskosten in Europa. „Dumping findet nach wie vor im großen Stil statt", sagt Oxfam-Agrarreferentin Marita Wiggerthale. Ein Großteil sei auf die EU-Exportsubventionen von 1,43 Milliarden Euro zurückzuführen, die auf das Konto großer Milchkonzerne gingen. [...] „Es gibt viele Milchbauern, die ihre Familien nicht mehr richtig ernähren können", weiß Farmer Patrick Bharunhanga, der rund 70 Kühe auf der Weide hat. [...] „Keiner von uns bekommt Subventionen, wie sollen wir da mit den Importen konkurrieren können?"

Für Armin Paasch, Handelsexperte des Food First Informations- und Aktions-Netzwerks (Fian), ist die Situation der Kleinbauern eine direkte Folge der europäischen Handelspolitik. „Europäische Agrarexporte zu Dumpingpreisen gefährden das Menschenrecht auf Nahrung", sagt Paasch. [...] Wehren können sich afrikanische Staaten wie Uganda gegen Importe aus der EU nicht. Dafür sorgen Wirtschaftspartnerschaftsabkommen (EPA), denen bereits zahlreiche Länder zugestimmt haben. Auch Uganda hat sich darin verpflichtet, seine Importzölle für 80 Prozent der EU-Einfuhren in den nächsten Jahren abzuschaffen und die restlichen Zölle auf niedrigem Niveau einzufrieren.[...]

Quelle: Tobias Schwab, „Was Moses von der Milch bleibt".

Aufgabe:

Lesen Sie zunächst diesen Text!

Diskutieren Sie konkrete politische Maßnahmen, wie den Landwirten aus Uganda geholfen werden könnte. Unterziehen Sie ihre Vorschläge einer kritischen Würdigung, indem Sie diese sowohl aus Sicht der Europäischen Union als auch aus Sicht des Staates Uganda beurteilen!

1.9 Funktionen des Geldes

(1) Begriff und Funktionen des Geldes

> **Merke:**
>
> **Geld** ist alles, was die Funktion (Aufgabe) des Geldes erfüllt.

Die wesentlichen **Funktionen des Geldes** sind in der nachfolgenden Abbildung wiedergegeben:

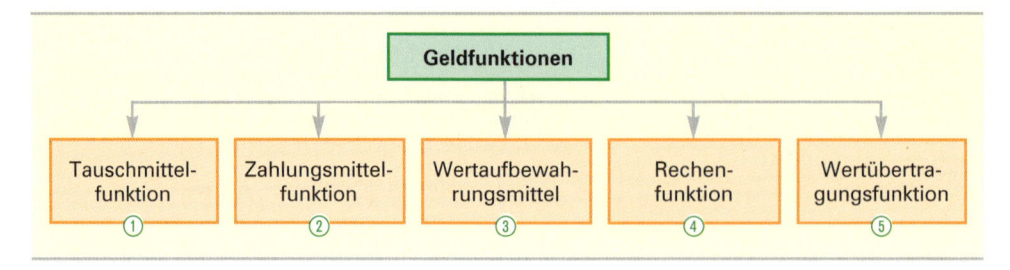

```
                        Geldfunktionen
        ┌───────────┬───────────┼───────────┬───────────┐
        ▼           ▼           ▼           ▼           ▼
   Tauschmittel- Zahlungsmittel- Wertaufbewah- Rechen-  Wertübertra-
    funktion     funktion       rungsmittel   funktion  gungsfunktion
       ①            ②              ③            ④           ⑤
```

Erläuterungen:

① **Geld ist allgemeines Tauschmittel.** Als allgemein anerkanntes Tauschmittel ermöglicht es, den indirekten Tausch vorzunehmen, also Güter zu kaufen und zu verkaufen.

② **Geld ist Zahlungsmittel.** Auch andere Vorgänge als Tauschgeschäfte können mit Geld bewerkstelligt werden. So kann man mit Geld einen Kredit gewähren, Schulden tilgen, Steuern zahlen oder einen Strafzettel begleichen.

③ **Geld ist Wertaufbewahrungsmittel.** Geld muss man nicht sofort ausgeben, sondern man kann es „aufbewahren", also sparen. Diese Funktion hat das Geld natürlich nur dann, wenn sein Wert nicht durch Inflation aufgezehrt wird.[1]

④ **Geld ist Recheneinheit.** Das Geld ist der Maßstab (der Wertmesser) für die verschiedenartigsten Güter. Mithilfe der in Geld ausgedrückten Preise können diese addiert werden. Nur so ist es beispielsweise möglich, Bilanzen und Gewinn- und Verlustrechnungen zu erstellen.

⑤ **Geld ist Wertübertragungsmittel.** Das Geld macht es möglich, Vermögenswerte zu übertragen, ohne dass körperliche Gegenstände übereignet werden müssen. So kann man Geld verschenken oder vererben.

> **Merke:**
>
> Das Geld kann seine Funktionen (Aufgaben) nur wahrnehmen, wenn die Wirtschaftssubjekte **Vertrauen** in das Geld besitzen.[2]

Gestützt wird dieses Vertrauen durch die gesetzliche Bestimmung, dass jeder Schuldner, der mit Banknoten zahlt, dies mit befreiender Wirkung tut, und dass jeder Gläubiger das Notengeld in Zahlung nehmen muss. In den modernen Volkswirtschaften ist das Geld also **gesetzliches Zahlungsmittel**.

---

[1] Inflation, wörtl. Aufblähung, dem Sinne nach Geldentwertung durch dauernd steigende Preise.
[2] Das Vertrauen in die Funktionen des Geldes, insbesondere in seine Wertaufbewahrungsfunktion, bezeichnet man als **Geldillusion**. Sie ist der „Glaube", dass Geld = Geld ist, dass z.B. 100,00 EUR heute gleich 100,00 EUR morgen sind.

(2) Entwicklungsstufen des Geldes (Geldarten)

Die nachfolgende Abbildung zeigt die Entwicklungsstufen des Geldes und der Wirtschaft auf.

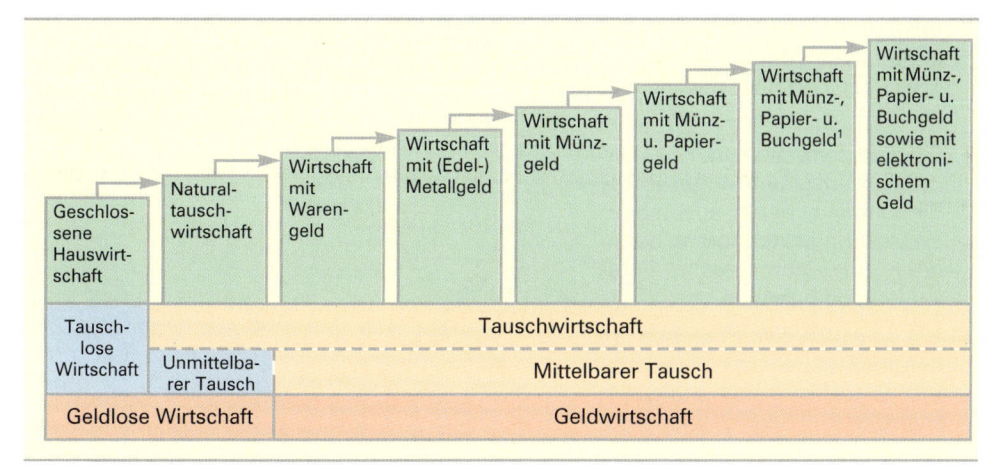

Geschlossene Hauswirtschaft	Naturaltauschwirtschaft	Wirtschaft mit Warengeld	Wirtschaft mit (Edel-)Metallgeld	Wirtschaft mit Münzgeld	Wirtschaft mit Münz- u. Papiergeld	Wirtschaft mit Münz-, Papier- u. Buchgeld[1]	Wirtschaft mit Münz-, Papier- u. Buchgeld sowie mit elektronischem Geld
Tauschlose Wirtschaft	Tauschwirtschaft						
	Unmittelbarer Tausch	Mittelbarer Tausch					
Geldlose Wirtschaft	Geldwirtschaft						

1.10 Einfacher Geld- und Güterkreislauf einer stationären Wirtschaft

Um den einfachen Wirtschaftskreislauf verstehen zu können, bedienen wir uns eines Modells.

(1) Voraussetzungen zum Modell „einfacher Wirtschaftskreislauf"

Für unser einführendes Modell legen wir folgende **Voraussetzungen (Prämissen)** fest:

- Es gibt noch **keinen Staat**.
- Es gibt **keine Außenhandelsbeziehungen (geschlossene Volkswirtschaft)**.
- Sämtliche Unternehmen fassen wir zum **Sektor**[2] **„Unternehmen"** zusammen.
- Sämtliche privaten Haushalte fassen wir zum **Sektor „private Haushalte"** zusammen.

(2) Beschreibung des Modells „einfacher Wirtschaftskreislauf"

Das Zusammenwirken dieser beiden Sektoren lässt sich wie folgt darstellen:

- Die **privaten Haushalte** stellen den **Unternehmen** Arbeitskraft oder auch Boden zur Verfügung. Da Arbeit und Boden zur Erzeugung von Gütern notwendig sind, spricht man auch von **Produktionsfaktoren** oder kurz von „Faktoren". Die Märkte, auf denen Produktionsfaktoren angeboten und nachgefragt werden, heißen **Faktormärkte**.

---

1 Das **Buchgeld** entsteht durch Bareinzahlung der Kunden auf Girokonten und durch Kreditgewährung der Kreditinstitute. Vernichtet wird es durch Barabhebung und Kredittilgung durch die Bankkunden.
2 Sektor: Ausschnitt; hier: die Zusammenfassung gleichartiger wirtschaftlicher Einheiten, also von Wirtschaftssubjekten.

- Für die geleistete Arbeit und die den Unternehmen zur Verfügung gestellten sonstigen Produktionsfaktoren erhalten die privaten Haushalte **Einkommen** in Form von Löhnen, Gehältern, Gewinnen, Mieten oder Pachten.

- Die privaten Haushalte, so nehmen wir an, geben ihr **gesamtes Einkommen** wieder aus, indem sie bei den Unternehmen Sachgüter oder immaterielle Güter kaufen und bezahlen.

- Die von den Unternehmen an die privaten Haushalte verkauften Güter sind Konsumgüter. Der Markt, auf dem Konsumgüter angeboten und nachgefragt werden, heißt **Konsumgütermarkt**. Dem Konsumgüterstrom steht ein Geldstrom an die Unternehmen gegenüber. Der in Geld gemessene Wert der an die privaten Haushalte verkauften Güter stellt für die Unternehmen Verkaufserlöse (Umsatz) dar.

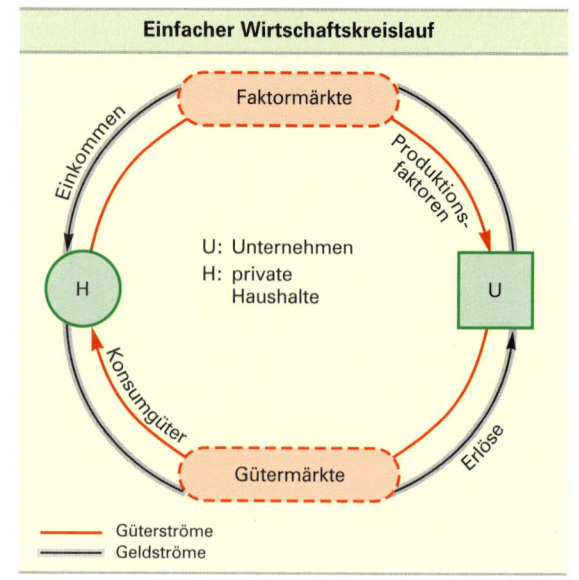

Aus diesen Vorgängen lässt sich unmittelbar ableiten, dass innerhalb des Wirtschaftskreislaufes **zwei unterschiedliche Ströme** fließen: der **Geldkreislauf** und der **Güterkreislauf**.

> **Merke:**
>
> - Im **Geldkreislauf** zahlen die Unternehmen an die Haushalte Entgelte für die Bereitstellung der Produktionsfaktoren. Dieses Geld fließt den Unternehmen allerdings durch den Verkauf von Gütern und Dienstleistungen an die Haushalte wieder zu.
>
> - Im **Güterkreislauf** stellen die Haushalte den Unternehmen Produktionsfaktoren zur Verfügung und die Unternehmen liefern an die Haushalte die von ihnen produzierten bzw. bereitgestellten Güter und Dienstleistungen.
>
> - Betrachtet man beide Ströme, stellt man fest, dass Geld- und Güterstrom **entgegengesetzt** verlaufen; **wertmäßig** sind sie jedoch **gleich**.

In unserem einfachen Modell vollzieht sich der Wirtschaftskreislauf über die Faktor- und Gütermärkte, weil es keinen Staat gibt, der irgendwelche Vorschriften über Preise oder Löhne erlassen könnte. Es handelt sich also um das einfachste Modell einer **„freien Wirtschaft"**.[1]

Da in diesem Modell der Konsum wertmäßig dem Einkommen entspricht, Sparen also nicht stattfindet, handelt es sich um eine **stationäre** Volkswirtschaft. Weil alles verbraucht wird, was dort erzeugt wird, kann die Wirtschaft nicht wachsen; sie ist stationär.

---

[1] Vgl. hierzu Kapitel 1.11.2, Seite 74f.

Zusammenfassung

- **Geld** ist alles, was die Funktionen des Geldes erfüllt.
- Wichtige **Funktionen des Geldes** sind:
  - Tauschmittelfunktion
  - Zahlungsmittelfunktion
  - Wertaufbewahrungsfunktion
  - Rechenfunktion
  - Wertübertragungsfunktion
- Der **einfache Wirtschaftskreislauf** vollzieht sich zwischen den Sektoren Unternehmen und private Haushalte.
- Den **Güterströmen** stehen **Geldströme** gegenüber.
- Die privaten Haushalte stellen den Unternehmen Produktionsfaktoren (vor allem Arbeit) zur Verfügung. Sie erhalten hierfür **Einkommen** (z. B. Löhne, Gehälter, Gewinne, Mieten, Pachten).
- Der Ausgleich zwischen Faktorangebot und Faktornachfrage vollzieht sich auf den **Faktormärkten** (z. B. Arbeitsmärkten, Grundstücksmärkten).
- Die Güter, die die privaten Haushalte zum Verbrauch (Verbrauchsgüter) oder Gebrauch (Gebrauchsgüter) bei den Unternehmen kaufen, heißen **Konsumgüter**.
- Der Ausgleich zwischen Güterangebot und Güternachfrage vollzieht sich auf den **Gütermärkten** (z. B. Konsumgütermärkten).
- Die Mittel, die den Unternehmen als Gegenleistung für den Verkauf von Gütern zufließen, heißen Verkaufserlöse oder **Erlöse**.

Übungsaufgabe

13
1. Berichten Sie kurz über die geschichtliche Entwicklung des Geldes und der Geldarten!
2. Unterscheiden Sie die Begriffe Bargeld und Buchgeld!
3. Erläutern Sie die Funktionen des Geldes anhand von Beispielen!
4. Überlegen Sie, ob und gegebenenfalls welche Geldfunktionen durch laufende Preissteigerungen gefährdet sein können!
5. 5.1 Stellen Sie die Beziehungen zwischen den Sektoren „Unternehmen" und „Haushalte" in einer Skizze dar! Beachten Sie dabei, dass es Geld- und Güterströme gibt!

   Unternehmen ⇄ Haushalte

   5.2 Erläutern Sie wie sich Güter- und Geldkreislauf zueinander verhalten!
   5.3 Entscheiden Sie, welcher der beiden Kreisläufe wertmäßig größer ist!
   5.4 Erläutern Sie die Annahmen, die über das Konsumverhalten der Haushalte in diesem Modell gemacht werden!

1.11 Idealtypische Wirtschaftsordnungen

1.11.1 Begriff der Wirtschaftsordnung

Eine Volkswirtschaft kann nicht funktionieren, wenn keine **sinnvolle Planung** betrieben wird. Gegensätzlich sind jedoch die Auffassungen darüber, wer dieses komplexe Geschehen planen soll. Hierbei bestehen grundsätzlich **zwei Möglichkeiten,** entweder man lässt die **einzelnen Wirtschaftssubjekte,** also die Konsumenten und die Produzenten, **selber planen und entscheiden** oder man überträgt die Planungen auf eine übergeordnete **zentrale Behörde.**

Merke:

- Fällt die Entscheidung über die Organisation der Gesamtwirtschaft zugunsten **jedes Einzelnen** aus, so erhält man ein System **dezentraler Planung.**
- Will man die Lenkung durch eine **zentrale Entscheidungsbehörde,** so liegt ein System **zentraler Planung** vor.

Unabhängig davon, wie die Entscheidung auch ausfallen mag, es handelt sich in beiden Fällen um ein Ordnungsgefüge, welches das Wirtschaftsgeschehen steuert.

Merke:

Unter **Wirtschaftsordnung** versteht man die Art und Weise, wie eine Volkswirtschaft die Produktion und die Verteilung der hergestellten Güter organisiert.

Die Aufgabe einer solchen Ordnung besteht vor allem darin, die **zentralen Grundfragen** jeder Gesellschaft im Bereich des Wirtschaftslebens zu beantworten:

- **Welche Güterarten** und **Gütermengen** sollen produziert werden?
- **Wie** sollen diese Güter produziert werden?
- **Für wen** sollen diese Güter produziert werden?
- **Wer** entscheidet darüber, was, wie und für wen produziert wird?

1.11.2 Freie Marktwirtschaft als idealtypische Wirtschaftsordnung

(1) Funktionsweise des Modells

Merke:

Das **Modell der freien Marktwirtschaft** ist durch **dezentrale**[1] **Entscheidungsfindung** gekennzeichnet.

Die **Haushalte** treten auf den **Faktormärkten** als Anbieter der beiden Produktionsfaktoren **Arbeit** und **Boden** auf, die von den Unternehmen nachgefragt werden. Die Unternehmen bieten auf den **Konsumgütermärkten** ihre Fertigerzeugnisse an, die die Haushalte aufkau-

---

1 Dezentral: nicht von einer zentralen Stelle aus.

fen. Umgekehrt fließen den Haushalten für Arbeitsleistungen und zur Verfügung gestellte Bodennutzungen **Einkommen** zu. Die Einnahmen aus dem Verkauf der Fertigerzeugnisse stellen für die Unternehmen **Umsatzerlöse** dar. Den Leistungs- und Güterströmen entsprechen also entgegenlaufende Geldströme (monetäre Ströme). Dies gilt auch für die **Kreditmärkte**: Den Banken fließen u. a. die Ersparnisse der Haushalte zu, es entstehen Forderungen der Haushalte an die Banken. Die Unternehmen erhalten Kredite, es entstehen Verbindlichkeiten der Unternehmen gegenüber den Banken.

> **Merke:**
>
> ■ Im **Modell der freien Marktwirtschaft** regulieren sich die **Gütermärkte** mithilfe des **Preises,** die **Kreditmärkte** mithilfe des **Zinses** und die **Faktormärkte** mithilfe des **Lohns** und des **Pachtzinses (Marktautomatismus).**
>
> ■ Der Markt ist in der freien Marktwirtschaft **Koordinationsinstanz.**[1]

(2) Ordnungsmerkmale (Grundvoraussetzungen) des Modells

Damit eine marktgesteuerte Wirtschaft funktionsfähig sein kann, müssen folgende Ordnungsmerkmale gegeben sein:

- Der Staat greift überhaupt **nicht** in das Wirtschaftsgeschehen ein. Er hat lediglich die Aufgabe, die marktwirtschaftliche Grundordnung zu erhalten, die äußere Sicherheit zu gewährleisten und die Einhaltung der Spielregeln zu überwachen **(Nachtwächterstaat).**
- Die Entscheidung darüber, was, wo und wie viel produziert wird, liegt ausschließlich bei den Unternehmen **(Produktionsfreiheit, Gewerbefreiheit, Niederlassungsfreiheit).**
- Die Entscheidung darüber, was und wie viel gekauft wird, liegt ausschließlich bei den Konsumenten **(Konsumfreiheit).**
- Es bleibt den Unternehmen und Haushalten überlassen, ob und wie viel sie importieren oder exportieren wollen **(Freihandel).**
- Die Ausgestaltung der Verträge (Kauf-, Miet-, Pacht-, Kartellverträge usw.) wird den Vertragsparteien überlassen **(Vertragsfreiheit).**
- Die Steuerung der Wirtschaft über den Preis setzt das Vorhandensein eines allgemein anerkannten Zahlungsmittels, also von Geld, voraus **(Geldwirtschaft).**
- Das **Privateigentum an den Produktionsmitteln** (am „Kapital", daher „Kapitalismus") muss gewährleistet sein.
- **Freie Berufswahl, Arbeitsplatzwahl** und **Freizügigkeit** müssen garantiert sein (andernfalls kann der „Lohnmechanismus" nicht wirken).

> **Merke:**
>
> Das Modell der freien Marktwirtschaft ist durch eine **freiheitliche Rechtsordnung,** das **Privateigentum,** die **Vertragsfreiheit** und die **Freiheit der wirtschaftlichen Betätigung** gekennzeichnet.

---

[1] Koordination: Abstimmung; Instanz: maßgebliche „Stelle".

1.11.3 Zentralverwaltungswirtschaft als idealtypische Wirtschaftsordnung

(1) Funktionsweise des Modells

> **Merke:**
>
> Die **Zentralverwaltungswirtschaft**[1] ist eine Wirtschaftsordnung, in der Produktion und Konsum durch **zentrale staatliche Stellen** geplant werden.

Dabei ist zwischen kurzfristiger und langfristiger Planung zu unterscheiden. Die **kurzfristige Planung** (Jahrespläne) wird als **Operativplanung**, die **langfristige Planung** (Fünf- und Zehnjahrespläne) als **Perspektivplanung** bezeichnet. In diesem Modell gibt es keine Märkte, also weder Preis-, Lohn- noch Zinsmechanismus. Das Geld hat nur die Aufgabe, Verrechnungseinheit zu sein.

Will der Staat die **Produktion planen,** muss er sich ein genaues Bild über die einsetzbaren originären und abgeleiteten Faktormengen, d. h. über Boden, Bodenschätze und Arbeitskräfte einerseits und Fabrikanlagen, Transportmittel und Rohstoffe (Produktionsmittel) andererseits, machen. Die Güte des Produktionsplans hängt damit weitgehend vom Stand der Statistik ab.

Noch schwieriger als die zentrale Produktionsplanung ist die **Planung des Konsums**. Die Planungsbehörde muss sich vollkommen über die Verbraucherwünsche im Klaren sein, es sei denn, sie setzt von sich aus fest, was der Einzelne zu verbrauchen hat bzw. verbrauchen darf. Will sie das nicht, ist eine Orientierung beispielsweise über Verbraucherbefragungen möglich, wenn Fehlplanungen vermieden werden sollen. Fehlplanungen im Konsumgüterbereich bedeuten, dass entweder ein Teil der Produktion nicht absetzbar ist (die Nachfrage ist zu gering) oder das Angebot nicht ausreicht (die Nachfrage ist zu groß). Im letzteren Fall muss das Angebot rationiert werden, d. h., jeder erhält eine von der Planungsbehörde festgelegte Zuteilung (Gutschein- oder Bezugsscheinsystem).

> **Merke:**
>
> Die **Zentralverwaltungswirtschaft** ist durch **zentrale Entscheidung, Planung** und **Kontrolle** gekennzeichnet.

(2) Ordnungsmerkmale (Grundvoraussetzungen) des Modells

Damit eine zentralgesteuerte Wirtschaft funktionsfähig sein kann, müssen folgende **Ordnungsmerkmale** gegeben sein:

- Eine **zentrale Planungsbehörde** (eine staatliche Behörde) plant Verbrauchs- und Produktionsmengen.
- Die **Verteilung** der zu erstellenden Gütermengen und Dienstleistungen wird zeitlich und örtlich **vorausgeplant**.
- Die Produzenten können keine Entscheidungen darüber treffen, ob, was und wie viel sie produzieren wollen **(keine Produktionsfreiheit, keine Gewerbefreiheit, keine Niederlassungsfreiheit).**
- Ebenso können die Verbraucher keine Entscheidungen darüber treffen, was und wie viel sie verbrauchen wollen **(keine Konsumfreiheit,** sondern **Zuteilungssystem).**
- Weder Unternehmen noch Haushalte können darüber entscheiden, ob und wie viel sie impor-

---

[1] Statt Zentralverwaltungswirtschaft werden auch folgende Begriffe gebraucht: Zentralwirtschaft, zentral gelenkte Wirtschaft, Gemeinwirtschaft, Planwirtschaft, Kommandowirtschaft.

tieren oder exportieren wollen (**kein Freihandel,** sondern **staatlicher Außenhandel; Devisenzwangswirtschaft**).
- **Keine Vertragsfreiheit.**
- Da der Staat die Produktions- und Konsumentscheidungen trifft, kann es **kein Privateigentum** an den Produktionsmitteln geben. Die Produktionsmittel sind verstaatlicht (in **Kollektiveigentum** überführt d. h. sozialisiert).
- **Keine freie Berufswahl, keine Arbeitsplatzwahl** und **keine Freizügigkeit,** weil die Planerfüllung verlangt, dass die Arbeitskräfte dort eingesetzt werden, wo sie am dringendsten benötigt werden.

Zusammenfassung

- Die **Wirtschaftsordnung** ist ein **Ordnungsgefüge,** das die **Beziehungen der Wirtschaftssubjekte untereinander regelt** und die **wirtschaftlichen Handlungen** der Wirtschaftssubjekte miteinander **koordiniert.**
- Die beiden theoretischen Modelle von Wirtschaftsordnungen lassen sich anhand von Vergleichskriterien voneinander abgrenzen.

Vergleichskriterien	Marktwirtschaft	Zentralverwaltungswirtschaft
Planungssystem	dezentrale Planung	zentrale Planung
Koordinationssystem	Märkte mittels Preismechanismus	Salden der Planbilanzen
Motivationssystem	Haushalte: Nutzen Unternehmen: Gewinn	Haushalte: Bedarfsdeckung Unternehmen: Grad der Planerfüllung
Eigentumsordnung	Privateigentum	Kollektiveigentum
Vertragsfreiheit	ja	nein
Gewerbefreiheit	ja	nein
Konsumfreiheit	ja	stark eingeschränkt
Funktion des Staates	Festlegung eines Ordnungsrahmens	umfangreiche Planungs- und Steuerungsfunktion
Festsetzung der Löhne und Gehälter	Einzel- bzw. Kollektivverträge (Tarifverträge)	Festsetzung durch Plan

Übungsaufgabe

14
1. Erläutern Sie, ob Sie eine Volkswirtschaft für denkbar halten, bei der die Bedürfnisse der Bevölkerung ohne Planung gedeckt werden könnten!
2. Erklären Sie, welche grundsätzlichen Lösungsmöglichkeiten es für die Fragen gibt, was, wie, wann und für wen produziert werden soll!
3. Beschreiben Sie, wodurch die Steuerung der Marktwirtschaft erfolgt!
4. Diskutieren Sie, ob eine Marktwirtschaft ohne Privateigentum an Produktionsmitteln realistisch ist!
5. Erläutern Sie, wie die Wirtschaftssubjekte in einer Marktwirtschaft erfahren, ob ein Gut knapp ist!
6. Beschreiben Sie, wodurch in der Marktwirtschaft vermieden wird, dass es zu wirtschaftlicher Macht kommt!
7. Diskutieren Sie, ob es die Marktwirtschaft unter den aufgeführten Bedingungen in der Wirklichkeit gibt!
8. Lesen Sie den folgenden Zeitungsausschnitt und bearbeiten Sie die anschließenden Aufgaben!

Verstaatlichung – ein neues Patentrezept

Die konjunkturellen und strukturellen Krisen der vergangenen Jahre und ihre Folgen (Unternehmenspleiten, Betriebsstilllegungen, die rapide Zunahme der Zahl der Arbeitslosen) haben auch Ideen und Rezepten wieder Aufwind gegeben, die lange Zeit in Vergessenheit geraten waren: Besonders in den Reihen der Gewerkschaften und bei ihren wissenschaftlichen Ratgebern werden immer lauter Forderungen nach einer verstärkten staatlichen Wirtschaftslenkung bis hin zu einer Verstaatlichung der von der Krise besonders gebeutelten Großunternehmen vorgebracht. Wäre dies ein Patentrezept zur Lösung unserer Probleme? Sind etwa die Manager eines staatlichen Unternehmens prinzipiell besser in der Lage, eine Unterauslastung der sachlichen und menschlichen Kapazitäten mit dadurch drohender Arbeitslosigkeit zu verhindern, als ihre Kollegen in einem privatwirtschaftlichen Unternehmen? Können sie allein aufgrund des staatlichen Eigentums an ihrem Unternehmen eine bessere Absatz-, Einkaufs-, Finanz-, Produktionspolitik usw. betreiben?

Aufgaben:

8.1 Beantworten Sie die am Ende dieses Artikels gestellten Fragen!
8.2 Erläutern Sie, welche Auswirkungen es auf den Markt hätte, wenn Großunternehmen verstaatlicht würden!
8.3 Diskutieren Sie mögliche Konsequenzen einer Verstaatlichung von Großunternehmen für Klein- und Mittelbetriebe!
8.4 Diskutieren Sie, welche möglichen Konsequenzen eine Verstaatlichung von Großunternehmen für die Verbraucher hätten!
8.5 Entscheiden Sie, für wen eine Verstaatlichung von Großunternehmen Vorteile brächte!

9. Erläutern Sie den Zusammenhang zwischen der Wirtschaftsordnung eines Landes und der jeweiligen Staatsform!

10. Entscheiden Sie, welche der nachfolgenden Aussagen für die Grundmodelle von Wirtschaftsordnungen zutreffen!
    Notieren Sie bitte als Lösung eine
    (1), wenn diese Aussage nur für das Modell der Marktwirtschaft gilt,
    (2), wenn diese Aussagen nur für das Modell der Zentralverwaltungswirtschaft gilt,
    (3), wenn diese Aussage für beide Modelle gilt,
    (4), wenn diese Aussage für keines der beiden Modelle gilt!

    10.1 Die Produktionsmittel befinden sich zum größten Teil in staatlicher Hand.
    10.2 Diese Wirtschaftsordnung ist gekennzeichnet durch eine Mehrplanwirtschaft mit Wettbewerbssteuerung.
    10.3 Die individuelle Freiheit des Einzelnen findet besondere Beachtung.
    10.4 Löhne und Gehälter werden zwischen Arbeitgeber und Arbeitnehmer grundsätzlich individuell vereinbart.
    10.5 Der Import ausländischer Güter ist jedem Unternehmen freigestellt.
    10.6 Die Regierungen können Rechtsnormen erlassen, die das wirtschaftliche Miteinander regeln.
    10.7 Diese Wirtschaftsordnung stellt sicher, dass jedes Wirtschaftssubjekt seine Pläne erfüllen kann.
    10.8 Eigentum des Staates ist bei dieser Wirtschaftsordnung nicht vorgesehen.
    10.9 Unternehmen verfügen über eine Unternehmensleitung.
    10.10 Oberstes Ziel der Unternehmen ist die Gewinnmaximierung.
    10.11 Der Staat garantiert eine erstklassige Versorgung der Haushalte mit allen Produkten des alltäglichen Bedarfs.
    10.12 Die Wünsche und Vorstellungen des Einzelnen sind nicht so wichtig wie das Wohl der Gemeinschaft.
    10.13 Im Wesentlichen werden die Preise staatlich fixiert.
    10.14 Die Planung der Produktion erfolgt in den Unternehmen.

1.12 Marktmodell

1.12.1 Marktformen

1.12.1.1 Begriff Markt

In einer marktwirtschaftlich orientierten Wirtschaftsordnung stellen die **Haushalte** (in der Regel als **Nachfrager**) sowie die **Unternehmen** (zumeist in der Rolle der **Anbieter**) – ihrem **Eigeninteresse** folgend – **selbstständig** Wirtschaftspläne auf. Dabei versuchen die **Anbieter** (Unternehmen) ihre Pläne am Ziel der **Gewinnmaximierung** auszurichten, wohingegen sich die **Nachfrager** (Haushalte) bei ihren Planungen überwiegend an dem Ziel der **Nutzenmaximierung** orientieren. Die **Gegensätzlichkeit** dieser Planungsgrundlage wird deutlich, wenn man sich vor Augen führt, dass die **Anbieter** im Rahmen ihrer Zielsetzung bemüht sein werden, entsprechend **hohe Preise** durchzusetzen. Die **Nachfrager** demgegenüber versuchen, mit den ihnen zur Verfügung stehenden Mitteln ein möglichst hohes Nutzenniveau zu realisieren, also zu möglichst **niedrigen Preisen** ihren Bedarf zu decken.

Beide „Parteien" sind bestrebt, ihre **individuellen Planungen** am Markt zu realisieren:

- So ermöglicht der Markt den **Anbietern**, ihre Güter entsprechend ihren Zielvorstellungen anzubieten und sich über die Nachfrage zu informieren.
- Den **Nachfragern** hingegen bietet der Markt die Möglichkeit, sich über das Angebot zu informieren und ihre Kaufentscheidung unter Berücksichtigung der Nutzenmaximierung zu treffen.

Merke:

Ökonomisch betrachtet versteht man unter **Markt** den Ort, an dem Angebot und Nachfrage aufeinandertreffen.

Über den Markt erfolgt ein **Ausgleich** zwischen den **entgegengesetzten** Interessen von Anbietern und Nachfragern, da sich als Ergebnis des Marktgeschehens **ein** Preis (der sogenannte **Gleichgewichtspreis**) bildet, über den die unterschiedlichen Zielsetzungen der Marktteilnehmer „ausbalanciert" werden **(Selbststeuerungsmechanismus des Marktes)**.

| Anbieter versuchen auf dem Markt ihre Güter abzusetzen. Dabei streben sie nach Gewinnmaximierung. | MARKT | Nachfrager versuchen auf dem Markt ihre Nachfragepläne zu verwirklichen. Sie streben nach Nutzenmaximierung. |

1.12.1.2 Einteilung der Märkte

In einer Volkswirtschaft gibt es nicht nur einen Markt, sondern eine **Vielzahl** von Märkten, die sich nach verschiedenen Kriterien untergliedern.

(1) Gliederung nach dem Grad der Vollkommenheit

Vollkommene Märkte	Märkte, auf denen es nur einen einheitlichen Preis für ein bestimmtes Gut geben kann.
Unvollkommene Märkte	Märkte, auf denen es für ein bestimmtes Gut unterschiedliche Preise gibt.

Erläuterungen:

■ Für das Vorliegen eines vollkommenen Marktes müssen nachfolgende Voraussetzungen erfüllt sein:

Voraussetzungen	Beispiele
Ein Einheitspreis entwickelt sich nur dann, wenn auf dem Markt vollkommen gleichartige Güter gehandelt werden: Die **Güter** müssen **homogen** sein.	Banknoten, Aktien einer bestimmten Aktiengesellschaft, Edelmetalle, Baumwolle eines bestimmten Standards.
Angebot und Nachfrage müssen gleichzeitig an einem bestimmten Ort aufeinandertreffen (**Punktmarkt**).	Nur die an einem bestimmten Tag bei einem Börsenmakler zusammenlaufenden Kauf- und Verkaufsaufträge bestimmen den Kurs (den Preis) des Tages.
Anbieter und Nachfrager müssen eine vollständige Marktübersicht (**Markttransparenz**) besitzen.	Eine Hausfrau hat dann eine vollständige Marktübersicht, wenn sie die Preise und Qualitäten aller angebotenen Waren kennt. – Ein Anbieter besitzt die vollkommene Marktübersicht, wenn ihm die Kaufabsichten der Kunden bekannt sind. (Vollständige Markttransparenz findet sich folglich nur an der Börse.)
Anbieter und Nachfrager müssen **sofort** auf Änderungen der Marktsituation **reagieren können**.	Der Börsenspekulant hat jederzeit die Möglichkeit, sich telefonisch an der Börse über den Stand der Nachfrage, des Angebots und der Kurse zu informieren (Markttransparenz). Zugleich hat er die Möglichkeit, z.B. bei steigenden Kursen mehr anzubieten oder weniger nachzufragen (schnelle Reaktionsfähigkeit).
Käufer und Verkäufer dürfen sich nicht gegenseitig bevorzugen (**Keine Präferenzen**).	Eine **sachliche Präferenz** liegt vor, wenn ein Käufer der Meinung ist, dass das Produkt des Herstellers A besser als das des Herstellers B ist, auch wenn beide Produkte objektiv gleich (homogen) sind. – Eine **zeitliche Präferenz** ist gegeben, wenn z.B. ein Käufer den Lieferer A bevorzugt, weil dieser schneller liefern kann. – Von **räumlicher Präferenz** spricht man z.B., wenn die räumliche Nähe des Marktpartners zu Bevorzugungen führt. – **Persönliche Präferenzen** bestehen z.B. dann, wenn ein Kunde ein Geschäft aufgrund besonders kulanter und freundlicher Bedienung bevorzugt.

- Fehlt nur **eine** der genannten Bedingungen, spricht man von einem **unvollkommenen Markt**. Annähernd vollkommene Märkte sind die Ausnahme, unvollkommene Märkte die Regel.

(2) Gliederung des Marktes nach der Anzahl der Anbieter und Nachfrager

Polypolistische Märkte[1]	Vollständige Konkurrenz, d.h., unzählige Anbieter und Nachfrager treten auf dem Markt auf.
Oligopolistische Märkte[2]	Märkte, bei denen auf einer und/oder beiden Marktseiten wenige Konkurrenten vorhanden sind.
Monopolistische Märkte[3]	Märkte, bei denen sich auf einer und/oder beiden Marktseiten nur ein Marktbeteiligter befindet.

Die einzelnen Märkte lassen sich nach der **Anzahl** der jeweiligen **Marktteilnehmer** untergliedern. Diese Form der Klassifikationen von Marktformen wurde erstmals durch den Wissenschaftler Heinrich Freiher **von Stackelberg** (1905–1946) vorgenommen. Hinter einer derartigen Aufteilung der Märkte steht folgende Vermutung: Je weniger Konkurrenten den Wettbewerb aufnehmen, desto eher werden sie über Marktmacht verfügen. Strukturiert man die Anzahl der Anbieter und Nachfrager auf einem Markt in **quantitativer** Hinsicht in die Kategorien „einer", „wenige" und „viele", so erhält man folgendes Grundschema mit insgesamt **neun** verschiedenen **Marktformen**.

Zahl der Anbieter \ Zahl der Nachfrager	einer	wenige	viele
einer	zweiseitiges Monopol	beschränktes Angebotsmonopol	Angebotsmonopol
wenige	beschränktes Nachfragemonopol	zweiseitiges Oligopol	Angebotsoligopol
viele	Nachfragemonopol	Nachfrageoligopol	zweiseitiges Polypol (vollständige Konkurrenz)

Erläuterungen zu den grundlegenden Marktformen (aus Sicht der Anbieter)

Beim **Polypol** stoßen viele kleine Anbieter auf viele Nachfrager. In dieser Marktform herrscht regelmäßig ein sehr lebhafter Wettbewerb zwischen den Anbietern (z.B. Lebensmittel-, Textil-, Medienmarkt).

Beim **Oligopol** konkurrieren wenige Anbieter um eine Vielzahl von Nachfragern. Jeder Anbieter hat einen beachtlichen Marktanteil. Das Marktverhalten (z.B. die Preispolitik) beeinflusst auch das Verhalten der übrigen Anbieter (z.B. Mineralölmarkt, Energiemarkt).

Beim **Monopol** trifft nur ein Anbieter auf eine Vielzahl von Nachfragern. Der Monopolist kann der jeweiligen Marktgegenseite die Preise diktieren. Monopole sind in der Bundesrepublik Deutschland verboten.

---

1 Die Vorsilbe poly... bedeutet in Fremdwörtern „viel", z.B. in „Polygamie" die Vielehe.
2 Die Vorsilbe olig... bedeutet in Fremdwörtern „wenig", z.B. in „Oligarchie" die Herrschaft weniger.
3 Die Vorsilbe mono... bedeutet in Fremdwörtern „ein", z.B. in „Monotonie" die Eintönigkeit.

1.12.2 Einheitspreisbildung am Beispiel einer Börse

Um uns den Vorgang der **Preisbildung bei vollständiger Konkurrenz (zweiseitigem Polypol)** zu verdeutlichen, greifen wir zu einem einfachen Beispiel.

(1) Bildung des Gleichgewichtspreises

Beispiel:

Die Warenbörsen erhalten von den Käufern und Verkäufern Kauf- oder Verkaufsaufträge. Dabei können Käufer und Verkäufer ihre Aufträge limitieren, d.h. begrenzen. Ein Käufer kann z.B. den Warenmakler[1] beauftragen, eine bestimmte Warenmenge **höchstens** zu 62,00 EUR je Gewichtseinheit zu kaufen. Sollte der Kurs (der an der Börse festgelegte Preis) am Kauftag höher sein, wird der Auftrag nicht ausgeführt.

Ein Verkäufer kann den Warenmakler beauftragen, eine bestimmte Warenmenge zu **mindestens** 61,00 EUR zu verkaufen. Ist der Kurs (Preis) am Verkaufstag niedriger, wird der Auftrag ebenfalls nicht ausgeführt.

Werden die Kauf- und Verkaufsaufträge nicht limitiert, werden die zum Kauf nachgefragten bzw. die zum Verkauf angebotenen Waren „bestens", d.h. zu dem am Abschlusstag gültigen Kurs (Preis) ge- oder verkauft.

Angenommen nun, bei einem Warenmakler laufen für eine Weichweizensorte einheitlicher Qualität folgende Aufträge ein:

Kaufaufträge (Nachfrage)	Verkaufsaufträge (Angebot)
50 dt[2] bestens	30 dt bestens
45 dt zu 61,00 EUR höchstens	45 dt zu 61,00 EUR mindestens
20 dt zu 62,00 EUR höchstens	85 dt zu 62,00 EUR mindestens
70 dt zu 63,00 EUR höchstens	40 dt zu 63,00 EUR mindestens
20 dt zu 64,00 EUR höchstens	35 dt zu 64,00 EUR mindestens

Der Warenmakler hat nun die Aufgabe festzustellen, bei welchem Preis (Kurs) der höchste Umsatz erzielt werden kann.

Dazu muss festgestellt werden, welche Umsätze (Menge · Preis) bei den einzelnen Preisen möglich sind:

Mögliche Preise (Kurse)	Durchführbare Kaufaufträge (Nachfrage)	Durchführbare Verkaufsaufträge (Angebot)	Umsetzbare Menge
60,00 EUR	205 dt[3]	30 dt[5]	30 dt
61,00 EUR	205 dt	75 dt	75 dt
62,00 EUR	160 dt[4]	160 dt	160 dt
63,00 EUR	140 dt	200 dt	140 dt
64,00 EUR	70 dt	235 dt	70 dt

In diesem Beispiel beträgt der vom Makler festgesetzte Preis 62,00 EUR je dt, weil hier der größtmögliche Umsatz getätigt werden kann. Man spricht vom **Gleichgewichtspreis**.

---

1 Ein Makler ist ein Kaufmann, der Geschäfte für andere vermittelt. Für seine Tätigkeit erhält er eine Maklergebühr (Courtage), die von beiden Vertragspartnern (Käufer, Verkäufer) je zur Hälfte zu zahlen ist.
2 1 dt: Dezitonne (100 kg).
3 Bei einem Preis (Kurs) von 60,00 EUR wollen alle Auftraggeber kaufen, auch diejenigen, die eigentlich einen höheren Kurs zu zahlen bereit sind.
4 Bei einem Preis von 62,00 EUR kaufen die Auftraggeber nicht mehr, die höchstens 61,00 EUR anlegen wollten. Die Käufer, die nicht limitiert haben, kaufen jedoch zu jedem Kurs.
5 Es verkaufen nur die Auftraggeber, die nicht limitiert haben. Alle anderen wollten einen höheren Preis erzielen.

> **Merke:**
>
> Der **Gleichgewichtspreis** bringt Angebot und Nachfrage zum Ausgleich, er „räumt den Markt".

(2) Auswirkungen des Gleichgewichtspreises

Der Gleichgewichtspreis ist in der Lage, die **unterschiedlichen Interessen** der **Anbieter** und **Nachfrager** auszugleichen. Die **Anbieter** haben ein Interesse daran, möglichst **hohe Preise** zu erzielen. Das Interesse der **Nachfrager** hingegen besteht darin, die nachgefragten Güter zu möglichst **niedrigen Preisen** zu erhalten.

Zu beachten ist, dass die Anbieter, die einen höheren Preis als den Gleichgewichtspreis (Marktpreis) erzielen wollen, und die Nachfrager, die nur einen niedrigeren Preis als den Gleichgewichtspreis bezahlen wollen, leer ausgehen.

Die Marktteilnehmer jedoch, die zum Zuge kommen, befinden sich in unterschiedlichen Situationen:

- Diejenigen Anbieter, die auch zu einem niedrigeren Preis als zu dem Gleichgewichtspreis verkaufen würden, erzielen einen zusätzlichen Gewinn, den man als **Anbieterrente** bezeichnet. Handelt es sich bei diesen Anbietern um Hersteller bzw. Verkäufer von Produkten, deren Produktion Kosten verursacht hat, spricht man von **Produzentenrente**.

- Die Käufer hingegen, die auch einen höheren Preis als den Gleichgewichtspreis zu zahlen gewillt wären, erzielen eine **Nachfragerrente**. Handelt es sich um Nachfrager nach Konsumgütern, spricht man von der **Konsumentenrente**. Sie stellt für die Nachfrager nach Konsumgütern (also vor allem die privaten Haushalte) einen Nutzengewinn dar.

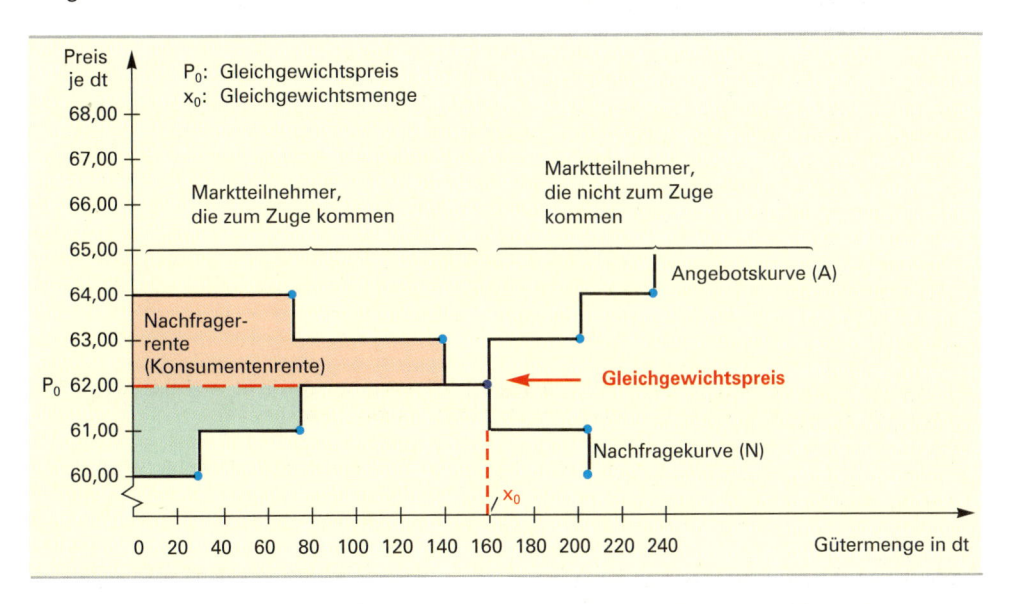

Wenn man sich nun vorstellt, dass sehr viele (theoretisch „unendlich" viele) Anbieter und Nachfrager auf dem Markt sind, verschwinden die „Treppen" aus der Angebots- und aus der Nachfragekurve. Es ergibt sich folgendes Bild:

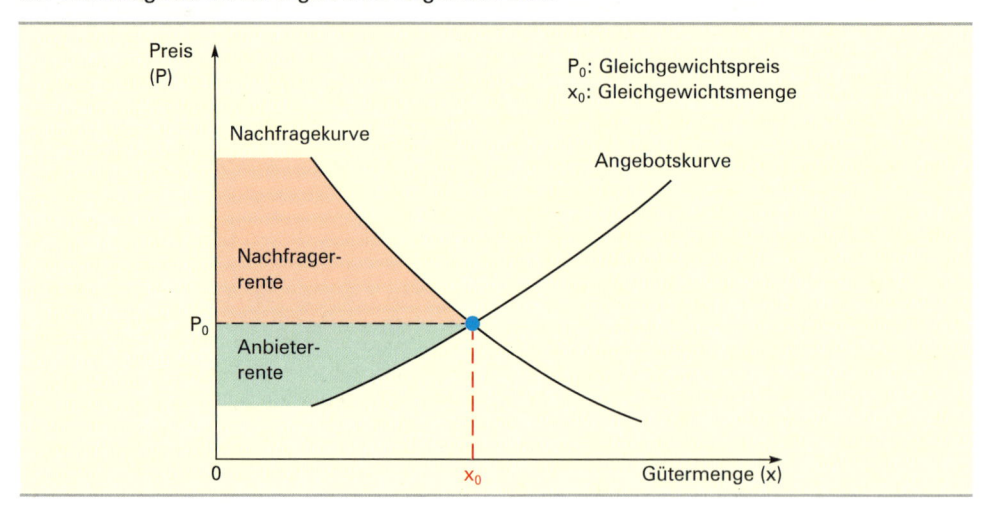

(3) Auswirkungen anderer Preise als der Gleichgewichtspreis

Ganz wesentlich ist die Erkenntnis, dass jeder andere als der Gleichgewichtspreis (Einheitspreis) den Markt nicht räumen kann. Setzt der Warenmakler beispielsweise einen Kurs von 61,00 EUR je dt fest, beträgt die Nachfrage 205 dt, das Angebot nur 75 dt (Unterangebot bzw. Übernachfrage: **Angebotslücke**).[1] Der Börsenmakler wird also den **Preis heraufsetzen**.

> **Merke:**
>
> Ist bei einem gegebenen Preis das Angebot kleiner als die Nachfrage **(Angebotslücke)**, wird der Preis steigen.

Umgekehrt ist es, wenn der Warenmakler beispielsweise einen Preis von 63,00 EUR je dt bestimmt. Dann beläuft sich das Angebot auf 200 dt, die Nachfrage lediglich auf 140 dt (Überangebot bzw. Unternachfrage: **Nachfragelücke**).[2] Der Makler wird also den **Preis herabsetzen**.

> **Merke:**
>
> Ist bei einem gegebenen Preis die Nachfrage kleiner als das Angebot **(Nachfragelücke)**, wird der Preis sinken.

---

[1] Siehe Tabelle auf S. 82.
[2] Siehe Tabelle auf S. 82.

1.13 Funktionen des Preises in einer freien Marktwirtschaft

Die Funktionen des Preises in einer freien Marktwirtschaft (bei **vollständiger Konkurrenz**) sind in der nachfolgenden Tabelle zusammengestellt.

Ausgleichsfunktion	Der Gleichgewichtspreis ist der Preis, bei dem der höchstmögliche Umsatz erzielt wird. Alle Nachfrager, die den Gleichgewichtspreis bezahlen wollen (oder können), und alle Anbieter, die zum Gleichgewichtspreis verkaufen wollen (oder können), kommen zum Zuge. „Der freie Preis räumt den Markt".
Signalfunktion	Sie äußert sich darin, dass der freie Marktpreis den Knappheitsgrad eines Gutes anzeigt (signalisiert). Steigt der Preis, so wird erkennbar, dass ■ sich entweder das Güterangebot bei gleichbleibender Nachfrage verknappt hat, ■ sich die Nachfrage bei gleichbleibendem Güterangebot erhöht hat oder ■ die Nachfrage schneller als das Güterangebot gestiegen ist. Der fallende Preis zeigt die gegenteilige Marktsituation an.
Lenkungsfunktion	Der freie Marktpreis steuert das Angebot und damit die Produktion auf diejenigen Märkte hin, auf denen die größte Nachfrage herrscht und folglich die höchsten Preise (und damit Gewinne) erzielt werden können. **Beispiel:** Sinkt die Nachfrage nach Rindfleisch zugunsten der Nachfrage nach Geflügelfleisch, werden die Rindfleischpreise sinken und die Geflügelpreise steigen. Die Landwirte stellen sich auf die Produktion von Geflügelfleisch um und schränken die Produktion von Rindfleisch ein.
Erziehungsfunktion	Da der Preis bei vollkommener polypolistischer Konkurrenz vom einzelnen Nachfrager nicht beeinflussbar ist, zwingt er die Produzenten, ihre Kosten zu senken, wenn sie rentabel anbieten wollen. Die Verbraucher werden dazu erzogen, möglichst sparsam (möglichst preisgünstig) einzukaufen, wenn sie ihren Nutzen maximieren wollen.

Zusammenfassung

■ Unter **Nachfrage** versteht man den auf dem Markt erscheinenden Bedarf.

■ Unter **Angebot** versteht man die auf dem Markt erscheinenden Kaufwünsche der Wirtschaftssubjekte.

■ Unter **Markt** versteht man den ökonomischen Ort, an dem sich Angebot und Nachfrage treffen.

■ Auf einem **polypolistischen Markt** treten viele Anbieter und Nachfrager auf.

■ Das Steuerungsinstrument freier Märkte ist der **Preis**, der sich aufgrund der Angebots- und Nachfrageverhältnisse ergibt.

- Ein **Gleichgewichtspreis (Einheitspreis)** entsteht nur dann, wenn auf einem freien polypolistischen Markt die **Prämissen (Voraussetzungen)** der **vollkommenen Konkurrenz** gegeben sind:
  - Homogenität der gehandelten Güter,
  - Punktmarkt,
  - Markttransparenz,
  - schnelle Reaktionsfähigkeit der Marktteilnehmer,
  - keine Präferenzen.
- Wer als Anbieter nicht bereit ist, zum Gleichgewichtspreis seine Güter zu verkaufen, wird ebenso vom **Marktgeschehen ausgeschlossen,** wie die Nachfrager, die nicht bereit sind, den Gleichgewichtspreis zu zahlen.
- Bei einem **unvollkommenen polypolistischen Markt** entstehen **unterschiedliche Preise** für ein Gut.
- Im Modell der vollkommenen polypolistischen Konkurrenz hat der **Preis** folgende **Funktionen:**

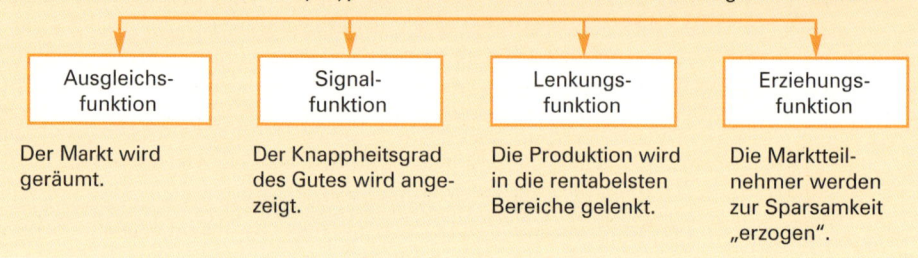

Ausgleichs-funktion	Signal-funktion	Lenkungs-funktion	Erziehungs-funktion
Der Markt wird geräumt.	Der Knappheitsgrad des Gutes wird angezeigt.	Die Produktion wird in die rentabelsten Bereiche gelenkt.	Die Marktteilnehmer werden zur Sparsamkeit „erzogen".

Übungsaufgabe

15
1. Unterscheiden Sie die Begriffe
   1.1 vollkommener Markt – unvollkommener Markt;
   1.2 polypolistischer Markt – oligopolistischer Markt – monopolistischer Markt!
2. Nennen Sie die einzelnen Prämissen des vollkommenen Marktes und begründen Sie, warum die einzelnen Prämissen erfüllt sein müssen, wenn für ein Gut nur ein Gleichgewichtspreis (Einheitspreis) existieren soll!
3. Charakterisieren Sie das Wesen des vollkommenen polypolistischen Markts und begründen Sie, warum das vollkommene Polypol einen theoretischen Grenzfall darstellt!
4. Auf einem Markt für Sammlerbriefmarken herrscht bezüglich einer bestimmten Marke folgende Nachfrage- und Angebotssituation:

Preis der Marke in EUR:	30,00	25,00	20,00	15,00	10,00	5,00
Nachgefragte Stücke in 100:	0	1	3	5	7	9
Angebotene Stücke in 100:	6,5	5,5	4,5	3,5	2,5	1,5

Lösungshinweis: Zeichnen Sie die Angebots- und Nachfragekurve je 5,00 EUR bzw. je 100 Stück ≙ 1 cm und bestimmen Sie den Gleichgewichtspreis und die zu diesem Preis umsetzbaren Stückzahlen!

Aufgaben:

4.1 Ermitteln Sie den Gleichgewichtspreis!
4.2 Begründen Sie das Zustandekommen des Gleichgewichtspreises!

5. Die Polypolpreisbildung stellt einen Ausgleichsmechanismus zwischen den gegensätzlichen Interessen der Anbieter und Nachfrager dar.

Aufgaben:

5.1 Erläutern Sie kurz die gegensätzlichen Interessen der Anbieter und Nachfrager!

5.2 Begründen Sie, warum es sich bei der Polypolpreisbildung um einen Mechanismus, d. h. um ein sich selbstständig regelndes System, handelt!

6. Begründen Sie, wie sich folgende Datenänderungen auf den Gleichgewichtspreis bei vollständiger und vollkommener Konkurrenz auswirken! Es wird unterstellt, dass sich alle übrigen Bedingungen nicht ändern. Angebot und Nachfrage verhalten sich normal.

Aufgaben:

6.1 Die Gewerkschaften setzen Arbeitszeitverkürzungen bei vollem Lohnausgleich durch. Die Unternehmer ersetzen die ausgefallenen Arbeitsstunden vollständig durch Neueinstellungen.

6.2 Die Nachfrage nach Kalbfleisch geht zurück, weil die Verbraucher fürchten, dass die Züchter die Tiere mit gesundheitsschädlichen Stoffen mästen.

6.3 Der Staat senkt die Kostensteuern.

6.4 Rationalisierungsmaßnahmen der Unternehmer führen zu steigender Produktivität.

6.5 Die Verbraucher fürchten Preiserhöhungen; sie sparen deshalb weniger.

7. Bei einem Makler an einer Warenbörse gehen folgende Kauf- und Verkaufsaufträge ein:

Kaufaufträge	Verkaufsaufträge
10 t bestens 15 t zu 80,00 EUR höchstens 5 t zu 81,00 EUR höchstens 20 t zu 82,00 EUR höchstens 30 t zu 83,00 EUR höchstens 25 t zu 84,00 EUR höchstens	15 t bestens 10 t zu 81,00 EUR mindestens 20 t zu 82,00 EUR mindestens 5 t zu 83,00 EUR mindestens 25 t zu 84,00 EUR mindestens 30 t zu 85,00 EUR mindestens

Aufgabe:
Bestimmen Sie, welchen Kurs der Warenmakler festlegt!

8. Angenommen, auf einem Wochenmarkt treten folgende Anbieter frischer und absolut gleichwertiger Pfifferlinge auf, wobei jeder Anbieter 10 kg auf den Markt bringt. Die Mindestpreisvorstellungen der Anbieter sind:

Anbieter:	A	B	C	D	E	F
Preis je kg in EUR:	10,00	11,00	12,00	13,00	14,00	15,00

Als Nachfrager treten 50 Hausfrauen auf, die höchstens Folgendes ausgeben und je 1 kg kaufen wollen:

Hausfrauen:	1 – 10	11 – 20	21 – 30	31 – 40	41 – 50
Preisvorstellung je kg in EUR:	13,00	12,50	12,00	11,50	11,00

Aufgaben:

8.1 Zeichnen Sie die Angebots- und Nachfragekurve! Stellen Sie den Gleichgewichtspreis fest!

8.2 In diesem Beispiel haben wir zwar so getan, als ob es sich um einen vollkommen polypolistischen Markt handle. In Wirklichkeit ist dies jedoch nicht der Fall. Nennen Sie mögliche Gründe hierfür!

9. Eine Bedingung für „vollständige Konkurrenz" ist, dass die Marktteilnehmer keine sachlichen, zeitlichen, räumlichen oder persönlichen Präferenzen haben.

Aufgaben:

Kennzeichnen Sie als Lösung die nachfolgenden Fälle mit einer

(1), wenn sachliche Präferenzen vorliegen,

(2), wenn zeitliche Präferenzen vorliegen,

(3), wenn räumliche Präferenzen vorliegen,

(4), wenn persönliche Präferenzen vorliegen,

(9), wenn keine Präferenzen vorliegen.

9.1 Karl Müller möchte 100 000,00 EUR auf einem Sparkonto anlegen. Aus mehreren Angeboten entscheidet er sich für das Institut, das ihm die beste Verzinsung garantiert.

9.2 Die Schülerin Anke Engelke möchte sich einen neuen Golf kaufen. Dabei entscheidet sie sich wegen der längeren Lieferzeit nicht für das günstigste Angebot.

9.3 Die Autoversicherung für ihr neues Auto schließt Frau Engelke – ohne weitere Informationen einzuholen – bei ihrem Bekannten ab.

9.4 Fritz Schwabe beauftragt eine Preisagentur mit dem Kauf einer Brockhaus-Enzyklopädie.

9.5 Aufgrund seiner Bewerbungen für eine Ausbildung zum Bankkaufmann erhält Carsten Clever mehrere Zusagen. Um Fahrtkosten zu sparen, entscheidet er sich für den Ausbildungsbetrieb in seinem Wohnort.

9.6 Der Informatiker Bernd Bits möchte seine Bankgeschäfte von zu Haus aus erledigen. Aus mehreren Angeboten, die alle den gleichen Service bieten, wählt er das kostengünstigste aus.

9.7 Nachdem Carsten seine Ausbildungsstelle bei der Ulmer Volksbank angetreten hat, eröffnen seine Eltern dort ein Depot.

2 Wirtschaftsordnung und Wirtschaftskreislauf in der Bundesrepublik Deutschland

2.1 Wurzeln, Grundlagen und Fehlentwicklungen einer marktwirtschaftlichen Ordnung

2.1.1 Individualismus als geistige Grundlage (Wurzel) der freien Marktwirtschaft

Die Konzeption[1] eines wirtschaftlichen Ordnungsmodells ist weitgehend von der Auffassung vom Wesen des Menschen abhängig. Als die beiden großen **gegensätzlichen Anschauungen über das Wesen des Menschen** kann man den **Individualismus** einerseits und den **Kollektivismus** andererseits bezeichnen.[2]

> **Merke:**
>
> - Die **freie Marktwirtschaft** beruht auf dem **Individualismus**.
> - Im Mittelpunkt der individualistischen Geisteshaltung steht der **einzelne Mensch**, das **Individuum**.

Für den Individualismus ist die **Freiheit des Einzelnen** oberster Grundsatz. Der Staat ist nur ein Zweckverband, innerhalb dessen die Bürger ihren einzelwirtschaftlichen egoistischen Zielen nachgehen. Die Aufgabe des Staates besteht lediglich darin, den inneren und äußeren Rechtsschutz zu gewährleisten **(Nachtwächterstaat)**.

Der Individualismus ist davon überzeugt, dass die uneingeschränkte Verfolgung der Einzelinteressen der Erreichung des höchsten Allgemeinwohls dient. Das ist der Gedanke der **natürlichen Harmonie.** Wenn nämlich jeder seinen eigenen Vorteil sucht, so wird der Produzent diejenigen Waren herstellen, die er am billigsten produzieren kann, um einen Höchstgewinn zu erzielen (Maximalprinzip). Auf der anderen Seite wird jeder die Waren dort kaufen, wo sie am billigsten zu haben sind (Minimalprinzip). Der freie, d.h. der nicht vom Staat beeinflusste Wettbewerb (Konkurrenz) ist nach dieser Auffassung so imstande, wie eine **„unsichtbare Hand"** die Einzelinteressen auf das Gesamtinteresse zu lenken: **Eigennutz ist zugleich Gemeinnutz.**

„Jeder Einzelne wird sich darum bemühen, sein Kapital so anzulegen, dass es den höchsten Wert erzielen kann. Im Allgemeinen wird er weder darauf aus sein, das öffentliche Wohl zu fördern, noch wird er wissen, inwieweit er es fördert. Er interessiert sich lediglich für seine eigene Sicherheit und seinen eigenen Gewinn. Und dabei wird er von einer unsichtbaren Hand geleitet, ein Ziel zu fördern, das keineswegs in seiner Absicht gelegen hatte. Indem er seinen eigenen Interessen dient, fördert er das Wohl der Allgemeinheit oft auf weit wirksamere Weise, als wenn es in seiner wahren Absicht gelegen hätte, es zu fördern." (ADAM SMITH: Der Reichtum der Nationen, 1776).[3]

---

[1] Konzeption: gedanklicher Entwurf.
[2] Für den **Kollektivismus** steht die **Gesellschaft über dem Einzelnen,** d.h., der Einzelne muss sich dem Staat und dessen Prinzipien und Gesetzen unterordnen. **Gemeinnutz geht vor Eigennutz.** Daraus folgt die Notwendigkeit der **zentralen Planung** unter **teilweiser Aufhebung des Privateigentums.**
[3] Zitiert nach SAMUELSON, P., a.a.O., Bd. I, S. 56. ADAM SMITH, 1723 – 1790, war britischer Moralphilosoph und Volkswirtschaftler sowie der bedeutendste Vertreter der klassischen liberalen Schule. (Unter Schule versteht man hier eine bestimmte geisteswissenschaftliche Richtung.)

> **Merke:**
>
> In dem **Modell der freien Marktwirtschaft** ermöglicht die Ablehnung der staatlichen Eingriffe in das wirtschaftliche Geschehen dem Einzelnen, einen eigenen Wirtschaftsplan, frei von staatlichen Reglementierungen, zu erstellen und zu verwirklichen.

2.1.2 Fehlentwicklungen in einer rein marktwirtschaftlichen Ordnung

Das Modell der freien Wirtschaft war am ehesten im Kapitalismus[1] des 19. und des frühen 20. Jahrhunderts verwirklicht. Dieser brachte krasse soziale Missstände mit sich.

Dazu gehören u. a. eine heute in Europa nicht mehr vorstellbare Ausbeutung der Arbeitskraft bei niedrigsten Löhnen, Wirtschaftskrisen und eine Konzentration der Vermögen (und damit der Macht) bei wenigen.

Nach dem **Modell der freien Marktwirtschaft** hätte sich die kapitalistische Wirtschaft ohne Störungen entwickeln müssen. Die egoistische Verfolgung der Einzelziele hätte dem Wohl aller dienen müssen. In Wirklichkeit war dies nicht der Fall. Warum? Hierfür gibt es mehrere Gründe.

- Zunächst könnte man meinen, die freie Marktwirtschaft entlohne die Produktionsfaktoren nach ihrer **Leistung**, weil sich der Preis für die Güter, für die Arbeit und für das Kapital nach Angebot und Nachfrage richtet. Selbst wenn man das **Leistungsprinzip** als „gerechte" Lösungsmöglichkeit des Verteilungsproblems ansieht, muss man feststellen, dass der Preis an sich weder gerecht noch ungerecht sein kann. Er ist vielmehr eine objektive Größe, die sich aufgrund der Knappheitsverhältnisse herausbildet.

> **Beispiel:**
>
> In der freien Marktwirtschaft ist auch der Arbeitsmarkt sich selbst überlassen. Der Lohn als Preis für Arbeit schwankt je nach Arbeitsangebot und Arbeitsnachfrage. Besteht ein Überangebot von Arbeitskräften (besteht also Arbeitslosigkeit), sinken die Löhne. Hunger und Krankheit sorgen für eine Dezimierung (Verminderung) der besitzlosen Arbeitnehmer (Proletarier). Der Lohn wird erst wieder steigen, wenn die Arbeitskräfte im Verhältnis zur Arbeitsnachfrage wieder knapp geworden sind.

Das System der freien Marktwirtschaft führt zu einer **starken Abhängigkeit der Arbeitnehmer.**

- Bleibt eine freie Marktwirtschaft sich selbst überlassen, bilden sich in kurzer Zeit **Kartelle** und andere Konzentrationsformen (z. B. Konzerne)[2] heraus mit dem Ziel, den **freien Wettbewerb** einzuschränken oder auszuschalten. Die unbeschränkte, durch keinerlei staatliche Kontrolle gehinderte Freiheit der Wirtschaftssubjekte gibt nicht nur den Intelligenten, Fähigen, Fleißigen und Starken eine Chance, sondern auch den Rücksichts- und Skrupellosen. Monopolbildungen aber heben die Steuerungsfunktion des

---

1 Im Allgemeinen wird eine Wirtschaftsordnung dann als **„kapitalistisch"** bezeichnet, wenn sich die Produktionsmittel, also das Kapital im volkswirtschaftlichen Sinne, in Privathand (also in Händen der „Kapitalisten") befinden. Dies ist ein wesentliches Ordnungsmerkmal einer freien Marktwirtschaft.
2 Vgl. hierzu Fußnote 1 und 2, S. 101.

Preises weitgehend auf: Die **Preise** werden nicht mehr von den natürlichen Gegebenheiten des Marktes bestimmt, sondern sie werden von den **monopolistischen Machtgebilden diktiert.**

Fehlentwicklungen
▪ Starke Abhängigkeit der Arbeitnehmer vom Kapital
▪ Einschränkung des Wettbewerbs durch Monopolbildung
▪ Preise werden von marktstarken Unternehmen diktiert
▪ Vermögenskonzentration bei wenigen Produzenten
▪ Kollektivbedürfnisse werden vernachlässigt

- Da marktstarke Unternehmen (Monopole, Oligopole) in der Lage sind, ihre Absatzpreise höher als die anzusetzen, die sich bei freier Konkurrenz ergeben würden, führen die überhöhten Gewinne der Unternehmen im Lauf der Zeit zu einer **Vermögenskonzentration bei den wenigen Produzenten** auf Kosten der abhängigen und vermögenslosen Arbeitnehmer.

- Weil in der freien Marktwirtschaft die Anbieter lediglich dann produzieren, wenn sie Gewinn erwarten, bleiben **Kollektivbedürfnisse**[1] **in vielen Fällen unbefriedigt.**

Zu einer kritischen Würdigung des Kapitalismus jener Zeit gehört aber auch, dass er zu großen Leistungen geführt hat, eine Tatsache, die auch seine Gegner anerkennen. In diese Zeit fallen Industrialisierung, Massenproduktion, Kanalisierung, Schaffung von Eisenbahnlinien und die Erschließung neuer Märkte in Übersee. Die Privilegien (Vorrechte) des Adels wurden beseitigt. Das Bürgertum erhielt die Chance des sozialen (gesellschaftlichen) Aufstiegs.

MARX und ENGELS[2] schrieben 1848 im Kommunistischen Manifest:

„Die Bourgeoisie[3] hat in ihrer kaum hundertjährigen Klassenherrschaft massenhaftere und kolossalere Produktionskräfte geschaffen als alle vergangenen Generationen zusammen. Unterjochung der Naturkräfte, Maschinerie, Anwendung der Chemie auf Industrie und Ackerbau, Dampfschifffahrt, Eisenbahnen, elektrische Telegrafen, Urbarmachung ganzer Weltteile, Schiffbarmachung der Flüsse, ganze, aus dem Boden hervorgestampfte Bevölkerungen – welches frühere Jahrhundert ahnte, dass solche Produktionskräfte im Schoß der gesellschaftlichen Arbeit schlummerten."[4]

Zusammenfassung

- Der **Individualismus** ist die geistige Grundlage der freien Marktwirtschaft.

- In der Konzeption der freien Marktwirtschaft erhöht die **Verfolgung von Einzelinteressen** das **Allgemeinwohl** (Eigennutz ist zugleich Gemeinnutz).

- In der **freien Marktwirtschaft** greift der Staat überhaupt nicht in das Wirtschaftsgeschehen ein. Er hat allenfalls eine Überwachungsfunktion (**Nachtwächterstaat**).

---

1 Kollektivbedürfnisse werden mit Gütern befriedigt, die von allen Mitgliedern der Gesellschaft genutzt werden können (z.B. Straßen, Schulen, öffentliche Verkehrsmittel, saubere Umwelt).

2 Karl MARX (1818–1883) ging es als erstem Vertreter des wissenschaftlichen Sozialismus vor allem darum, zu beweisen, dass der Sozialismus eine zwangsläufige Phase der gesellschaftlichen Entwicklung ist.
Friedrich ENGELS (1820–1895) war engster Mitarbeiter von Karl MARX. Sein Werk „Die arbeitenden Klassen in England" wurde zu einem grundlegenden Werk des wissenschaftlichen Sozialismus.

3 Bourgeoisie: Bürgertum (hier: Klasse der Kapitalisten und ihre Interessenvertreter).

4 MARX/ENGELS: Manifest der Kommunistischen Partei, 1848, zitiert in: BECHER, J. u.a.: Politische Ökonomie des Kapitalismus und des Sozialismus, Lehrbuch für das marxistisch-leninistische Grundlagenstudium, Berlin (Ost), 1974, S. 110.

- Die Rechtsordnung in der freien Marktwirtschaft ist geprägt durch:
  - Gewerbefreiheit
  - Vertragsfreiheit
  - Niederlassungsfreiheit
  - Freihandel
  - Produktionsfreiheit
  - Konsumfreiheit
  - Privateigentum
- Das Modell der **freien Marktwirtschaft** führt zu schwerwiegenden **Missständen** (siehe Übersicht auf S. 91.

Übungsaufgaben

16 ADAM SMITH (siehe Fußnote 3 auf S. 89) war kein Verfechter einer völlig freien Marktwirtschaft. Stellen Sie anhand des nachfolgenden Textauszugs fest, welche Aufgaben er dem Staat in einer Marktwirtschaft zumaß![1]

Smith wird vielfach als doktrinärer Vertreter eines Laisser-faire bezeichnet – zu Unrecht. Seine Kritik richtet sich nicht gegen Staatseingriffe schlechthin, sondern gegen von ihm für schädlich gehaltene. Grundsätzlich habe der Staat nur solche Aufgaben zu übernehmen, die von den Privaten entweder nicht oder nur schlechter wahrgenommen werden können. Der Souverän habe sich aller Pflichten zu entledigen, „zu deren angemessener Erfüllung keine menschliche Weisheit und kein Wissen je ausreichen könnten" – der Planung und Steuerung der Produktion. Der Markt löse dies weit besser, und Wettbewerb sei ein Mittel zur Beschränkung individueller Macht. Nur dort, wo der Markt versage, wie bei der Bereitstellung öffentlicher Güter und der Tendenz zur Monopolbildung, seien Staatseingriffe gerechtfertigt ...

Die Liste der von Smith für gerechtfertigt erachteten Staatseingriffe ist lang. Sie reicht von der Regulierung des Bankgeschäfts und der Kontrolle der Zinsen über Steuern zur Eindämmung des Alkoholkonsums bis hin zur Förderung von Kunst und Kultur. Der „unsichtbaren Hand" ist eine deutlich sichtbare zur Seite gestellt.

Adam Smith starb am 17. Juli 1790 in Edinburgh. Auch zwei Jahrhunderte danach verdient es seine Botschaft gehört zu werden. So ließen sich soziale Schäden gewaltigen Ausmaßes vermeiden: Die bestehenden Systeme der Arbeitsteilung in Osteuropa wären nicht mutwillig zerstört worden. Es würde verstanden werden, dass die neu gewonnene Freiheit der sozialen Kontrolle bedarf: „Jener Gebrauch der natürlichen Freiheit durch einige wenige Individuen, welcher die Sicherheit der ganzen Gesellschaft gefährden könnte, wird zu Recht durch die Gesetze einer jeden Regierung beschränkt – der freiesten ebenso wie der willkürlichsten". Es würde auch verstanden, dass Marktwirtschaft keine amoralische Veranstaltung ist und daher ebensowenig von heute auf morgen dekretiert werden kann wie der damit verbundene politische Regimewechsel – und dass eine Gesellschaft „zwar ohne Wohlwollen auskommen kann, die Vorherrschaft von Ungerechtigkeit sie jedoch letztlich zerstören muss".

Die Zeichen verdichten sich, dass das gewaltige Experiment des Übergangs von der Kommando- zur Marktwirtschaft vielerorts zu scheitern droht ...

Quelle: Piper, N. (Hrsg.): Die großen Ökonomen, Leben und Werk der wirtschaftswissenschaftlichen Vordenker, 1994, S. 34f.

17 1. Erläutern Sie mögliche Gründe dafür, dass eine arbeitsteilige Volkswirtschaft ein Ordnungssystem zur Koordinierung des Wirtschaftsablaufs benötigt!

2. Die freie Marktwirtschaft ist ein idealtypisches Modell. Dem Modell am nächsten kam der Industriekapitalismus (Frühkapitalismus) des 19. Jahrhunderts.
   Aufgaben:
   2.1 Erläutern Sie, was unter einer freien Marktwirtschaft zu verstehen ist!
   2.2 Erklären Sie den Begriff Kapitalismus!

---
[1] Erarbeiten Sie sich die Ihnen nicht bekannten Begriffe durch eine Internetrecherche.

2.3 Bilden Sie Beispiele für die liberale Ansicht, dass das Einzelinteresse dem Gesamtinteresse entspreche!

2.4 Erläutern Sie kurz, wer die Produktionsziele in einer freien Marktwirtschaft bestimmt!

3. Erläutern Sie zwei Fehlentwicklungen der freien Marktwirtschaft und bilden Sie hierzu jeweils ein Beispiel!

4. Die Missstände des Frühkapitalismus, vor allem die Verelendung breiter Massen, führten zur Entstehung neuer ökonomischer Konzeptionen. Die bedeutendste war die von KARL MARX (1818–1883), der eine Gesellschaft ohne Privateigentum an den Produktionsmitteln und damit die Abschaffung des Gewinnstrebens forderte. Die ideologische Grundlage seiner Konzeption war der Kollektivismus.

Aufgaben:

4.1 Nennen Sie kurz einige Fakten zur Person von Karl Marx!

4.2 Erläutern Sie den Begriff Kollektivismus!

(Beantworten Sie die Fragen unter Verwendung von Lexiken bzw. dem Internet!)

2.2 Grundlagen und Ordnungsmerkmale der sozialen Marktwirtschaft

2.2.1 Dualismus als geistige Grundlage der sozialen Marktwirtschaft

(1) Begriff und geistige Grundlage der sozialen Marktwirtschaft

Der sozialen Marktwirtschaft liegt ein **dualistisches Menschenbild** zugrunde, d.h., der Mensch wird sowohl als **Individual-** als auch als **Kollektivwesen** gesehen. Hieraus folgt bereits, dass die soziale Marktwirtschaft **zwischen** den beiden extremen Modellen der freien Marktwirtschaft einerseits und der Zentralverwaltungswirtschaft andererseits stehen muss. Schlagwortartig könnte man das Grundziel dieser Wirtschafts- und Gesellschaftsordnung wie folgt umreißen: „So viel Freiheit wie möglich, so viel staatlichen Zwang wie nötig", wobei man sich freilich immer darüber streiten kann, was möglich bzw. was nötig ist.

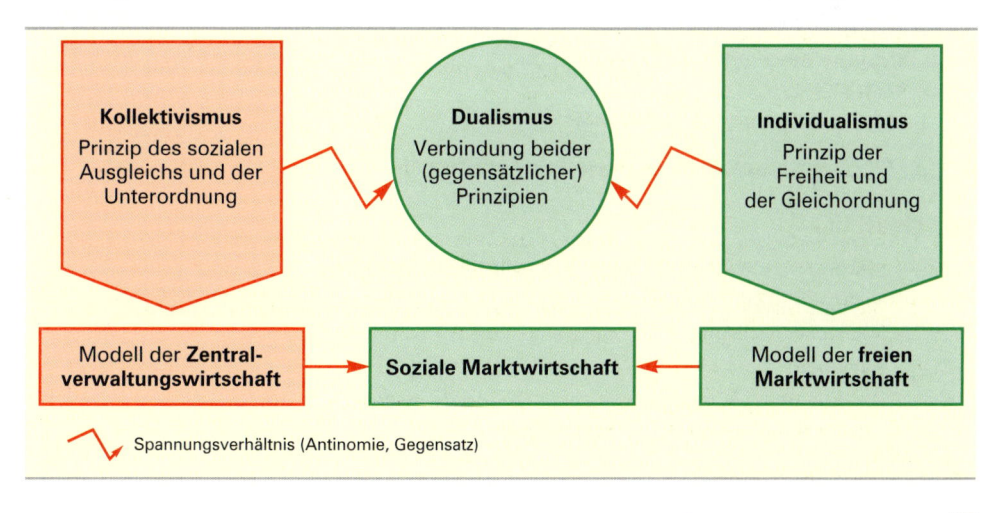

> **Merke:**
>
> Die **soziale Marktwirtschaft** in der Bundesrepublik Deutschland ist eine in der Wirklichkeit existierende Wirtschaftsform (Realform). Sie steht im Spannungsverhältnis zwischen den Forderungen nach größtmöglicher Freiheit einerseits und sozialer Gerechtigkeit andererseits.

(2) Freiheit der Märkte und sozialer Ausgleich als Grundlage der sozialen Marktwirtschaft

Die **Freiheit der Märkte** einerseits und der **soziale Ausgleich** andererseits bilden zusammen das **Konzept der sozialen Marktwirtschaft**. Der Staat legt die sozialen Schutzrechte und den Rahmen für die sozialen Sicherungssysteme (z.B. die Sozialversicherung[1]) fest, die dem Einzelnen den Lebensunterhalt auch dann sichern sollen, wenn er nicht in der Lage ist, für sich selbst zu sorgen. „Die schwierigste Aufgabe der Sozialpolitik[2] ist die der ‚richtigen' Dosierung. Die Spanne zwischen notwendiger sozialer Sicherheit und einem **leistungshemmenden Versorgungsstaat** ist gering."[3]

Bei der sozialen Marktwirtschaft sind **Freiheit und Verantwortung** miteinander gekoppelt. Die Verantwortung umfasst die Verantwortung des **Einzelnen** für sich **selbst** und auch für **andere**.

Um dieses Ziel zu erreichen, lautet eine zentrale Forderung der sozialen Marktwirtschaft, dass über den Einsatz **ergänzender** Wirtschafts- und Sozialpolitik nach dem **Subsidiaritätsprinzip** entschieden werden soll. Dies bedeutet, dass übergeordnete (staatliche) Instanzen im Sinne einer **Hilfe zur Selbsthilfe** erst dann eingeschaltet werden sollen, wenn dezentrale Entscheidungsträger (z.B. Haushalte und Unternehmen) ein Problem allein nicht mehr bewältigen können. Die Betonung dieses Prinzips macht deutlich, dass zunächst vor allem der Einzelne gefordert ist und nicht der Staat automatisch im Sinne einer **allumfassenden** Sicherung einspringt.

> **Beispiel:**
>
> Das Subsidiaritätsprinzip kommt u.a. beim Arbeitslosengeld II zum Tragen[4]. So werden die Zahlungen dieser staatlichen Alimentierung (Lebensunterhalt gewähren) gekürzt bzw. eingestellt, wenn der Antragsteller über eigenes, bestimmte Freibeträge übersteigendes Vermögen verfügt. Des Weiteren werden bei der Berechnung der vom Staat zu zahlenden Leistungen auch Einkommen von Personen berücksichtigt, die mit dem Antragsteller in einer Bedarfsgemeinschaft leben.

2.2.2 Grundgesetz und soziale Marktwirtschaft

(1) Überblick

In einem Rechtsstaat muss die Wirtschaftsordnung in eine Rechtsordnung eingebunden sein, die sich wiederum an der Verfassung, in der Bundesrepublik Deutschland also am Grundgesetz,[5] auszurichten hat.

---

1 Siehe S. 115ff.
2 Näheres siehe Kapitel 2.2.5, S. 112ff.
3 Hugle, R. und Larmann, W.: Staat und Wirtschaft, in: Wirtschaft und Unterricht, 25. Mai 1999, S. 2.
4 Siehe S. 117.
5 Grundgesetz für die Bundesrepublik Deutschland [GG] vom 23. Mai 1949.

Das **Grundgesetz** schreibt ausdrücklich **keine bestimmte Wirtschaftsform** vor, sondern lässt einen weiten Spielraum für denkbare Wirtschaftsordnungen.[1] Diese Tatsache ermöglicht es der Regierung bzw. dem Gesetzgeber (dem Bundestag und/oder den Landtagen), die als angemessen erscheinenden wirtschafts- und sozialpolitischen Maßnahmen zu ergreifen bzw. Gesetze zu beschließen. Allerdings enthält das Grundgesetz bestimmte Vorschriften (Normen), die gewissermaßen als „Eckpfeiler" auf der einen Seite eine reine Marktwirtschaft auf der anderen Seite eine reine Zentralverwaltungswirtschaft ausschließen. Laut Grundgesetz sind daher die verschiedensten Mischformen möglich, von denen eine die soziale Marktwirtschaft ist.

Im Folgenden werden die wichtigsten Artikel des Grundgesetzes daraufhin untersucht, ob und inwieweit sich aus ihnen wirtschafts- und sozialpolitische Ziele in der sozialen Marktwirtschaft ableiten lassen.

(2) Grundgesetz Artikel 2: Persönliche Freiheitsrechte

Art. 2 GG: (1) Jeder hat das Recht auf die freie Entfaltung seiner Persönlichkeit, soweit er nicht die Rechte anderer verletzt und nicht gegen die verfassungsmäßige Ordnung oder das Sittengesetz verstößt. (2) Jeder hat das Recht auf Leben und körperliche Unversehrtheit. Die Freiheit der Person ist unverletzlich. In diese Rechte darf nur aufgrund eines Gesetzes eingegriffen werden.

Im wirtschaftlichen Bereich bedeutet der Freiheitsgrundsatz, dass im Kern folgende Freiheitsrechte garantiert sind:

Gewerbefreiheit	Jeder hat das Recht, ein Unternehmen zu gründen, zu führen oder auch aufzulösen.
Vertragsfreiheit	Jeder hat das Recht, Verträge abzuschließen, aufzulösen und deren Inhalt frei zu gestalten.
Konsumfreiheit	Jeder hat das Recht, jede Ware dort zu kaufen, wo es ihm am günstigsten erscheint.

Nur wenn diese „Freiheiten" bestehen, können sich Märkte entwickeln, auf denen Angebot und Nachfrage durch einen sich frei bildenden Preis (z.B. Güterpreis) automatisch ins Gleichgewicht gebracht werden. Umgekehrt: Soll eine Wirtschaft mithilfe des Preismechanismus gesteuert werden, müssen die Wirtschaftssubjekte in ihrer Entscheidungsfreiheit unbeeinträchtigt bleiben.

Andererseits begrenzt der Art. 2 GG die Freiheitsrechte dort, wo die Rechte anderer verletzt werden können. Wucherische (ausbeuterische) und sittenwidrige Rechtsgeschäfte sind verboten. Umfassende Arbeitsschutzgesetze schützen den einzelnen Arbeitnehmer.[2] Zum Schutze des Verbrauchers, der Nachbarschaft und der Allgemeinheit ist die **Gewerbefreiheit eingeschränkt.** So werden z.B. gefährliche Anlagen (Betriebe) und bestimmte Gewerbezweige staatlich überwacht. Selbst die Konsumfreiheit ist in manchen Bereichen eingeengt: Bestimmte Arzneimittel dürfen von den Apotheken nur gegen ärztliches Rezept abgegeben werden. Der Handel mit Rauschgiften aller Art ist verboten.

---

1 Nach einem Urteil des Bundesverfassungsgerichts aus dem Jahre 1961. Quelle: Pilz, F.: Das System der Sozialen Marktwirtschaft, 1974, S. 29.
2 Z.B. Kündigungsschutz, Arbeitszeitgesetz, Mutterschutzgesetz, Jugendarbeitsschutzgesetz, Arbeitsschutzgesetz, Sozialgesetzbücher usw. Zu Einzelheiten siehe S. 114f.

Schließlich ist auch das Umweltrecht ein Eingriff in die Gewerbefreiheit. Bei Nichteinhaltung gesetzlicher Umweltvorschriften drohen privatrechtliche Schadensersatzansprüche und verwaltungsrechtliche bzw. strafrechtliche Sanktionen.[1]

Beispiel für umweltschutzrechtliche Vorschriften:

Schutzbereich	Umweltschutzgesetze	Sanktionen
Luftreinhaltung Lärmbekämpfung	Gesetz zum Schutz vor schädlichen Umwelteinwirkungen durch Luftverunreinigungen, Geräusche, Erschütterungen und ähnliche Vorgänge [Bundes-Immissionsschutzgesetz – BImSchG][2]	Betriebsverbot [§§ 20, 25 BImSchG]; Freiheits- oder Geldstrafen [§§ 325, 325a, 327 StGB]
Schutz vor gefährlichen Stoffen	Gesetz zum Schutz vor gefährlichen Stoffen [Chemikaliengesetz – ChemG]	Verbot der Inverkehrbringung [§ 11 III ChemG]; Freiheits- oder Geldstrafen [§ 27 ChemG]
Gewässerschutz	Gesetz zur Ordnung des Wasserhaushalts [Wasserhaushaltsgesetz – WHG]	Gefährdungshaftung nach dem UmweltHG sowie nach § 22 WHG; Freiheits- oder Geldstrafen [§ 324 StGB]
Naturpflege Artenschutz Bodenschutz	Gesetz über Naturschutz und Landschaftspflege [Bundesnaturschutzgesetz – BNatSchG]	Geld- oder Freiheitsstrafen [§§ 329, 330 StGB, § 30a BNatSchG]

Der Kern des Art. 2 darf – wie bei den übrigen Grundrechten auch – nicht in seinem Wesensgehalt angetastet werden [Art. 19 II GG]. Dies bedeutet, dass die Wirtschafts- und Sozialpolitik in der sozialen Marktwirtschaft dafür Sorge tragen muss, dass der Privatinitiative ein breiter Raum gelassen wird. Dies ist Aufgabe der **Ordnungspolitik**. Das Ziel lautet: **Sicherung des Wettbewerbs** durch Beschränkung der Staatseingriffe auf die Fälle, bei denen der Markt seine Funktionen nicht mehr erfüllt, und Verhinderung der Monopolisierung (Konzentration) in der Wirtschaft. Hierbei bleibt nicht aus, dass Konflikte (Spannungen) im Verhältnis von „Freiheit" einerseits und „staatlicher Reglementierung" andererseits auftreten.

(3) Grundgesetz Artikel 12: Berufsfreiheit

Art. 12 GG: (1) Alle Deutschen haben das Recht, Beruf, Arbeitsplatz und Ausbildungsstätte frei zu wählen. Die Berufsausübung kann durch Gesetz oder aufgrund eines Gesetzes geregelt werden.[3] (2) Niemand darf zu einer bestimmten Arbeit gezwungen werden, außer im Rahmen einer herkömmlichen allgemeinen, für alle gleichen öffentlichen Dienstleistungspflicht. ...

Im Art. 12 GG wird der Freiheitsgrundsatz des Art. 2 GG fortgeführt, denn in einer vorwiegend auf Privatinitiative und Wettbewerb beruhenden Gesellschaftsordnung muss das Recht auf freie Wahl des Berufs, des Arbeitsplatzes und der Ausbildungsstätte im Grundsatz garantiert sein. Mehr noch: Es muss das Recht bestehen, dort seinen Arbeitsplatz (und seinen Wohnsitz) zu nehmen, wo es einem beliebt (vgl. Art. 11 GG: Recht auf Freizügigkeit).

---

1 Sanktionen (lat.): wörtl. Vergeltung, mit positiven oder negativen Folgen antworten.
2 Immission (lat.): Einleitung von Schadstoffen; das Einwirken von Luftverunreinigungen, Schadstoffen, Lärm, Strahlen u.Ä. auf Menschen, Tiere und Pflanzen.
3 Beispiele: Ärzte und Apotheker benötigen die Approbation (vom Staat verliehenes Recht zur Berufsausübung). Bei Handwerkern ist (noch) in vielen Fällen die Meisterprüfung (der „große Befähigungsnachweis") erforderlich, wenn sie z.B. Auszubildende beschäftigen.

Der Anspruch des Art. 12 ist ein schwieriges sozial- und wirtschaftspolitisches Problem. Das Recht auf freie Berufs-, Arbeitsplatz- und Ausbildungsstättenwahl ist in der Wirklichkeit dort begrenzt, wo es an Arbeits- und Ausbildungsplätzen fehlt. Ein gerichtlich durchsetzbares „Recht auf Arbeit" gibt es nach dem Grundgesetz nicht. Ein solches Recht kann es in einer (wenn auch staatlich gesteuerten) Marktwirtschaft nicht geben, weil kein Unternehmen und keine Behörde gezwungen werden kann, mehr Arbeitskräfte einzustellen als benötigt werden. Das viel zitierte „Recht auf Arbeit" beinhaltet jedoch eine moralische Verpflichtung des Staates. Die Aussage des Art. 12 GG stellt eine Aufforderung an den Staat dar, dafür Sorge zu tragen, dass genügend Arbeits- und Ausbildungsplätze zur Verfügung stehen. Das aus Art. 12 GG folgende wirtschafts- und sozialpolitische Ziel ist somit ein **hoher Beschäftigungsstand** und das (stetige) **Wirtschaftswachstum.**

(4) Grundgesetz Artikel 9: Vereinigungsfreiheit

> **Art. 9 GG:** (1) Alle Deutschen haben das Recht, Vereine und Gesellschaften zu bilden. (2) Vereinigungen, deren Zweck oder deren Tätigkeit den Strafgesetzen zuwiderlaufen oder die sich gegen die verfassungsmäßige Ordnung oder gegen den Gedanken der Völkerverständigung richten, sind verboten. (3) Das Recht, zur Wahrung und Förderung der Arbeits- und Wirtschaftsbedingungen, Vereinigungen zu bilden, ist für jedermann und für alle Berufe gewährleistet ...

Eng mit dem Freiheitsgrundsatz ist auch der Grundsatz der **Vereinigungsfreiheit** verknüpft. Im wirtschaftlichen Bereich bedeutet dies nicht nur das Recht zur Gründung von Handelsgesellschaften, sondern auch das Recht, Gewerkschaften (Arbeitnehmerverbände) und Arbeitgeberverbände zu gründen, die autonom, d.h. unabhängig von staatlicher Beeinflussung, Arbeitsbedingungen (z.B. Löhne, Arbeitszeit) aushandeln können.

(5) Grundgesetz Artikel 14: Eigentum, Erbrecht und Enteignung

> **Art. 14 GG:** (1) Das Eigentum und das Erbrecht werden gewährleistet. Inhalt und Schranken werden durch die Gesetze bestimmt. (2) Eigentum verpflichtet. Sein Gebrauch soll zugleich dem Wohle der Allgemeinheit dienen. (3) Eine Enteignung ist nur zum Wohle der Allgemeinheit zulässig. Sie darf nur durch Gesetz oder aufgrund eines Gesetzes erfolgen, das Art und Ausmaß der Entschädigung regelt ...

Das Eigentumsrecht umfasst sowohl das Privateigentum an Konsumgütern (z.B. Kleidung, Privatauto, Eigenheim, Eigentumswohnung) als auch an Produktionsmitteln (Kapital im volkswirtschaftlichen Sinne) einschließlich Grund und Boden. Das Eigentumsrecht ist im Zusammenhang mit dem Freiheitsgrundsatz zu sehen. (Wer z.B. das Recht haben soll, ein Unternehmen zu gründen, muss auch das Recht haben, über die Produktionsmittel zu verfügen.)

Allerdings gewährt das Grundgesetz dem Gesetzgeber weitgehende Eingriffsrechte in das Privateigentum. Einmal soll das Eigentum dem Wohle der Allgemeinheit dienen **(„soziale Bindung des Eigentums"),** zum anderen ist eine **Enteignung ausdrücklich erlaubt.** Produktionsmittel, Grund und Boden und Naturschätze können verstaatlicht (in Gemeineigentum überführt) werden [Art. 15 GG]. Mithin wäre z.B. die Verstaatlichung der Schlüsselindustrien[1] verfassungskonform.[2]

---

1 Schlüsselindustrien sind die Basis für die nachfolgenden Wirtschaftsstufen. Zu den Schlüsselindustrien gehören z.B. die eisen- und stahlschaffende und die chemische Industrie.
2 Konform: gleichlaufend, hier: verfassungsgemäß, im Einklang mit der Verfassung.

(6) Grundgesetz Artikel 3: Gleichheit vor dem Gesetz

Art. 3 GG: (1) Alle Menschen sind vor dem Gesetz gleich. (2) Männer und Frauen sind gleichberechtigt. Der Staat fördert die tatsächliche Durchsetzung der Gleichberechtigung von Frauen und Männern und wirkt auf die Beseitigung bestehender Nachteile hin. (3) Niemand darf wegen seines Geschlechtes, seiner Abstammung, seiner Rasse, seiner Sprache, seiner Heimat und Herkunft, seines Glaubens, seiner religiösen oder politischen Anschauungen benachteiligt oder bevorzugt werden. ...

Der Art. 3 GG verlangt Gleichbehandlung in vergleichbaren Fällen. Man hat aus dem Gleichheitsgrundsatz des Grundgesetzes viele wirtschafts- und sozialpolitische Ziele abgeleitet. Folgende seien beispielhaft erwähnt:

- **Gleicher Lohn für gleiche Arbeit,** d.h. also auch zwischen Mann und Frau oder zwischen In- und Ausländern.

Dass gerade hier für Staat, Gewerkschaften und Arbeitgeber noch viel zu tun bleibt, um die Kluft zwischen dem Anspruch der Verfassung und der Wirklichkeit zu überbrücken, ist offensichtlich.

- **Gleiche Bildungs- und Berufschancen für alle ("Chancengleichheit").**

Maßnahmen zur Verwirklichung des Ziels der Chancengleichheit sind z.B. Bereitstellung von Mitteln zum Ausbau von Schulen, betrieblichen Ausbildungsstätten und Hochschulen; Maßnahmen zur Umschulung und Weiterbildung Erwachsener (z.B. durch die gesetzliche Arbeitsförderung, SGB III); Ausbildungsförderung für Schüler und Studenten nach dem Bundesausbildungsförderungsgesetz [BAföG].

Zusammenfassung

- Die **soziale Marktwirtschaft** setzt sich zum Ziel, auf der Grundlage der Marktwirtschaft das Prinzip der Freiheit mit dem des sozialen Ausgleichs und der sozialen Gerechtigkeit zu verbinden.
- Wesentliche **Ordnungsmerkmale** der sozialen Marktwirtschaft sind:
  - Gewerbe-, Vertrags- und Konsumfreiheit. Einschränkungen zum Schutz des Einzelnen und/oder der Allgemeinheit sowie der Umwelt sind möglich.
  - Freier Wettbewerb, aber Verhinderung der Monopolisierung.
  - Freie Berufs- und Arbeitsplatzwahl.
  - Vereinigungsfreiheit.
  - Gewährleistung des Eigentums und des Erbrechts, jedoch Sozialbindung des Eigentums.
  - Verwirklichung des Gleichheitsgrundsatzes.

Übungsaufgabe

18
1. Stellen Sie mögliche Zielkonflikte in der sozialen Marktwirtschaft dar! Leiten Sie diese aus dem Spannungsverhältnis zwischen dem Ziel der größtmöglichen Freiheit einerseits und dem Ziel des sozialen Ausgleichs andererseits ab!

2. Beurteilen Sie folgende Zielsetzungen in der sozialen Marktwirtschaft aus der Sicht des Grundgesetzes:

    2.1 dezentrale Steuerung der Wirtschaft,

2.2 Chancengleichheit,
2.3 Recht auf Arbeit,
2.4 Sozialisierung (Verstaatlichung) der Produktionsmittel und des Grund und Bodens.

3. Beschreiben Sie, in welcher Beziehung Freiheit und Verantwortung in der sozialen Marktwirtschaft zueinander stehen!

4. Stellen Sie kurz die wesentlichen Unterschiede zwischen der Marktwirtschaft und der sozialen Marktwirtschaft dar!

5. Untersuchen Sie die ersten fünfzehn Artikel des Grundgesetzes, inwiefern diese wichtige wirtschaftliche Grundrechte enthalten, die in engem Zusammenhang mit den Wesensmerkmalen des Ordnungsrahmens der sozialen Marktwirtschaft stehen!

6. Entscheiden Sie, ob die folgenden Regelungen des Staates mit den Prinzipien der sozialen Marktwirtschaft vereinbar sind!

    6.1 Das Steuersystem wird so geordnet, dass jeder Steuerpflichtige über das gleiche Nettoeinkommen verfügen kann.

    6.2 Jeder Einwohner erhält das Recht, in Notfällen seinen Anspruch auf Unterstützung durch den Staat gerichtlich einklagen zu können.

    6.3 Der Staat erhält das Recht, zum Wohle der Allgemeinheit Enteignungen gegen Entschädigung vornehmen zu dürfen.

    6.4 Zur Erhaltung von 40000 Arbeitsplätzen räumt der Staat dem Unternehmen X auf Dauer eine Ermäßigung der Umsatz- und Gewerbesteuer ein.

    6.5 Zur Ankurbelung der Konjunktur gewährt der Staat Sonderabschreibungen für Anlageinvestitionen, die innerhalb eines bestimmten Zeitraums durchgeführt werden.

    6.6 Der Staat verbietet durch Gesetz den Zusammenschluss von Unternehmen, wenn diese dadurch eine Marktbeherrschung erreichen wollen.

    6.7 Der Staat zahlt Unternehmen einer Branche Zinszuschüsse für Anpassungsinvestitionen, die durch den technischen Fortschritt notwendig wurden, obwohl die Unternehmensleitungen diese Anpassungen in der Vergangenheit fahrlässig unterlassen haben.

    6.8 Der Staat gewährt nach sozialen Gesichtspunkten gestaffelte Prämien für Arbeitnehmer, die einen Teil ihres Einkommens vermögenswirksam anlegen.

    6.9 Der Staat schreibt Preise für Grundnahrungsmittel und Mietwohnungen vor.

    6.10 Der Staat zahlt Umschulungsbeihilfen für Arbeitnehmer, die ihre Arbeitsplätze infolge technologischer Entwicklungen verloren haben.

2.2.3 Wettbewerbsordnung in der sozialen Marktwirtschaft

2.2.3.1 Auswirkungen von Kooperation und Konzentration auf den Verbraucher

(1) Begriff Unternehmenszusammenschlüsse

In einer Marktwirtschaft stehen die Unternehmen in einem mehr oder weniger harten Wettbewerb um die Käufer ihrer Leistungen. Um den Konkurrenzdruck zu mildern, arbeiten sie häufig mit anderen Unternehmen zusammen, wobei sich die Zusammenarbeit (Kooperation) auf den verschiedensten Gebieten vollziehen kann, beispielsweise im Einkauf (z.B. gemeinsame Beschaffung), in der Produktion (z.B. Schaffung gemeinsamer Normen) oder im Absatz (z.B. Gemeinschaftswerbung).

Merke:

- **Kooperation** (Unternehmenskooperation) ist jede Zusammenarbeit zwischen Unternehmen, wobei die einzelnen Kooperationsformen als **Unternehmenszusammenschlüsse** oder **Unternehmensverbindungen** bezeichnet werden.

- Unternehmenszusammenschlüsse können zur Machtzusammenballung („Monopolisierung") führen. Man spricht in diesem Fall von **Konzentration**.[1]

(2) Auswirkungen und wirtschaftliche Bedeutung der Unternehmenszusammenschlüsse

Ob Unternehmenszusammenschlüsse volkswirtschaftlich positiv oder negativ zu bewerten sind, lässt sich abschließend nur im Einzelfall sagen. Kooperationen, die z.B. den Zweck haben, die Kosten zu senken, die Produktivität zu erhöhen und/oder den Absatz zu fördern, gehören sicherlich zu den gesamtwirtschaftlich erwünschten Unternehmenszusammenschlüssen.

Beispiele:

Kooperationen zum Zweck der Normung und Typisierung der Werkstoffe und Betriebsmittel; Beschaffungskooperationen; Kooperationen zur Erschließung neuer Auslandsmärkte, zur Erforschung umweltfreundlicher Herstellungsverfahren und Produkte oder zur Schaffung (Gründung) gemeinsamer Abfallverwertungsunternehmen.

Negativ zu beurteilen sind die Unternehmenszusammenschlüsse dann, wenn sie zur Konzentration führen und den Marktwettbewerb beschränken oder gar aufheben. Sie sind z.B. aus folgenden Gründen nicht mit den Prinzipien einer sozialen Marktwirtschaft vereinbar:

Gefahren	Erläuterungen
Einschränkung des Wettbewerbs	In einer auf Wettbewerb ausgerichteten Wirtschaftsordnung muss eine **freie Preisbildung** gewährleistet sein, die sich stets nach den **natürlichen Knappheiten** der Güter richten muss. Beide Bedingungen sind jedoch bei Wettbewerbsbeschränkungen und den damit verbundenen künstlichen Güterknappheiten **nur noch** formal gegeben.
	Durch Wettbewerbsbeschränkungen entstehen **„künstliche Güterknappheiten"**, die zu tendenziell höheren Preisen führen (**monopolistische Preisbildung**).
Unzureichende Leistungsauslese unter den Unternehmen	Bei einem **freien Wettbewerb müssen sich die Unternehmen mehr anstrengen,** da sie hier nur durch neue, qualitativ bessere und billigere Erzeugnisse sowie durch Produktionssteigerungen auf ihren Märkten langfristig bestehen können.
	Es findet bei Unternehmenszusammenschlüssen keine oder nur eine unzureichende Leistungsauslese unter den Unternehmen statt.
Nicht leistungsbezogene Einkommens- und Vermögensverteilung	Marktbeherrschende Unternehmen und Unternehmenszusammenschlüsse führen aufgrund ihrer monopolistischen Preisbildung zu einer nicht leistungsbezogenen (ungerechtfertigten) Einkommens- und Ver-

---

[1] **Marktbeherrschende Unternehmenszusammenschlüsse** werden auch als **Kollektivmonopole** bezeichnet. Kollektiv (lat.): Gesamtheit, Zusammenschluss.

Gefahren	Erläuterungen
	mögensverteilung (Einkommens- und Vermögenskonzentration). Die zusammengeschlossenen Unternehmen erreichen ihre Vorteile (Gewinnsteigerung, Verlustminderung, Vergrößerung ihrer Marktanteile) ungerechtfertigt auf Kosten der übrigen Marktteilnehmer. Mit einer sozialen Marktwirtschaft, die echte **Leistungsgewinne** verlangt, ist dies unvereinbar.
Wirtschaftliche Macht kann zur politischen Macht werden	Die vielfältigen Einflussnahmen großer Unternehmen, Unternehmenszusammenschlüsse und deren Wirtschaftsverbände, vor allem auf die Wirtschaftsgesetzgebung, lassen die Gefahr **wirtschaftlicher Macht**, die sich zur politischen Macht ausweiten kann, deutlich erkennen.

2.2.3.2 Sicherung des Wettbewerbs

(1) Wettbewerbspolitik (Ordnungspolitik)

Die Unternehmen haben aufgrund der zunehmenden Fixkostenbelastung das Ziel, vor allem bei wirtschaftlichen Schwierigkeiten einem freien Wettbewerb durch Zusammenschlüsse auszuweichen. Deshalb muss der Staat den **Wettbewerb** durch eine **aktive Wettbewerbspolitik (Ordnungspolitik)** fördern und alle Unternehmenszusammenschlüsse, die erkennbar gegen die Prinzipien eines freien Wettbewerbs verstoßen, verbieten und unter Strafe stellen.

Da die Entwicklung neuer Güter (Substitutionsgüter) die Marktmacht der Kartelle[1] und marktbeherrschenden Unternehmen beschränken kann, muss der Staat eine unabhängige, öffentlich geförderte Forschung intensivieren, die vor allem den kleineren und mittelgroßen Unternehmen zur Auswertung zur Verfügung steht, denn die Forschung der Konzerne[2] dient vorrangig ihren eigenen und weniger gesamtwirtschaftlichen Zielen.

In der Bundesrepublik Deutschland wird mithilfe des **Gesetzes gegen Wettbewerbsbeschränkungen (GWB)** versucht, die Konzentration zu kontrollieren, ohne die Leistungsfähigkeit der Gesamtwirtschaft zu beeinträchtigen.

Im Folgenden gehen wir auf die Vorschriften zur **Fusionskontrolle** und zur **Missbrauchsaufsicht** ein.

(2) Fusionskontrolle (Zusammenschlusskontrolle)

■ Unternehmenszusammenschlüsse

> **Merke:**
>
> Unter **Fusion** versteht man den Zusammenschluss von zwei oder mehr Unternehmen, die zukünftig eine **wirtschaftliche** und **rechtliche Einheit** bilden. Da hier zwei oder mehr Unternehmen zu einem einzigen Unternehmen verschmelzen, nennt man die Fusion auch **Verschmelzung**.

---

1 Das **Kartell** ist ein **vertraglicher Zusammenschluss** von Unternehmen eines Wirtschaftszweigs, die **rechtlich selbstständig** bleiben, aber einen Teil ihrer **wirtschaftlichen Selbstständigkeit** aufgeben.

2 **Konzerne** sind Zusammenschlüsse von Unternehmen, die **rechtlich selbstständig** sind, ihre **wirtschaftliche Selbstständigkeit aber aufgeben**, indem sie sich einer **einheitlichen Leitung** unterstellen. Die Verschmelzung von zwei oder mehr Unternehmen bezeichnet man als **Fusion**.

Unternehmenszusammenschlüsse (Fusionen) liegen z.B. in folgenden Fällen vor (Näheres siehe § 37 GWB):

- Erwerb des gesamten oder eines wesentlichen Teils des Vermögens eines anderen Unternehmens;
- Erwerb der unmittelbaren oder mittelbaren Kontrolle über andere Unternehmen durch Rechte, Verträge oder andere Mittel;
- Erwerb von Anteilen an einem anderen Unternehmen, wenn diese Anteile allein oder zusammen mit sonstigen, dem Unternehmen bereits gehörenden Anteilen a) 50 % oder b) 25 % des Kapitals oder der Stimmrechte des anderen Unternehmens erreichen.

■ **Anmelde-, Anzeigepflicht und Vollzugsverbot**

Alle Unternehmenszusammenschlüsse sind **vor ihrem Vollzug** beim Bundeskartellamt anzumelden [§ 39 I GWB]. Sie unterliegen bis zur Freigabe durch das Bundeskartellamt dem **Vollzugsverbot** [§ 41 I GWB]. (Zur Ausnahme siehe § 41 II GWB.) Die zur Anmeldung verpflichteten einzelnen Unternehmen müssen in ihrer Anmeldung dem Bundeskartellamt die Form des Zusammenschlusses mitteilen. Weitere Angaben sind von den beteiligten Unternehmen z.B. zur Firma, zum Niederlassungsort, zur Art ihres Geschäftsbetriebs, zu ihren Umsatzerlösen im Inland sowie in der Europäischen Union und über ihre Marktanteile zu machen (Näheres siehe § 39 II, III GWB).

■ **Geltungsbereich der Zusammenschlusskontrolle**

Die Vorschriften des GWB über die Zusammenschlusskontrolle gelten, wenn im letzten Geschäftsjahr vor dem Zusammenschluss die beteiligten Unternehmen insgesamt weltweit Umsatzerlöse von mehr als 500 Mio. EUR und mindestens ein beteiligtes Unternehmen im Inland Umsatzerlöse von mehr als 25 Mio. EUR erzielt haben [§ 35 I GWB]. (Zu den Ausnahmen siehe § 35 II, III GWB.)

■ **Verfahren der Zusammenschlusskontrolle**

Die Untersagung von Unternehmenszusammenschlüssen ist grundsätzlich nur innerhalb einer Frist von 4 Monaten seit Eingang der vollständigen Fusionsanmeldung möglich (Näheres siehe § 40 GWB).

■ **Ministererlaubnis**

Auf Antrag kann der Bundesminister für Wirtschaft und Technologie die Erlaubnis zu einem vom Bundeskartellamt untersagten Zusammenschluss erteilen, wenn dieser von gesamtwirtschaftlichem Vorteil ist oder durch ein überragendes Interesse der Allgemeinheit gerechtfertigt ist. Die Erlaubnis darf nur erteilt werden, wenn der Zusammenschluss die marktwirtschaftliche Ordnung nicht gefährdet [§ 42 GWB].

(3) Missbrauchsaufsicht

Über bestehende marktbeherrschende Unternehmen besteht, unabhängig davon, ob die Marktbeherrschung durch internes oder externes Unternehmenswachstum entstand, eine Missbrauchsaufsicht durch das **Bundeskartellamt**.

Merke:

Eine missbräuchliche Ausnutzung einer marktbeherrschenden Stellung durch ein oder mehrere Unternehmen ist verboten [§ 19 I GWB].

■ Formen des Missbrauchs

Ein Missbrauch liegt z. B. insbesondere dann vor, wenn ein marktbeherrschendes Unternehmen als Anbieter oder Nachfrager einer bestimmten Art von Waren oder gewerblicher Leistungen die Wettbewerbsmöglichkeiten anderer Unternehmen erheblich ohne sachlich gerechtfertigten Grund beeinträchtigt, Entgelte oder sonstige Geschäftsbedingungen fordert, die sich bei einem wirksamen Wettbewerb mit hoher Wahrscheinlichkeit nicht ergeben würden, oder sich weigert, einem anderen Unternehmen gegen ein angemessenes Entgelt Zugang zu den eigenen Netzen oder anderen Infrastruktureinrichtungen zu gewähren.[1] Ein Missbrauch ist auch dann gegeben, wenn es dem anderen Unternehmen aus rechtlichen oder tatsächlichen Gründen ohne die Mitbenutzung nicht möglich ist, auf dem vor- oder nachgelagerten Markt als Wettbewerber des marktbeherrschenden Unternehmens tätig zu werden.

■ Begriff der Marktbeherrschung

> **Merke:**
>
> **Marktbeherrschend** ist ein Unternehmen, wenn es als Anbieter oder Nachfrager einer bestimmten Art von Waren **oder** gewerblichen Leistungen auf dem sachlich und räumlich relevanten Markt ohne Wettbewerber ist oder keinem wesentlichen Wettbewerb ausgesetzt ist **oder** im Verhältnis zu seinen Wettbewerbern eine überragende Marktstellung hat.

Marktbeherrschend **sind** z. B. zwei oder mehr Unternehmen, wenn zwischen ihnen für eine bestimmte Art von Waren oder von gewerblichen Leistungen kein wesentlicher Wettbewerb besteht (Näheres siehe § 18 V GWB).

Vermutet wird eine Marktbeherrschung, wenn ein Unternehmen einen Marktanteil von mindestens 40 % hat. Eine Gesamtheit von Unternehmen gilt als marktbeherrschend, wenn drei oder weniger Unternehmen zusammen einen Marktanteil von mindestens 50 % oder fünf oder weniger Unternehmen zusammen einen Marktanteil von mindestens zwei Dritteln erreichen. Diese Vermutung gilt nicht, wenn die Unternehmen z. B. nachweisen, dass sie im Verhältnis zu den übrigen Wettbewerbern keine überragende Marktstellung haben (Näheres siehe § 18 VI, VII GWB).

> **Zusammenfassung**
>
> - **Kooperation** (Unternehmenskooperation) ist jede Zusammenarbeit zwischen Unternehmen. Von **Konzentration** spricht man, wenn der Zusammenschluss von Unternehmen zur Machtzusammenballung führt.
> - Das **Gesetz gegen Wettbewerbsbeschränkungen (GWB)** soll den Wettbewerb sichern.
> - Die **Fusionskontrolle** und die **Missbrauchsaufsicht** sollen eine marktbeherrschende Stellung von Unternehmen und eine missbräuchliche Ausnutzung von Marktmacht (vor allem zum Nachteil der privaten Verbraucher) verhindern.

---

1 Zweck dieser gesetzlichen Regelung ist z. B., den Wettbewerb dadurch zu fördern, dass bestehende Netze bzw. Infrastrukturen wie z. B. Leitungsnetze für Strom, Gas und Nachrichten, Flughäfen und Medien grundsätzlich von allen Wettbewerbern genutzt werden können.

> **Übungsaufgabe**

19 1. Nennen Sie wichtige Ursachen der Unternehmenskonzentration!

2. Erläutern Sie kurz die Zielsetzung, die das Gesetz gegen Wettbewerbsbeschränkungen (GWB) hat! Überlegen Sie sich zudem einige Gründe, warum das GWB die Konzentration nicht aufhalten konnte!

3. Dem Bundeskartellamt obliegt auch die Aufgabe der Fusionskontrolle.

   Aufgaben:
   3.1 Erklären Sie den Begriff Fusion!
   3.2 Begründen Sie die Bedeutung der Fusionskontrolle in einer sozialen Marktwirtschaft!

4. Die Lebensmittelwerke AG schließt sich mit der Handelskette Gut & Fein GmbH zusammen.

   Aufgaben:
   4.1 Nennen Sie zwei Gründe, die für diesen Entschluss maßgebend gewesen sein könnten!
   4.2 Beschreiben Sie zwei Vorteile und zwei Nachteile, die dieser Zusammenschluss für den Verbraucher mit sich bringen kann!
   4.3 Das Bundeskartellamt in Bonn verweigert den Zusammenschluss. Nennen Sie das Gesetz, auf das sich die Ablehnung gründet!

5. 5.1 Erörtern Sie auf der Grundlage von jeweils zwei (möglichen) gesamtwirtschaftlichen Vorteilen und Nachteilen die Auswirkungen von Unternehmenszusammenschlüssen!

   5.2 Erläutern Sie wesentliche Gründe dafür, dass der Staat in der sozialen Marktwirtschaft dazu aufgerufen ist, Wettbewerbspolitik zu betreiben und nennen Sie die Ziele, die der Staat mit seiner Wettbewerbspolitik verfolgt!

2.2.4 Arbeitsordnung

2.2.4.1 Tarifvertrag

(1) Sozialpartner

Die Gründung von **Gewerkschaften** und **Arbeitgeberverbänden** ist ein im Art. 9 III GG ausdrücklich verbrieftes Recht. Da – zumindest kurz- und mittelfristig – die Interessen der Arbeitnehmer denen der Arbeitgeber zuwiderlaufen können, sind beide Interessenvertretungen dazu aufgerufen, auf einen Interessenausgleich, der in der Regel ein Kompromiss sein wird, hinzuwirken. Ihre Aufgabe ist also, für einen **sozialen Ausgleich** Sorge zu tragen. Gewerkschaften und Arbeitgeberverbände als Tarifpartner werden daher auch als **Sozialpartner** bezeichnet.

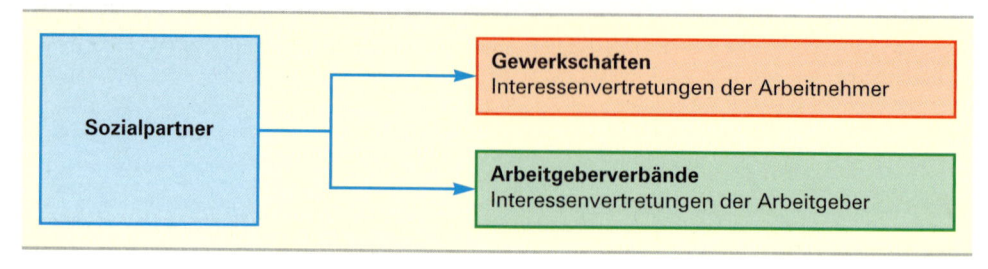

```
                            ┌─────────────────────────────────────────┐
                            │ Gewerkschaften                          │
                         ┌─▶│ Interessenvertretungen der Arbeitnehmer │
┌──────────────┐         │  └─────────────────────────────────────────┘
│ Sozialpartner│─────────┤
└──────────────┘         │  ┌─────────────────────────────────────────┐
                         │  │ Arbeitgeberverbände                     │
                         └─▶│ Interessenvertretungen der Arbeitgeber  │
                            └─────────────────────────────────────────┘
```

(2) Tarifautonomie – Tarifvertragsparteien – Tarifvertrag

Das Recht der Tarifpartner, selbstständig und ohne staatliche Einmischung Arbeitsbedingungen (z. B. Arbeitsentgelte, Urlaubszeit, Arbeitszeit) vereinbaren zu können, nennt man **Tarifautonomie**.[1] Tarifpartner – auch **Tarifparteien** oder **Sozialpartner** genannt – sind die **Gewerkschaften** und die **Arbeitgeberverbände**. Sie haben die **Tariffähigkeit** [§ 2 TVG]. Die Vereinbarungen werden im **Tarifvertrag** festgeschrieben.

> **Merke:**
>
> Der **Tarifvertrag** ist ein Kollektivvertrag zwischen den Tarifparteien, in dem die Arbeitsbedingungen für die Berufsgruppen eines Wirtschaftszweigs einheitlich für eine bestimmte Dauer festgelegt werden. Er bedarf der **Schriftform** [§ 1 TVG].

Der Tarifvertrag regelt neben dem Einzelarbeitsvertrag die Arbeitsverhältnisse. Er enthält **Mindestbedingungen für die Arbeitsverhältnisse**, die der Arbeitgeber **nicht unterschreiten** darf, von denen er aber **zugunsten der Arbeitnehmer** abweichen kann.

(3) Gliederung der Tarifverträge nach dem Inhalt

Nach dem **Inhalt der Tarifverträge** gliedert man die Tarifverträge in Manteltarifverträge und Lohn- und Gehaltstarifverträge.

Manteltarifverträge	Sie enthalten solche Arbeitsbedingungen, die sich über längere Zeit nicht ändern (z. B. Kündigungsfristen, Urlaubsregelungen, Arbeitszeitvereinbarungen, Nachtarbeit, Sonn- und Feiertagsarbeit, Lohn- und Gehaltsgruppen). Sie werden auch **Rahmentarifverträge** genannt.
Lohn- und Gehaltstarifverträge	In ihnen sind die getroffenen Vereinbarungen über Lohn- bzw. Gehaltshöhe enthalten. Dabei werden die Arbeitnehmer nach ihrer Tätigkeit in bestimmte Lohn- bzw. Gehaltsgruppen eingeteilt.[2] Jeder Lohn- bzw. Gehaltsgruppe wird ein bestimmter Lohnsatz bzw. ein bestimmtes Gehalt zugeordnet. Löhne und Gehälter sind in der Regel weiterhin nach Alter und Ortsklassen differenziert.[3] Ferner können Zuschläge (z. B. nach Betriebszugehörigkeit oder nach dem Schwierigkeitsgrad der Arbeit) vereinbart sein.

(4) Geltungsbereich des Tarifvertrags

■ **Flächentarifverträge**

> **Merke:**
>
> Tarifverträge, die für mehrere Orte, Bezirke, ein oder mehrere Bundesländer oder für das gesamte Bundesgebiet verbindlich sind, werden auch als **Flächentarifverträge** bezeichnet.

---

[1] Autonomie: Unabhängigkeit, Selbstständigkeit.
[2] Die Festlegung der Gehaltsgruppen sowie deren Tätigkeitsmerkmale sind im Manteltarifvertrag (Rahmentarifvertrag) enthalten.
[3] Differenzieren: unterscheiden, untergliedern.

Angesichts der hohen Arbeitslosigkeit werden die Flächentarifverträge zunehmend flexibler (beweglicher) gestaltet. Sogenannte **Tariföffnungsklauseln** sollen es den Betrieben, denen es wirtschaftlich nicht besonders gut geht, ermöglichen, ihre Belegschaft für eine bestimmte Zeit (z. B. für ein Jahr) bis zu einem vereinbarten Prozentsatz **unter Tarif** zu bezahlen **(Entgeltkorridor)**. Die konkreten Vereinbarungen werden dann zwischen Betriebsrat und Arbeitgeber ausgehandelt.

Tariföffnungsklauseln können auch eine Flexibilisierung der Arbeitszeit zum Ziel haben, weil dadurch längere Betriebszeiten ermöglicht werden. Die **Arbeitszeitkorridore** (z. B. 30 bis 40 Wochenstunden bei jährlich festgelegter Gesamtarbeitszeit) ermöglichen es den Betrieben, die Arbeitszeit flexibel (beweglich) zu gestalten und dadurch Arbeitskosten zu sparen.

■ Allgemeinverbindlichkeit

Grundsätzlich gilt der Tarifvertrag nur für organisierte Arbeitnehmer und Arbeitgeber, die Mitglied der Gewerkschaft bzw. im Arbeitgeberverband sind.

Das Bundesministerium für Arbeit und Soziales kann einen Tarifvertrag im Einvernehmen mit einem aus je drei Vertretern der Spitzenorganisationen der Arbeitgeber und Arbeitnehmer bestehenden Ausschuss auf Antrag einer Tarifvertragspartei für **allgemein verbindlich** erklären. Mit der Allgemeinverbindlichkeitserklärung gelten die Bestimmungen des Tarifvertrags auch für die nicht tarifgebundenen Arbeitnehmer und Arbeitgeber [§ 5 TVG]. In der Regel werden jedoch auch ohne **Allgemeinverbindlichkeitserklärung** die nicht organisierten Arbeitnehmer[1] nach den Rechtsnormen der Tarifverträge behandelt (Grundsatz der Gleichbehandlung).

(5) Vorteile der Tarifverträge

Vorteile für den Arbeitnehmer	Vorteile für den Arbeitgeber
■ Sicherung der Mindestarbeitsbedingungen (Mindestlohn, Urlaubsgeld, Kündigungsschutz usw.) für die Laufzeit des Tarifvertrags. ■ Gleichstellung der Arbeitnehmer mit gleichen Tätigkeiten, gleichen Berufserfahrungen und gleicher Verantwortung (Schutz vor willkürlicher Behandlung).	■ Einheitliche Kalkulationsgrundlage durch einheitliche Lohn- und Gehaltstarife für die Dauer des Tarifvertrags. ■ Einschränkung der Konkurrenz innerhalb der Branchen bezüglich der Personalanwerbung, geringere Fluktuation in Zeiten der Vollbeschäftigung.

(6) Arbeitskampf

Können sich die Tarifparteien nicht einigen, kann es zu einem Arbeitskampf kommen. Mittel des Arbeitskampfes sind:

- ■ aufseiten der Gewerkschaften ⟶ **der Streik**
- ■ aufseiten der Arbeitgeber ⟶ **die Aussperrung**

---

[1] Nach dem Grundgesetz [Art. 9 III] besteht zwar das Recht, Mitglied bei einer Arbeitnehmer- oder Arbeitgebervereinigung zu werden (Koalitionsfreiheit; Vereinigungsfreiheit), nicht aber die Pflicht (negative Koalitionsfreiheit). Nicht organisierte Arbeitnehmer sind demnach solche, die keiner Gewerkschaft angehören. Da sie i. d. R. in den Genuss der Vorteile kommen, die die Gewerkschaft erkämpft hat, werden sie von den Gewerkschaften als „Trittbrettfahrer" bezeichnet.

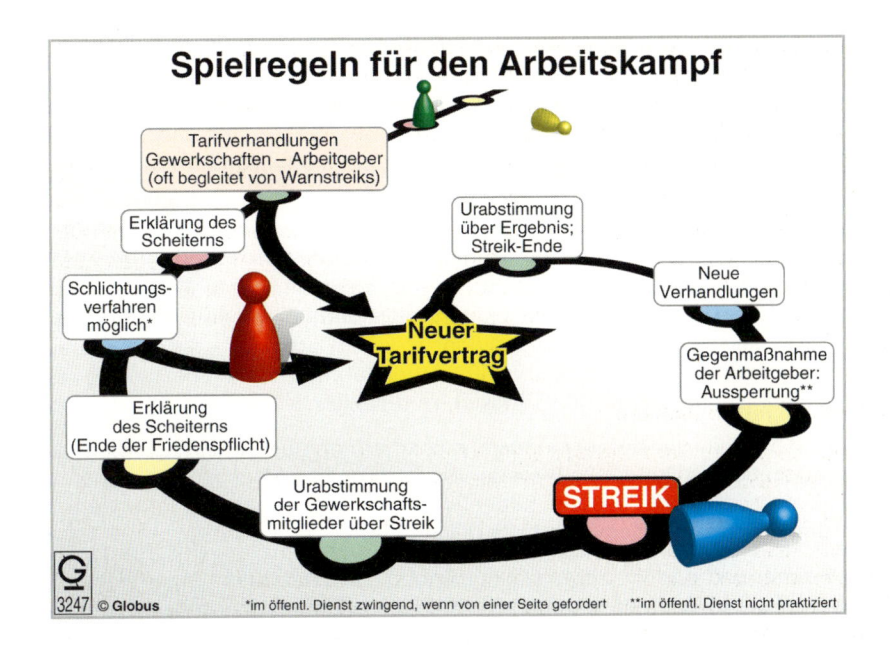

Spielregeln für den Arbeitskampf

- Tarifverhandlungen Gewerkschaften – Arbeitgeber (oft begleitet von Warnstreiks)
- Erklärung des Scheiterns
- Schlichtungsverfahren möglich*
- Erklärung des Scheiterns (Ende der Friedenspflicht)
- Urabstimmung der Gewerkschaftsmitglieder über Streik
- STREIK
- Gegenmaßnahme der Arbeitgeber: Aussperrung**
- Neue Verhandlungen
- Urabstimmung über Ergebnis; Streik-Ende
- Neuer Tarifvertrag

G 3247 © Globus *im öffentl. Dienst zwingend, wenn von einer Seite gefordert **im öffentl. Dienst nicht praktiziert

2.2.4.2 Mitbestimmung

(1) Betriebsverfassung und Unternehmensverfassung

Die betriebliche Leistung ist auf das Zusammenwirken aller Produktionsfaktoren, vor allem „Arbeit" und „Kapital" zurückzuführen. Hieraus leitet sich der Anspruch der Arbeitnehmer auf Mitbestimmung ab. „Quod omnes tangit, ab omnibus comprobetur" – was alle betrifft, sollte auch von allen mitbestimmt werden! So befanden bereits die alten Römer.

In der Bundesrepublik Deutschland umfasst die Mitbestimmung der Arbeitnehmer zwei Ebenen:

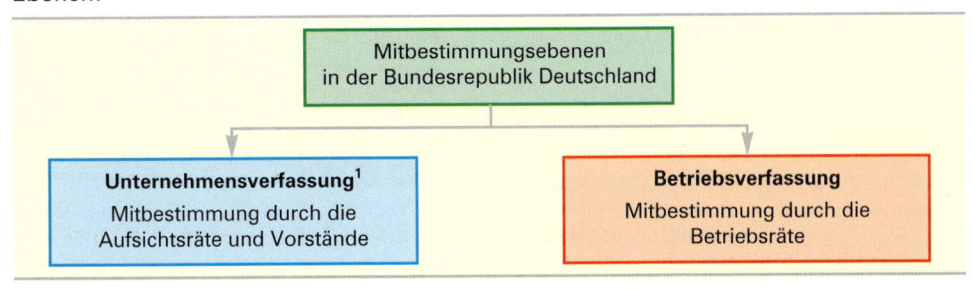

```
            Mitbestimmungsebenen
         in der Bundesrepublik Deutschland
            /                      \
Unternehmensverfassung[1]        Betriebsverfassung
Mitbestimmung durch die          Mitbestimmung durch die
Aufsichtsräte und Vorstände      Betriebsräte
```

---

1 Die Unternehmensverfassung gilt für Kapitalgesellschaften (z. B. Aktiengesellschaft, GmbH). Sie ist in folgenden Gesetzen geregelt:
Gesetz über die Drittelbeteiligung der Arbeitnehmer im Aufsichtsrat **[DrittelbG 2004]**. Es gilt für kleine Aktiengesellschaften mit i. d. R. mehr als 500 bis 2000 Arbeitnehmern.
Gesetz über die Mitbestimmung der Arbeitnehmer **[MitbestG 1976]**. Es gilt für große Aktiengesellschaften mit i. d. R. mehr als 2000 Arbeitnehmern.
Gesetz über die Mitbestimmung der Arbeitnehmer in den Aufsichtsräten und Vorständen der Unternehmen des Bergbaus und der Eisen und Stahl erzeugenden Industrie **[Montan-MitbestG 1951]**. Es gilt für die Montanindustrie mit i. d. R. mehr als 1000 Arbeitnehmern.
Die Unternehmensverfassung wird in der Jahrgangsstufe 1 behandelt.

(2) Zusammensetzung, Amtszeit und Wahl des Betriebsrats

> **Merke:**
>
> Der **Betriebsrat** ist eine Vertretung der Arbeitnehmer gegenüber dem Arbeitgeber.

Der Betriebsrat ist für Betriebe mit in der Regel mindestens 5 ständig wahlberechtigten Arbeitnehmern, von denen drei wählbar sind, vorgeschrieben. In Betrieben mit 5 bis 20 wahlberechtigten Arbeitnehmern besteht der Betriebsrat aus einer Person. Bei mehr als 20 wahlberechtigten Arbeitnehmern besteht der Betriebsrat aus mindestens 3 Mitgliedern. Die Zahl der Betriebsratsmitglieder steigt mit der Zahl der wahlberechtigten Arbeitnehmer. In Betrieben mit 200 bis 500 Arbeitnehmern ist mindestens ein Betriebsratsmitglied von seiner beruflichen Tätigkeit freizustellen.

Sofern der Betrieb in der Regel mindestens 5 Arbeitnehmer beschäftigt, die das 18. Lebensjahr noch nicht vollendet haben oder die in ihrer Berufsausbildung stehen und das 25. Lebensjahr noch nicht vollendet haben, wird von dem genannten Personenkreis eine **Jugend- und Auszubildendenvertretung** gewählt [§§ 60, 61 BetrVG].

Der in geheimer und unmittelbarer Wahl gewählte Betriebsrat [§§ 13 I, 14 I BetrVG] bleibt 4 Jahre im Amt [§ 21 BetrVG]. Die Jugend- und Auszubildendenvertretung wird hingegen auf 2 Jahre geheim und unmittelbar gewählt [§§ 63 I, 64 I BetrVG].

(3) Wahlrecht

Wahlberechtigte Arbeitnehmer sind Arbeiter, Angestellte und Auszubildende des Betriebs, sofern sie das 18. Lebensjahr vollendet haben [§ 7 BetrVG].

Wählbar sind alle wahlberechtigten Arbeitnehmer, die mindestens 6 Monate dem Betrieb angehören oder als in Heimarbeit Beschäftigte in der Hauptsache für den Betrieb gearbeitet haben [§ 8 BetrVG].

(4) Rechte des Betriebsrats

Im Einzelnen stehen dem Betriebsrat folgende Rechte zu:

Rechte des Betriebsrats	Erläuterung	Beispiele
Informationsrecht	Der Betriebsrat hat einen Anspruch auf rechtzeitige und umfassende Unterrichtung über die von der Geschäftsleitung **geplanten betrieblichen Maßnahmen** [§ 90 I BetrVG].	Information über geplante Neu-, Um- und Erweiterungsbauten, Einführung neuer Arbeitsverfahren und Arbeitsabläufe oder Veränderung von Arbeitsplätzen, Unterrichtung bei Einstellung leitender Angestellter.

Rechte des Betriebsrats	Erläuterung	Beispiele
Beratungsrecht	Der Betriebsrat hat das Recht, aufgrund der ihm gegebenen Informationen **seine Auffassung gegenüber dem Arbeitgeber** darzulegen und **Gegenvorschläge** zu unterbreiten [§ 90 II BetrVG]. Eine Einigung ist jedoch **nicht erzwingbar**. Die Beratung ist ausdrücklich in sogenannten „wirtschaftlichen Angelegenheiten" vorgeschrieben.	Personalplanung (gegenwärtiger und künftiger Personalbedarf), Sicherung und Förderung der Beschäftigung, Ausschreibung von Arbeitsplätzen, Rationalisierungsvorhaben, Einschränkung oder Stilllegung von Betriebsteilen, Zusammenschluss von Betrieben, Änderung der Betriebsorganisation oder des Betriebszwecks, sofern nicht Betriebs- und Geschäftsgeheimnisse gefährdet werden.
Mitwirkungsrecht	Der Betriebsrat besitzt ein **Vetorecht (Widerspruchsrecht)**. Es umfasst vor allem die „personellen Einzelmaßnahmen" wie Neueinstellungen, Eingruppierungen in Lohn- und Gehaltsgruppen und Versetzung von Arbeitskräften [§ 99 BetrVG]. Auch bei Kündigungen hat der Betriebsrat ein Widerspruchsrecht (Näheres siehe § 102 BetrVG). Die Mitbestimmung bei personellen Einzelmaßnahmen besteht in Unternehmen mit in der Regel mehr als zwanzig wahlberechtigten Arbeitnehmern [§ 99 I BetrVG].	Die Wirkung des Widerspruchsrechts wird an folgendem Fall deutlich. Angenommen, einem jungen Arbeitnehmer wird fristgemäß gekündigt. Der Betriebsrat widerspricht. Dieser Widerspruch führt nicht zur Aufhebung der Kündigung. Gibt die Geschäftsleitung nicht nach (hat z.B. der Spruch der Einigungsstelle zugunsten des Gekündigten keinen Erfolg), muss der Fall vom Arbeitsgericht geklärt werden. Unter Umständen sichert der Widerspruch die Weiterbeschäftigung des gekündigten Arbeitnehmers bis zur endgültigen gerichtlichen Entscheidung. Hier dürfen Einstellungen und Versetzungen nur mit Zustimmung des Betriebsrats erfolgen. Verweigert der Betriebsrat die Zustimmung, kann der Arbeitgeber das Arbeitsgericht anrufen. Das Arbeitsgericht kann die Zustimmung des Betriebsrats ersetzen.
Mitbestimmungsrecht	Die Mitbestimmung ist **zwingend**. Dies bedeutet, dass der Arbeitgeber bestimmte Maßnahmen **nur mit Zustimmung des Betriebsrats** durchführen kann. Diese eigentliche Mitbestimmung steht dem Betriebsrat vor allem in sogenannten „sozialen Angelegenheiten" zu, soweit eine gesetzliche oder tarifliche Regelung nicht besteht [§ 87 BetrVG].	Arbeitszeitregelung, Zeit, Ort und Art der Auszahlung der Arbeitsentgelte, Aufstellung allgemeiner Urlaubsgrundsätze und des Urlaubsplans, Einführung der Arbeitszeitüberwachung (z.B. Stempeluhren), Regelung der Unfallverhütung, Form, Ausgestaltung und Verwaltung der Sozialeinrichtungen (z.B. Kantinen, Kinderbetreuung), Zuweisung und Kündigung von Werkswohnungen, betriebliche Lohngestaltung (z.B. Einführung von Akkordlöhnen), Regelung des betrieblichen Vorschlagswesens und der Abschluss der Betriebsvereinbarung (Betriebsordnung [§ 77 II BetrVG]).

Zusammenfassung

- **Sozialpartner** sind die Gewerkschaften einerseits und einzelne Unternehmen oder Arbeitgeberverbände andererseits.
- Lohnerhöhungen und Arbeitsbedingungen werden zwischen den Tarifpartnern (Gewerkschaften und Arbeitgeberverbänden) ausgehandelt und im **Tarifvertrag** festgelegt.
- **Tarifautonomie** ist das Recht der Tarifpartner, selbstständig und **ohne** staatliche Eingriffe Löhne und Arbeitsbedingungen vereinbaren zu können.

  Wichtige Tarifverträge sind:
  - **Manteltarifverträge:** Sie enthalten solche Arbeitsbedingungen, die sich über längere Zeit nicht ändern.
  - **Lohn- und Gehaltstarifverträge:** In ihnen sind die getroffenen Vereinbarungen über Lohn- bzw. Gehaltshöhe enthalten.
- Scheitern die Tarifverhandlungen und Schlichtungsversuche, ist der **Streik** das letzte Mittel zur Durchsetzung gewerkschaftlicher Forderungen.
- Arbeitgeber können als Mittel im Arbeitskampf die **Aussperrung** einsetzen.
- Die **Mitbestimmung der Arbeitnehmer** auf betrieblicher Ebene erfolgt durch den **Betriebsrat (Betriebsverfassung).** Das Recht auf Mitgestaltung der Arbeitswelt bei Kapitalgesellschaften über Aufsichtsrat und Vorstand betrifft die **Unternehmensverfassung.**
- Der **Betriebsrat** ist eine Vertretung der Arbeitnehmer gegenüber dem Arbeitgeber.
- Die **Stufen der Mitbestimmung** des Betriebsrats sind Information, Beratung, Mitwirkung und Mitbestimmung.

Übungsaufgaben

20

1. Erklären Sie den Begriff Sozialpartnerschaft!

2. Charakterisieren Sie kurz die Lohnbildung in der Bundesrepublik Deutschland!

3. Erläutern Sie kurz folgende Begriffe:

    3.1 Tarifvertrag,
    3.2 Tarifautonomie,
    3.3 Allgemeinverbindlichkeit,
    3.4 Unabdingbarkeit,
    3.5 Manteltarif,
    3.6 Lohn- bzw. Gehaltstarif.

4. Beschreiben Sie die Vorteile, die Tarifverträge für Arbeitnehmer und Arbeitgeber bringen!

5. 5.1 Nennen Sie die jeweiligen Vertragspartner beim Arbeitsvertrag und beim Tarifvertrag!

    5.2 Erläutern Sie kurz, welche Bedeutung die Entscheidung für die Arbeitnehmer hat, Tarifverträge für allgemein verbindlich zu erklären!

    5.3 Erläutern Sie allgemein, was im Manteltarifvertrag geregelt ist und nennen Sie vier Beispiele!

6. Zum Arbeitskampf gehören Streik und Aussperrung. Erläutern Sie diese beiden Mittel des Arbeitskampfes!

7. Die Belegschaft der Unruh-AG hat gegen den Willen der Gewerkschaft seit drei Tagen die Arbeit niedergelegt. Sie will ein höheres Urlaubsgeld erzwingen. Die Geschäftsleitung kündigt den drei führenden Streikorganisatoren.

    Aufgabe:
    Beurteilen Sie die Rechtslage!

8. Schlagzeile einer Zeitung: „Der Verteilungskampf beginnt wieder!" Erläutern Sie diese Schlagzeile!
9.
    9.1 Betrachten und interpretieren Sie nebenstehende Karikatur!
    9.2 Erläutern Sie kurz, wie sich der Lohn in einer Wirtschaft bilden würde, in der es keine Gewerkschaften und Arbeitgeberverbände gibt!
    9.3 Entscheiden Sie, ob die sich auf solchen freien Arbeitsmärkten (siehe Frage 9.2) ergebenden Arbeitslöhne höher oder niedriger als die von den Gewerkschaften ausgehandelten Mindestlöhne wären! Begründen Sie Ihre Antwort!
10. Nennen Sie einige wichtige Ziele der Gewerkschaften!

Mahlzeit   Handelsblatt: Bensch

21
1. Ein Textilunternehmen beschäftigt 50 Mitarbeiter. Die Mitarbeiter beschließen, einen Betriebsrat zu wählen.
   Aufgaben:
   1.1 Entscheiden Sie, ob sich der Geschäftsinhaber dem Wunsch der Belegschaft widersetzen kann! Begründen Sie Ihre Meinung!
   1.2 Nennen Sie vier Rechte des Betriebsrats!
   1.3 Erläutern Sie, was man unter den Begriffen aktives und passives Wahlrecht versteht!
   1.4 Nennen Sie die Voraussetzungen, die gegeben sein müssen, um in einem Betrieb eine Jugend- und Auszubildendenvertretung wählen zu können!
   1.5 Geben Sie für das Mitwirkungsrecht und das Mitbestimmungsrecht i. e. S. des Betriebsrats jeweils zwei Beispiele an!
2. Die Schuhfabrik Moosbrucker OHG beschäftigt ständig 50 Arbeitnehmer, darunter 8 Arbeitnehmer im Alter zwischen 18 und 25 Jahren. Ein Betriebsrat besteht bisher nicht.
   Aufgaben:
   2.1 Entscheiden Sie, ob die Voraussetzungen für die Wahl eines Betriebsrats und einer Jugend- und Auszubildendenvertretung erfüllt sind! Begründen Sie Ihre Antwort!
   2.2 Erläutern Sie, wer zur Wahl einer Jugend- und Auszubildendenvertretung wahlberechtigt und wer wählbar ist!
   2.3 Nennen Sie den jeweiligen Zeitraum, für den der Betriebsrat und die Jugend- und Auszubildendenvertretung gewählt werden!
   2.4 Beschreiben Sie zwei Angelegenheiten, in denen der Betriebsrat ein Informationsrecht besitzt und zwei Angelegenheiten, in denen er die Geschäftsleitung beraten kann!
3. Die Geschäftsleitung der Schnell OHG hat den Angestellten Bückling zum Leiter der Rechnungswesenabteilung ernannt. Der Betriebsrat widerspricht. Er sähe an dieser Stelle lieber das langjährige Gewerkschaftsmitglied Blau. Prüfen Sie, ob sich der Betriebsrat durchsetzen kann!
4. Ohne Anhörung des Betriebsrats führt die Otto Türk GmbH neue Arbeitszeiten ein. Der Betriebsrat widerspricht dieser Anordnung. Prüfen Sie, ob die Anordnung trotzdem rechtswirksam ist!
5. In einer Diskussion meint der Auszubildende Knut, dass die Mitbestimmung in den Betrieben zur Demokratie gehöre. Formulieren Sie Ihre Meinung und tragen Sie diese dem Klassenverband vor!

2.2.5 Sozialordnung

2.2.5.1 Sozialpolitische Aktivitäten des Staates

> **Merke:**
>
> ■ Das Ergebnis aller sozialpolitischen Entscheidungen und Maßnahmen bezeichnet man als **Sozialordnung**.
>
> ■ Die Sozialordnung regelt die **soziale Stellung** und die **sozialen Beziehungen** der Mitglieder einer Gesellschaft, soweit sie **wirtschaftlich begründet** sind, mithilfe einer Vielzahl von **Ordnungselementen** (Gesetzen, Normen, Regeln, Institutionen).

Für die Bundesrepublik Deutschland stellt Art. 20 I GG fest: *„Die Bundesrepublik Deutschland ist ein demokratischer und sozialer Bundesstaat."* Verwirklicht wird dieses „Sozialstaatspostulat"[1] des Grundgesetzes durch ein **Netz sozialer Sicherungsmaßnahmen**. Hierzu gehören vor allem die **Beschäftigungspolitik**, die **Verteilungspolitik**, die **Politik zum Schutz der Arbeitskräfte**, die **Politik zur Absicherung von Arbeitsrisiken** und ergänzende Maßnahmen.

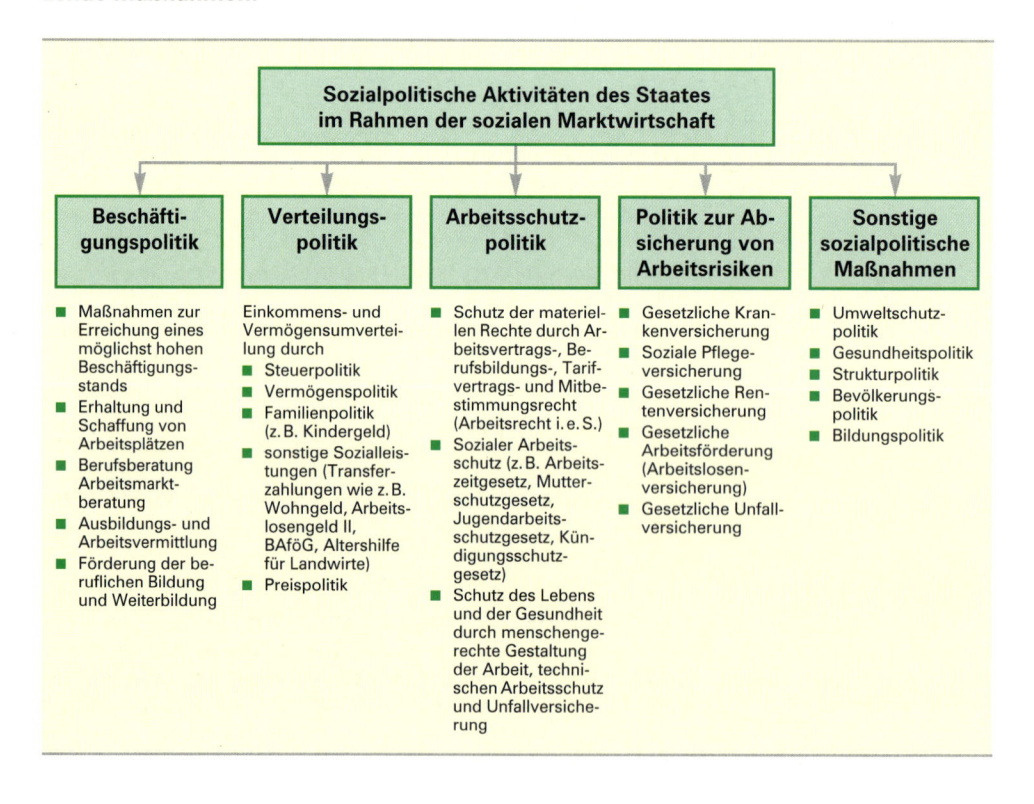

Sozialpolitische Aktivitäten des Staates im Rahmen der sozialen Marktwirtschaft				
Beschäftigungspolitik	**Verteilungspolitik**	**Arbeitsschutzpolitik**	**Politik zur Absicherung von Arbeitsrisiken**	**Sonstige sozialpolitische Maßnahmen**
■ Maßnahmen zur Erreichung eines möglichst hohen Beschäftigungsstands ■ Erhaltung und Schaffung von Arbeitsplätzen ■ Berufsberatung Arbeitsmarktberatung ■ Ausbildungs- und Arbeitsvermittlung ■ Förderung der beruflichen Bildung und Weiterbildung	Einkommens- und Vermögensumverteilung durch ■ Steuerpolitik ■ Vermögenspolitik ■ Familienpolitik (z. B. Kindergeld) ■ sonstige Sozialleistungen (Transferzahlungen wie z. B. Wohngeld, Arbeitslosengeld II, BAföG, Altershilfe für Landwirte) ■ Preispolitik	■ Schutz der materiellen Rechte durch Arbeitsvertrags-, Berufsbildungs-, Tarifvertrags- und Mitbestimmungsrecht (Arbeitsrecht i. e. S.) ■ Sozialer Arbeitsschutz (z. B. Arbeitszeitgesetz, Mutterschutzgesetz, Jugendarbeitsschutzgesetz, Kündigungsschutzgesetz) ■ Schutz des Lebens und der Gesundheit durch menschengerechte Gestaltung der Arbeit, technischen Arbeitsschutz und Unfallversicherung	■ Gesetzliche Krankenversicherung ■ Soziale Pflegeversicherung ■ Gesetzliche Rentenversicherung ■ Gesetzliche Arbeitsförderung (Arbeitslosenversicherung) ■ Gesetzliche Unfallversicherung	■ Umweltschutzpolitik ■ Gesundheitspolitik ■ Strukturpolitik ■ Bevölkerungspolitik ■ Bildungspolitik

---

[1] Postulat (lat.): Forderung. Sozialstaatspostulat: Forderung, einen Sozialstaat zu errichten bzw. zu erhalten.

2.2.5.2 Arbeitsschutzpolitik

(1) Überblick

Alle Arbeitnehmer, insbesondere jedoch Kinder und Jugendliche, sind schutzbedürftig. Deshalb werden allen Arbeitnehmern Mindestrechte am Arbeitsplatz zugesichert, die vertraglich nicht ausgeschlossen werden können. Ein Überblick über die wichtigsten **Schutzbestimmungen** unseres **Arbeitsrechts** enthält die nachfolgende Übersicht.[1]

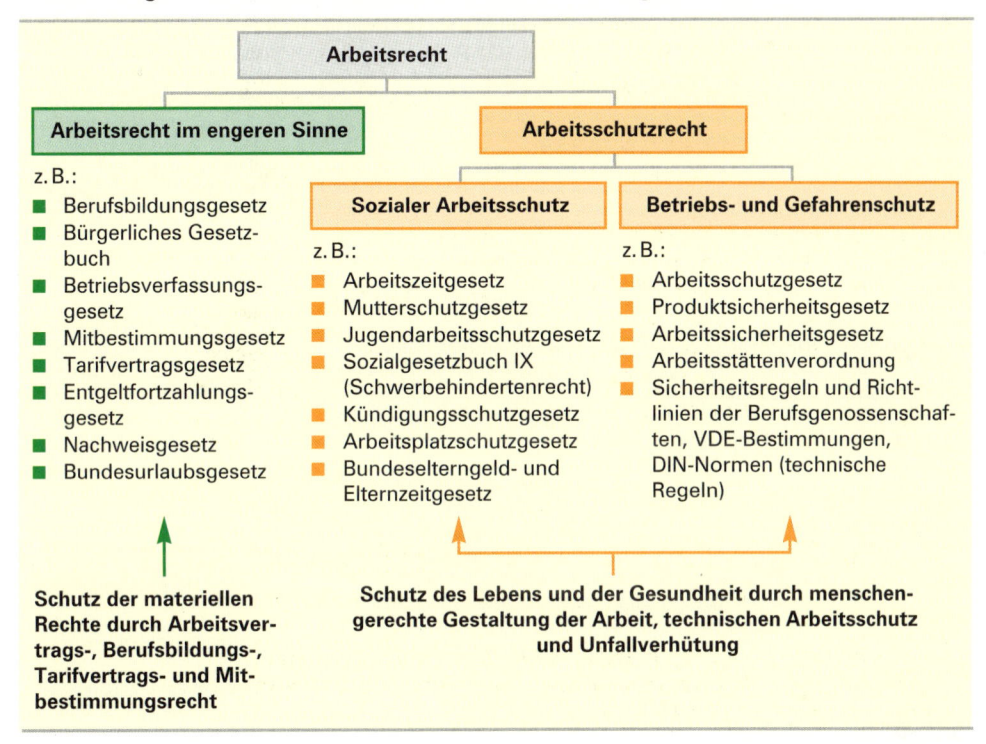

```
                          Arbeitsrecht
                 ┌──────────────┴──────────────┐
   Arbeitsrecht im engeren Sinne          Arbeitsschutzrecht
                                    ┌──────────────┴──────────────┐
   z. B.:                    Sozialer Arbeitsschutz     Betriebs- und Gefahrenschutz
   ■ Berufsbildungsgesetz
   ■ Bürgerliches Gesetz-   z. B.:                      z. B.:
     buch                   ■ Arbeitszeitgesetz         ■ Arbeitsschutzgesetz
   ■ Betriebsverfassungs-   ■ Mutterschutzgesetz        ■ Produktsicherheitsgesetz
     gesetz                 ■ Jugendarbeitsschutzgesetz ■ Arbeitssicherheitsgesetz
   ■ Mitbestimmungsgesetz   ■ Sozialgesetzbuch IX       ■ Arbeitsstättenverordnung
   ■ Tarifvertragsgesetz      (Schwerbehindertenrecht)  ■ Sicherheitsregeln und Richt-
   ■ Entgeltfortzahlungs-   ■ Kündigungsschutzgesetz      linien der Berufsgenossenschaf-
     gesetz                 ■ Arbeitsplatzschutzgesetz    ten, VDE-Bestimmungen,
   ■ Nachweisgesetz         ■ Bundeselterngeld- und       DIN-Normen (technische
   ■ Bundesurlaubsgesetz      Elternzeitgesetz            Regeln)

   Schutz der materiellen      Schutz des Lebens und der Gesundheit durch menschen-
   Rechte durch Arbeitsver-    gerechte Gestaltung der Arbeit, technischen Arbeitsschutz
   trags-, Berufsbildungs-,                      und Unfallverhütung
   Tarifvertrags- und Mit-
   bestimmungsrecht
```

Die Vorschriften des Arbeitsschutzrechts stellen Gebote und Verbote auf, zu deren Beachtung Arbeitgeber und Arbeitnehmer verpflichtet sind. Die Einhaltung der Arbeitsschutzvorschriften wird z. B. durch die **Gewerbeaufsichtsämter** [§ 139 b GewO] und die **Berufsgenossenschaften**[2] überwacht.

(2) Ausgewählte Gesetze zum sozialen Arbeitsschutz

Im Folgenden wird eine Übersicht über wichtige **Gesetze zum sozialen Arbeitsschutz** gegeben.

---

1 Aufgrund des Lehrplans wird auf Einzelheiten im Folgenden nicht eingegangen.
2 Berufsgenossenschaften sind Verbände mit Zwangsmitgliedschaft für die versicherungspflichtigen Betriebe zur Finanzierung der gesetzlichen Unfallversicherung. Die Berufsgenossenschaften übernehmen den Versicherungsschutz bei Arbeitsunfällen, Wegeunfällen und Berufskrankheiten.

	Wichtige Gesetze zum sozialen Arbeitsschutz	
Gesetz	Wirkungskreis	Wesentlicher Inhalt
Arbeitsschutzgesetz (ArbSchG)	Alle Arbeitgeber, alle Arbeitnehmer und alle Auszubildenden [§ 2 ArbSchG], soweit diese nicht nach § 1 ArbSchG ausgeschlossen sind.	Arbeitgeber sind verpflichtet, die zur Sicherheit und Gesundheit der Beschäftigten bei der Arbeit erforderlichen Maßnahmen des Arbeitsschutzes zu treffen und hierzu z.B. für eine geeignete Organisation zu sorgen und die erforderlichen Mittel bereitzustellen [§ 3 ArbSchG]. Arbeitgeber müssen z.B. die Arbeit so gestalten, dass eine Gefährdung für Leben und Gesundheit möglichst vermieden und die verbleibende Gefährdung möglichst gering gehalten wird. Gefahren sind an ihren Quellen zu bekämpfen. Arbeitsschutzmaßnahmen müssen den Stand der Technik, Arbeitsmedizin und Hygiene und spezielle Gefahren besonders schutzbedürftiger Beschäftigungsgruppen berücksichtigen. Hierzu sind den Beschäftigten geeignete Anweisungen zu erteilen (Näheres siehe §§ 4ff. ArbSchG).
Sozialgesetzbuch, Siebtes Buch (gesetzliche Unfallversicherung)	Alle Unternehmer, alle Arbeitnehmer und alle Auszubildenden.	Unfallverhütungsvorschriften der Berufsgenossenschaften zur Verhütung von Arbeitsunfällen, Berufskrankheiten und arbeitsbedingten Gesundheitsgefahren [§§ 14ff. SGB VII]. In Unternehmen mit regelmäßig mehr als 20 Beschäftigten werden die Unternehmer durch von ihnen zu bestellende **Sicherheitsbeauftragte** bei Maßnahmen zur Verhütung von Arbeitsunfällen und Berufskrankheiten unterstützt [§ 22 SGB VII].
Sozialgesetzbuch, Neuntes Buch (Rehabilitation und Teilhabe Behinderter Menschen)	Alle Arbeitgeber mit mindestens 20 Arbeitsplätzen (ohne Auszubildende)	Die betroffen Arbeitgeber sind verpflichtet, einen bestimmten Prozentsatz schwerbehinderter Menschen (Personen mit einer mindestens 50%igen Behinderung) einzustellen [§§ 1, 71ff. SGB IX]. Für unbesetzte Plätze muss i.d.R. eine Ausgleichsabgabe gezahlt werden [§ 77 SGB IX].
Arbeitszeitgesetz (ArbZG)	Alle Arbeitgeber und die Arbeitskräfte, für die keine Sondervorschriften bestehen (z.B. JArbSchG).	Die werktägliche Arbeitszeit für Arbeitskräfte darf 8 Stunden nicht überschreiten. Die Arbeitszeit kann auf bis zu 10 Stunden täglich erhöht werden, wenn innerhalb von 6 Kalendermonaten oder innerhalb von 24 Wochen im Durchschnitt 8 Stunden werktäglich nicht überschritten werden [§ 3 ArbZG].[1] Nach Beendigung der täglichen Arbeitszeit müssen der Arbeitskraft mindestens 11 Stunden Freizeit verbleiben [§ 5 I ArbZG]. Nach mehr als 6 bis 9 Stunden Arbeitszeit ist eine Ruhepause von mindestens 30 Minuten zu gewähren [§ 4 ArbZG].
Mutterschutzgesetz (MuSchG)	Alle Arbeitgeber bezüglich der bei ihnen beschäftigten Frauen.	Befreiung von der Arbeit (auf Mitteilung hin) für 6 Wochen vor und mindestens 8 Wochen, bei Früh- und Mehrlingsgeburten bis zum Ablauf von 12 Wochen nach der Entbindung [§§ 3ff. MuSchG]. Während der Schwangerschaft, bis zum Ablauf von vier Monaten nach der Entbindung [§ 9 I MuSchG] und während der Elternzeit [§ 18 BEEG] besteht Kündigungsschutz. Für werdende Mütter bestehen zahlreiche Beschäftigungsverbote (Näheres siehe §§ 3 I, 4 MuSchG).
Gesetz zum Elterngeld und zur Elternzeit (Bundeselterngeld- und Elternzeitgesetz – BEEG)	Mütter **oder** Väter, die ihr Kind selbst betreuen und nicht mehr als 30 Stunden pro Woche erwerbstätig sind.	Das **Elterngeld** orientiert sich in seiner Höhe am laufenden durchschnittlich monatlich verfügbaren Erwerbseinkommen, das der betreuende Elternteil im Jahr vor der Geburt des Kindes erzielt hat. Es beträgt mindestens 300,00 EUR, höchstens 1800,00 EUR mit einer Laufzeit von 12 Monaten, bei Beteiligung des Partners bzw. bei Alleinerziehenden 14 Monate. Nach der Geburt ihres Kindes können Eltern gleichzeitig, jeder Elternteil anteilig oder allein bis zu drei Jahren **Elternzeit** nehmen. Ein Jahr kann mit Zustimmung des Arbeitgebers bis zum 8. Lebensjahr „aufgespart" werden. Die Anmeldefrist beträgt 6 Wochen, wenn die Elternzeit sofort nach der Mutterschutzfrist genommen wird, in allen anderen Fällen 7 Wochen (siehe § 15 BEEG). Die Elternzeit wird in der gesetzlichen Rentenversicherung angerechnet. Während der Elternzeit besteht Kündigungsschutz [§ 18 BEEG].

---

1 Aufgrund eines Tarifvertrags oder aufgrund einer Betriebsvereinbarung kann unter bestimmten Bedingungen die werktägliche Arbeitszeit auch über zehn Stunden betragen (Näheres siehe § 7 ArbZG).

| Jugendarbeits-schutzgesetz [JArbSchG] | Alle Arbeitgeber, die Jugendliche (bis zum vollendeten 18. Lebensjahr) beschäftigen | Verboten ist die Beschäftigung von Jugendlichen, die der Vollzeitschulpflicht unterliegen [§ 2 JArbSchG]. Wöchentliche Arbeitszeit: 5-Tage-Woche; 40-Stunden-Woche. Tägliche Arbeitszeit: 8-Stunden-Tag. Bezahlter Erholungsurlaub von mindestens 25 bis 30 Werktagen, je nach Alter der Jugendlichen [§ 19 JArbSchG]. Keine Beschäftigung an Berufsschultagen mit mehr als 5 Unterrichtsstunden von mindestens 45 Minuten, jedoch nur einmal in der Woche [§ 9 JArbSchG]. Jugendliche, die in das Berufsleben eintreten, müssen innerhalb der letzten 14 Monate von einem Arzt untersucht worden sein. Eine entsprechende Bescheinigung hat der Jugendliche vorzulegen. Fehlt die Bescheinigung, besteht ein Beschäftigungsverbot bzw. ein Grund zur fristlosen Entlassung [§§ 32 ff. JArbSchG]. Jugendliche dürfen nicht mit gefährlichen Arbeiten betraut bzw. unter Tage beschäftigt werden [§§ 22, 24 JArbSchG]. |

2.2.5.3 Politik zur Absicherung von Arbeitsrisiken

(1) Notwendigkeit der sozialen Absicherung

Merke:

Die **soziale Sicherung** ist eine wesentliche Lebensgrundlage der Menschen.

Die bedeutsamste Absicherung erfolgt in der Bundesrepublik Deutschland durch die gesetzliche **Sozialversicherung**.

- Kennzeichen der gesetzlichen Sozialversicherung ist das **Solidaritätsprinzip**: „Einer für alle, alle für einen." Im Gegensatz zur **privaten Versicherung**, die grundsätzlich eine **freiwillige Versicherung** ist, stellt die **Sozialversicherung** eine **gesetzliche Versicherung** dar, der die Mehrheit der Bevölkerung **kraft Gesetzes** angehören muss (**Pflichtversicherung**).
- Neben dem **Solidaritätsprinzip** und der **Pflichtmitgliedschaft** zeichnet sich die Sozialversicherung durch die **gesetzliche Festlegung der meisten Leistungen** und die **Beitragsbemessung nach der Höhe des Einkommens** aus. Versicherte mit hohen Einkommen sollen so zur Finanzierung von Leistungen für Versicherte mit niedrigen Einkommen beitragen.

(2) Zweige und Träger der Sozialversicherung[1]

In Deutschland entstand das Sozialversicherungssystem bereits unter Bismarck, und zwar 1883 die gesetzliche Krankenversicherung, 1884 die gesetzliche Unfallversicherung, 1889 die Invaliden- und Altersversicherung und 1911 die Angestelltenversicherung. Erst 1927 entstand die Arbeitslosenversicherung. 1953 wurde die Sozialgerichtsbarkeit, 1970 die Lohnfortzahlung im Krankheitsfall, 1995 die soziale Pflegeversicherung und 2001 die staatlich geförderte private Altersvorsorge eingeführt.

Das deutsche Sozialversicherungssystem umfasst fünf Zweige. Die **Zweige der gesetzlichen Sozialversicherung** sind die **gesetzliche Krankenversicherung**, die **soziale Pflegeversicherung**, die **gesetzliche Rentenversicherung**, die **gesetzliche Arbeitsförderung** und die **gesetzliche Unfallversicherung**.

---

[1] Aufgrund des Lehrplans wird auf Einzelheiten im Folgenden nicht eingegangen.

Die **Träger der gesetzlichen Sozialversicherung** sind die Sozialversicherungsbetriebe, Institutionen und Einrichtungen, die die Übernahme der Versicherung wahrnehmen.

Die fünf Zweige der gesetzlichen Sozialversicherung				
Kranken-versicherung Träger: ■ Allgemeine Ortskrankenkassen ■ Betriebskrankenkassen ■ Innungskrankenkassen ■ Landwirtschaftliche Krankenkassen ■ See-Krankenkasse Bundesknappschaft ■ Ersatzkassen[1]	**Soziale Pflegeversicherung** Träger: ■ Pflegekassen (verwaltet von den Krankenkassen)	**Renten-versicherung** Träger: ■ Bundesträger (Deutsche Rentenversicherung Bund, Deutsche Rentenversicherung Knappschaft – Bahn – See) ■ Regionalträger (Deutsche Rentenversicherung mit Zusatz für jeweilige regionale Zuständigkeit)	**Arbeits-förderung** Träger: ■ Bundesagentur für Arbeit (Bundesagentur), Zentrale in Nürnberg mit den Regionaldirektionen (mittlere Verwaltungsebene) und den Agenturen für Arbeit (örtliche, untere Verwaltungsebene)	**Unfall-versicherung** Träger: zB. die ■ Gewerblichen und Landwirtschaftlichen Berufsgenossenschaften ■ Feuerwehrunfallkassen ■ Staatliche Ausführungsbehörden des Bundes und der Länder ■ Gemeindeunfallversicherungsverbände
Gesetzliche Krankenkassen	**Gesetzliche Pflegekassen***	**Deutsche Rentenversicherung**	**Bundesagentur für Arbeit**	**Berufsgenossenschaften und Unfallversicherungsträger der öffentlichen Hand**
Träger der Sozialversicherung				

* Die soziale Pflegeversicherung ist zurzeit eine eigenständige Säule im System der gesetzlichen Sozialversicherung, auch wenn die gesetzlichen Pflegekassen organisatorisch in die Träger der gesetzlichen Krankenversicherung eingebunden sind [§ 1 I, III SGB XI].

(3) Grundsicherung für Arbeitsuchende

■ **Aufgabe und Ziel**

> **Merke:**
>
> Die **Grundsicherung für Arbeitsuchende** soll
> ■ die Eigenverantwortung von **erwerbsfähigen leistungsberechtigten Personen**
> ■ und von Personen, die mit ihnen in einer **Bedarfsgemeinschaft**[2] leben, stärken
> ■ und dazu beitragen, dass diese Personen ihren **Lebensunterhalt** – unabhängig von der Grundsicherung – aus **eigenen Mitteln und Kräften** bestreiten können.

Die Grundsicherung soll vor allem leistungsberechtigte erwerbsfähige Personen bei der Aufnahme oder Beibehaltung einer Erwerbstätigkeit unterstützen und deren Lebensunterhalt sichern. Durch die Erhaltung, Verbesserung oder Wiederherstellung der Erwerbsfähigkeit mit anschließender Erwerbstätigkeit soll die Hilfebedürftigkeit vermieden oder beseitigt sowie die Dauer der Hilfebedürftigkeit verkürzt und der Umfang der Hilfebedürftigkeit verringert werden (Näheres siehe § 1 SGB II).

---

1 Ersatzkassen sind Krankenkassen, die früher gesetzlich als Ersatz für die Pflichtkrankenkassen (AOK, Innungskrankenkassen, Betriebskrankenkassen) anerkannt waren. Mit der Wahlfreiheit der Versicherungspflichtigen zwischen den einzelnen Krankenkassen hat die frühere Gliederung in die gesetzlichen Krankenkassen (z.B. AOK, Innungskrankenkassen) und Ersatzkassen (z.B. Barmer GEK, DAK, KKH) keine Bedeutung mehr.
2 Wer zur Bedarfsgemeinschaft gehört, ist im § 7 III SGB II geregelt.

■ Berechtigte Personen

Leistungen erhalten Personen, die das 15. Lebensjahr vollendet und das 65. Lebensjahr noch nicht vollendet haben, erwerbsfähig und hilfsbedürftig[1] sind und ihren gewöhnlichen Aufenthalt in der Bundesrepublik Deutschland haben (**erwerbsfähige Leistungsberechtigte**). Auch mit erwerbsfähigen Leistungsberechtigten in einer Bedarfsgemeinschaft lebende Personen (z. B. Eltern, Ehepartner, Lebenspartner) können unter bestimmten Voraussetzungen Leistungen erhalten.

Bei den in einer **Bedarfsgemeinschaft lebenden Personen** ist zur Feststellung der Hilfebedürftigkeit auch das **Einkommen und Vermögen des Partners** und bei hilfebedürftigen minderjährigen unverheirateten Kindern auch das **Einkommen und Vermögen der Eltern** zu berücksichtigen.

■ Leistungen

Leistungen werden zur Eingliederung in Arbeit und zur Sicherung des Lebensunterhalts gewährt.

■ Leistungen zur Eingliederung in Arbeit

Durch diese Leistungen soll die Eingliederung der erwerbsfähigen Leistungsberechtigten in Arbeit unterstützt werden. Hierzu soll die Agentur für Arbeit z. B. für jeden erwerbsfähigen Leistungsberechtigten einen persönlichen Ansprechpartner benennen [§ 14 SGB II] und mit diesen Personen die für ihre Eingliederung erforderlichen Leistungen vereinbaren (**Eingliederungsvereinbarungen,** Näheres siehe § 15 SGB II).

■ Leistungen zur Sicherung des Lebensunterhalts[2]

Zu diesen Leistungen gehören das Arbeitslosengeld II, Sozialgeld, Einstiegsgeld, die Freibeträge bei Erwerbstätigkeit und das „Bildungspaket".

Arbeitslosengeld II	Als Arbeitslosengeld II werden vom Staat Leistungen zur **Sicherung des Lebensunterhalts** einschließlich der angemessenen Kosten für Unterkunft und Heizung gewährt. Zu berücksichtigende Einkommen und Vermögen mindern die Geldleistungen der Agentur für Arbeit und kommunalen Träger (z. B. Gemeinden, Kreise) [§ 19 SGB II].
Sozialgeld	Sozialgeld erhält dagegen, wer nicht erwerbsfähig ist und in einer Bedarfsgemeinschaft mit Empfängern von ALG II lebt. Die Höhe des Sozialgeldes entspricht dem des ALG II.
Einstiegsgeld	Ein zeitlich befristetes Einstiegsgeld (als Zuschuss zum Arbeitslosengeld II) kann arbeitslosen erwerbsfähigen Leistungsberechtigten zur Überwindung ihrer Hilfebedürftigkeit bei Aufnahme einer Erwerbstätigkeit gezahlt werden.
Freibeträge	Freibeträge bei Erwerbstätigkeit erhalten erwerbsfähige Leistungsberechtigte, die erwerbstätig sind. Von ihrem zu berücksichtigenden Einkommen aus Erwerbstätigkeit werden von der Höhe des Bruttolohns abhängige Freibeträge abgesetzt.

---

1 Nach § 9 I SGB II ist **hilfebedürftig**, wer seinen Lebensunterhalt nicht ausreichend aus dem zu berücksichtigenden Einkommen oder Vermögen sichern kann und die erforderliche Hilfe nicht von anderen, insbesondere Angehörigen oder von Trägern anderer Sozialleistungen erhält.

2 Personen, die von keiner Sozialleistung erfasst werden, erhalten **Sozialhilfe**. Zuständig ist das Sozialamt der Stadt oder des Landkreises, wo der Hilfesuchende seinen tatsächlichen Aufenthalt hat.

Bedarfe für Bildung und Teilhabe („Bildungspaket")	Damit wird es Kindern aus Familien, in denen Arbeitslosengeld II, Sozialgeld oder Sozialhilfe bezogen wird, ermöglicht, in verschiedenen Formen am kulturellen, sozialen und sportlichen Leben teilzuhaben (z.B. Teilnahme an Schulausflügen; Mittagsverpflegung; Nachhilfeunterricht; Mitgliedsbeiträge für Sport). Für die Erbringung dieser Leistungen sind ausschließlich die Gemeinden und Städte verantwortlich.

■ **Zumutbarkeit**

Einem erwerbsfähigen Leistungsberechtigten ist grundsätzlich jede Arbeit zumutbar. Unzumutbarkeit liegt z. B. vor, wenn der erwerbsfähige Hilfebedürftige zu der bestimmten Arbeit körperlich, geistig oder seelisch nicht in der Lage ist, die Ausübung der Arbeit die Erziehung seines Kindes oder des Kindes seines Partners gefährden würde oder die Ausführung der Arbeit mit der Pflege eines Angehörigen nicht vereinbar wäre (Näheres siehe § 10 SGB II).

■ **Finanzierung**

Die Aufwendungen der Grundsicherung für Arbeitsuchende werden, soweit die Leistungen von der Bundesagentur für Arbeit erbracht werden, vom Bund getragen. Der Bund erstattet der Bundesagentur für Arbeit auch hierfür die Verwaltungskosten.

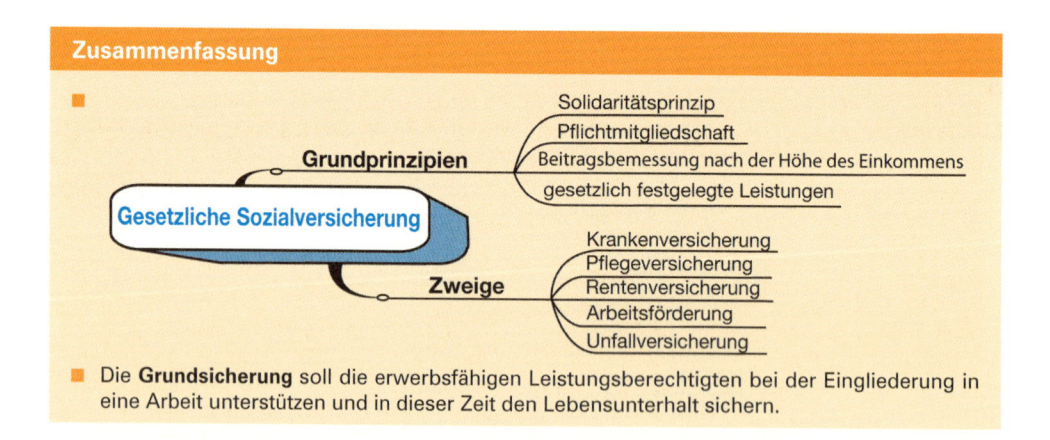

Zusammenfassung

Gesetzliche Sozialversicherung

Grundprinzipien:
- Solidaritätsprinzip
- Pflichtmitgliedschaft
- Beitragsbemessung nach der Höhe des Einkommens
- gesetzlich festgelegte Leistungen

Zweige:
- Krankenversicherung
- Pflegeversicherung
- Rentenversicherung
- Arbeitsförderung
- Unfallversicherung

■ Die **Grundsicherung** soll die erwerbsfähigen Leistungsberechtigten bei der Eingliederung in eine Arbeit unterstützen und in dieser Zeit den Lebensunterhalt sichern.

Übungsaufgabe

22
1. Nennen Sie die Zweige des Sozialversicherungssystems der Bundesrepublik Deutschland!
2. Ordnen Sie den Sozialversicherungen wichtige Träger zu!
3. Die Beschäftigten der Karin Kosmetik GmbH sind alle sozialversichert.
   Aufgaben:
   3.1 Erläutern Sie, wodurch sich die gesetzliche Sozialversicherung von der Individualversicherung unterscheidet!

3.2 Der Angestellte Huber verunglückt auf dem Heimweg von seiner Arbeitsstätte schwer, sodass er arbeitsunfähig wird.
  3.2.1 Nennen Sie die zuständige Versicherung!
  3.2.2 Erläutern Sie die Leistungen, die von dieser Versicherung zu erbringen sind!
4. Erfragen Sie in Gruppen bei verschiedenen gesetzlichen Krankenkassen aktuelle Probleme der Sozialversicherung. Führen Sie die Aspekte im Klassenverband in einem Arbeitspapier zusammen und diskutieren Sie über mögliche Lösungsansätze!
5. 5.1 Erläutern Sie den Unterschied zwischen Arbeitslosengeld II und Sozialgeld!
  5.2 Prüfen Sie, ob ein Arbeitslosengeld-II-Empfänger jede Arbeit, die ihm angeboten wird, annehmen muss!

2.3 Bedeutung der Wirtschaftssektoren im Rahmen der gesamtwirtschaftlichen Leistungserstellung und Leistungsverwendung in der sozialen Marktwirtschaft der Bundesrepublik Deutschland

2.3.1 Grundlegendes

(1) Begriff Bruttoinlandsprodukt (BIP)

Die Ergebnisse des Wirtschaftsprozesses einer Volkswirtschaft für eine bestimmte Periode (z. B. ein Jahr) werden von der **volkswirtschaftlichen Gesamtrechnung (VGR)** erfasst. Sie liefern den Trägern der Wirtschaftspolitik wichtige Informationen u. a. darüber, was die eingeleiteten wirtschaftspolitischen Maßnahmen bewirkt haben. Ein wichtiger Maßstab hierfür ist die Entwicklung des Bruttoinlandsprodukts.

> **Merke:**
>
> Das **Bruttoinlandsprodukt (BIP)** ist ein **Maß** für die wirtschaftliche Leistung einer Volkswirtschaft in einem bestimmten Zeitraum. Es misst den Wert der **im Inland** hergestellten **Waren und Dienstleistungen** (Wertschöpfung), soweit diese nicht als Vorleistungen für die Produktion anderer Waren und Dienstleistungen verwendet werden.

Das BIP wird in jeweiligen Preisen und preisbereinigt errechnet. Auf Vorjahrespreisbasis wird die „reale" Wirtschaftsentwicklung im Zeitablauf **frei von Preiseinflüssen** dargestellt. Die **Veränderungsrate** des **preisbereinigten** BIP dient als **Messgröße** für das **Wirtschaftswachstum** einer Volkswirtschaft. Das BIP ist damit die **wichtigste Größe** der volkswirtschaftlichen Gesamtrechnungen.

(2) Bedeutung der Wirtschaftssektoren innerhalb einer Volkswirtschaft

Des Weiteren lässt sich mittels der volkswirtschaftlichen Gesamtrechnung die **Bedeutung** der einzelnen **Wirtschaftssektoren** innerhalb einer Volkswirtschaft aufzeigen.

Untergliedert man die verschiedenen Zweige einer **arbeitsteiligen** Wirtschaft in **vertikaler** Richtung, so lassen sich folgende Wirtschaftsbereiche unterscheiden:

Wirtschaftsbereiche	Erläuterungen
Erzeugung (primärer Sektor)	Die Funktion dieses Sektors ist die **Bereitstellung** von Rohstoffen. Hierzu zählen beispielsweise land- und forstwirtschaftliche Betriebe, Fischereien, Bergbauunternehmen, Kiesgruben, erdöl- und erdgasfördernde Betriebe.
Weiterverarbeitung (sekundärer Sektor)	Gegenstand dieser Unternehmen ist die **Umwandlung** der Rohstoffe in Investitions- und Konsumgüter.
Verteilung (tertiärer Sektor)	Unternehmen dieser Wirtschaftsstufe übernehmen die **Verteilung** der Güter vom Produzenten bis zum Endverbraucher. Hierzu zählen in erster Linie Handelsbetriebe.
sonstige Dienstleistungsbetriebe	Die Übernahme von **Hilfsfunktionen** bei der Erzeugung, Weiterverarbeitung und Verteilung von Gütern obliegt den Dienstleistungsunternehmen, die **ebenfalls** dem **tertiären Sektor** zugerechnet werden (z. B. Kreditinstitute, Versicherungen, Verkehrsbetriebe).

(3) Bedeutung der Wirtschaftssektoren in der Bundesrepublik Deutschland

Die Bedeutung der einzelnen Wirtschaftssektoren **verändert** sich im Zeitablauf. Wie nachfolgende Abbildung zeigt, hat sich auch in Deutschland in den letzten zweihundert Jahren eine deutliche Verlagerung vom primären zum sekundären und schließlich zum tertiären Sektor vollzogen. Nicht ohne Grund spricht man hierzulande nicht mehr von der Industrie-, sondern von der **Dienstleistungsgesellschaft,** da mittlerweile **mehr als zwei Drittel aller Arbeitsplätze** im tertiären Sektor angesiedelt sind. Die Ursachen für diesen **Strukturwandel** sind sehr vielschichtig, wie beispielsweise: Veränderung der Nachfrage, neue Technologien oder Produktivitätsfortschritte.

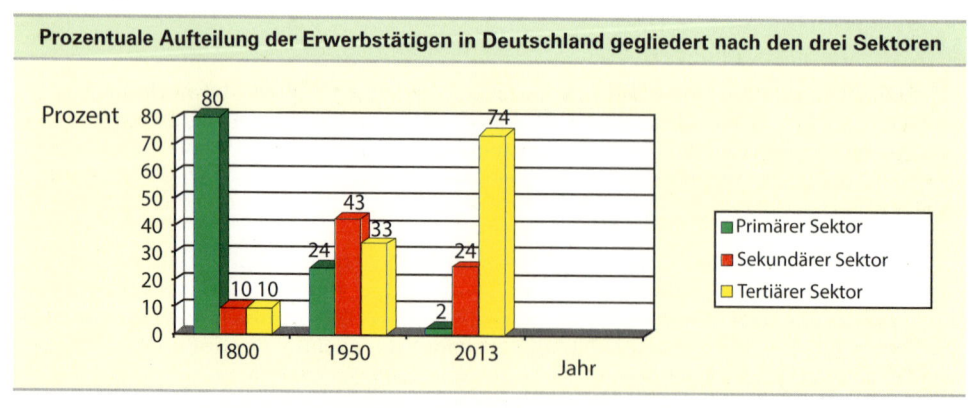

Prozentuale Aufteilung der Erwerbstätigen in Deutschland gegliedert nach den drei Sektoren

Jahr	Primärer Sektor	Sekundärer Sektor	Tertiärer Sektor
1800	80	10	10
1950	24	43	33
2013	2	24	74

Welchen **Anteil** die **Beschäftigten dieser Sektoren** im Jahr 2013 zum Bruttoinlandsprodukt unseres Landes beisteuerten, dokumentiert die nachfolgende Abbildung auf S. 121, wobei anzumerken ist, dass die Bereiche öffentliche und private Dienstleister, Finanzierung, Vermietung und Unternehmensdienstleister sowie Handel, Gastgewerbe und Verkehr dem tertiären Sektor zuzurechnen sind.

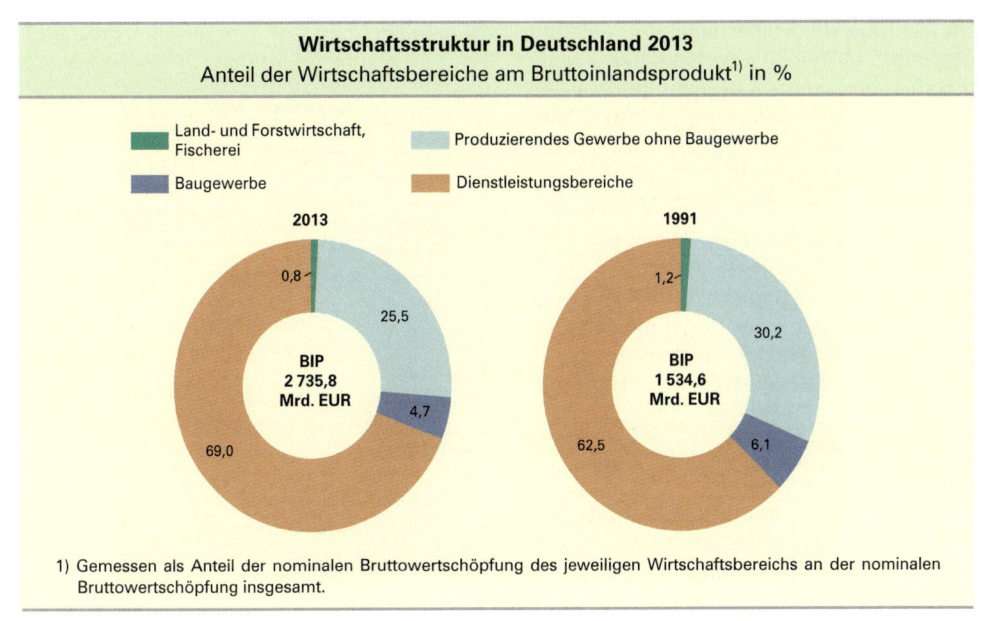

Wirtschaftsstruktur in Deutschland 2013
Anteil der Wirtschaftsbereiche am Bruttoinlandsprodukt[1] in %

- Land- und Forstwirtschaft, Fischerei
- Baugewerbe
- Produzierendes Gewerbe ohne Baugewerbe
- Dienstleistungsbereiche

2013
- 0,8
- 25,5
- 4,7
- 69,0
- BIP 2 735,8 Mrd. EUR

1991
- 1,2
- 30,2
- 6,1
- 62,5
- BIP 1 534,6 Mrd. EUR

1) Gemessen als Anteil der nominalen Bruttowertschöpfung des jeweiligen Wirtschaftsbereichs an der nominalen Bruttowertschöpfung insgesamt.

Quelle: Statistisches Bundesamt, Bruttoinlandsprodukt 2013 für Deutschland, Begleitmaterial zur Pressekonferenz, Frankfurt a. M. 2014.

2.3.2 Entstehung und Verwendung des Bruttoinlandsprodukts und die Verteilung des Volkseinkommens

In der volkswirtschaftlichen Gesamtrechnung gibt es drei verschiedene Ansätze zur Berechnung des Bruttoinlandsprodukts: die Entstehungsrechnung, die Verwendungsrechnung und die Verteilungsrechnung.

2.3.2.1 Entstehungsrechnung

Die Entstehungsrechnung erfasst die wirtschaftliche Leistung einer Periode nach ihren Quellen, d. h. nach den **Wirtschaftsbereichen** (Produktionsansatz). Die Wirtschaftsbereiche, die Güter produzieren, werden in drei Gruppen untergliedert:

Primärer Sektor	Land- und Forstwirtschaft, Fischerei
Sekundärer Sektor	produzierendes Gewerbe
Tertiärer Sektor	Dienstleistungen mit den Bereichen ■ Öffentliche Dienstleister, Erziehung und Gesundheit ■ Handel, Verkehr, Gastgewerbe ■ Grundstücks- und Wohnungswesen ■ Unternehmensdienstleister ■ Sonstige Dienstleister ■ Finanz- und Versicherungsdienstleister ■ Information und Kommunikation

Die Summe der wirtschaftlichen Leistungen der einzelnen Wirtschaftsbereiche (Produktionswert – Vorleistungen) ergibt die **Bruttowertschöpfung**. Werden anschließend die Gütersteuern hinzugezählt und die Gütersubventionen abgezogen[1], so erhält man das **Bruttoinlandsprodukt**.

Um den **tatsächlichen Wertzuwachs/Wertverlust** der Wirtschaftsbereiche feststellen zu können, muss der **Wertverlust (Abschreibungen)**, der durch die Nutzung der Produktionsmittel entstanden ist, abgezogen werden **(Nettowertschöpfung)**.

Nettowertschöpfung = Bruttowertschöpfung − Abschreibungen

Werden die Abschreibungen vom Bruttoinlandsprodukt abgezogen, so erhält man das **Nettoinlandsprodukt**.

Nettoinlandsprodukt = Bruttoinlandsprodukt − Abschreibungen

Das Bruttoinlandsprodukt und seine Komponenten lassen sich sowohl **nominal (in jeweiligen Preisen)** als auch **preisbereinigt (real)** darstellen. Diese Preisbereinigung erfolgt nach der **Vorjahrespreismethode,** d.h., die jeweiligen Gütermengen des betrachteten Jahres werden mit den Preisen des Vorjahres multipliziert und dann addiert. Die dabei errechneten Realwerte der einzelnen Jahre können nicht miteinander verglichen werden, da ihnen unterschiedliche Preise zugrunde liegen. Vor diesem Hintergrund veröffentlicht das Statistische Bundesamt keine Absolutwerte des realen Bruttoinlandsprodukts, sondern lediglich sogenannte Indexwerte.

Entstehung des Bruttoinlandsprodukts in der Bundesrepublik Deutschland 2013
(in Mrd. EUR)

Land- und Forstwirtschaft, Fischerei	18,75
+ Produzierendes Gewerbe ohne Baugewerbe	625,17
+ Baugewerbe	114,89
+ Handel, Gastgewerbe und Verkehr	355,68
+ Finanzierung, Vermietung und Unternehmensdienstleister[2]	677,31
+ Öffentliche und private Dienstleister[3]	659,42
= Bruttowertschöpfung	2 451,22
+ Gütersteuern − Gütersubventionen	Saldo[1] + 284,58
= Bruttoinlandsprodukt	2 735,80
− Abschreibungen	408,80
= Nettoinlandsprodukt	2 327,00

Quelle: Statistisches Bundesamt (Hrsg.): Deutsche Wirtschaft – 1. Quartal 2014, eigene Berechnungen.

Position	2011	2012	2013	2011	2012	2013
	Index 2005 = 100			Veränderung gegen Vorjahr in %		
Preisbereinigt, verkettet						
I. Entstehung des Inlandsprodukts						
Produzierendes Gewerbe (ohne Baugewerbe)	112,8	112,3	112,3	5,5	− 0,4	0,0
Baugewerbe	106,7	104,2	103,7	4,6	− 2,4	− 0,4
Handel, Verkehr, Gastgewerbe	104,0	104,6	105,6	2,7	0,6	0,9
Information und Kommunikation	146,9	149,9	151,7	8,4	2,0	1,2
Erbringung von Finanz- und Versicherungsdienstleistungen	117,9	120,0	114,4	2,2	1,8	− 4,7
Grundstücks- und Wohnungswesen	110,8	112,6	113,6	3,5	1,6	0,9
Unternehmensdienstleister	107,0	110,1	113,9	3,1	2,9	3,5
Öffentliche Dienstleister, Erziehung und Gesundheit	110,5	111,5	111,7	1,5	0,9	0,2
Sonstige Dienstleister	105,2	106,7	105,7	0,2	1,4	− 0,9
Bruttowertschöpfung	111,1	112,0	112,5	3,3	0,8	0,5
Bruttoinlandsprodukt	110,4	111,1	111,6	3,3	0,7	0,4

Quelle: Deutsche Bundesbank, Monatsbericht Mai 2014, S. 63*

Merke:

Die **Entstehungsrechnung** macht den Anteil der einzelnen Wirtschaftsbereiche am Bruttoinlandsprodukt deutlich.

---

1 Der Saldo zwischen den Gütersteuern und den -subventionen heißt **Nettoproduktionsabgabe**.
2 Die **Position „Finanzierung, Vermietung und Unternehmensdienstleister"** beinhalten folgende Positionen: Finanz- und Versicherungsdienstleistungen, Grundstücks- und Wohnungswesen, Unternehmensdienstleister.
3 Die **Position „Öffentliche und private Dienstleister"** umfasst folgende Positionen: Information und Kommunikation, Öffentliche Dienstleister, Erziehung und Gesundheit, Sonstige Dienstleister.

2.3.2.2 Verwendungsrechnung

Eine andere Möglichkeit, das BIP zu errechnen, setzt an der **Nachfrageseite** an. Dabei wird untersucht, wofür die hergestellten Güter und Dienstleistungen verwendet wurden. So kann beispielsweise ein PC in einer Volkswirtschaft für den privaten Konsum verwandt werden, er könnte allerdings auch in Form einer Investition in einem Unternehmen zum Einsatz kommen oder gar in das Ausland exportiert werden. Im Rahmen der Verwendungsrechnung (Ausgabenansatz) werden die **Ausgaben** für die **Endverwendung von Waren und Dienstleistungen** ermittelt, d. h. private und staatliche Konsumausgaben, Investitionen sowie Außenbeitrag (Exportüberschuss = Exporte minus Importe).

Verwendung des deutschen Bruttoinlandsprodukts 2013
(Zahlen in Mrd. EUR in jeweiligen Preisen)

Private Konsumausgaben		1 571,95
+ Konsumausgaben des Staates		534,62
+ Bruttoinvestitionen		
Ausrüstungen	171,25	
Bauten	270,16	
Sonstige Anlagen	29,98	
Vorratsveränderungen	– 8,89	462,50
+ Außenbeitrag		
(Exporte minus Importe)		166,73
= Bruttoinlandsprodukt		2 735,80

Quelle: Statistisches Bundesamt, Bruttoinlandsprodukt 2013 für Deutschland, Begleitmaterial zur Pressekonferenz, Frankfurt a. M. 2014.

> **Merke:**
>
> Die **Verwendungsrechnung** zeigt, wofür die Güter des Bruttoinlandsprodukts verwendet werden.

2.3.2.3 Verteilungsrechnung

Die dritte Möglichkeit, das Bruttoinlandsprodukt zu berechnen, setzt an der Verteilungsseite an. Sie ermittelt die **Aufteilung des Volkseinkommens** auf das **Arbeitnehmerentgelt** und das **Unternehmer- und Vermögenseinkommen** (z. B. Zinsen, Dividenden, Gewinne, Miet- und Pachterträge).

Der **prozentuale Anteil** des **Arbeitnehmerentgelts** am Volkseinkommen wird als **Lohnquote** bezeichnet. Sie stellt jedoch die materielle Einkommenslage der Arbeitnehmer schlechter dar als sie ist, weil in Deutschland rund die Hälfte aller Vermögenseinkommen den Arbeitnehmern zufließen.

Die Berechnung der Lohnquote erfolgt nach folgender Formel:

$$\text{Lohnquote} = \frac{\text{Arbeitnehmerentgelt} \cdot 100}{\text{Volkseinkommen}}$$

Für das Jahr 2013 ergibt sich folgende Lohnquote:

$$\text{Lohnquote} = \frac{1417{,}1 \cdot 100}{2112{,}3} = \underline{\underline{67{,}1\,\%}}$$

Verteilung des Volkseinkommens in der Bundesrepublik Deutschland 2013 und die Berechnung des Bruttoinlandsprodukts 2013
(in Mrd. EUR)

Arbeitnehmerentgelt (Inländer)	1 417,1
+ Unternehmens- und Vermögenseinkommen	695,3
= Volkseinkommen	2 112,3
+ Produktions- und Importabgaben an den Staat abzüglich Subventionen	277,6
+ Abschreibungen	408,8
= Bruttonationaleinkommen	2 798,7
– Primäreinkommen, die Inländer aus dem Ausland beziehen	
+ Primäreinkommen, die Ausländer aus dem Inland beziehen	
Saldo	– 62,9
= Bruttoinlandsprodukt	2 735,8

Quelle: Statistisches Bundesamt, Bruttoinlandsprodukt 2013 für Deutschland, Begleitmaterial zur Pressekonferenz, Frankfurt a. M. 2014.

Den prozentualen Anteil der Unternehmens- und Vermögenseinkommen am Volkseinkommen bezeichnet man als **Gewinnquote**.

$$\text{Gewinnquote} = \frac{\text{Unternehmens- und Vermögenseinkommen} \cdot 100}{\text{Volkseinkommen}}$$

Für das Jahr 2013 ergibt sich folgende Gewinnquote:

$$\text{Gewinnquote} = \frac{695{,}3 \cdot 100}{2\,112{,}3} = \underline{\underline{32{,}9\,\%}}$$

Merke:

Die **Verteilungsrechnung** zeigt die Aufteilung des Volkseinkommens auf die beiden Einkommensarten Arbeitnehmerentgelt einerseits sowie Unternehmens- und Vermögenseinkommen andererseits.

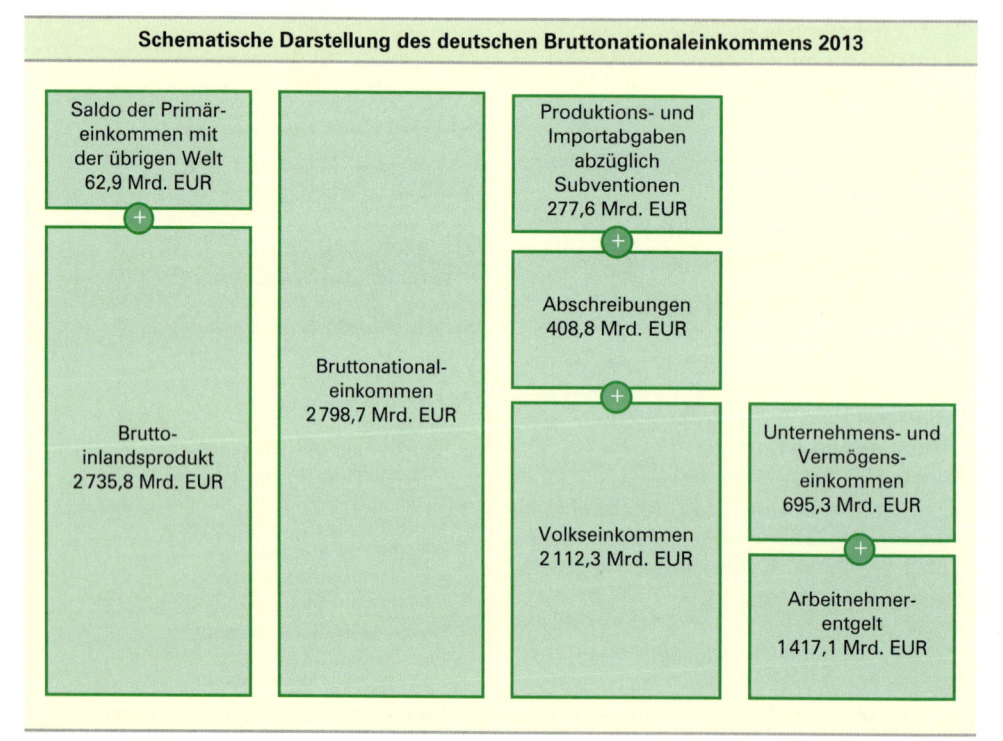

Schematische Darstellung des deutschen Bruttonationaleinkommens 2013

- Saldo der Primäreinkommen mit der übrigen Welt: 62,9 Mrd. EUR
- Bruttoinlandsprodukt: 2 735,8 Mrd. EUR
- Bruttonationaleinkommen: 2 798,7 Mrd. EUR
- Produktions- und Importabgaben abzüglich Subventionen: 277,6 Mrd. EUR
- Abschreibungen: 408,8 Mrd. EUR
- Volkseinkommen: 2 112,3 Mrd. EUR
- Unternehmens- und Vermögenseinkommen: 695,3 Mrd. EUR
- Arbeitnehmerentgelt: 1 417,1 Mrd. EUR

Quelle: Statistisches Bundesamt, Bruttoinlandsprodukt 2013 für Deutschland, Begleitmaterial zur Pressekonferenz, Frankfurt a. M. 2014.

2.3.3 Einnahmen und Ausgaben des Staates und die Staatsverschuldung

(1) Bundeshaushalt

Zunächst stellt die Regierung den Haushalt auf. Dabei orientiert sie sich auf der **Einnahmenseite** an den vom „Arbeitskreis Steuerschätzung" berechneten **voraussichtlichen Steuereinnahmen**. Auf der Ausgabenseite dienen als Planungsgrundlage die **Ausgaben,** welche die **einzelnen Ministerien** an den Finanzminister melden. Das Finanzministerium erarbeitet dann einen Haushaltsentwurf, der dem **Kabinett** vorgelegt wird. Stimmt die Bundesregierung zu, wird der Entwurf gleichzeitig dem **Bundestag** und dem **Bundesrat vorgelegt**. Wie nachfolgende Darstellung des **Haushaltskreislaufes** verdeutlicht, wird der Haushalt in Anschluss an das Gesetzgebungsverfahren entsprechend ausgeführt und nach Ablauf des Hauhaltsjahres durch das Parlament mithilfe des **Bundesrechnungshofes** kontrolliert.

1. Exekutive
Aufstellung des Entwurfs durch das Bundesfinanzministerium
Beschluss des Haushaltsentwurfs durch die Bundesregierung

2. Legislative
Gesetzgebung durch den Deutschen Bundestag
nach Beratung insbesondere im Haushaltsausschuss
mit Beteiligung des Bundesrates

3. Exekutive
Ausführung durch die Bundesregierung

4. Legislative
Kontrolle durch das Parlament mit Hilfe des Bundesrechnungshofes
Abschluss durch parlamentarische Entlastung nach Rechnungslegung

(2) Ausgaben des Staates

Die Ausgaben des Staates lassen sich nach **verschiedenartigen Gesichtspunkten** untergliedern. Differenziert man die Ausgaben des Staates nach den **Aufgabenbereichen** des Staates, so ergibt sich – am Beispiel des Jahres 2013 dargestellt – folgende Übersicht:

Entwicklung der Bundesausgaben nach Aufgabenbereichen

	Ist 2013		Regierungsentwurf[1] 2014		Ist-Entwicklung		Unterjährige Veränderung ggü. Vorjahr
					Januar bis April 2013	Januar bis April 2014	
	in Mio. €	Anteil in %	in Mio. €	Anteil in %	in Mio. €	in Mio. €	in %
Allgemeine Dienste	**72 647**	**23,6**	**69 404**	**22,5**	**21 115**	**20 524**	**-2,8**
Wirtschaftliche Zusammenarbeit und Entwicklung	5 899	1,9	6 324	2,1	2 052	1 988	-3,1
Verteidigung	32 269	10,5	32 366	10,5	10 674	10 126	-5,1
Politische Führung, zentrale Verwaltung	13 205	4,3	13 780	4,5	4 683	4 953	+5,8
Finanzverwaltung	3 865	1,3	3 987	1,3	1 197	1 238	+3,4
Bildung, Wissenschaft, Forschung, Kulturelle Angelegenheiten	**18 684**	**6,1**	**19 185**	**6,2**	**5 728**	**5 558**	**-3,0**
Förderung für Schülerinnen und Schüler, Studierende, Weiterbildungsteilnehmende	2 686	0,9	2 658	0,9	1 025	1 001	-2,3
Wissenschaft, Forschung, Entwicklung außerhalb der Hochschulen	10 150	3,3	10 638	3,5	2 301	2 302	+0,0
Soziale Sicherung, Familie und Jugend, Arbeitsmarktpolitik	**145 706**	**47,3**	**148 162**	**48,1**	**53 859**	**55 869**	**+3,7**
Sozialversicherung einschließlich Arbeitslosenversicherung	98 701	32,1	99 701	32,4	38 815	40 197	+3,6
Arbeitsmarktpolitik	32 680	10,6	31 679	10,3	10 916	10 726	-1,7
darunter: Arbeitslosengeld II nach SGB II	19 484	6,3	19 500	6,3	6 785	6 956	+2,5
Arbeitslosengeld II, Leistungen des Bundes für Unterkunft und Heizung nach dem SGB II	4 685	1,5	3 900	1,3	1 688	1 340	-20,6
Familienhilfe, Wohlfahrtspflege u. ä.	6 548	2,1	7 368	2,4	2 187	2 526	+15,5
Soziale Leistungen für Folgen von Krieg und politischen Ereignissen	2 340	0,8	2 299	0,7	837	766	-8,5
Gesundheit, Umwelt, Sport, Erholung	**1 633**	**0,5**	**2 006**	**0,7**	**461**	**457**	**-0,9**
Wohnungswesen, Raumordnung und kommunale Gemeinschaftsdienste	**2 304**	**0,7**	**2 182**	**0,7**	**699**	**631**	**-9,8**
Wohnungswesen, Wohnungsbauprämie	1 660	0,5	1 670	0,5	661	592	-10,4
Ernährung, Landwirtschaft und Forsten	**904**	**0,3**	**954**	**0,3**	**128**	**130**	**+1,9**
Energie- und Wasserwirtschaft, Gewerbe, Dienstleistungen	**3 900**	**1,3**	**4 395**	**1,4**	**1 673**	**1 812**	**+8,3**
Regionale Förderungsmaßnahmen	796	0,3	603	0,2	110	85	-22,4
Bergbau, verarbeitendes Gewerbe und Baugewerbe	1 492	0,5	1 621	0,5	1 195	1 282	+7,2
Verkehrs- und Nachrichtenwesen	**16 406**	**5,3**	**16 415**	**5,3**	**3 707**	**3 614**	**-2,5**
Straßen	7 399	2,4	7 435	2,4	1 534	1 660	+8,2
Eisenbahnen und öffentlicher Personennahverkehr	4 597	1,5	4 553	1,5	1 005	884	-12,0
Allgemeine Finanzwirtschaft	**46 017**	**14,9**	**35 798**	**11,6**	**17 400**	**14 586**	**-16,2**
Zinsausgaben	31 302	10,2	28 840	9,4	15 425	12 386	-19,7
Ausgaben zusammen	**307 843**	**100,0**	**298 500**	**97,0**	**104 661**	**103 067**	**-1,5**

[1] Stand: Kabinettbeschluss vom 12. März 2014.
Quelle: Bundesministerium der Finanzen.

Quelle: Bundesministerium der Finanzen, Monatsbericht des BMF 05/2014.

Bei Betrachtung der Ausgaben wird deutlich, dass die Belastungen für die **Soziale Sicherung** den mit Abstand **größten Ausgabenposten** im Bundeshaushalt darstellen.

(3) Einnahmen des Staates

Die zur Finanzierung der öffentlichen Ausgaben erforderlichen **Einnahmen des Bundes** setzen sich wie folgt zusammen:

Entwicklung der Einnahmen des Bundes

	Ist 2013		Regierungsentwurf[1] 2014		Ist-Entwicklung		Unterjährige Veränderung ggü. Vorjahr
					Januar bis April 2013	Januar bis April 2014	
	in Mio. €	Anteil in %	in Mio. €	Anteil in %	in Mio. €	in Mio. €	in %
I. Steuern	**259 807**	**91,0**	**268 920**	**92,2**	**74 740**	**76 290**	**+2,1**
Bundesanteile an Gemeinschaftsteuern:	213 199	74,7	221 586	75,9	65 286	67 862	+3,9
Einkommen- und Körperschaftsteuer (einschl. Abgeltungsteuer auf Zins- und Veräußerungserträge)	107 340	37,6	111 373	38,2	31 313	32 458	+3,7
davon:							
Lohnsteuer	67 174	23,5	70 593	24,2	19 285	20 756	+7,6
veranlagte Einkommensteuer	17 969	6,3	18 721	6,4	4 925	5 497	+11,6
nicht veranlagte Steuer vom Ertrag	8 631	3,0	7 898	2,7	2 211	1 916	-13,3
Abgeltungsteuer auf Zins- und Veräußerungserträge	3 812	1,3	3 844	1,3	1 827	1 747	-4,4
Körperschaftsteuer	9 754	3,4	10 355	3,5	3 065	2 541	-17,1
Steuern vom Umsatz	104 283	36,5	108 538	37,2	33 696	35 134	+4,3
Gewerbesteuerumlage	1 575	0,6	1 675	0,6	276	270	-2,2
Energiesteuer	39 364	13,8	39 150	13,4	7 480	7 530	+0,7
Tabaksteuer	13 820	4,8	14 050	4,8	3 466	3 733	+7,7
Solidaritätszuschlag	14 378	5,0	14 850	5,1	4 386	4 486	+2,3
Versicherungsteuer	11 553	4,0	11 750	4,0	6 096	6 312	+3,5
Stromsteuer	7 009	2,5	7 000	2,4	2 403	2 061	-14,2
Kraftfahrzeugsteuer	8 490	3,0	8 485	2,9	3 155	2 647	-16,1
Kernbrennstoffsteuer	1 285	0,5	1 300	0,4	0	0	X
Branntweinabgaben	2 104	0,7	2 082	0,7	721	699	-3,1
Kaffeesteuer	1 021	0,4	1 030	0,4	333	339	+1,8
Luftverkehrsteuer	978	0,3	970	0,3	262	233	-11,1
Ergänzungszuweisungen an Länder	-10 792	-3,8	-10 423	-3,6	-2 448	-2 565	+4,8
BNE-Eigenmittel der EU	-24 787	-8,7	-22 930	-7,9	-10 903	-10 509	-3,6
Mehrwertsteuer-Eigenmittel der EU	-2 083	-0,7	-4 140	-1,4	-1 025	-2 021	+97,2
Zuweisungen an Länder für ÖPNV	-7 191	-2,5	-7 299	-2,5	-2 397	-2 433	+1,5
Zuweisung an die Länder für Kfz-Steuer und Lkw-Maut	-8 992	-3,2	-8 992	-3,1	-2 248	-2 248	+0,0
II. Sonstige Einnahmen	**25 645**	**9,0**	**22 862**	**7,8**	**8 536**	**8 607**	**+0,8**
Einnahmen aus wirtschaftlicher Tätigkeit	4 886	1,7	6 847	2,3	1 942	3 356	+72,8
Zinseinnahmen	191	0,1	270	0,1	39	55	+41,0
Darlehensrückflüsse, Beteiligungen, Privatisierungserlöse	5 978	2,1	2 345	0,8	1 989	557	-72,0
Einnahmen zusammen	**285 452**	**100,0**	**291 782**	**100,0**	**83 276**	**84 896**	**+1,9**

[1] Stand: Kabinettbeschluss vom 12. März 2014.
Quelle: Bundesministerium der Finanzen.

Quelle: Bundesministerium der Finanzen, Monatsbericht des BMF 05/2014.

Bei Durchsicht der Einnahmen fällt auf, dass der weitaus **größte Einnahmenblock** der öffentlichen Hand aus **Steuern** resultiert. Vor diesem Hintergrund wird deutlich, welche Auswirkungen von Änderungen der Steuergesetzgebung auf den Bundeshaushalt ausgehen. Nicht zuletzt deshalb durchlaufen derartige Änderungen zumeist einen langen Prozess der politischen Diskussion.

(4) Staatsverschuldung

Stellt man nunmehr die Einnahmen den Ausgaben gegenüber, so wird deutlich, dass der die Einnahmen übersteigende Ausgabenteil – der **Finanzierungssaldo** – finanziert werden muss.

Die Ausgaben des Bundes sind – fast schon traditionell – größer als seine Einnahmen. Eine derartige Haushaltspolitik hat in den letzten Jahren zu einem starken **Anstieg der öffentlichen Verschuldung** auf mittlerweile **mehr als 2,0 Billionen EUR** geführt, sodass bereits zum heutigen Zeitpunkt **jeder siebte Steuereuro** des Bundeshaushaltes für **Zinsen** ausgegeben werden muss.

Der **Anteil der Zinsausgaben** am Bundeshaushalt dürfte auch künftig nicht nur wegen eventuell **steigender Zinssätze** weiter **zunehmen,** da – wie nebenstehende Abbildung der „**Schulden-Uhr"** des Bundes der Steuerzahler zeigt – die Staatsverschuldung mit ca. **440,00 EUR pro Sekunde** rasant anwächst.

```
Staatsverschuldung in Deutschland
2.049.924.433.567 €

Zuwachs / Sekunde          Schulden / Kopf
           439 €                25.370 €
```

Quelle: www.steuerzahler.de vom 13.06.2014.

Nicht zuletzt mit Blick auf die hierdurch **eingeengten Handlungsspielräume** des Staates und die (unzumutbare) **Belastung künftiger Generationen,** ist eine konsequente **Haushaltskonsolidierung** dringend geboten.

2.4   Kritik am Modell des BIP als Wohlstandsindikator

(1)   Erfassungs- und Bewertungsprobleme

Die Ermittlung der volkswirtschaftlichen Leistung stößt auf Erfassungs- und Bewertungsprobleme, sodass **Schätzungen** erforderlich werden, die auf mehr oder weniger willkürlichen **Annahmen** beruhen.

Beispiele:

- Die Leistungen des Staates werden nicht auf dem Markt gehandelt. Viele staatliche Leistungen sind unentgeltlich. Deshalb gibt es für die staatlichen Leistungen keine Marktpreise. Bei der Berechnung der volkswirtschaftlichen Gesamtleistung werden deshalb die staatlichen Leistungen mit den Herstellungspreisen bewertet.

- Die Höhe der verschiedenen Messzahlen gesamtwirtschaftlicher Leistung hängt u.a. davon ab, ob Abschreibungen nachgewiesen und wie diese berechnet werden.

Abschreibungen sind keine direkt messbare Größe, sondern ein kalkulatorischer Posten, der nach festgelegten Grundsätzen bewertet wird. Die Berechnung der volkswirtschaftlichen Abschreibungen unterscheidet sich daher von den Berechnungs- und Bewertungsgrundsätzen im einzelwirtschaftlichen Rechnungswesen. Die volkswirtschaftlichen Abschreibungen gehen vom Wiederbeschaffungswert aus; sie stellen deshalb eine fiktive (angenommene) Größe dar.

(2) Gesamtleistung ist teilweise zu hoch bewertet

Die volkswirtschaftliche Gesamtleistung (z.B. das Bruttonationaleinkommen und das Bruttoinlandsprodukt) ist vor allem deshalb zu hoch berechnet, weil die **sozialen Kosten,** die abgesetzt werden müssten, nicht erfasst werden.

> **Merke:**
>
> Unter **sozialen Kosten** versteht man den Verbrauch von Produktionsfaktoren, der nicht vom einzelnen Verursacher, sondern von der gesamten Gesellschaft getragen werden muss (z.B. stetiger Abbau nicht ersetzbarer Rohstoffe, Zerstörung der natürlichen Umwelt durch Verbauung und Verschmutzung, Entstehung von Krankheiten durch Lärm, Schmutz und Unfälle).

Die Gesamtleistung wird auch deswegen zu hoch wiedergegeben, weil Teile der sozialen Kosten der Gesamtleistung hinzugerechnet werden, so z.B. die Behandlungskosten von Unfallopfern und Berufskranken, die Reparaturen an Unfallfahrzeugen oder -maschinen sowie die Neuanschaffungen von Fahrzeugen und Maschinen, die aufgrund von Unfällen erforderlich werden.

(3) Gesamtleistung ist teilweise zu niedrig bewertet

> **Merke:**
>
> Zu **niedrig** ist die Gesamtleistung insofern, als die nicht auf den Märkten in Erscheinung tretenden Leistungen unberücksichtigt bleiben.

Hierzu rechnen z.B. die Kindererziehung, die Arbeitsleistungen im privaten Haushalt oder die Leistungen der Kleingärtner.

Zu diesen legalen[1] Vorgängen der **Schattenwirtschaft** kommen die illegalen[2] wie z.B. Schwarzarbeit, Beschäftigung illegaler Einwanderer sowie Lieferungen und Leistungen ohne Rechnung. Die im Rahmen der Schattenwirtschaft geschaffenen Leistungen finden **nur als Schätzgröße** Berücksichtigung.

Auch die Leistungen des Staates sind nicht ausreichend bewertet. Da es für staatliche Leistungen keine „Marktpreise" gibt (z.B. Dienstleistungen der Justiz, der Behörden, der Schulen und Universitäten), müssen diese zu Herstellungspreisen bewertet werden.

Der Gesamtleistung hinzugerechnet werden sollten auch die **sozialen Leistungen** (der „soziale Nutzen").

> **Merke:**
>
> Zu den **sozialen Leistungen** rechnen alle der gesamten Gesellschaft zugute kommenden Nutzeffekte, wie z.B. die Umwelt erhaltende Tätigkeit der Landwirtschaft, der Erholungswert rekultivierter Industrielandschaften, die Ausbildungsleistungen der Unternehmen oder die Nutzung der Infrastruktur.[3]

---

[1] Legal: gesetzlich, erlaubt.
[2] Illegal: ungesetzlich, verboten.
[3] Unter Infrastruktur sind alle der Allgemeinheit dienlichen öffentlichen und privaten Einrichtungen zu verstehen (z.B. private und öffentliche Straßen, Eisenbahnen, Krankenhäuser, Schulen, Kindergärten, Versorgungseinrichtungen).

2.5 Alternative Wohlstandsindikatoren

Das durch Mehr- oder Wenigerrechnung bereinigte Bruttonationaleinkommen bzw. Bruttoinlandsprodukt bleibt nach wie vor ein **eindimensionaler Wohlstandsmaßstab,** da lediglich quantitativ (zahlenmäßig) erfassbare Größen berücksichtigt werden können. Qualitative Dimensionen,[1] die sogenannte **Lebensqualität** (Gesamtheit aller Lebensumstände in einer Gesellschaft), werden nicht berücksichtigt. Die Lebensqualität kann nur mithilfe **sozialer** oder **ökologischer Indikatoren** beschrieben werden, die sich meist einer Bewertung in Geld entziehen. Soziale und ökologische Indikatoren sind qualitative Größen, die wesentliche Tatbestände der Gesellschaft wiedergeben.

> **Beispiele:**
>
> Die Qualität der medizinischen Versorgung lässt sich z.B. ablesen an der Geburtensterblichkeit, der Müttersterblichkeit, der Zahl der Krankenbetten oder an den Wartezeiten zwischen dem Auftreten einer Krankheit und der Aufnahme in ein Krankenhaus.
>
> Die Qualität des Arbeitslebens spiegelt sich z.B. in den Arbeitslosenzahlen, in der Zahl der offenen Stellen oder in der Zahl der Arbeitsunfälle und Berufskrankheiten wider.

Zu den Indikatoren, die soziale und ökologische Aspekte berücksichtigen, zählen z.B. der Wohlstandsmaßstab Net Economic Welfare (NEW) oder der Human Development Index.

2.5.1 Net Economic Welfare (NEW)

Für einen neuen verbesserten Wohlstandsindikator trat der Nobelpreis-Ökonom Samuelson vom berühmten Massachusetts Institute of Technology in Cambridge (USA) ein. In seinem klassischen Lehrbuch „Economics" stellte Samuelson in den 70er Jahren erstmals den Wohlstandsmaßstab Net Economic Welfare (NEW) als „korrigierte Version des realen Bruttoinlandsproduktes" vor.

> **Merke:**
>
> Einen Ansatz zur Wohlstandserfassung bietet der sogenannte **Net Economic Welfare (NEW).** Dieser Index geht zuerst von dem Bruttoinlandsprodukt aus, welches um die **sozialen Kosten bereinigt** und um die **privaten Dienste erweitert** wird.

Bei der Berechnung dieses Indikators werden **Sozialkosten** wie verschmutzte Gewässer und verdreckte Luft, gleichgültig ob sie den Verursachern angelastet werden oder nicht, zu messen versucht und vom Sozialprodukt einer Volkswirtschaft **subtrahiert.** Nach diesem Maßstab sind z.B. die Wohlstandsunterschiede zwischen Großstadt- und Landbevölkerung geringer als in der üblichen Statistik, da höhere Kosten für Müllabfuhr, Verbrechensbekämpfung, Verkehrsregelung und andere städtische Dienste sowie der längere Weg zum Arbeitsplatz als wohlstandsmindernd berücksichtigt werden.

Andererseits werden **positive Beiträge** zum Volkswohlstand, die wegen fehlenden Marktpreises nicht in der Berechnung des Bruttoinlandsproduktes enthalten sind, zum New Economic Welfare einer Volkswirtschaft hinzugerechnet. Hierzu zählt die Hausarbeit, die

---
1 Dimension: Abmessung, Ausdehnung; hier: Gesichtspunkte.

mit dem Durchschnittsgehalt berufstätiger Personen bewertet wird, oder der Wert zusätzlicher Freizeit, der Stunden- oder Wochenlohnsätzen gleichgesetzt werden kann. Staatsausgaben für Verteidigung oder Verwaltung gehen nicht als positiver Beitrag in das NEW ein, da mehr Soldaten oder Beamte noch keine bessere Gesellschaft bedeuten.

Die Grundlage für Samuelsons Konzept bildet eine Studie der Ökonomen William Nordhaus und James Tobin, in der die beiden Wirtschaftsforscher bereits den Größenunterschied zwischen dem Bruttoinlandsprodukt und einem neuen Wohlstandsmaßstab zu schätzen versuchten. Auf der Basis der Tobin-Nordhaus-Zahlen kalkulierte Samuelson, dass der tatsächliche Wohlstandszuwachs in den vergangenen Jahrzehnten maßlos überschätzt worden ist. Unter Berücksichtigung der Sozialkosten ist nach seiner Ansicht der wirtschaftliche Fortschritt in der Vergangenheit erheblich bescheidener ausgefallen, als dies die Zuwachsraten des Bruttoinlandsproduktes vermuten lassen.

Da die sozialen Kosten im Wachstumsprozess steigen, folgert Samuelson, dass die Diskrepanz zwischen dem quantitativen Wachstum gemessen am Bruttoinlandsprodukt und dem wirklichem Wohlstandsgewinn künftig noch zunehmen wird.

Kritiker des New-Economic-Welfare-Ansatzes halten das Konzept allerdings für einen Versuch, das nicht Messbare zu messen. Dieser Kritik entgegnet Samuelson jedoch, dass es besser sei eine ungenaue Vorstellung von dem zu haben, was man wolle, als eine genaue Vorstellung von dem, was man nicht wolle.

2.5.2 Human Development Index (HDI)

Der **Human Development Index** (Index der menschlichen Entwicklung) versucht seit 1990 mit einer Maßzahl den Stand der menschlichen Entwicklung in den Ländern der Welt abzubilden. Dieser Index wird jährlich im Weltentwicklungsbericht (Human Development Report, HDR) veröffentlicht, welchen das United Nations Development Programme (UNDP), das Entwicklungsprogramm der Vereinten Nationen, herausgibt.

> **Merke:**
>
> Der Human Development Index als Messzahl für den Entwicklungsstand eines Landes setzt sich aus **drei Komponenten** zusammen:
> - **Lebenserwartung** bei der Geburt,
> - **Ausbildung** (Alphabetisierung der erwachsenen Bevölkerung, Einschulungsrate in Grund-, Sekundär- und Hochschulen) und
> - **Kaufkraft** (Bruttoinlandsprodukt pro Kopf).

Darüber hinaus enthält der Human Development Report eine Vielzahl zusätzlicher Daten aus dem ökonomischen, sozialen und politischen Bereich.

Als wesentliche **Kritikpunkte** am HDI werden angeführt, dass gewisse Elemente wie beispielsweise Einkommensunterschiede innerhalb eines Landes oder zwischen Geschlechtern, sowie die politische Freiheit des Landes keine Berücksichtigung finden. Auch unterscheidet der HDI nicht zwischen Städten und ländlichen Gebieten.

Entwicklungsstand und Wohlergehen eines Landes und seiner Menschen nur anhand des Bruttoinlandsprodukts zu messen, wird zu Recht als ungenügend empfunden. Vor allem für die Lebensverhältnisse in der Dritten Welt ist ein Maßstab, der sich allein an der marktbezogenen Wirtschaftsleistung orientiert, von beschränkter Aussagekraft. Aufschlussreicher erscheint eine Antwort auf die Frage, ob und inwieweit eine Steigerung des Bruttoinlandsprodukts zur **menschlichen Entwicklung** beiträgt. Das *UN-Entwicklungsprogramm (UNDP)* versteht darunter „einen Prozess, der die Möglichkeiten des Einzelnen erweitert", ihm also zu einem längeren und gesunden Leben, einem bestimmten Maß an Bildung und einem ausreichenden Einkommen verhilft. Schon ein flüchtiger Vergleich zwischen „reichen" und „armen" Ländern zeigt, dass wirtschaftlicher Erfolg nicht automatisch mit höherer **Lebensqualität** einhergeht. So ist es möglich, dass Länder mit niedrigem Bruttoinlandsprodukt ihrer breiten Bevölkerung einigermaßen befriedigende Lebensbedingungen bieten, während in viel wohlhabenderen Staaten manchmal extreme soziale Gegensätze herrschen.

Um solche Vergleiche auf eine feste, nachprüfbare Grundlage zu stellen, hat das UNDP einen besonderen Maßstab ausgearbeitet: den **Index der menschlichen Enwicklung.** Dabei wird für jedes Land ein Satz statistischer Kennzahlen, in denen sich die durchschnittliche Lebenserwartung, das Bildungsniveau und das kaufkraftbereinigte Pro-Kopf-Einkommen niederschlägt, zu einem einzigen Indexwert gebündelt.

Unter den 169 Ländern, für die dieser Index 2010 neu berechnet wurde, liegt *Norwegen* an der Spitze: Dort haben die Neugeborenen eine Lebenserwartung von 81 Jahren; die durchschnittliche Schulbesuchsdauer der Erwachsenen beläuft sich auf 12,6 Jahre und das mittlere Pro-Kopf-Einkommen beträgt, nach Kaufkraft umgerechnet, rund 58 810 US-$. Den letzten Rang belegt Simbabwe (mit einer Lebenserwartung von 47 Jahren, 7,2 Jahren Schulbesuch und einem Pro-Kopf-Einkommen von lediglich 176 US-$). Von den 42 Ländern mit einem „niedrigen" Grad an menschlicher Entwicklung (Indexwerte von 0,470 und darunter) liegen allein 35 auf dem afrikanischen Kontinent.

Quelle: o. V.: Maßstab menschliche Entwicklung, ZB 603 146.

Beachte:
Abschließend ist festzuhalten, dass **alle existierenden Indikatoren** zur Wohlstandserfassung eines Landes (also auch der NEW und der HDI), **nur einzelne Teile** dessen erfassen, was den Wohlstand als Ganzes ausmacht. Es wird lediglich versucht, die Mängel des Bruttoinlandsprodukts durch einzelne Aspekte zu ergänzen. Eine **ganzheitliche Lösung** für das Problem der Wohlstandserfassung **gibt es jedoch noch nicht.**

Zusammenfassung

- Die **statistische** Erfassung **aller** wesentlichen gesamtwirtschaftlichen Zahlungsströme (Kreislaufgrößen) bezeichnet man als **volkswirtschaftliche Gesamtrechnung.**
- Das **Bruttoinlandsprodukt** kann – je nachdem welcher Untersuchungsaspekt im Vordergrund steht – auf **unterschiedlichen** Wegen berechnet werden, und zwar durch **Entstehungs-, Verwendungs-** und **Verteilungsrechnung.**
  - Die **Entstehungsrechnung** zeigt den Anteil der einzelnen Wirtschaftsbereiche am Bruttoinlandsprodukt auf.
  - Die **Verwendungsrechnung** zeigt, wofür die Güter des Bruttoinlandsprodukts verwendet wurden.
  - Die **Verteilungsrechnung** zeigt die Aufteilung des Volkseinkommens auf die Arbeitsentgelte und die Unternehmens- und Vermögenseinkommen.
- Die **soziale Sicherung** bildet den größten Ausgabenposten bei den Bundesausgaben.

- **Steuern** sind der größte Einnahmenblock des Bundes.

- Die Ausgaben **übersteigen derzeit regelmäßig** die Einnahmen des Bundes, sodass es zu einer **steigenden Staatsverschuldung** kommt.

- Bei der statistischen Ermittlung des Bruttoinlandsprodukts treten **Erfassungs- und Bewertungsprobleme** auf, sodass es teilweise zu hoch und teilweise zu niedrig angesetzt ist.

- **Alternative Wohlstandsindikatoren** sind z. B. der **Net Economic Welfare (NEW)** und der **Human Development Index (HDI)**.

- Bei der Berechnung des **Human Development Index** (Index der menschlichen Entwicklung) werden **Sozialkosten** wie verschmutzte Gewässer und verdreckte Luft vom Sozialprodukt einer Volkswirtschaft **subtrahiert**. Andererseits werden **positive Beiträge** zum Volkswohlstand, die wegen fehlender Marktpreise nicht in der Berechnung des Bruttoinlandsprodukts enthalten sind, zum New Economic Welfare einer Volkswirtschaft **hinzugerechnet**.

- Der Human Development Index als Messzahl für den Entwicklungsstand eines Landes setzt sich aus **drei Komponenten** zusammen: **Lebenserwartung, Ausbildung** und **Kaufkraft**.

Übungsaufgabe

23

1. Angenommen, die Bruttowertschöpfung eines EU-Landes beträgt 2 100 Mrd. GE.

   Aufgabe:
   Berechnen Sie das Nettoinlandsprodukt, wenn die Nettoproduktionsabgaben 320 Mrd. GE und die Abschreibungen 270 Mrd. GE betragen! Der Saldo zwischen den von der EU bezogenen Subventionen und den an die EU gezahlten Nettoproduktionsabgaben ist null.

2. Berechnen Sie das Nettoinlandsprodukt in der Aufgabe 1, wenn unter sonst gleichen Bedingungen das Volkseinkommen 1 510 Mrd. GE beträgt und die von Ausländern bezogenen Erwerbs- und Vermögenseinkommen 35 Mrd. GE betragen!

3. Das statistische Amt eines Landes veröffentlichte die folgenden Zahlen (in Mrd. EUR):

Konsumausgaben des Staates	750
Bruttoinvestitionen	850
Abschreibungen	620
Produktionsabgaben an den Staat abzüglich Subventionen	480
Konsumausgaben der privaten Haushalte	2 750
Exporte	840
Importe	780
Saldo der Primäreinkommen aus der übrigen Welt	+ 48

   Aufgaben:
   3.1 Ermitteln Sie das Bruttoinlandsprodukt!
   3.2 Berechnen Sie das Volkseinkommen!
   3.3 Erläutern Sie kurz mittels eines Beispiels, wie es zu dem Unterschied zwischen Bruttonationaleinkommen und Bruttoinlandsprodukt kommen konnte!

3.4 Beschreiben Sie die Entwicklung einer Volkswirtschaft für die beiden nachfolgenden Fälle:

Jahr	Abschreibungen	Bruttoinvestitionen
1. Jahr	850 Mrd. EUR	890 Mrd. EUR
2. Jahr	780 Mrd. EUR	720 Mrd. EUR

3.5 Beurteilen Sie, ob eine sinkende Lohnquote zwangsläufig zu einer Verschlechterung des Lebensstandards der abhängig Beschäftigten geführt haben muss!

3.6 Nennen Sie neben dem Bruttoinlandsprodukt zwei weitere nichtökonomische Größen für die Beurteilung des Wohlstandes eines Landes!

3.7 Beurteilen Sie kritisch die herkömmliche Berechnung der Messzahlen der gesamtwirtschaftlichen Leistung!

3.8 Erläutern Sie, was die Größe „Bruttonationaleinkommen" über den Wohlstand der Bevölkerung eines Landes aussagen kann!

4. An der gängigen Berechnung der Messgrößen der gesamtwirtschaftlichen Leistung wird häufig Kritik geübt.

   Aufgaben:

   4.1 Nennen und erläutern Sie mindestens drei Kritikpunkte!

   4.2 Erklären Sie in diesem Zusammenhang die Begriffe soziale Kosten und soziale Leistungen!

   4.3 Bringen Sie je ein eigenes Beispiel für soziale Kosten und soziale Leistungen!

5. Das Bruttoinlandsprodukt kann – je nachdem, welcher Untersuchungsaspekt im Vordergrund steht – auf drei unterschiedlichen Wegen berechnet werden. Die Ergebnisse dieser Berechnung stellen eine wichtige Basis für wirtschaftspolitische Entscheidungen der Bundesregierung dar.

   Aufgaben:

   5.1 Erläutern Sie kurz, worüber die Entstehungsrechnung und die Verwendungsrechnung des Bruttoinlandsproduktes Auskunft geben und verdeutlichen Sie jeweils anhand eines Beispieles, in welchen Bereichen der Wirtschaftspolitik diese Rechnung als Grundlage für wirtschaftspolitische Entscheidungen herangezogen werden!

   5.2 Erklären Sie, was man im Rahmen der Entstehungsrechnung unter der „Bruttowertschöpfung" eines Unternehmens versteht!

6. 6.1 Stellen Sie fest, welche Leistungen **nicht** in die Berechnung des Bruttoinlandsprodukts eingehen!

   6.1.1 Ein Gartenbaubetrieb schneidet vor einem Altenwohnheim gegen Entgelt den Rasen.

   6.1.2 Eine Hausfrau backt einen Kuchen.

   6.1.3 Ein Arzt untersucht bei einem Hausbesuch einen Kranken.

   6.1.4 Ein Nachbar hilft beim Setzen eines neuen Zaunes.

   6.1.5 Der städtische Straßendienst reinigt die Bürgersteige.

   6.1.6 Die Bürger einer Gemeinde reinigen wöchentlich einmal den Bürgersteig selbst.

   6.1.7 Die Verkehrswacht erteilt kostenlosen Verkehrsunterricht für Schulanfänger.

   6.2 Nehmen Sie kritisch Stellung zur Errechnung des Bruttoinlandsprodukts!

7. Das statistische Amt eines Landes liefert u. a. folgende gesamtwirtschaftlichen Daten (Zahlen in Mrd. GE):

- Bruttowertschöpfung der Wirtschaftsbereiche
  - Produzierendes Gewerbe (ohne Baugewerbe)   835
  - Baugewerbe   200
  - Handel, Gastgewerbe und Verkehr   340
  - Sonstige Wirtschaftsbereiche   700
- Saldo der Primäreinkommen aus dem Ausland   + 16
- Konsumausgaben der privaten Haushalte   1 300
- Konsumausgaben des Staates   400
- Bruttoinvestitionen   540
- Außenbeitrag   + 95
- Abschreibungen   300
- Nettoproduktionsabgaben[1]   + 260
- Arbeitnehmerentgelt   1 390
- Unternehmens- und Vermögenseinkommen   385
- Produktions- und Importabgaben abzüglich Subventionen   276

Aufgaben:

7.1 Berechnen Sie das Bruttoinlandsprodukt, das Nettoinlandsprodukt und das Volkseinkommen!

7.2 Stellen Sie die Entstehungs- und Verwendungsrechnung des Bruttoinlandsprodukts und die Verteilung des Volkseinkommens einschließlich der Berechnung des Bruttoinlandsprodukts dar!

2.6 Entwicklungsphasen und aktuelle Probleme der sozialen Marktwirtschaft

2.6.1 Entwicklung der sozialen Marktwirtschaft in der Bundesrepublik Deutschland

Die soziale Marktwirtschaft prägt bereits seit der Währungsreform im Jahr 1948 das wirtschaftliche Geschehen in der Bundesrepublik Deutschland und entstand vor dem Hintergrund **negativer Erfahrungen** der jüngeren Vergangenheit.

So waren einerseits die nachteiligen Auswirkungen eines Systems der **staatlichen Wirtschaftslenkung** während der Zeit der nationalsozialistischen Herrschaft noch allgegenwärtig. Andererseits waren aber auch die Schattenseiten einer **staatslosen liberalen Wirtschaftsordnung** im Sinne einer „Laissez-faire-Wirtschaft" aus der Zeit des Beginns der Wirtschaftskrise in den zwanziger Jahren des vorigen Jahrhunderts hinreichend bekannt.

Zu diesen Nachteilen zählten u. a. die **starken Konzentrationstendenzen** bei den Unternehmen, die den Wettbewerb weitgehend außer Kraft setzten, einhergehend mit einer **stetig ansteigenden Arbeitslosigkeit** sowie **vielfältigen sozialen Problemen,** die zumeist ungelöst blieben. Der Staat reagierte in dieser Krisensituation sogar mit rapidem **Sozialabbau,** was bei weiterer Zunahme **sozialer Spannungen** zu einer **Radikalisierung der Politik** beitrug und schließlich den Aufstieg des Nationalsozialismus begünstigte.

---

1 Siehe Fußnote 1 auf S. 122.

> **Merke:**
>
> Der **Begriff der sozialen Marktwirtschaft** wurde 1947 von dem Ökonomen **Alfred Müller-Armack** geprägt und von **Ludwig Erhard,** dem ersten Wirtschaftsminister der Bundesrepublik Deutschland, durch eine entsprechend ausgerichtete Wirtschaftspolitik mit Leben gefüllt.

Ludwig Erhard war einer der beliebtesten Politiker der 50er Jahre. Er galt als Schöpfer des deutschen Wirtschaftswunders und legte in seinem populären Buch „Wohlstand für alle" seine Vorstellungen allgemeinverständlich dar. Erhard selbst lehnte den Begriff „Wirtschaftswunder" allerdings ab („Es gibt keine Wunder") und bestand darauf, dass das Wirtschaftswachstum Ergebnis einer erfolgreichen marktwirtschaftlichen Politik sei.

> **Viel mehr als nur eine effiziente Wirtschaftsordnung**
> Verbindung zwischen marktwirtschaftlichen und sozialen Zielen
>
> Ludwig Erhard, der erste Wirtschaftsminister der Bundesrepublik Deutschland, verwendete den Begriff der „Sozialen Marktwirtschaft", als er nach 1948 in mutigen Schritten die Marktwirtschaft in der Bundesrepublik einführte und damit die Zwangswirtschaft der ersten Nachkriegsjahre ablöste. Der Begriff „Soziale Marktwirtschaft" selbst stammt von seinem Mitarbeiter, dem Staatssekretär Alfred Müller-Armack.
>
> Für Erhard und Müller-Armack war die soziale Marktwirtschaft mehr als nur eine effiziente Wirtschaftsordnung mit sozialen Korrekturen. Sie verstanden die soziale Marktwirtschaft als eine ordnungspolitische Idee, als ein gesellschaftspolitisches Ordnungskonzept. Durch die soziale Marktwirtschaft sollte auf der Basis der Ideale einer liberalen Wirtschaftsordnung und auf der Basis wirtschaftlicher Freiheit gleichzeitig die Verwirklichung sozialer Ziele möglich werden. Dieses Leitbild der sozialen Marktwirtschaft bildet seit nunmehr gut einem halben Jahrhundert die Grundlage der deutschen Wirtschafts- und Sozialpolitik.
>
> Sie war in den zurückliegenden Jahrzehnten Garant für die Realisierbarkeit eines erfolgreichen und gleichzeitig menschlichen Wirtschaftssystems. ...
>
> Trotz der weitgehend unbestrittenen Erfolge der sozialen Marktwirtschaft geriet dieses Sozialmodell mit wachsender Arbeitslosigkeit und einem zwischenzeitlichen Paradigmawechsel hin zur Angebotspolitik unter zunehmende Kritik. Die wirtschaftlichen Schwierigkeiten der neunziger Jahre in Kontinentaleuropa und die Diskussion über die wirtschaftliche Globalisierung und über die Frage nach der Wettbewerbsfähigkeit der europäischen Wirtschaft spitzten die Debatte über den Sozialstaat weiter zu.

Quelle: Die SparkassenZeitung vom 25.08.2000.

2.6.2 Aktuelle Probleme der sozialen Marktwirtschaft

Ende der achtziger Jahre haben die kapitalistischen Marktwirtschaften – und mit ihnen die soziale Marktwirtschaft – den Wettbewerb mit der sozialistischen Planwirtschaft gewonnen. Deshalb richtet sich der Blick viel unmittelbarer und kritischer auf die Marktwirtschaften, in der Bundesrepublik Deutschland also auf die soziale Marktwirtschaft. Und dieser drohen nicht zu unterschätzende Herausforderungen.

(1) Wirtschaftsethik

Marktwirtschaft bedarf, soll sie funktionieren, einer bestimmten Ethik, deren Regeln zumindest von einer starken Mehrheit einer Gesellschaft eingehalten werden. Solche **ethischen Regeln** sind z. B.:

- geschäftliche Anständigkeit,
- Unbestechlichkeit,
- Ehrlichkeit,
- Pünktlichkeit und Zuverlässigkeit,
- Verantwortungsbewusstsein gegenüber Mitmenschen und Natur,
- Gemeinsinn.

Beispiel:

Werden private oder staatliche Aufträge nicht an die leistungsfähigsten Anbieter vergeben, sondern an solche, die die höchsten Bestechungsgelder (Schmiergelder) bezahlen, werden volkswirtschaftliche Produktionsfaktoren verschleudert. Dadurch sinkt die Produktivität; der Lebensstandard nimmt ab. Außerdem wird der Preismechanismus außer Kraft gesetzt, der die Grundlage jeder Marktwirtschaft ist. Schließlich führt die durch die Korruption bewirkte Fehllenkung der Produktionsfaktoren zu einer Schwächung der weltwirtschaftlichen Stellung eines Landes, weil die Produktionskosten vergleichsweise (gegenüber Ländern mit geringerer Korruptionsanfälligkeit) steigen. Im Übrigen ist die Korruption leistungsfeindlich: Aufträge werden nicht aufgrund einer besonderen Leistung, sondern aufgrund von Sonderleistungen erteilt.

Fehlt es also an der notwendigen Wirtschaftsgesinnung, wird gelogen und betrogen, dem Geschäftspartner „das Fell über die Ohren gezogen", schlechte Qualität produziert, werden Verträge nicht eingehalten, Zahlungstermine versäumt und verantwortungslose Entscheidungen getroffen, kann das System der sozialen Marktwirtschaft nicht funktionieren. Bestehende Marktwirtschaften geraten in die Krise, neu eingeführte können sich erst gar nicht entfalten. Die äußeren Zeichen der Krise kann man in den alten und jungen Marktwirtschaften erkennen: Wirtschaftskriminalität, Lebensmittelskandale, Umweltskandale, Bandenbildung, Bestechung von Politikern, ungerechte Entlohnung, in die eigene Tasche wirtschaftende Gewerkschafter, kurzsichtig entscheidende Manager und Politiker, fehlende Innovationsfähigkeit und -willigkeit, mangelnder Unternehmensgeist, Sattheit und Wohlgefälligkeit.

(2) Überlastung des sozialen Netzes

Gefahren drohen der sozialen Marktwirtschaft aber auch wegen der möglichen Überdehnung des sozialen Netzes, das eine Fülle von Möglichkeiten des Sozialmissbrauchs bietet. Beispiele sind die illegale Beschäftigung von Arbeitskräften, die Schwarzarbeit bei gleichzeitigem Bezug von Arbeitslosengeld oder anderen Unterstützungszahlungen und das mehrfache Abkassieren anderer Sozialleistungen.

Sozialmissbrauch schwächt das soziale Sicherungssystem der sozialen Marktwirtschaft, erhöht die Belastung der arbeitenden ehrlichen Leute, führt zu Leistungsunwillen und beeinträchtigt die Funktionsfähigkeit des Wirtschaftssystems und damit auch die soziale Leistungsfähigkeit.

(3) Abgaben- und Steuerbelastung

Auch die Belastung der arbeitenden Bevölkerungsteile findet ihre Grenzen. „Irgendwo hören – das ist jeweils auf konkret absehbare Zeiträume eine Tatsache – Opferbereitschaft, Zusammengehörigkeitsgefühl und Verständigungsbereitschaft unter den Menschen auf … Wieweit lässt sich der Bürger besteuern, um in welchen anderen Gebieten zur, Gleichwertigkeit der Lebensbedingungen' beizutragen?"[1] Eine Überlastung der arbeitenden Menschen führt zur Arbeitsunlust, weil der Anreiz zur Leistung nachlässt. Die Motivation zur **belohnten Leistung** aber ist gerade der **Motor jeder Marktwirtschaft**. Fehlt sie, greifen Pessimismus, Unterbeschäftigung und Radikalismus um sich.

Welchen Zeitraum eines Jahres die Bundesbürger mittlerweile im Durchschnitt nur für die Steuern und Abgaben arbeiten müssen, verdeutlicht der Bund der Steuerzahler an Hand des jährlich neu berechneten **„Steuerzahler-Gedenktages"**.

Der Steuerzahlergedenktag am 8. Juli 2014!
Bund der Steuerzahler fordert spürbare Entlastungen

Am Dienstag, 8. Juli, ist der Steuerzahlergedenktag 2014. Nach Berechnungen des Bundes der Steuerzahler arbeiten die Bundesbürger dann seit exakt 1:09 Uhr wieder für ihr eigenes Portemonnaie. Das gesamte Einkommen, das die Steuer- und Beitragszahler vor diesem Datum erwirtschaftet haben, wurde rein rechnerisch an den Staat abgeführt. Damit liegt die volkswirtschaftliche Einkommensbelastungsquote im Jahr 2014 bei 51,5 Prozent.

Angesichts der hohen Steuer- und Abgabenbelastung der Bürger fordert der Bund der Steuerzahler die große Koalition auf, Entlastungen zu beschließen. Zudem ist eine Korrektur der Einkommensteuer notwendig. Folgende Sofortmaßnahme gehören auf die politische Agenda:

1. Kalte Progression in dieser Legislaturperiode abbauen!

…Der Bund der Steuerzahler mahnt an, die seit 2010 aufgelaufene Inflation in einem neuen Einkommensteuertarif für 2015 zu berücksichtigen. Dann müssten die Bürger im kommenden Jahr über einen Kalendertag weniger für den Fiskus arbeiten. „Eine neue Studie des Deutschen Steuerzahlerinstituts belegt, dass die meisten OECD-Staaten die kalte Progression bereits regelmäßig ausgleichen. Dem darf Deutschland nicht nachstehen", fordert Holznagel.

2. Steuerliche Entlastungen jetzt beschließen!

„Angesichts der hohen Einkommensbelastung durch Steuern und Abgaben fordere ich die Bundesregierung auf, endlich Entlastungen zu beschließen", argumentiert Holznagel und schlägt vor, den verfassungsrechtlich fragwürdigen Solidaritätszuschlag jetzt abzubauen. Zudem fordert der BdSt, die Stromsteuer auf das EU-rechtlich vorgegebene Mindestmaß abzusenken. Auch die Mehreinnahmen, die im Zuge des neuen Rundfunkbeitrags entstehen, müssen vollständig an die Bürger und die Unternehmen zurückgegeben werden

3. Abgabenbelastung stabilisieren!

Die aktuelle Rentenpolitik der großen Koalition hat dafür gesorgt, dass der Beitragssatz nicht – wie gesetzlich vorgeschrieben – gesunken ist, sondern mit Sicherheit sogar noch steigen wird. Auch bei der Krankenversicherung ist von einer zunehmenden Belastung auszugehen.

Der Steuerzahlergedenktag bezieht sich ausschließlich auf Steuern und Abgaben, die der Staat vereinnahmt, sowie auf die EEG-Umlage und den Rundfunkbeitrag als sogenannte Quasi-Steuern. Er wird auf Grundlage der volkswirtschaftlichen Einkommensbelastungsquote ermittelt. Die Summe der Steuern, Quasi-Steuern und Abgaben wird also ins Verhältnis zum Volkseinkommen gesetzt. Diese Quote zeigt, wie sehr der Staat die Einkommen seiner Bürger und Betriebe belastet.

Quelle: Bund der Steuerzahler Deutschland e.V. vom 08.07.2014.

(4) Umweltbelastung

Schließlich erhebt sich die Frage, ob die soziale Marktwirtschaft in der Lage sein wird, die Umweltbelastung nachhaltig zu verringern. Der Hinweis darauf, dass in den ehemaligen sozialistischen Ländern die Umwelt noch viel rücksichtsloser und nachhaltiger ausgebeutet wurde, kann hier nicht „trösten". Die Folgen der Umweltbelastung sind mehr staatliche Vorschriften, mehr Ge- und Verbote, also mehr Kommando- als Marktwirtschaft. Hinzu kommen die Kosten für die Beseitigung der Umweltschäden. Die Gewinne der Unternehmen sinken, die Steuereinnahmen verringern sich, die staatlichen Ausgaben für konsumtive, produktive und soziale Zwecke werden gekürzt.

---

[1] WAGNER, A.: Volkswirtschaft für jedermann. Die marktwirtschaftliche Demokratie, 1992, S. 12.

(5) Abnehmende Gemeinwohlorientierung

Gefahren für die soziale Marktwirtschaft entstehen auch durch die Erfüllung der Einzelinteressen von Verbänden durch die Regierungen zulasten der Allgemeinheit. „Erfahrungsgemäß wird jedoch oft vor allem dann, wenn es um die Erhaltung bisheriger Arbeitsplätze geht, eine solche Politik gefordert, sei es in Form von Subventionen oder von anderen protektionistischen Maßnahmen. Der Druck der betroffenen Verbände – leider oft auch unterstützt von den lokalen Kirchen – ist dann häufig extrem stark, und er wird meist von den Medien nachdrücklich unterstützt, wie viele Beispiele zeigen."[1] Die Folge ist, dass durch Subventionen und sonstige Protektion die Interessen anderer (z.B. der Konsumenten, Nachfrager, in- und ausländischer Wettbewerber) geschädigt werden.

(6) Globalisierung[2] der Märkte

Im Vergleich zum konkurrierenden Ausland zu hohe Produktionskosten (z.B. Lohnkosten, Lohnnebenkosten, Kosten des Umweltschutzes und Steuern) führen dazu, dass zahlreiche Unternehmen im Ausland produzieren lassen oder ins Ausland abwandern („Global Sourcing").[3] Die Folge ist, dass vor allem in den alten Industrieländern die Arbeitslosigkeit im industriellen Sektor zunimmt.

Zusammenfassung

Zu den **dringlichsten aktuellen Problemen** der sozialen Marktwirtschaft zählen:

- ein zunehmender Verfall im Bereich der Wirtschaftsethik,
- eine Überlastung des sozialen Netzes,
- die steigende Steuer- und Abgabenbelastung,
- eine zunehmende Umweltbelastung,
- die abnehmende Gemeinwohlorientierung und
- die Folgen der Globalisierung der Märkte.

Übungsaufgabe

24
1. Begründen Sie, warum die soziale Marktwirtschaft der Bundesrepublik Deutschland als „Realtyp" einer Wirtschaftsordnung bezeichnet wird!

2.
Ex-MAN-Manager gibt Bestechung zu

MÜNCHEN (dpa) – Ein früherer Manager des Lkw-Bauers MAN muss sich wegen Bestechung in Millionenhöhe am Landgericht München verantworten. Zum Prozessauftakt gab der ehemalige Vertriebsleiter zu, Aufträge in dreistelligem Millionenwert durch Schmiergeldzahlungen ergattert zu haben. Von 2003 bis 2006 sind so mehr als 1,5 Millionen Euro geflossen. Im Gegenzug für sein Geständnis stellten die Richter dem 42-Jährigen eine Bewährungsstrafe von höchstens einem Jahr und zehn Monaten sowie eine Geldauflage von 60 000 Euro in Aussicht.

Quelle: Schwäbische Zeitung vom 28. Juni 2010.

Aufgabe:
Sammeln Sie weitere Zeitungsartikel, die über Korruptionsfälle berichten und begründen Sie mit deren Hilfe, warum die Korruption die Funktionsfähigkeit der sozialen Marktwirtschaft beeinträchtigt!

---

1 TIETMEYER, H.: Zur Ethik wirtschaftspolitischen Handelns, in: Forum – Vortragsreihe des Instituts der Deutschen Wirtschaft Köln, 43. Jg., Nr. 45 vom 9. November 1993, S. 2.
2 Globalisierung: erdweite Öffnung der Märkte (Globus: Kugel, Erdkugel).
3 Global Sourcing (engl.): wörtlich „Erdausschöpfung", d.h. erdweit die (günstigsten) Quellen suchen und ausschöpfen.

3. Begründen Sie anhand selbst gewählter Beispiele, warum durch Verstöße gegen wirtschaftsethische Grundsätze (Normen) meist alle Mitglieder einer Gesellschaft geschädigt werden!

Beispiele:

Täglich 100.000 Ladendiebstähle unentdeckt (07.06.10)

EHI-Studie analysiert Inventurverluste von 3,9 Milliarden Euro im Einzelhandel

Die Inventurdifferenzen im deutschen Einzelhandel sind nach wie vor auf hohem Niveau. Sie summieren sich auf jährlich 3,9 Milliarden Euro, stellt das EHI in seiner aktuellen Erhebung fest. Unehrliche Kunden verursachen hiervon knapp 2,0 Milliarden Euro, den eigenen Mitarbeitern werden ca. 800 Millionen angelastet. Nach wie vor stiehlt – statistisch gesehen – jeder deutsche Haushalt jährlich Waren im Wert von über 50 Euro im Einzelhandel. Bildlich bedeutet dies, dass rund jeder 200. Einkaufswagen unbezahlt die Kasse passiert.

Dem Staat entgehen dadurch jedes Jahr über 400 Millionen Euro Mehrwertsteuer.
Zu den am häufigsten geklauten Artikeln gehören im Lebensmittelhandel nach wie vor kleine, teure Waren wie Rasierklingen, Spirituosen, Kosmetik und Tabakwaren. Im Bekleidungshandel werden modische Waren wie Jeans, Accessoires, ausgesuchte Markenartikel sowie Dessous bevorzugt. Konsolenspiele, CDs, DVDs, Speicherkarten und Druckerpatronen gehören zu den Klaurennern im Elektronikhandel.

Quelle: http://www.ehi.org/?43&tx_ttnews[tt_news]=335&L=&tx_calendar_pi1[fl]=&print=...

Krankenkassenbetrug

Von Sabine Doll – Der Bundesrat hat beschlossen, die Krankenkassenbeiträge [...] zu erhöhen. Die Erhöhung hätte geringer ausfallen können, wenn der Abrechnungsbetrug schärfer bekämpft würde, meinen Experten.

Eine Ermittlergruppe der Krankenkassen hat sich 4,5 Millionen Euro zurückgeholt. Es war ein ganz besonders dreister Betrug: Statt orthopädischer Schuhe, wie es auf der ärztlichen Verordnung stand, hat ein Bremer Sanitätshaus ganz normale Konfektionsware ausgeliefert – dafür aber den deutlich teureren Orthopäden-Schuh abgerechnet. Und das über mehrere Jahre. Am Ende belief sich der Schaden auf 500.000 Euro.

Dieser Fall brachte den Stein ins Rollen, die Krankenkassen in Bremen richteten eine zentrale Prüfgruppe ein, die gemeinsam mit der Staatsanwaltschaft und den Kassenärztlichen Vereinigungen den Betrügern auf die Schliche kommen sollte. Mit Erfolg: In zehn Jahren hat sie einen Schaden von insgesamt 5,1 Millionen Euro aufgedeckt und bis auf 600.000 Euro wieder zurückgeholt. Das Bremer Modell gilt bundesweit als Vorreiter, das vom Spitzenverband der gesetzlichen Krankenversicherung (GKV) zum Nachahmen empfohlen wird.

Quelle: www.weser-kurier.de vom 17.12.2010.

2.7 Abgrenzung der Aufgabenbereiche der Betriebswirtschaftslehre und der Volkswirtschaftslehre anhand der Sektoren des Wirtschaftskreislaufs

Die Volkswirtschaftslehre als Wissenschaft versucht, den Wirtschaftsablauf und seine Gesetzmäßigkeiten zu verstehen, ehe bestimmte Details oder auch die Wirkungen spezieller Eingriffe in die Wirtschaft untersucht werden. Dafür werden Modelle – z.B. der **Wirtschaftskreislauf** – entwickelt und an der Wirklichkeit getestet.

Diese Modelle beschreiben u.a. das Verhalten von Haushalten und Unternehmen in Märkten und erklären die Entwicklung von Preisen, Löhnen, Produktion und Handel vor dem Hintergrund eines breiten Spektrums realer Vorgänge. Die Volkswirtschaftslehre untersucht komplexe Themengebiete mit Berührungspunkten zu vielen Nachbardisziplinen wie Soziologie, Politikwissenschaft, Psychologie, Jura oder auch Betriebswirtschaftslehre. Vor allem dort, wo sich die Volkswirtschaftslehre mit dem Verhalten von Haushalten und Unternehmen beschäftigt (so wie in dem Modell des einfachen Wirtschaftskreislaufs), überschneiden sich jedoch die Fragestellungen mit der Betriebswirtschaftslehre.

Bei der **Volkswirtschaftslehre** handelt es sich um eine Disziplin, deren Erkenntnisobjekt die Wirtschaft ist, wobei sämtliche Überlegungen grundsätzlich auf dem „Phänomen der Güterknappheit" basieren.

> **Merke:**
>
> Im Kern beschäftigt sich die **Volkswirtschaftslehre** damit, Phänomene und Probleme des **gesellschaftlichen** Wirtschaftsprozesses mithilfe **wissenschaftlicher** Methoden zu klären.

Auffällig ist, dass sich insbesondere im deutschen Sprachbereich eine Systematik der Wirtschaftswissenschaft herauskristallisiert hat, die eine **strikte Trennung** zwischen Volkswirtschaftslehre auf der einen und Betriebswirtschaftslehre auf der anderen Seite vornimmt. Die Abgrenzung dieser beiden Disziplinen erfolgt im Wesentlichen über die **Betrachtungsperspektive** der wirtschaftlichen Probleme und Phänomene.

> **Merke:**
>
> Während bei der **Betriebswirtschaftslehre** der Schwerpunkt der Betrachtung auf der Sichtweise eines **einzelnen** Betriebes (**mikroökonomische** Betrachtung) liegt, der bestimmte Interessen verfolgt, untersucht die **Volkswirtschaftslehre** überwiegend **gesamtwirtschaftliche** Zusammenhänge (**makroökonomische** Betrachtung).

Bildlich gesprochen lässt sich der Unterschied beider Disziplinen wie folgt umschreiben: Betrachtet der **Betriebswirt** die wirtschaftlichen Geschehnisse, indem er von **Einzelwirtschaften** und ihren internen Abläufen ausgeht quasi aus der **Froschperspektive,** so „schwebt" der **Volkswirt** gewissermaßen einem Adler gleich über dem **gesamtwirtschaftlichen** Geschehen und beobachtet den Wirtschaftsprozess aus der **Vogelperspektive.**

Mit dem Begriff der Volkswirtschaft wird also insbesondere hervorgehoben, dass die Perspektive nicht auf Einzelwirtschaften beschränkt bleiben soll, sondern das Hauptaugenmerk vielmehr auf das Zusammenspiel der Einzelwirtschaften innerhalb einer **Gesamtwirtschaft** gelegt wird.

> **Merke:**
>
> - **Volkswirtschaftslehre im engeren Sinne** beschränkt sich auf die Betrachtung des Zusammenspiels von Einzelwirtschaften innerhalb **nationaler Grenzen**.
> - **Volkswirtschaftslehre im weiteren Sinne** hingegen beschäftigt sich mit gesamtwirtschaftlichen Zusammenhängen **unabhängig von nationalen Grenzen** im Sinne einer Weltwirtschaft.

3 Rechtliche Grundlagen des Handelns privater Haushalte

3.1 Rechtliche Grundbegriffe

3.1.1 Rechts- und Geschäftsfähigkeit

3.1.1.1 Rechtsfähigkeit

(1) Begriff Rechtsfähigkeit

> **Merke:**
>
> **Rechtsfähigkeit** ist die Fähigkeit von Personen, Träger von Rechten und Pflichten sein zu können.

Rechtsfähig sind natürliche Personen (Menschen) und juristische Personen. Man nennt die **Personen** auch **Rechtssubjekte**.[1]

(2) Natürliche Personen

Natürliche Personen sind **alle Menschen**. Der Gesetzgeber verleiht ihnen **Rechtsfähigkeit**.

> **Beispiele:**
>
> Das Recht des Erben, ein Erbe antreten zu dürfen. – Das Recht des Käufers, Eigentum zu erwerben. – Die Pflicht, Steuern zahlen zu müssen. (Das Baby, das ein Grundstück erbt, ist Steuerschuldner, z. B. in Bezug auf die Grundsteuer.)

Die **Rechtsfähigkeit des Menschen** (der **natürlichen Personen**) **beginnt** mit der Vollendung der Geburt [§ 1 BGB] und **endet** mit dem Tod. **Jeder Mensch** ist rechtsfähig.

(3) Juristische Personen[2]

Juristische Personen sind „künstliche" Personen, denen der Staat die Eigenschaft von Personen kraft Gesetzes verliehen hat. Sie sind damit rechtsfähig, d. h. Träger von Rechten und Pflichten.

Beispiele für juristische Personen sind:

- **privatrechtliche Personenvereinigungen** (z. B. eingetragene Vereine, Gesellschaft mit beschränkter Haftung [GmbH], Aktiengesellschaft [AG]),
- **Vermögensmassen** (z. B. Stiftungen),
- **Körperschaften des öffentlichen Rechts** (z. B. Ärzte- und Rechtsanwaltskammern, Gemeinden, Handwerkskammern, öffentlich-rechtliche Hochschulen) und
- **Anstalten des öffentlichen Rechts** (z. B. öffentliche Rundfunkanstalten).

---

1 Die „Gegenstände" des Rechtsverkehrs (z. B. Abschluss und Erfüllung von Verträgen) bezeichnet man als **Rechtsobjekte**. Hierzu gehören die **Sachen** als körperliche Gegenstände [§ 90 BGB] und die **Rechte** (z. B. Miet- und Pachtrechte, Patent- und Lizenzrechte).
2 Juristisch: rechtlich.

3.1.1.2 Geschäftsfähigkeit

(1) Begriff Geschäftsfähigkeit

> **Merke:**
>
> **Geschäftsfähigkeit** ist die Fähigkeit von Personen, Willenserklärungen rechtswirksam abgeben, entgegennehmen (empfangen) und widerrufen zu können.

Zum Schutz Minderjähriger hat der Gesetzgeber die folgenden Vorschriften erlassen.

(2) Gesetzliche Regelungen zur Geschäftsfähigkeit

■ **Geschäftsunfähigkeit**

Kinder vor Vollendung des siebten Lebensjahres sind **geschäftsunfähig** [§ 104, Nr. 1 BGB]. Den Kindern sind Menschen, die sich in einem dauernden Zustand krankhafter Störung der Geistestätigkeit befinden, gleichgestellt [§ 104, Nr. 2 BGB].

> **Rechtsfolge:**
>
> Geschäftsunfähige können keine rechtswirksamen Willenserklärungen abgeben. Verträge mit Kindern und Geschäftsunfähigen sind **immer nichtig,** d. h. von vornherein ungültig.

Da Geschäftsunfähige keine Rechtsgeschäfte abschließen können, brauchen sie einen **Vertreter,** der für sie handeln kann. Bei Kindern sind dies in der Regel kraft Gesetzes die Eltern. Man bezeichnet die Eltern daher auch als **„gesetzliche Vertreter".**

■ **Beschränkte Geschäftsfähigkeit**

Minderjährige, die zwar das siebte Lebensjahr, aber noch nicht das achtzehnte Lebensjahr vollendet haben, sind **beschränkt geschäftsfähig** [§ 106 BGB].

Rechtsgeschäfte mit einem beschränkt Geschäftsfähigen bedürfen der **Zustimmung des gesetzlichen Vertreters**.

> ■ Diese Zustimmung kann **im Voraus** erteilt werden. Sie heißt dann **Einwilligung** [§§ 107; 183, S. 1 BGB].
> ■ Sie kann aber auch **nachträglich** gegeben werden. Die nachträglich erfolgte Zustimmung heißt **Genehmigung** [§§ 108, 184 I BGB].

> **Rechtsfolge:**
>
> Solange die Genehmigung des gesetzlichen Vertreters fehlt, ist ein durch den beschränkt Geschäftsfähigen abgeschlossenes **Rechtsgeschäft schwebend unwirksam.** Dies bedeutet, dass z. B. ein Vertrag (noch) nicht gültig, wohl aber genehmigungsfähig ist. Wird die **Genehmigung verweigert,** ist der **Vertrag von Anfang an ungültig.** Wird sie erteilt, ist der Vertrag **von Anfang an wirksam** [§§ 108 I, 184 I BGB].

Keiner Zustimmung bedürfen folgende Rechtsgeschäfte:

- Verträge, die dem beschränkt Geschäftsfähigen lediglich einen **rechtlichen Vorteil** bringen [§ 107 BGB].
- Verträge, bei denen die vertragsgemäßen Leistungen (z. B. die Kaufpreiszahlung) mit Mitteln erfüllt werden, die der beschränkt geschäftsfähigen Person vom gesetzlichen Vertreter zur freien Verfügung oder zur Erfüllung des Vertrags oder mit Zustimmung des gesetzlichen Vertreters von einem Dritten (z. B. den Großeltern, Patenonkel) überlassen wurden (**Taschengeldparagraf**) [§ 110 BGB].
- Rechtsgeschäfte, welche die **Eingehung, Erfüllung** oder **Aufhebung eines Dienst- oder Arbeitsverhältnisses** betreffen, wenn der gesetzliche Vertreter des Minderjährigen diesen zur Eingehung eines Dienst- oder Arbeitsverhältnisses ermächtigt hat [§ 113 I, S. 1 BGB].
- Rechtsgeschäfte, die der **Betrieb eines selbstständigen Erwerbsgeschäfts** (z. B. Handelsgeschäfts) mit sich bringt, wenn der gesetzliche Vertreter den beschränkt geschäftsfähigen Minderjährigen mit der erforderlichen Genehmigung des Familiengerichts zum selbstständigen Betrieb eines Erwerbsgeschäfts ermächtigt hat [§ 112 I, S. 1 BGB].

■ Unbeschränkte Geschäftsfähigkeit

Personen, die das achtzehnte Lebensjahr vollendet haben, sind **unbeschränkt geschäftsfähig** [§ 2 BGB]. Ausnahmen bestehen nur für Menschen, die sich in einem dauernden Zustand krankhafter Störung der Geistestätigkeit befinden.

Rechtsfolge:

Die unbeschränkte Geschäftsfähigkeit bedeutet, dass von dem Erklärenden (der natürlichen Person) jedes Rechtsgeschäft, soweit dies gesetzlich erlaubt ist, rechtsgültig abgeschlossen werden kann. Eine Zustimmung gesetzlicher Vertreter und/oder die Genehmigung eines Familiengerichts ist nicht (mehr) erforderlich.

Zusammenfassung

- **Rechtsfähigkeit** bedeutet, Rechte und Pflichten haben zu können.
- **Unbeschränkte Geschäftsfähigkeit** bedeutet, Rechtsgeschäfte ohne Zustimmung des gesetzlichen Vertreters abschließen, ändern und auflösen zu können.
- **Beschränkte Geschäftsfähigkeit** bedeutet, dass Rechtsgeschäfte eines beschränkt Geschäftsfähigen grundsätzlich der Zustimmung des gesetzlichen Vertreters bedürfen. Ausgenommen sind folgende Rechtsgeschäfte:

Rechtsgeschäft bringt lediglich einen rechtlichen Vorteil.	Die eingesetzten Mittel sind zur freien Verfügung überlassen worden.	Rechtsgeschäfte im Rahmen des genehmigten Arbeits- und Dienstverhältnisses.	Rechtsgeschäfte im Rahmen des genehmigten selbstständigen Erwerbsgeschäfts.

- **Geschäftsunfähigkeit** heißt, dass die Willenserklärungen geschäftsunfähiger Personen rechtlich unerheblich sind. Geschäftsunfähige können z. B. keine Rechtsgeschäfte abschließen und auflösen.

Übungsaufgabe

25
1. Unterscheiden Sie die Begriffe Rechtsfähigkeit und Geschäftsfähigkeit!
2. Erklären Sie, welche Rechtsgeschäfte eine beschränkt geschäftsfähige Person ohne Einwilligung des gesetzlichen Vertreters abschließen darf! Bilden Sie hierzu jeweils ein eigenes Beispiel!
3. Begründen Sie, warum das BGB bei den Stufen der Geschäftsfähigkeit feste Altersgrenzen zugrunde legt! Nennen Sie die Altersgrenzen!
4. Erklären Sie, welche Rechtsfolgen eintreten, wenn geschäftsunfähige, beschränkt geschäftsfähige oder voll geschäftsfähige Personen Willenserklärungen abgeben!
5. Lösen Sie folgende Rechtsfälle! Prüfen Sie jeweils die Rechtslage und begründen Sie Ihre Lösungen ausführlich mit den gesetzlichen Vorschriften (§§) des BGB:

   Aufgaben:
   5.1 Ein Kranker, der sich in einem Zustand dauernder Störung der Geistestätigkeit befindet, erhält von seinem Bruder ein Mietshaus geschenkt. Der Kranke wird Eigentümer des Hauses und wegen der Mieteinkünfte steuerpflichtig!
   5.2 Das Finanzamt verlangt von einem 4 Jahre alten Kind die Bezahlung rückständiger Steuern.
6. Der 17-jährige Schüler Franz entnimmt seiner Sparbüchse 400,00 EUR und kauft sich davon ein Notebook, welches er auch gleich mitnimmt.

   Aufgaben:
   Beurteilen Sie die Rechtslage, wenn
   6.1 keine Einwilligung der Eltern vorliegt,
   6.2 eine Einwilligung der Eltern vorliegt,
   6.3 die Eltern den Kauf nachträglich genehmigen,
   6.4 die Eltern nach Aufforderung durch den Verkäufer
       6.4.1 die Genehmigung verweigern,
       6.4.2 schweigen,
       6.4.3 erst nach drei Wochen den Kauf genehmigen und das Notebook inzwischen (ohne dass dies die Eltern wissen konnten) stark beschädigt ist!
7. Die 8-jährige Monika erhält von ihrer Großmutter einen sehr wertvollen Ring geschenkt. Erklären Sie, ob Monika den Ring ohne Zustimmung ihrer Eltern annehmen (behalten) und auch ohne Zustimmung der Eltern Eigentümerin des Rings werden kann!
8. Der 17-jährige Auszubildende Karl wohnt und arbeitet mit Zustimmung seiner Eltern in Stuttgart, während seine Eltern in Mannheim zu Hause sind.

   Aufgaben:
   8.1 Am Monatsende ist die Miete zu zahlen. Begründen Sie, ob Karl aus rechtlicher Sicht mit seiner Ausbildungsvergütung die Miete bezahlen darf!
   8.2 Karl möchte sich von seiner Vergütung eine Stereoanlage kaufen. Erläutern Sie die Rechtslage!
   8.3 Prüfen Sie, ob Karl, falls er 750,00 EUR geschenkt bekommt, eine Stereoanlage kaufen kann!
   8.4 Begründen Sie, wie im Fall 8.1 zu entscheiden ist, wenn Karl von zu Hause fortgelaufen ist und seit mehreren Monaten ohne Wissen der Eltern unter falschem Namen in Tübingen arbeitet!

3.1.2 Zustandekommen und Arten von Rechtsgeschäften

3.1.2.1 Willenserklärung als wesentlicher Bestandteil eines Rechtsgeschäfts

Wir schließen tagtäglich Verträge ab, ohne uns dessen bewusst zu sein. Wenn wir beim Bäcker Brot kaufen, liegt ein Kaufvertrag vor. Mieten wir ein Zimmer oder eine Wohnung, haben wir einen Mietvertrag abgeschlossen. Leihen wir unserem Freund ein paar Euro, handelt es sich um einen Gelddarlehensvertrag. In jedem dieser Fälle handelt es sich um ein Rechtsgeschäft.

(1) Willenserklärungen und Rechtsgeschäfte

Wenn wir Rechtsgeschäfte abschließen wollen (z.B. einen Kauf tätigen möchten), müssen wir unseren Willen äußern (erklären). Dies geschieht durch sog. **Willenserklärungen**.

> **Merke:**
>
> - **Rechtsgeschäfte** kommen durch **Willenserklärungen** zustande.
> - **Willenserklärungen** sind solche Äußerungen (Handlungen) einer Person (oder mehrerer Personen), die mit der Absicht vorgenommen werden, eine **rechtliche Wirkung** herbeizuführen.

(2) Bestandteile und Äußerungsformen der Willenserklärung

Die Willenserklärung besteht aus dem **Willen** (dem Motiv), der den Erklärenden zu einer Willensäußerung veranlasst, und der tatsächlichen **Erklärung**.

- **Willenselemente** sind der Handlungswille und der Geschäftswille.

Handlungswille	Die Erklärung muss **gewollt** sein. Keine Willenserklärung liegt z.B. vor, wenn eine Erklärung unter Zwang oder unter Drogeneinfluss abgegeben wird.
Geschäftswille	Der Erklärende muss eine **rechtsverbindliche Wirkung** beabsichtigen. Eine ausgesprochene Einladung ins Theater ist z.B. keine Willenserklärung.

- Der Handlungs- und Geschäftswille allein genügt nicht, wenn dieser nicht erklärt wird. Die **Erklärung** des Willens kann abgegeben werden durch:

unmittelbare Handlungen	Unmittelbare oder ausdrückliche Willenserklärungen (mündlich, fernmündlich, schriftlich, per FAX, E-Mail).
mittelbare (schlüssige) Handlungen	Konkludente[1] Willenserklärungen (z.B. Einsteigen in die Straßenbahn, Münzeinwurf in einen Automaten, Kopfnicken auf ein Angebot).
ausnahmsweise Schweigen	Grundsatz: Schweigen gilt als Ablehnung [§§ 108 II, S. 2; 177 II, S. 2 BGB]. Schweigen gilt z.B. als Zustimmung, wenn dies vertraglich vereinbart war.

---

1 Konkludent (lat.): was eine bestimmte Schlussfolgerung zulässt.

3.1.2.2 Arten von Rechtsgeschäften

(1) Einseitige Rechtsgeschäfte

> **Merke:**
>
> Rechtsgeschäfte, die nur **eine Willenserklärung** benötigen, bezeichnet man als **einseitige Rechtsgeschäfte**.

Einseitige Willenserklärungen können nicht empfangsbedürftig oder empfangsbedürftig sein.

- Bei **nicht empfangsbedürftigen Willenserklärungen (nicht empfangsbedürftigen Rechtsgeschäften)** ist die Willenserklärung rechtswirksam, sobald sie **abgegeben worden ist.** Zu den nicht empfangsbedürftigen Rechtsgeschäften zählen das Testament, die Aufgabe des Eigentums, die Stiftung.

    > **Beispiel:**
    >
    > Das **Testament** ist eine vom Erblasser (Person, durch deren Tod die Erbschaft auf den Erben übergeht) einseitig getroffene Verfügung von Todes wegen, in der dieser in der Regel seine Erben bestimmt [§ 2064 BGB]. Das Testament ist bereits mit der Niederschrift rechtswirksam und nicht erst dann, wenn der Erbe das Testament empfangen oder gelesen hat.

- Bei **empfangsbedürftigen Willenserklärungen (empfangsbedürftigen Rechtsgeschäften)** ist die Willenserklärung erst rechtswirksam, wenn sie demjenigen **zugegangen ist,** für den sie bestimmt ist. Zu den empfangsbedürftigen Rechtsgeschäften zählen die Kündigung, die Anfechtung, die Mahnung oder der Rücktritt.

    > **Beispiel:**
    >
    > Eine **Kündigung** ist erst dann rechtswirksam, wenn sie dem Erklärungsempfänger rechtzeitig zugegangen ist. Durch eine rechtswirksame Kündigung wird ein Dauerschuldverhältnis (z.B. ein Mietvertrag, ein Arbeitsverhältnis) aufgelöst (siehe §§ 542 I, 620 II BGB).

Beim Zugang der empfangsbedürftigen Willenserklärung ist zu unterscheiden, ob sie unter Anwesenden oder unter Abwesenden abgegeben wird.

Unter Anwesenden	Wenn die Erklärung des Willens unter Anwesenden erfolgt, so fallen die Äußerung der Willenserklärung und die Wahrnehmung der Willenserklärung zeitlich zusammen. Unter Anwesenden abgegebene Willenserklärungen sind deshalb mit ihrer **Abgabe rechtswirksam.**
Unter Abwesenden	Unter Abwesenden abgegebene Willenserklärungen sind erst zu dem Zeitpunkt rechtswirksam, in welchem sie dem Empfänger zugehen [§ 130 I, S. 1 BGB], von dem ab er somit normalerweise von ihnen **Kenntnis nehmen kann.** Die Willenserklärung muss in den Herrschaftsbereich des Empfängers gelangt sein. Ob er die Willenserklärung liest, ist seine Sache.

Solange eine Willenserklärung **noch nicht rechtswirksam** geworden ist, kann sie **widerrufen** werden. Es reicht, wenn der Widerruf dem Empfänger spätestens gleichzeitig mit der Erklärung zugeht [§ 130 I, S. 2 BGB].

(2) Zweiseitige Rechtsgeschäfte

Merke:

Rechtsgeschäfte, die zu ihrer Gültigkeit **mindestens zwei sich inhaltlich deckende Willenserklärungen benötigen,** sind mehrseitige (zweiseitige) Rechtsgeschäfte. Sie werden allgemein als **Verträge** bezeichnet.

Alle Verträge haben gemeinsam, dass sie durch **Antrag (1. Willenserklärung)** und **Annahme (2. Willenserklärung)** zustande kommen.

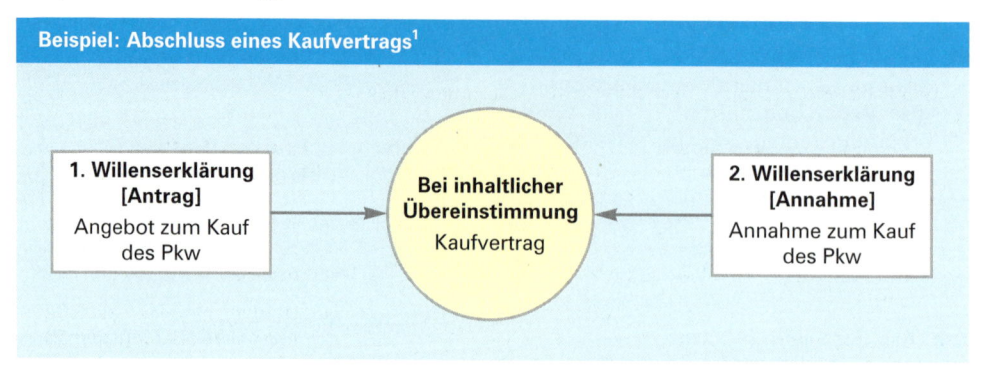

Beispiel: Abschluss eines Kaufvertrags[1]

| 1. Willenserklärung [Antrag] Angebot zum Kauf des Pkw | → | Bei inhaltlicher Übereinstimmung Kaufvertrag | ← | 2. Willenserklärung [Annahme] Annahme zum Kauf des Pkw |

Je nachdem, ob sich aus den abgeschlossenen Verträgen nur für einen oder für beide Vertragspartner (Vertragsparteien) Leistungsverpflichtungen ergeben, unterscheidet man folgende Vertragsarten:

Rechtsgeschäft	Erläuterungen	Beispiele
Einseitig verpflichtende Verträge	Sie liegen vor, wenn nur einem Vertragspartner eine Verpflichtung zur Leistung auferlegt ist.	Ein einseitig verpflichtender Vertrag ist der Schenkungsvertrag. Der Schenker verpflichtet sich, dem Beschenkten das Geschenk zu übergeben und zu übereignen, während der Beschenkte keine Gegenleistung zu erbringen hat [§ 516 I BGB].
Mehrseitig verpflichtende Verträge	Es handelt sich um Rechtsgeschäfte, bei denen jeder Vertragsteil zu einer Gegenleistung als Entgelt für die Leistung des anderen Vertragsteils verpflichtet ist. Die weitaus meisten Rechtsgeschäfte sind zweiseitig verpflichtende Verträge.	■ Kaufvertrag, ■ Mietvertrag, ■ Pachtvertrag, ■ Darlehensvertrag, ■ Berufsausbildungsvertrag und ■ Reisevertrag.

---

1 Zu Einzelheiten siehe S. 166.

3.1.3 Verpflichtungs- und Erfüllungsgeschäft

Mit dem Abschluss z. B. eines Kaufvertrags[1] ist nichts weiter bewirkt, als dass sich

- der **Verkäufer** verpflichtet hat, die verkaufte Sache dem Käufer frei von Sach- und Rechtsmängeln zu liefern (zu übergeben und zu übereignen), und
- der **Käufer** die Verpflichtung eingegangen ist, die gekaufte Sache abzunehmen und vor allem zu bezahlen [§ 433 BGB].

Der Abschluss des Kaufvertrags (nach §§ 145ff. BGB) ist daher ein **Verpflichtungsgeschäft,** dem ein **Erfüllungsgeschäft** folgen muss.

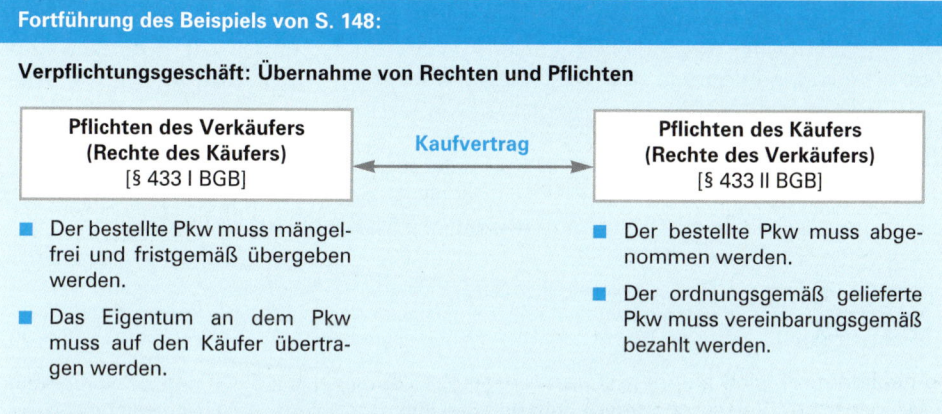

Fortführung des Beispiels von S. 148:

Verpflichtungsgeschäft: Übernahme von Rechten und Pflichten

Pflichten des Verkäufers (Rechte des Käufers) [§ 433 I BGB]	**Kaufvertrag**	Pflichten des Käufers (Rechte des Verkäufers) [§ 433 II BGB]

- Der bestellte Pkw muss mängelfrei und fristgemäß übergeben werden.
- Das Eigentum an dem Pkw muss auf den Käufer übertragen werden.

- Der bestellte Pkw muss abgenommen werden.
- Der ordnungsgemäß gelieferte Pkw muss vereinbarungsgemäß bezahlt werden.

Erfüllungsgeschäft: Erfüllung der eingegangenen Verpflichtungen

Das Verpflichtungsgeschäft erlischt, wenn die geschuldeten Leistungen nach den Vereinbarungen des Kaufvertrags gegenüber dem **Gläubiger erfüllt sind** [§ 362 I BGB].

Dies ist der Fall, wenn die mängelfreie und fristgemäße Übergabe und Übereignung des Pkw durch den Verkäufer sowie die Abnahme des Pkw und die Kaufpreiszahlung durch den Käufer vereinbarungsgemäß erfolgt ist.

Merke:

- Durch das Verpflichtungsgeschäft ist:
  - der **Verkäufer** zum einen **Schuldner** (er schuldet die Übergabe und Übereignung der mangelfreien Sache) und zum anderen **Gläubiger** (er hat Anspruch darauf, dass der Käufer die gelieferte Sache abnimmt und bezahlt).
  - der **Käufer** zum einen **Schuldner** (er schuldet die Abnahme der Sache und die Zahlung des Kaufpreises) und zum anderen **Gläubiger** (er hat Anspruch auf die Übergabe und Übereignung der mangelfreien Sache durch den Verkäufer).
- Wenn die Pflichten durch die Vertragsparteien vereinbarungsgemäß erfüllt sind, **erlischt das Verpflichtungsgeschäft.**

---

[1] Zu Einzelheiten vgl. S. 166.

3.1.4 Vertragsfreiheit

(1) Begriff Vertragsfreiheit

> **Merke:**
>
> **Vertragsfreiheit** bedeutet: Jeder hat prinzipiell die Freiheit zu entscheiden, ob und mit wem ein Vertragsabschluss vorgenommen und wie der Inhalt eines Vertrages ausgestaltet wird.

In der Bundesrepublik Deutschland ist die Vertragsfreiheit im Grundgesetz [GG] verfassungsrechtlich verbrieft [Art. 2 GG]. Auch das BGB geht vom Grundsatz der Vertragsfreiheit aus. Von dieser Regel gibt es jedoch Ausnahmen. So dürfen z.B. gesetzeswidrige oder sittenwidrige Verträge nicht geschlossen werden.

(2) Kriterien der Vertragsfreiheit

Die Vertragsfreiheit ist durch folgende wesentliche **Merkmale** gekennzeichnet:

Abschlussfreiheit (Vertragseingehungsfreiheit)	Die Abschlussfreiheit besagt, dass jedes Rechtssubjekt in **eigener Verantwortung** selbst darüber entscheiden kann, ob, wann und mit welchem anderen Rechtssubjekt es ein Rechtsgeschäft (z.B. einen Vertrag) abschließen will oder nicht abschließen will. Die Rechtssubjekte werden nicht zum Abschluss von Rechtsgeschäften gezwungen. Es besteht somit **kein Abschlusszwang** (kein Kontrahierungszwang).
Auflösungsrecht	Wurden Rechtsgeschäfte für eine bestimmte oder auf unbestimmte Zeit abgeschlossen (z.B. ein Miet- oder Dienstvertrag), so ist es den Vertragspartnern grundsätzlich möglich, diese Rechtsgeschäfte im Rahmen der hierüber getroffenen Vereinbarungen auch wieder **aufzulösen** (z.B. den Miet- oder Dienstvertrag unter Wahrung bestimmter gesetzlicher oder vertraglich vereinbarter Fristen zu kündigen).
Gestaltungsfreiheit (Inhaltsfreiheit, Vertragsgestaltungsfreiheit)	Diese beinhaltet das Recht der Rechtssubjekte, über den Inhalt der abgeschlossenen Rechtsgeschäfte **selbst bestimmen** zu können. Bei vorliegender Gestaltungsfreiheit ist mithin der Inhalt von Rechtsgeschäften nicht gesetzlich vorgeschrieben.

Gesetzliche Bestimmungen über den Inhalt von Rechtsgeschäften werden erst angewendet, wenn die Vertragspartner hierüber keine Vereinbarungen getroffen haben. Mangels vertraglicher Vereinbarungen gelten dann die gesetzlichen Bestimmungen.[1]

Unsere Rechtsordnung enthält in vielen Gesetzen **zwingende Rechtsnormen,** die dem Gestaltungswillen der Vertragspartner entzogen sind, die somit nicht durch Vereinbarungen (Verträge) abgeändert werden können.[2]

---

[1] **Beispiel:** Bei Gattungswaren sind bei fehlenden Vereinbarungen über die Güte und Beschaffenheit der gekauften Waren, Handelsgut bzw. Sachen mittlerer Art und Güte zu liefern [§ 243 I BGB].
[2] Am Beispiel der Nichtigkeit von Rechtsgeschäften (Willenserklärungen) werden im Kapitel 3.1.7, Seite 159ff. die Grenzen der Vertragsfreiheit näher erläutert. Die Vertragsfreiheit wird weiterhin durch besondere Vorschriften des BGB und durch weitere Gesetze zum Schutz des Verbrauchers (z.B. Produkthaftungsgesetz, Produktsicherheitsgesetz) eingeschränkt.

Zusammenfassung

- **Rechtsgeschäfte** kommen durch Willenserklärungen zustande.
- **Willenserklärungen** sind solche Äußerungen einer Person (oder mehrerer Personen), die mit der Absicht abgegeben werden, eine **rechtliche Wirkung** herbeizuführen.
- Willenserklärungen können **nicht empfangsbedürftig** oder **empfangsbedürftig** sein.
- Die meisten Willenserklärungen sind **empfangsbedürftig**, d. h., sie sind an bestimmte Personen zu richten. Sie werden rechtswirksam, wenn sie der Erklärungsempfänger rechtzeitig erhalten hat.
- Die Willenserklärung ist **rechtswirksam**:
    - bei **Abwesenden**: wenn sich die Willenserklärung im Zugriffsbereich des Empfängers befindet.
    - bei **Anwesenden**: mit der Abgabe der Willenserklärung.

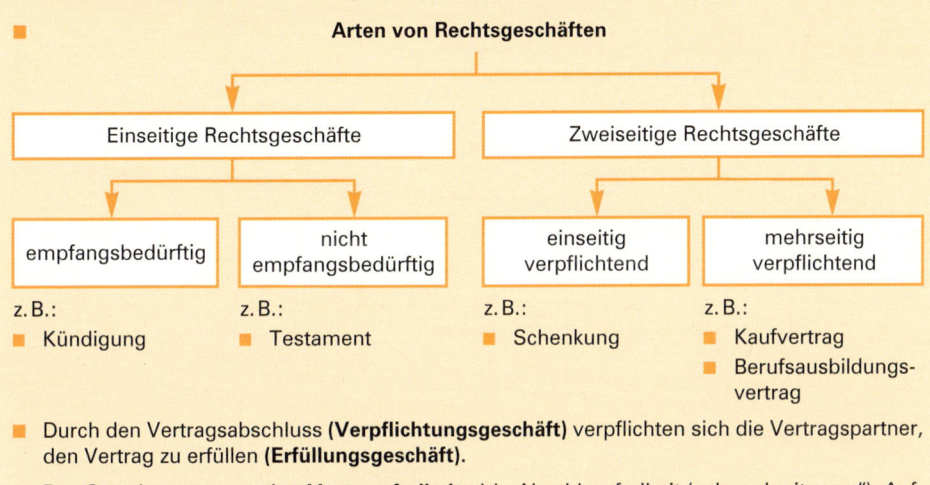

Arten von Rechtsgeschäften

Einseitige Rechtsgeschäfte		Zweiseitige Rechtsgeschäfte	
empfangsbedürftig	nicht empfangsbedürftig	einseitig verpflichtend	mehrseitig verpflichtend
z. B.:	z. B.:	z. B.:	z. B.:
▪ Kündigung	▪ Testament	▪ Schenkung	▪ Kaufvertrag ▪ Berufsausbildungsvertrag

- Durch den Vertragsabschluss **(Verpflichtungsgeschäft)** verpflichten sich die Vertragspartner, den Vertrag zu erfüllen **(Erfüllungsgeschäft)**.
- Das Grundgesetz garantiert **Vertragsfreiheit**, d. h. Abschlussfreiheit („ob und mit wem"), Auflösungsrecht („wie lange"), Inhaltsfreiheit („was") und in der Regel auch Formfreiheit („wie").

Übungsaufgabe

26 1. Erklären Sie den Begriff „Rechtsgeschäft"!

2. Begründen Sie, warum eine Willenserklärung zugleich ein Rechtsgeschäft sein kann und sich in anderen Fällen die Begriffe Willenserklärung und Rechtsgeschäft nicht decken!

3. Begründen Sie, ob in folgenden Fällen eine Willenserklärung vorliegt! Wenn ja, stellen Sie dar, in welcher Form die jeweilige Willenserklärung geäußert wurde!

    3.1 Sie werden von Ihrem Onkel zu einer Ferienfahrt eingeladen.

    3.2 Sie steigen in Stuttgart mit gültigem Fahrschein in die Straßenbahn ein.

    3.3 Sie möchten mit Ihrem Freund nach dem Kinobesuch mit dem Taxi nach Hause fahren. Durch „Handheben" veranlassen Sie ein vorbeifahrendes Taxi zu halten, in das Sie dann unter Angabe Ihrer Wohnung einsteigen.

    3.4 Sie entnehmen in einem Selbstbedienungsladen im Regal lagernde Waren und legen diese auf das Laufband der Kasse.

4. Prüfen Sie, ob ein- oder zweiseitige Rechtsgeschäfte vorliegen und wie die Willenserklärungen abgegeben wurden:

   4.1 Der Hauseigentümer schließt mit Ihren Eltern einen Vertrag über die Benutzung von Wohnräumen ab.

   4.2 Thomas Müller steigt in München in die U-Bahn ein.

   4.3 Renate Kaiser bestellt bei amazon.de eine Konzertfilm-DVD.

   4.4 Der Angestellte Max Lehmann kündigt seinen Arbeitsvertrag.

   4.5 Herr Thein verliert seinen wertvollen Ring und lässt öffentlich bekanntgeben, dass er dem ehrlichen Finder 150,00 EUR Finderlohn zahlt (man nennt dies „Auslobung"; siehe § 657 BGB).

   4.6 Ein Unternehmen nimmt eine ohne Auftrag gelieferte Maschine in Betrieb.

5. 5.1 Zählen Sie die Freiheiten auf, die die im Grundgesetz verbriefte Vertragsfreiheit beinhaltet!

   5.2 Nennen Sie für jedes Freiheitsmerkmal ein geeignetes Beispiel!

6. 6.1 Erklären Sie den Unterschied zwischen einseitig verpflichtenden und zweiseitig verpflichtenden Verträgen!

   6.2 Nennen Sie zwei einseitig und drei zweiseitig verpflichtende Verträge!

7. Begründen Sie mit dem Gesetz, inwieweit es rechtlich von Bedeutung ist, ob eine empfangsbedürftige Willenserklärung unter Anwesenden oder unter Abwesenden abgegeben wurde!

8. Erklären Sie den Unterschied zwischen Verpflichtungsgeschäft und Erfüllungsgeschäft!

9. Lösen Sie folgende Rechtsfälle (begründen Sie Ihre Antworten):

   9.1 Ein Arbeitgeber kündigt einem Angestellten. Die schriftliche Kündigung erfolgt mit Übergabe-Einschreiben vom 16. August. Am 19. August erhält der Angestellte die Kündigung per Einschreiben von der Zustellkraft der Deutschen Post AG ins Haus gebracht. Wann hätte ein Widerruf der Kündigung spätestens beim Angestellten eingetroffen sein müssen?

   9.2 Sie sind als Auszubildende(r) beim Möbelfachgeschäft Mann GmbH in Stuttgart beschäftigt. Herr Mann gibt Ihnen den Auftrag, bei der Möbelfabrik Ilse Huber e.Kfr. in Uslar bei Hannover 8 Wohnzimmerschränke nach Katalog Nr. W/41.1 zu bestellen. Am 24. April wird die schriftliche Bestellung um 18:00 Uhr zur Post gebracht. Am nächsten Morgen kommt Herr Mann zu Ihnen und beauftragt Sie, die Bestellung zu widerrufen. Er habe festgestellt, dass von den bestellten Schränken noch genügend im Lager stehen. Überlegen Sie, ob Sie die Bestellung noch widerrufen können; wenn ja, wie könnte Ihnen dies gelingen?

3.1.5 Form der Rechtsgeschäfte

(1) Formfreiheit und Formzwang

■ **Formfreiheit**

Formfreiheit bedeutet, dass die Rechtsgeschäfte in jeder möglichen Form abgeschlossen werden können. Im Rahmen unserer geltenden Rechtsordnung besteht für die weitaus meisten Rechtsgeschäfte der Grundsatz der Formfreiheit.

> **Beispiel:**
>
> Die meisten Rechtsgeschäfte können mit beliebigen Mitteln, z.B. durch **Worte** (mündlich, fernmündlich, per Fax oder E-Mail), durch **schlüssige (konkludente) Handlungen** (Kopfnicken, Handheben, Einsteigen in ein Taxi usw.) und in bestimmten Fällen sogar durch **Schweigen** abgeschlossen werden.

■ **Formzwang**

Abweichend von dem Grundsatz der Formfreiheit gibt es bestimmte Gruppen von Rechtsgeschäften, für die das Gesetz bestimmte Formen vorschreibt **(gesetzliche Formen)**, oder für die zwischen den Vertragsparteien eine bestimmte Form vereinbart wurde (**vertragliche Formen** genannt). Dieser sogenannte Formzwang dient vor allem

- der **Beweissicherung**,
- dem **Schutz vor voreiligen Verpflichtungen** (z.B. des Schenkers und des Bürgen) und
- einer genauen **Abgrenzung zwischen unverbindlichen Vorverhandlungen und verbindlichen Aufzeichnungen** (z.B. beim Testament und Erbvertrag).

(2) Gesetzliche Formen[1]

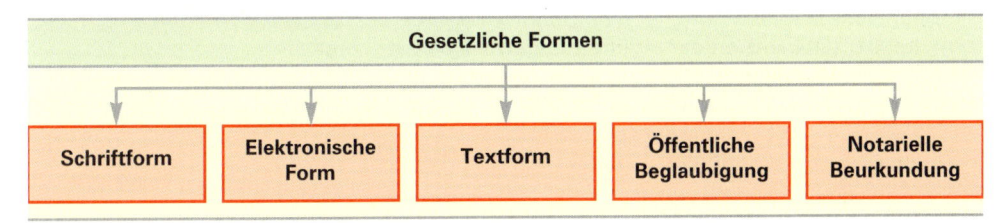

```
                    Gesetzliche Formen
    ┌──────────┬──────────────┬─────────┬──────────────┬──────────────┐
  Schriftform  Elektronische  Textform   Öffentliche    Notarielle
                   Form                  Beglaubigung   Beurkundung
```

■ **Schriftform** [§ 126 BGB]

Die Schriftform verlangt, dass die Erklärung niedergeschrieben und vom Erklärenden **eigenhändig durch Namensunterschrift** oder mittels **notariell beglaubigtem Handzeichen unterzeichnet** wird [§ 126 I BGB]. Bei mehrseitigen Rechtsgeschäften (z.B. Verträgen) muss die Vertragsurkunde grundsätzlich von allen Vertragsparteien unterschrieben sein [§ 126 II BGB].

Mögliche Anwendungsbereiche:

- Bürgschaftserklärung [§ 766 BGB],
- Beendigung von Arbeitsverhältnissen durch Kündigung [§ 623 BGB] oder Aufhebungsvertrag [§ 623 BGB],
- Berufsausbildungsvertrag [§ 11 BBiG],
- Verbraucherdarlehensvertrag [§ 492 BGB].

■ **Elektronische Form** [§ 126a BGB]

Die **gesetzliche Schriftform** kann grundsätzlich (soweit im Gesetz nichts Abweichendes bestimmt ist) durch die **elektronische Form ersetzt werden** [§ 126 III BGB]. Zur Rechtswirksamkeit muss der Aussteller der Erklärung seinen Namen hinzufügen und das elektronische Dokument mit einer qualifizierten elektronischen Signatur nach dem Signaturgesetz versehen werden [§ 126a BGB].

Mögliche Anwendungsbereiche:

- Onlinebanking,
- Kreditkartennutzung,
- Pay-TV, Teleshopping,
- elektronische Ausweispapiere,
- automatische Empfangsbestätigung von Schriftstücken im Schriftverkehr mit Behörden.

---

1 Die jeweils strengere („höhere") Form kann die weniger strenge („niedere") Form generell ersetzen, ohne dass hierauf in einem Gesetz besonders hingewiesen werden muss. Wird z.B. die Textform gefordert, dann kann diese durch eine elektronische Form nach § 126a BGB oder (erst recht) auch durch die gesetzliche Schriftform nach § 126 BGB ersetzt werden.

- **Textform** [§ 126 b BGB]

Die Textform verlangt, dass die Erklärung in einer Urkunde abgegeben, die Person des Erklärenden genannt und der Abschluss der Erklärung durch eine Nachbildung der Namensunterschrift (Faksimile) oder anders erkennbar gemacht wird [§ 126 b BGB]. Dabei muss eine dauerhafte Wiedergabe der Schriftzeichen beim Empfänger möglich sein. Geeignet hierfür sind z. B. eine Website im Internet, eine E-Mail oder ein Computerfax.

Mögliche Anwendungsbereiche:
- Belehrung über das Widerrufsrecht beim Fernabsatzvertrag seitens des Unternehmens gegenüber dem Verbraucher [§ 355 II BGB].
- Garantieerklärungen [§ 443 BGB] beim Verbrauchsgüterkauf [§ 477 BGB].

- **Öffentliche Beglaubigung** [§ 129 BGB]

Die öffentliche Beglaubigung ist eine Schriftform, bei der die **Echtheit der eigenhändigen Unterschrift des Erklärenden** von einem Notar beglaubigt wird [§ 129 I BGB]. Der Notar beglaubigt nur die Echtheit der Unterschrift, nicht jedoch den Inhalt der Urkunde. Die öffentliche Beglaubigung wird durch die notarielle Beurkundung der Erklärung ersetzt [§ 129 II BGB].

Mögliche Anwendungsbereiche:

Anmeldungen
- zum Handelsregister [§ 12 I HGB],
- zum Vereinsregister [§ 77 BGB] und
- zum Güterrechtsregister [§ 1560 BGB].

Beispiel für die Beglaubigung einer Unterschrift

> **Urkundenrolle Nummer: 333**
>
> Vorstehende, vor mir vollzogene (bzw. anerkannte) Unterschrift des Herrn Franz Müller, Kaufmann, wohnhaft in Karlsruhe, Benzstraße 57, geboren am 1. Januar 1952, beglaubige ich. Herr Müller wies sich durch seinen Personalausweis aus.
>
> Karlsruhe, den 5. März 20. .
> (Ort und Datum)

- **Notarielle Beurkundung** [§ 128 BGB]

Sie erfordert ein Protokoll, in welchem der Beurkundungsbeamte die vor ihm abgegebenen Erklärungen beurkundet [§ 128 BGB]. Die Willenserklärungen werden also in einer öffentlichen Urkunde aufgenommen. Der Notar beurkundet die **Unterschrift** und den **Inhalt der Erklärungen**.

Mögliche Anwendungsbereiche:
- Grundstückskaufverträge [§ 311 b I, S. 1 BGB],
- Schenkungsversprechen [§ 518 I, S. 1 BGB],
- Erbverzichtsverträge [§ 2348 BGB],
- Erbverträge [§ 2276, S. 1 BGB].

Merke:
- Rechtsgeschäfte, die **nicht** in der vom **Gesetz vorgeschriebenen Form** erfolgt sind, sind grundsätzlich **nichtig**[1] [§ 125, S. 1 BGB].

---
1 Zur Nichtigkeit vgl. Kapitel 3.1.7.1, S. 159f.

- Wird die in einem Rechtsgeschäft **vereinbarte Form** nicht eingehalten, hat dies im Zweifel ebenfalls die Nichtigkeit dieses Rechtsgeschäfts zur Folge [§ 125, S. 2 BGB]. Hierdurch sollen die Rechtssubjekte zur Einhaltung der Formvorschriften gezwungen werden.

Zusammenfassung

- Für bestimmte Gruppen von Rechtsgeschäften schreibt das Gesetz (z. B. BGB) eine bestimmte Form vor (**gesetzlicher Formzwang**). Zu den gesetzlichen Formen zählen die **gesetzliche Schriftform**, die **elektronische Form**, die **Textform**, die **öffentliche Beglaubigung** und die **notarielle Beurkundung**.
- Rechtsgeschäfte, die nicht in der vom Gesetz vorgeschriebenen Form erfolgt sind, sind **grundsätzlich nichtig** (ungültig).

Übungsaufgabe

27
1. Erklären Sie anhand von Beispielen, in welcher Form Willenserklärungen abgegeben werden können!
2. Begründen Sie die Notwendigkeit gesetzlicher Formvorschriften!
3. Erklären Sie, welchen Zweck die Vertragsparteien verfolgen, wenn diese für die abzuschließenden Rechtsgeschäfte eine bestimmte Form vereinbaren!
4. Die Eheleute Hans und Irma Holzmann besitzen mehrere Grundstücke. Sie wollen ihrer Tochter Heike an deren 18. Geburtstag ein Grundstück übertragen.
   Aufgabe:
   Nennen Sie die Form, der die Übertragung des Grundstücks bedarf!
5. Karin Weber hat bis zum 31. März d. J. bei der Kreditbank AG gearbeitet. Ihr wurde versehentlich kein Arbeitszeugnis erteilt. Jetzt ruft sie in der Personalabteilung dieser Bank an und bittet darum, ihr möglichst sofort ein Arbeitszeugnis per FAX oder E-Mail zu übermitteln.
   Aufgabe:
   Prüfen Sie, ob dieses Verfahren grundsätzlich für diesen Zweck einsetzbar ist! Lesen Sie hierzu § 630 BGB! Begründen Sie Ihre Antwort!
6. Erläutern Sie, warum Rechtsgeschäfte, die nicht in der vorgeschriebenen gesetzlichen Form erfolgt sind, grundsätzlich nichtig sind!

3.1.6 Besitz und Eigentum

3.1.6.1 Besitz und dessen Übertragung

Merke:

Besitz ist die **tatsächliche Gewalt** über eine Sache [§ 854 BGB].

Der Besitz wird bei **beweglichen Sachen** durch **Übergabe**, bei **unbeweglichen Sachen** durch **Gebrauchsüberlassung** verschafft.

3.1.6.2 Eigentum und dessen Übertragung

(1) Begriff Eigentum

> **Merke:**
>
> **Eigentum** im Privatrecht (BGB) ist die **rechtliche Verfügungsgewalt** einer Person über Sachen [§ 903 BGB].

(2) Eigentumsübertragung an beweglichen Sachen

Wir unterscheiden vier Möglichkeiten der Eigentumsübertragung an beweglichen Sachen:

Ausgangssituation	Eigentumsübertragung durch:	Beispiel
Ware ist beim Verkäufer (Eigentümer).	**Einigung** und **Übergabe** [§ 929, S. 1 BGB]	Die Inhaberin des Modegeschäfts Frieda Fröhlich e. Kfr. übergibt Frau Schnurr das gekaufte Kleid. Mit der Einigung und der Übergabe des Kleids ist Frau Schnurr Eigentümerin geworden.
Ware ist bereits beim Käufer.	**Einigung,** dass das Eigentum auf den Käufer übergehen soll. [§ 929, S. 2 BGB]	Herr Schmidt hat sich von einem Fernsehfachgeschäft einen LCD-Fernseher ins Wohnzimmer stellen lassen, um diesen auszuprobieren. Nach 8 Tagen teilt er dem Händler mit, dass er das Gerät erwerben möchte. Stimmt der Händler zu, wird Herr Schmidt Eigentümer des Geräts. (Wohlgemerkt: Der Eigentumsübergang hat nichts damit zu tun, ob Herr Schmidt das Gerät bereits bezahlt hat oder nicht!)
Käufer soll Eigentümer werden, Verkäufer bleibt Besitzer.	**Einigung** und **Besitzkonstitut** (d. h. Veräußerer bleibt im Besitz der Sache). [§§ 929, S. 1, 930 BGB]	Frau Schlank ist begeisterte Reiterin. Sie kauft einem Pferdezüchter ein Reitpferd ab mit der Vereinbarung, das Pferd in den Stallungen des Züchters zur dortigen Pflege zu lassen. Frau Schlank ist Eigentümerin (und „mittelbare" Besitzerin), der Pferdezüchter ist unmittelbarer Besitzer des Pferdes.
Verkäufer (Eigentümer) ist nicht im Besitz der Sache.	**Einigung** und **Abtretung des Herausgabeanspruchs** an den Käufer. [§§ 929, S. 1, 930 BGB]	Der Heizölhändler Gebhard Schwarze e. Kfm. in Lindau hat das von ihm gekaufte Heizöl bei einer Lagergesellschaft in Kempten gelagert. Er verkauft mehrere tausend Liter Heizöl an einen Heizölhändler in Landsberg. Damit der Landsberger Heizölhändler das gekaufte Heizöl bei der Lagergesellschaft in Kempten abholen kann, muss er Eigentümer sein. Dies wird er durch Einigung und Abtretung des Herausgabeanspruchs [§§ 929, 931 BGB].

(3) Eigentumsübertragung an unbeweglichen Sachen

Ausgangssituation	Eigentumsübertragung durch:	Erläuterung
Verkäufer verkauft ein Grundstück bzw. Gebäude.	**Einigung (Auflassung)** und **Eintragung des Eigentumsübergangs im Grundbuch.** [§§ 925 I, 873 I BGB]	Die Einigung zwischen dem Eigentümer und dem Erwerber ist ein zweiseitiges Rechtsgeschäft mit dem Inhalt, dass das Eigentum vom bisherigen Eigentümer (Verkäufer) auf den Käufer übergehen soll. Da ein Grundstück nicht wie eine bewegliche Sache „übergeben" werden kann, tritt anstelle der körperlichen Übergabe die Eintragung ins Grundbuch, aus dem jeder, der ein berechtigtes Interesse hat, ersehen kann, wie die Eigentumsverhältnisse bei einem bestimmten Grundstück sind.

(4) Sonderfall: Gutgläubiger Eigentumserwerb

Konnte ein Erwerber nicht wissen, dass sich der erworbene Gegenstand nicht im Eigentum des Veräußerers befand, wird er Eigentümer (gutgläubiger Eigentumserwerb nach § 932 I BGB).

Beispiel:

Lebensmittelhändler Mehlig e. Kfm. hat Nudeln unter Eigentumsvorbehalt gekauft und noch nicht bezahlt. Hausfrau Fröhlich kauft diese Nudeln. Mit der Einigung darüber, dass das Eigentum an den Nudeln übergehen soll und der Übergabe, wird sie Eigentümerin der Nudeln [§§ 929 ff. BGB].

Gutgläubiger Erwerb ist nicht möglich, wenn es sich um gestohlene, verlorene oder sonst abhandengekommene (z. B. unterschlagene) Sachen handelt [§ 935 I BGB].[1]

Eine **Ausnahme** von der Regel, dass an gestohlenen Sachen trotz guten Glaubens kein Eigentum erworben werden kann, besteht beim Geld, bei Inhaberpapieren (z.B. Überbringerschecks) und Sachen, die öffentlich versteigert werden. Diese können aus Gründen der Rechtssicherheit auch dann gutgläubig erworben werden, wenn sie gestohlen bzw. verloren wurden oder sonst abhanden gekommen sind [§ 935 II BGB].

Zusammenfassung

- Unter **Besitz** versteht man die **tatsächliche Gewalt** über eine Sache. („Besitz hat man".)
- Unter **Eigentum** versteht man das Recht, über eine Sache (oder eine Forderung) im Rahmen der gesetzlichen Vorschriften frei verfügen zu können. („Eigentum gehört einem".)

---

[1] Gutgläubiger Erwerb liegt nicht vor, wenn der Erwerber wusste, dass der Veräußerer nicht Eigentümer ist. Versäumt es der Erwerber grob fahrlässig, sich nach den Eigentumsverhältnissen zu erkundigen, ist auch kein gutgläubiger Eigentumserwerb möglich.

- Wichtige **Möglichkeiten des Eigentumserwerbs** sind
  - an **beweglichen Sachen**:

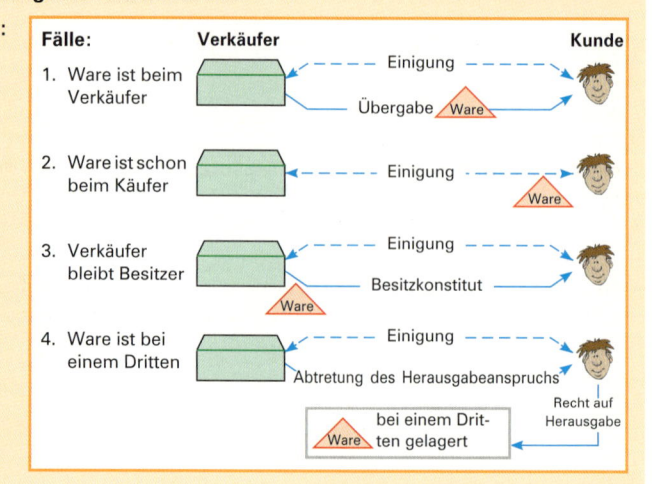

Fälle:	Verkäufer		Kunde
1. Ware ist beim Verkäufer		← – – – Einigung – – – → —— Übergabe Ware ——→	
2. Ware ist schon beim Käufer		← – – – Einigung – – – → (Ware)	
3. Verkäufer bleibt Besitzer	(Ware)	← – – – Einigung – – – → —— Besitzkonstitut ——→	
4. Ware ist bei einem Dritten		← – – – Einigung – – – → Abtretung des Herausgabeanspruchs Ware bei einem Dritten gelagert	Recht auf Herausgabe

  - an **unbeweglichen Sachen**: Einigung (Auflassung) und Eintragung im Grundbuch.
- Konnte ein Erwerber nicht wissen, dass der Veräußerer nicht Eigentümer der Sache war, wird er dennoch Eigentümer (**gutgläubiger Eigentumserwerb**), sofern es sich nicht um eine gestohlene, verlorene oder sonst abhandengekommene Sache handelt.
  Eine Ausnahme von dieser Regel besteht beim Geld, bei Inhaberpapieren und Sachen, die öffentlich versteigert werden.

Übungsaufgabe

28 1. In den nachfolgenden Abbildungen sind symbolisch zwei verschiedene Möglichkeiten der Eigentumsübertragung durch Rechtsgeschäft dargestellt. Die Symbole bedeuten:

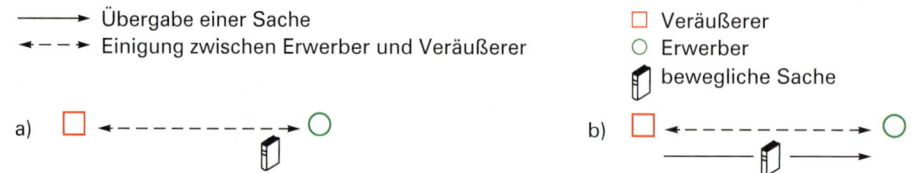

   ——→ Übergabe einer Sache   □ Veräußerer
   ←– – → Einigung zwischen Erwerber und Veräußerer   ○ Erwerber
                                     🗍 bewegliche Sache

   a) □ ←– – – – – → ○   b) □ ←– – – – – → ○
        🗍   🗍 ——————→

   Aufgaben:
   1.1 Beschreiben Sie, welche rechtsgeschäftlichen Möglichkeiten der Eigentumsübertragung dargestellt werden!
   1.2 Erklären Sie, durch welche Vereinbarung im Kaufvertrag sich der Verkäufer das Verfügungsrecht über die Ware bis zum Zahlungseingang sichern kann!
   1.3 Erklären Sie, unter welchen Bedingungen man Eigentum gutgläubig erwerben kann!

   2. Franz Schmidt hat sich ein Einfamilienhaus gebaut. Er nennt sich jetzt stolz „Hausbesitzer".
   Aufgabe:
   Beschreiben Sie, inwiefern dieser Ausdruck zutreffend ist, inwiefern nicht! Begründen Sie wie Ihre Antwort lautet, wenn Franz Schmidt das Haus mietet!

   3. Begründen Sie, warum Eigentum nicht gleich Vermögen ist!

   4. Das Eigentum wird vom Gesetz grundsätzlich geschützt. Klären Sie, ob dies auch für den Besitz zutrifft!

3.1.7 Nichtigkeit und Anfechtbarkeit von Rechtsgeschäften

3.1.7.1 Nichtigkeit von Rechtsgeschäften

> **Merke:**
>
> **Rechtsgeschäfte,** die nach dem **Gesetz nichtig** sind, gelten als **von Anfang an ungültig.**

Die Rechtsordnung verweigert Rechtsgeschäften, die nach dem Gesetz ungültig sind, jede Rechtsfolge. Sie möchte damit von derartigen Rechtsgeschäften (Willenserklärungen) abschrecken. Die Rechtssubjekte sollen von vornherein wissen, dass sie die Erfüllung nichtiger Rechtsgeschäfte gerichtlich nicht erzwingen können.

| z. B. **Verkäufer** | Rechts- | geschäft | z. B. **Käufer** (6-jähriges Kind) |

Es kommt kein Vertrag zustande

Die folgenden **Mängel** führen dazu, dass Verträge von Anfang an nichtig sind:

Arten der Mängel	Beispiele
Mangel in der Geschäftsfähigkeit	■ Rechtsgeschäfte von Geschäftsunfähigen [§ 105 I BGB]; ■ Rechtsgeschäfte **beschränkt Geschäftsfähiger,** sofern die **Zustimmung vom gesetzlichen Vertreter verweigert wird,** die Ausnahmeregelung des § 110 BGB nicht vorliegt und das Rechtsgeschäft dem beschränkt Geschäftsfähigen nicht ausschließlich rechtliche Vorteile bringt [§ 107 BGB].
Mangel im rechtsgeschäftlichen Willen	■ Zum Schein abgegebene Willenserklärungen (**„Scheingeschäfte"**), die ein anderes Rechtsgeschäft verdecken sollen [§ 117 BGB], z. B. Grundstückskaufvertrag über 230 000,00 EUR, wobei mündlich ein Kaufpreis von 280 000,00 EUR vereinbart wird, um Grunderwerbsteuer zu sparen;[1] ■ Offensichtlich nicht ernst gemeinte Willenserklärungen (**„Scherzgeschäfte"**) [§ 118 BGB], z. B. das Angebot eines Witzbolds, seine Fahrkarte zum Mond für 5 000,00 EUR verkaufen zu wollen; ■ Rechtsgeschäfte, die im **Zustand der Bewusstlosigkeit** oder **vorübergehender Störung der Geistestätigkeit** abgeschlossen werden [§ 105 II BGB], (z. B. ein Betrunkener verkauft sein Auto).

---

[1] Das Scheingeschäft (Kaufvertrag über 230 000,00 EUR) ist nichtig. Das gewollte Geschäft wäre gültig, wenn die Formerfordernisse gewahrt worden wären. Da in diesem Beispiel aber nur eine mündliche Absprache vorliegt, ist das gewollte Geschäft wegen Formmangels ebenfalls nichtig. Der Mangel wird aber durch eine nachfolgende Übereignung durch Einigung (Auflassung) und Grundbucheintragung [§§ 873 I; 925 BGB] des Grundstücks geheilt, sodass der Käufer 280 000,00 EUR zu zahlen hat [§ 311 b I, S. 2 BGB].

Arten der Mängel	Beispiele
Mangel im Inhalt des Rechtsgeschäfts	■ Rechtsgeschäfte, die ihrem **Inhalt nach gegen ein gesetzliches Verbot verstoßen** [§ 134 BGB], z. B. Rauschgift- und Waffengeschäfte. ■ Rechtsgeschäfte, die ihrem **Inhalt nach gegen die guten Sitten verstoßen** [§ 138 I BGB], insbesondere Wuchergeschäfte. Ein Wuchergeschäft liegt vor, wenn die Zwangslage (z. B. Notlage), die Unerfahrenheit, ein mangelndes Urteilsvermögen oder eine erhebliche Willensschwäche (z. B. der Leichtsinn) eines anderen vorsätzlich ausgenutzt wird **(subjektiver Tatbestand)** und ein auffälliges Missverhältnis zwischen der Leistung und Gegenleistung besteht **(objektiver Tatbestand)** [§ 138 II BGB].
Mangel in der Form	Rechtsgeschäfte, die gegen die **gesetzlichen Formvorschriften verstoßen** (z. B. ein mündlich abgeschlossener **Verbraucherdarlehensvertrag**), sind grundsätzlich nichtig [§§ 125, S. 1; 492 BGB].

3.1.7.2 Anfechtbarkeit von Rechtsgeschäften (Willenserklärungen)

> **Merke:**
>
> ■ Die Anfechtung ist eine **empfangsbedürftige Willenserklärung** (ein **einseitiges Rechtsgeschäft**).
>
> ■ **Anfechtbare Rechtsgeschäfte** sind **bis zu der erklärten Anfechtung voll rechtswirksam** (gültig). **Nach einer rechtswirksamen** (gesetzlich zugelassenen und fristgemäßen) **Anfechtung** wird das Rechtsgeschäft jedoch **von Anfang an ungültig** [§ 142 I BGB].

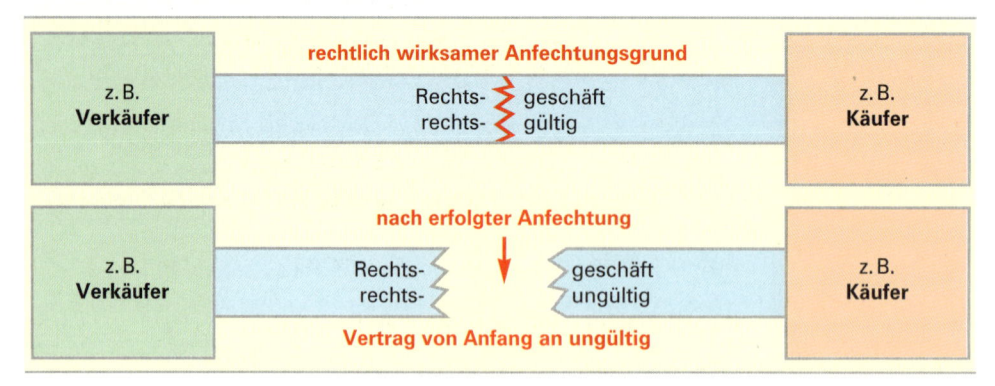

Die **Anfechtung** ist eine **empfangsbedürftige Willenserklärung** (ein **einseitiges Rechtsgeschäft**).

(1) Anfechtung wegen Irrtums

Eine Anfechtung wegen Irrtums ist nur bei folgenden gesetzlich geregelten Fällen möglich [§§ 119, 120 BGB]:

Formen des Irrtums	Beispiele
Irrtum in der Erklärungshandlung Hier verspricht oder verschreibt sich der Erklärende.	Der Verkäufer eines Autos will dieses für 12 000,00 EUR anbieten, schreibt in seinem Angebot jedoch nur 10 000,00 EUR.
Irrtum über den Erklärungsinhalt In diesem Fall hat sich der Erklärende über den Inhalt seiner Willenserklärung geirrt.	Herr Segmüller besucht in Köln die Messe „InterKarneval". Beim Besuch einer Gaststätte liest er auf der Speisekarte „Halver Hahn". Erfreut bestellt er in Erwartung eines halben Hähnchens.[1]
Irrtum bei der Übermittlung einer Willenserklärung	Ein Vertreter übermittelt ein Angebot falsch. Statt des richtigen Angebotspreises von 500,00 EUR enthält das Fax nur einen Preis von 50,00 EUR, weil sich die Sekretärin des Vertreters vertippt hat.
Irrtum über verkehrswesentliche Eigenschaften einer Person oder einer Sache	Eine Bank stellt einen Kassierer ein, über den sie nachträglich erfährt, dass dieser bereits Unterschlagungen bei seinem früheren Arbeitgeber begangen hat.[2]

In den genannten Fällen muss die Anfechtung unverzüglich[3] nach Entdeckung des Anfechtungsgrunds erfolgen [§ 121 I, S. 1 BGB]. Der Anfechtende (der Irrende) ist höchstens zum Ersatz des Schadens verpflichtet, den der andere dadurch erlitten hat, dass er auf die Gültigkeit der Erklärung vertraute (sogenannter **Vertrauensschaden**) [§ 122 I BGB].[4]

Beachte:

Nicht anfechtbar sind:

Rechtsgeschäfte, die aufgrund eines **rechtsunerheblichen** Irrtums im Beweggrund **(Motivirrtum)** abgeschlossen worden sind (ausgenommen bei verkehrswesentlichen Eigenschaften von Personen und Sachen [§ 119 II BGB]).

Beispiel:

Ein Anleger kauft eine Aktie in der Erwartung, dass deren Kurs steigt. Sinkt der Kurs, kann er den Kaufvertrag nicht rechtswirksam anfechten.

---

[1] Ein „Halver Hahn" ist in Köln ein Roggenbrötchen.
[2] Hier liegt ein **rechtserheblicher Motivirrtum** vor. Unter einem Motiv versteht man in diesem Zusammenhang einen Beweggrund, einen Antrieb, eine Handlung vorzunehmen oder zu unterlassen.
[3] **Unverzüglich** bedeutet **ohne schuldhaftes Zögern** [§ 121 I, S. 1 BGB].
[4] Wenn die Erfüllung des Kaufvertrags bereits erfolgt ist (Übergabe und Übereignung der Kaufsache, Zahlung des Kaufpreises [§§ 929 f. BGB]), sind Verkäufer und Käufer verpflichtet, das Geld bzw. die Ware wegen ungerechtfertigter Bereicherung wieder herauszugeben [§ 812 BGB].

(2) Anfechtung wegen arglistiger Täuschung

Eine arglistige Täuschung liegt beim **Vorspiegeln falscher** oder bei der **Unterdrückung wahrer Tatsachen** vor.

Die Anfechtung wegen arglistiger Täuschung muss innerhalb eines Jahres nach Entdeckung der Täuschung erfolgen [§ 124 I, II, S. 1, 1. HS BGB].

> **Beispiele:**
>
> - Ein Verkäufer verkauft einen Unfallwagen, verschweigt dem Käufer jedoch den Unfall, da dieser den Wagen bei Kenntnis des Unfalls nicht gekauft hätte. Der Käufer kann den Kaufvertrag nach § 123 I BGB wegen arglistiger Täuschung durch den Verkäufer anfechten.
> - Ein Werbekaufmann wird aufgrund gefälschter Zeugnisse als Werbeleiter angestellt. Das Unternehmen kann den Anstellungsvertrag nach Kenntnis der Täuschung anfechten.
> - Ein Kunde erhält unter Vorlage unwahrer Bauunterlagen einen Bankkredit. Die Bank kann den Kreditvertrag anfechten.

(3) Anfechtung wegen widerrechtlicher Drohung

Damit eine widerrechtliche Drohung vorliegt, müssen folgende Tatbestandsmerkmale vorliegen: Dem Erklärungsempfänger wird, falls er sich weigert, ein „Übel" (z. B. eine Körperverletzung) angedroht. Die Drohung muss widerrechtlich sein und der Drohende muss sich außerdem bewusst sein, dass seine Drohung den Willensentschluss des Bedrohten herbeiführt oder mitbestimmt hat.

> **Beispiele:**
>
> - Ein Räuber droht Ihnen: „Geld her oder das Leben!"
> - Ein Gläubiger droht: „Bezahlung der Schulden oder das Leben"; oder er droht „sanft": „Wenn Sie nicht zahlen, erzähle ich Ihrer Frau, dass ich Sie am letzten Sonntag mit Ihrer Sekretärin gesehen habe."

Die Anfechtung wegen widerrechtlicher Drohung muss innerhalb eines Jahres vom Wegfall der Zwangslage gerechnet erfolgen [§ 124 I, II, S. 1, 2. HS BGB].

Beachte:

Eine **Widerrechtlichkeit** liegt **nicht** vor, wenn der Erklärende ein Recht auf eine Erklärung des anderen hat und er ihn hierzu mit angemessenen Mitteln zwingt.

> **Beispiel:**
>
> Der Gläubiger droht dem säumigen Schuldner damit, ihn – falls er nicht leistet – „zu verklagen" oder „den Kaufvertrag durch Rücktritt aufzulösen".

Zusammenfassung

- **Nichtige Rechtsgeschäfte** sind von Anfang an nichtig (ungültig). Sie kommen erst gar nicht zustande. Das BGB versagt ihnen jede Rechtswirkung (Rechtsfolge).
- Rechtsgeschäfte (Willenserklärungen), die einen der nachfolgenden Mängel aufweisen, sind **von Anfang an nichtig.**

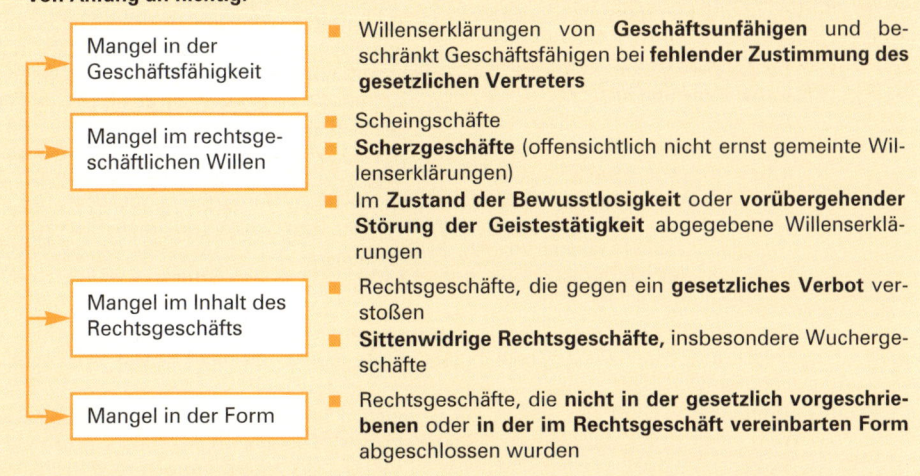

  - **Mangel in der Geschäftsfähigkeit**
    - Willenserklärungen von **Geschäftsunfähigen** und beschränkt Geschäftsfähigen bei **fehlender Zustimmung des gesetzlichen Vertreters**

  - **Mangel im rechtsgeschäftlichen Willen**
    - Scheingeschäfte
    - **Scherzgeschäfte** (offensichtlich nicht ernst gemeinte Willenserklärungen)
    - Im **Zustand der Bewusstlosigkeit** oder **vorübergehender Störung der Geistestätigkeit** abgegebene Willenserklärungen

  - **Mangel im Inhalt des Rechtsgeschäfts**
    - Rechtsgeschäfte, die gegen ein **gesetzliches Verbot** verstoßen
    - **Sittenwidrige Rechtsgeschäfte,** insbesondere Wuchergeschäfte

  - **Mangel in der Form**
    - Rechtsgeschäfte, die **nicht in der gesetzlich vorgeschriebenen** oder **in der im Rechtsgeschäft vereinbarten Form** abgeschlossen wurden

- **Anfechtbare Rechtsgeschäfte** sind bis zur Anfechtung voll rechtswirksam (gültig).
- Nach einer rechtswirksamen (gesetzlich zugelassenen und fristgemäßen) **Anfechtung** werden die anfechtbaren **Rechtsgeschäfte rückwirkend, d.h. von Anfang an, ungültig.**

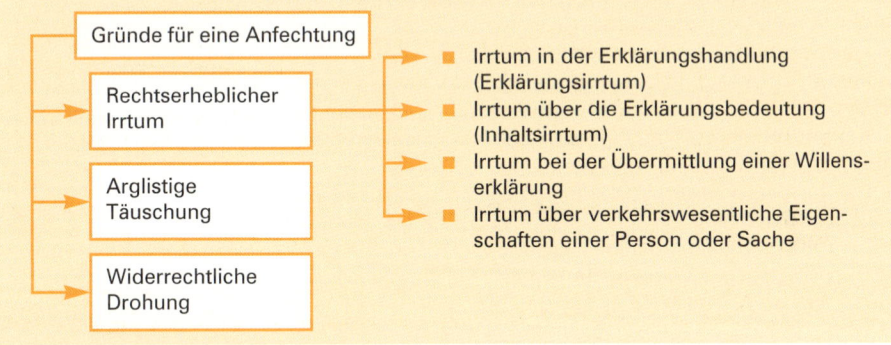

  - **Gründe für eine Anfechtung**

    - **Rechtserheblicher Irrtum**
      - Irrtum in der Erklärungshandlung (Erklärungsirrtum)
      - Irrtum über die Erklärungsbedeutung (Inhaltsirrtum)
      - Irrtum bei der Übermittlung einer Willenserklärung
      - Irrtum über verkehrswesentliche Eigenschaften einer Person oder Sache
    - **Arglistige Täuschung**
    - **Widerrechtliche Drohung**

Übungsaufgabe

29
1. Erläutern Sie, worin sich Nichtigkeit und Anfechtbarkeit von Rechtsgeschäften, insbesondere hinsichtlich der Rechtsfolgen, unterscheiden!
2. Erklären Sie, welchen Zweck das BGB mit der Nichtigkeit bestimmter Rechtsgeschäfte verfolgt!
3. Erklären Sie den Unterschied zwischen Scheingeschäft und Scherzgeschäft!
4. Erläutern Sie, unter welchen Voraussetzungen ein sittenwidriges Rechtsgeschäft vorliegt!
5. Bilden Sie vier verschiedenartige „Irrtumsfälle", die eine Anfechtung des Irrenden zulassen!

6. Begründen Sie, warum bei einem Motivirrtum grundsätzlich keine Anfechtung möglich ist, in bestimmten Fällen das BGB jedoch dem Irrenden eine Anfechtung wegen eines Motivirrtums nicht verweigert!

7. Erklären Sie die Tatbestände einer „arglistigen Täuschung" und „widerrechtlichen Drohung"!

8. Entscheiden Sie in folgenden Rechtsfällen und begründen Sie Ihre Lösung mit den §§ des Gesetzes:

    8.1 Der Landkreis Freiburg nimmt das preisgünstige Angebot der Mannheimer Baugesellschaft mbH über 18,2 Mio. EUR zum Bau eines neuen Berufsschulzentrums an. Nach Abschluss des Werkvertrags[1] stellt die Mannheimer Baugesellschaft mbH fest, dass sie sich bei der Abgabe ihres Kostenvoranschlags (Angebots) geirrt hat. Die voraussichtliche Entwicklung der Einkaufspreise für die benötigten Baumaterialien (Zement, Ziegel, Kies, Baustahl usw.) wurde falsch eingeschätzt. Durch die angezogene Baukonjunktur sind die Preise der Baumaterialien stärker als erwartet gestiegen. Ein kostendeckendes Angebot müsste 20 Mio. EUR betragen. Die Mannheimer Baugesellschaft mbH ficht deshalb ihr Angebot über 18,2 Mio. EUR wegen Irrtums in der Erklärungshandlung nach § 119 I BGB an.

    8.2 Der Mannheimer Baugesellschaft mbH ist bei der Addition der Angebotssumme ein Fehler unterlaufen und deshalb beträgt der Angebotspreis nicht 20 Mio. EUR, sondern nur 18,2 Mio. EUR!

    8.3 Zimmermann kauft von Schulze ein Grundstück. In dem notariell beurkundeten Kaufvertrag wird ein Kaufpreis von 85 000,00 EUR angegeben, obgleich sich Zimmermann und Schulze darüber einig sind, dass 142 000,00 EUR gezahlt werden sollen. Lesen Sie hierzu die §§ 117 I, 311 b I, 125 BGB!

    8.4 Konrad kauft aufgrund eines schriftlichen Angebots – „einmalige Gelegenheit" – von Bergmann eine antike Kredenz.[2] Als Anzahlung überlässt er Bergmann einen Barocktisch zum Preis von 600,00 EUR. Bei Lieferung stellt Konrad fest, dass er von dem Möbel eine falsche Vorstellung hatte. Unter „Kredenz" verstand er eine Vitrine. Er ficht den Kaufvertrag an und fordert den Barocktisch zurück.

    8.5 Herr Huber möchte seinem Nachbarn, Herrn Schreiner, schriftlich einen gebrauchten Pkw für 8 500,00 EUR zum Verkauf anbieten, vertippt sich jedoch und schreibt statt 8 500,00 EUR nur 6 500,00 EUR. Schreiner nimmt das Angebot an. Der Wagen wird am folgenden Tag übergeben.
    Als Schreiner kurz darauf bezahlen will, klärt sich alles auf.

    8.6 Herr Huber bekommt seinen Pkw nicht los. Unter der Drohung, er werde ihn wegen Fahrens ohne Führerschein anzeigen, zwingt Huber seinen Freund Wolf zur Unterschrift des Vertrags. Der Wagen wird übergeben und sofort bezahlt.

9. Im Vertragsrecht unterscheidet man zwischen Nichtigkeit und Anfechtbarkeit. Entscheiden Sie, in welchem Fall Nichtigkeit vorliegt!

    9.1 Verstoß gegen gesetzliche Formvorschriften,
    9.2 Fehlen einer zugesicherten Eigenschaft,
    9.3 Irrtum in der Erklärungshandlung,
    9.4 arglistige Täuschung,
    9.5 widerrechtliche Drohung.

---

1 Beim **Werkvertrag** verpflichtet sich der **Unternehmer** zur **Herstellung** des versprochenen Werks und der **Besteller** zur Entrichtung der vereinbarten Vergütung. Der Unternehmer schuldet den **versprochenen Erfolg**, nicht die Arbeitsleistung [§§ 631–650 BGB].
2 Kredenz: Anrichte, Schranktisch.

3.2 Kaufvertrag – dargestellt am Beispiel des Verbrauchsgüterkaufs

3.2.1 Begriffe Kaufvertrag und Verbrauchsgüterkauf

Das Kaufvertragsrecht unterscheidet grundsätzlich

- in **allgemeines Kaufvertragsrecht** [§§ 433–473 BGB] und
- in den **Verbrauchsgüterkauf**.

Der Grundgedanke des Gesetzgebers für diese Aufspaltung des Kaufvertragsrechts war, den Verbraucher mithilfe von Spezialregelungen [§§ 474–479 BGB] dadurch zu schützen, dass einige Regelungen des allgemeinen Kaufvertragsrechts für den Verbrauchsgüterkauf keine Anwendung finden.

(1) Begriff Kaufvertrag

Merke:

Ein **Kaufvertrag** kommt durch **inhaltlich übereinstimmende**, rechtsgültige **Willenserklärungen** von mindestens **zwei Personen** und durch **rechtzeitigen Zugang** der zweiten Willenserklärung beim Erklärungsempfänger zustande [§§ 145 ff., 433 BGB].

(2) Begriff Verbrauchsgüterkauf

Der Verbrauchsgüterkauf ist durch **vier Merkmale** definiert:

- Es muss ein **Kaufvertrag** vorliegen.
- Der **Verbraucher** muss der **Käufer** sein. Verbraucher ist jede natürliche Person, die ein Rechtsgeschäft zu Zwecken abschließt, die überwiegend weder ihrer gewerblichen noch ihrer selbstständigen beruflichen Tätigkeit zugerechnet werden können [§ 13 BGB].
- Der **Unternehmer** muss der **Verkäufer** sein. Unternehmer ist eine natürliche oder juristische Person oder eine rechtsfähige Personengesellschaft, die beim Abschluss eines Rechtsgeschäfts (z. B. Kaufvertrag) in Ausübung ihrer gewerblichen oder selbstständigen beruflichen Tätigkeit handelt. Die Unternehmereigenschaft ist unabhängig davon, ob eine Gewinnerzielungsabsicht besteht oder nicht.
- Der **Kaufgegenstand** muss eine **bewegliche Sache** sein.

Merke:

Ein **Verbrauchsgüterkauf** liegt vor, wenn ein **Verbraucher** von einem **Unternehmer** eine **bewegliche Sache**[1] kauft [§ 474 I, S. 1 BGB].

Ein Verbrauchsgüterkauf liegt auch vor, wenn **neben dem Verkauf** einer beweglichen Sache noch eine **Dienstleistung** durch den Unternehmer erbracht wird (z. B. die verkaufte Sache wird montiert, installiert oder angepasst). Für diese Vertagskombination Kauf-Dienstleistung ist somit das **Kaufvertragsrecht anzuwenden**.

---

[1] Die Vorschriften über den Verbrauchsgüterkauf finden daher keine Anwendung, wenn Grundstücke, Rechte oder immaterielle Güter (z. B. Patente) gekauft werden.

3.2.2 Abschluss eines Verbrauchsgüterkaufvertrags

(1) Möglichkeiten des Kaufvertragsabschlusses

■ **Der Verkäufer (Unternehmer) macht ein verbindliches Angebot, der Käufer (Verbraucher) bestellt (unter Bezugnahme auf das Angebot) rechtzeitig und ohne Änderung.**

Der Verbrauchsgüterkaufvertrag ist zustande gekommen (geschlossen), sobald der Verkäufer die Bestellung erhalten hat und diese ihm **rechtzeitig zugegangen** ist [§§ 146 ff. BGB].

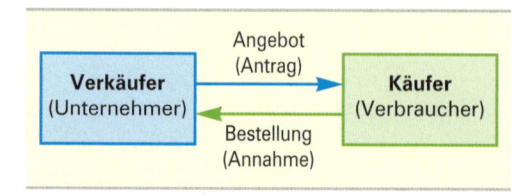

■ **Der Käufer (Verbraucher) bestellt ohne vorhergehendes verbindliches Angebot des Verkäufers (Unternehmer) und der Verkäufer nimmt die Bestellung rechtzeitig und ohne Änderung an.**

Dies kann z. B. der Fall sein, wenn der Käufer den Verkäufer (seine Waren, Preise) aus früheren Lieferungen kennt und aufgrund gültiger Verkaufsprospekte mit Preislisten oder aufgrund eines freibleibenden (unverbindlichen) Angebots bestellt.

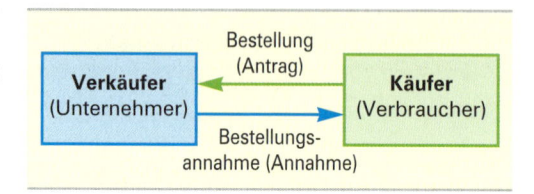

Der Verbrauchsgüterkaufvertrag ist zustande gekommen, sobald die Bestellungsannahme des Verkäufers dem Käufer rechtzeitig zugegangen ist [§§ 146 ff. BGB].

■ **Der Verkäufer (Unternehmer) macht ein verbindliches Angebot, der Käufer (Verbraucher) bestellt jedoch zu spät oder mit Abänderungen des Angebots, z. B. mit kürzerer Lieferzeit, höheren Mengen, niedrigeren Preisen.**

Der Verbrauchsgüterkaufvertrag kommt erst zustande, wenn der Verkäufer die verspätete oder abgeänderte Bestellung des Käufers (neuer Antrag) angenommen hat, d.h. durch die Bestellungsannahme des Verkäufers und nach deren rechtzeitigem **Zugang** beim Käufer.

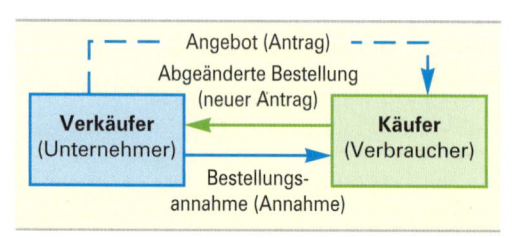

Die Bestellungsannahme ist deshalb erforderlich, weil die verspätete Annahme eines Antrags oder eine Annahme mit Erweiterungen, Einschränkungen oder sonstigen Änderungen als Ablehnung gilt, verbunden mit einem neuen Antrag [§ 150 I, II BGB].

(2) Bindung an den Antrag

> **Merke:**
>
> Gibt ein Unternehmer einen **Antrag ohne Einschränkung** ab, so ist er an diesen **Antrag gebunden.**

Bindungsfristen	Erläuterungen	Beispiele
Gesetzliche Bindungsfrist unter Anwesenden (auch fernmündlich)	Der Antrag muss sofort, d.h. solange das Gespräch dauert, angenommen werden [§ 147 I BGB].	Verlässt z.B. ein Kunde einen Laden, weil er sich noch nicht zum Kauf der angebotenen Waren entschließen kann und deshalb weitere Geschäfte aufsucht, muss er mit dem Verkauf der ihm angebotenen Ware an einen anderen Kunden rechnen.
Gesetzliche Bindungsfrist unter Abwesenden[1]	Die Bindungsfrist für den Verkäufer besteht, solange er unter regelmäßigen Umständen mit dem Eingang der Antwort (z.B. Bestellung) rechnen kann [§ 147 II BGB]. Dabei muss der Antrag mindestens mit dem gleich schnellen Nachrichtenmittel angenommen werden wie er abgegeben wurde.	Ein Antrag per E-Mail erfordert z.B. mindestens eine Annahme (Bestellung) auf gleichem Weg. Ein Briefantrag im Expressdienst erfordert mindestens eine Annahme durch den Expressdienst.
Vertragliche Bindungsfrist	Die Annahme bei einem befristeten Antrag kann nur **innerhalb der gesetzten Frist** erfolgen [§ 148 BGB]. Die Annahme muss dem Anbieter bis zur gesetzten Frist zugegangen sein.	Der vorliegende Antrag ist gültig bis zum 28. Juli 20..
Freiklauseln	Der Verkäufer kann die Bindung an den Antrag durch Freiklauseln ausdrücklich ganz ausschließen oder einschränken [§ 145 BGB].[2]	Der vorliegende Antrag ist unverbindlich. Zwischenverkauf vorbehalten.

3.2.3 Inhalt eines Verbrauchsgüterkaufvertrags[3]

Es gibt keinen gesetzlich vorgeschriebenen Inhalt. Es ist vorteilhaft, wenn der Verkäufer alle Einzelheiten bereits im Antrag so festlegt, dass der Käufer nur noch zuzustimmen braucht. Wird eine Einzelheit im Verbrauchsgüterkaufvertrag nicht geregelt (z.B. wer hat die Verpackungskosten zu tragen), so gilt für diesen Fall die **gesetzliche Regelung** des BGB.

---

[1] Die Annahmefrist setzt sich zusammen aus der Zeit für die **Übermittlung** des Antrags, einer angemessenen **Überlegungs- und Bearbeitungszeit** beim Empfänger und der Zeit für die **Übermittlung der Antwort** an den Anbieter.

[2] Erklärungen, bei denen sich eine **Freiklausel** auf den ganzen Antrag bezieht (z.B. unverbindlich, freibleibend), sind rechtlich **keine Anträge,** sondern Aufforderungen zur Abgabe eines Antrags (z.B. Bestellung). Diese „Freiklauseln" dürfen nicht mit den sogenannten **„Freizeichnungsklauseln"** („Freizeichnungen") verwechselt werden (z.B. mit den Haftungsausschlüssen und Haftungsbegrenzungen bei Ansprüchen aus unerlaubten Handlungen, für entgangenen Gewinn; Haftungsbegrenzungen auf Personen- oder Sachschäden).

[3] Im Folgenden wird davon ausgegangen, dass der **Verkäufer** immer ein **Unternehmer** und der **Käufer** immer ein **Verbraucher** ist.

3.2.3.1 Art, Qualität, Menge und Preis der Ware

(1) Art der Ware

Genaue Bezeichnung der Ware wie z.B. Geschirr-Reiniger-Tabs, PC 2010, Bürotisch Typ B 1.

(2) Qualität der Ware

Vor Abschluss eines Verbrauchsgüterkaufvertrags ist es äußerst wichtig, die Waren auf ihre Qualität und die Umweltverträglichkeit hin zu überprüfen. Der Verkäufer ist dabei **nicht berechtigt,** einen **Haftungsausschluss** für etwaige Mängel vorzunehmen [§ 475 I BGB].

- Bei **Gattungswaren (Gattungsschulden)** brauchen im Verbrauchsgüterkaufvertrag keine ausdrückliche Regelungen hinsichtlich der Güte und Beschaffenheit getroffen zu werden, weil das BGB hier bestimmt, dass bei fehlender Vereinbarung Sachen (Waren) mittlerer Art und Güte zu liefern sind [§ 243 I BGB]. Gattungswaren (Gattungssachen) sind bewegliche Sachen, die nur der Art nach bestimmt sind (z.B. Mehl einer bestimmten Type, serienmäßig hergestellte Autos eines bestimmten Typs, Eier einer bestimmten Handelsklasse). Dem Käufer ist es also gleichgültig, welche Teilmenge aus der Gattung geliefert wird.
- Anders ist es bei **Speziessachen (Stückschulden).** Hier wird eine ganz genau bestimmte Sache geschuldet (z.B. **dieses** Ölgemälde, **das** Springpferd „Rex", **dieser** Modellmantel).

(3) Menge der Ware

Die Warenmenge muss genau definiert sein.

Beispiele:

5 t Kohle, 2 000 l Heizöl, 2 Stück Vieh, 30 m^3 Boden, 150 kg Weizen.

(4) Preis der Ware

- **Rabatte (Abschläge)**

Der Preis der Ware muss unbedingt im Verbrauchsgüterkaufvertrag angegeben werden. Häufig kann der Käufer noch Rabatte (Abschläge) aushandeln. Der **Rabatt** ist ein Preisnachlass, der unabhängig von der Zahlungsfrist gewährt wird.

Mengenrabatt	Preisnachlass, der bei Abnahme größerer Mengen gewährt wird. Steigt der Rabattsatz mit zunehmenden Abnahmemengen an, spricht man von „Staffelrabatt".
Sonderrabatt	Preisnachlass, der aus besonderen Anlässen (z.B. Geschäftsjubiläen) oder aufgrund einer einmaligen Vereinbarung mit dem Kunden eingeräumt wird.
Treuerabatt	Preisnachlass, der langjährigen Kunden gewährt wird.
Naturalrabatt	Indirekter (mittelbarer) Preisnachlass, indem der Kunde eine unberechnete Draufgabe erhält (z.B. ein Kunde erhält zu den gekauften fünf Artikeln noch einen Artikel zusätzlich ohne Berechnung).

- **Boni (Einzahl: Bonus)**

Hier handelt es sich um einen Preisnachlass, der **nachträglich** gewährt wird. Ein Bonus liegt z. B. vor, wenn der Verkäufer seinem Kunden bei Erreichen einer bestimmten Umsatzsumme im vergangenen Geschäftsjahr eine Rückvergütung leistet.

3.2.3.2 Zahlungs- und Lieferungsbedingungen

(1) Zahlungsbedingungen

- **Skonti**

Unter **Skonti** (Einzahl: Skonto) versteht man einen Preisnachlass, der dann gewährt wird, wenn der Schuldner innerhalb einer bestimmten Frist bezahlt.

> **Beispiel:**
>
> „3 % Skonto bei Zahlung innerhalb von 10 Tagen, 30 Tage netto ab Rechnungsdatum". (Zweck: Anreiz für den Kunden, früher zu zahlen, d. h. in diesem Fall am 10. anstatt am 30. Tag.)

- **Zahlungsfristen**

> **Merke:**
>
> - Ist im **Verbrauchsgüterkaufvertrag** der **Zahlungszeitpunkt nicht bestimmt** und dieser auch nicht aus den Umständen des Rechtsgeschäfts zu entnehmen, muss der **Käufer sofort nach Übergabe der Ware bezahlen** [§ 271 I BGB].
> - Ist nichts anderes vereinbart, muss der Geldschuldner **alle Aufwendungen** tragen, die mit der **Zahlung verbunden** sind [§ 270 I BGB].

Es können auch Zahlungsbedingungen vereinbart werden, die von der gesetzlichen Regelung abweichen:

- **Teilweise oder vollständige Zahlung vor der Lieferung.** Die Zahlungsbedingungen können z. B. lauten: „Nur gegen Vorauskasse", „Nur gegen Vorauszahlung", „Anzahlung $^1/_3$ des Kaufpreises bei Bestellung, $^1/_3$ bei Lieferung, $^1/_3$ drei Monate nach Erhalt der Ware".
- **Zahlung nach der Lieferung.** In diesem Fall erhält der Käufer ein **Zahlungsziel**. Die Klauseln im Verbrauchsgüterkaufvertrag können z. B. lauten: „Zahlbar innerhalb 4 Wochen nach Rechnungserhalt", „Zahlbar innerhalb 8 Tagen mit 2 % Skonto", „14 Tage Ziel".

(2) Lieferungsbedingungen

- **Beförderungsaufwendungen**

> **Merke:**
>
> Ist im Verbrauchsgüterkaufvertrag nichts anderes vereinbart, so hat der **Käufer** grundsätzlich die **Beförderungsaufwendungen** (z. B. Frachten, Porti) **zu bezahlen**.[1] Möglich ist eine für den Verbraucher günstigere Regelung (z. B. Lieferung frei Haus).

---

1 Vgl. hierzu S. 171.

■ **Verpackungsaufwendungen**

Eine unmittelbare Vorschrift darüber, wer die Verpackungsaufwendungen zu tragen hat, sieht das BGB nicht vor. § 448 I BGB sagt aber, dass der Käufer die Kosten der Abnahme und der Versendung der Sache nach einem anderen Ort als dem Leistungsort[1] zu tragen habe.

> **Merke:**
>
> Ist im Verbrauchsgüterkaufvertrag nichts anderes vereinbart, trägt der **Käufer** die **Aufwendungen für die Verpackung.**

Im Geschäftsleben sind nähere Vereinbarungen über die Frage, wer die Aufwendungen für die Verpackung tragen soll, zweckmäßig. In einem Verbrauchsgüterkaufvertrag könnten sich z. B. folgende Angaben finden:

- „32,00 EUR je Verkaufspackung", d. h., die Verpackung wird nicht getrennt berechnet.
- „Leihpackung! Bei Rücksendung erhalten Sie $^2/_3$ des berechneten Werts gutgeschrieben." In diesem Fall trägt der Käufer einen Teil des Verpackungsaufwands.
- Eine andere handelsübliche Klausel ist „brutto für netto", abgekürzt „bfn" (z. B. auf Farbdosen), d. h., der Kunde zahlt das Verpackungsgewicht (Tara) wie das Inhaltsgewicht (Nettogewicht).

■ **Lieferfrist**

> **Merke:**
>
> Ist im Verbrauchsgüterkaufvertrag die Leistungszeit nicht bestimmt und diese auch nicht aus den Umständen des Rechtsgeschäfts zu entnehmen, muss der **Verkäufer** auf Verlangen des **Käufers unverzüglich liefern** [§ 474 III BGB]. In diesem Fall muss der Unternehmer die Sache spätestens 30 Tage nach Vertragsabschluss übergeben.

3.2.3.3 Leistungsort und Gerichtsstand

■ **Begriff Leistungsort**

Bei einem Verbrauchsgüterkaufvertrag muss – wie bei jedem anderen Vertrag auch – feststehen, wo der Schuldner seine geschuldete Leistung zu erbringen hat.

> **Merke:**
>
> **Leistungsort** ist der Ort, an dem die Warenschuld des Verkäufers bzw. die Geldschuld des Käufers erfüllt wird. Leistungsort ist nach der gesetzlichen Regelung der Wohn- bzw. Geschäftssitz des Warenschuldners (Verkäufer) bzw. des Geldschuldners (Käufer) [§ 269 BGB]. Der Leistungsort wird auch als Erfüllungsort bezeichnet.[2]

> **Beispiel:**
>
> Hat der Verkäufer seine gewerbliche Niederlassung in Kaiserslautern und der Käufer seine Niederlassung in Pforzheim, so ist der gesetzliche Leistungsort für den Warenschuldner Kaiserslautern, der gesetzliche Leistungsort für den Geldschuldner Pforzheim.

---
[1] Vgl. hierzu S. 171.
[2] Aus Vereinfachungsgründen werden die beiden Begriffe synonym verwandt.

■ Bedeutung des Leistungsorts für den Warenschuldner (Verkäufer)

Für den Verbrauchsgüterkauf gilt, dass der **Gefahrübergang** nach § 446 I, III BGB erst eintritt, wenn dem **Käufer die Sache übergeben wird**.[1] Bis zu diesem Zeitpunkt trägt der **Verkäufer das Risiko des zufälligen Untergangs** der Sache. Wird sie auf dem Transport zerstört, braucht der Käufer gemäß § 326 I, S. 1, HS 1 BGB den Kaufpreis nicht zu zahlen. Wird die Sache auf dem Transportweg beschädigt, so ist sie bei Gefahrübergang mangelhaft und der Verkäufer haftet nach dem kaufrechtlichen Gewährleistungsrecht.[2]

Der Gesetzgeber wollte mit dieser Regelung zum Gefahrübergang zwar dem Verkäufer das **Transportrisiko** aufbürden, **nicht jedoch eine Leistungspflicht für den Transport**. Es bleibt daher bei der Regelung des § 269 BGB. Danach ist der Leistungsort für die Warenschuld der Geschäftssitz des Verkäufers. Daraus folgt, dass der **Käufer im Zweifel die Verpackungs- und Transportkosten** zu tragen hat.

■ Bedeutung des Leistungsorts für den Geldschuldner (Käufer)

Der gesetzliche Leistungsort für den Zahlungsschuldner ist in der Regel dessen Wohnort. Der Zahlungsschuldner (Geldschuldner) hat jedoch das geschuldete Geld im **Zweifel**[3] auf **seine Gefahr** und **seine Kosten** dem Gläubiger an dessen Wohn- bzw. Geschäftssitz zu übermitteln [§ 270 I BGB].[4]

■ Bedeutung des Leistungsorts für den Gerichtsstand

Für Streitigkeiten aus einem Vertragsverhältnis und über dessen Bestehen ist das Gericht des Ortes zuständig, an dem die streitige Verpflichtung zu erfüllen ist [§ 29 I ZPO],[5] also der Leistungsort.

> **Merke:**
>
> Der gesetzliche Leistungsort zieht den **gesetzlichen Gerichtsstand** nach sich.

Dies bedeutet, dass der **Verbraucher (Käufer)** (wenn er klagen will) den Verkäufer bei dem **Gericht** verklagen muss, das für den **Leistungsort des Unternehmers (Verkäufers)** zuständig ist. Will hingegen der **Unternehmer (Verkäufer)** den Käufer verklagen (z. B. auf Zahlung des Kaufpreises), so muss er die Klage bei dem **Gericht** einreichen, das für den **Leistungsort des Verbrauchers (Käufers)** zuständig ist.

> **Beachte:**
>
> Zum Käuferschutz sind Vereinbarungen über den Gerichtsstand mit Verbrauchern grundsätzlich unzulässig (zu den Ausnahmen siehe §§ 29 II, 38 ZPO).

---

1 § 447 BGB kann aufgrund von § 474 II BGB nicht angewendet werden.
2 Vgl. hierzu Kapitel 3.4.2.3, S. 190 ff.
3 Im **Zweifel** bedeutet, dass es sich um eine Auslegungsregel handelt, die dann nicht gilt, wenn durch vertragliche Vereinbarungen oder Gesetz (z. B. Steuergesetz) etwas anderes bestimmt ist.
4 Die Gefahr, die der Geldschuldner zu tragen hat, ist die Transportgefahr/Übermittlungsgefahr **(Verlustgefahr)**.
  Die Pflicht des Geldschuldners zur Tragung der Kosten umfasst z. B. die Überweisungsentgelte und Zustellkosten, nicht jedoch die vom Geldgläubiger an seine Bank zu zahlenden Kontoführungsgebühren.
5 ZPO: Zivilprozessordnung.

3.2.4 Vertragspflichten von Verkäufer und Käufer (Erfüllungsgeschäft)[1]

3.2.4.1 Vertragspflichten des Verkäufers

Die **Erfüllung** des **Verbrauchsgüterkaufvertrags** durch den **Verkäufer** umfasst die Lieferung und die Eigentumsübertragung an den Käufer.

Lieferung (Besitzbeschaffung durch Übergabe der Kaufsache an den Käufer)	Ist eine Zeit für die Leistung weder bestimmt noch aus den Umständen zu entnehmen, so kann der Gläubiger (z.B. Käufer) die vertragliche Leistung **sofort verlangen**, der Schuldner (z.B. Verkäufer) sie **sofort bewirken** [§ 271 I BGB]. In der Regel wird die Leistungszeit zwischen dem Käufer und Verkäufer vertraglich geregelt.
Eigentumsübertragung an den Käufer [§ 433 I BGB]	Im Normalfall erfolgt die Eigentumsübertragung[2] zeitgleich mit der Lieferung. Wurde im Verbrauchsgüterkaufvertrag jedoch Eigentumsvorbehalt nach § 449 BGB vereinbart, geht das Eigentum erst nach Bezahlung des Kaufpreises auf den Käufer über.

3.2.4.2 Vertragspflichten des Käufers

Die **Erfüllung** des **Verbrauchsgüterkaufvertrags** durch den **Käufer** umfasst

- die **Abnahme** des **Kaufgegenstandes** (meistens eine Nebenpflicht) und
- die **Zahlung** des **Kaufpreises** (Hauptpflicht).

(1) Abnahme des Kaufgegenstands

Vertragsgemäß gelieferte Waren muss der Käufer **abnehmen**[3] (körperliche Entgegennahme, § 433 II BGB).

> **Beachte:**
>
> Bereits bei der Übergabe der Ware muss der Käufer die Unversehrtheit der Verpackung, die Übereinstimmung der gelieferten Stückzahlen, Gewichte und/oder Volumeneinheiten mit den auf den Warenbegleitpapieren (Lieferscheine, Frachtbriefe) angegebenen Zahlen und, soweit möglich, die unverpackten Waren selbst prüfen.

Ist von vornherein erkennbar, dass die Waren beschädigt oder unvollständig sind, ist die Abnahme zu verweigern. In diesem Fall wird vom Überbringer eine Bescheinigung über den festgestellten Mangel verlangt **(Tatbestandsaufnahme).**

(2) Zahlung des Kaufpreises

Der Käufer ist nach § 433 II BGB verpflichtet, dem Verkäufer den vereinbarten Kaufpreis zu zahlen. Nach § 270 BGB übernimmt der Käufer im Zweifel die Gefahr und die Kosten der Geldübertragung. Die Zahlungsart ist in der Regel dem Käufer überlassen.

---

[1] Wiederholen Sie hierzu die Ausführungen auf S. 149.
[2] Zu den verschiedenen Möglichkeiten der Eigentumsübertragung vgl. S. 156f.
[3] Die Abnahme und Annahme des Kaufgegenstands ist rechtlich scharf zu trennen.
   – Die **Abnahme** ist die tatsächliche Entgegennahme der Ware, wodurch der Käufer (unmittelbaren) Besitz erlangt.
   – Die **Annahme** des Kaufgegenstands ist hingegen eine Willenserklärung und bedeutet die Erklärung der vertragsmäßigen Erfüllung des Kaufvertrags. Auf die Annahme der Leistung durch den Käufer hat der Verkäufer keinen Anspruch.

Zusammenfassung

- Ein **Kaufvertrag** kommt durch mindestens zwei **inhaltlich übereinstimmende, rechtsgültige** und **rechtzeitig** aufeinanderfolgende empfangsbedürftige Willenserklärungen zustande.
- Ein **Verbrauchsgüterkauf** liegt vor, wenn ein **Verbraucher** von einem **Unternehmer** eine **bewegliche Sache** kauft.
- Die **erste Willenserklärung** ist der **Antrag,** die auf den Antrag folgende **zweite Willenserklärung** die **Annahme.**
- Da die erste Willenserklärung sowohl vom Verkäufer als auch vom Käufer abgegeben werden kann, kann ein Verbrauchsgüterkaufvertrag sowohl durch ein **Angebot** (1. Willenserklärung) und die **Bestellung** (2. Willenserklärung) als auch durch eine **Bestellung** (1. Willenserklärung) und die **Bestellungsannahme** (Auftragsbestätigung) (2. Willenserklärung) zustande kommen.
- Durch den Abschluss eines Verbrauchsgüterkaufvertrags ist zunächst ein gegenseitiges Schuldverhältnis entstanden, das zu gegenseitigen Leistungen verpflichtet, das sog. **Verpflichtungsgeschäft.**
- Dem **Verpflichtungsgeschäft** muss das **Erfüllungsgeschäft** folgen, weil erst durch das Erfüllungsgeschäft die tatsächlichen Rechtsänderungen (z.B. Besitz- und Eigentumsübertragung), d.h. die Erfüllung erfolgt.
- Der **Verkäufer** ist **verpflichtet,** dem **Käufer** die **verkaufte Sache** in der richtigen Art und Weise, mängelfrei, rechtzeitig und am richtigen Ort **zu übergeben** und dem **Käufer** das **Eigentum** an dem **Kaufgegenstand** frei von Rechtsmängeln zu **übertragen.**
- Der **Käufer** ist **verpflichtet,** den vereinbarten **Kaufpreis** zu **zahlen** und die ordnungsgemäß (mängelfrei) gelieferte **Kaufsache abzunehmen.**
- Ist über die **Leistungszeit** nichts vereinbart und ist diese auch nicht aus den Umständen des Rechtsgeschäfts zu entnehmen, kann der Gläubiger die vereinbarte Leistung sofort verlangen, der Schuldner sie sofort bewirken.
- Wichtige Inhalte des Verbrauchsgüterkaufvertrags sind:

| Art, Qualität und Menge der Ware. | Preis der Ware. | Lieferungs- und Zahlungsbedingungen. | Leistungsort und Gerichtsstand. |

- Der **Leistungsort** ist der Ort, an dem die geschuldete **Leistung zu erbringen** ist. Leistungsort ist nach der gesetzlichen Regelung der Wohn- bzw. Geschäftssitz des Warenschuldners (Verkäufer) bzw. des Geldschuldners (Käufers).
- Am Leistungsort befreit sich der Schuldner von seiner Leistungspflicht.
- Ab dem Leistungsort trägt der Gläubiger die Versendungskosten (Ausnahme: Geldschulden).
- Beim **Verbrauchsgüterkauf** erfolgt der **Gefahrübergang** am **Wohnort des Käufers.**
- Der gesetzliche Leistungsort zieht den **gesetzlichen Gerichtsstand** nach sich. Zum Käuferschutz sind **Vereinbarungen über den Gerichtsstand** mit **Verbrauchern grundsätzlich unzulässig.**

Übungsaufgabe

30
1. Beschreiben Sie, unter welchen Bedingungen ein Verbrauchsgüterkaufvertrag bereits mit der Bestellung zustande kommt!
2. Erläutern Sie, unter welchen Bedingungen ein Verbrauchsgüterkaufvertrag erst mit der Bestellungsannahme zustande kommt!
3. Die Lehmann Holzbau GmbH macht Bruno Bernhard unter dem 24. April 20.. ein vollständiges Verkaufsangebot über ein Gartenhäuschen zum Preis von 3 100,00 EUR. Unter Bezugnahme auf das Angebot bestellt Bruno Bernhard unter dem 28. Mai 20.. zum Preis von 3 100,00 EUR. Die Lehmann Holzbau GmbH nimmt die Bestellung von Bruno Bernhard vom 28. Mai 20.. am 2. Juli 20.. an.

   Aufgabe:

   Beschreiben Sie, wie im vorliegenden Fall ein Verbrauchsgüterkaufvertrag zustande kommt!

4. Franz Baier bestellt aufgrund eines freibleibenden Angebots Eichendielen bei dem Sägewerk Wattenbach GmbH.

   Aufgaben:

   4.1 Erläutern Sie, wie der Verbrauchsgüterkaufvertrag zustande kommt!

   4.2 Nennen Sie die Pflichten, die Franz Baier aus diesem Verbrauchsgüterkaufvertrag hat!

   4.3 Begründen Sie, wo sich der gesetzliche Leistungsort für die Holzlieferung befindet!

5. Betrachten Sie die nachstehende Skizze!

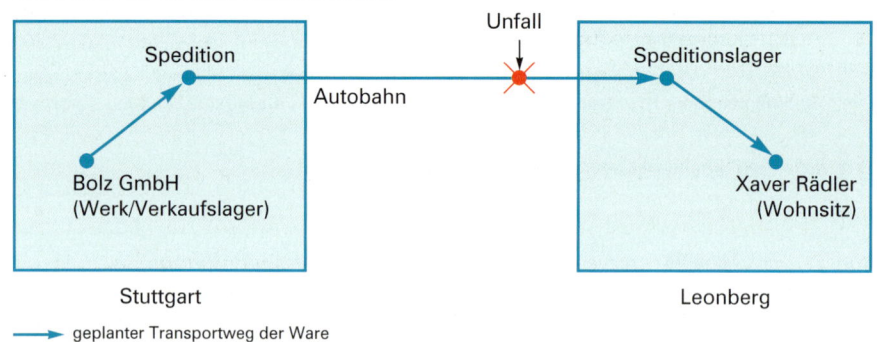

   ```
                              Unfall
        Spedition               ↓         Speditionslager
           •━━━━━━━━━━━━━━━━━━━❌━━━━━━━━━•
          ↗       Autobahn                  ↘
         •                                    •
    Bolz GmbH                            Xaver Rädler
   (Werk/Verkaufslager)                   (Wohnsitz)

       Stuttgart                          Leonberg
   ```

   ➔ geplanter Transportweg der Ware

   Aufgabe:

   Begründen Sie, ob Xaver Rädler den Kaufpreis für die auf dem Transport durch den Unfall vernichtete oder beschädigte Ware zahlen muss und ob die Bolz GmbH nochmals liefern muss!

6. 6.1 Bilden Sie ein Beispiel für einen Verbrauchsgüterkaufvertrag!

   6.2 Erklären Sie, warum der Gesetzgeber für den Verbrauchsgüterkaufvertrag gegenüber dem Kaufvertragsrecht nach §§ 433 ff. BGB Sonderregelungen getroffen hat!

   6.3 Nennen Sie eine Sonderregelung des Verbrauchsgüterkaufs!

7. Hans Krapf bestellt bei dem Möbelhaus Mattes GmbH einen Schreibtisch für das Büro. Es wird vereinbart, dass der Schreibtisch durch einen Spediteur per Lkw zugestellt wird. Durch einen Unfall auf eisglatter Straße entsteht an dem Lkw des Spediteurs sowie an der Ladung Totalschaden. Den Fahrer des Lkw trifft kein Verschulden.

   Aufgabe:

   Prüfen Sie, ob Hans Krapf den Kaufpreis bezahlen muss!

3.2.5 Allgemeine Geschäftsbedingungen

3.2.5.1 Zielsetzungen und Begriff der allgemeinen Geschäftsbedingungen

(1) Zielsetzungen

Die Verkäufer (Unternehmer) sind unter Berufung auf den Grundsatz der Vertragsfreiheit bestrebt, durch **verbindliche allgemeine Geschäftsbedingungen** für sie günstigere vertragliche Vereinbarungen zu erzielen. Außerdem werden allgemeine Geschäftsbedingungen formuliert, um nicht immer wieder in jedem neuen Vertrag dieselben Dinge neu regeln zu müssen (z. B. Festlegung des Leistungsortes, der Zahlungsbedingungen).

(2) Begriff „Allgemeine Geschäftsbedingungen"

> **Merke:**
>
> **A**llgemeine **G**eschäfts**b**edingungen **(AGB)** sind alle für eine Vielzahl von Verträgen **vorformulierte Vertragsbedingungen**,[1] die **eine** Vertragspartei (Verwender) der anderen Vertragspartei bei Abschluss eines Vertrags stellt [§ 305 I, S. 1 BGB].

Werden „Allgemeine Vertragsbedingungen" zwischen den Vertragsparteien im Einzelnen ausgehandelt, liegen keine AGB vor [§ 305 I, S. 3 BGB]. Solche **Individualvereinbarungen** gehen den AGB immer vor [§ 305 b BGB].

> **Beispiele:**
>
> In den allgemeinen Geschäftsbedingungen eines Unternehmens steht: „Liefertermine sind unverbindlich". Haben sich Käufer und Verkäufer auf den Liefertermin 15. Juli geeinigt, so gilt diese Vereinbarung.

3.2.5.2 AGB und Verbraucherschutz

(1) Gültigkeit der allgemeinen Geschäftsbedingungen

Ein „Trick" mancher Verwender allgemeiner Geschäftsbedingungen ist, diese möglichst klein[2] in für Kunden unverständlicher juristischer Sprache in einer blassen Farbe auf die Rückseite der Angebote oder gar Auftragsbestätigungen bzw. Rechnungen zu drucken. Solche Unterschiebungen sind nach dem BGB verboten. Allgemeine Geschäftsbedingungen werden vielmehr nur dann Vertragsbestandteil, wenn der Unternehmer beim Vertragsabschluss den Verbraucher **ausdrücklich** auf sie hinweist und der Verbraucher in zumutbarer Weise vom Inhalt der AGB Kenntnis nehmen kann und mit deren Geltung **einverstanden** ist [§ 305 II BGB].

(2) Vorschriften zum Verbraucherschutz

Um einen Missbrauch durch allgemeine Geschäftsbedingungen zu verhindern und Verbraucher vor Übervorteilung zu schützen, hat der Gesetzgeber Gesetzesvorschriften erlassen, die die allgemeinen Geschäftsbedingungen inhaltlich auf ihre Rechtsgültigkeit hin überprüfen. Sie umfassen die §§ 307–309 BGB.

---

1 Allgemeine Geschäftsbedingungen werden vor allem von den Wirtschaftsverbänden der Industrie, des Handels, der Banken, der Versicherungen, der Spediteure usw. normiert (vereinheitlicht) und den Verbandsmitgliedern zur Verwendung empfohlen (z. B. „Allgemeine Lieferbedingungen für Erzeugnisse und Leistungen der Elektroindustrie", „Allgemeine Deutsche Spediteurbedingungen").

2 Deswegen werden die AGB in der Umgangssprache auch als das „Kleingedruckte" bezeichnet.

- § 307 BGB Generalklausel,
- § 308 BGB Klauselverbote mit Wertungsmöglichkeit,
- § 309 BGB Klauselverbote ohne Wertungsmöglichkeit.

Generalklausel

In der Generalklausel schreibt das BGB vor [§ 307 I BGB], dass Bestimmungen von allgemeinen Geschäftsbedingungen dann unwirksam sind, wenn sie den Vertragspartner des Verwenders entgegen dem Gebot von Treu und Glaube (siehe § 242 BGB) **unangemessen benachteiligen.**

Eine unangemessene Benachteiligung liegt im Zweifel vor, wenn der Grundgedanke einer gesetzlichen Regelung verletzt wird oder wenn die Rechte und Pflichten des Verbrauchers so eingeschränkt sind, dass das Erreichen des Vertragszweckes gefährdet ist.

Klauselverbote ohne Wertungsmöglichkeit [§ 309 BGB]

Hier handelt es sich um Klauseln, deren Unwirksamkeit auch **ohne richterliche Wertung** feststeht. Dazu gehören Klauseln, die gesetzliche Rechte des Verbrauchers einschränken. Beispielhaft werden folgende Klauseln vorgestellt:

Klausel	Erläuterungen	Beispiele
Pauschalierung von Schadensersatzansprüchen [§ 309, Nr. 5 BGB]	Eine Schadenspauschalierung ist stets unwirksam, wenn dem anderen Vertragsteil z. B. nicht ausdrücklich der Nachweis gestattet wird, dass ein Schaden oder eine Wertminderung gar nicht oder nur in wesentlich niedrigerer Höhe eingetreten ist.	In den AGB einer Autovermietung steht: Bei jedem Unfall, bei dem ein Schaden an dem gemieteten Pkw entsteht, wird, ohne dass der Vermieter einen Nachweis zu führen hat, ein Mindestentgelt von 750,00 EUR fällig.
Kurzfristige Preiserhöhungen [§ 309, Nr. 1 BGB]	Räumen die allgemeinen Geschäftsbedingungen die Möglichkeit ein, dass bei einer Warenlieferung innerhalb von 4 Monaten nach Abschluss des Kaufvertrags eine kurzfristige Preiserhöhung erlaubt ist, so ist diese für Verbraucher unwirksam.	In einem am 2. März abgeschlossenen Kaufvertrag über die Lieferung eines Pkw ist als Liefertermin der 15. Mai festgelegt. Eine in der Zwischenzeit eingetretene Preiserhöhung ist für den Käufer ohne Bedeutung.
Leistungsverweigerungsrecht / Verzug, Unmöglichkeit [§ 309, Nr. 2, Nr. 8 BGB]	Ein Gewährleistungsausschluss bei neu hergestellten Waren und eine Einschränkung des Leistungsverweigerungsrechts sind unwirksam.	■ Die AGB eines Elektrofachgeschäfts legen fest, dass der Kunde im Fall einer zu Recht bestehenden Beanstandung lediglich ein Recht auf Beseitigung des Mangels haben soll. ■ Die AGB eines Baumarkts enthalten folgende Klausel: „Bei Ratenkäufen entbindet auch eine berechtigte Reklamation den Käufer nicht von seiner Verpflichtung zur pünktlichen Ratenzahlung."

Klausel	Erläuterungen	Beispiele
Haftungsausschluss bei Verletzung von Leben, Körper, Gesundheit und bei grobem Verschulden [§ 309, Nr. 7 BGB]	Der Anspruch auf Schadensersatz wegen **Verletzung des Lebens, des Körpers** oder **der Gesundheit** kann nicht ausgeschlossen werden. Auch die Haftung für **sonstige Schäden** kann für vorsätzliche oder grobe Fahrlässigkeit nicht ausgeschlossen werden. Ausgeschlossen werden kann jedoch ein Schadensersatzanspruch, der auf einer einfachen Fahrlässigkeit beruht, sofern der Schaden untypisch für den Vertrag ist.	Eine Fahrradfabrik schließt in ihren AGB einen Schadensersatzanspruch für Verletzungen wegen eines Materialfehlers aus.

■ **Klauselverbote mit Wertungsmöglichkeit** [§ 308 BGB]

Für diese nach § 308 BGB verbotenen Klauseln ist kennzeichnend, dass sie **unbestimmte Rechtsbegriffe** verwenden, weshalb die Unwirksamkeit erforderlichenfalls eine **richterliche Wertung** notwendig macht.

Beispiele:[1]

- **Annahme und Leistungsfrist (Nr. 1):** Bestimmungen, durch die sich der Verwender unangemessen lange oder nicht hinreichend bestimmte Fristen für die Annahme oder Ablehnung eines Angebots oder die Erbringung einer Leistung vorbehält.
- **Nachfrist (Nr. 2):** Bestimmungen, durch die sich der Verwender für die von ihm zu erbringenden Leistungen eine von Rechtsvorschriften abweichende unangemessen lange oder nicht hinreichend bestimmte Nachfrist vorbehält.
- **Rücktrittsvorbehalte (Nr. 3):** Sachlich nicht gerechtfertigte Rücktrittsvorbehalte.

(3) Rechtsfolgen bei Nichteinbeziehung und Unwirksamkeit allgemeiner Geschäftsbedingungen

Wenn allgemeine Geschäftsbedingungen ganz oder teilweise kein Vertragsbestandteil geworden oder rechtsunwirksam sind, dann bleiben die anderen Vertragsbestandteile wirksam. Für den Vertragsinhalt gelten dann die gesetzlichen Vorschriften [§ 306 I, II BGB].

Zusammenfassung

- **Allgemeine Geschäftsbedingungen (AGB)** haben den Zweck, für die gewerblichen Anbieter wirtschaftlicher Leistungen günstige und über längere Zeit gleich bleibende Vertragsbedingungen zu schaffen.
- Um die wirtschaftlich schwächeren **Verbraucher vor einer möglichen unangemessenen Benachteiligung** durch die Unternehmer **zu schützen,** hat der Gesetzgeber die Vertragsfreiheit durch **besondere Vorschriften** zu den allgemeinen Geschäftsbedingungen eingeschränkt (siehe z. B. §§ 305–310 BGB).

---

1 Weitere Beispiele: siehe § 308 Nr. 4 bis Nr. 7.

Übungsaufgabe

31
1. Erläutern Sie, welchen Zweck die Vorschriften des BGB zur Gestaltung rechtsgeschäftlicher Schuldverhältnisse durch allgemeine Geschäftsbedingungen [§§ 305–310 BGB] verfolgen!
2. Prüfen Sie, ob folgende Klauseln in allgemeinen Geschäftsbedingungen gegenüber Nichtkaufleuten rechtswirksam sind: Lesen Sie hierzu §§ 308, 309 BGB!
    2.1 „Vereinbarte Liefertermine sind unverbindlich. Wir sind jedoch bemüht, die Liefertermine pünktlich einzuhalten."
    2.2 „Erfolgt die Lieferung nicht zum vereinbarten Termin, so kann uns der Käufer eine dreimonatige Nachfrist setzen mit der Erklärung, dass er nach deren fruchtlosem Ablauf vom Kaufvertrag zurücktreten werde."
    2.3 „Wir sind jederzeit berechtigt, vom Kaufvertrag zurückzutreten."
    2.4 „Kleinere fabrikationstechnisch bedingte Farbabweichungen müssen wir uns vorbehalten."
    2.5 „Verlangt ein Käufer aufgrund berechtigter Reklamation Nacherfüllung, müssen wir eine Nutzungsgebühr in Höhe von 50 % des Barverkaufspreises verlangen."
3. Nach bestandener Gehilfenprüfung heiratet Ingrid. Bei einem Möbelhändler kauft sie ihre Wohnungseinrichtung und unterschreibt dabei einen Kaufvertrag, auf dessen Rückseite die folgenden „Allgemeinen Geschäftsbedingungen" aufgedruckt sind.

Geschäftsbedingungen

1. Abänderungen der in diesem Kaufvertrag getroffenen Vereinbarungen und der nachstehenden Bedingungen sowie alle zusätzlichen Nebenabreden bedürfen der Schriftform. Für Nachbestellungen gelten die nachstehenden Bedingungen, auch wenn darüber keine schriftlichen Abmachungen getroffen sind. Entgegenstehende Geschäftsbedingungen des Käufers finden keine Anwendung.

   Sind oder werden einzelne Vertragsbestimmungen unwirksam, bleibt die Gültigkeit des übrigen Vertragsinhaltes unberührt.

2. Die Preise schließen vorbehaltlich besonderer Vereinbarung (z. B. Mitnahmepreis) die Lieferung frei Haus ein. Der Käufer hat die Abnahme der gekauften Einrichtungsgegenstände zum vereinbarten Liefertermin und den ungehinderten Aufbau sicherzustellen. Der Verkäufer ist berechtigt, die Kosten für vergebliche Anfahrten nach den Sätzen des Spediteurgewerbes zu berechnen.

   Bei Kaufverträgen, deren Lieferzeit 8 Wochen überschreitet, sind die Preise freibleibend.

   Besondere Arbeiten (z. B. Nähen und Hängen von Gardinen, Verlegen von Bodenbelägen sowie sonstige lt. Kaufvertrag kostenpflichtige Einbau- oder Montagearbeiten usw., einschließlich Kleinmaterial) werden nach ihrer Fertigstellung in Rechnung gestellt und sind sofort ohne jeden Abzug zahlbar.

3. Nimmt der Käufer gekaufte Ware nicht innerhalb 4 Wochen nach dem vereinbarten Liefertermin ab, so lagert sie auf Gefahr des Käufers und der Verkäufer ist berechtigt, vom Liefertermin ab monatliche Lagergebühren in Höhe von 2 % des Kaufpreises zu berechnen. Zur Lagerung über den vereinbarten Liefertermin hinaus ist der Verkäufer auch nach vollständiger Kaufpreiszahlung nicht verpflichtet. Der Verkäufer kann nach einmaliger Abmahnung das gekaufte Gut auf Kosten und Gefahr des Käufers anderweitig einlagern.

   Wird statt eines festen Liefertermins für die Abnahme durch den Käufer ein bestimmter Zeitraum vereinbart, so gilt dessen letzter Tag als Liefertermin im Sinne der vorstehenden Bestimmungen.

4. Der Verkauf erfolgt bei serienmäßig hergestellten Einrichtungsgegenständen nach Mustern, die nicht Vertragsgegenstand sind. Der Verkäufer verpflichtet sich, Stücke desselben Herstellers in gleichartiger Ausführung und Güte zu liefern. Geringfügige Abweichungen der gelieferten Gegenstände von den Mustern in Konstruktion, Abmessung, Form, Farbe und dgl. bleiben vorbehalten.

5. Angaben über Liefertermine werden möglichst eingehalten, sind jedoch stets unverbindlich. Betriebsstörungen jeder Art, insbesondere durch Arbeitskämpfe und höhere Gewalt, sowohl beim Verkäufer, bei dessen Lieferanten als auch bei deren Vorlieferanten verlängern die Lieferzeit entsprechend. Außerdem gilt für alle Lieferungen nach Verstreichen des gemäß Satz 1 zu bestimmenden Liefertermins eine Nachlieferfrist von 8 Wochen als vereinbart. Nach ergebnislosem Ablauf der Frist kann der Käufer vom Vertrag zurücktreten.

Der Käufer ist verpflichtet, Teillieferungen einzeln abzunehmen und zu bezahlen. Der Verkäufer haftet nie auf Schadensersatz wegen verspäteter oder unterlassener Lieferungen, z.B. infolge Nichtbelieferung durch einen Lieferanten.

6. Gelieferte Ware bleibt bis zur vollständigen Tilgung aller Schulden des Käufers, die gleichviel aus welchem Rechtsgrund irgendwie als Folge dieses oder weiterer Kaufverträge entstanden sind oder noch entstehen, Eigentum des Verkäufers. Der Käufer ist verpflichtet, unter Eigentumsvorbehalt stehende Sachen sorgsam und pfleglich zu behandeln. Er hat dem Verkäufer jeden Wohnungswechsel sowie jede anderweitige Verbringung der gelieferten Gegenstände unverzüglich schriftlich mit der neuen Anschrift anzuzeigen.

Bei einer Pfändung oder sonstigen Beschlagnahme hat der Käufer auf das Eigentum des Verkäufers hinzuweisen und diesem eine derartige Maßnahme unverzüglich unter Übersendung einer Protokollabschrift anzuzeigen. Der Käufer trägt alle Kosten, die zur Erwirkung der Freigabe und etwaigen Wiederbeschaffung von im Eigentum des Verkäufers stehenden Waren entstehen; er hat für Schäden aufzukommen, die dem Verkäufer infolge unterbliebener oder verspäteter Benachrichtigung von einer Pfändung oder Beschlagnahme entstanden sind.

7. Zahlung hat gemäß den im Kaufvertrag vereinbarten Bedingungen zu erfolgen. Besondere Arbeiten (Ziff. 2 Abs. 3) sind sofort nach Erhalt der Rechnung ohne jeden Abzug zu bezahlen. Eingehende Zahlungen werden wie folgt verrechnet: 1. Prozess- und sonstige Folgekosten aus dem Kaufvertrag, 2. Zinsen, 3. Kaufpreis. Hat der Käufer mehrere Kaufgegenstände – auch aufgrund verschiedener Kaufverträge – erhalten, so bestimmt der Verkäufer, auf welche Einzelgegenstände oder Arbeiten die Zahlungen jeweils anzurechnen sind.

Zahlungen in bar müssen an die Hauptkasse unseres Einrichtungshauses geleistet werden. Gegen Aushändigung einer Quittung sind auch Auslieferungspersonal und Personen mit schriftlicher Inkassovollmacht zur Entgegennahme von Zahlungen befugt.

Der Käufer ist nicht berechtigt, gegenüber Zahlungsansprüchen des Verkäufers ein Zurückbehaltungsrecht geltend zu machen oder Aufrechnung, gleich mit welchen Forderungen, zu erklären. Bei Überschreiten eines Zahlungstermins kann der Verkäufer vorbehaltlich des Nachweises eines höheren Verzugsschadens ohne weitere Mahnung Verzugszinsen zu dem banküblichen Zinssatz für kurzfristige Kredite berechnen.

8. Der Verkäufer verpflichtet sich, bei Lieferung vorhandene Mängel an Kaufgegenständen im Wege der Nacherfüllung innerhalb angemessener Frist zu beseitigen oder nach seiner Wahl Ersatz zu leisten. Der Käufer hat Nacherfüllung in seinen Räumen oder Abholung der Ware zu gestatten. Kommt der Verkäufer seiner Nacherfüllungspflicht nicht nach, so kann der Käufer Rücktritt oder Minderung verlangen.

Mängelrügen bezüglich erkennbarer Mängel müssen dem Verkäufer binnen 7 Tagen nach Lieferung schriftlich zugegangen sein. Die Gewährleistungsfrist für sonstige Mängel beträgt 6 Monate. Sie erstreckt sich nicht auf solche Schäden, die beim Käufer durch normale Abnutzung, Feuchtigkeit oder sonstige außergewöhnliche Temperatur- und Witterungseinflüsse entstehen sowie nicht auf Gebrauchtwaren oder Waren, für die handelsüblich keine Garantiepflicht besteht (z.B. Spiegel, Gläser, Maser- und Wurzelfurniere, Textilien usw.).

Bei Bestellungen nach Holz-, Farb- oder sonstigen Mustern wird keine Gewähr für genaues Passen übernommen. Im Übrigen sind Ansprüche auf Wandelung, Minderung, Austausch oder Schadensersatz statt Leistung auch für Schäden, die nicht an dem Liefergegenstand selbst entstanden sind, ausgeschlossen. Mängelrügen berechtigen nicht zur völligen oder teilweisen Nichtzahlung. Eine Überschreitung des vereinbarten Zahlungstermins befreit den Verkäufer von der Pflicht zur Mängelbeseitigung.

9. Erfüllt der Käufer den Kaufvertrag nicht oder wird von ihm nur ein Teil der gekauften Ware abgenommen und bezahlt, so ist der Verkäufer ohne Nachfristsetzung berechtigt, mindestens 25 % der Gesamtkaufsumme bzw. des nicht bezahlten Restbetrages als Schadensersatz statt Leistung zu verlangen.

Falls der Käufer einen vertraglichen Zahlungstermin nicht einhält, gelieferte Ware vor völliger Bezahlung abhanden kommt, vertragswidrig benutzt oder zerstört wird, ist die gesamte Kaufpreisschuld aus diesem und aus weiteren Verträgen sofort fällig. Der Verkäufer hat in diesen Fällen das Recht, unter Eigentumsvorbehalt stehende Gegenstände auf Kosten des Käufers zurückzuholen, ohne Nachfristsetzung Schadensersatz in Höhe von mindestens 25 % des Kaufpreises sowie für Benutzung und Wertminderung der Gegenstände eine Entschädigung nach den Sätzen des Möbeleinzelhandels zu verlangen.

10. Entstehen nach Vertragsabschluss begründete Zweifel an der Zahlungsfähigkeit des Käufers (z.B. bei Ergehen von Zahlungsbefehlen oder Vollstreckungsmaßnahmen), so ist der Verkäufer berechtigt, nach seiner Wahl entweder sofortige Barzahlung zu verlangen oder vom Vertrag zurückzutreten.

11. Erfüllungsort und Gerichtsstand im Mahnverfahren sowie für den Fall, dass im Zeitpunkt einer Klageerhebung der gewöhnliche Aufenthalt des Käufers nicht bekannt ist oder der Käufer seinen Wohnsitz oder gewöhnlichen Aufenthaltsort nicht mehr im Bundesgebiet hat, ist Gießen. Handelt es sich beim Käufer um einen Kaufmann im Sinne des HGB, so ist ohne Einschränkung der Gerichtsstand für alle Rechtsstreitigkeiten Gießen. Nach Wahl des Verkäufers ist ohne Rücksicht auf die Höhe des Streitwertes das Amtsgericht zuständig.

Aufgaben:
3.1 Analysieren Sie, in welchen Punkten die Bestimmungen der allgemeinen Geschäftsbedingungen von den Regelungen des BGB abweichen!
3.2 Prüfen Sie, welche rechtlichen Konsequenzen sich aus 3.1 für Ingrid ergeben!

3.3 Fernabsatzvertrag als Beispiel eines Verbrauchervertrags

3.3.1 Begriff Fernabsatzvertrag

(1) Merkmale des Fernabsatzvertrags

Merke:

Fernabsatzverträge sind
- Verträge über die **Lieferung von Waren** oder über die **Erbringung von Dienstleistungen,** die
- zwischen einem **Unternehmer** und einem **Verbraucher**
- unter **ausschließlicher Verwendung** von „**Fernkommunikationsmitteln**"
- im Rahmen eines für den Fernabsatz organisierten **Vertriebs- oder Dienstleistungssystems** abgeschlossen werden [§ 312c I BGB].

Fernkommunikationsmittel sind z.B. Briefe, Kataloge, Telefonanrufe, Telefaxe, Internet-Homepages, SMS-Nachrichten, E-Mails [§ 312c II BGB].[1] Der Fernabsatzvertrag knüpft allein an die **Art und Weise seines Abschlusses** und nicht an einem bestimmten Vertragsinhalt an. Damit gelten die Vorschriften des BGB zu Fernabsatzverträgen für althergebrachte Absatzwege wie den Katalogverkauf ebenso wie für das Telefonshopping und den Vertrieb über das Internet (E-Commerce).

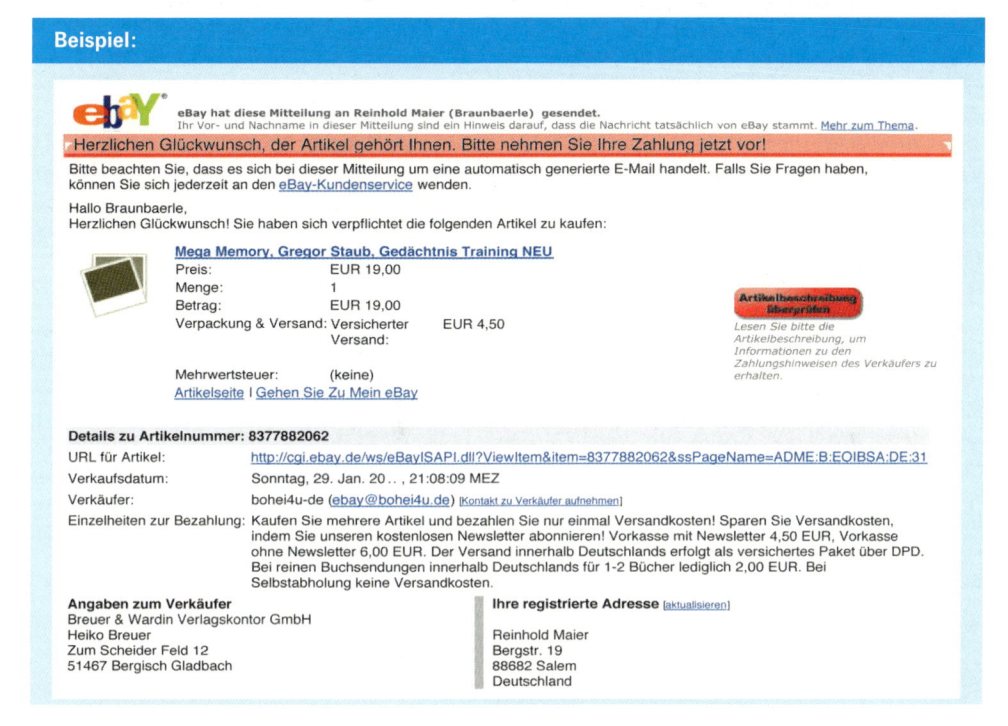

> **Beispiel:**
>
> eBay hat diese Mitteilung an Reinhold Maier (Braunbaerle) gesendet.
> Ihr Vor- und Nachname in dieser Mitteilung sind ein Hinweis darauf, dass die Nachricht tatsächlich von eBay stammt. Mehr zum Thema
>
> **Herzlichen Glückwunsch, der Artikel gehört Ihnen. Bitte nehmen Sie Ihre Zahlung jetzt vor!**
>
> Bitte beachten Sie, dass es sich bei dieser Mitteilung um eine automatisch generierte E-Mail handelt. Falls Sie Fragen haben, können Sie sich jederzeit an den eBay-Kundenservice wenden.
>
> Hallo Braunbaerle,
> Herzlichen Glückwunsch! Sie haben sich verpflichtet die folgenden Artikel zu kaufen:
>
> Mega Memory, Gregor Staub, Gedächtnis Training NEU
> Preis: EUR 19,00
> Menge: 1
> Betrag: EUR 19,00
> Verpackung & Versand: Versicherter Versand EUR 4,50
> Mehrwertsteuer: (keine)
> Artikelseite | Gehen Sie Zu Mein eBay
>
> Artikelbeschreibung überprüfen
> Lesen Sie bitte die Artikelbeschreibung, um Informationen zu den Zahlungshinweisen des Verkäufers zu erhalten.
>
> Details zu Artikelnummer: 8377882062
> URL für Artikel: http://cgi.ebay.de/ws/eBayISAPI.dll?ViewItem&item=8377882062&ssPageName=ADME:B:EOIBSA:DE:31
> Verkaufsdatum: Sonntag, 29. Jan. 20.., 21:08:09 MEZ
> Verkäufer: bohei4u-de (ebay@bohei4u.de) [Kontakt zu Verkäufer aufnehmen]
> Einzelheiten zur Bezahlung: Kaufen Sie mehrere Artikel und bezahlen Sie nur einmal Versandkosten! Sparen Sie Versandkosten, indem Sie unseren kostenlosen Newsletter abonnieren! Vorkasse mit Newsletter 4,50 EUR, Vorkasse ohne Newsletter 6,00 EUR. Der Versand innerhalb Deutschlands erfolgt als versichertes Paket über DPD. Bei reinen Buchsendungen innerhalb Deutschlands für 1-2 Bücher lediglich 2,00 EUR. Bei Selbstabholung keine Versandkosten.
>
> Angaben zum Verkäufer
> Breuer & Wardin Verlagskontor GmbH
> Heiko Breuer
> Zum Scheider Feld 12
> 51467 Bergisch Gladbach
>
> Ihre registrierte Adresse [aktualisieren]
> Reinhold Maier
> Bergstr. 19
> 88682 Salem
> Deutschland

Entscheidend für das Vorliegen eines Fernabsatzvertrages ist das Schlüsselwort „**ausschließlich**".

> **Beachte:**
>
> ■ Wenn ein Vertragsabschluss zwar über Fernkommunikationsmittel, etwa per Telefon, angebahnt, dann aber infolge eines persönlichen Vertreterbesuchs beim Kunden abgeschlossen wird, kann dies nicht mehr als „ausschließlich" bezeichnet werden und es gelten nicht die Vorschriften über Fernabsatzverträge.
>
> ■ Die Vorschriften zu Fernabsatzverträgen gelten auch dann nicht, wenn der Vertragsabschluss nicht im Rahmen eines speziell für den Fernabsatz organisierten Vertriebs- oder Dienstleistungssystems erfolgt. Wird also nur ausnahmsweise oder gelegentlich eine Bestellung per Telefon angenommen und dann per Postversand abgewickelt, dann liegt ebenfalls kein Fernabsatzvertrag vor.

Ob ein Fernabsatzvertrag vorliegt, hängt daher von den **Bedingungen des einzelnen Falls** ab.

---

1 Zwischen Unternehmer und Verbraucher dürfen z.B. folgende Bereiche nicht in der Form eines Fernabsatzvertrags abgeschlossen werden: Vermittlung von Versicherungen, Immobiliengeschäfte, Fernunterricht, Lieferung von Lebensmitteln, Getränken und sonstigen Haushaltsgegenständen des täglichen Bedarfs. Vgl. § 312 II bis VI BGB.

(2) Internetauktionen

Internetauktionen fallen in der Regel unter die Gesetzgebung des Fernabsatzrechts.[1] Nach der aktuellen Rechtsprechung sind Internetauktionen (Onlineauktionen) keine Versteigerungen im Sinne des § 156 BGB, weil der Zuschlag **nicht zum absolut höchsten Gebot** erfolgt, sondern zu einem **festgelegten Zeitpunkt**. Es kommt bei Internetauktionen nicht darauf an, ob noch höhere Angebote gekommen wären, vielmehr entscheidet allein das höchste Angebot zum zuvor festgelegten **Verkaufszeitpunkt**. Damit gilt für Internetauktionen das **Kaufrecht**. Das **Angebot in einer Onlineauktion** ist die rechtsverbindliche **erste Willenserklärung (der Antrag)**, die **Abgabe des höchsten Kaufgebots** innerhalb des Auktionszeitraums die rechtsverbindliche **zweite Willenserklärung (die Annahme)**.

Da auf Online-Auktionsplattformen (z. B. eBay) im Prinzip jeder seine Waren anbieten kann, ist jeweils die Frage zu klären, ob der Verkäufer Unternehmer oder Verbraucher ist. Hier gilt: Wer **planmäßig** und **regelmäßig** Waren bei Auktionsplattformen anbietet, gilt als **Unternehmer** nach § 14 BGB. Dies gilt auch dann, wenn der Verkäufer seine Waren nebenberuflich im Internet anbietet (sogenannte Powerseller). Ist der Verkäufer bei Internetauktionen Unternehmer und der Käufer Verbraucher, so liegt ein Verbrauchsgüterkauf vor.

> **Beispiel:**
>
> Eine Verkäuferin in einem Textilgeschäft, die privat Einkaufstaschen und Stofftiere näht und diese planmäßig und regelmäßig im Internet zum Kauf anbietet, gilt bei Onlineauktionen als Unternehmerin.

3.3.2 Informationspflichten des Unternehmers

Setzt ein Unternehmen Fernkommunikationsmittel zur Anbahnung oder zum Abschluss von Fernabsatzverträgen ein, dann muss es den Verbraucher rechtzeitig vor Abschluss eines Fernabsatzvertrags in einer dem eingesetzten Fernkommunikationsmittel entsprechenden Weise klar und verständlich aufklären über:

- die **Einzelheiten des Vertrags**, z. B. über die Identität und Anschrift des Unternehmens, wesentliche Merkmale der Ware oder Dienstleistung, den Gesamtpreis der Ware oder Dienstleistung einschließlich Liefer- und Versandkosten, Zahlungsbedingungen, das Bestehen eines Widerrufsrechts,
- den **geschäftlichen Zweck des Vertrags** [§ 312a I BGB i. V. m. Art. 246 EGBGB].

Diese strenge Informationspflicht gilt nur für **entgeltliche Verträge** [§ 312 I BGB].

3.3.3 Widerrufsrecht

(1) Begriff Widerrufsrecht und Beispiel einer Widerrufsbelehrung

Dem Verbraucher steht ein **14-tägiges Widerrufsrecht** zu [§ 312g i. V. m. § 355 I BGB]. Die Widerrufsfrist **beginnt mit dem Erhalt der Ware**. Den **Widerruf muss der Verbraucher** gegenüber dem Unternehmer **ausführlich erklären**. Aus Gründen der Beweissicherheit soll-

---

[1] Wird die Internetauktion zwischen einem Unternehmen und Verbrauchern unter **ausschließlicher Verwendung von Fernkommunikationsmitteln** im Rahmen eines für den **Fernabsatz organisierten Vertriebs- oder Dienstleistungssystem** abgewickelt, so liegt ein Fernabsatzvertrag vor.

te grundsätzlich per E-Mail, Fax oder auf dem Postweg und nicht am Telefon widerrufen werden. In der Praxis genügt es für einen wirksamen Widerruf, der Rücksendung ein Widerrufsschreiben oder -formular beizulegen.[1]

Beispiel einer Widerrufsbelehrung bei Fernabsatzverträgen

Widerrufsbelehrung

Widerrufsrecht[2]

Sie haben das Recht, binnen vierzehn Tagen ohne Angabe von Gründen diesen Vertrag zu widerrufen. Die Widerrufsfrist beträgt vierzehn Tage ab dem Tag, an dem Sie oder ein von Ihnen benannter Dritter die Waren in Besitz genommen haben bzw. hat.

Um Ihr Widerrufsrecht auszuüben, müssen Sie uns (Mustermann GmbH, Musterstraße 1, 12345 Musterstadt, Tel.: 0123/12345; Fax: 0123/12345, E-Mail-Adresse: max@mustermann.de) mittels einer eindeutigen Erklärung (z.B. Brief, Telefax oder E-Mail) über Ihren Entschluss informieren, diesen Vertrag zu widerrufen. Nutzen Sie unser Muster-Widerrufsformular auf www.mustermannsshop.de, so werden wir Ihnen unverzüglich per E-Mail eine Bestätigung über den Eingang Ihres Widerrufs übermitteln.

Zur Wahrung der Widerrufsfrist reicht es aus, dass Sie die Mitteilung über die Ausübung des Widerrufsrechts vor Ablauf der Widerrufsfrist absenden.

Folgen des Widerrufs

Wenn Sie diesen Vertrag widerrufen, haben wir Ihnen alle Zahlungen, die wir von Ihnen erhalten haben, einschließlich der Lieferkosten der Standardlieferung, spätestens binnen vierzehn Tagen ab dem Tag zurückzuzahlen, an dem die Mitteilung über Ihren Widerruf dieses Vertrags bei uns eingegangen ist. Für diese Rückzahlung verwenden wir dasselbe Zahlungsmittel, das Sie eingesetzt haben, es sei denn, mit Ihnen wurde ausdrücklich etwas anderes vereinbart. In keinem Fall werden Ihnen wegen dieser Rückzahlung Entgelte berechnet.

Wir können die Rückzahlung verweigern, bis wir die Waren wieder zurückerhalten haben oder bis Sie den Nachweis erbracht haben, dass Sie die Waren zurückgesandt haben. Sie müssen die Waren unverzüglich und in jedem Fall spätestens binnen vierzehn Tagen ab dem Tag, an dem Sie uns über den Widerruf dieses Vertrags unterrichten, an uns zurücksenden oder übergeben. Die Frist ist gewahrt, wenn Sie die Waren vor Ablauf der Frist von vierzehn Tagen absenden.

Sie tragen die unmittelbaren Kosten der Rücksendung der Waren.

Für einen etwaigen Wertverlust der Waren müssen Sie nur aufkommen, wenn dieser Wertverlust auf einen zur Prüfung der Beschaffenheit, Eigenschaften und Funktionsweise der Waren nicht notwendigen Umgang zurückzuführen ist.

---

[1] Für die Erklärung des Widerrufs durch den Verbraucher gibt es ein EU-einheitliches Formular (siehe Anlage 2 zu Art. 246a Nr. 1 EGBGB). Der Unternehmer muss dem Verbraucher das Muster-Formular zur Verfügung stellen und ihn informieren. Der Verbraucher kann, muss es aber nicht nutzen.
[2] Vgl. www.haendlerbund.de; 17.02.2014.

(2) Rückabwicklung nach Widerruf

Bei Widerruf muss der Kaufvertrag binnen **14 Tagen rückabgewickelt** werden [§ 357 BGB].

Das bedeutet, dass der **Käufer** die Ware **innerhalb von 14 Tagen zurücksenden** und der **Unternehmer** den **Kaufpreis in der gleichen Zeit zurückerstatten** muss. Allerdings darf der Händler die Rückerstattung des Kaufpreises so lange verweigern, bis er die **Ware zurückerhalten** hat oder der Verbraucher **nachweist,** dass er die **Ware abgesandt** hat [§ 357 IV BGB].

(3) Hin- und Rücksendekosten

Bis zur Höhe einer günstigen **Standardsendung** muss der **Unternehmer** dem Verbraucher die **Hinsendungskosten** bei einem Widerruf **erstatten** [§ 357 II BGB].

Für die **Rücksendung** trägt **grundsätzlich der Verbraucher die Kosten,** vorausgesetzt, der Unternehmer hat ihn hierüber vorab **unterrichtet.** Für den Unternehmer besteht auch die Möglichkeit, die Kosten der Rücksendung freiwillig zu übernehmen [§ 357 VI BGB].

> **Beachte:**
>
> - **Kein Widerrufsrecht** besteht bei bestimmten Fernabsatzverträgen, z.B. bei schnell verderblichen Waren, Sonderanfertigungen, Audio-/Videoaufzeichnungen und Software (sofern die gelieferten Datenträger vom Verbraucher entsiegelt wurden), Lieferung von Zeitungen, Zeitschriften und Illustrierten [§ 312g II BGB].
> - Von den **verbraucherschützenden Rechtsvorschriften** zu den Fernabsatzverträgen darf grundsätzlich **nicht zum Nachteil des Verbrauchers** oder Kunden abgewichen werden.

3.3.4 Pflichten des Unternehmers im elektronischen Geschäftsverkehr
[§ 312 i I, BGB]

Benutzt der Unternehmer zum Zweck des Vertragsabschlusses über die Lieferung von Waren oder die Erbringung von Dienstleistungen **Teledienste (z.B. Internet),** dann muss er dem Kunden u.a.

> - angemessene, wirksame Mittel zur Verfügung stellen, damit der Kunde Eingabefehler vor Abgabe seiner Bestellung erkennen und berichtigen kann,
> - die in der Rechtsverordnung nach Artikel 246 c EGBGB bestimmten Informationen (z.B. Identität des Unternehmers, seine Anschrift) rechtzeitig vor der Abgabe von dessen Bestellung klar und verständlich mitteilen,
> - den Zugang von dessen Bestellung unverzüglich auf elektronischem Wege bestätigen[1] und
> - die Möglichkeit verschaffen, die Vertragsbestimmungen einschließlich der allgemeinen Geschäftsbedingungen bei Vertragsabschluss abzurufen und in wiedergabefähiger Form zu speichern.

Bestellung und Empfangsbestätigung im Sinne von § 312 i I Nr. 3 BGB gelten als zugegangen, wenn die Parteien, für die sie bestimmt sind, sie unter gewöhnlichen Umständen abrufen können.

---

[1] Bei der Bestellung durch einen Verbraucher muss der Unternehmer die Bestellsituation so gestalten, dass der Verbraucher mit der Bestellung ausdrücklich bestätigt, dass er sich zur Zahlung verpflichtet [§ 312 j III BGB]. Erfolgt die Bestellung über eine Schaltfläche (Button), muss diese mit **„zahlungspflichtig bestellen"** oder ähnlich eindeutig bezeichnet werden **(Button-Lösung).**

Zusammenfassung

- **Fernabsatzverträge** werden unter ausschließlicher Verwendung von Fernkommunikationsmitteln (z. B. Briefe, Faxe, E-Mails) zwischen einem Unternehmen und einem Verbraucher geschlossen.
- **Internetauktionen** fallen in der Regel unter die Gesetzgebung des Fernabsatzrechts.
- Neben den üblichen Einzelheiten (Beschreibung der Leistung, Lieferungs- und Zahlungsbedingungen) sind die Anschrift des Unternehmers und eine Widerrufsbelehrung **zwingende Bestandteile** des Fernabsatzvertrags.
- Der Verbraucher hat ein gesetzliches **Widerrufsrecht** innerhalb von 14 Tagen. Er muss jedoch in der Regel die Kosten der Rücksendung tragen.

Übungsaufgabe

32 1. Ein Versandunternehmen schreibt auf seinen Katalog mit dicken Lettern: „Bei uns haben Sie 30 Tage Rückgabe- bzw. Rücktrittsrecht".

   Aufgaben:
   1.1 Erklären Sie, warum das Rücktritts- bzw. Rückgaberecht bei Katalogbestellungen wichtig ist!
   1.2 Erläutern Sie, inwiefern das Versandunternehmen dem Verbraucher entgegen kommt!

2. 2.1 Erläutern Sie unter Angabe des Gesetzesparagrafen den Begriff des Fernabsatzvertrags!
   2.2 Geben Sie zwei Fälle an, in denen die Vorschriften des Fernabsatzvertrags keine Anwendung finden, obwohl die jeweiligen Verträge mithilfe von Fernkommunikationsmitteln abgeschlossen worden sind!
   2.3 Nennen Sie zwei Pflichten, die der Unternehmer gegenüber dem Verbraucher beim Abschluss von Fernabsatzverträgen beachten muss!
   2.4 Prüfen Sie die Rechtsfolgen, die sich für den Verbraucher ergeben, wenn er einen abgeschlossenen Fernabsatzvertrag fristgerecht widerruft!
   2.5 Nennen Sie zwei Vorteile und zwei Nachteile aus Sicht des Kunden, die der Einkauf über das Internet mit sich bringt!
   2.6 Nennen Sie zwei Vorteile und zwei Nachteile, die dem Verkäufer aus dem Angebot seiner Produkte und Dienstleistungen im Internet entstehen können!

3. Prüfen Sie, in welchen Fällen die Vorschriften des BGB über Fernabsatzverträge Anwendung finden:
   3.1 Unternehmen kaufen Waren von anderen Unternehmen im Internet (B2B; business to business).
   3.2 Ein Verbraucher schließt im Internet mit einer Versicherungsgesellschaft einen Kfz-Versicherungsvertrag für seinen neuen Pkw ab.
   3.3 Klara Müller ruft bei ihrem Bäcker an und bestellt zur Lieferung frei Haus täglich 10 Brötchen. Da Frau Müller in der Nachbarschaft wohnt, ist der Bäcker ausnahmsweise dazu bereit.
   3.4 Sie bestellen telefonisch bei einem Pizza-Service drei Pizzen zur Lieferung frei Haus.
   3.5 Sie bestellen durch Fax beim Versandhaus Schön GmbH einen Bademantel nach den Katalogbedingungen.
   3.6 Sie bestellen im Anschluss an eine Fernsehwerbung das dort angebotene Fahrrad durch Anruf bei der in der Sendung angegebenen Rufnummer.

4. Sie haben am 15.03. d.J. bei der Internetfirma Computer-Versand GmbH nach deren Katalog ein Notebook zum Preis von 418,00 EUR bestellt. Die Lieferung erfolgt nach vier Werktagen. Nachdem Sie das Notebook am Empfangstag gestartet haben, um dessen Qualität zu prüfen, entschließen Sie sich, dieses unter Berufung auf das BGB wieder zurückzugeben. Am nächsten Tag senden Sie das Notebook per Post an den Versender zurück.

Nach einer Woche erhalten Sie von der Computer-Versand GmbH einen Brief mit der Aufforderung, den Kaufpreis von 418,00 EUR und die bisher entstandenen Versandkosten in Höhe von 14,00 EUR innerhalb von 7 Tagen zu überweisen, da Ihre Rücksendung der Ware nicht berechtigt gewesen sei.

Aufgaben:

4.1 Prüfen Sie, ob Sie das Notebook abnehmen und die entstandenen Kosten zahlen müssen!

4.2 Untersuchen Sie, ob sich die rechtliche Situation ändert, wenn Sie anstelle des Notebooks ein versiegeltes Softwareprogramm bei der Computer-Versand GmbH bestellt, getestet und zurückgegeben hätten!

5. Fritz Häring arbeitet hauptberuflich als Werkzeugmacher. In seiner Freizeit stellt er Mausefallen und Marderfallen her und bietet diese regelmäßig auf einer Internetplattform an. Da die Schließautomatik nicht in jedem Fall einwandfrei funktioniert, steht in den Lieferbedingungen der Satz: „Die Lieferung erfolgt unter Ausschluss jeglicher Haftung."

Aufgaben:

5.1 Nehmen Sie Stellung zu dieser Lieferbedingung!

5.2 Prüfen Sie, ob sich die rechtliche Situation ändert, wenn Fritz Häring seine Mause- und Marderfallen nur gelegentlich und in großen Zeitabständen auf einer Internetplattform anbietet!

3.4 Störungen bei der Erfüllung von Verbrauchsgüterkaufverträgen

3.4.1 Begriff Leistungsstörungen und Überblick über mögliche Leistungsstörungen

(1) Begriff Leistungsstörungen

Die meisten Schuldverhältnisse verpflichten den Schuldner zur Erbringung einer Leistung [§ 241 I BGB]. Sie erlöschen im Normalfall durch die ordnungsmäßige Erfüllung der geschuldeten Leistung [§ 362 I BGB]. Allerdings können auch Unregelmäßigkeiten auftreten, und zwar sowohl beim **Abschluss** von Schuldverhältnissen als auch bei der **Erfüllung** rechtswirksam abgeschlossener Schuldverhältnisse.

Nicht alle Schuldverhältnisse werden nämlich den getroffenen Vereinbarungen entsprechend erfüllt. Es kommt zu **Leistungsstörungen**.

> **Merke:**
>
> Zu einer **Leistungsstörung** kommt es, wenn der Schuldner z.B. die geschuldete Leistung gar nicht, nicht rechtzeitig, nicht in der geschuldeten Qualität erbringt oder im Rahmen der Leistungserbringung die Interessen des Gläubigers auf andere Weise verletzt [§ 241 II BGB].

(2) Mögliche Leistungsstörungen beim Kaufvertrag

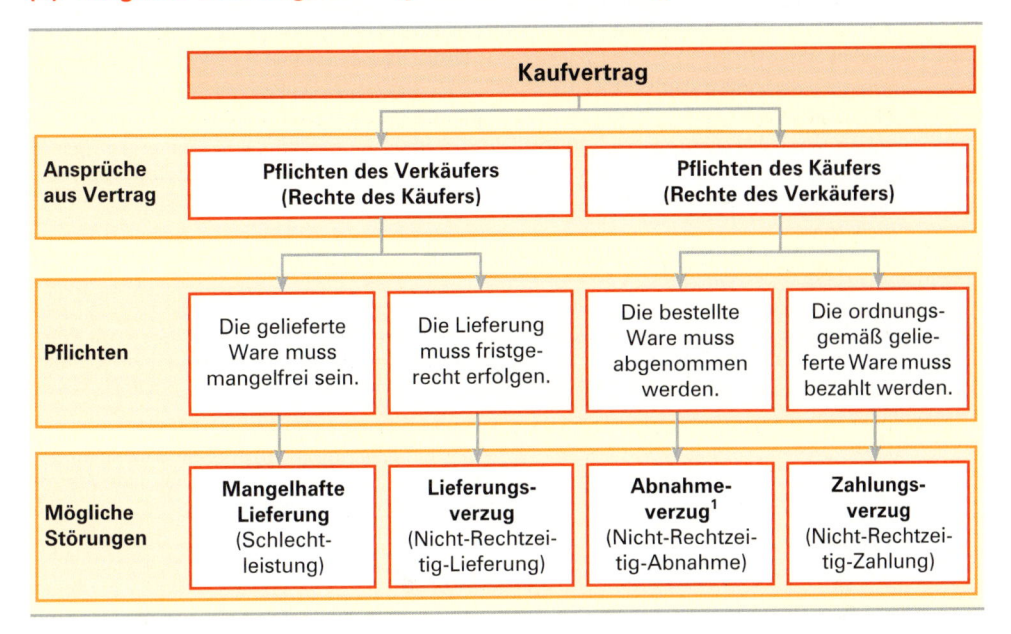

Ansprüche aus Vertrag	Kaufvertrag			
	Pflichten des Verkäufers (Rechte des Käufers)		Pflichten des Käufers (Rechte des Verkäufers)	
Pflichten	Die gelieferte Ware muss mangelfrei sein.	Die Lieferung muss fristgerecht erfolgen.	Die bestellte Ware muss abgenommen werden.	Die ordnungsgemäß gelieferte Ware muss bezahlt werden.
Mögliche Störungen	Mangelhafte Lieferung (Schlechtleistung)	Lieferungsverzug (Nicht-Rechtzeitig-Lieferung)	Abnahmeverzug[1] (Nicht-Rechtzeitig-Abnahme)	Zahlungsverzug (Nicht-Rechtzeitig-Zahlung)

3.4.2 Mangelhafte Lieferung (Schlechtleistung)

3.4.2.1 Begriff mangelhafte Lieferung

> **Merke:**
>
> Übergibt und übereignet der Verkäufer dem Käufer die im Verbrauchsgüterkaufvertrag vereinbarte Sache (Leistung) mit Sach- und/oder Rechtsmängeln behaftet, so liegt eine **mangelhafte Leistung** (Schlechtleistung) vor. Die Leistung einer mangelhaften Sache stellt eine **Pflichtverletzung** im Sinne des § 280 BGB dar.

3.4.2.2 Arten von Mängeln

(1) Sachmängel

Die Sachmängel sind in § 434 BGB geregelt. Man unterscheidet Mängel in der Beschaffenheit, fehlerhafte Montageanleitungen und Montagemängel sowie Falsch- und Minderlieferungen.

---

[1] Auf den Abnahmeverzug (die Nicht-Rechtzeitig-Abnahme) wird im Folgenden nicht eingegangen.

■ **Mängel in der Beschaffenheit**

Mangel	Beispiele
Vereinbarte Beschaffenheit fehlt [§ 434 I, S. 1 BGB] Maßgeblich dafür, ob ein Mangel vorliegt, ist ausschließlich die ausdrücklich oder stillschweigend getroffene **vertragliche Vereinbarung**.	Im Verbrauchsgüterkaufvertrag ist vereinbart, dass der gekaufte Kleiderschrank ein echtes Eichenfurnier hat. Tatsächlich handelt es sich um eine billige Imitation aus Plastik.
Die Sache eignet sich nicht für die nach dem Vertrag vorausgesetzte Verwendung [§ 434 I, S. 2, 1. HS BGB] Damit werden die Fälle angesprochen, bei denen die Beschaffenheit zwar nicht konkret vereinbart worden ist, diese jedoch z.B. im Vorfeld des Vertrags oder aufgrund langjähriger Geschäftsbeziehungen als selbstverständlich vorausgesetzt ist.	Fritz Kienzle bestellt bei der Farbenhandlung Bunt GmbH einen Lack, wobei er der Farbenhandlung Bunt GmbH lediglich mitteilt, dass der Lack zum Anstrich eines Witterungseinflüssen ausgesetzten Stahlgeländers verwendet wird. Nach dem Anstrich zeigt sich bereits nach vier Wochen, dass der gelieferte Lack nicht witterungsbeständig ist. In diesem Fall ergibt sich der Beschaffenheitsmangel aus der fehlenden Eignung für die nach dem Kaufvertrag vorausgesetzte Verwendung des Lacks [§ 434 I, S. 2, 1. HS BGB].
Die Sache eignet sich nicht für eine gewöhnliche Verwendung und weist nicht die übliche und vom Käufer zu erwartende Beschaffenheit auf [§ 434 I, S. 2, 2. HS BGB] Das bedeutet, die Qualität der Ware unterschreitet die allgemeinen Standards und Gepflogenheiten.	Der Wäschetrockner hat eine defekte Steuerungselektronik, der PC-Schrank entspricht nicht der entsprechenden DIN-Norm, die fabrikneue CD hat einen Kratzer.
Die Beschaffenheit der Sache entspricht nicht den Eigenschaften, die der Käufer nach öffentlichen Äußerungen des Verkäufers, des Herstellers [§ 4 I, II ProdHaftG] **oder seiner Gehilfen, insbesondere aufgrund der Werbung oder Kennzeichnung der Sache, erwarten kann** [§ 434 I, S. 3 BGB] Entspricht die Sache nicht der konkreten Eigenschaftsbeschreibung einer Werbung, einer Kennzeichnung (z.B. Marke) bzw. einer Produktbeschreibung, so ist die Sache mangelhaft. Dabei haftet der Verkäufer auch für die Erklärungen seines Lieferanten oder des Herstellers.	Der Energieverbrauch eines Herdes wird als besonders niedrig beschrieben, obwohl er nur geringfügig unter dem durchschnittlichen Energieverbrauch von vergleichbaren Herden liegt.

■ **Fehlerhafte Montageanleitungen bzw. Montagemangel**

Ein Sachmangel ist auch dann gegeben, wenn die vereinbarte **Montage** durch den Verkäufer oder dessen Erfüllungsgehilfen **unsachgemäß** durchgeführt wurde.

Beispiel:
Der Käufer übernimmt den Zusammenbau eines Wohnzimmerschranks. Aufgrund einer falschen Montageanleitung gelingt der Zusammenbau nicht. Außerdem werden einige Elemente beschädigt.

Führt eine **fehlerhafte Montageanleitung** zu einem falschen Zusammenbau durch den Käufer oder einen Dritten, bedeutet dies ebenfalls einen Sachmangel. Ein Sachmangel entsteht jedoch dann nicht, wenn die Sache durch den Käufer trotz der fehlerhaften Montageanleitung fehlerfrei montiert wurde. Einer fehlerhaften Montageanleitung steht eine falsche Bedienungsanleitung gleich.

■ **Falschlieferung (Aliud) oder Lieferung einer Mindermenge (Minderlieferung)**

Ein Sachmangel liegt auch vor, wenn eine andere Sache oder eine zu geringe Menge geliefert wird.

> **Beispiele:**
>
> Anstelle der bestellten 10 Silberlöffel werden 10 Silbermesser geliefert (Falschlieferung). – Statt 20 Regalbretter werden nur 15 Stück geliefert (Minderlieferung).

Merke:

Für **alle Sachmängel** gilt: Es gibt gesetzlich keine Bagatellgrenze,[1] d.h., auch geringfügige Mängel sind Sachmängel.

(2) Rechtsmängel

Die Rechtsmängel sind in §435 BGB geregelt. Ein Rechtsmangel liegt vor, wenn ein Dritter in Bezug auf die Sache Rechte gegen den Käufer geltend machen kann, die im Kaufvertrag nicht vereinbart wurden.

> **Beispiel:**
>
> Ein Antiquitätenhändler verkauft eine antike Vase, die nicht in seinem Eigentum ist. Der Eigentümer der Vase hat sie ihm lediglich zur Schätzung überlassen.

(3) Arten der Mängel im Hinblick auf ihre Entdeckbarkeit

Offene Mängel	Hier handelt es sich um Mängel, die bei gewissenhafter Prüfung der Kaufsache **sofort** entdeckbar sind.
Versteckte Mängel	Diese Mängel sind bei der Übergabe der Sachen (z.B. Waren) trotz gewissenhafter Prüfung zunächst **nicht** entdeckbar. Sie werden erst später, z.B. während ihres Gebrauchs oder ihrer Verarbeitung, erkennbar.
Arglistig[2] **verschwiegene Mängel**	Es sind versteckte Mängel, die der Verkäufer dem Käufer **absichtlich** verschweigt.

---

1 Bagatelle: Kleinigkeit, Nebensächlichkeit.
2 **Arglistig** handelt, wer wahre Tatsachen unterdrückt (der Verkäufer kennt z.B. den erheblichen Mangel der Kaufsache bereits bei Übergabe der Kaufsache an den Käufer) oder falsche Tatsachen „vorspiegelt" (der Verkäufer erklärt z.B. wahrheitswidrig, dass das verkaufte Auto für 100 km Fahrstrecke auch bei Höchstgeschwindigkeit höchstens 8,0 Liter Treibstoff verbraucht).

3.4.2.3 Rechte des Käufers (Gewährleistungsrechte)

(1) Überblick

Hat der Verkäufer die Kaufsache bereits übergeben und übereignet, dann stehen dem **Käufer** nach § 437 BGB **folgende Rechte zu:**

1. Stufe (vorrangige Rechte)	Rechte ohne Fristsetzung	
	Nacherfüllung ■ Mängelbeseitigung oder ■ Ersatzlieferung	Schadensersatz neben der Leistung

2. Stufe (nachrangige Rechte)	Rechte nach Ablauf einer angemessenen Frist zur Mängelbeseitigung oder Ersatzlieferung			
	Rücktritt vom Verbrauchsgüterkaufvertrag	Minderung (eventuell Schadensersatz neben der Leistung)	Schadensersatz statt der Leistung	Ersatz vergeblicher Aufwendungen

(2) Rechte ohne Fristsetzung (vorrangige Rechte)

■ **Nacherfüllung** [§ 439 BGB]

Ohne Fristsetzung kann der Käufer auf Nacherfüllung **(Mangelbeseitigung)** bestehen. Dabei kann der **Käufer** nach **seiner Wahl** die **Beseitigung des Mangels** oder die **Lieferung einer mangelfreien Sache (Ersatzlieferung)** verlangen [§ 439 I BGB]. Er hat hierfür dem Verkäufer eine angemessene[1] Zeit einzuräumen. Die Aufwendungen, die zum Zweck der Nacherfüllung anfallen, hat der Verkäufer zu tragen [§ 439 II BGB]. Der **Verkäufer** kann allerdings die **Leistung verweigern,** wenn die vom Käufer gewählte Art der Nacherfüllung für ihn nur mit **unverhältnismäßigen Kosten** verbunden ist [§ 439 III BGB].

> **Beispiel:**
>
> Einfache Quarzuhren lassen sich häufig nur mit unverhältnismäßigem Aufwand reparieren, soweit dies nicht ohnehin technisch ausgeschlossen ist. Entscheidet sich der Käufer dafür, die Beseitigung des Mangels zu verlangen, kann der Verkäufer dies ablehnen und stattdessen eine andere mangelfreie Uhr liefern.

Der Anspruch auf Nacherfüllung kann vom Käufer nicht „übersprungen" werden. Der Käufer kann somit nicht unmittelbar vom Kaufvertrag zurücktreten, Minderung oder (gegebenenfalls auch) Schadensersatz verlangen. Erst wenn die Nacherfüllung verweigert oder erfolglos ist, kann der Käufer erneut wählen. Für die Nacherfüllung sollte der Käufer dem Verkäufer sofort eine Frist setzen.

---

[1] **Angemessen** besagt, dass die Frist so lange sein muss, dass der Schuldner die Leistung tatsächlich noch erbringen kann. Allerdings muss sie dem Schuldner nicht ermöglichen, mit der Leistungserbringung erst zu beginnen. Der Schuldner soll nur die Gelegenheit bekommen, die bereits in Angriff genommene Leistung zu beenden.

- **Schadensersatz neben der Leistung** [§ 280 I BGB]

Neben dem Recht auf Nacherfüllung hat der Käufer **zusätzlich** noch einen **Anspruch auf Schadensersatz neben der Leistung. Voraussetzungen** für den einfachen Schadensersatz sind: **Pflichtverletzung** und **Verschulden des Verkäufers.** Die Art der Pflichtverletzung ist völlig unerheblich (z. B. schlecht, zu viel oder zu wenig, am falschen Ort geleistet, Verletzung einer Haupt- oder einer Nebenpflicht).

Schadensersatz neben der Leistung wird der Käufer verlangen, wenn er den Kaufgegenstand behält und einen eventuell angefallenen Schaden ersetzt haben will.

> **Beispiel:**
>
> Franz Sauber kauft für die Ölheizung in einem Mietshaus drei Öltanks. Wie der Verkäufer bei Übergabe fahrlässig nicht bemerkt, ist ein Öltank defekt. Franz Sauber kann daher das Haus erst einen Monat später vermieten. Sein Mietausfall beträgt 800,00 EUR. Franz Sauber kann Ersatz des Mietausfallschadens verlangen.

(3) Rechte nach Ablauf einer angemessenen Fristsetzung (nachrangige Rechte)

- **Rücktritt vom Verbrauchsgüterkaufvertrag** [§§ 323–326 BGB]

Der Gläubiger kann von einem **Vertrag zurücktreten,** wenn eine **Pflichtverletzung** des **Schuldners** vorliegt und die **Frist zur Nacherfüllung erfolglos abgelaufen** ist [§ 323 I BGB]. Eine vom Käufer verlangte Nacherfüllung durch Mängelbeseitigung gilt z. B. dann als erfolglos, wenn der Verkäufer **zweimal** vergeblich eine Nachbesserung versucht hat [§ 440, S. 2 BGB]. Das Rücktrittsrecht des Käufers ist **nicht von einem Verschulden des Verkäufers abhängig.**

> **Beispiel:**
>
> Heinz Fromm hat als Weihnachtsgeschenk eine bestimmte Hi-Fi-Anlage gekauft und zum vereinbarten Termin auch erhalten. Die Anlage ist jedoch defekt. Weil diese Anlage nicht mehr hergestellt wird und das Medienhaus auch keinen Ersatz auf Lager hat, verlangt Heinz Fromm zunächst eine Reparatur der Anlage. Weil die Anlage auch nach einer zweimaligen Reparatur noch nicht einwandfrei funktioniert, tritt Heinz Fromm vom Kaufvertrag zurück.

Wegen der einschneidenden Wirkung des Rücktritts wird das **Rücktrittsrecht eingeschränkt.** Der Rücktritt des Gläubigers ist z. B. ausgeschlossen, wenn im Falle der Schlechtleistung die Pflichtverletzung des Schuldners **unerheblich** ist.

> **Beispiel:**
>
> Befindet sich an einem neuen Pkw ein kleiner Kratzer unter der Motorhaube, ist kein Rücktritt möglich, weil die Schlechtleistung unerheblich ist.

Im Falle des Rücktritts sind die **empfangenen Leistungen zurückzugewähren** und der **gezogene Nutzen herauszugeben.**

> **Beispiel:**
>
> Ein Käufer, der einen mangelhaften Pkw erhalten und genutzt hat, muss zum einen den Pkw zurückgeben und zum anderen sich vom Verkäufer ein Nutzungsentgelt anrechnen lassen.

Trotz seines Rücktritts kann der Käufer zusätzlich Ersatz des ihm entstandenen Schadens verlangen [§ 325 BGB]. Es handelt sich um einen Anspruch auf **Schadensersatz statt der Leistung.** Er kann jedoch keine Erfüllung des Kaufvertrags mehr verlangen.

- **Minderung** [§ 441 BGB]

Der Käufer kann statt vom Kaufvertrag zurückzutreten auch den Kaufpreis durch eine Erklärung gegenüber dem Verkäufer herabsetzen, d.h. **Minderung** verlangen. Minderung bedeutet, dass der Kaufpreis der Sache um den Betrag gekürzt wird, um den der Mangel den Wert der Sache, gemessen am Kaufpreis, mindert. Erforderlichenfalls ist die Minderung durch Schätzung zu ermitteln. Das Recht auf Minderung gilt auch für **unerhebliche Mängel**.

> **Beispiel:**
>
> Eine Musikanlage, die von Hans Wetzel für 300,00 EUR bar gekauft wurde, leistet nicht wie vertraglich vorgesehen 50 Watt, sondern nur 40 Watt. Da es nicht innerhalb einer gesetzten Frist zur Nacherfüllung durch den Lieferer kommt, verlangt Hans Wetzel Minderung. Eine Musikanlage mit einer Leistung von 40 Watt könnte er für 200,00 EUR erwerben. Hans Wetzel steht ein Minderungsanspruch in Höhe von 100,00 EUR zu.

Minderung wird in der Regel verlangt, wenn die Sache nur kleinere Mängel aufweist, sodass der Käufer die Sache weiter verwenden kann.

Ist ein **zusätzlicher Schaden** entstanden und liegt ein **Verschulden des Verkäufers** vor, kann der Käufer **neben der Minderung** auch noch **Schadensersatz neben der Leistung** [§ 280 I BGB] verlangen. Schadensersatz neben der Leistung wird der Käufer verlangen, wenn er den Kaufgegenstand behält und einen eventuell angefallenen Schaden ersetzt haben will.

- **Schadensersatz statt der Leistung** [§§ 280 I, III; 281 BGB]

Ein Schadensersatz statt der Leistung bei mangelhafter Leistung kann nur verlangt werden, wenn neben einer Pflichtverletzung und dem Verschulden des Verkäufers **zusätzlich** noch eine **erfolglose angemessene** Fristsetzung zur Nacherfüllung vorliegt.

Einen Schadensersatz statt der Leistung wählt der Käufer, wenn er den gelieferten Kaufgegenstand zurückgibt und ihm ein Schaden entstanden ist. Abgedeckt wird

> **Beispiel:**
>
> Wegen eines Mangels ist eine Kaffeemaschine nicht einsatzfähig. Nach Ablauf einer erfolglosen Fristsetzung zur Nacherfüllung erwirbt der Käufer bei einem anderen Verkäufer eine gleichartige Maschine (sogenannter **Deckungskauf**). Dabei entstehen Mehrkosten in Höhe von 180,00 EUR. Die Mehrkosten können als Schadensersatz geltend gemacht werden.

sowohl der eigentliche Mangelschaden als auch ein sich anschließender eventueller Mangelfolgeschaden. Mit der Forderung nach Schadensersatz statt der Leistung verliert der Käufer nach § 281 IV BGB seinen Anspruch auf die Leistung.

- **Aufwendungsersatzansprüche** [§ 284 BGB]

Anstelle des Schadensersatzes statt der Leistung kann der Gläubiger **Ersatz der Aufwendungen** verlangen, die er im Vertrauen auf den Erhalt der Leistungen gemacht hat.

> **Beispiel:**
>
> Hans Mutler hat ein spezielles Gartenhaus bestellt und die entsprechenden Strom-, Wasser- und Bauarbeiten im Voraus ausgeführt. Das Gartenhaus kann aus technischen Gründen nicht geliefert werden.
>
> Hans Mutler kann in diesem Fall alle seine entstandenen Kosten vom Verkäufer zurückverlangen.

(4) Stellung des Verbrauchers bei der Umsetzung seiner Rechte

■ Gefahrübergang

Beim Verbrauchsgüterkauf tritt der Gefahrübergang erst ein, wenn der Verbraucher die Kaufsache erhalten hat. Der Unternehmer hat somit den Untergang der Kaufsache bzw. alle Mängel bis zur Übergabe an den Käufer zu vertreten. Eine **Beschaffenheitsvereinbarung** „gekauft wie gesehen" ist unzulässig [§ 475 I, S. 1 BGB].

■ Beweislast

Dem Verbraucher ist es oft nicht möglich, einem Unternehmer zu beweisen, dass die Kaufsache bereits bei deren Übergabe mangelhaft war. Beim **Verbrauchsgüterkauf** besteht deshalb eine sogenannte **Beweislastumkehr** [§ 476 1. HS BGB].

Zunächst muss **der Käufer beweisen, dass** innerhalb von 6 Monaten nach Gefahrübergang **ein Mangel aufgetreten ist**. Beweist der Käufer, dass ein Mangel sich innerhalb dieses Zeitraums nach Gefahrübergang zeigt, so wird vermutet, dieser habe schon vor dem Gefahrübergang bestanden. Der **Verkäufer** muss somit das **Entstehen des Mangels nach Gefahrübergang nachweisen**.[1] Diese Beweislastumkehr gilt auch beim Verbrauchsgüterkauf gebrauchter Sachen.[2]

> **Beispiel:**
> Bei einem im Juli erworbenen Dachfenster tritt im Oktober bei Regen Wasser ein. Es zeigt sich, dass sich Dichtungen im Rahmen großflächig ablösen. Hier spricht die Vermutung für eine von Anfang an fehlerhafte Qualität der Dichtungen bzw. ihrer Verklebung.

Die Vermutung eines bei der Übergabe der Sache bereits vorhandenen Sachmangels gilt nicht, wenn die Sache z.B. Schäden aufweist, die offensichtlich durch unsachgemäße Verwendung oder Gewalteinwirkung verursacht sind.

> **Beispiel:**
> Weisen die Dichtungen am Dachfenster Einschnitte und mechanische Verletzungen auf, wird man davon ausgehen dürfen, dass die Art des Mangels gegen die Vermutung eines Herstellerfehlers spricht.

Die zwingende Rechtsvorschrift der Beweislastumkehr kann weder einzelvertraglich noch durch allgemeine Geschäftsbedingungen ausgeschlossen werden.

■ Garantieerklärung

Bei einer Garantie übernimmt der Verkäufer unabhängig davon, ob beim Gefahrübergang ein Mangel besteht oder nicht besteht, die Gewähr für die **zugesicherte Beschaffenheit der Sache (Beschaffenheitsgarantie)** oder dafür, dass die Sache für eine **bestimmte Dauer** eine **bestimmte Beschaffenheit behält (Haltbarkeitsgarantie)** [§ 443 BGB]. Tritt ein Mangel in der Garantiezeit auf, dann kann der Käufer – neben dem kaufrechtlichen Ge-

---

[1] Diese Vermutung gilt jedoch nicht, wenn die Vermutung mit der Art der Sache oder des Mangels unvereinbar ist [§ 476, 2. HS BGB].
[2] Um später Streitigkeiten möglichst zu vermeiden, sollten deshalb beim Verbrauchsgüterkauf gebrauchter Sachen typische Verschleißerscheinungen (z.B. abgefahrene Reifen, Rostflecken, Lackfehler beim Gebrauchtwagenkauf) im Kaufvertrag eindeutig beschrieben werden.

währleistungsrecht – seine **Garantierechte** zu den in der Garantieerklärung und in der betreffenden Werbung angegebenen Bedingungen[1] gegenüber dem Verkäufer geltend machen.

Bei der Formulierung der Garantieerklärung sind vom Verkäufer folgende **verbraucherschützende Vorschriften** (Anforderungen) zu beachten [§ 477 I, II BGB]:

- einfache und **verständliche Abfassung** der Garantieerklärung,
- Hinweis auf die **gesetzlichen Rechte des Verbrauchers** und deren uneingeschränkte Geltung,
- **Mindestinhalt der Garantieerklärung** (Angaben über die Geltendmachung der Garantie, insbesondere Dauer und räumlicher Geltungsbereich des Garantieschutzes, Name und Anschrift des Garantiegebers),
- das Recht des Verbrauchers auf Aushändigung der **Garantieerklärung** (zumindest) in Textform sowie
- die **Wirksamkeit der Garantieverpflichtung** auch im Falle der Nichteinhaltung der genannten Anforderungen.

■ Ausschluss der Gewährleistungsrechte[2]

Ein mit einem **Unternehmer** erfolgter **einzelvertraglicher Ausschluss** der Gewährleistungsrechte (Nacherfüllung, Rücktritts- und Minderungsrecht) des Verbrauchers oder ein Ausschluss durch allgemeine Geschäftsbedingungen der Unternehmen ist **rechtswirksam nicht möglich** [§ 475 I BGB]. Nicht ausgeschlossen werden kann ein Ausschluss oder die Beschränkung des Anspruchs auf Schadensersatz [§ 475 III BGB].

3.4.2.4 Verjährungsfristen[3] von Mängelansprüchen

Nach § 475 II BGB darf die Verjährungsfrist für neue Sachen nicht auf unter 2 Jahre, für gebrauchte Sachen nicht auf weniger als 1 Jahr ab dem gesetzlichen Vertragsbeginn verkürzt werden. Der gesetzliche Vertragsbeginn beginnt bei Mängelansprüchen unmittelbar mit Ablieferung einer beweglichen Sache [§ 438 II, 2. HS BGB]. Diese Regelung bezieht sich nicht auf Schadensersatzansprüche. Insofern kann die tatsächliche Verjährungsfrist für Schadensersatzansprüche verkürzt werden [§ 475 III BGB].

Zusammenfassung

- Eine **mangelhafte Lieferung** liegt vor, wenn die im Kaufvertrag vereinbarte Leistung zum **Zeitpunkt** der **Übergabe (Gefahrübergang)** mit einem **Sach-** und/oder einem **Rechtsmangel** behaftet ist.

---

1 Der Käufer kann seine Garantieansprüche somit auch mit den in der Werbung angegebenen Bedingungen begründen, nicht nur mit der Garantieurkunde selbst.
2 Zwischen Verbrauchern (Privatpersonen) ist jedoch ein Ausschluss der Gewährleistungsrechte möglich.
3 Unter **Verjährung** versteht man den Ablauf der Frist, innerhalb der ein Anspruch erfolgreich gerichtlich geltend gemacht werden kann. Nach Eintritt der Verjährung ist dies z.B. nur noch dann möglich, wenn der Gläubiger den Schuldner verklagt, der Beklagte während der Gerichtsverhandlung die Einrede der Verjährung unterlässt und der Beklagte z.B. zur Zahlung verurteilt wird. Der Richter muss die Verjährung von Amts wegen nicht berücksichtigen.

-
  ```
                    ┌─────────────────┐
                    │   Mängelarten   │
                    └────────┬────────┘
           ┌─────────────────┴─────────────────┐
     ┌───────────┐                       ┌───────────┐
     │Rechtsmängel│                       │ Sachmängel│
     └───────────┘                       └───────────┘
  ```

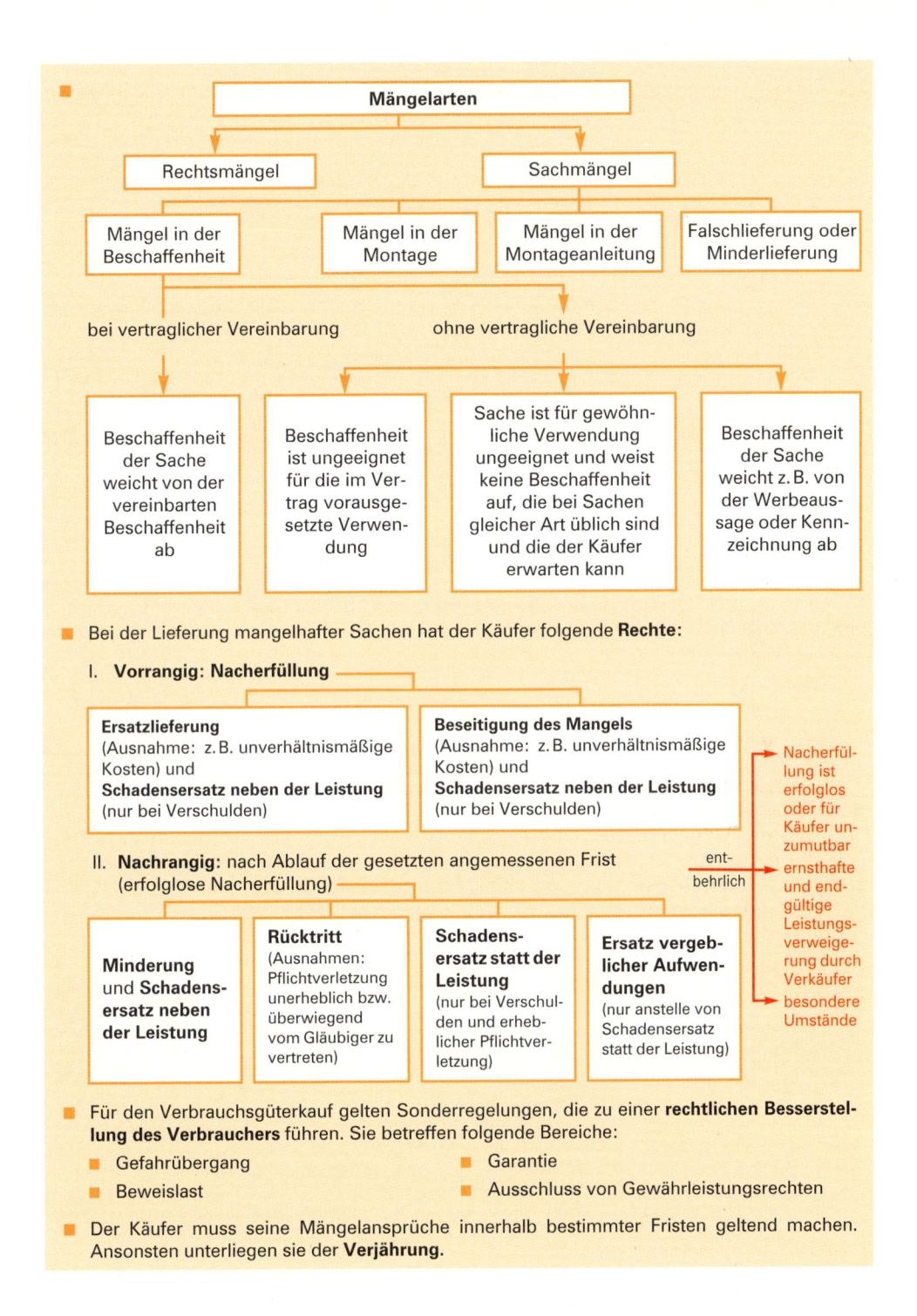

| Mängel in der Beschaffenheit | Mängel in der Montage | Mängel in der Montageanleitung | Falschlieferung oder Minderlieferung |

bei vertraglicher Vereinbarung   ohne vertragliche Vereinbarung

| Beschaffenheit der Sache weicht von der vereinbarten Beschaffenheit ab | Beschaffenheit ist ungeeignet für die im Vertrag vorausgesetzte Verwendung | Sache ist für gewöhnliche Verwendung ungeeignet und weist keine Beschaffenheit auf, die bei Sachen gleicher Art üblich sind und die der Käufer erwarten kann | Beschaffenheit der Sache weicht z. B. von der Werbeaussage oder Kennzeichnung ab |

- Bei der Lieferung mangelhafter Sachen hat der Käufer folgende **Rechte:**

  I. Vorrangig: Nacherfüllung

  | **Ersatzlieferung** (Ausnahme: z. B. unverhältnismäßige Kosten) und **Schadensersatz neben der Leistung** (nur bei Verschulden) | **Beseitigung des Mangels** (Ausnahme: z. B. unverhältnismäßige Kosten) und **Schadensersatz neben der Leistung** (nur bei Verschulden) |

  → Nacherfüllung ist erfolglos oder für Käufer unzumutbar

  II. Nachrangig: nach Ablauf der gesetzten angemessenen Frist (erfolglose Nacherfüllung)

  entbehrlich → ernsthafte und endgültige Leistungsverweigerung durch Verkäufer
  → besondere Umstände

  | **Minderung** und **Schadensersatz neben der Leistung** | **Rücktritt** (Ausnahmen: Pflichtverletzung unerheblich bzw. überwiegend vom Gläubiger zu vertreten) | **Schadensersatz statt der Leistung** (nur bei Verschulden und erheblicher Pflichtverletzung) | **Ersatz vergeblicher Aufwendungen** (nur anstelle von Schadensersatz statt der Leistung) |

- Für den Verbrauchsgüterkauf gelten Sonderregelungen, die zu einer **rechtlichen Besserstellung des Verbrauchers** führen. Sie betreffen folgende Bereiche:
  - Gefahrübergang
  - Beweislast
  - Garantie
  - Ausschluss von Gewährleistungsrechten

- Der Käufer muss seine Mängelansprüche innerhalb bestimmter Fristen geltend machen. Ansonsten unterliegen sie der **Verjährung.**

> **Übungsaufgabe**

33
1. Begründen Sie, warum der Verkäufer auch für Sachmängel haftet, die ohne sein Verschulden entstanden sind!

2. Franz Fuchs hat am 8. April 20.. im Baumarkt Baufix KG einen neuen Rasenmäher gekauft. Am 22. Mai 20.. brach beim Rasenmähen der Gashebel ab. Nun verlangt er von der Baufix KG einen neuen Rasenmäher.

   Aufgaben:

   2.1 Erklären Sie unter Angabe des entsprechenden Paragrafen, warum der Rasenmäher wegen des Abbrechens des Gashebels einen Sachmangel hat!

   2.2 Begründen Sie, wie die Baufix KG auf die Forderung von Herrn Fuchs nach einem neuen Rasenmäher reagieren kann!

   2.3 Angenommen, die Baufix KG lehnt alle Gewährleistungsrechte von Herrn Fuchs ab. Sie verweist auf ihre allgemeinen Geschäftsbedingungen, in denen sich folgende Klausel befindet:

   > „Unsere Produkte unterliegen einer strengen Qualitätskontrolle. Rechte wegen Mängeln an unseren Produkten können nur gegenüber den Herstellern geltend gemacht werden."

   Begründen Sie mit Paragrafenangabe, ob die Baufix KG einen Anspruch von Herrn Fuchs auf Nachlieferung und/oder Schadensersatz ablehnen darf!

3. Falko Luchs fährt mit seinem neuen Rennrad auf einer Trainingsfahrt steil bergab. Als plötzlich der rechte Bremsgriff (Hinterradbremse) abbricht, stürzt er schwer. Ein entgegenkommendes Auto muss, um Schlimmeres zu verhindern, ausweichen und fährt dabei gegen einen Baum. Schaden am Auto: 3500,00 EUR. Falko Luchs muss im Krankenhaus behandelt werden. Kosten des Krankenhausaufenthaltes: 4800,00 EUR.

   Aufgabe:

   Überprüfen Sie, welche Ansprüche/Rechte Falko Luchs gegen wen geltend machen kann!

4. Die Vorschrift des BGB, dass auch eine mangelhafte Montageanleitung einem Sachmangel gleichsteht, wird von den Juristen als „IKEA-Klausel" bezeichnet.

   Aufgabe:

   Nennen Sie den Grund für diese Bezeichnung!

5. Privatmann Norbert Speidel kauft beim Autohaus Peter Falke e.K. einen fünf Jahre alten Kleinwagen. Zwei Wochen nach dem Kauf tritt erheblicher Ölverlust an der Servolenkung auf. Herr Speidel möchte die Reparaturkosten vom Autohaus ersetzt haben. Das Autohaus lehnt die Kostenübernahme mit der Begründung ab, der Ölverlust sei erst nach Abschluss des Kaufvertrags aufgetreten.

   Aufgabe:

   Begründen Sie mithilfe des Gesetzestextes, wer die Beweislast für den aufgetretenen Mangel zu tragen hat!

6. Die Peter Schwabe OHG hat dem Privatmann Hans Fetzer beim Kauf eines neuen Computers eine Garantieerklärung mit folgendem Wortlaut ausgehändigt: „Die Peter Schwabe OHG übernimmt für den gekauften Rechner ein Jahr Garantie." Elf Monate nach Erwerb des Computers versagt die Festplatte ihren Dienst. Es kann nicht mehr festgestellt werden, ob dies auf einen bereits bei Gefahrübergang vorliegenden Materialfehler des Gerätes oder auf unsachgemäße Behandlung durch Herrn Hans Fetzer zurückzuführen ist.

   Aufgabe:

   Erläutern Sie, ob Hans Fetzer Rechte gegenüber der Peter Schwabe OHG aus der Garantie hat!

7. 7.1 Frau Wagner kauft am 16. Mai eine teure Couch mit einem edlen Samtstoffbezug beim Möbelhaus Mendler & Kolb KG. Am 31. Mai stellt sie fest, dass der Samtstoff an einigen Stellen Mottenfraß aufweist. Am 1. Juni ruft Frau Wagner ihre Freundin an und fragt diese um Rat. Diese meint, dass es sich zwar um einen Verbrauchsgüterkauf handle, dass aber die 14-tägige Widerrufsfrist vorüber sei, sodass Frau Wagner wohl nichts mehr machen könne.

Aufgabe:

Beurteilen Sie, ob bzw. inwieweit die Freundin von Frau Wagner Recht hat!

7.2 Frau Wagner ist mit dem Rat ihrer Freundin nicht zufrieden. Sie will sich noch anderweitig erkundigen. Da keiner ihrer Bekannten so richtig Bescheid weiß, wendet sie sich erst nach ihrem Auslandsurlaub Anfang Juli an das Möbelhaus Mendler & Kolb KG und verlangt mutig die Lieferung einer mangelfreien Couch. Der Verkäufer teilt ihr mit, dass Reklamationen nur binnen 14 Tagen entgegengenommen werden (über der Kasse im Verkaufsraum hängt ein mit diesem Hinweis versehenes Schild). Außerdem – so meint er – hätte Frau Wagner sofort nach Entdeckung des Schadens rügen müssen.

Aufgabe:

Nehmen Sie zu den Äußerungen des Verkäufers Stellung!

3.4.3 Lieferungsverzug (Nicht-Rechtzeitig-Lieferung)

3.4.3.1 Begriff und Voraussetzungen des Lieferungsverzugs

(1) Begriff

> **Merke:**
>
> Wenn der Schuldner seine geschuldete Leistung (z.B. der Verkäufer die rechtzeitige und mängelfreie Übergabe der Kaufsache, § 433 I BGB) nicht oder nicht rechtzeitig erfüllt und er diese Nichtleistung oder zu späte Leistung zu vertreten (verschuldet) hat, dann kommt er in Verzug. Ist der Schuldner ein Verkäufer (Lieferant), dann bezeichnet man diesen **Schuldnerverzug** auch als **Lieferungsverzug**.[1]

Ein Lieferungsverzug liegt jedoch nur vor, wenn die geschuldete Leistung – trotz ihrer nicht rechtzeitigen Bewirkung – noch möglich ist (Nachholbarkeit der unterbliebenen rechtzeitigen Leistung). Ist dies nicht der Fall, dann liegt kein Lieferungsverzug, sondern eine **Unmöglichkeit** der **Leistung** vor, für die andere gesetzliche Vorschriften des BGB gelten.[2]

> **Beispiel für Unmöglichkeit:**
>
> Durch die Unachtsamkeit eines Verkäufers zerbricht eine verkaufte wertvolle alte chinesische Vase vor deren Übergabe an den Käufer. Weil dem Verkäufer und auch anderen Personen die Leistung objektiv nicht mehr möglich ist, wird der Verkäufer nach § 275 I BGB von seiner Leistungspflicht befreit. Der Verkäufer verliert jedoch, weil den Käufer kein Verschulden an der Unmöglichkeit der Leistung trifft, seinen Anspruch auf die Gegenleistung. Der Käufer muss somit den Kaufpreis nicht zahlen [§ 326 I BGB].

---

1 Der **Zahlungsverzug** als weitere Möglichkeit der **„Nicht-Rechtzeitig-Leistung"** (Schuldnerverzug) wird auf S. 204ff. behandelt.
2 Auf die Rechtsfolgen der Unmöglichkeit der Leistung wird im Folgenden nicht eingegangen.

(2) Voraussetzungen

■ **Fälligkeit der Leistung (Lieferung)**

Unter Fälligkeit einer Leistung versteht man den Zeitpunkt, von dem ab der Gläubiger eine Leistung (z. B. der Käufer die Übergabe und Übereignung der Kaufsache) verlangen kann. Soweit im Kaufvertrag über die Leistungszeit keine Vereinbarung getroffen wurde und diese nicht gesetzlich oder durch die Umstände des Kaufvertrags bestimmt ist, hat der Käufer das Recht, die Lieferung sofort zu verlangen [§ 271 BGB]. Dies bedeutet, dass die Leistung so schnell erbracht werden muss, wie dies den Umständen nach möglich ist.

■ **Mahnung des Verkäufers (Lieferers) durch den Käufer**

Ist der **Kalendertag,** an dem der Verkäufer die Übergabe und Übereignung der Kaufsache zu leisten hat, **kalendermäßig** weder direkt noch indirekt genau bestimmt (z. B. eine Bestellung zur „sofortigen Lieferung", „sobald wie möglich", „ab 20. Juli 20.."), so muss der Verkäufer durch eine **Mahnung** in **Verzug** gesetzt werden [§ 286 I, S. 1 BGB].

Ausnahmen: In folgenden Fällen ist nach § 286 II BGB z. B. **keine Mahnung** erforderlich

- **Kalendermäßige Bestimmtheit der Leistungszeit.** In diesem Fall ist die Leistungszeit gesetzlich oder vertraglich kalendermäßig so (genau) bestimmt, dass hierdurch als Leistungszeit (Leistungstermin) ein **bestimmter Kalendertag** festgelegt ist (z. B. Warenlieferung am 24. April 20.., Lieferung Ende Mai 20..).
- **Bloße kalendermäßige Bestimmbarkeit der Leistungszeit.** Eine kalendermäßige Bestimmbarkeit der Leistungszeit ist gegeben, wenn der Leistung ein (beliebiges) Ereignis vorausgegangen ist und eine angemessene Zeit für die Leistung in der Weise bestimmt ist, dass sich die Leistungszeit von dem Ereignis an nach dem **Kalender berechnen lässt.**

    Beispiel:
    Die Lieferung der Kaufsache erfolgt innerhalb von vierzehn Kalendertagen nach Erhalt der Auftragsbestätigung.

- **Ernsthafte und endgültige Verweigerung** der **geschuldeten Leistung** durch den Verkäufer (Schuldner).

■ **Verschulden des Verkäufers**

Der Schuldner (z. B. Verkäufer) kommt nicht in Verzug, solange die Leistung infolge eines Umstands unterbleibt, den er nicht zu vertreten (verschuldet) hat [§ 286 IV BGB]. Der Verzug setzt somit voraus, dass der Verkäufer die Nichtleistung zu vertreten hat. Der Verkäufer hat die unterbliebene Leistung zu **vertreten,** wenn die Lieferungsverzögerung durch **fahrlässiges** oder **vorsätzliches Handeln des Verkäufers** selbst, seines gesetzlichen Vertreters oder seines Erfüllungsgehilfen eingetreten ist [§§ 276 – 278 BGB].

Fahrlässig handelt, wer die verkehrsübliche Sorgfaltspflicht außer Acht lässt [§ 276 II BGB]. Bei einer besonders schweren Verletzung der im Geschäftsverkehr erforderlichen Sorgfaltspflicht liegt **grobe Fahrlässigkeit**[1] **vor.**

Beispiel:
Der Verkäufer kann deshalb nicht termingerecht liefern, weil er sich nicht rechtzeitig bei seinem Lieferer mit den Waren, die er verkauft, eingedeckt hat.

---
1 Wer fahrlässig handelt, der handelt schuldhaft. **Fahrlässigkeit** liegt vor, wenn die im Verkehr (z. B. Straßenverkehr) erforderliche Sorgfalt nicht beachtet wird.

Der Verkäufer hat solche Lieferungsverzögerungen **nicht zu vertreten,** die z. B. auf höhere Gewalt zurückzuführen sind (z. B. Unwetter, Hochwasser, Streik).

(3) Erweiterte Haftung (Verantwortlichkeit) des Schuldners (Verkäufers) während des Verzugs

Nach dem Eintritt des Lieferungsverzugs haftet der Verkäufer nicht nur für Vorsatz und jede (auch leichte) Fahrlässigkeit. Er haftet während des Verzugs auch für Zufall (z.B. für die durch Zufall eingetretene Unmöglichkeit der Leistung), es sei denn, dass der Schaden auch bei rechtzeitiger Leistung eingetreten sein würde [§ 287 BGB]. Die Beweislast dafür, dass der Schaden auch bei rechtzeitiger Leistung eingetreten wäre, trägt der Verkäufer.

3.4.3.2 Rechte des Käufers

(1) Überblick

Gemeinsamer Anknüpfungspunkt für die Rechte des Käufers beim Lieferungsverzug ist – wie für alle Leistungsstörungen – die Pflichtverletzung im Sinne von § 280 I BGB. Die Ansprüche aus § 280 I BGB gelten daher grundsätzlich auch für den Lieferungsverzug. Die erfolglose Bestimmung einer angemessenen Frist zur Nacherfüllung wird dabei immer als eine Mahnung im Sinne des § 286 BGB verstanden.

Neben den Rechten aus der Pflichtverletzung nach § 280 I BGB legt der Gesetzgeber im § 280 II BGB in Verbindung mit § 286 BGB noch einen besonderen Anspruch fest, der sich allein aus der Verspätung der geschuldeten Leistung ableitet: **den Ersatz von Verzögerungsschäden** [§ 280 II BGB].

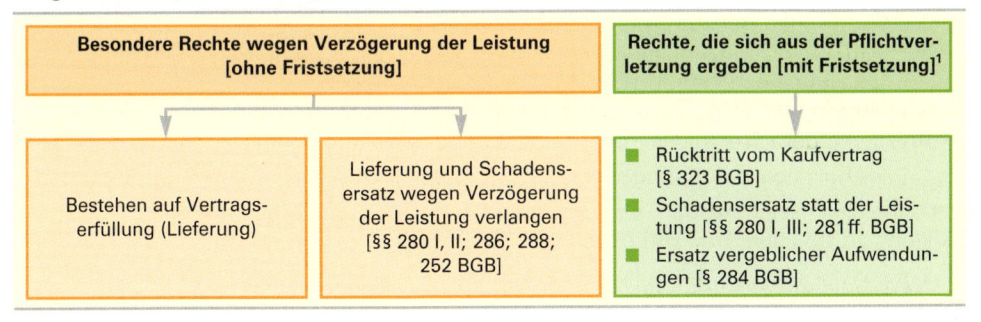

Besondere Rechte wegen Verzögerung der Leistung [ohne Fristsetzung]		Rechte, die sich aus der Pflichtverletzung ergeben [mit Fristsetzung][1]
Bestehen auf Vertragserfüllung (Lieferung)	Lieferung und Schadensersatz wegen Verzögerung der Leistung verlangen [§§ 280 I, II; 286; 288; 252 BGB]	■ Rücktritt vom Kaufvertrag [§ 323 BGB] ■ Schadensersatz statt der Leistung [§§ 280 I, III; 281ff. BGB] ■ Ersatz vergeblicher Aufwendungen [§ 284 BGB]

(2) Rechte, die der Käufer ohne Fristsetzung geltend machen kann

■ **Bestehen auf Vertragserfüllung (Lieferung)**

Da der Verkäufer seiner Leistungspflicht aus dem Verbrauchsgüterkaufvertrag [§ 433 I BGB] noch nicht nachgekommen ist, hat der Käufer das Recht, weiterhin auf **Vertragserfüllung** zu bestehen.

Gründe des Käufers, keine weitergehenden Rechte geltend zu machen, sind z.B.

- ■ jahrelanger Stammkunde beim Verkäufer,
- ■ die Lieferungsverzögerung ist für den Käufer von untergeordneter Bedeutung,
- ■ bei anderen Verkäufern bestehen längere Lieferfristen, höhere Preise und/oder ungünstigere Zahlungsbedingungen als beim säumigen Verkäufer.

---
1 Vgl. hierzu die Ausführungen der S. 190ff.

■ **Bestehen auf Vertragserfüllung (Lieferung) und Schadensersatz wegen Verzögerung der Leistung (Lieferung)**

Besteht der Käufer auf Erfüllung der Leistung und möchte er gleichzeitig den durch die Verzögerung der Leistung verursachten Schaden ersetzt haben, so kann er zusätzlich noch **Schadensersatz wegen Verzögerung der Leistung** (Verzugsschaden, Verspätungsschaden) nach §§ 280 I, II; 286 BGB verlangen. Gefordert werden können insbesondere der Ersatz aller Mehraufwendungen, die durch die Verzögerung angefallen sind, wie die Kosten einer Ersatzbeschaffung für die Dauer des Verzugs (z.B. Mietkosten für einen Pkw, um zu seiner Arbeitsstelle zu gelangen).

(3) Rechte, die der Käufer nach erfolglosem Ablauf einer dem Verkäufer gesetzten angemessenen Frist[1] zur Leistung oder Nacherfüllung geltend machen kann

■ **Rücktritt vom Verbrauchsgüterkaufvertrag**

Der Käufer kann vom Verbrauchsgüterkaufvertrag zurücktreten, wenn die dem Verkäufer vorher gesetzte angemessene Frist zur Leistung oder Nacherfüllung (siehe § 439 BGB) erfolglos abgelaufen ist. Diese Fristsetzung ist z.B. entbehrlich, wenn der Verkäufer die Leistung ernsthaft und endgültig verweigert, beim Fixkauf[2] oder wenn vorliegende Umstände unter Abwägung der beiderseitigen Interessen den sofortigen Rücktritt rechtfertigen (Näheres siehe § 323 II, III BGB). Der Käufer ist trotz Wahrnehmung des Rücktrittsrechts berechtigt, für die verzugsbedingten Schäden Ersatz zu verlangen [§ 325 BGB].

> **Beispiel:**
>
> Der Verkäufer liefert nicht. Der Käufer tritt vom Kaufvertrag zurück, weil er die bestellte Sache inzwischen anderweitig zu einem günstigeren Preis kaufen kann. Trotz des nicht mehr bestehenden Vertrags wird der Warenschuldner (Verkäufer) mit den bereits entstandenen Verzugskosten belastet.

Wenn offensichtlich ist, dass die Voraussetzungen des Rücktritts, wie z.B. der Verzug des Verkäufers, eintreten werden, dann kann der Käufer auch vor dem Eintritt der Fälligkeit der Leistung vom Kaufvertrag zurücktreten [§ 323 IV BGB].

■ **Schadensersatz statt der Leistung**

Ist die Leistung oder Nacherfüllung nach Ablauf der gesetzten angemessenen Frist nicht erfolgt, so kann der Käufer nach §§ 280 I, III; 281ff. BGB **Schadensersatz statt der Leistung** verlangen. Ersatzfähig sind in diesem Fall insbesondere die Mehrkosten eines **Deckungsgeschäfts** (anderweitigen Kaufs). Verlangt der Käufer Schadensersatz statt der Leistung, hat er keinen Anspruch mehr auf die Leistung [§ 281 IV BGB].

Bei der **Schadensberechnung** sind beim Verbrauchsgüterkauf zwei Vorgehensweisen zu unterscheiden: die konkrete Schadensberechnung und die Konventionalstrafe.

---

[1] Angemessen ist eine Frist, wenn der Verkäufer die Leistung innerhalb der gesetzten Frist erbringen kann, ohne jedoch die geschuldete Kaufsache erst selbst anfertigen oder bei einem anderen Lieferanten kaufen zu müssen.

[2] Ein **Fixkauf** liegt vor, wenn der Zweck des Geschäfts mit der genauen Einhaltung eines bestimmten Liefertermins bzw. einer bestimmten Lieferfrist steht oder fällt [§ 323 II Nr. 2 BGB].

Konkrete Schadensberechnung	Musste sich der Käufer die Waren anderweitig zu einem höheren Preis beschaffen, kann er von dem säumigen Verkäufer anhand der quittierten Rechnung den Preisunterschied zwischen dem Vertragspreis und dem Preis des **Deckungskaufs** verlangen.
Konventionalstrafe	Um den Verkäufer zum pünktlichen Einhalt der Lieferfrist anzuhalten und um Schäden nicht nachweisen zu müssen, wird manchmal eine Vertragsstrafe vereinbart. Der Geldbetrag wird dann im Allgemeinen vom Verkäufer bei einer Bank hinterlegt. Er verfällt, sobald der Verkäufer in Verzug gerät [§§ 339 ff. BGB]. Die Vereinbarung einer Konventionalstrafe ist beim Verbrauchsgüterkauf eher selten.

■ **Ersatz vergeblicher Aufwendungen**

Der Käufer kann unter den Voraussetzungen des § 284 BGB anstelle des Schadensersatzes statt der Leistung auch Ersatz vergeblicher Aufwendungen verlangen. Die Aufwendungen müssen aber angemessen sein und nachgewiesen werden.

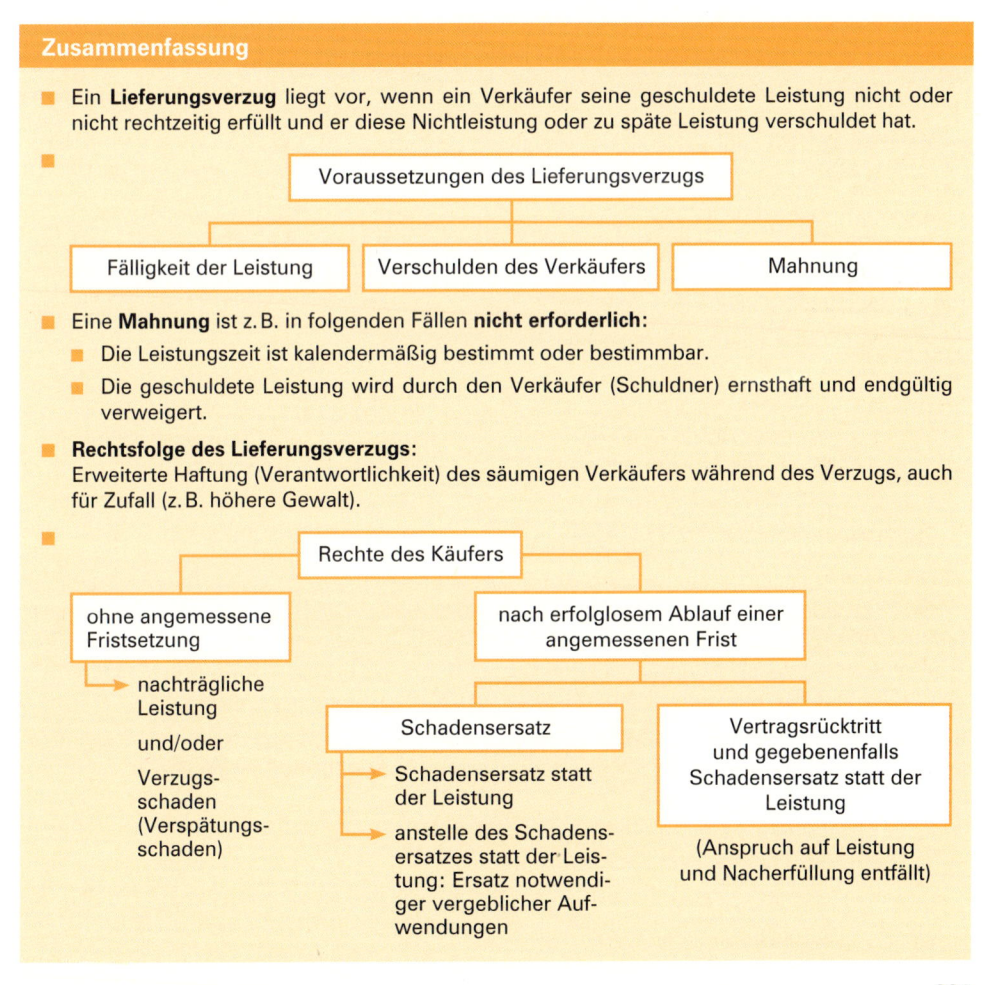

Zusammenfassung

- Ein **Lieferungsverzug** liegt vor, wenn ein Verkäufer seine geschuldete Leistung nicht oder nicht rechtzeitig erfüllt und er diese Nichtleistung oder zu späte Leistung verschuldet hat.

■

Voraussetzungen des Lieferungsverzugs
- Fälligkeit der Leistung
- Verschulden des Verkäufers
- Mahnung

- Eine **Mahnung** ist z. B. in folgenden Fällen **nicht erforderlich**:
  - Die Leistungszeit ist kalendermäßig bestimmt oder bestimmbar.
  - Die geschuldete Leistung wird durch den Verkäufer (Schuldner) ernsthaft und endgültig verweigert.

- **Rechtsfolge des Lieferungsverzugs:**
  Erweiterte Haftung (Verantwortlichkeit) des säumigen Verkäufers während des Verzugs, auch für Zufall (z. B. höhere Gewalt).

■

Rechte des Käufers

ohne angemessene Fristsetzung
→ nachträgliche Leistung
und/oder
Verzugsschaden (Verspätungsschaden)

nach erfolglosem Ablauf einer angemessenen Frist

Schadensersatz
→ Schadensersatz statt der Leistung
→ anstelle des Schadensersatzes statt der Leistung: Ersatz notwendiger vergeblicher Aufwendungen

Vertragsrücktritt und gegebenenfalls Schadensersatz statt der Leistung
(Anspruch auf Leistung und Nacherfüllung entfällt)

Übungsaufgaben

34
1. Franz Heim bestellte am 15. März aufgrund eines verbindlichen Angebots vom 13. März bei dem Sägewerk Haas GmbH 60 m^3 Eichenbrennholz für den offenen Kamin. Lieferung: sofort. Nach 14 Tagen ist die Lieferung noch nicht erfolgt. Es liegt ein Versehen der Versandabteilung vor.

   Aufgaben:

   1.1 Prüfen Sie, ob das Sägewerk Haas GmbH in Verzug ist! Begründen Sie Ihre Entscheidung!

   1.2 Beurteilen Sie, ob sich die Rechtslage ändert, wenn das Sägewerk Haas GmbH die Lieferung bis 25. März fest zugesagt hat!

   1.3 Wir gehen davon aus, dass die Lieferung bis zum 25. März hätte erfolgen müssen (Fall 1.2), die Lieferung aber noch nicht bei Franz Heim eingetroffen ist. Erläutern Sie, welche Rechte Franz Heim mit und ohne Fristsetzung zustehen, falls das Sägewerk Haas GmbH in Verzug ist!

   1.4 Entscheiden Sie, von welchem Recht Franz Heim Gebrauch machen wird, wenn, ausgehend vom Fall 1.3, der Preis für Eichenbrennholz inzwischen gefallen ist!

2. Prüfen Sie, ob der Käufer beim Lieferungsverzug vom Kaufvertrag zurücktreten und zusätzlich noch Schadensersatz statt der Leistung verlangen kann!

3. Erläutern Sie, unter welchen wirtschaftlichen Bedingungen der Käufer beim Lieferungsverzug:

   3.1 nur auf Erfüllung der vertraglichen Verpflichtungen bestehen,

   3.2 Erfüllung und Verzugsschaden fordern,

   3.3 vom Kaufvertrag zurücktreten und

   3.4 Schadensersatz statt der Leistung verlangen

   wird!

4. Entscheiden Sie bei folgenden Angaben der Leistungszeit, ob der Verkäufer vom Käufer durch eine Mahnung in Verzug gesetzt werden muss:

   4.1 Heute in drei Monaten,   4.5 14 Tage nach Weihnachten 20..,

   4.2 im Juli 20..,   4.6 8 Tage nach Abruf,

   4.3 im Laufe des März 20..,   4.7 sofort,

   4.4 am 28. Juli 20..,   4.8 20 Tage nach Erhalt der Bestellung.

5. Das Möbelhaus Gruber KG hat am 29. Juni 20.. 8 Stühle an Melanie Kunze zu liefern. Weil es den Termin vergessen hat, liefert es nicht vereinbarungsgemäß. Am 4. Juli 20.. brennt sein Möbellager durch Brandstiftung nieder.

   Aufgabe:

   Beurteilen Sie, ob das Möbelhaus Gruber KG hierdurch von seiner Leistungspflicht befreit ist!

6. Thorsten Schulz, Verkäufer des Motorradhauses Gschwind GmbH, und Roland Krause (Käufer) vereinbaren im Kaufvertrag den 20. April 20.. als Liefertermin.

   Krause schreibt an die Gschwind GmbH am 10. April 20.., sie würde sich in Lieferungsverzug befinden, da die Lieferung bis jetzt noch nicht bei ihm eingegangen sei.

   Aufgaben:

   6.1 Erörtern Sie, was die Gschwind GmbH Roland Krause schreiben soll!

   6.2 Das Motorradhaus Gschwind GmbH hat bis 20. April 20.. (vereinbarter Liefertermin) nicht geliefert. Prüfen Sie, ob sich die Gschwind GmbH in Lieferungsverzug befindet, wenn die Motorradfabrik die Kaufsache wegen eines mehrwöchigen Streiks nicht produzieren konnte!

7. Hans Hansen bestellt am 15. April 20.. für die Hochzeit seiner Tochter am 10. Juni 20.. bei dem Weinhändler Lehmann e.Kfm. 50 Flaschen „Riesling, Kabinett", zum Preis von 10,20 EUR pro Flasche. Die Lieferung soll unverzüglich erfolgen.

Nach vier Wochen ist der Wein noch immer nicht bei Hansen eingetroffen, weil die Bestellung in der Weinhandlung versehentlich bereits als erledigt abgelegt wurde.

Aufgaben:

7.1 Prüfen Sie, ob sich der Weinhändler Lehmann e.Kfm. in Lieferungsverzug befindet!

7.2 Erörtern Sie eine Handlungsempfehlung für Hansen, wenn er sich den Wein wegen einer mittlerweile eingetretenen Preissenkung um 10% bei einem anderen Weinhändler beschaffen will!

7.3 Erörtern Sie eine Handlungsempfehlung für Hansen, wenn der Preis dieses Weines mittlerweile um 10% gestiegen ist!

35 „Ich weiß auch nicht, warum unser Verkäufer ..."

Über den Versuch eines Kunden, bestellte Möbel auch geliefert zu bekommen.

Der Kunde, der an einem schönen Mittwoch morgen am 23. August ein Möbelhaus betritt, wendet sich an einen Verkäufer: „Guten Tag, ich hätte gerne die 4 Regalteile dort, diesen Schreibtisch, beides in Kirschbaum, und dazu noch einen solchen Bürostuhl." Zunächst irritiert über die Entschlussfreudigkeit des Kunden, greift der Verkäufer sofort zum Auftragsbuch, nimmt die Wünsche entgegen, rechnet den Gesamtpreis aus und weist den Kunden auf die übliche Anzahlung von 20% hin. „Kein Thema", sagt der Kunde. Bis zu diesem Zeitpunkt also nahezu ein Bilderbuchfall. Dann versteigt sich der Verkäufer zu einer Äußerung, die sich im nachhinein als fatal[1] erweisen sollte: „Dieser Hersteller liefert nach meinen Erfahrungen sehr zügig, die Möbel sind in ungefähr drei Wochen da."

Am 19. September mahnt der Kunde das Möbelhaus an, um sich nach dem Verbleib seiner Möbel zu erkundigen, auf die er bereits seit einer Woche wartet. Die Antwort: „Der Hersteller hat uns die Lieferung der Möbel bis zum Ende dieser Woche, also bis zum 24. September versprochen. Wir liefern Ihnen dann unverzüglich am 27. September."

Nächster Anruf des Kunden am 28. September. Eine Schreckensnachricht: Die Möbel sollen jetzt erst in der 41. Woche ankommen, also Mitte Oktober, glatte 4 Wochen nach dem vorgesehenen Termin. Als der Kunde seinen Unmut darüber äußert, entgegnet ihm seine Gesprächspartnerin, sie „könne ja nichts dafür", wenn der Hersteller nicht pünktlich liefere. „Ich vermittle doch nur zwischen Ihnen und dem Hersteller." Der Käufer stellt klar: „Ich will die Möbel bis zum 5. Oktober haben!"

Am 5. Oktober sind die Möbel endlich beim Kunden eingetroffen. Beim Auspacken stellt der Kunde fest, dass die Möbel bis in das kleinste Teil nach Lego-Art zerlegt sind, kein Teil ist montiert. Zum Zusammenbau der Regale benötigt der Kunde vier Stunden.

Den Höhepunkt bildet jedoch der Schreibtisch: In den Holzplatten sind nicht einmal Löcher gebohrt! „Wie soll ich denn die Schrauben hineindrehen ohne Löcher?", stöhnt der Kunde. Entnervt wendet er sich seiner letzten Neuerwerbung zu. Endlich klappt alles. Der Bürostuhl ist äußerst bequem. Am nächsten Tag sitzt der Käufer auf seinem Stuhl und ruft wieder beim Möbelhaus an, um seinen Schreibtisch zu reklamieren. Plötzlich bricht die Rückenlehne ab und er stürzt schwer zu Boden und bricht sich beide Arme.

In Anlehnung an Martin T. Roth, FAZ 28.11.2000.

---

1 Fatal: verhängnisvoll.

Aufgaben:
1. Beschreiben Sie verbal oder mithilfe einer Skizze, wie in vorliegendem Fall ein Kaufvertrag zustande kommt!
2. Der Kunde wartet auf seine Möbel.
   2.1 Begründen Sie, ab wann das Möbelhaus in Verzug ist!
   2.2 Nennen Sie die Rechte, die der Kunde zu diesem Zeitpunkt hat!
   2.3 Erläutern Sie, was der Käufer mit seiner Fristsetzung am 28. September erreicht!
3. Beurteilen Sie die Aussage: „Ich vermittle doch nur zwischen Ihnen und dem Hersteller" aus rechtlicher Sicht!
4. Begründen Sie, ob der Kunde die Zeit zum Aufbau der Regale dem Möbelhaus in Rechnung stellen kann!
5. Geben Sie an, um welchen Sachmangel es sich beim Fehlen von Montagebohrungen handelt!

3.4.4 Zahlungsverzug (Nicht-Rechtzeitig-Zahlung)

3.4.4.1 Begriff und Eintritt des Zahlungsverzugs

(1) Begriff

> **Merke:**
>
> - Ein **Zahlungsverzug** liegt vor, wenn der Zahlungsschuldner (z.B. der Käufer) trotz Mahnung durch den Gläubiger (z.B. der Verkäufer) die vertragsmäßig vereinbarte und fällige Zahlung des Kaufpreises nicht rechtzeitig, nicht vollständig oder gar nicht leistet.
> - Ein **Verschulden** des Zahlungsschuldners (z.B. Käufers) ist keine Voraussetzung des Zahlungsverzugs.[1]

(2) Eintritt des Zahlungsverzugs

Von welchem Zeitpunkt an der Käufer (Zahlungsschuldner) in Zahlungsverzug ist, hängt maßgeblich von den Zahlungsbedingungen ab.

■ **Zahlungszeitpunkt nach dem Kalender genau bestimmt oder berechenbar**

Ist der **Zahlungszeitpunkt** nach dem Kalender **genau bestimmt** oder lässt sich der Zahlungszeitpunkt (anhand eines der Leistung vorangehenden Ereignisses) **kalendermäßig genau berechnen,** so tritt der Zahlungsverzug **unmittelbar nach Überschreiten** des genau bestimmten oder berechneten Zahlungstermins ein [§ 286 II, Nr. 1, 2 BGB].[2] Das (beliebige) Ereignis kann auch die Lieferung einer Sache, die Erbringung einer Dienstleistung (z.B. Reparatur) oder die Kündigung (z.B. eines Darlehensvertrags) sein.

Beispiele für genau bestimmte Zahlungszeitpunkte:

- Im Vertrag ist vereinbart: *„Der Kaufpreis ist bis zum 15. Januar auf das vom Verkäufer genannte Konto zu überweisen."* Der Käufer kommt mit Ablauf des 15. Januars in Verzug.

- *„Der Kaufpreis ist zahlbar im Mai 20.."* Der Käufer kommt mit Ablauf des 31. Mai 20.. in Verzug.

---
1 Die **Geldschuld** ist eine sogenannte **Wertverschaffungsschuld**: Der Grundsatz, dass der Zahlungsschuldner (z.B. Käufer) stets für seine finanzielle Leistungsfähigkeit einzustehen hat, ist ein in unserer Rechts- und Wirtschaftsordnung allgemein anerkannter Rechtsgrundsatz. („Geld hat man zu haben.")
2 Die nach dem Kalender zu berechnende Leistungszeit muss **angemessen** sein. Eine Klausel „Zahlbar sofort nach Erhalt der Ware" oder „Zahlbar sofort nach Erhalt der Rechnung" kann demnach keinen Zahlungsverzug auslösen.

Ein **Zahlungstermin** ist nur dann **genau bestimmt,** wenn er auf einem **Gesetz** oder **Urteil** beruht oder **vertraglich vereinbart** ist. Eine Leistungszeit kann also nicht durch eine einseitige Erklärung bestimmt werden. Durch den bloßen Aufdruck des Zahlungstermins durch den Verkäufer auf einer Rechnung kann somit der Zahlungstermin nicht festgelegt werden.

Beispiele für kalendermäßig berechenbare Zeitpunkte (anhand eines vorangegangenen Ereignisses):

- Im Vertrag ist vereinbart: *„Der Kaufpreis ist innerhalb von zehn Kalendertagen nach Rechnungszugang zu leisten."* Erfolgt der Rechnungszugang am 17. Juni, dann ist der Käufer mit Ablauf des 27. Juni in Zahlungsverzug.
- *„Der Kaufpreis ist innerhalb von 8 Kalendertagen nach Mitteilung des Notars vom Vorliegen der Eintragungsvoraussetzungen auf das vom Verkäufer benannte Konto zu überweisen."* Erhält der Käufer die Mitteilung des Notars am 1. Juli, so befindet sich der Käufer mit Ablauf des 9. Juli in Zahlungsverzug.

■ **Zahlungszeitpunkt nicht genau bestimmt (vereinbart) und nicht berechenbar**

Ist der Zahlungszeitpunkt weder genau bestimmt noch kalendermäßig berechenbar, dann kommt der Käufer in Zahlungsverzug, wenn er auf eine vom Verkäufer **nach der Fälligkeit erfolgte Mahnung** nicht zahlt [§ 286 I, S. 1 BGB]. Der Zahlungsverzug tritt auch ein, wenn der Verkäufer den Käufer rechtzeitig auf Zahlung verklagt oder dem Käufer rechtzeitig einen gerichtlichen Mahnbescheid zukommen lässt [§ 286 I, S. 2 BGB].

Beachte:

Verzichtet der Verkäufer auf eine Mahnung oder verweigert der Käufer die Zahlung ernsthaft und endgültig, so befindet sich der Käufer **spätestens 30 Tage nach Fälligkeit und Zugang einer Rechnung** (oder einer gleichwertigen Zahlungsaufstellung) in Zahlungsverzug [§ 286 III, S. 1 BGB].[1] Diese 30-Tage-Regelung gilt **gegenüber einem Verbraucher** nur, wenn auf die Folgen des „automatischen" Verzugseintritts (30 Tage nach Fälligkeit und Zugang einer Rechnung oder Zahlungsaufstellung) in der Rechnung oder Zahlungsaufstellung **besonders** hingewiesen worden ist.

Beispiel:

Heinz Strom erhält am 2. August 20.. von der Tele-KG Esslingen eine Rechnung über einen gelieferten Fernseher. Bei Nichtzahlung ist Heinz Strom **ohne Mahnung am 2. September 20..** in Zahlungsverzug.

Erhält Heinz Strom am 17. August eine **Mahnung** der Tele-KG Esslingen wegen Nichtzahlung, dann ist er **ab dem 17. August** in Zahlungsverzug, sofern er auf die Mahnung hin nicht zahlt.

Der **Verkäufer kann** somit **wählen,** ob er z. B.

- nach Zugang einer Rechnung beim Käufer durch eine **rasche Mahnung nach Fälligkeit** schon **vor Ablauf von 30 Tagen** den Zahlungsverzug herbeiführen will oder ob er
- durch **bloßes Zuwarten** den Verzug **erst nach 30 Tagen** eintreten lässt.

---

1 Die **30-Tage-Regelung** gilt nur für **Entgeltforderungen,** nicht jedoch für **Sachforderungen.**

3.4.4.2 Rechte des Verkäufers

(1) Überblick

Beim Zahlungsverzug handelt es sich um einen **Schuldnerverzug**. Der Gläubiger (z. B. Verkäufer) hat nach dem BGB folgende Ansprüche:

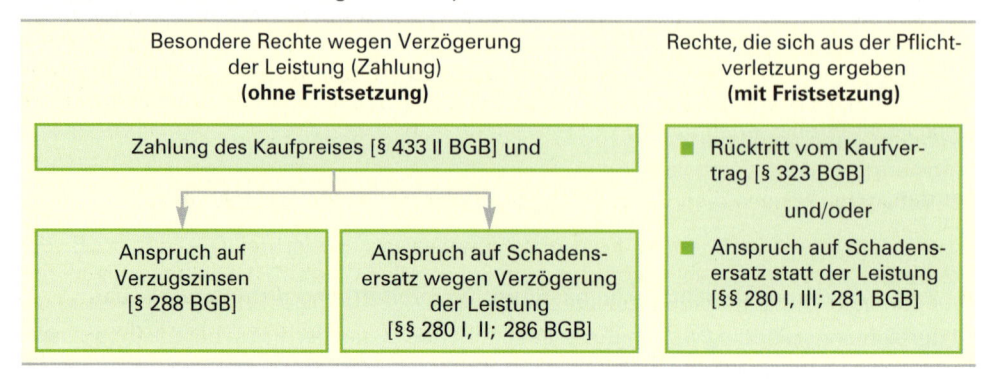

Besondere Rechte wegen Verzögerung der Leistung (Zahlung) **(ohne Fristsetzung)**	Rechte, die sich aus der Pflichtverletzung ergeben **(mit Fristsetzung)**
Zahlung des Kaufpreises [§ 433 II BGB] und • Anspruch auf Verzugszinsen [§ 288 BGB] • Anspruch auf Schadensersatz wegen Verzögerung der Leistung [§§ 280 I, II; 286 BGB]	■ Rücktritt vom Kaufvertrag [§ 323 BGB] und/oder ■ Anspruch auf Schadensersatz statt der Leistung [§§ 280 I, III; 281 BGB]

(2) Rechte ohne Fristsetzung: Besondere Rechte wegen Verzögerung der Zahlung

■ **Anspruch auf Verzugszinsen** [§ 288 BGB]

Eine Geldschuld ist während des Verzugs zu verzinsen. Der Verzugszinssatz für Entgeltforderungen aus Rechtsgeschäften, an denen ein Verbraucher beteiligt ist, beträgt für das Jahr **fünf** Prozentpunkte **über dem Basiszinssatz** [§§ 288 I; 247 BGB].[1]

Durchschnittlicher Zahlungsverzug (Tage)

Quelle: Creditreform DRD-Index.

---

[1] Der **Basiszinssatz** wird jeweils zum 1. Januar bzw. zum 1. Juli von der Europäischen Zentralbank bestimmt. Beispiel: Basiszinssatz 0,5 %, Verzugszinssatz 5,5 %.

Diese gesetzlich festgelegten Verzugszinsen können auch dann geltend gemacht werden, wenn der Zahlungsschuldner (Käufer) dem Gläubiger (Verkäufer) nachweist, dass geringere Zinsaufwendungen entstanden sind. Das bedeutet, dass der Gläubiger eine gesetzlich festgelegte Mindestentschädigung erhält.

Wurde zwischen den Vertragsparteien (z.B. zwischen Käufer und Verkäufer) ein höherer Zinssatz vereinbart oder musste der Gläubiger wegen des Zahlungsverzugs einen Kredit zu einem höheren Zinssatz aufnehmen, kann er die höheren Zinsen verlangen [§ 288 III BGB]. Darüber hinaus kann der Gläubiger nach § 288 IV BGB noch weitere Schäden geltend machen. Als weitere Schäden im Sinne dieser Vorschrift kommen vor allem entgangene Anlagezinsen oder die Aufwendungen für notwendige Kredite in Betracht.

■ **Schadensersatz wegen Verzögerung der Leistung** [§§ 280 I, II; 286 BGB]

Ist der Schuldner (z.B. der Käufer) in Zahlungsverzug, so ist der Gläubiger (z.B. der Verkäufer) berechtigt, den angemessenen Ersatz **aller** durch den Zahlungsverzug des Schuldners bedingten **Verzugsschäden** zu fordern. Der Gläubiger kann beispielsweise die Erstattung der Kosten eines Inkassobüros[1] und des Verwaltungsaufwands, die zur Geltendmachung der Forderung erforderlich waren, sowie der Gerichtskosten und der Anwaltskosten verlangen. Der Anspruch auf **Schadensersatz wegen Verzögerung der Leistung** tritt neben den Erfüllungsanspruch, d.h., der Gläubiger kann weiterhin die Zahlung fordern und gegebenenfalls den Käufer auf Zahlung verklagen.

(3) Gläubigerrechte nach erfolglosem Ablauf einer angemessenen Frist zur Zahlung[2]

Rechte des Gläubigers	Erläuterungen	Beispiele
Rücktritt vom Verbrauchsgüterkaufvertrag	Der Verkäufer ist berechtigt, vom Verbrauchsgüterkaufvertrag zurückzutreten [§ 323 BGB]. Trotz des Rücktritts ist der Verkäufer berechtigt, zusätzlich noch Schadensersatz zu verlangen [§ 325 BGB].	Ein Käufer zahlt nicht. Der Verkäufer tritt vom Verbrauchsgüterkaufvertrag zurück, wenn er diesem Käufer Waren geliefert hat, die er anderweitig zu einem höheren Preis verkaufen kann. Der Käufer wird jedoch z.B. mit Rücknahmekosten (z.B. Frachtkosten) und Verzugszinsen belastet.
Schadensersatz statt der Leistung	Lehnt der Verkäufer die verspätete Zahlung ab und besteht auf Ersatz des entstandenen Schadens, so kann er nach Ablauf einer erfolglosen angemessenen Fristsetzung Schadensersatz statt der Leistung verlangen [§§ 280 I, III; 281 BGB].	Ein Käufer zahlt nicht. Der Verkäufer nimmt die Ware zurück und verkauft sie anderweitig, jedoch zu einem niedrigeren Preis. Den Preisunterschied, die Rücknahmekosten und gegebenenfalls weitere entstandene Verzugskosten (z.B. Verzugszinsen) hat der Käufer zu tragen.

---

1 Inkasso: Einzug von Geldforderungen.

2 Beim Zahlungsverzug ist eine Fristsetzung nicht erforderlich, wenn z.B. der Käufer die Zahlung ernsthaft und endgültig verweigert oder ein Fixgeschäft vorliegt [§§ 281 II; 323 II, Nr. 1 und Nr. 2 BGB].

Zusammenfassung

- Wenn ein Schuldner (z. B. der Käufer als Schuldner des Kaufpreises) seine Zahlungsverpflichtungen nicht wie vereinbart oder gesetzlich bestimmt rechtzeitig erfüllt, dann kommt er in **Zahlungsverzug**. Der Zahlungsverzug ist ein **Schuldnerverzug**.

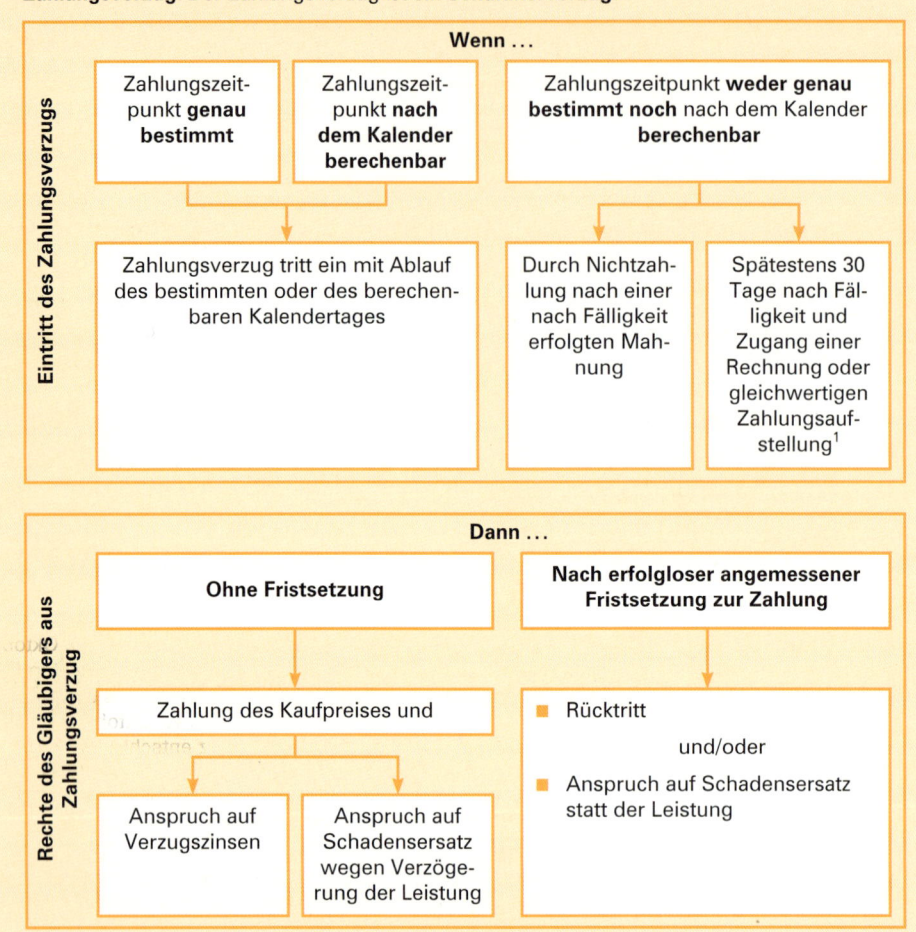

Eintritt des Zahlungsverzugs

Wenn ...

Zahlungszeitpunkt **genau** bestimmt	Zahlungszeitpunkt **nach dem Kalender berechenbar**	Zahlungszeitpunkt **weder genau bestimmt noch** nach dem Kalender berechenbar
Zahlungsverzug tritt ein mit Ablauf des bestimmten oder des berechenbaren Kalendertages		Durch Nichtzahlung nach einer nach Fälligkeit erfolgten Mahnung / Spätestens 30 Tage nach Fälligkeit und Zugang einer Rechnung oder gleichwertigen Zahlungsaufstellung[1]

Rechte des Gläubigers aus Zahlungsverzug

Dann ...

Ohne Fristsetzung	Nach erfolgloser angemessener Fristsetzung zur Zahlung
Zahlung des Kaufpreises und Anspruch auf Verzugszinsen / Anspruch auf Schadensersatz wegen Verzögerung der Leistung	- Rücktritt und/oder - Anspruch auf Schadensersatz statt der Leistung

Übungsaufgaben

36
1. Erklären Sie die Rechtsfolgen des Zahlungsverzugs!
2. Begründen Sie, warum „Verschulden" keine Voraussetzung des Zahlungsverzugs ist!
3. Berthold Noll erhält am 2. April vom Baumarkt „Baufix GmbH" eine Rechnung über 420,00 EUR zuzüglich 19 % USt, zahlbar innerhalb von 10 Tagen ab Rechnungsdatum mit 2 % Skonto oder 30 Tage netto Kasse. Rechnungsdatum ist der 1. April!

---

[1] Gilt für den Verbraucher nur, wenn auf die Folgen des „automatischen" Verzugseintritts in der Rechnung oder Zahlungsaufstellung besonders hingewiesen worden ist.

Aufgaben:

Prüfen Sie, ob Berthold Noll in Zahlungsverzug ist, wenn

3.1 er den Rechnungsbetrag abzüglich 2 % Skonto am 12. April überweist,

3.2 er die Rechnung ohne Skonto am 15. Mai bezahlt hat!

4. Rechnungsdatum: 10.04.20.. Der Rechnungseingang erfolgt zusammen mit der Warenlieferung am 12.04.20..

Aufgabe:

Entscheiden Sie, ab wann sich der Käufer in Zahlungsverzug befindet, wenn folgende Zahlungsbedingungen als vertraglich vereinbart gelten:

4.1 sofort,

4.2 20 Tage ab heute,

4.3 am 20. April 20..,

4.4 14 Tage ab Rechnungseingang.

5. Jan Svenson, Inhaber des Feinkostgeschäfts „Jans Spezialitätenhaus e.K." lieferte am 17. Mai im Rahmen des Party-Bringdienstes ein Menü für 40 Personen an die Eheleute Britta und Alfred Menke, Gesellschafter der Menke OHG, für ihre private Geburtstagsfeier zum Preis von 1 980,00 EUR, zahlbar 14 Tage nach Rechnungserhalt. Die Rechnung ging bei den Eheleuten Menke am 20. Mai ein.

Am 20. Juni d. J. haben die Eheleute Menke immer noch nicht bezahlt. Jan Svenson schickt ihnen deshalb am 24. Juni eine Mahnung und verlangt Zahlung bis zum 30. Juni einschließlich der gesetzlichen Verzugszinsen. Der Basiszinssatz beträgt 4,26 %.

Aufgabe:

Beurteilen Sie, ob und gegebenenfalls in welcher Höhe Jan Svenson Verzugszinsen von den Eheleuten Menke verlangen kann!

37 Elke Frisch will einen Gebrauchtwagen kaufen. Im Autohaus Walk werden ihr am 10. Oktober 20.. verschiedene Modelle angeboten. Sie entschließt sich zum Kauf eines gebrauchten Golf 2.0 TDI und unterschreibt eine verbindliche Bestellung. Die Abholung des Wagens und die Zahlung des Rechnungsbetrags wird für den 13. Oktober 20.. vereinbart. Am 12. Oktober 20.. sieht Elke Frisch im Anzeigenteil der Zeitung ein günstigeres Angebot. Kurz entschlossen kauft sie diesen Wagen. Ihrer Meinung nach ist mit dem Autohaus Walk kein Verbrauchsgüterkaufvertrag zustande gekommen. Am 12. Oktober 20.. teilt Frau Frisch diese Entscheidung dem Autohaus Walk mit.

Aufgaben:

1. Prüfen Sie, ob Elke Frisch mit ihrer Meinung recht hat!

   Begründen Sie Ihre Antwort!

2. Herr Walk ist mit der Entscheidung von Elke Frisch nicht einverstanden. Er verweist auf seine allgemeinen Geschäftsbedingungen (AGB) auf der Rückseite des Bestellformulars.

   2.1 Erklären Sie den Begriff „Allgemeine Geschäftsbedingungen"!

   2.2 Nennen Sie die Voraussetzungen, die erfüllt sein müssen, damit die allgemeinen Geschäftsbedingungen zum Vertragsbestandteil werden!

   2.3 Klären Sie, ob die AGB hier gelten!

3. 3.1 Erläutern Sie die Bedeutung der in den AGB (siehe Anlage) formulierten Lieferungs- und Zahlungsbedingungen aus der Sicht des Käufers!

   3.2 Geben Sie an, wann der Käufer in diesem Fall in Zahlungsverzug gerät!

   3.3 Nennen Sie die Rechte, die dem Verkäufer bei Zahlungsverzug laut BGB zustehen!

   3.4 Erläutern Sie zwei Vorteile, die die AGB über die Verzugszinsen bieten!

4. Erläutern Sie die Sicherheiten, die der Verkäufer aufgrund der allgemeinen Geschäftsbedingungen für die Zeit bis zur vollständigen Bezahlung hat!

5. Arbeiten Sie die Ziele heraus, die der Gesetzgeber mit der Regelung des Rechts der allgemeinen Geschäftsbedingungen im BGB verfolgt und verdeutlichen Sie dies anhand von vier Beispielen!

6. Der Käufer eines laut Kaufvertrag unfallfreien Gebrauchtwagens erfährt neun Monate nach Kauf, dass das Fahrzeug bei einem Unfall stark beschädigt worden war und der Verkäufer von dem Schaden wusste.

    Das Autohaus Walk lehnt mit Hinweis auf die AGB jeglichen Schadensersatz ab.

    Beurteilen Sie die Rechtslage!

Anlage:

ALLGEMEINE GESCHÄFTSBEDINGUNGEN

Die allgemeinen Geschäftsbedingungen des Autohauses Walk beinhalten auszugsweise folgende Regelungen:

1. „Der Käufer ist an die Bestellung 10 Tage gebunden. Der Kaufvertrag ist abgeschlossen, wenn der Verkäufer die Annahme der Bestellung des Kaufgegenstands innerhalb dieser Frist schriftlich bestätigt oder die Lieferung ausführt.
2. Der Preis des Kaufgegenstands versteht sich rein netto einschließlich Mehrwertsteuer.
3. Der Kaufpreis ist bei Übergabe des Kaufgegenstands, spätestens jedoch 8 Tage nach Übersendung der Rechnung zur Zahlung in bar fällig. Verzugszinsen werden mit 6 Prozentpunkten über dem Basiszinssatz berechnet. Sie sind höher oder niedriger anzusetzen, wenn der Verkäufer eine Belastung mit einem höheren Zinssatz oder der Käufer eine geringere Belastung nachweist.
4. Der Kaufgegenstand bleibt bis zum Ausgleich der dem Verkäufer aufgrund des Kaufvertrags zustehenden Forderungen Eigentum des Verkäufers.
5. Der Käufer hat für diese Zeit eine Vollkaskoversicherung abzuschließen. Kommt der Käufer trotz schriftlicher Mahnung des Verkäufers dieser Verpflichtung nicht nach, kann der Verkäufer die Vollkaskoversicherung auf Kosten des Käufers abschließen.
6. Bei Gebrauchtwagen bestehen keinerlei Gewährleistungsansprüche des Käufers."

3.4.4.3 Gerichtliches Mahnverfahren (Mahnbescheid)

Wenn Zahlungsaufforderungen und Mahnungen keinen Erfolg haben, wenn der Schuldner also nicht zahlt, kann der Gläubiger zur Durchsetzung seiner Forderungen gerichtliche Maßnahmen ergreifen. Mit dem gerichtlichen Mahnverfahren, das vom Amtsgericht durchgeführt wird, hat der Gläubiger die Möglichkeit, seine Forderungen einzutreiben. Mit diesem Verfahren können allerdings nur **Geldschulden** eingefordert werden.

Zur Einleitung des gerichtlichen Mahnverfahrens ist es notwendig, dass der **Gläubiger** (im § 688 ZPO **Antragsteller** genannt) den Erlass eines **Mahnbescheids** beantragt, durch den der **Schuldner (Antragsgegner)** zur Zahlung aufgefordert wird. Anwälte müssen den Antrag zwingend im Wege der elektronischen Übermittlung stellen [§ 690 III ZPO].[1] In Baden-Württemberg ist der **Antrag auf Erlass eines Mahnbescheids** von allen Antragstellern, die ihren Geschäftssitz bzw. Wohnsitz in Baden-Württemberg haben, beim **Amtsgericht Stuttgart** zu stellen. Die Anträge werden maschinell bearbeitet. Die Verwendung besonderer Vordrucke ist daher zwingend vorgeschrieben.

---
1 Für Verbraucher und Unternehmer gilt weiterhin der amtliche Vordruck, wenngleich sie auch über das Portal http://www.online-mahnantrag.de den Antrag ausfüllen können.

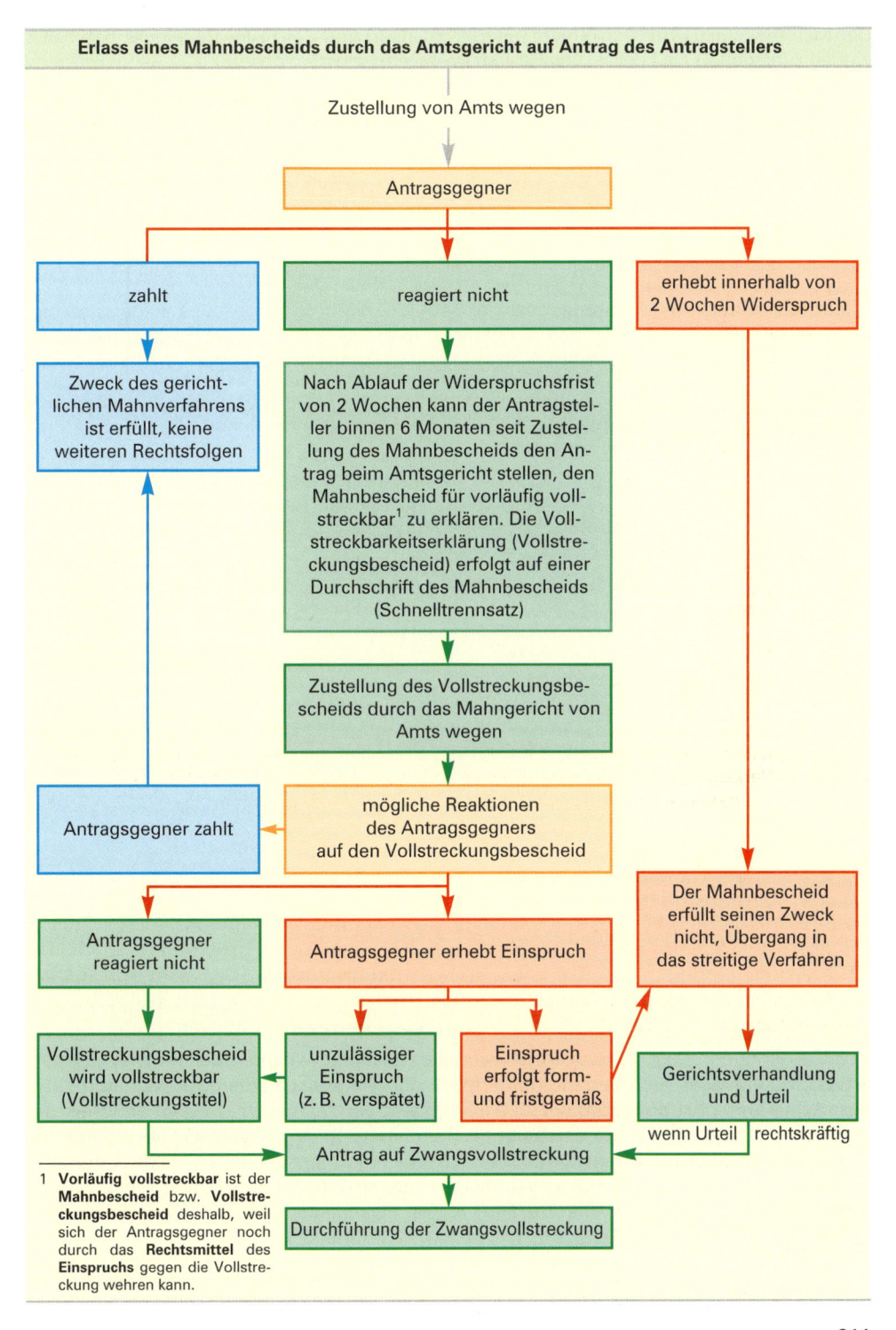

```
┌─────────────────────────────────────────────────────────────────────┐
│ Erlass eines Mahnbescheids durch das Amtsgericht auf Antrag des Antragstellers │
└─────────────────────────────────────────────────────────────────────┘
                                    │
                        Zustellung von Amts wegen
                                    ▼
                          ┌──────────────────┐
                          │  Antragsgegner   │
                          └──────────────────┘
         ┌──────────────────────┼──────────────────────┐
         ▼                      ▼                      ▼
    ┌─────────┐          ┌──────────────┐     ┌──────────────────┐
    │  zahlt  │          │ reagiert nicht│     │ erhebt innerhalb von│
    └─────────┘          └──────────────┘     │ 2 Wochen Widerspruch│
                                               └──────────────────┘
```

zahlt → Zweck des gerichtlichen Mahnverfahrens ist erfüllt, keine weiteren Rechtsfolgen

reagiert nicht → Nach Ablauf der Widerspruchsfrist von 2 Wochen kann der Antragsteller binnen 6 Monaten seit Zustellung des Mahnbescheids den Antrag beim Amtsgericht stellen, den Mahnbescheid für vorläufig vollstreckbar[1] zu erklären. Die Vollstreckbarkeitserklärung (Vollstreckungsbescheid) erfolgt auf einer Durchschrift des Mahnbescheids (Schnelltrennsatz)

↓

Zustellung des Vollstreckungsbescheids durch das Mahngericht von Amts wegen

↓

mögliche Reaktionen des Antragsgegners auf den Vollstreckungsbescheid

- → **Antragsgegner zahlt**
- → **Antragsgegner reagiert nicht** → Vollstreckungsbescheid wird vollstreckbar (Vollstreckungstitel)
- → **Antragsgegner erhebt Einspruch**
   - unzulässiger Einspruch (z. B. verspätet)
   - Einspruch erfolgt form- und fristgemäß → Der Mahnbescheid erfüllt seinen Zweck nicht, Übergang in das streitige Verfahren

erhebt innerhalb von 2 Wochen Widerspruch → Der Mahnbescheid erfüllt seinen Zweck nicht, Übergang in das streitige Verfahren → Gerichtsverhandlung und Urteil

→ Antrag auf Zwangsvollstreckung (wenn Urteil rechtskräftig)

→ Durchführung der Zwangsvollstreckung

---

1 **Vorläufig vollstreckbar** ist der **Mahnbescheid** bzw. **Vollstreckungsbescheid** deshalb, weil sich der Antragsgegner noch durch das **Rechtsmittel** des **Einspruchs** gegen die Vollstreckung wehren kann.

Der Mahnbescheid wird vom Rechtspfleger erlassen und dem Antragsgegner von Amts wegen zugestellt [§ 693 ZPO]. Das Gericht prüft nicht, ob die Forderung zu Recht erhoben wird. Der Mahnbescheid enthält die Aufforderung an den Antragsgegner (Schuldner), innerhalb von zwei Wochen nach Zustellung zu zahlen oder Widerspruch einzulegen.

Der Ablauf des gerichtlichen Mahnverfahrens kann der Übersicht auf Seite 211 entnommen werden.

3.4.4.4 Streitiges Verfahren (Klage auf Zahlung)

Ist der Antragsteller der Meinung, dass der Schuldner dem Mahnbescheid widersprechen wird, ist es zweckmäßig, auf das gerichtliche Mahnverfahren zu verzichten und sofort **Klage auf Zahlung (Klageverfahren; streitiges Verfahren)** zu erheben.

Beim **streitigen Verfahren** handelt es sich um ein Gerichtsverfahren (Prozess). **Sachlich** zuständig für die Klageerhebung ist bei vermögensrechtlichen Ansprüchen in der Regel das Amtsgericht (über 5 000,00 EUR Streitwert das Landgericht) [§ 23 GVG]. **Örtlich** zuständig ist i. d. R. das Prozessgericht, in dessen Bezirk der **Beklagte** seinen Geschäfts- oder Wohnsitz hat (allgemeiner Gerichtsstand) [§§ 12 ff. ZPO]. Vor dem Amtsgericht können sich die Parteien selbst vertreten. Vor dem Landgericht müssen sich die Parteien durch Rechtsanwälte vertreten lassen **(Anwaltszwang)**.

Ein Gerichtsurteil wird **rechtskräftig** (vollstreckbar), wenn es weder durch **Berufung** noch durch **Revision** angefochten wird.

Berufung	Berufung bedeutet, dass der Tatbestand von Neuem untersucht wird.
Revision	Bei der Revision (z.B. beim Bundesgerichtshof gegen Endurteile des Oberlandesgerichts) wird der Tatbestand **nicht** mehr neu untersucht und geprüft. Die Tatsachen werden als gegeben betrachtet. Aufgabe des Revisionsgerichts ist es vielmehr, das Urteil der Berufungsinstanz in **rechtlicher Hinsicht** zu prüfen, z.B. ob das Gericht mit den zuständigen Richtern besetzt war.

3.4.4.5 Grundzüge des Vollstreckungsrechts

(1) Wesen der Zwangsvollstreckung

Wenn ein Schuldner seine Verpflichtungen nicht freiwillig vertragsgemäß erfüllt (der Käufer z. B. nicht vertragsgemäß zahlt), so muss er dazu gezwungen werden. Eine gewaltsame Durchsetzung seiner Forderungen im Wege der Selbsthilfe kann die Rechtsordnung dem Berechtigten (dem Gläubiger) jedoch nicht gestatten. Während sich der wirtschaftlich Schwache nicht durchsetzen könnte, besteht beim wirtschaftlich Starken die Gefahr, dass er die wirtschaftliche Existenz des Schuldners durch Übergriffe vernichtet. Anstelle der Selbsthilfe muss deshalb der Staat die Durchsetzung der unbefriedigten Ansprüche übernehmen.

> **Merke:**
>
> Die **Zwangsvollstreckung** ist ein Verfahren, mit dem Ansprüche des Gläubigers durch **staatlichen Zwang** durchgesetzt werden [§§ 704 ff. ZPO].

(2) Voraussetzungen der Zwangsvollstreckung

Um die Zwangsvollstreckung zu erwirken, muss der Antragsteller beim Amtsgericht einen **Vollstreckungsantrag** einreichen. Dem Vollstreckungsantrag sind beizulegen: der Vollstreckungstitel, die Vollstreckungsklausel und der Zustellungsnachweis.

Vollstreckungs-titel	Der Vollstreckungstitel ist eine öffentliche Urkunde. Er beinhaltet das Recht, in das Vermögen eines Antraggegners zwangsweise mithilfe des Gerichtsvollziehers eingreifen zu dürfen. Wichtige Vollstreckungstitel sind der Vollstreckungsbescheid, ein vollstreckbares Urteil oder ein Prozessvergleich [§§ 704, 794 ZPO].
Zustellungs-nachweis	Der Vollstreckungstitel wird dem Antragsgegner von Amts wegen zugestellt.
Vollstreckungs-klausel	Die Vollstreckungsklausel ist eine auf den Vollstreckungstitel gesetzte **amtliche Bescheinigung**, dass dieser vollstreckt werden kann. Die Vollstreckungsklausel wird durch den Urkundsbeamten des Gerichts erteilt (siehe z.B. §§ 724f., 750, 796ff. ZPO).

(3) Durchführung der Zwangsvollstreckung

■ **Pfändung und Verwertung von Geld, Wertpapieren und beweglichen Sachen**

Geld, Wertpapiere und Kostbarkeiten (z.B. Schmuck, Goldmünzen) nimmt der Gerichtsvollzieher sofort in Besitz [§ 808 I ZPO]. Andere Gegenstände (z.B. Bilder, Schränke, Musikgeräte) werden mit einem Pfandsiegel versehen und damit als gepfändet gekennzeichnet. Hierdurch wird nach außen hin kenntlich gemacht, dass dem Schuldner die tatsächliche Gewalt über die bewegliche Sache (der Besitz) entzogen ist [§ 808 II ZPO].

Der zweite Schritt der Zwangsvollstreckung ist die **Verwertung** der Pfänder, denn es ist der Zweck der Zwangsvollstreckung, dem Gläubiger Geld zur Befriedigung seiner Ansprüche zu verschaffen.

Während bei **gepfändetem Bargeld** die „Verwertung" dadurch erfolgt, dass es durch den Gerichtsvollzieher nach Abzug der Vollstreckungskosten an den **Gläubiger abgeliefert** wird [§ 815 I ZPO], werden gepfändete **bewegliche Sachen und Wertpapiere** durch den Gerichtsvollzieher **öffentlich versteigert** [§§ 814, 821 ZPO]. Wertpapiere werden bei vorhandenem Börsen- oder Marktpreis freihändig zum Tagespreis (Tageskurs) verkauft [§ 821 ZPO]. Wenn durch eine andere Verwertung z.B. ein höherer Erlös erzielt werden kann, dann kann das Vollstreckungsgericht auf Antrag des Gläubigers oder Schuldners auch eine andere Verwertung der gepfändeten Sachen anordnen [§ 825 ZPO].

Zwangsversteigerung
Versteigerung
Am Dienstag, dem 10. Februar 20.., 10:00 Uhr, versteigere ich meistbietend gegen Barzahlung:
ein Farbfernsehgerät
Die Versteigerung findet im Amtsgericht, Bergstraße 5, 71229 Leonberg statt.
gez. Abele, Gerichtsvollzieher in Leonberg

Objekte (Gegenstände), Zeit und Ort der Versteigerung werden öffentlich bekannt gemacht [§ 816 III ZPO]. Bei den Versteigerungen können Gläubiger und Schuldner mitbieten. Den Versteigerungserlös zahlt der Ersteigerer an den Gerichtsvollzieher, der den Erlös (abzüglich der Vollstreckungs- und Versteigerungskosten) an den Gläubiger überweist. Reicht dieser Erlös zur Deckung der Forderungen des Gläubigers, wird die Versteigerung eingestellt. Die Zwangsvollstreckung ist hiermit beendet.

■ **Pfändung und Verwertung von Forderungen**

Die Pfändung erfolgt hier durch einen sog. **Pfändungs- und Überweisungsbeschluss** des Vollstreckungsgerichts. Die Verwertung besteht in der Überweisung des gepfändeten Forderungsbetrags an den Gläubiger auf Beschluss des Vollstreckungsgerichts.

■ **Zwangsvollstreckung in das unbewegliche Vermögen**

Eine Zwangsvollstreckung in das unbewegliche Vermögen kann z.B. durch eine **Zwangsversteigerung** von Grundstücken und Gebäuden erfolgen. Darüber hinaus können auch die Erträge aus dem unbeweglichen Vermögen (z.B. Miete oder Pacht) dem Gläubiger zur Verfügung gestellt werden. Wir sprechen dann von **Zwangsverwaltung** (Näheres siehe § 866 ZPO; §§ 15, 35, 146 ff. ZVG). Der Gläubiger kann unter diesen Möglichkeiten wählen oder zugleich mehrere Möglichkeiten in Anpruch nehmen [§ 866 II ZPO].

(4) Schuldnerschutz

Die Zwangsvollstreckung in **bewegliche Sachen** darf nur so weit ausgedehnt werden, bis die Pfändung und deren Verwertung zur Befriedigung des Gläubigers und zur Deckung der Vollstreckungskosten ausreicht [§ 803 I ZPO]. Eine „Überpfändung" ist also verboten.

■ **Unpfändbare bewegliche Sachen**

Bestimmte **bewegliche Sachen** sind unpfändbar, um die wirtschaftliche Existenz des Schuldners nicht zu gefährden. **Unpfändbar sind vor allem**

> ■ die dem **persönlichen Gebrauch** oder dem **Haushalt des Schuldners** dienenden Sachen, insbesondere Kleidungsstücke, Wäsche, Betten, Haus- und Küchengeräte, soweit diese Gegenstände zu einer bescheidenen Lebens- und Haushaltsführung des Schuldners erforderlich sind [§ 811, Nr. 1 ZPO];
> ■ die für den Schuldner und seine Familie für vier Wochen erforderlichen **Nahrungs-, Feuerungs- und Beleuchtungsmittel** oder der zu ihrer Beschaffung erforderliche Geldbetrag [§ 811, Nr. 2 ZPO];
> ■ die der **Fortsetzung der Erwerbstätigkeit des Schuldners dienenden Gegenstände** [§ 811, Nr. 5 ZPO]. Unpfändbar sind z.B. das Auto eines Taxifahrers, die Schreibmaschine eines Schriftstellers oder der Pkw eines Handelsvertreters.

Im Einzelfall kann eine **Austauschpfändung** in Betracht kommen [§ 811a ZPO]. Bei der Austauschpfändung werden wertvolle Gegenstände des Schuldners, die ihrer Art nach unpfändbar sind (z.B. goldene Uhr) auf Antrag des Gläubigers gegen andere gleichartige Sachen (z.B. einfache Quarzuhr) ausgetauscht.

■ **Zwangsvollstreckung in Forderungen**

Auch bei einer Zwangsvollstreckung in Forderungen besteht Schuldnerschutz. Die meisten Erwerbstätigen bestreiten ihren Lebensunterhalt aus Arbeitseinkommen, das sie als „Unselbstständige" verdienen. Da bei dem weitaus größten Teil der Bevölkerung kein nennenswertes Vermögen, in das vollstreckt werden könnte, vorhanden ist, kann der Gläubiger praktisch nur in das Arbeitseinkommen (Lohn) vollstrecken. Damit wird jedoch die Existenzgrundlage des säumigen Schuldners entscheidend beeinträchtigt.

Unpfändbare Bezüge [§ 850 a ZPO]	Hierzu gehören z.B. in der Regel Stipendien, Aufwandsentschädigungen, Auslösungsgelder und sonstige Zulagen für auswärtige Beschäftigungen, soweit sich diese Bezüge im Rahmen des Üblichen halten.
Bedingt pfändbare Bezüge [§ 850 b I ZPO]	Hierunter fallen z.B. die auf Gesetz beruhenden Unfallrenten, Unterhaltsrenten sowie Bezüge aus Witwen-, Waisen- und Krankenkassen. Diese Bezüge können nur dann gepfändet werden, wenn die Vollstreckung in das sonstige bewegliche Vermögen des Schuldners zu keiner vollständigen Befriedigung des Gläubigers geführt hat oder voraussichtlich nicht führen wird.
Pfändungs-beschränkungen [§ 850 c ZPO]	Hierunter fällt z.B. das Arbeitseinkommen, das nur teilweise (beschränkt) pfändbar ist. Die Berechnung des pfändbaren Arbeitseinkommens geht vom Nettoeinkommen aus [§ 850 e, Nr. 1 ZPO]. Die Höhe des unpfändbaren Betrags wird jeweils durch Gesetz bestimmt. Durch die in gewissen Zeitabständen erfolgende Anhebung der Pfändungsgrenzen soll die sinkende Kaufkraft berücksichtigt werden. Die Höhe der Pfändungsgrenzen hängt u.a. auch von der Höhe des Einkommens sowie vom Familienstand ab.

> **Beispiel:**
>
> Bei einem Alleinstehenden mit einem monatlichen Nettoeinkommen in Höhe von 2 000,00 EUR dürfen bis zu 668,47 EUR pro Monat gepfändet werden. Bei einem Familienvater mit nicht berufstätiger Ehefrau und zwei Kindern sind bei gleichem Monatseinkommen nur derzeit 37,03 EUR pfändbar (Stand 2014).

Eine Pfändung ist **nicht statthaft,** wenn der Erlös der Pfänder keinen Überschuss über die Kosten der Zwangsvollstreckung erwarten lässt [§ 803 II ZPO]. Der Gläubiger würde keine Vorteile, der Schuldner hingegen nur Nachteile erleiden.

(5) Eidesstattliche Versicherung

In vielen Fällen ist es dem Gläubiger nicht möglich, sich einen Überblick über die tatsächlichen Vermögensverhältnisse des Schuldners zu verschaffen. Die **eidesstattliche Versicherung** des Schuldners soll diesem Mangel abhelfen. Kann sich nämlich der Gläubiger aus der Pfandverwertung nicht oder nicht vollständig befriedigen, so hat der Schuldner **auf Antrag des Gläubigers** ein **Vermögensverzeichnis** anzufertigen und vorzulegen. Mit seiner eidesstattlichen Versicherung bestätigt der Schuldner vor dem Vollstreckungsgericht (Amtsgericht, § 899 ZPO) die Vollständigkeit und Richtigkeit dieses Verzeichnisses [§ 807 ZPO].

Falls der Schuldner die Abgabe einer eidesstattlichen Versicherung verweigert oder gar zum Termin zur Abgabe der eidesstattlichen Versicherung nicht erscheint, kann der Gläubiger die **Verhaftung des Schuldners** beantragen. Die Verhaftung wird durch den Gerichtsvollzieher vorgenommen. Die Haftdauer darf **nicht länger als 6 Monate** dauern. Die **Haftkosten sind vom Gläubiger zu tragen**. Sinn der Verhaftung ist, den Schuldner zur Abgabe der eidesstattlichen Versicherung zu zwingen (siehe §§ 899 ff. ZPO).

Zusammenfassung

- Das **gerichtliche Mahnverfahren** umfasst den Erlass eines gerichtlichen Mahnbescheids und – soweit der Schuldner nicht reagiert – die Erwirkung eines Vollstreckungsbescheids.
- Der **Mahnbescheid** ist eine gerichtliche Zahlungsaufforderung an den Antragsgegner.
- Der **Vollstreckungsbescheid** ist, sofern er für vollstreckbar erklärt worden ist, neben den rechtskräftigen Urteilen der wichtigste Vollstreckungstitel.
- Die wichtigsten Voraussetzungen der Zwangsvollstreckung sind der **Vollstreckungstitel** und die **Vollstreckungsklausel**.
- Die Zwangsvollstreckung wegen Geldforderungen kann in das **bewegliche Vermögen** und in **Grundstücke** (unbewegliches Vermögen) erfolgen.
- Bei **beweglichen Sachen** pfändet der Gerichtsvollzieher, indem er diese in Besitz nimmt und sie anschließend öffentlich versteigert oder freihändig verkauft.
- Die Zwangsvollstreckung in **Forderungen** und andere Rechte erfolgt durch den Pfändungs- und Überweisungsbeschluss des Vollstreckungsgerichts und die Überweisung an den Gläubiger.
- Die **Zwangsvollstreckung in das unbewegliche Vermögen** kann durch die Zwangsversteigerung oder die Zwangsverwaltung erfolgen.
- Die **Aufgabe des Vollstreckungsverfahrens** ist, durch ein staatliches Verfahren die Ansprüche des Gläubigers gegen den Schuldner durchzusetzen.

Übungsaufgaben

38

1. Nennen Sie die Zwecke, die das gerichtliche Mahnverfahren verfolgt!
2. Stellen Sie dar, bei welchem Gericht der Antrag auf Erlass eines Mahnbescheids gestellt werden muss!
3. Nennen Sie zwei Möglichkeiten, wie der Antragsgegner auf die Zustellung des Mahnbescheids reagieren kann und beschreiben Sie die Rechtsfolgen, die sich daraus ergeben!
4. Nennen Sie die „Rechtsmittel", mit denen sich der Antragsgegner gegen einen Mahnbescheid und einen Vollstreckungsbescheid wehren kann! Nennen Sie auch die zu beachtenden Fristen!
5. Überlegen Sie, warum beim gerichtlichen Mahnverfahren die Beteiligten „Antragsteller" und „Antragsgegner" genannt werden und nicht - wie dies früher der Fall war - „Gläubiger" und „Schuldner"!
6. Erläutern Sie mithilfe eines Beispiels, unter welchen Bedingungen ein Gläubiger nicht das gerichtliche Mahnverfahren in Anspruch nehmen, sondern den Schuldner sofort verklagen wird!
7. Erklären Sie den Begriff Zwangsvollstreckung!
8. Nennen Sie die Organe, welche die Zwangsvollstreckung durchführen!
9. Erläutern Sie, in welche Vermögensgegenstände vollstreckt werden kann!
10. 10.1 Beschreiben Sie die Zwangsvollstreckung in bewegliche Sachen!
    10.2 Erläutern Sie, was außer beweglichen Gegenständen eventuell noch gepfändet werden kann!
11. Begründen Sie die Notwendigkeit der Unpfändbarkeit bestimmter Vermögensgegenstände und der Pfändungsbeschränkungen!
12. 12.1 Erklären Sie den Begriff „Eidesstattliche Versicherung"!
    12.2 Untersuchen Sie, welche Rechtsfolgen eintreten können, wenn der Schuldner die Abgabe einer „Eidesstattlichen Versicherung" verweigert!

39 Josef und Anna Waldner wohnen bis Ende Februar 20.. in Freudenstadt in einem kleinen Einfamilienhaus zur Miete. Sie sind die monatliche Miete (einschl. Nebenkosten) in Höhe von 1 200,00 EUR seit fünf Monaten schuldig geblieben. Auch die Mahnungen des Vermieters Martin Nolle, Kurpark 15, 72250 Freudenstadt, bringen keinen Erfolg. Stattdessen kündigen die Waldners und ziehen in eine billigere Wohnung. Neue Adresse: Tuttlinger Str. 39, 78628 Rottweil. Herr Nolle will daraufhin Antrag auf Erlass eines Mahnbescheids stellen.

Aufgaben:
1. Erläutern Sie, bei welchem Gericht Herr Nolle den Mahnbescheid beantragen muss!
2. Besorgen Sie sich im Internet das Antragsformular für einen Mahnbescheid und füllen Sie es für Herrn Nolle aus (ohne Zinsen und andere Nebenforderungen, Antragsdatum: 2. März 20..)!
3. Angenommen, die Zustellung des Mahnbescheids erfolgt am 10. März 20.. Beurteilen Sie, zu welchem Zeitpunkt die Waldners spätestens bezahlen oder Widerspruch einlegen müssten, um einem streitigen Verfahren zu entgehen!
4. Zeigen Sie auf, wann Herr Nolle frühestens einen Vollstreckungsbescheid beantragen kann!

3.5 Überschuldung privater Haushalte

3.5.1 Gründe für die Überschuldung

> **Merke:**
>
> Eine **Überschuldung** liegt vor, wenn das Vermögen des Schuldners kleiner ist als die bestehenden Schulden.

Wichtige **Gründe,** die zu einer Überschuldung privater Haushalte führen, sind insbesondere die Aufnahme zu hoher **Verbraucherkredite (Konsumkredite)**[1] sowie **Schwierigkeiten im Berufsleben** und **private Gründe**.

(1) Verbraucherkredite

Verbraucherkredite sind in aller Regel leicht zu bekommen. Neben den Banken vergeben vor allem Einrichtungs- und Versandhäuser sowie der Einzelhandel großzügig Verbraucherkredite. Viele Verbraucher verlieren dabei die Übersicht über ihre finanziellen Möglichkeiten.

Verbraucherkredite sind in der Regel kurzfristige Darlehen, die anschließend in regelmäßigen Raten zurückgezahlt werden. Solche **Ratenkredite** werden von den Konsumenten z.B. zur Finanzierung von Konsumgütern wie Kauf eines Autos, von Möbeln, eines Fernsehers, einer Weltreise nachgefragt. Verbraucherkredite werden in der Regel aufgrund der persönlichen Kreditwürdigkeit des Darlehensnehmers gewährt.

---
[1] Die Begriffe Verbraucherkredit und Konsumkredit werden im Folgenden synonym (gleichartig) verwendet.

Der Ratenkredit ist durch folgende Merkmale gekennzeichnet:

Kredithöhe	bis zu 25 000,00 EUR
Laufzeit	6 bis 36 Monate
Auszahlung	bar oder Überweisung direkt an den Verkäufer
Zweck	Finanzierung von Konsumgütern; zum Teil auch Anlagenfinanzierung für Kleingewerbe
Sicherung	Lohn- und Gehaltsabtretung und zusätzlich oft eine Sicherungsübereignung[1]

Merke:

Der **Ratenkredit** ist ein kurzfristiges Darlehen, das in einer Summe ausbezahlt wird und während einer vorher bestimmten Laufzeit in Raten getilgt werden muss.

Beispiel:

Franz Schneider kauft bei der Möbel Kungel KG eine Einbauküche zum Gesamtpreis von 20 000,00 EUR. Franz Schneider hat zwei Finanzierungsmöglichkeiten zur Wahl.

Das Möbelhaus bietet einen Teilzahlungskauf zu folgenden Bedingungen an:[2]

Nettokredit 20 000,00 EUR ab 30. Juni 2012, Zinsen pro Monat 0,36 %. Rückzahlung der ersten Rate am 30. Juli 2012 in Höhe von 647,00 EUR, 35 Folgeraten jeweils am 30. eines jeden Monats.

Die Kreditbank AG bietet einen Ratenkredit zu folgenden Bedingungen an:

Nettokredit 20 000,00 EUR ab 30. Juni 2012, Zinssatz 4,5 % vom ursprünglichen Nettokredit, fest bis Laufzeitende. Rückzahlung der ersten Rate am 30. Juli 2012 in Höhe von 650,00 EUR, 35 Folgeraten jeweils am 30. eines jeden Monats.

Aufgaben:
1. Berechnen Sie jeweils den Gesamtkredit!
2. Berechnen Sie jeweils die Höhe der restlichen 35 Tilgungsraten!
3. Bestimmen Sie den Termin, an dem die letzte Tilgungsrate zu entrichten ist!
4. Begründen Sie, für welches Darlehen sich Franz Schneider aus Kostengründen entscheiden sollte!

Lösungen:

Möbel Kungel KG	Kreditbank AG
Zu 1.	

Nettokreditbetrag am 30. Juni 2012   20 000,00 EUR
+ Zinsen $\frac{20\,000 \cdot 0{,}36 \cdot 36}{100}$ = 2 592,00 EUR
 	
    22 592,00 EUR
	Nettokreditbetrag am 30. Juni 2012 20 000,00 EUR
	+ Zinsen $\frac{20\,000 \cdot 4{,}5 \cdot 3}{100}$ = 2 700,00 EUR
	
	    22 700,00 EUR

1 Bei der **Sicherungsübereignung** wird das Eigentum an einer beweglichen Sache (z.B. ein Pkw) vom Sicherungsgeber (dem Kreditnehmer) auf den Sicherungsnehmer (den Kreditgeber) übertragen. Dem Sicherungsgeber verbleibt aber der Besitz, sodass er weiterhin die übereignete Sache nutzen kann.
Die Sicherungsübereignung wird in der Jahrgangsstufe 1 in der Lehrplaneinheit 9 „Finanzierung und Investition" dargestellt.
2 Die **Berechnung einer Bearbeitungsgebühr** beim Ratenkredit wurde in mehreren Urteilen von Oberlandesgerichten für **unzulässig** erklärt. Vgl. z.B. Urteil Oberlandesgericht Celle (3W86/11). **Begründung:** Die Prüfung der Bonität des Kunden ist keine Dienstleistung für den Kunden, sondern erfolgt ausschließlich im Vermögensinteresse der Bank.

Möbel Kungel KG		Kreditbank AG	
Zu 2.			
Gesamtkredit	22 592,00 EUR	Gesamtkredit	22 700,00 EUR
– erste Kreditrate	647,00 EUR	– erste Kreditrate	650,00 EUR
Zwischensumme	21 945,00 EUR	Zwischensumme	22 050,00 EUR
Folgerate $\frac{21945}{35} =$	627,00 EUR	Folgerate $\frac{22050}{35} =$	630,00 EUR

Zu 3. Die letzte Tilgungsrate ist am 30. Juni 2015 fällig.

Zu 4. Gesamtkosten Kreditbank AG   22 700,00 – 20 000,00 = 2 700,00 EUR
 – Gesamtkosten Möbel Kungel KG   22 592,00 – 20 000,00 = 2 592,00 EUR
Kostenvorteil bei Finanzierung durch die Möbel Kungel KG   108,00 EUR

(2) Schwierigkeiten im Berufsleben und private Gründe

Kommt zu einem falschen Konsumverhalten noch Arbeitslosigkeit, Krankheit oder eine Ehescheidung dazu, wird der Schuldenberg schnell zu groß.

Aus Angst und Scham wissen sich viele Konsumenten nicht anders zu helfen als weitere Kredite aufzunehmen. Da man Schulden aber nicht mit Schulden bezahlen kann, geraten sie immer mehr in einen Teufelskreis hinein, aus dem sie selbst nicht mehr herauskommen können.

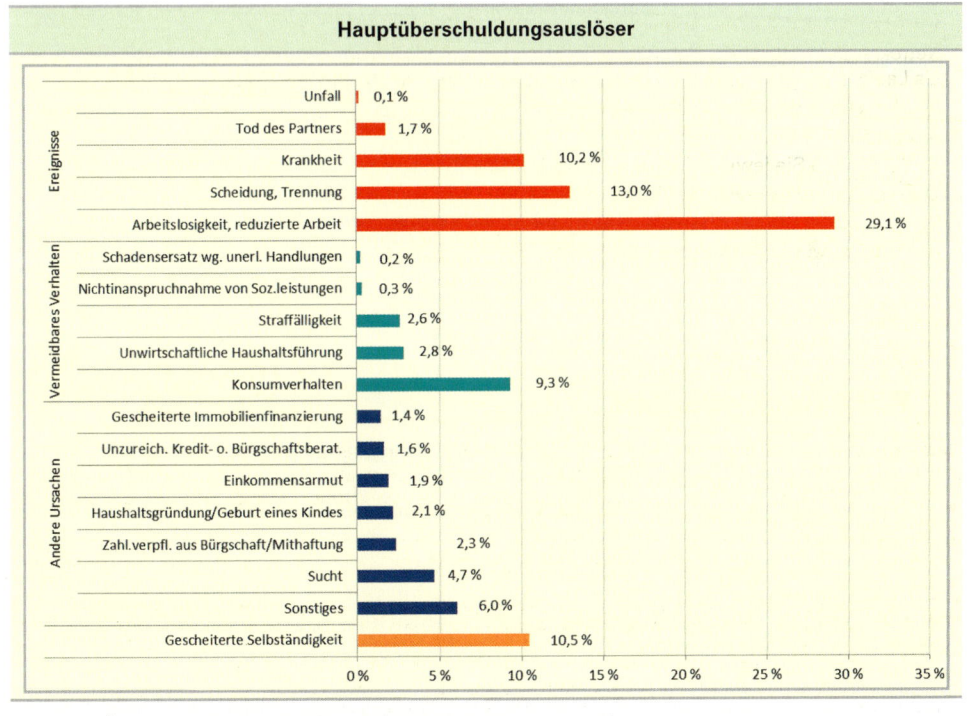

Hauptüberschuldungsauslöser

Ereignisse:
- Unfall: 0,1 %
- Tod des Partners: 1,7 %
- Krankheit: 10,2 %
- Scheidung, Trennung: 13,0 %
- Arbeitslosigkeit, reduzierte Arbeit: 29,1 %

Vermeidbares Verhalten:
- Schadensersatz wg. unerl. Handlungen: 0,2 %
- Nichtinanspruchnahme von Soz.leistungen: 0,3 %
- Straffälligkeit: 2,6 %
- Unwirtschaftliche Haushaltsführung: 2,8 %
- Konsumverhalten: 9,3 %

Andere Ursachen:
- Gescheiterte Immobilienfinanzierung: 1,4 %
- Unzureich. Kredit- o. Bürgschaftsberat.: 1,6 %
- Einkommensarmut: 1,9 %
- Haushaltsgründung/Geburt eines Kindes: 2,1 %
- Zahl.verpfl. aus Bürgschaft/Mithaftung: 2,3 %
- Sucht: 4,7 %
- Sonstiges: 6,0 %
- Gescheiterte Selbständigkeit: 10,5 %

Quelle: iff-Überschuldungsreport 2013, Institut für Finanzdienstleistungen e.V.

3.5.2 Lösungsansätze

3.5.2.1 Schuldnerberatung

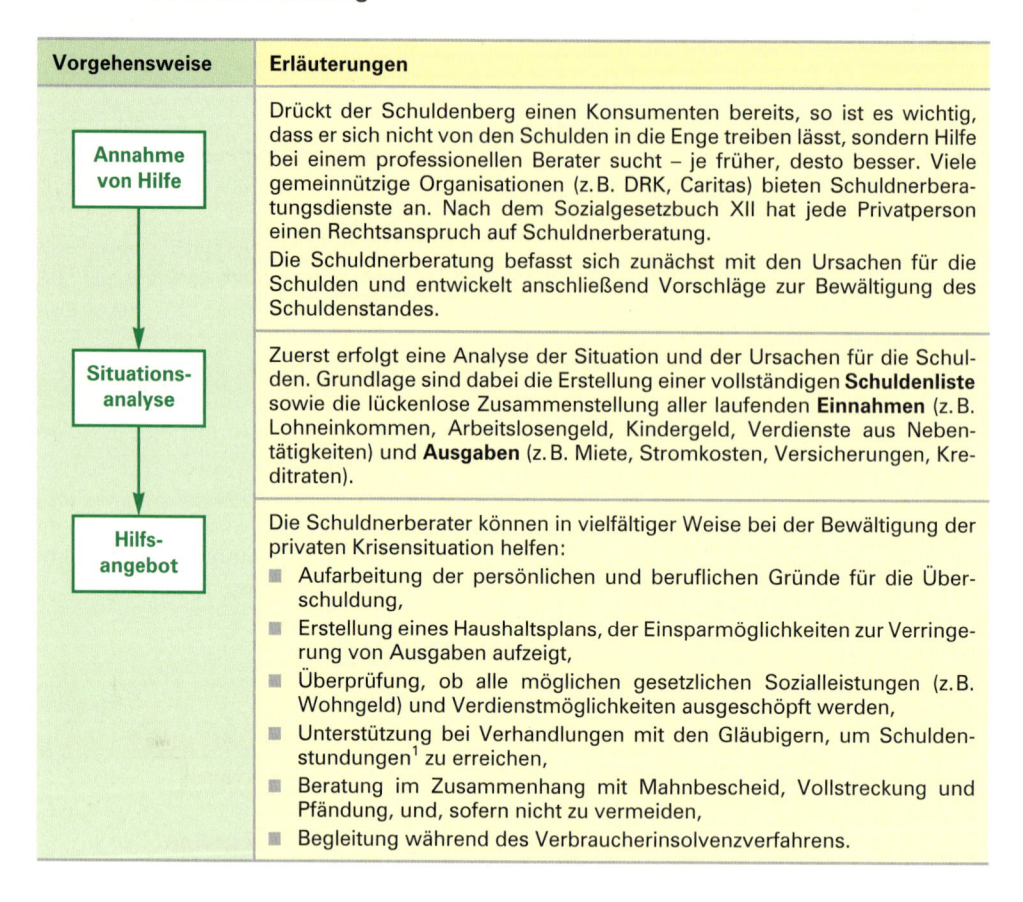

Vorgehensweise	Erläuterungen
Annahme von Hilfe	Drückt der Schuldenberg einen Konsumenten bereits, so ist es wichtig, dass er sich nicht von den Schulden in die Enge treiben lässt, sondern Hilfe bei einem professionellen Berater sucht – je früher, desto besser. Viele gemeinnützige Organisationen (z. B. DRK, Caritas) bieten Schuldnerberatungsdienste an. Nach dem Sozialgesetzbuch XII hat jede Privatperson einen Rechtsanspruch auf Schuldnerberatung. Die Schuldnerberatung befasst sich zunächst mit den Ursachen für die Schulden und entwickelt anschließend Vorschläge zur Bewältigung des Schuldenstandes.
Situationsanalyse	Zuerst erfolgt eine Analyse der Situation und der Ursachen für die Schulden. Grundlage sind dabei die Erstellung einer vollständigen **Schuldenliste** sowie die lückenlose Zusammenstellung aller laufenden **Einnahmen** (z. B. Lohneinkommen, Arbeitslosengeld, Kindergeld, Verdienste aus Nebentätigkeiten) und **Ausgaben** (z. B. Miete, Stromkosten, Versicherungen, Kreditraten).
Hilfsangebot	Die Schuldnerberater können in vielfältiger Weise bei der Bewältigung der privaten Krisensituation helfen: ■ Aufarbeitung der persönlichen und beruflichen Gründe für die Überschuldung, ■ Erstellung eines Haushaltsplans, der Einsparmöglichkeiten zur Verringerung von Ausgaben aufzeigt, ■ Überprüfung, ob alle möglichen gesetzlichen Sozialleistungen (z. B. Wohngeld) und Verdienstmöglichkeiten ausgeschöpft werden, ■ Unterstützung bei Verhandlungen mit den Gläubigern, um Schuldenstundungen[1] zu erreichen, ■ Beratung im Zusammenhang mit Mahnbescheid, Vollstreckung und Pfändung, und, sofern nicht zu vermeiden, ■ Begleitung während des Verbraucherinsolvenzverfahrens.

3.5.2.2 Budgetplanung im privaten Haushalt

(1) Begriff Haushaltsbudget

Der Bedarf eines Haushalts ergibt sich aus den Bedürfnissen (Wünschen) der Haushaltsmitglieder. Sollen die Bedürfnisse der einzelnen Haushaltsmitglieder optimal befriedigt werden, müssen sie nach ihrer Dringlichkeit geordnet werden. Erst dann können die zur Verfügung stehenden (Geld-)Mittel so verteilt werden, dass der von Haushaltsmitgliedern angestrebte Lebensstandard im Rahmen dieser Mittel erreicht wird. Die einfachste Form, die zur Verfügung stehenden Mittel mit den Bedürfnissen der Haushaltsmitglieder in Einklang zu bringen, ist die Gegenüberstellung der in einem bestimmten Zeitraum (z. B. einem Monat) zu erwartenden Einnahmen mit den zu erwartenden Ausgaben im Rahmen eines Haushaltsbudgets.

---

[1] Schuldenstundungen bedeuten eine Verlängerung der Zahlungsfrist.

> **Merke:**
>
> Als **Haushaltsbudget** bezeichnet man die geordnete Zusammenstellung der voraussichtlichen Haushaltsaufwendungen unter Berücksichtigung des voraussichtlichen Haushaltseinkommens für einen bestimmten Zeitraum.

(2) Aufbau

Der Aufbau des Haushaltsbudgets richtet sich an den jeweiligen Gegebenheiten der einzelnen Haushalte aus. Allerdings ist es sinnvoll, die fixen (festen) Zahlungen[1] für einen bestimmten Zeitraum zusammenzufassen, um den Betrag ermitteln zu können, der für den Planungszeitraum noch zur freien Verfügung steht. Die Einnahmen und Ausgaben je Zeitabschnitt (z. B. je Monat) können in verschiedene Gruppen eingeteilt werden, wie das nachfolgende Beispiel zeigt.

Beispiel für den Aufbau eines Haushaltsbudgets

Einnahmenübersicht	Jan.	Febr.	März	…
I. Einnahmen aus nichtselbstständiger Arbeit (Lohn oder Gehalt) Auszahlungsbetrag				

II. Einnahmen aus Vermögen
  1. **Aus Geldvermögen:**
    Zinsen, Dividenden, …
  2. **Aus Sachvermögen:**
    Miete, Pacht, …				

III. Einnahmen aus Vermögensauflösungen und Krediten Abhebungen von Sparguthaben, Auszahlungen von Versicherungen, Verkauf von Wertpapieren, Verkauf eines Grundstücks, …				
IV. Sonstige Einnahmen Wohngeld, Renten, Ausbildungsförderung, Kindergeld, Arbeitslosengeld, Erbschaft, …				
Ausgabenübersicht	**Jan.**	**Febr.**	**März**	**…**
I. Fixe Ausgaben – Wohnungsausgaben (Miete, Nebenkosten: z.B. Heizung, Strom, Gas, Wasser) – Zeitung, Zeitschriften, Rundfunk- und Fernsehentgelte – Telefon – Transport und Verkehr (Auto, Garage, öffentliche Verkehrsmittel) – Versicherungen, Abgaben, Zins- und Tilgungsraten – Beiträge (z.B. Verein, Partei, Gewerkschaft) – Taschengeld – Vermögensbildung usw.				
II. Sonstige (variable) Ausgaben[2] – Ernährung (Nahrungs- und Genussmittel, Getränke) – Putz- und Waschmittel – Bekleidung (Neuanschaffung, Reinigung, Instandhaltung) – Gesundheits- und Körperpflege – Hausrat, Einrichtungsgegenstände – Unterhaltung, Bildung, Freizeitgestaltung, Hobby – Geschenke – Ausbildung, Weiterbildung usw.				
Einnahmen – Ausgaben				
+/– Ersparnisse/Schulden				

1 **Fixe Ausgaben** sind Zahlungen, die sich von Zeitabschnitt (z. B. Monat, Vierteljahr) zu Zeitabschnitt nicht oder nur unwesentlich verändern.
2 **Variable Ausgaben** sind Ausgaben, die sich in der Höhe verändern. Sie hängen i.d.R. von der Höhe des Einkommens ab: Je höher (niedriger) das Einkommen, desto höher (niedriger) sind die variablen Ausgaben.

(3) Planungszeitraum

Der Planungszeitraum ist je nach Anlass unterschiedlich lang.

Planungszeitraum	Beispiel
Für ein Jahr, nach Monaten unterteilt	Für die gewöhnlich anfallenden Einnahmen und Ausgaben des Haushalts.
mittelfristig	Weihnachten, Urlaub, Ölrechnung, Heizung.
langfristig	Erwerb eines teuren Gutes, Berufsausbildung der Kinder.

(4) Vorteile

Die Aufstellung eines Haushaltsbudgets bietet insbesondere folgende Vorteile:

- Die Aufstellung eines Haushaltsbudgets ermöglicht es, Ausgaben und Einnahmen des Haushalts aufeinander abzustimmen.
- Die verfügbaren Finanzmittel können besser an die Bedürfnisse der einzelnen Haushaltsmitglieder angepasst werden.
- Außerordentliche Ausgaben oder anstehende Investitionen im Haushalt können leichter vorausgeplant werden, sodass Liquiditätsengpässe vermieden werden können.
- Es wird eine Entscheidungshilfe für den zukünftigen Finanzmitteleinsatz geschaffen, was besonders bei knappen finanziellen Mitteln von Bedeutung ist.

Ein Haushaltsbudget sollte auch in besonderen finanziellen Situationen aufgestellt werden, z. B. wenn eine Haushaltsgründung, eine bedeutende Investition (z. B. Hausbau), eine Kreditaufnahme oder gravierende Änderungen im Haushalt (z. B. Geburt eines Kindes und Beendigung des Arbeitsverhältnisses der Mutter) anstehen. Außerdem sollte ein Haushaltsbudget erstellt werden, wenn Finanzierungsschwierigkeiten bestehen (Suche nach Einsparmöglichkeiten) oder wenn Meinungsverschiedenheiten über die Höhe des Haushaltsgelds auftreten.

Zusammenfassung

- Eine **Überschuldung** liegt vor, wenn das Vermögen des Schuldners kleiner ist als die bestehenden Schulden.
- Wichtige **Gründe für eine Überschuldung** privater Haushalte sind:
  - Verbraucherkredite,
  - Schwierigkeiten im Berufsleben,
  - private Gründe.
- **Verbraucherkredite** sind in der Regel kurzfristige Darlehen, die anschließend in regelmäßigen Raten zurückgezahlt werden (Ratenkredite).
- **Schuldnerberatungsstellen** können Wege aus der **Schuldenfalle** aufzeigen.
- Sehr hilfreich ist z. B. die Planung des **Haushaltsbudgets,** d. h. eine geordnete Zusammenstellung der voraussichtlichen Haushaltsaufwendungen unter Berücksichtigung des voraussichtlichen Haushaltseinkommens für einen bestimmten Zeitraum.

- **Anlässe**, um ein Haushaltsbudget aufzustellen, sind auch
  - Haushaltsgründungen,
  - Investitionen,
  - Kreditaufnahmen,
  - Änderungen im Haushalt,
  - Finanzierungsschwierigkeiten,
  - Meinungsverschiedenheiten über die Höhe des Haushaltsgelds.

Übungsaufgaben

40 Frank Schiebel nimmt zur Finanzierung seines gebrauchten Autos einen Bankkredit auf.

1. Erläutern Sie das Zustandekommen des dazu erforderlichen Kreditvertrags!
2. Frank Schiebel entscheidet sich für einen Ratenkredit. Ihm liegen folgende Angebote vor:
   Bank I: Nettokreditbetrag 9 400,00 EUR, Zinsen vom ursprünglichen Nettokreditbetrag in Höhe von 6,5 % fest bis Laufzeitende, Anzahl der Raten 24.
   Bank II: Nettokreditbetrag 9 400,00 EUR, Zinsen pro Monat 0,45 %, Anzahl der Raten 24.

   Aufgaben:
   2.1 Berechnen Sie jeweils den Gesamtkredit!
   2.2 Berechnen Sie jeweils die Höhe der monatlichen Tilgungsraten! Die Raten müssen, ausgenommen die letzte Rate, auf einen vollen Eurobetrag lauten, wobei gegebenenfalls aufzurunden ist.
   2.3 Begründen Sie, für welchen Ratenkredit sich Frank Schiebel aus Kostengründen entscheiden sollte!

41
1. Nennen Sie Ursachen, die bei einem privaten Haushalt zu einer Zahlungsunfähigkeit führen können!
2. Beschreiben Sie, wann Ihrer Meinung nach bei einem privaten Haushalt eine Überschuldung vorliegt!
3. Nennen Sie Maßnahmen, die private Haushalte ergreifen können, um eine Entschuldung zu erreichen!
4. Beschreiben Sie mögliche Folgen, die bei einer Überschuldung innerhalb der Familie auftreten können!
5. Familie Rosner, ein Ehepaar mit zwei Kindern im Alter von 2 und 3 $^1/_2$ Jahren, plant den Kauf eines gebrauchten Pkw. Herr Rosner, 29 Jahre alt, hat nach 4-monatiger Arbeitslosigkeit eine neue Stelle in einem ca. 40 km entfernt gelegenen Ort angenommen, den er mit öffentlichen Verkehrsmitteln nur schwer erreichen kann. Frau Rosner ist nicht berufstätig.

   Aufgaben:
   5.1 Berechnen Sie aufgrund der unten stehenden Angaben die monatliche Belastung, die Familie Rosner einkalkulieren muss, wenn sie das Auto kauft!
   – Kaufpreis des Pkw   8 958,00 EUR
   – Der Wagen soll 4 Jahre gefahren und dann mit 40 % des Kaufpreises verkauft werden.

- Der durch den Wiederverkaufspreis des Altfahrzeugs nicht gedeckte Anteil des Nachfolgefahrzeugs soll durch eine monatlich Rücklage angespart werden. Zinsen bleiben unberücksichtigt.
- Die Preissteigerungsrate wird mit 3 % pro Jahr angenommen.
- Kfz-Steuer: pro Jahr 121,44 EUR
- Haftpflichtversicherung: pro Jahr 350,00 EUR
- Vollkaskoversicherung: pro Jahr 307,00 EUR
- Rechtsschutzversicherung: pro Jahr 40,00 EUR
- Werkstattkosten: pro Monat 44,00 EUR
- Benzinkosten: 5 Liter Benzin je 100 km, 1 Liter zu 1,46 EUR; angenommene Fahrleistung pro Jahr 15 000 km.

5.2 Familie Rosner entwirft folgende Einnahmen- und Ausgabenvorausplanung (Angaben für einen Monat):

- Nettoeinkommen von Herrn Rosner 1 382,65 EUR
- Kindergeld 368,00 EUR
- Fixe Ausgaben 636,00 EUR
- Sonstige (variable) Ausgaben 579,00 EUR

Die Kosten für das Fahrzeug sind noch nicht berücksichtigt.

5.2.1 Geben Sie an, wie in der Haushaltsbuchführung eine solche Aufstellung genannt wird und wo Familie Rosner die Erfahrungswerte nachschlagen kann!

5.2.2 Erläutern Sie, welche Bedeutung die Ausgabenstruktur für Kaufentscheidungen hat!

5.2.3 Beurteilen Sie, ob der Autokauf finanziell verkraftet werden kann!

3.5.2.3 Verbraucherinsolvenz

3.5.2.3.1 Begriff und Gründe für die Eröffnung eines Insolvenzverfahrens

(1) Begriff Insolvenzverfahren

> **Merke:**
>
> Das **Insolvenzverfahren** ist ein gerichtliches Verfahren. Es verfolgt den Zweck, das (pfändungsfähige) Vermögen des Schuldners gleichmäßig und anteilig auf die Gläubiger zu verteilen. Dem redlichen Schuldner wird außerdem die Möglichkeit verschafft, sich von seinen restlichen Verbindlichkeiten zu befreien.

Das Insolvenzverfahren kann über das **Vermögen von Unternehmen oder von Privatpersonen** eröffnet werden. Ziel des Insolvenzverfahrens ist es, hoch verschuldeten Unternehmen über ein gerichtliches Verfahren die Existenz zu sichern bzw. Privatpersonen eine Perspektive (Aussicht) zu eröffnen, ihre Schulden abzutragen.

Zuständig für das Insolvenzverfahren sind die Amtsgerichte. Örtlich zuständig ist das Amtsgericht (Insolvenzgericht), in dessen Bezirk der Schuldner seinen Wohnsitz hat.

(2) Gründe für die Eröffnung eines Insolvenzverfahrens

Das Insolvenzverfahren wird nur auf Antrag eröffnet [§ 13 I InsO]. Ein Antrag auf Eröffnung des Insolvenzverfahrens kann aus folgenden Gründen gestellt werden:

Zahlungsunfähigkeit	Der Schuldner ist außerstande, seinen Zahlungsverpflichtungen nachzukommen.
Drohende Zahlungsunfähigkeit	Der Schuldner ist voraussichtlich nicht in der Lage, bestehende Zahlungsverpflichtungen zum Zeitpunkt der Fälligkeit zu erfüllen.
Überschuldung	Überschuldung liegt vor, wenn das Vermögen des Schuldners kleiner ist als die bestehenden Schulden.

Der Antrag kann gestellt werden vom Schuldner selbst oder von einem Gläubiger. Allerdings muss der Gläubiger die Rechtmäßigkeit seiner Forderung sowie den Forderungsgrund nachweisen (z.B. durch eine erfolglose Zwangsvollstreckung).[1]

3.5.2.3.2 Voraussetzungen für die Eröffnung des Verbraucherinsolvenzverfahrens

Das Verbraucherinsolvenzverfahren wird auf Schuldner angewendet, die natürliche Personen sind und die keine oder nur eine geringfügige selbstständige wirtschaftliche Tätigkeit ausüben [§ 304 InsO]. Hat der Schuldner eine selbstständige wirtschaftliche Tätigkeit ausgeübt, wird das Verbraucherinsolvenzverfahren nur angewendet, wenn seine Vermögensverhältnisse überschaubar sind und gegen ihn keine Forderungen aus Arbeitsverhältnissen bestehen. Als „überschaubar" gelten Vermögensverhältnisse nur dann, wenn der Schuldner zum Zeitpunkt des Antrags auf Eröffnung des Insolvenzverfahrens weniger als 20 Gläubiger hat.

3.5.2.3.3 Ablauf des Verbraucherinsolvenzverfahrens

(1) Stufe I: Versuch einer außergerichtlichen Einigung (Schuldenbereinigungsverfahren)

Der Schuldner muss versuchen, sich außergerichtlich mit seinen Gläubigern auf der Grundlage eines **Schuldenbereinigungsplans** zu einigen. Das Aufstellen eines Schuldenbereinigungsplans bedeutet, dass der Schuldner den Gläubigern seine Einkommens- und Vermögensverhältnisse darlegen und einen konkreten Zahlungs- und Tilgungsplan unterbreiten muss. Dieser Versuch kann mithilfe einer hierzu geeigneten Person oder Stelle unternommen werden. Geeignete Stellen sind z.B. Rechtsanwälte, Steuerberater oder von Gemeinden, Wohlfahrtsverbänden und Kirchen eingerichtete Schuldnerberatungsstellen.

Kommt eine außergerichtliche Schuldenregulierung nicht zustande, kann der Schuldner das **gerichtliche Verbraucherinsolvenzverfahren** beantragen [§ 305 InsO].

---

[1] Zur Erinnerung: Die **Zwangsvollstreckung** ist ein Verfahren zur zwangsweisen Eintreibung einer Geldforderung mithilfe eines Gerichtsvollziehers oder Gerichts.

(2) Stufe II: Gerichtliches Verbraucherinsolvenzverfahren

Das gerichtliche Verbraucherinsolvenzverfahren gliedert sich in drei Abschnitte. Im ersten Abschnitt versucht das Gericht nochmals eine gütliche Einigung zwischen Gläubigern und Schuldner zu erzielen. Gelingt das nicht, folgt in einem zweiten Abschnitt die Verwertung der pfändbaren Gegenstände. Der dritte Abschnitt sieht nach einer Wohlverhaltensperiode die Restschuldbefreiung vor.

1. Abschnitt: Erneuter Versuch einer gütlichen Einigung

Im ersten Abschnitt des gerichtlichen Verfahrens versucht das Gericht zum frühestmöglichen Zeitpunkt noch einmal, eine gütliche Einigung zwischen dem Schuldner und seinen Gläubigern herbeizuführen. Das Insolvenzverfahren wird also noch nicht eröffnet, sondern der Antrag auf Eröffnung des Verfahrens „ruht", wie die Juristen sagen. Das Gericht stellt den beteiligten Gläubigern die Unterlagen zu und fordert sie zur Stellungnahme innerhalb eines Monats auf [§ 307 InsO].

Stimmen die Gläubiger dem Schuldenbereinigungsplan zu oder wird die Zustimmung durch das Insolvenzgericht ersetzt, wird das Verfahren beendet.

Lehnen die Gläubiger den Schuldenbereinigungsplan ab, kommt es zum eigentlichen Verbraucherinsolvenzverfahren mit Verwertung der pfändbaren Gegenstände.

2. Abschnitt: Verwertung der pfändbaren Gegenstände und Verteilung des Erlöses

Das Insolvenzgericht bestimmt einen Treuhänder, der zur Verwertung der pfändbaren Gegenstände und zur Verteilung des erzielten Erlöses an die Gläubiger berechtigt ist. Danach stellt der Treuhänder die Höhe der Restverbindlichkeiten gegenüber den Insolvenzgläubigern fest.

Unter bestimmten Voraussetzungen hat das Insolvenzgericht jetzt die Möglichkeit, dem Schuldner anzukündigen, dass er von den nicht erfüllten Verbindlichkeiten gegenüber den Insolvenzgläubigern befreit werden kann (Restschuldbefreiung).

3. Abschnitt: Restschuldbefreiung

■ **Voraussetzungen der Restschuldbefreiung**

Der Schuldner (natürliche Person) kann unter folgenden Voraussetzungen von den im Insolvenzverfahren nicht erfüllten Verbindlichkeiten gegenüber den Insolvenzgläubigern befreit werden:

- Der Schuldner muss einen Antrag auf Restschuldbefreiung beim Insolvenzgericht stellen.
- Der Schuldner muss erklären, dass er seine pfändbaren Forderungen auf Bezüge aus einem Dienstverhältnis oder an deren Stelle tretende laufende Bezüge für die Zeit von sechs Jahren nach der Aufhebung des Insolvenzverfahrens an einen vom Gericht bestimmten Treuhänder abtritt [§ 287 InsO]. Die Sechsjahresfrist wird als Wohlverhaltensperiode bezeichnet. Sie beginnt bereits mit der Verfahrenseröffnung.

■ **Pflichten des Schuldners während der Wohlverhaltensperiode**

Der Schuldner muss z. B. während der sechsjährigen Laufzeit der Abtretungserklärung

- eine angemessene Erwerbstätigkeit ausüben,
- ererbtes Vermögen zur Hälfte des Werts an den Treuhänder herausgeben,

- jeden Wechsel des Wohnsitzes oder der Beschäftigungsstelle unverzüglich dem Insolvenzgericht und dem Treuhänder anzeigen und
- Zahlungen zur Befriedigung der Insolvenzgläubiger nur an den Treuhänder leisten.

Entscheidung über die Restschuldbefreiung

Nach Ablauf der sechsjährigen Wohlverhaltensperiode[1] erlässt das zuständige Amtsgericht die bisherigen Schulden, falls der Schuldner sich redlich verhalten hat. Der Schuldner wird damit von Vermögensansprüchen, die gegen ihn zum Zeitpunkt der Eröffnung des Insolvenzverfahrens bestanden, befreit. Die Restschuldbefreiung wirkt gegen alle Insolvenzgläubiger [§ 310 InsO].

Kommt der Schuldner seinen Pflichten nicht nach, versagt das Gericht die Restschuldbefreiung.

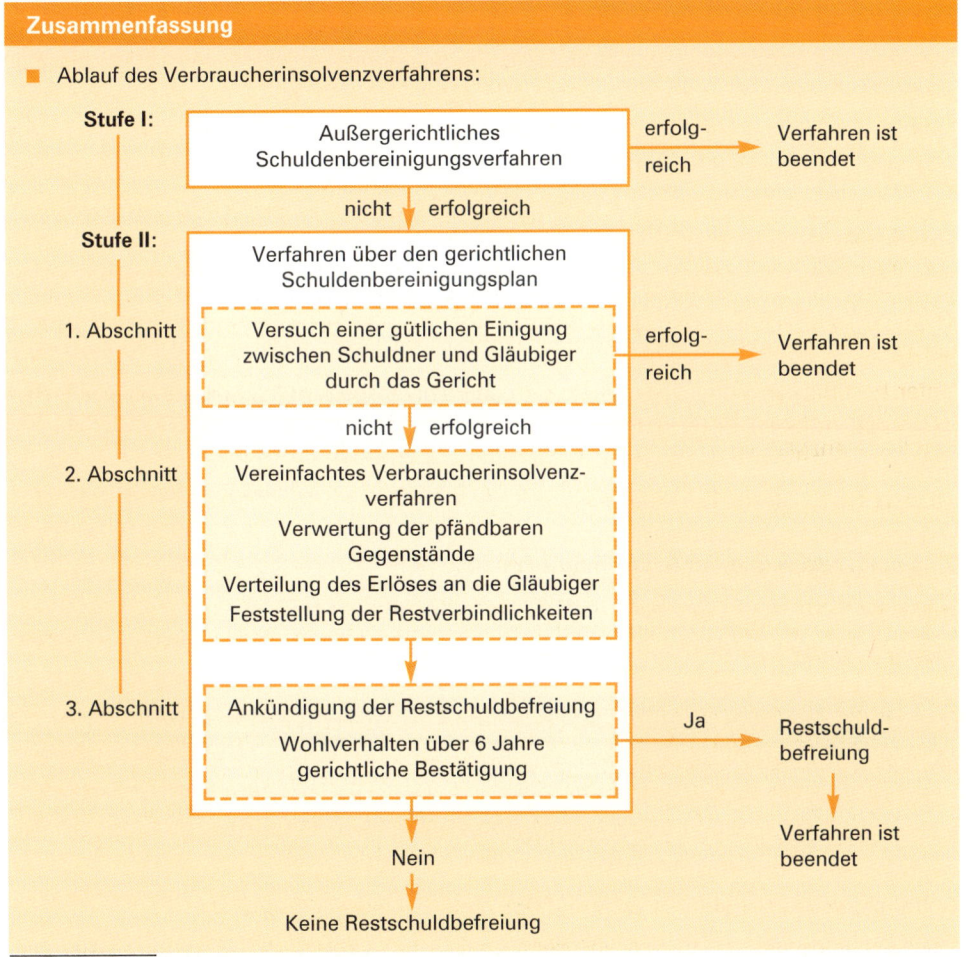

Zusammenfassung

- Ablauf des Verbraucherinsolvenzverfahrens:

Stufe I: Außergerichtliches Schuldenbereinigungsverfahren → erfolgreich → Verfahren ist beendet

nicht erfolgreich ↓

Stufe II: Verfahren über den gerichtlichen Schuldenbereinigungsplan

1. Abschnitt: Versuch einer gütlichen Einigung zwischen Schuldner und Gläubiger durch das Gericht → erfolgreich → Verfahren ist beendet

nicht erfolgreich ↓

2. Abschnitt: Vereinfachtes Verbraucherinsolvenzverfahren
- Verwertung der pfändbaren Gegenstände
- Verteilung des Erlöses an die Gläubiger
- Feststellung der Restverbindlichkeiten

3. Abschnitt: Ankündigung der Restschuldbefreiung
- Wohlverhalten über 6 Jahre
- gerichtliche Bestätigung

Ja → Restschuldbefreiung → Verfahren ist beendet

Nein → Keine Restschuldbefreiung

---

[1] Diese Frist kann verkürzt werden, z.B. auf 3 Jahre, wenn es dem Schuldner gelingt, mindestens 35 % der von den Gläubigern angemeldeten Schulden sowie die gesamten Verfahrenskosten zu begleichen.
Die Frist kann auf fünf Jahre verkürzt werden, wenn der Verbraucher den Insolvenzverwalter und die Gerichtskosten in diesem Zeitraum bezahlen kann.

- Das **Verbraucherinsolvenzverfahren** findet bei Schuldnern Anwendung, die natürliche Personen sind und keine oder nur eine geringfügige selbstständige Tätigkeit ausüben.
- Dem **außergerichtlichen Schuldenbereinigungsverfahren** sollte grundsätzlich Vorrang eingeräumt werden.

Übungsaufgabe

42 Frau Sylvia Bander ist alleinstehend und arbeitet in einer Textilfabrik in Burladingen, die 12 km von ihrem Wohnort entfernt und nicht mit öffentlichen Verkehrsmitteln erreichbar ist. Ihr Monatseinkommen beträgt netto 1 500,00 EUR.

Im Mai des vergangenen Jahres eröffnete der Neffe von Sylvia Bander ein Textilgeschäft in Reutlingen. Seine Bank verlangte eine Bürgschaft. Deshalb bat der Neffe seine Tante, der Bank gegenüber zu bürgen. Sylvia Bander übernahm eine selbstschuldnerische Bürgschaft[1] über 50 000,00 EUR, obwohl sie nur ein Bankguthaben von 12 500,00 EUR besaß. Wider Erwarten entwickelte sich das Geschäft ihres Neffen schlecht. Er musste Anfang dieses Jahres wegen Zahlungsunfähigkeit aufgeben.

Sylvia Bander wurde von der Bank in Anspruch genommen und zahlte 20 000,00 EUR. Die Bank drohte mit Klage, wenn Sylvia Bander die restlichen 30 000,00 EUR nicht zahlt. Das pfändbare Monatseinkommen von Sylvia Bander beträgt 300,00 EUR.

Aufgaben:

1. Prüfen Sie, ob Sylvia Bander einen Antrag auf ein Verbraucherinsolvenzverfahren stellen kann!

2. Sylvia Bander hat ihrem Antrag auf Verbraucherinsolvenzverfahren einen Schuldenbereinigungsplan beigelegt. Nach diesem Plan will sie an die Bank während der Wohlverhaltensperiode monatlich 250,00 EUR überweisen. Der Rest der Forderungen soll erlassen sein. Frau Bander hat keine weiteren Verbindlichkeiten. Die Bank lehnt den Schuldenbereinigungsplan ab.

   Prüfen Sie, ob das Insolvenzgericht die Zustimmung zum Schuldenbereinigungsplan ersetzen könnte!

3. Erläutern Sie die Folgen, welche die Ablehnung des Schuldenbereinigungsplans für Sylvia Bander hat! Pfändbares Vermögen ist nicht vorhanden. Den fünf Jahre alten Kleinwagen braucht Sylvia Bander, um zu ihrer Arbeitsstelle zu gelangen.

Zusammenfassende Übungsaufgabe zu Rechtsproblemen des Privatrechts

43 1. Der 14-jährige Karl besucht seinen Onkel an der Ostsee. Er entdeckt seine Liebe zum Windsurfing. Kurz entschlossen belegt er einen Kurs zum Erlernen des Surfens. Die Kursgebühr beträgt 490,00 EUR, von denen 200,00 EUR sofort bei Anmeldung zu zahlen sind. Der Rest ist vor der Ablegung der Abschlussprüfung am Ende des Kurses zu entrichten.

Die Eltern halten Windsurfing für gefährlich und lehnen deshalb diese Ausbildung strikt ab.

---

[1] Durch **Abschluss eines Bürgschaftsvertrags** zwischen dem Bürgen und dem Gläubiger wird eine Forderung derart gesichert, dass der Bürge neben den eigentlichen Schuldner (den Hauptschuldner) tritt. Der Bürge verpflichtet sich, für die Erfüllung der Verbindlichkeiten des Hauptschuldners (Tilgung, Verzinsung) einzustehen [§§ 765 ff. BGB, §§ 349 f. HGB].
Auf die Bürgschaft wird in der Jahrgangsstufe 1 in der Lerneinheit 9 „Finanzierung und Investition" eingegangen.

Aufgaben:

1.1 Prüfen Sie, ob Karl diesen Vertrag mit der Surfschule selbstständig rechtswirksam abschließen kann!

1.2 Stellen Sie die Stufen der Geschäftsfähigkeit nach dem BGB dar!

2. Die 15-jährige Ingrid erhielt von einer Tante zum Geburtstag 50,00 EUR geschenkt.

   Aufgaben:

   2.1 Begründen Sie, ob Ingrid diese Schenkung selbstständig annehmen darf!

   2.2 Begründen Sie, ob Ingrid bei einem Kreditinstitut selbstständig einen Vertrag zur Führung eines Sparkontos abschließen und diese 50,00 EUR auf das Sparkonto einzahlen darf!

   2.3 Ingrid will sich an ihrem 17. Geburtstag ein Zimmer mieten. Die monatliche Miete kann sie aus ihren bisherigen Ersparnissen bezahlen. Die Eltern sind nicht mit der Entscheidung ihrer Tochter einverstanden.
   Prüfen Sie, ob Ingrid den Mietvertrag rechtswirksam abschließen kann!

3. Entscheiden Sie, in welchen Fällen ein verbindlicher Antrag vorliegt!

   3.1 Schaufensterauslage

   3.2 Persönlich adressierter Werbebrief

   3.3 Angebot auf einem Flugblatt, das auf der Straße verteilt wird

   3.4 Waren liegen im Kaufhaus auf einer allgemein zugänglichen Gondel

   3.5 Verkäufer legt in einem Fachgeschäft einem Kunden die Ware vor

   3.6 Goldmünzen in einem Schaukasten im Geschäftsraum eines Kreditinstituts

   3.7 Die Touristik AG sendet an Claudia Müller ein Flugangebot per E-Mail

4. Gegen Ende einer Geburtstagsfeier sagt Ingrid zu ihrer Freundin Helga: „Deine Uhr gefällt mir, was hat sie denn gekostet?" „200,00 EUR", antwortet Helga, „für 600,00 EUR kannst du sie haben!" Ingrid sagt: „In Ordnung! Morgen bringe ich dir das Geld!"

   Am nächsten Tag verlangt Helga von Ingrid die Abnahme der Uhr und die Zahlung des Kaufpreises. Ingrid erinnert sich nicht mehr an das Gespräch und verweigert die Zahlung.

   Aufgabe:

   Prüfen Sie die Rechtslage und begründen Sie Ihre Entscheidung!

5. Hilde leiht sich in der BWL-Stunde von ihrer Nachbarin Anna ein Lineal, das diese geschenkt bekommen hatte.

   Aufgaben:

   5.1 Nennen Sie Besitzer und Eigentümer des Lineals!

   5.2 Ordnen Sie zu, wer vor der Leihe Besitzer und Eigentümer des Lineals war!

   5.3 Geben Sie an, wer Besitzer und Eigentümer des Lineals ist, wenn es Hilde an Anna zurückgibt!

   5.4 Definieren Sie die Begriffe
       5.4.1 Eigentum,
       5.4.2 Besitz!

6. Am 15. Sept. d.J. erhielt Anna L. ein briefliches Angebot der Weber KG zum Kauf einer Waschmaschine, Typ „Sauber de Luxe", Preis 1 380,00 EUR.

   Am 30. Sept. d.J. bestellt Anna L. diese Waschmaschine.

Die Weber KG will sich nicht mehr an das Angebot halten, da ihre Einkaufspreise in der Zwischenzeit um 8% gestiegen sind.

Aufgaben:

6.1 Prüfen Sie, ob die Weber KG Recht hat!

6.2 Beurteilen Sie die Rechtslage, wenn Anna L. am 18. September d.J. bestellt hätte!

6.3 Geben Sie an, wie lange ein Käufer zur Annahme eines telefonisch übermittelten Antrags (Angebots) Zeit hat!

7. Sie nehmen an einer zweitägigen Kaffeefahrt nach Prag teil, die von einem deutschen Veranstalter in einem Flugblatt angeboten wurde. Als Pauschalpreis für diese Fahrt mit Unterkunft, Verpflegung und Besichtigungen waren 80,00 EUR angegeben. Der Veranstalter hat sich von Ihnen ermächtigen lassen, diesen Preis von Ihrem Bankkonto abzubuchen.

    Fünf Tage nach der Fahrt wird Ihr Bankkonto mit 225,00 EUR belastet.

    Sie reklamieren unverzüglich den überhöhten Preis. Der Veranstalter weist darauf hin, dass in den Bedingungen, die auf der Rückseite der Anmeldung abgedruckt waren, die Klauseln standen:

    „Besondere Leistungen vor Ort sind nicht im Pauschalpreis enthalten und werden gesondert berechnet."

    Der Mehrpreis sei durch Serviceleistungen, wie z.B. den Transport des Reisegepäcks vom Bus in das Hotelzimmer und für Besichtigungen entstanden.

    Aufgabe:

    Erörtern Sie Ihre Handlungsmöglichkeiten in diesem Falle!

8. Im Gästeraum seiner Urlaubspension entdeckt Hans Schneider ein Gemälde, das mit dem Namen Karl August Brem signiert ist. Schneider, der Gemälde Brems schätzt, kauft dem Pensionsinhaber Müller das Gemälde als Original für 1 700,00 EUR ab. Am Ende des Urlaubs nimmt er das Bild mit nach Hause.

    Einen Monat später besucht der Kunsthändler Kaltschnee seinen Freund Schneider, der ihm seine Neuerwerbung sofort vorführt. Kaltschnee, ein Brem-Experte, hegt Zweifel an der Echtheit des Gemäldes. Mit dem Einverständnis Schneiders nimmt er es zur näheren Untersuchung mit in seine Galerie.

    Nach acht Tagen teilt Kaltschnee seinem Freund Schneider mit, dass es sich um eine gelungene, aber wertlose Imitation handelt.

    Schneider informiert unverzüglich den Pensionsinhaber Müller über die neue Situation und fordert die Rückgabe des Kaufpreises. Letzterer zeigt sich überrascht, da er das Gemälde selbst als Original gekauft hatte.

    Aufgaben:

    8.1 Nennen Sie den Mangel, der bei dem Gemälde vorliegt!

    8.2 Prüfen Sie, ob Schneider gegenüber dem Pensionsinhaber die Rechte Nacherfüllung, Rücktritt und Minderung geltend machen kann!

9. Ein Kunde kauft im Mitnahmemarkt eines Möbelhauses eine Vitrine. Die beigefügte Montageanleitung enthält für die Montage der Schubladen einen Fehler. Der Kunde erkennt bei der Montage den Fehler und montiert fehlerfrei. Nach drei Wochen sieht er in einem anderen Möbelgeschäft eine Vitrine, die ihm noch besser gefällt und auch weniger kostet. Gegenüber dem Lieferer der ersten Vitrine will er den Sachmangel wegen der fehlerhaften Montageanleitung geltend machen und vom Vertrag zurücktreten. Der Verkäufer weigert sich, den Rücktritt zu akzeptieren.

    Aufgabe:

    Beurteilen Sie das Verhalten des Verkäufers!

10. Karin kauft am 05. Aug. d. J. im Kaufhaus Seliger OHG einen neuen Badeanzug im Schlussverkauf. Wegen einer Erkrankung kann sie diesen erst im Januar des nächsten Jahres beim Besuch des Hallenbades zum ersten Mal anziehen. Nach diesem Bad stellt sie fest, dass die Farben völlig ineinander verlaufen sind.

   Aufgaben:
   10.1 Geben Sie an, welche Rechte Karin grundsätzlich gegen das Kaufhaus Seliger OHG geltend machen kann!
   10.2 Karin verlangt von der Seliger OHG einen neuen Badeanzug dieser Art. Vom Kaufhaus Seliger wird ihr mitgeteilt, dass diese Art von Badeanzügen nicht mehr im Sortiment des Herstellers sind und das Kaufhaus Seliger OHG auch keinen Restbestand aus dem Vorjahr mehr hat.
   Prüfen Sie, ob Karin vom Kaufhaus Seliger OHG die Rücknahme des Badeanzugs gegen Auszahlung des Kaufpreises verlangen kann!
   10.3 Angenommen, Karin fände Gefallen an dem verfärbten Badeanzug. Prüfen Sie, ob sie Minderung verlangen könnte und gegebenenfalls in welcher Höhe!

11. Franz Zink bestellte am 12. Juni 20.. bei der Druckerei Franz Marschall KG 100 Einladungskarten für seinen 40. Geburtstag am 20. August. Die Lieferung soll spätestens Ende Juni des gleichen Jahres erfolgen. Am 5. Juli sind die Einladungskarten noch nicht geliefert, da die Druckerei dringendere Aufträge vorgezogen hat.

   Aufgaben:
   11.1 Prüfen Sie, ob ein Lieferungsverzug vorliegt!
   11.2 Prüfen Sie, ob Franz Zink die Einladungskarten sofort von einer anderen Druckerei beschaffen und gleichzeitig vom Vertrag mit der Druckerei Franz Marschall KG zurücktreten kann!

12.

FRITZ MAIER
Kühlsysteme – Groß- und Einzelhandel

Fritz Maier e.K. • Hamburger Str. 18 • 25335 Elmshorn

Herrn
Karl Seyfert
Talstraße 17
88400 Biberach

Bitte stets angeben:
Rechnungsdatum: 14.01.20..
Lieferdatum: 14.01.20..
Kunden-Nr.: 1356

Rechnung-Nr. 5510

Pos.	Menge	Bezeichnung	Einzelpreis	Gesamtbetrag in EUR
1	1	Siemens Gefrierschrank GS 2628	663,87	663,87
		+ 19 % USt		126,13
		Rechnungsbetrag		790,00

Zahlung innerhalb von 14 Tagen ab Rechnungsdatum.

Aufgabe:

Seyfert hat diese Rechnung bis zum 2. Februar d. J. noch nicht bezahlt. Prüfen Sie, ob Seyfert in Zahlungsverzug gekommen ist! Gehen Sie davon aus, dass Seyfert die Überweisung des Rechnungsbetrages vergessen hatte!

4 Betriebswirtschaftliche Grundlagen des Handelns privater Unternehmen[1]

4.1 Begriff Unternehmen, Arten und Funktionsbereiche eines Unternehmens

4.1.1 Begriff Unternehmen

In der Regel bezieht ein Unternehmen von vorgelagerten Unternehmen eine Reihe von **Vorleistungen** (Werkstoffe verschiedener Art, Maschinen, Werkzeuge, Strom, Wasser, Erfindungen, Entwürfe, Dienstleistungen usw.). Wir nennen diese Vorleistungen **betriebliche Mittel**.

Durch den **Einsatz der eigenen Leistung** verändert das Unternehmen die übernommenen betrieblichen Mittel so, dass sie für eine weitere Verwendung in der nachgelagerten Stufe geeignet sind. Das Ergebnis der eigenen Leistung sind **Sachgüter** (z. B. Lebensmittel, Kleidung, Fahrzeuge) oder **Dienstleistungen** (z. B. Transporte, Beratung durch einen Rechtsanwalt), die anderen Unternehmen wiederum als „betriebliche Mittel" dienen oder aber unverändert dem menschlichen Bedarf (Konsum) zugeführt werden können. Die wirtschaftliche Leistung des Unternehmens – und damit auch seine Berechtigung – ergibt sich daraus, dass es übernommene betriebliche Mittel einem **neuen Zweck** zuführt.

> **Merke:**
>
> - Unter einem **Unternehmen**[2] verstehen wir eine planvoll organisierte Wirtschaftseinheit, in der Sachgüter und Dienstleistungen beschafft, erstellt und abgesetzt werden.
> - Die **Leistung eines Unternehmens** besteht darin, durch **eigene Anstrengungen** die **übernommenen betrieblichen Mittel** (Vorleistungen) für **weitere Zwecke** geeignet zu machen.

4.1.2 Arten von Unternehmen

Nach dem **Wirtschaftszweig**, in dem das Unternehmen tätig wird, unterscheiden wir Industrie- (einschließlich Handwerks-), Handels- und Dienstleistungsunternehmen.

Wirtschafts-bereiche[3]	Arten von Sach- und Dienstleistungsunternehmen		
	Sachziele	Bezeichnung	Beispiele
Industrie	Verarbeitung (Produktion)	Weiterverarbeitende Unternehmen	■ Eisenhütten, ■ Chemiefabriken, ■ Kleiderfabriken, ■ Konservenfabriken, ■ Maschinenfabriken.

---

1 Im Lehrplan werden für dieses Kapitel nur 16 Stunden ausgewiesen. Es können daher nicht alle hier dargestellten Inhalte behandelt werden. Bitte setzen Sie entsprechende Schwerpunkte.
2 Die Begriffe Unternehmen und Betrieb werden hier aus Vereinfachungsgründen gleichbedeutend (synonym) verwendet.
3 Die Verfasser folgen hier dem Lehrplan, der zwischen Industrie, Handel und Dienstleistungen unterscheidet. Volkswirtschaftlich werden Handelsunternehmen in der Regel dem Dienstleistungssektor zugerechnet.

Wirtschafts-bereiche	Arten von Sach- und Dienstleistungsunternehmen		
	Sachziele	Bezeichnung	Beispiele
Handel	Kauf und Verkauf von Waren (Distribution)	Handels-unternehmen	■ Einzelhandelsunternehmen, ■ Großhandelsunternehmen, ■ Import- und Export-unternehmen
Dienst-leistungen	Durchführung des Zahlungsverkehrs	Banken (Kreditinstitute)	■ Sparkassen, ■ Volksbanken, ■ Geschäftsbanken.
	Risikoübernahme	Versicherungs-unternehmen	■ Sach-, Personen- und Vermögensversicherungen
	Beratung in rechtlichen und wirtschaftlichen Fragen	Beratungs-unternehmen	■ Rechtsanwaltsbüros, ■ Marketingberater, ■ Werbeagenturen

Die Bedeutung der Dienstleistungsunternehmen hat in den letzten Jahrzehnten stetig zugenommen. War 1970 erst knapp die Hälfte der Erwerbstätigen in Handels- oder Dienstleistungsunternehmen tätig, so sind es heute schon rund drei Viertel. Ähnlich verhält es sich mit dem Anteil am Bruttoinlandsprodukt.

> **Merke:**
>
> ■ Den **Industrieunternehmen** ist gemeinsam, dass sie **Sachgüter** herstellen. Sie werden daher auch als **Produktionsunternehmen** bezeichnet.
>
> ■ Unternehmen, die keine Sachgüter produzieren, werden in **Handelsunternehmen** und **Dienstleistungsunternehmen** untergliedert.

4.1.3 Funktionsbereiche eines Unternehmens

> **Merke:**
>
> Die **Grundfunktionen (Hauptaufgaben)** jedes Unternehmens sind: die **Beschaffung**, die **Leistungserstellung** und der **Absatz**.

Nebenstehende Abbildung verdeutlicht neben den wichtigsten Aufgabenbereichen auch die Einbettung eines Unternehmens in die Märkte.

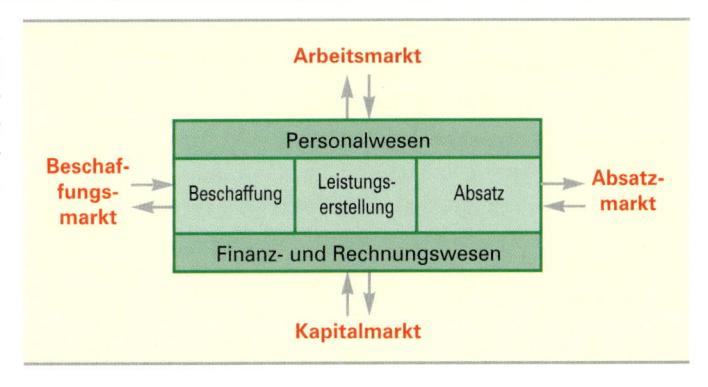

```
                    Arbeitsmarkt
                         ↕
              ┌──────────────────────┐
              │     Personalwesen    │
Beschaf-      ├──────┬────────┬──────┤      Absatz-
fungs-    ←→  │Beschaf-│Leistungs-│Absatz│  ←→  markt
markt         │fung   │erstellung│      │
              ├──────┴────────┴──────┤
              │ Finanz- und Rechnungswesen │
              └──────────────────────┘
                         ↕
                    Kapitalmarkt
```

Beschaffung	Als Beschaffung bezeichnet man alle Tätigkeiten, die darauf abzielen, die Güter und Dienstleistungen zu erwerben, die notwendig sind, um einen reibungslosen Warenabsatz (beim Handelsunternehmen) bzw. eine reibungslose Produktion (beim Industrieunternehmen) zu garantieren. Dazu sind Angebote einzuholen und zu vergleichen. Ist eine Entscheidung zugunsten eines Lieferers gefallen, schließt das Unternehmen mit ihm z. B. einen Kaufvertrag ab. Die beschafften Güter müssen vom Käufer abgenommen werden. In der Regel werden die bezogenen Materialien anschließend gelagert.
Leistungserstellung	Gegenstand der Leistungserstellung ist zunächst die zielgerichtete Planung des Leistungserstellungsprozesses. ■ In der **Industrie** ist z. B. zu entscheiden, in welchen Qualitäten und Mengen die Erzeugnisse hergestellt werden sollen. Außerdem ist über die Planung, Lenkung, Durchführung und Kontrolle der Fertigung sowie der anschließenden Lagerung der fertiggestellten Erzeugnisse zu entscheiden. ■ Im **Handel** muss überlegt werden, welche Waren beschafft und angeboten werden sollen. ■ In **Dienstleistungsunternehmen** ist zu klären, wie die Leistung jeweils zum nachgefragten Zeitpunkt erbracht werden kann.
Absatz	Der Absatz ist die letzte Phase des Leistungsprozesses. Er beinhaltet den Verkauf der Sachgüter und Dienstleistungen und ermöglicht durch den Rückfluss der eingesetzten Geldmittel die Fortsetzung (Finanzierung) der Beschaffung, der Leistungserstellung und des Absatzes.

4.2 Aufgabenbereich Leistungserstellung

4.2.1 Leistungserstellung im Industrieunternehmen

(1) Begriff Industrieunternehmen

Industrieunternehmungen sind dadurch gekennzeichnet, dass sie durch den Einsatz und die Verarbeitung von Werkstoffen **neue Erzeugnisse** herstellen. Die Produkte sind in der Regel **lagerfähig** und müssen anschließend verkauft werden (vgl. Aufgabenbereich Absatz). Im Mittelpunkt der industriellen Leistungserstellung stehen somit **materielle Produkte** als Ergebnis der Kombination betriebswirtschaftlicher Produktionsfaktoren[1].

> **Merke:**
>
> Im **Industrieunternehmen** verbinden sich
> - **soziale Elemente (Menschen)** mit
> - **technischen Elementen (Anlagen)**, um
> - auf **ingenieurwissenschaftlicher Grundlage**
> - **Sachgüter** mit dazugehörigen **Dienstleistungen**
>
> zu schaffen.
>
> Durch den Verkauf der Sachgüter soll ein **Erfolg** erzielt werden.

---
1 Produktionsfaktoren sind alle Hilfsmittel, die bei der Produktion mitwirken.

Der Prozess der Leistungserstellung in einem Industrieunternehmen soll an einem vereinfachten Beispiel dargestellt werden.

(2) Modell eines industriellen Sachleistungsprozesses

Beispiel:

Angenommen, eine Möbelfabrik stellt lediglich Labormöbel her.

Zu beschaffen sind (neben den bereits vorhandenen bebauten und unbebauten Grundstücken, Maschinen, Fördereinrichtungen und der Betriebs- und Geschäftsausstattung):
1. **Rohstoffe:** Holz, Spanplatten, Kunststofffurniere;
2. **Hilfsstoffe:** Lacke, Farben, Schrauben, Muttern, Nägel;
3. **Betriebsstoffe:** Energie, Schmiermittel, Reinigungsmittel;
4. **Vorprodukte** (Fertigteile, Fremdbauteile): Scharniere, Schlösser.

Außerdem sind die erforderlichen Arbeitskräfte sowie die erforderlichen Geldmittel, die zum Teil aus Erlösen (dem Umsatz), zum Teil aus Krediten und Beteiligungen bestehen, bereitzustellen.

Die Fertigerzeugnisse werden anschließend geprüft und bis zur Auslieferung in das Fertigerzeugnislager genommen.

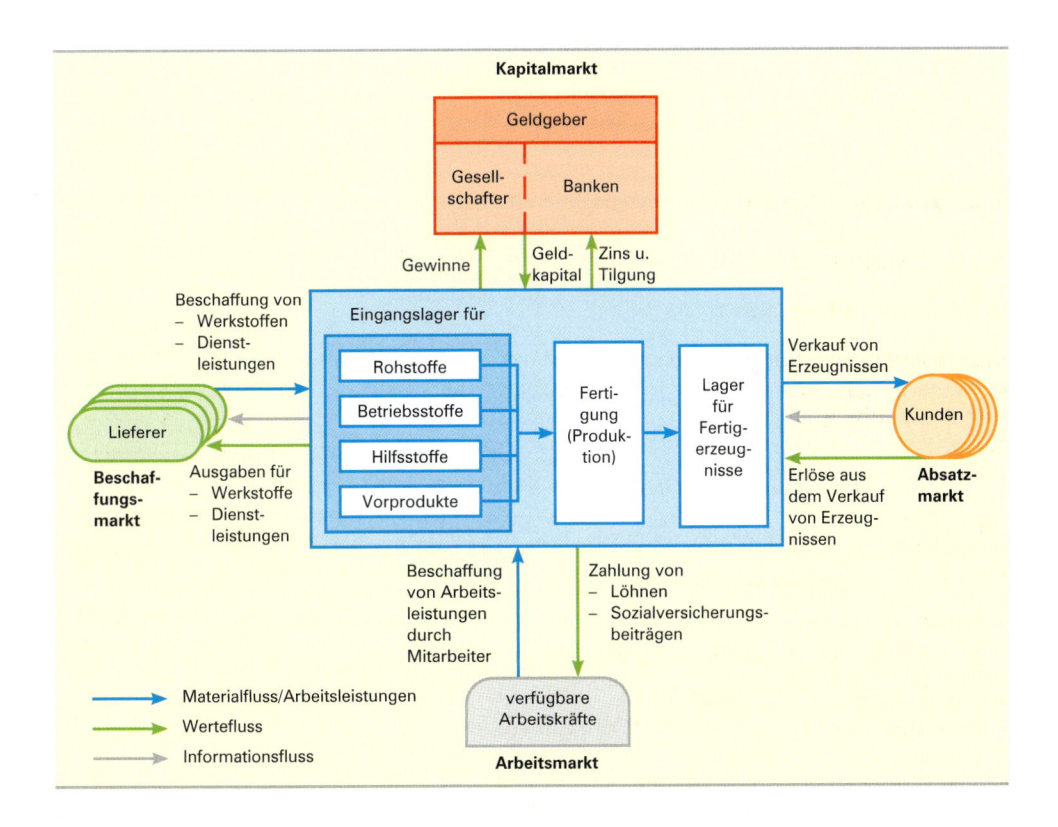

(3) Abläufe am Beispiel der Auftragsfertigung

Das Industrieunternehmen bietet seine Sachgüter und Dienstleistungen am Markt an. Es erhält Anfragen, gibt Angebote ab und erhält **Aufträge**. Damit entsteht ein **Informationsfluss** vom Kunden über das eigene Unternehmen bis zum Lieferanten. Der Auftrag des Kunden muss bearbeitet werden. Geht man von der Annahme aus, dass das Unternehmen nur aufgrund eines Kundenauftrages fertigt, dann müssen die Produktionsabläufe nach Eingang des Kundenauftrages geplant und gesteuert werden. Hierfür ist der Bezug von Material und/oder Dienstleistungen notwendig, welche beim Lieferer bestellt werden müssen.

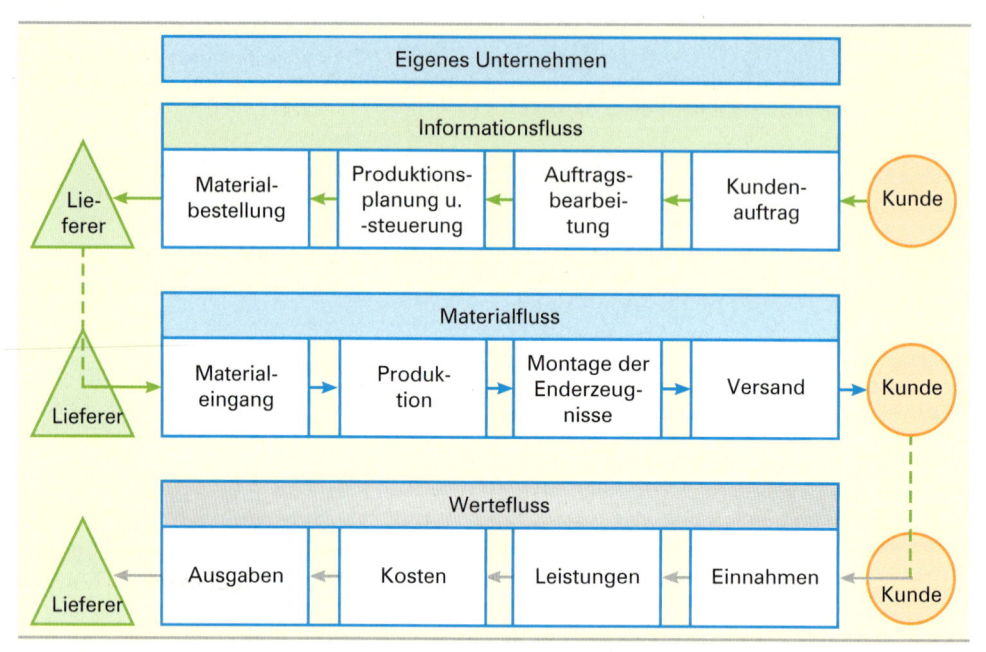

Eigenes Unternehmen				
Informationsfluss				
Lieferer →	Materialbestellung ←	Produktionsplanung u. -steuerung ←	Auftragsbearbeitung ←	Kundenauftrag ← Kunde
Materialfluss				
Lieferer →	Materialeingang →	Produktion →	Montage der Enderzeugnisse →	Versand → Kunde
Wertefluss				
Lieferer ←	Ausgaben ←	Kosten ←	Leistungen ←	Einnahmen ← Kunde

Die Lieferung der bestellten Werkstoffe löst einen **Materialfluss** vom Lieferer zum Kunden aus, denn die bezogenen Materialien werden verarbeitet, die entstandenen Teile und Baugruppen zu Enderzeugnissen montiert und für den Versand an den Kunden bereitgestellt. Der Materialfluss läuft dem Informationsfluss entgegen. Im Gegenzug für die Lieferung der Fertigerzeugnisse erhält das Unternehmen vom Kunden einen **Wertezufluss,** und zwar in Form von Einnahmen.

4.2.2 Leistungserstellung im Handelsunternehmen

(1) Begriff Handelsunternehmen

Das **Hauptmerkmal eines Handelsunternehmens** besteht im Kauf (Beschaffung) und Verkauf von Waren **(materielle Ebene)**. Die von verschiedenen Lieferanten bezogenen Waren durchlaufen das Handelsunternehmen im Wesentlichen **unverändert**. Dabei übernimmt der Handel wichtige Funktionen, die den Absatz der Waren erleichtern **(immaterielle Ebene)**.

(2) Funktionen des Handels

Die Leistungserstellung von Handelsunternehmen umfasst neben dem Ein- und Verkauf der Waren folgende Funktionen:

Funktionen des Handels		
Funktion	**Merkmal**	**Beispiel**
Sortimentsfunktion	Zusammenstellung von Waren verschiedener Lieferer, die dem Bedarf des angesprochenen Kundenkreises entspricht.	Ein Fahrradhändler stellt Sortiment aus Damen-, Herren- und Kinderfahrrädern verschiedener Hersteller sowie Zubehör zusammen.
Lagerfunktion	Ausgleich der Tatsache, dass der Bedarf der Abnehmer oft einen anderen Rhythmus hat als das Angebot der Hersteller.	Ein Medikamentengroßhändler lagert alle Arten von Medikamenten, die er bei Bedarf an die Apotheken liefert.
Überbrückungsfunktion	Übernahme des Transports vom Lager des Lieferers bis zum Ort des Nachfragers.	Einkauf von Fisch in Hamburg, Verkauf in München.
Mengenfunktion	Der Handel kauft Waren in anderen Mengen ein, als er sie verkauft. Häufig wird die Ware neu verpackt.	Kauf von Süßmost fassweise, Verkauf literweise.
Qualitätsfunktion	Durch Reinigen, Mischen und Sortieren steigt die Qualität.	Mischen von Teesorten; Nachreifen von Bananen.
Finanzierungsfunktion	Die Zeit zwischen Kauf und Zahlung wird überbrückt, wodurch der Kauf für den Abnehmer oft erst möglich wird.	Ein Großhändler gewährt einem Einzelhändler ein Zahlungsziel von 60 Tagen.

Merke:

Der Handel übernimmt neben dem **Wareneinkauf** und **Warenverkauf** folgende Kernfunktionen:
- **Sortimentsfunktionen** (Sortimentsbreite und -tiefe; Verfügbarkeit in entsprechender Quantität und Qualität)
- **Überbrückungsfunktionen** (Raumüberbrückung, Zeitausgleich und Kreditfunktion).

Durch das Bereitstellen eines Warensortiments für den Bedarf des Weiterverwenders (beim Großhandel) oder privaten Verbrauchers (beim Einzelhandel) erhält der Verwender (Käufer) die Möglichkeit, sich schnell über Art, Güte und Preis der angebotenen Waren zu informieren und zentral einzukaufen.

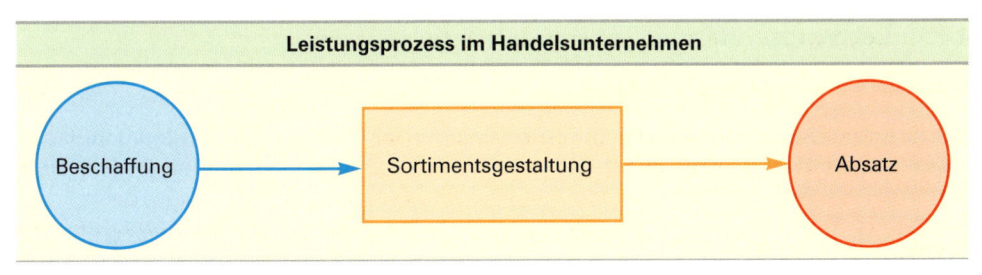

Leistungsprozess im Handelsunternehmen

Beschaffung → Sortimentsgestaltung → Absatz

Die beschafften Waren müssen abgesetzt werden, wobei der Erlös der Bezahlung der eingesetzten Produktionsfaktoren dient (Löhne, Zinsen, Mieten und Pachten, Bezahlung der beschafften Waren). Außerdem müssen die Eigenkapitalgeber eine angemessene Gewinnbeteiligung erhalten. Dem **Güterstrom** (Sachgüter und Dienstleistungen) „fließt" somit ein **Geldstrom** entgegen.[1]

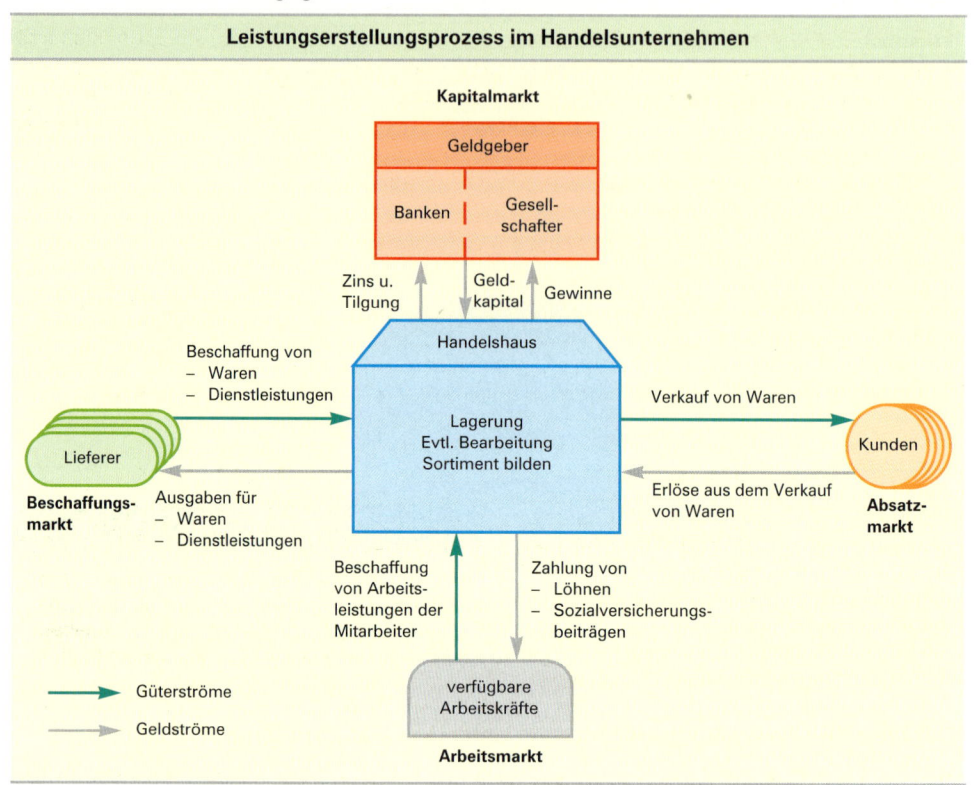

Leistungserstellungsprozess im Handelsunternehmen

4.2.3 Leistungserstellung im Dienstleistungsunternehmen

(1) Begriff Dienstleistungsunternehmen

Im Gegensatz zu Industrie- und Handelsunternehmen erzeugen **Dienstleistungsunternehmen** ausschließlich **immaterielle Güter**[2], die teilweise auf materiellem Trägermaterial (z. B. CD-ROM bei EDV-Programm), teils ohne ein solches (z. B. Beratungsleistung) bereitgestellt werden. Dienstleistungen ohne materiellen Träger sind **nicht lagerfähig,** sondern müssen zum Zeitpunkt des Auftretens des Bedürfnisses beim Abnehmer bereitgestellt (produziert) werden.

(2) Leistungserstellung am Beispiel der Banken

Wichtigste Aufgabe der Banken ist es, **Geldeinlagen** von privaten Haushalten und Betrieben einzusammeln, um sie anderen privaten Haushalten und/oder Betrieben als **Kredite**

---
[1] Diese Aussagen gelten grundsätzlich für alle Unternehmen (Betriebe).
[2] Zu den **immateriellen Gütern** zählen **Dienstleistungen** (z. B. Rat eines Rechtsanwalts) und **Rechte** (z. B. Nutzung eines Patents). Siehe auch S. 43.

zur Beschaffung von Konsumgütern und Produktionsgütern zur Verfügung zu stellen. Außerdem übernehmen die Banken die Aufgabe, den **bargeldlosen Zahlungsverkehr** gegen Entgelt durchzuführen.

Als Beispiel für eine zentrale Bankleistung sollen die Grundlagen des **Bankkredits** vorgestellt werden.

Die meisten Menschen sparen einen gewissen Teil ihres Einkommens, etwa, um sich später einen größeren Wunsch erfüllen zu können oder um sich gegen Arbeitslosigkeit und Krankheit abzusichern. Auch die Unternehmen bilden z. B. zur Sicherung ihrer Zahlungsfähigkeit (Liquidität) finanzielle Reserven. Diese Ersparnisse werden überwiegend bei den Banken angelegt, um sie vor Diebstahl zu schützen und um Zinsen zu erhalten. Dieses Sparkapital setzen die Banken dazu ein, Kredite zu gewähren.

Leistungsprozess einer Bank

Beschaffung von Geldeinlagen → Verwaltung der Geldeinlagen/Durchführung des Zahlungsverkehrs → Kreditgewährung/Auszahlungen

Neben der Abwicklung des Zahlungsverkehrs und der Versorgung der Wirtschaft mit Krediten bieten die meisten Banken noch weitere Dienstleistungen an.

Beispiele:

Währungsumtausch, Immobilien- und Wertpapiergeschäfte, Vermittlung von Versicherungen, Ausgabe von Kreditkarten, Homebanking, Vermögensverwaltung, Tresorgeschäft.

(3) Leistungserstellung am Beispiel eines Versicherungsunternehmens

Die Hauptaufgabe der Versicherungsunternehmen besteht darin, den von bestimmten Risiken (Gefahren) bedrohten Personen, privaten Haushalten (Familien), privaten und öffentlichen Unternehmen die Deckung eines künftigen möglichen Schadens zu gewährleisten.

Um dieses Ziel erreichen zu können, müssen die Versicherungsunternehmen das Risiko mithilfe der Wahrscheinlichkeitsrechnung ermitteln und auf viele Mitglieder der Versicherung, die sog. Versichertengemeinschaft, verteilen **(Risikoverteilung)**. Durch die Erhebung von Versicherungsbeiträgen (Prämien) wird es möglich, Kapital anzusammeln **(Kapitalbeschaffung)** und bei Eintritt des Versicherungsfalls an den bzw. die Geschädigten auszuzahlen **(Kapitalauszahlung)**.

Merke:

- Im Gegensatz zu Industrie- und Handelsunternehmen erzeugen Dienstleistungsunternehmen nur **immaterielle Güter**.
- Bei immateriellen Gütern, die nicht auf materiellem Trägermaterial bereitgestellt werden können, muss die **Leistungserstellung zum Zeitpunkt der Nachfrage** erfolgen.

Zusammenfassung

- Das **Sachziel** eines Unternehmens bestimmt seine Aufgaben **(Funktionen)**, die er zu erfüllen hat.

- Die **Leistungsprozesse** in **Sach-** und **Dienstleistungsunternehmen** haben gemeinsame Merkmale:

Wirtschafts-zweige	Beschaffungs-seite	Leistungs-erstellung	Absatzseite (Verkaufsseite)
Industrie-unternehmen	Beschaffung von Roh-, Hilfs- und Betriebsstoffen sowie Betriebsmitteln	Fertigung (Produktion i. e. S.)	Verkauf der Fertigerzeugnisse
Handels-unternehmen	Beschaffung von Waren	Sortimentsgestaltung	Verkauf der Waren
Banken	Beschaffung von Einlagen; Einzahlungen	Verwaltung von Einlagen; Durchführung des Zahlungsverkehrs	Kreditgewährung; Auszahlungen
Versicherungs-unternehmen	Kapitalbeschaffung (Ansammlung von Prämien)	Risikoermittlung und -verteilung, Kapitalverwaltung	Kapitalauszahlung (Versicherungs-leistungen)

Übungsaufgabe

44 1. 1.1 Unterscheiden Sie zwischen Sach- und Dienstleistungsunternehmen! Nennen Sie je drei Beispiele!

    1.2 Nennen und beschreiben Sie die Ziele folgender Unternehmen:
        1.2.1 weiterverarbeitende Unternehmen,
        1.2.2 Handelsunternehmen,
        1.2.3 Banken!

2. Beschreiben Sie kurz die Leistungsprozesse folgender Unternehmen:
    2.1 Handelsunternehmen,
    2.2 Banken und
    2.3 Versicherungsunternehmen!

3. Stellen Sie verbal (in Worten) oder mithilfe einer Zeichnung den Leistungsprozess eines Industrieunternehmens dar!

4. Großhandelsunternehmen erfüllen mehrere Aufgaben (Funktionen).

    Aufgaben:
    4.1 Die Lagerfunktion wird häufig mit der Aufgabe eines Stausees verglichen. Ziehen Sie die Parallelen!
    4.2 Die Karlsruher Stahlhandels GmbH liefert auf Kundenwunsch Kleinpartien, deren Produktion für ein Stahlwerk nicht geeignet ist. Sie liefert ab Lager direkt an die Baustellen der Bauunternehmen. Die Lieferungen erfolgen auf Ziel.
    Ordnen Sie der Karlsruher Stahlhandels GmbH die sich aus dem Sachverhalt ergebenden Funktionen zu!

4.3 Aufgabenbereich Beschaffung

4.3.1 Aufgaben und Ziele der Beschaffung

(1) Problemstellung

Eine alte kaufmännische Redensart besagt, dass im Einkauf der Gewinn liegt. Für die Amerikaner ist sinngemäß der Einkauf ein „Profit-making-Job" – ein „Job", mit dem man Geld verdienen kann.

Beispiel:		
Die Richtigkeit obiger Aussage zeigt das folgende einfache Beispiel:	EUR	EUR
Eine nur 1%ige Reduzierung der Einkaufspreise oder des Materialeinsatzes bringt eine Erhöhung des Gewinns (vor Steuern) um 10%.		
Umsatzerlös	100,00	100,00
– Materialkosten	50,00	49,50
– Lohnkosten	45,00	45,00
= Gewinn	5,00	5,50

(2) Aufgaben der Beschaffung

Die Materialbeschaffung hat zunächst die Aufgabe, die Aufnahme und Durchführung der **Fertigung zu sichern**. Damit dient die Materialbeschaffung zugleich der **Sicherung der Lieferbereitschaft** eines Unternehmens.

Ein weiterer Aufgabenbereich der Beschaffungswirtschaft ist die Beschaffung von **Betriebsmitteln**. Hierunter versteht man vor allem Maschinen, Betriebs- und Geschäftsausstattung, Vorrichtungen und Werkzeuge. Die Beschaffung von Betriebsmitteln wird in diesem Kapitel nicht behandelt. Im Folgenden werden beispielhaft nur die Probleme dargestellt, die beim Einkauf der **Werkstoffe** und **Handelswaren** gelöst werden müssen.

> **Merke:**
>
> Die **Materialbeschaffung** ist der Teil der Beschaffungswirtschaft, der sich mit der Beschaffung von **Werkstoffen** und **Handelswaren** befasst.

(3) Ziele der Beschaffung

Wichtige **Ziele** der Beschaffung sind:

- die Produktion mit **Sachgütern** (z. B. Roh-, Hilfs- und Betriebsstoffe) und **Dienstleistungen** (z. B. Beratung, Qualitätsprüfung, Instandhaltung, Software) zum benötigten Zeitpunkt, in der erforderlichen Art, Qualität und Menge zu versorgen. Die Beschaffung hat sich dabei an der **Produktionsplanung** und diese wiederum an den **Absatzmöglichkeiten** auszurichten.

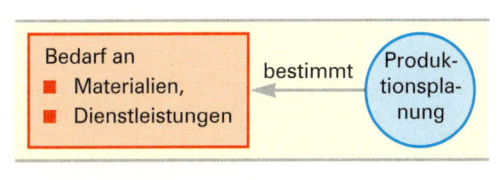

Bedarf an
- Materialien,
- Dienstleistungen

bestimmt

Produktionsplanung

- das bezogene Material sachgerecht zu **lagern** und zeitgerecht zum **Verbrauchsort** zu befördern.
- **Rückstände, Abfälle** und **Ausschussprodukte,** die im Leistungserstellungsprozess anfallen, zu **verwerten** bzw. **zu entsorgen.**

4.3.2 Angebotsvergleich

4.3.2.1 Grundsätzliches

Die Suche nach neuen Bezugsquellen und die Ermittlung potenzieller Lieferer haben für die Unternehmen einen hohen Stellenwert. Mit dieser Aufgabe beschäftigt sich die **Beschaffungsmarktforschung.**

Hat die Beschaffungsmarktforschung einen möglichen Lieferer ermittelt, schließt sich der **Angebotsvergleich** an. Für den Angebotsvergleich kann ein einziges Kriterium (z.B. der Preis) oder aber eine Kombination von Kriterien herangezogen werden. Für den Angebotsvergleich können

- **quantitative,** d.h. **messbare Kriterien** (z.B. Preis, Zahlungsbedingungen, Lieferbedingungen) und/oder
- **qualitative,** d.h. **nicht messbare Kriterien** (z.B. Qualität, Lieferertreue, Image, technisches Know-how, Unterstützung bei Problemlösungen)

herangezogen werden. Als Instrumentarium zur Analyse der Kriterien kann der **Einfaktorenvergleich** oder der **Mehrfaktorenvergleich (Scoring-Modell)** dienen.

4.3.2.2 Einfaktorenvergleich mit Bezugskalkulation

Legt man nur einen einzigen Auswahlgesichtspunkt (ein Kriterium) zugrunde, dann kommt man sehr schnell zu einer Lieferantenauswahl. Solche Einfaktorenvergleiche sind z.B. möglich in Bezug auf den Preis, die Liefer- und Zahlungsbedingungen oder die Produktqualität.

> **Beispiel für einen Einfaktorenvergleich (Preisvergleich von Angeboten):**
>
> Die Deep Clean GmbH benötigt für das Sekretariat drei neue Schreibtische. Aufgrund der versandten Anfragen liegen drei Angebote vor. Die Produktqualität und die Lieferzeit sind in allen drei Fällen gleich.
>
> **Angebot 1:** 1 860,00 EUR ab Werk zuzüglich 19 % USt, abzüglich 3 % Skonto
> **Angebot 2:** 1 854,00 EUR frachtfrei, zuzüglich 19 % USt
> **Angebot 3:** 2 010,00 EUR frei Haus zuzüglich 19 % USt, abzüglich 5 % Sonderrabatt und 2 % Skonto
>
> Die Frachtkosten betragen jeweils 20,00 EUR zuzüglich 19 % USt, die Anlieferung zum Spediteur bzw. die Zulieferung ab Spediteur je 3,00 EUR zuzüglich 19 % USt.
>
> **Aufgabe:**
>
> Berechnen Sie das preisgünstigste Angebot unter der Annahme, dass Skonto ausgenutzt wird!
>
> Beschreiben Sie kurz Ihr Vorgehen!

Lösung:

	Angebot 1		Angebot 2		Angebot 3	
	%	EUR	%	EUR	%	EUR
Listeneinkaufspreis − Rabatt	 0,0	1 860,00 0,00	 0,00	1 854,00 0,00	 5,0	2 010,00 100,50
= Zieleinkaufspreis − Skonto	 3,0	1 860,00 0,00	 0,00	1 854,00 0,00	 2,0	1 909,50 38,19
= Bareinkaufspreis + Fracht, An- und Zulieferung		1 804,20 26,00		1 854,00 0,00		1 871,31 0,00
= Einstandspreis		1 830,20		1 857,00		1 871,31

Erläuterungen:

- Vom gegebenen Listeneinkaufspreis ist zunächst der **Rabatt** zu berechnen, da er unabhängig von der Zahlungsfrist gewährt wird.
- Der **Skonto** wird von dem Betrag gerechnet, der **tatsächlich zu zahlen ist,** also von dem um den Rabatt verminderten Betrag. Der Zieleinkaufspreis ist der Ausgangspunkt (Grundwert) und somit 100 % für die Skontoberechnung.
- Alle Nebenkosten, die mit der Beschaffung der Waren zusammenhängen, fasst man unter dem Begriff **Bezugskosten** zusammen. Als Kosten sind sie zum Bareinkaufspreis hinzuzurechnen. Auch hier bleibt die **Umsatzsteuer unberücksichtigt.**

4.3.2.3 Mehrfaktorenvergleich (Scoring-Modell)[1]

Ist für die Auswahl des Lieferanten nicht nur ein Kriterium entscheidend, dann entsteht sehr schnell eine komplexe[2] Situation, da die Kriterien unter Umständen einander zuwider laufen, wie z. B. Qualität und Preis. Ein günstiger Preis ist zumeist mit geringerer Qualität verbunden und umgekehrt.

Derart komplexe Situationen sind typisch für langfristige unternehmerische Entscheidungen, sie sind zudem mit Unsicherheiten behaftet und daher schwer durchschaubar. Um dennoch tragfähige Lösungen zu finden, die z. B. gegenüber den Vorgesetzten gerechtfertigt werden können, benötigt man ein Instrumentarium, das die Entscheidung unabhängig macht von Vorurteilen, Sympathien oder Antipathien, sondern sie auf nachvollziehbare, vernünftige Argumente stützt. Damit wird die Entscheidung zugunsten eines bestimmten Lieferanten auch nachträglich begründbar und kontrollierbar.

Eines dieser Instrumentarien ist das **Scoring-Modell** oder auch **Weighted-Point-Method**[3] genannt (siehe Seite 244). Dabei werden den Auswahlkriterien zunächst Gewichtungen zugeordnet (Spalte 2), die für alle Lieferanten gleichermaßen gelten. Danach werden die Lieferanten einzeln dahingehend analysiert, inwieweit sie die Auswahlkriterien erfüllen. Hierfür werden Punkte vergeben, z. B. 5: hohe Zielerfüllung, 0: keine Zielerfüllung (z. B. Spalte 3). Durch Multiplikation der Gewichtungen mit den einzelnen Punkten erhält man je Auswahlkriterium die gewichteten Punkte (z. B. Spalte 4). Ausgewählt wird jener Lieferant, dessen Summe der gewichteten Punkte maximal ist.

---

1 Scoring-Modell kann übersetzt werden mit Punktebewertungsmodell.
2 Komplex: vielfältig verflochten.
3 Weighted-Point-Method: wörtlich, Methode der gewichteten Punkte.

Die Verwendung des Scoring-Modells hat den Vorteil, dass neben rein **quantifizierbaren Größen** (z. B. Preise) auch die Einbeziehung von **qualitativen Kriterien** (z. B. Qualität, Liefertreue usw.) möglich ist.

> **Beispiel:**
>
> Zur Auswahl stehen die drei Lieferanten Abel, Bebel und Cebel. Als Entscheidungsfaktoren spielen die Qualität, der Preis, die Liefertreue, der technische Kundendienst und die Unterstützung bei Problemlösungen eine Rolle. Die Gewichtungen für die Entscheidungsfaktoren sind der Spalte 2 zu entnehmen. Eine Beurteilung der Lieferanten ergab jeweils die in den Spalten 3, 5 und 7 dargestellten Punkte.
>
> **Entscheidungsbewertungstabelle:**
>
> | Auswahl-Kriterien | Gewichtung | Abel | | Bebel | | Cebel | |
> |---|---|---|---|---|---|---|---|
> | | | Punkte Abel | Gewichtete Punkte Abel | Punkte Bebel | Gewichtete Punkte Bebel | Punkte Cebel | Gewichtete Punkte Cebel |
> | (1) | (2) | (3) | (4) = (2) · (3) | (5) | (6) = (2) · (5) | (7) | (8) = (2) · (7) |
> | Qualität | 30 | 5 | 150 | 4 | 120 | 3 | 90 |
> | Preis | 30 | 4 | 120 | 5 | 150 | 5 | 150 |
> | Liefertreue | 10 | 3 | 30 | 4 | 40 | 5 | 50 |
> | Technischer Kundendienst | 20 | 5 | 100 | 3 | 60 | 4 | 80 |
> | Unterstützung bei Problemlösungen | 10 | 2 | 20 | 2 | 20 | 3 | 30 |
> | **Summe der Punkte** | **100** | | **420** | | **390** | | **400** |
>
> **Erläuterung (am Beispiel Abel):**
>
> Die zeilenweise Multiplikation der Gewichtungen mit den Punkten Abels für die einzelnen Kriterien ergibt jeweils die gewichteten Punkte. Deren Summe beträgt bei Abel 420. Bebel und Cebel erhielten je 390 bzw. 400 Punkte. Somit fällt die Entscheidung zugunsten von Abel.

> **Zusammenfassung**
>
> - Wichtige **Ziele der Beschaffung** sind:
>   - das Unternehmen mit den erforderlichen Sachgütern und Dienstleistungen zu versorgen;
>   - die Werkstoffe und Handelswaren sachgerecht zu lagern und zeitgerecht bereitzustellen;
>   - die Abfallstoffe sachgerecht zu entsorgen bzw. wiederzuverwerten.
> - Für den **Angebotsvergleich** kann **ein einziges Kriterium (quantitative Angebotsvergleich)** oder eine **Summe von Kriterien (qualitative Angebotsvergleich)** herangezogen werden.
> - Ein **Einfaktorenvergleich** berücksichtigt nur ein einzelnes Auswahlkriterium, in der Regel den Einstandspreis. Er wird durch die **Bezugskalkulation** ermittelt.
> - Ein **Mehrfaktorenvergleich** erlaubt es, neben quantitativen auch qualitative Faktoren zu berücksichtigen. Eines dieser Verfahren ist das sogenannte **Scoring-Modell**. Das Scoring-Modell dient der Entscheidungsfindung zwischen mehreren Alternativen bei mehreren gegebenen Zielen mithilfe einer Entscheidungsbewertungstabelle.

Übungsaufgaben

45
1. Beschreiben Sie die Zielsetzung des Scoring-Modells an einem selbst gewählten Beispiel!
2. Vor der Kaufentscheidung ist es sinnvoll, einen Angebotsvergleich durchzuführen.
   2.1 Nennen Sie die betriebswirtschaftliche Aufgabe des Angebotsvergleichs!
   2.2 Erstellen Sie eine Liste mit den wichtigen Punkten, die ein Einkäufer vergleichen sollte!
   2.3 Arbeiten Sie drei Gründe heraus, warum ein Unternehmen ein Angebot bei sonst gleichen Listeneinkaufspreisen mit 15 % Rabatt und 2 % Skonto einem Angebot mit 25 % Rabatt und 3 % Skonto vorziehen könnte!
3. Unter qualitativ gleichwertigen Erzeugnissen gleich zuverlässiger Verkäufer soll ein rechnerischer Angebotsvergleich vorgenommen werden. Folgende Angebote liegen vor:

   > Lieferer Nr. 3102: 3500,00 EUR frei Haus, Ziel 2 Monate, 3 % Skonto;
   > Lieferer Nr. 3103: 3360,00 EUR frachtfrei (ab Bahnhof des Käufers);
   > Lieferer Nr. 3108: 3700,00 EUR ab Bahnhof des Verkäufers, $12^{1}/_{2}$ % Rabatt und 2 % Skonto.

   Die Bahnfracht beträgt 200,00 EUR, die Kosten für die An- und Zulieferung belaufen sich auf je 30,00 EUR.

   Es soll beim rechnerisch günstigsten Verkäufer bestellt werden. Da es sich um Gattungsware handelt, werden lediglich Vereinbarungen über die zu liefernden Mengen und Preise getroffen.

   Aufgabe:
   Ermitteln Sie das günstigste Angebot!

46 **Fallstudie: Angebotsvergleich**

Dem Vertriebsbüro der Topsound GmbH, Ulm, wird am 10. Januar 20.. der Kundenauftrag Nr. C 732 über 1 000 Stück unserer neuen Stereoanlage „Crash-micro-line" erteilt. In Zusammenarbeit mit dem Lager wird ermittelt, dass 300 Stück des Transistors TC 472 am Lager sind, aber insgesamt 5 000 Stück benötigt werden.

Dem Einkauf liegen bis heute drei Angebote vor:

(1) Elektronik Werke Freiburg AG vom 15. Januar 20..:

> „Wir bieten Ihnen, befristet bis zum 15. Februar 20.., Transistoren TC 472 für 2,87 EUR/Stück ab Werk an. Bei Abnahme ab 1 000 Stück gewähren wir 5 % und ab 5 000 Stück 10 % Mengenrabatt. Die Zahlung soll erfolgen innerhalb 10 Tagen nach Rechnungserhalt unter Abzug von 2 % Skonto oder innerhalb 30 Tagen netto Kasse."
> **Hinweis:** Die Frachtkosten von Freiburg bis Ulm betragen für 4700 Stück 200,00 EUR.

(2) Elektroteile Ulm GmbH vom 27. Januar 20..:

> Lieferung für 3,10 EUR/Stück, frei Haus, innerhalb vier Wochen nach Bestelleingang; Mengenrabatt ab 500 Stück 10 %, ab 1 000 Stück 15 %, ab 5 000 Stück 20 %; zahlbar innerhalb 20 Tagen unter Abzug von 2 % Skonto oder innerhalb 60 Tagen rein netto.

(3) Hans Haas e. Kfm., Köln, vom 25. Januar 20.:

> Sonderangebot bis 10. Februar gültig. Bei Lieferung von 500 oder mehr Transistoren 3,00 EUR/Stück, frei Haus. Bei Abnahme von weniger als 500 Stück werden für Verpackung, Fracht und Bearbeitungsgebühr 50,00 EUR gesondert in Rechnung gestellt. Ab 1 000 Stück werden 10 %, ab 5 000 Stück 15 % Mengenrabatt gewährt; Rechnungen sind zahlbar innerhalb von 30 Tagen ohne Abzug.

Um die optimale Bezugsquelle zu ermitteln, werden vom Lager, von der Fertigung und vom Einkauf **Berichte über die Geschäftsverbindung mit den Verkäufern** zusammengestellt. Den Qualitätsanforderungen (mindestens vier von acht Punkten) genügen alle Anbieter:

Elektronik Werke Freiburg AG

Die Qualität ist mit acht Punkten sehr hoch. Geliefert wurde meistens fehlerfrei, nur einmal enthielt eine Lieferung einen beachtlichen Teil falscher Artikel. Die verwaltungstechnische Abwicklung der Einkäufe verlief stets ohne Beanstandungen. Liefertermine wurden allerdings mehrmals nicht eingehalten; einmal mussten sogar drei Mahnungen gesandt werden. Verpackung und Auslieferung hingegen waren makellos. Die technische Beratung seitens der Elektronik Werke Freiburg AG lässt zu wünschen übrig. Direkte, persönliche Auskünfte sind nicht zu erhalten; der zuständige Fachmann ist „nie zu erreichen". Auch werden Rückfragen nachlässig behandelt.

Elektroteile Ulm GmbH

Die Elektroteile GmbH, Ulm, praktisch in Sichtweite gelegen, hat die Produktion erst vor etwa 15 Monaten aufgenommen. Die Qualitätsstufe ist 6. Angenehm ist die räumliche Nähe bei Rückfragen und technischer Beratung. Letztere allerdings ist nicht allzu qualifiziert. Auch der Fax- und Telefonverkehr sind billig. Aufgrund der geografischen Nähe legt die Elektroteile GmbH keinen Wert auf Verpackung bei Anlieferung. Lieferzusagen werden eingehalten. Bei schriftlichen Unterlagen (Auftragsbestätigung, Rechnung etc.) sind jedoch fast immer Beanstandungen aufgetreten, manchmal sogar sehr ärgerliche. Auf den schriftlichen Informationsverkehr ist wenig Verlass.

Hans Haas e. Kfm.

Obwohl die Qualität mit 7 hoch ist, reicht die schriftlich angeforderte Beratung nicht aus. Dafür werden Verpackung und Anlieferung stets besonders gelobt. Auch Liefertermine wurden – ausgenommen eine unverschuldete Verzögerung – pünktlich eingehalten. Rückfragen jeder Art werden schnell bearbeitet und beantwortet. In zwei Fällen musste die Auftragsbestätigung angemahnt werden. Sonst waren keine besonderen Beanstandungen festgestellt worden.

Aufgaben:

1. Führen Sie anhand der Entscheidungsbewertungstabelle einen Angebotsvergleich durch!

Entscheidungsbewertungstabelle: Angebotsvergleich (Mehrfaktorenvergleich)

Kriterien	Gewichtung d. Kriterien	Elektronik Werke Freiburg AG		Elektroteile Ulm GmbH		Hans Haas e. Kfm.	
		Punkte	gewicht. Pkt.	Punkte	gewicht. Pkt.	Punkte	gewicht. Pkt.

Ermittlung der Einstandspreise
  4700 Stück
  – Rabatt
  = Zieleinkaufspreis
  – Skonto
  = Bareinkaufspreis
  + Fracht
  = Einstandspreis							

1. Preis							
2. Qualität							
3.							
4.							
5.							
6.							
Summe der Punkte	100						

Hinweis zur Spalte: Punkte 5 ≙ sehr gut; 4 ≙ gut; 3 ≙ befriedigend; 2 ≙ ausreichend; 1 ≙ schlecht.

2. Bestimmen Sie den Verkäufer, der aufgrund der Summe aller relativierten Punkte den Auftrag erhalten wird!

4.3.3 Optimale Bestellmenge

Das Hauptproblem der Mengenplanung im Beschaffungsbereich liegt in der Festlegung der **kostengünstigsten (optimalen) Bestellmenge**. Dabei muss ein Ausgleich zwischen den **Lagerhaltungskosten** und den **fixen Bestellkosten pro Bestellung** gefunden werden.

■ **Bestellkosten**

Sie fallen bei jeder Bestellung an, gleichgültig wie groß die Menge bzw. wie hoch der Wert der bestellten Werkstoffe bzw. Waren ist.

> **Beispiele:**
>
> Kosten der Bearbeitung der Bedarfsmeldung, der Angebotseinholung, der Wareneingangsprüfung und der Rechnungsprüfung.

■ **Lagerhaltungskosten**

Zu den Lagerhaltungskosten zählen z. B. die Personalkosten für die im Lager beschäftigten Personen, die im Wert der gelagerten Güter gebundenen Zinsen und die Kosten des Lagerrisikos.

> **Beispiel für die Ermittlung der optimalen Bestellmenge:**
>
> Die fixen Bestellkosten je Bestellung betragen 50,00 EUR. Der Einstandspreis je Stück beläuft sich auf 36,00 EUR und der Lagerhaltungskostensatz auf 25 %. Der Jahresbedarf beträgt 3 600 Stück.
>
> Außer Betracht bleibt, dass mit zunehmender Bestellgröße i. d. R. Mengenrabatte in Anspruch genommen werden können. Außerdem wird nicht berücksichtigt, dass bei größeren Bestellungen häufig Verpackungs- und Transportkosten eingespart werden können.
>
> **Aufgaben:**
> 1. Ermitteln Sie rechnerisch die optimale Bestellmenge bei den vorgegebenen Bestellmengen und der vorgegebenen Anzahl der Bestellungen je Periode!
> 2. Stellen Sie die optimale Bestellmenge grafisch dar!

Lösungen:

Zu 1.: Berechnung der optimalen Bestellmenge

Bestellmenge in Stück	Anzahl der Bestellungen	Bestellkosten in EUR	Durchschn. Lagerbestand in Stück	Durchschn. Lagerbestand in EUR	Lagerhaltungskosten in EUR	Gesamtkosten in EUR
50	72,0	3 600,00	25	900,00	225,00	3 825,00
100	36,0	1 800,00	50	1 800,00	450,00	2 250,00
150	24,0	1 200,00	75	2 700,00	675,00	1 875,00
200	18,0	900,00	100	3 600,00	900,00	1 800,00
250	14,4	720,00	125	4 500,00	1 125,00	1 845,00
300	12,0	600,00	150	5 400,00	1 350,00	1 950,00
350	10,3	514,29	175	6 300,00	1 575,00	2 089,29
400	9,0	450,00	200	7 200,00	1 800,00	2 250,00
450	8,0	400,00	225	8 100,00	2 025,00	2 425,00
500	7,2	360,00	250	9 000,00	2 250,00	2 610,00

Erläuterung:

Werden z. B. 50 Stück bestellt, muss der Bestellvorgang 72-mal wiederholt werden. Die Bestellkosten betragen dann 3 600,00 EUR und die Lagerhaltungskosten 225,00 EUR.[1] Mit zunehmender Bestellmenge verringert sich die Anzahl der Bestellungen und damit sinken auch die Bestellkosten, während im Gegenzug die Lagerhaltungskosten steigen. Da der Betrieb beide Kostenarten berücksichtigen muss, ist das Optimum erreicht, wenn die Summe beider Kosten das Minimum erreicht hat. Dieses Minimum liegt bei den vorgegebenen Mengenintervallen bei 200 Stück. Eine exakte Berechnung (mithilfe der Andler-Formel)[2] bestätigt die optimale Bestellmenge von 200 Stück bei Gesamtkosten von 1 800,00 EUR.

Zu 2.: Grafische Darstellung der optimalen Bestellmenge

Trägt man an der x-Achse die jeweilige Bestellmenge und an der y-Achse die Kosten ab, erhält man folgendes Bild:

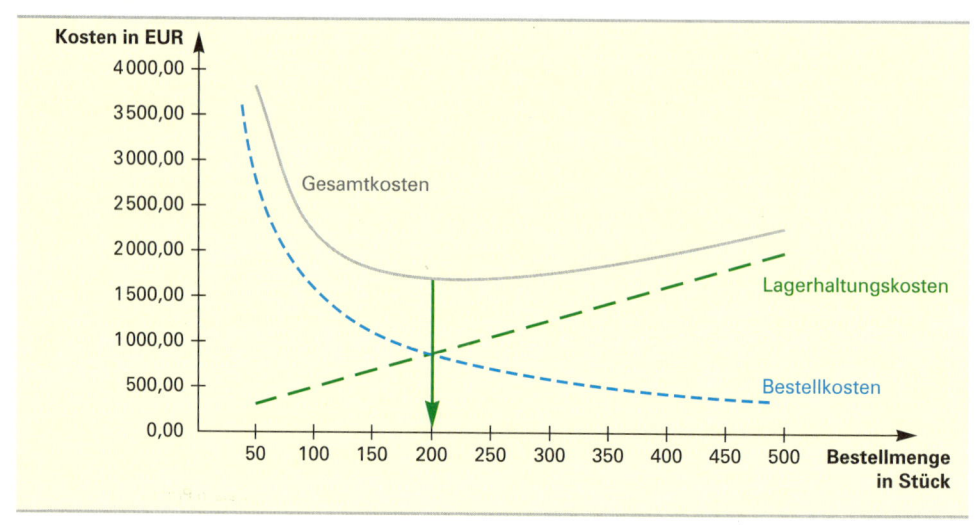

Werden bei steigender Bestellgröße Liefererrabatte gewährt und/oder Transport- und Verpackungskosten gespart, vergrößert sich die optimale Bestellmenge. An der grundsätzlichen Aussage des Modells ändert sich nichts.

Die Anwendung dieser Modellrechnung in der Praxis ist ungleich komplizierter, weil zahlreiche Bedingungen berücksichtigt werden müssen, die hier vernachlässigt wurden (z.B. unterschiedliche Zahlungs- und Lieferungsbedingungen bei verschiedenen Lieferern). Außerdem ist die Ermittlung der optimalen Bestellmenge teuer, zumal sich verändernde Daten (z. B. Veränderungen der durchschnittlichen täglichen Materialentnahme) zu Neuberechnungen führen müssen. Die Ermittlung der optimalen Bestellmenge wird sich daher nur bei solchen Gütern lohnen, die einen hohen wertmäßigen Jahresverbrauch haben (A-Güter). Voraussetzung zur Berechnung und Verwirklichung (Realisierung) der optimalen Bestellmenge ist außerdem, dass der Lieferer die „optimale" Menge auch tatsächlich liefern kann, was nicht immer der Fall sein muss. Außerdem muss die Lagergröße ausreichen, die optimale Bestellmenge aufzunehmen.

---

1 Die fixen (festen) Lagerhaltungskosten bleiben bei den folgenden Überlegungen außer Acht, weil sie unabhängig von der Größe des Lagerbestands anfallen. Hierzu gehören z.B. die Abschreibungskosten für die Lagerräume und Lagereinrichtungen. Der **Lagerhaltungskostensatz** gibt an, wie groß die Lagerkosten sind gemessen am durchschnittlichen Lagerbestand, ausgedrückt in Prozent.

2 Siehe S. 249.

> **Zusammenfassung**
>
> ■ Das **Hauptproblem der Bestellmengenplanung** ist die Festlegung der optimalen Bestellmenge, denn es besteht ein Spannungsverhältnis zwischen den hohen Lagerkosten bei großen Bestellmengen einerseits und hohen Bestellkosten bei niedrigen Bestellmengen (und damit hoher Bestellhäufigkeit) andererseits.
>
> ■ Die **optimale Bestellmenge** ist die Beschaffungsmenge, bei der die Gesamtkosten (Bestell- und Lagerhaltungskosten) am niedrigsten sind.

Übungsaufgaben

47 Das Hauptproblem der Mengenplanung ist die Ermittlung der optimalen Bestellmenge.

Aufgaben:

1. Erläutern Sie, was unter der optimalen Bestellmenge zu verstehen ist!
2. Berechnen Sie mithilfe einer Tabelle die optimale Bestellmenge aufgrund des Zahlenbeispiels von S. 247, wenn
   2.1 die Bestellkosten sich auf 100,00 EUR verdoppeln und die übrigen Bedingungen gleich bleiben!
   2.2 der Lagerhaltungskostensatz auf 45 % steigt und die übrigen Bedingungen gleich bleiben!
3. Zeichnen Sie die entsprechenden Kostenkurven zu den Aufgaben 2.1 und 2.2!
4. Fassen Sie Ihre Erkenntnisse aus den Aufgaben 2. und 3. in Form von Regeln zusammen!
5. Mithilfe der **Andler-Formel** lässt sich der exakte Wert für die optimale Bestellmenge bestimmen. Die Andler-Formel lautet:

   $$Q_{opt} = \sqrt{\frac{200 \cdot F \cdot M}{P \cdot L}}$$

   Q_{opt}: Optimale Bestellmenge
   F: Fixe Bestellkosten
   M: Jahresbedarf
   P: Einstandspreis je Stück
   L: Lagerhaltungskostensatz in Prozent

   Überprüfen Sie die Richtigkeit Ihrer Ergebnisse!
6. Geben Sie Argumente an, welche die exakte Ermittlung der optimalen Bestellmenge in der Praxis erschweren!

48 Eine Artikeldatei liefert folgende Zahlen:

Artikel-Nr	Artikelname	Jahresbedarf	Bestellzyklus	Einstandspreis	Lagerhaltungskostensatz
3004714	Wandfarbe Bio-Weiß	26880 Eimer	24 Tage	27,00 EUR	25 %

Die Bestellkosten je Bestelleinheit belaufen sich auf 80,00 EUR. Die Geschäftsleitung möchte den Bestellzyklus auf 30 Tage erhöhen.

Aufgabe:
Prüfen Sie, ob diese Erhöhung zu einer Kostenersparnis führt!

4.3.4 Bestandsoptimierung auf der Basis von Lagerkennzahlen

4.3.4.1 Risiken einer fehlerhaften Lagerplanung

Zu **hohe Lagerbestände** binden Kapital und verursachen Kosten. Ein zu großes Lager bringt außerdem die Gefahr mit sich, dass infolge technischer Änderungen und/oder infolge Geschmackswandels das Lagergut veraltet.

Zu **niedrige Lagerbestände** können zu Produktions- und Absatzstockungen führen. Sie wirken sich besonders nachteilig aus, wenn hierdurch fest zugesagte Liefertermine nicht eingehalten werden können und deshalb Kunden nicht mehr bei dem Unternehmen kaufen. Absatzstockungen führen mittel- bis langfristig auch zu Zahlungsschwierigkeiten. Während die Aufwendungen im Wesentlichen in unveränderter Höhe weiterlaufen, stagnieren oder sinken die Erträge bei Absatzstockungen.

4.3.4.2 Berechnung von Lagerkennzahlen

(1) Durchschnittlicher Lagerbestand

Der durchschnittliche Lagerbestand bildet die Grundlage für die Bestimmung der Lagerumschlagshäufigkeit und der durchschnittlichen Lagerdauer. Der durchschnittliche Lagerbestand kann z.B. als arithmetisches Mittel (Durchschnitt) aus dem **Jahresanfangsbestand** und dem **Jahresschlussbestand** berechnet werden.

> **Beispiel:**
>
> Der Jahresanfangsbestand in einem Lager beträgt 72 000,00 EUR, der Schlussbestand 68 000,00 EUR.
>
> $$\text{Durchschnittlicher Lagerbestand} = \frac{72\,000 + 68\,000}{2} = \underline{\underline{70\,000{,}00 \text{ EUR}}}$$

Außerdem gibt es z.B. folgende Berechnungsmöglichkeiten:

$$\text{Durchschnittlicher Lagerbestand}^1 = \frac{\text{Jahresanfangsbestand} + 12\,\text{Monatsendbestände}}{13}$$

> **Merke:**
>
> Der **durchschnittliche Lagerbestand** sagt aus, welcher Werkstoffwert (oder Handelswarenwert) zu Einstandspreisen durchschnittlich auf Lager ist. In dieser Höhe ist ständig Kapital des Unternehmens gebunden.

(2) Lagerumschlagshäufigkeit

Sie gibt an, wie oft die Menge oder der Wert des durchschnittlichen Lagerbestands in einer Zeitperiode, z.B. in einem Jahr, „abgegangen", d.h. Werkstoffe verbraucht bzw. Handelswaren verkauft worden sind. Die Lagerumschlagshäufigkeit schwankt je nach Branche, Warenart und Organisationsstandard der Lagerwirtschaft eines Unternehmens.

---

[1] Außerdem gibt es folgende Berechnungsmöglichkeit:

$$\text{Durchschnittlicher Lagerbestand} = \frac{\text{Anfangsbestand} + \text{Endbestand}}{2}$$

$$\text{Lagerumschlagshäufigkeit}^1 = \frac{\text{Lagerabgang (z. B. Verbrauch von Werkstoffen) zu Einstandspreisen}}{\text{durchschnittlicher Lagerbestand zu Einstandspreisen}}$$

Beispiel:

Beträgt der Lagerabgang zu Einstandspreisen z.B. 840 000,00 EUR und der durchschnittliche Lagerbestand 70 000,00 EUR (siehe Beispiel auf S. 250), so ergibt sich die Lagerumschlagshäufigkeit wie folgt:

$$\text{Lagerumschlagshäufigkeit} = \frac{840\,000}{70\,000} = \underline{\underline{12\text{-mal}}}$$

Ergebnis: Die Zahl 12 besagt, dass der durchschnittliche Lagerbestand in der Rechnungsperiode zwölfmal umgeschlagen wurde.[2]

Merke:

Durch die **Lagerumschlagshäufigkeit** erfährt der Unternehmer, wie oft sich der durchschnittliche Lagerbestand in einer Rechnungsperiode umgeschlagen hat.

(3) Durchschnittliche Lagerdauer

Sie ist die Zeit (z.B. in Tagen ausgedrückt) zwischen dem Eingang der Werkstoffe (oder Handelswaren) im Lager und deren Abgabe an die Produktion (bzw. den Verkauf), und zwar im Durchschnitt gerechnet. Die Lagerdauer soll so kurz wie möglich sein, um z.B. die Lagerzinsen zu senken sowie Schwund, Diebstahl und technische und wirtschaftliche Überholung zu vermeiden.

$$\text{Durchschnittliche Lagerdauer in Tagen} = \frac{360 \text{ Tage}}{\text{Umschlagshäufigkeit}}$$

Beispiel:

Bei einer im vorherigen Beispiel ermittelten Lagerumschlagshäufigkeit von 12 errechnet sich die durchschnittliche Lagerdauer wie folgt:

$$\text{Durchschnittliche Lagerdauer} = \frac{360 \text{ Tage}}{12} = \underline{\underline{30 \text{ Tage}}}$$

Ergebnis: Das Lagergut liegt durchschnittlich 30 Tage im Lager.

Merke:

Aus der **durchschnittlichen Lagerdauer** sieht der Unternehmer, wie lange die Werkstoffe (oder Handelswaren) im Durchschnitt im Lager waren.

Wichtig: Je höher die Lagerumschlagshäufigkeit, desto kürzer ist die durchschnittliche Lagerdauer und umgekehrt.

---

[1] Außerdem gibt es folgende Berechnungsmöglichkeiten:

$$\text{Lagerumschlagshäufigkeit} = \frac{\text{Verbrauch pro Jahr}}{\text{durchschnittlicher Lagerbestand}} \text{ oder } \frac{360}{\text{durchschnittliche Lagerdauer}}$$

[2] Häufiger Trugschluss: Das Lager wurde zwölfmal „gefüllt" und nicht geleert. **Beispiel:** Wird das Lager nur einmal jährlich zum 01.01. gefüllt, ergibt sich eine Umschlagshäufigkeit von zwei.

(4) Lagerzinssatz

Der Lagerzinssatz (Lagerzinsfuß) gibt an, wie viel Prozent Zinsen für das in den Lagervorräten investierte Kapital z. B. in die Verkaufspreise einkalkuliert werden müssen.

$$\text{Lagerzinssatz}^1 = \frac{\text{Marktzinssatz} \cdot \text{durchschnittliche Lagerdauer}}{360 \text{ Tage}}$$

Je kürzer die durchschnittliche Lagerdauer ist, desto niedriger sind die auf den Werkstoffeinsatz (oder Handelswareneinsatz) entfallenden Zinskosten der Lagerhaltung, d.h. desto niedriger ist der Lagerzinssatz.

Beispiel:

Bei einer im vorherigen Beispiel ermittelten Lagerdauer von 30 Tagen und einem angenommenen Marktzinssatz von 9 % beträgt der Lagerzinssatz:

$$\text{Lagerzinssatz} = \frac{9 \cdot 30}{360} = \underline{0{,}75 \%}$$

(5) Sinkender Lagerhaltungskostenanteil mit steigender Lagerumschlagshäufigkeit

Mit zunehmender Lagerumschlagshäufigkeit (abnehmender durchschnittlicher Lagerdauer) verringert sich die durchschnittliche Lagerkostenbelastung des Materialeinsatzes (z. B. des Einsatzes von Roh-, Hilfs- und Betriebsstoffen) bzw. des Handelswareneinsatzes sowie die Kostenbelastung für das im Lager gebundene Kapital.

Beispiel:

Der Lagerabgang beträgt konstant 600 000,00 EUR. Der Jahreszinssatz beträgt 9 %.

Lagerabgang in EUR	600 000,00	600 000,00	600 000,00	600 000,00	600 000,00
Umschlagshäufigkeit	2	4	6	8	10
Durchschnittliche Lagerdauer	180	90	60	45	36
Durchschnittlicher Lagerbestand	300 000,00	150 000,00	100 000,00	75 000,00	60 000,00
Lagerzinsen/Umschlag	13 500,00	3 375,00	1 500,00	843,75	540,00
Lagerzinsen/Jahr[2]	27 000,00	13 500,00	9 000,00	6 750,00	5 400,00

Da der Lagerabgang eine Größe ist, die vom Unternehmen nicht ohne Weiteres vergrößert werden kann, liegen die beeinflussbaren Kostenpotenziale darin, dasselbe Absatzziel mit höherer Umschlagshäufigkeit und damit kürzerer Lagerdauer zu erreichen.

---

[1] Außerdem gibt es folgende Berechnungsmöglichkeit: $\text{Lagerzinssatz} = \frac{\text{Marktzinssatz}}{\text{Umschlagshäufigkeit}}$

[2] $\text{Lagerzinsen} = \frac{\text{Wert des durchschnittlichen Lagerbestands} \cdot \text{Lagerzinssatz}}{100}$

Es ist nachvollziehbar, dass die damit verbundene Senkung des durchschnittlichen Lagerbestands auch einhergeht mit einer Senkung der übrigen Lagerkosten. Zwar verläuft die Senkung dieser Lagerkosten nicht direkt proportional zur Verringerung des Lagerbestands (z. B. bleiben die Raumkosten weitestgehend fix). Dennoch gewinnt das Unternehmen dadurch einen Kostenvorteil, der genutzt werden kann zur Verbesserung der Gewinnsituation oder zur Senkung der Preise und damit zur Verbesserung der eigenen Marktposition.

Zusammenfassung

- Die wichtigsten **Lagermesszahlen** sind der **durchschnittliche Lagerbestand**, die **Lagerumschlagshäufigkeit**, die **durchschnittliche Lagerdauer** und der **Lagerzinssatz**.
- Je **höher** die **Lagerumschlagshäufigkeit** ist, desto **niedriger** sind die **durchschnittliche Lagerdauer** und der **Lagerkostenanteil** (und umgekehrt).

Übungsaufgaben

49

1. Eine Erweiterung des Produktprogramms bedeutet häufig gleichzeitig eine Erweiterung des Lagerraums.

    Aufgaben:

    1.1 Für die Lagerkosten gilt stets: „Je kürzer die Lagerdauer, desto geringer die Kosten." Nennen Sie zwei Maßnahmen, durch die eine Verkürzung der durchschnittlichen Lagerdauer erreicht werden kann!

    1.2 Berechnen Sie den durchschnittlichen Lagerbestand, die Lagerumschlagshäufigkeit, die durchschnittliche Lagerdauer, den Lagerzinssatz (landesüblicher Zinsfuß 9 %) nach den folgenden Angaben:

Anfangsbestand an Handelswaren am 1. Januar 20..	150 000,00 EUR
Zugänge an Handelswaren	700 000,00 EUR
Schlussbestand an Handelswaren am 31. Dezember 20..	250 000,00 EUR

    1.3 Begründen Sie, wie sich eine Erhöhung der Lagerumschlagshäufigkeit auf die Lagerkosten und das Lagerrisiko auswirkt!

2. Der Jahresanfangsbestand eines Rohstoffs beträgt 590 000,00 EUR, der Jahresschlussbestand 670 000,00 EUR und der Verbrauch an Rohstoffen (Lagerabgang) zu Einstandspreisen 6 300 000,00 EUR.

    Aufgaben:

    2.1 Berechnen Sie
     2.1.1 den durchschnittlichen Lagerbestand,
     2.1.2 die Lagerumschlagshäufigkeit und
     2.1.3 die durchschnittliche Lagerdauer!

    2.2 Machen Sie Vorschläge, wie die durchschnittliche Lagerdauer verkürzt werden kann!

3. Die Lagerzinsen sind von der Lagerdauer des eingelagerten Guts abhängig.

    Aufgabe:

    Beweisen Sie diese Aussage anhand folgender Zahlen, indem Sie die Lagerzinsen bei einer Lagerdauer von 14, 16, 18 und 20 Tagen berechnen! Zugrunde gelegter Zinssatz 10 %; Wert des durchschnittlichen Lagerbestands 400 000,00 EUR.

4. Lagerkosten und Lagerrisiko stehen in engem Zusammenhang mit den Lagermesszahlen. Die Lagerbuchhaltung liefert für ein Holzlager folgende Informationen:

Anfangsbestand am 1. Januar 120 000,00 EUR

12 Monatsschlussbestände insgesamt 1 180 000,00 EUR

Berechnen Sie den durchschnittlichen Lagerbestand!

50 1. Eine Lageranalyse bei der Kleiner OHG ergab folgende Situation:

Lagerabgang zu Einstandspreisen pro Jahr: 600 000,00 EUR
Der Lagerkostensatz beträgt 30 %

Hinweis:

Der Lagerkostensatz ist ein %-Satz, der angibt, wie hoch die Lagerkosten, gemessen am durchschnittlichen Lagerbestand, sind.

Aufgabe:

Stellen Sie tabellarisch dar, wie sich die Lagerkosten ändern, wenn es dem Betrieb gelingt, die Umschlagshäufigkeit schrittweise zu steigern von 3, über 4, 6, 8 bis 10!

2. Bei der Schweikert OHG, einem Baustoffgroßhändler, sieht die Lagerdatei für Aluminiumprofile, Artikel-Nr. 35847, wie folgt aus (in lfd. Meter):

Artikel: Aluminiumprofil Artikel-Nr.: 35847		Meldebestand: 100 lfd. Meter	
Datum	Eingang	Ausgang	Bestand
01.01.			100
18.01.	50		150
09.02.		70	80
12.03.	80		160
05.04.		90	70
28.04.		30	40
05.05.	150		190
05.06.		140	50
20.06.	120		170
26.06.		50	120
15.07.		70	50
05.09.	190		240
01.10.		120	120
05.11.		40	80
25.11.	120		200
12.12.		60	140
31.12.			140

Aufgaben:

Berechnen Sie folgende Kennzahlen:

2.1 Durchschnittlicher Lagerbestand! Berücksichtigen Sie dabei den Jahresanfangsbestand und die 12 Monatsschlussbestände!

2.2 Umschlagshäufigkeit!

2.3 Durchschnittliche Lagerdauer!

4.4 Aufgabenbereich Absatz

4.4.1 Konzeption des Marketings und die absatzpolitischen Instrumente eines Unternehmens

(1) Konzeption des Marketings

Durch die zunehmende Sättigung der Bedürfnisse, den technischen Fortschritt und die Liberalisierung der Märkte kommt es zu einem Überhang des Leistungsangebots. Die Märkte entwickeln sich vom **Verkäufermarkt** zum **Käufermarkt**.

> **Merke:**
>
> - Der **Verkäufermarkt** ist ein Markt, in dem die Nachfrage nach Gütern größer ist als das Güterangebot. Es besteht ein **Nachfrageüberhang**. Die **Marktmacht** hat der **Verkäufer**.
>
> - Der **Käufermarkt** ist ein Markt, in dem das Angebot an Gütern größer ist als die Nachfrage nach Gütern. Es besteht ein **Angebotsüberhang**. Die **Marktmacht** hat der **Käufer**.

Der Wandel vom Verkäufer- zum Käufermarkt führt dazu, dass weniger die Produktion und ihre Gestaltung, sondern der Absatz der erzeugten Produkte zur Hauptaufgabe der Unternehmen wird. Diese Veränderungen bleiben nicht ohne nachhaltige Auswirkungen auf die Durchführung des Absatzes. Während zu Zeiten des Verkäufermarktes vorrangig die Verteilung der Erzeugnisse das Problem war, kommt es nun darauf an, den Absatzmarkt systematisch zu erschließen. Dies erfordert für das Erreichen der Unternehmensziele zunehmend die Ausrichtung aller Unternehmensfunktionen auf die tatsächlichen und die zu erwartenden Bedürfnisse der Abnehmer. Für diese Führungskonzeption wird das aus dem Amerikanischen übernommene Wort **Marketing**[1] verwendet.

> **Merke:**
>
> **Marketing** ist eine Konzeption, bei der alle Aktivitäten eines Unternehmens konsequent auf die gegenwärtigen und künftigen Erfordernisse der Märkte und der weiteren Umwelt ausgerichtet werden.[2]

Marketing ist als ein **marktorientiertes Vorgehen** zu verstehen, mit dessen Hilfe die Beziehungen zwischen dem **Unternehmen,** dessen **marktlichem Umfeld** (neben den Kunden sind dies vor allem die Konkurrenten und die Absatzmittler/Absatzhelfer) und dem **weiteren Umfeld** (z. B. der ökonomischen Situation, den politisch-rechtlichen Gegebenheiten, der gesellschaftspolitischen Lage, dem technologischen Fortschritt, den Umweltvorschriften) erfasst, analysiert und systematisch in Entscheidungen umgesetzt werden.

(2) Absatzpolitische Instrumente

Als Konsequenz folgt aus dem Marketingkonzept, dass Unternehmen vom Markt her geführt werden müssen.

---

[1] Marketing (engl.): Markt machen, d.h. einen Markt für seine eigenen Produkte schaffen bzw. ausschöpfen.
[2] Weis, H.Ch.: Marketing, 9. Aufl., Ludwigshafen (Rhein) 1995, S. 19.

Nachfolgende Grafik veranschaulicht diesen Sachverhalt bis hin zu den absatzpolitischen Instrumenten (Marketing-Mix).[1]

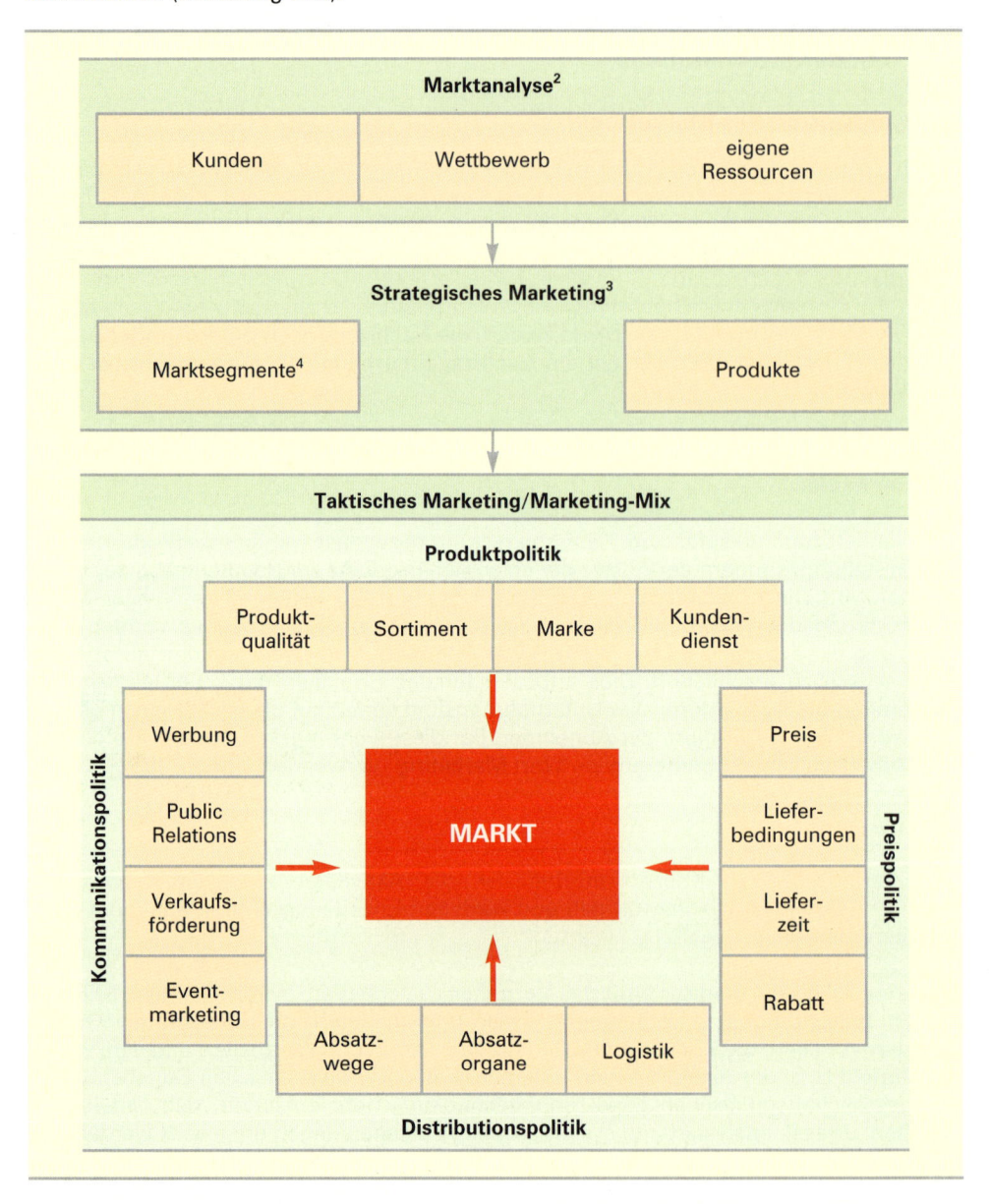

Marktanalyse[2]

| Kunden | Wettbewerb | eigene Ressourcen |

Strategisches Marketing[3]

| Marktsegmente[4] | Produkte |

Taktisches Marketing/Marketing-Mix

Produktpolitik: Produktqualität, Sortiment, Marke, Kundendienst

Kommunikationspolitik: Werbung, Public Relations, Verkaufsförderung, Eventmarketing

MARKT

Preispolitik: Preis, Lieferbedingungen, Lieferzeit, Rabatt

Distributionspolitik: Absatzwege, Absatzorgane, Logistik

---

1 In Anlehnung an Schäfer-Kurz, J., FHT Esslingen [BWL-Skript.pdf], zitiert nach Dunker, M.: Marketing, 3. Auflage, Rinteln 2010, S. 25 und 27.
2 Die Darstellung der Marktanalyse ist im Lehrplan nicht vorgesehen.
3 Die strategischen Marketingkonzepte werden in der Jahrgangsstufe 2 thematisiert; vgl. Band 2, Kapitel „Unternehmensführung".
4 Segment: Teilstück, Abschnitt.

Die vier **absatzpolitischen Instrumente** (Marketinginstrumente) werden im englisch-sprachigen Raum als die „Four P" (Product, Price, Place, Promotion) bezeichnet. Die Kombination von produkt-, preis-, distributions- und kommunikationspolitischen Maßnahmen ergibt den sogenannten **Marketing-Mix**.

4.4.2 Produktpolitik

Merke:

- Die **Produktpolitik** trifft alle **Entscheidungen,** die das Leistungsangebot eines Unternehmens bestimmen.
- Die Produktpolitik erstreckt sich auf die Entscheidungen zur Gestaltung der **Produktmerkmale (Produktbeschaffenheit, Verpackung, Markenbildung, Service)** und auf die Entscheidungen zum **Produktprogramm** (Industrie).

4.4.2.1 Entscheidungen zu den Produktmerkmalen

Um die Eigenschaften eines Produkts übersichtlich darstellen zu können, verwenden wir im Folgenden vier Kriterien:

- den **Leistungskern,** wobei dies ein Produkt oder eine Dienstleistung sein kann,
- die **Verpackung,**
- die **Markierung (Markenpolitik, Branding)** und
- den **Service.**

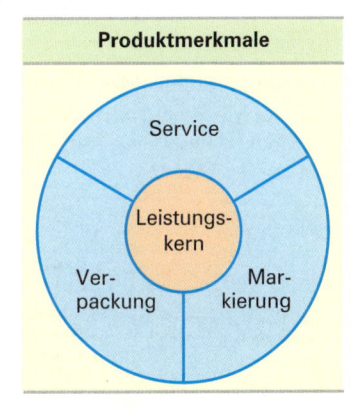

(1) Leistungskern

Merke:

Von einem Konsum- oder Investitionsgut wird erwartet, dass es gebrauchstüchtig, funktionssicher, nicht störanfällig, haltbar, umweltfreundlich und wertbeständig ist. Diese Eigenschaften machen den **Nutzen** des Produkts aus.

Inwieweit das Produkt dem Bedürfnis- und Anspruchsbündel entspricht, ist immer auch eine subjektive Entscheidung der Nachfrager. Insoweit umfasst das Produkt einen **Grundnutzen (objektiven Nutzen),** z. B. ein T-Shirt dient der Bekleidung, und einen **Zusatznutzen (subjektiven Nutzen),** z. B. das T-Shirt einer bestimmten Marke befriedigt das Modebewusstsein bzw. das Geltungsstreben des Trägers.

(2) Verpackung

Während früher die Verpackung die alleinige Aufgabe hatte, die Erzeugnisse vor Transportschäden zu schützen, ist heute die Verpackung zu einem Marketinginstrument geworden, vor allem bei Konsumgütern. Das besagt, dass die Verpackung zusätzlich zur **Schutz- und Transportfunktion** noch **Werbe- und Informationsfunktionen** zu übernehmen hat.

> **Beispiele:**
>
> - Verkaufsfördernde Verpackungen von Pralinen, Schokoladentafeln;
> - Geschenkpackungen für Weine und Liköre, Spielzeug, Bastelartikel usw.

Der Trend zu immer aufwendigeren Verpackungen hat zu einer Abfallflut geführt, die aus Gründen des Umweltschutzes nicht mehr zu vertreten ist. Inzwischen haben allerdings die meisten Unternehmen erkannt, dass eine **umweltverträgliche Verpackungspolitik** zum Aufbau eines positiven Produkt- und Unternehmensimages[1] beiträgt.

(3) Markierung (Markenpolitik, Branding)

- **Begriff Markierung**

Die Markenpolitik (Branding) zielt darauf ab, das Produkt aus der Anonymität herauszuheben, auf Merkmale hinzuweisen und bestimmte (Qualitäts-)Assoziationen[2] zu wecken. Das Produkt soll durch die Markengebung „individualisiert" werden, um es „einmalig" erscheinen zu lassen.

> **Merke:**
>
> Eine **Marke** oder ein anderes Kennzeichen ist dazu bestimmt, Waren oder Dienstleistungen eines Unternehmens von denjenigen anderer Unternehmen (Hersteller, Händler und sonstige Dienstleistungsunternehmen) zu unterscheiden.

- **Markenschutz**

Um den Hersteller vor unberechtigter Verwertung und Nachahmung seiner Produkte zu schützen, hat der Gesetzgeber Schutzrechte erlassen.

Durch das Markengesetz werden **Marken, geschäftliche Bezeichnungen** und **geografische Herkunftsangaben** geschützt. Markenrechte können von jedermann, also auch von einer Privatperson ohne jeden Geschäftsbetrieb, für beliebige Waren und Dienstleistungen erworben werden.

---

[1] Image (engl., frz.): Bild; Unternehmensimage: das Bild, das sich die Unternehmensumwelt (z.B. Kunden, Lieferer) von einem Unternehmen macht.
[2] Assoziation: gedankliche Verbindung; Verknüpfung mit einer bestimmten Vorstellung.

Die Marke dient als einprägsames Werbemittel. Sie ist deshalb schutzbedürftig.

Wortzeichen	Bildzeichen	Buchstabenzeichen	gemischte Zeichen

Der Schutz der eingetragenen Marke beginnt mit dem Anmeldetag und dauert 10 Jahre. Eine Verlängerung um jeweils 10 Jahre ist möglich. Die Marke wird in das **Markenregister,** das beim Patentamt geführt wird, eingetragen. Die im Markenregister eingetragene Marke ist im gesamten Gebiet der Bundesrepublik Deutschland geschützt, nicht aber im Ausland. Dort kann die Benutzung einer übereinstimmenden Marke durch einen Mitbewerber in der Regel nur verhindern, wer dort auch Zeichenrechte besitzt.

Wer bereits eine nationale (deutsche) Marke besitzt, kann diese im Ausland unter Einschluss aller derzeitigen EU-Mitgliedstaaten als internationale **IR-Marke** schützen lassen.

(4) Service

Mit dem Anbieten von Dienstleistungen – entgeltlich oder unentgeltlich – wird versucht, gegenüber den Konkurrenten einen Wettbewerbsvorteil zu erringen.

> **Merke:**
>
> In der Regel umfasst das Dienstleistungsangebot die **Beratung,** den **Kundendienst** und die **Garantien.**

■ Beratung

Die Zielrichtung der Beratung besteht zunächst darin, dass der Anbieter einem potenziellen Abnehmer hilft zu erkennen, dass und woran er genau Bedarf hat. In der Nutzungsphase muss dem Käufer dann die Sicherheit gegeben werden, dass ihm im Störungsfall geholfen wird. Am Ende der Nutzungszeit schließlich zielt die Beratung darauf ab, dem Kunden beim Kauf eines neuen Produkts bzw. bei der Entsorgung des alten Produkts zu helfen.

■ Kundendienst

Der **technische Kundendienst** umfasst die **Einstellung** (z. B. von Skibindungen, Fernsehsendern), die **Einpassung** (z. B. von Büromöbeln) und die **Installation** (z. B. von Maschinen und maschinellen Anlagen), die **Wartung** und **Pflege** (z. B. bei Heizungsanlagen, EDV-Anlagen) sowie die **Reparatur.** Wichtig dabei ist, dass die Reparaturleistungen (unter Umständen unter Einschaltung des Reparaturhandwerks) schnell erfolgen. Dies gilt vor allem für Investitionsgüter, denn Produktionsunterbrechungen sind teuer.

Als eine weitere wichtige Leistung des technischen Kundendienstes schiebt sich derzeit verstärkt die Rücknahme und umweltgerechte sowie preisgünstige **Entsorgung des alten Produkts** in den Vordergrund. Oftmals verwandelt sich ein solcher Service in den Kern der Leistung, d.h., der Käufer erwirbt das Produkt nur dann, wenn er sicher sein kann, dass später die Entsorgung des Produkts sichergestellt ist.

Die Ausweitung des technischen Kundendienstes ist auch unter ökologischen Gesichtspunkten von Bedeutung, weil sie einen Schritt „weg von der Wegwerfgesellschaft" bedeutet.

> **Beispiel:**
>
> Der Computerhersteller A wirbt u.a. damit, dass seine Geräte zu 90 % wieder verwertbar seien. Er verpflichtet sich darüber hinaus, die Geräte nach Ablauf der Nutzungsdauer zurückzunehmen. Falls der Hersteller B diese Zusicherungen nicht geben kann, hat A einen Wettbewerbsvorteil bei umweltbewussten Abnehmern. Er kann möglicherweise einen höheren Preis verlangen als B, ohne dass seine Kunden „abspringen".

Der **kaufmännische Kundendienst** hat das Ziel, dem Käufer den Kauf vor, während und nach dem Erwerb des Produkts zu erleichtern. Zu diesen Kundendienstleistungen werden im Allgemeinen gezählt: der **Zustelldienst**, die **Inzahlungnahme** eines alten Produkts, die Bereitstellung **zusätzlicher Informationen**.

Die Grenzen zwischen technischem und kaufmännischem Kundendienst sowie der Beratung sind fließend.

■ **Garantien**

Im Falle der Garantie übernimmt der Verkäufer oder ein Dritter (z.B. der Hersteller) unabhängig vom Bestehen oder Nichtbestehen eines Mangels bei Gefahrübergang die Gewähr für die Beschaffenheit **(Beschaffenheitsgarantie)** oder dafür, dass die Sache für eine bestimmte Dauer eine bestimmte Beschaffenheit behält **(Haltbarkeitsgarantie)**. Die Garantieerklärung muss zur Wirksamkeit Teil des Kaufvertrags sein.

Zu beachten ist aber, dass jede Garantieleistung für den Lieferer Kosten verursacht. Eine wirtschaftlich vertretbare Qualitätskontrolle muss daher dafür Sorge tragen, dass die Zahl der Reklamationen in Grenzen bleibt.

4.4.2.2 Entscheidungen zum Produktprogramm

Bei der Erstellung eines Produktprogramms sind insbesondere folgende **zentrale Fragestellungen** zu lösen:

> ■ Mit welchen neuen Produkten kann die Position des Unternehmens am Markt gefestigt werden **(Produktinnovation)**?
>
> ■ Mit welchen Anpassungen kann die Produktlebenskurve verlängert werden **(Produktmodifikation, Produktvariation)**?
>
> ■ Welches Erzeugnis soll aus dem Produktprogramm entfernt werden **(Produkteliminierung)**?

Zweck der Produktprogrammpolitik ist die Sicherung und Steigerung des Absatzes. Maßnahmen hierzu sind z. B.:

Produkt-innovation	Entwicklung völlig neuer Produkte (z. B. Wasserstoffmotor, dreidimensionales Fernsehen).
Produkt-variation	Anpassung alter Produkte an neue Bedarfsentwicklungen (z. B. von der Doppel- zur Dreifachverglasung, um Energie zu sparen).
Produkt-differenzierung	Das Grundprodukt wird technisch oder im Erscheinungsbild in verschiedenen Formen angeboten, um unterschiedliche Zielgruppen ansprechen zu können (z. B. bietet ein Autohersteller einen bestimmten Modelltyp mit verschiedenen Motoren und weiteren Karosserieformen an).
Produkt-eliminierung	Herausnahme von Erzeugnissen oder Dienstleistungen aus dem Produktprogramm, weil sie sich nicht mehr lohnen oder nicht mehr zulässig sind (z. B. Glühbirnenverbot bis zum 1. September 2012).
Produkt-diversifikation[1]	Erweiterung des Produktprogramms (z. B. Backpulver und Trockenhefe) durch Aufnahme weiterer Produkte (z. B. Fertigteige).

4.4.2.3 Produktmix [2]

(1) Breite des Produktangebots

Produkte, die in ihrer Grundstruktur zusammengehören, bezeichnet man als **Produktgruppen** oder auch als **Produktlinien** (in einer Möbelfabrik z. B. Küchen, Schlafzimmer, Wohnzimmer, Arbeitszimmer, Büromöbel und der Dienstleistungsbereich Montage und Kundendienst). Welche Produkte zu Produktgruppen bzw. Produktlinien zusammengefasst werden, hängt davon ab, welche betrieblichen (z. B. planerischen) Zwecke mit der Zuordnung verfolgt werden. Allgemein kann man sagen: Je **größer** die Zahl der Produktlinien ist, desto **breiter** ist das Produktangebot.

(2) Länge des Produktangebots

Produktlinien können in **Untergruppen** eingeteilt werden (in einer Möbelfabrik z. B. die Hauptproduktlinie Wohnzimmer in die Untergruppen Wandschränke, Einbauschränke, Vitrinen und Regale). Die Untergruppen werden als **Produkttypen** bezeichnet. Je **größer** die Anzahl aller angebotenen Produkttypen ist, desto **länger** ist das Produktangebot. (Im Handel spricht man statt von Produkttypen von **Artikeln**.)

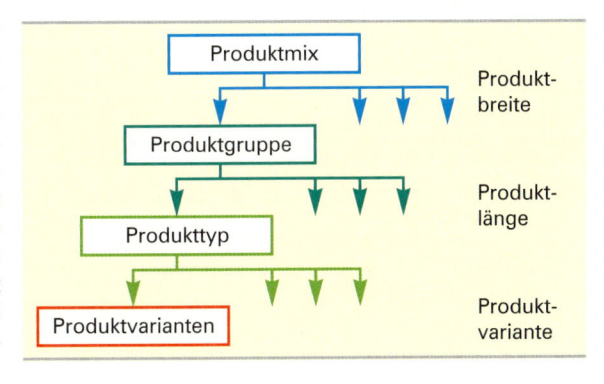

---

[1] Diversifikation: Veränderung, Vielfalt.
[2] Produktlebenszyklus und Produktportfolio sind nach dem Lehrplan erst in der Jahrgangsstufe 2 vorgesehen.

(3) Tiefe des Produktangebots

Je nach Wirtschaftszweig können die einzelnen Produkttypen in weiteren **Produktvarianten** hergestellt und angeboten werden. (Eine Möbelfabrik kann z.B. die Vitrinen in verschiedenen Holzarten und in verschiedenen Größen anbieten.) Vor allem im Handel bezeichnet man die einzelnen Varianten einer Handelsware als **Sorten**. (Die Sorte ist die kleinste Einheit einer Handelsware.) Je **größer** die Anzahl der Produktvarianten ist, desto **tiefer** ist das Produktangebot.

> **Merke:**
>
> Die Gesamtheit aller Produktlinien (Erzeugnisse und Dienstleistungen) bezeichnet man als **Produktmix**.

> **Zusammenfassung**
>
> - Aus Sicht des Marketings stellt ein **Produkt** eine Summe von **nutzenstiftenden Eigenschaften** dar. Es sind dies der Leistungskern, die Verpackung, die Markierung sowie das Serviceangebot.
> - Das **Serviceangebot** neben der eigentlichen Hauptleistung bringt dem Anbieter einige Vorteile:
>   - Er erringt gegenüber seinen Konkurrenten einen **Wettbewerbsvorteil** aufgrund einer **kundennäheren Position**.
>   - Der **Kundendienst** dient besonders als „Frühwarnsystem" zur Aufdeckung von „Kinderkrankheiten" neu eingeführter Produkte.
>   - Die Gewährung großzügiger **Garantieleistungen** signalisieren dem Konsumenten, dass der Hersteller Vertrauen in seine Erzeugnisse hat, und verringern damit die Hemmschwelle beim Kauf.
> - In Zeiten gesättigter Märkte rücken bei der **Gestaltung des Produktprogramms** absatzwirtschaftliche Überlegungen in den Vordergrund, wie z.B. Kaufmotive, Zusatznutzen, Marktnischen.
> - Die Änderung des Produktprogramms durch Aufnahme neuer Produkte bezeichnet man als **Produktinnovation**.
> - Bei der Erstellung des Produktprogramms sind insbesondere folgende zentrale Fragestellungen zu lösen:
>   - Mit welchen weiteren Produkten **(Produktdiversifikation)** bzw. mit welchen Produktveränderungen **(Produktdifferenzierung)** kann die Position des Unternehmens am Markt gefestigt werden?
>   - Mit welchen Anpassungen kann die Produktlebenskurve verlängert werden **(Produktvariation)**?
>   - Welches Erzeugnis soll aus dem Produktprogramm entfernt werden **(Produkteliminierung)**?
> - Als **Produktmix** bezeichnet man die Gesamtheit aller Produktlinien.

Übungsaufgaben

51
1. Beschreiben Sie kurz die vier Kriterien, durch die ein Produkt charakterisiert ist!
2.
   2.1 Belegen Sie anhand von drei Beispielen die verschiedenen Zwecke, die mit der Verpackung von Produkten verfolgt werden!

   2.2 Die meisten Hersteller versuchen, ihre Produkte durch Markierung aus der Anonymität (Unbekanntheit, Namenlosigkeit) herauszuheben.

   Aufgaben:
   2.2.1 Nennen Sie die Art von Markenzeichen, das bei Schwarzkopf vorliegt!

   2.2.2 Charakterisieren Sie die Merkmale, die der Käufer mit dem Begriff „Markenartikel" verbindet!

   2.3 Viele Hersteller verpflichten sich gegenüber ihren Kunden zu Garantieleistungen.

   Aufgaben:
   2.3.1 Beschreiben Sie das rechtliche Zustandekommen der Garantie!

   2.3.2 Geben Sie an, welche Rechtswirkungen mit einer Garantieleistung verbunden sein können!

   2.3.3 Nennen Sie Motive, aus denen heraus ein Hersteller Garantieleistungen übernimmt!

52
1. Erläutern Sie die folgenden Maßnahmen der Produktpolitik: Produktdifferenzierung, Produktinnovation, Produkteliminierung!
2. Der Produktmix eines Büromaterialherstellers hat eine bestimmte Länge, Breite und Tiefe.

   Aufgabe:
   Analysieren Sie folgende Darstellung hinsichtlich dieser Kennzeichen!

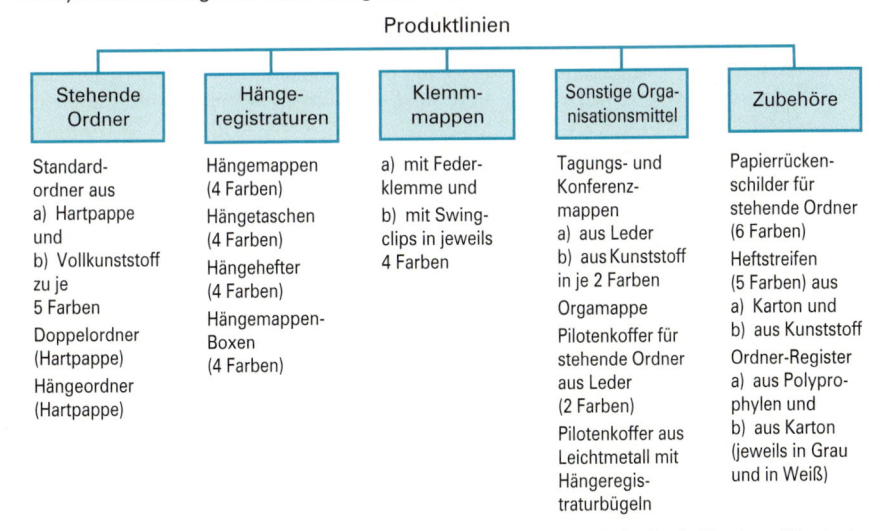

   Produktlinien

Stehende Ordner	Hänge-registraturen	Klemm-mappen	Sonstige Organisationsmittel	Zubehöre
Standardordner aus a) Hartpappe und b) Vollkunststoff zu je 5 Farben Doppelordner (Hartpappe) Hängeordner (Hartpappe)	Hängemappen (4 Farben) Hängetaschen (4 Farben) Hängehefter (4 Farben) Hängemappen-Boxen (4 Farben)	a) mit Federklemme und b) mit Swingclips in jeweils 4 Farben	Tagungs- und Konferenzmappen a) aus Leder b) aus Kunststoff in je 2 Farben Orgamappe Pilotenkoffer für stehende Ordner aus Leder (2 Farben) Pilotenkoffer aus Leichtmetall mit Hängeregistraturbügeln	Papierrückenschilder für stehende Ordner (6 Farben) Heftstreifen (5 Farben) aus a) Karton und b) aus Kunststoff Ordner-Register a) aus Polyprophylen und b) aus Karton (jeweils in Grau und in Weiß)

3. Ein Unternehmer erzeugt als einziges Produkt ein Vitamingetränk, das in Portionsfläschchen zu drei Stück pro Packung über Fitnesscenter vertrieben wird.

   Aufgabe:
   Geben Sie jeweils ein konkretes Beispiel dafür an, wie das Unternehmen Produktdifferenzierung, Mehrmarkenpolitik und Produktdiversifikation durchführen könnte!

4. Ein Unternehmen produziert Futter für Haustiere. In der letzten Rechnungsperiode wurde das Vogelfutter „Schrill" eliminiert.
   Aufgabe:
   Nennen Sie Gründe, die zu dieser Maßnahme geführt haben könnten!

5. 5.1 Erläutern Sie, warum Unternehmen durch eine umweltverträgliche Produktpolitik einen Wettbewerbsvorteil erlangen können!

   5.2 Nennen Sie drei Beispiele für eine umweltverträgliche Produktpolitik! Geben Sie auch an, welchen Zweck die genannten Maßnahmen verfolgen!

53 Die Angebotspalette der Flügge GmbH setzt sich aus eigenen Erzeugnissen (Dübel) und Handelswaren (Bohrmaschinen) zusammen. In einer Abteilungsleiterkonferenz wird über eine Verbesserung des Produktprogramms gesprochen. Unter anderem fallen folgende Fachbegriffe: Produktvariation, Produktdiversifikation.

Aufgaben:

1. Erklären Sie diese Begriffe und bilden Sie je ein eigenes Beispiel!

2. In der Konferenz wird weiterhin über die Vor- und Nachteile eines breiten oder tiefen Produktprogramms gesprochen.
   Erörtern Sie die Vor- und Nachteile!

3. Die Leiterin der Vertriebsabteilung, Frau Lanz, möchte das Angebotsprogramm erweitern. Sie schlägt vor, nicht nur Plastikdübel herzustellen, sondern auch Gips- und Metalldübel. Die Kapazität des Unternehmens müsse allerdings erweitert werden.
   Erläutern Sie, welchen Zweck bzw. welche Zwecke Frau Lanz mit ihrem Vorschlag verfolgt!

4. In der oben genannten Konferenz sagt Frau Lanz, dass das Angebotsprogramm keine feststehende Größe sein dürfe. Es müsse vielmehr immer wieder infrage gestellt und verändert werden.
   Begründen Sie, warum sich die Unternehmensleitung ständig überlegen muss, ob das Angebotsprogramm bereinigt und durch die Aufnahme neuer Produkte ergänzt werden soll!

5. Der Leiter des Fertigungsbereichs, Herr Moll, meint, dass die Aufgabe eines Erzeugnisses leichter sei als die Aufnahme neuer Erzeugnisse in das Produktprogramm.
   Begründen Sie diese Aussage!

6. Die Flügge GmbH möchte auch ihre Kundendienstpolitik verbessern.
   Beschreiben Sie die Aufgaben der Kundendienstpolitik!

7. In der im Sachverhalt beschriebenen Konferenz sagt Frau Lanz: „Je umfangreicher unser Service-Angebot ist, desto größer wird unser preispolitischer Spielraum."

   7.1 Prüfen Sie diese Aussage auf ihre Richtigkeit!

   7.2 Machen Sie Vorschläge, wie der Kunden-Service der Flügge GmbH gestaltet werden könnte!

4.4.3 Preispolitik

4.4.3.1 Begriff Preispolitik

Ein zentrales Problem der Preispolitik besteht in der Frage, welche Kriterien (z.B. Kosten, Wettbewerber, Verhalten der Kunden) ein Verkäufer bei der Bestimmung des Angebotspreises berücksichtigen soll. Diese Frage stellt sich einem Investitionsgüterhersteller, der z.B. eine Mobilfunkanlage im Wert von 300 Mio. EUR verkauft, ebenso wie einem kleinen Einzelhändler, der den Preis für eine Zahnbürste festlegen muss und sich für 1,20 EUR entscheidet.

> **Merke:**
>
> **Preispolitik** ist das Bestimmen der Absatzpreise.

Zur Preispolitik gehören auch die **Gestaltung der Preisnachlässe** (Rabatte, Boni und Skonti) und die **Einräumung von Kundenzielen** (Zahlungsbedingungen). Die Erhöhung der Preisnachlässe kommt einer Senkung der Absatzpreise gleich und umgekehrt. Die Verlängerung der Kundenziele (Kundenkredit) entspricht einer Preissenkung. Besonders im internationalen Handel spielt die Kreditgewährung als absatzpolitisches Mittel oft eine größere Rolle als die Höhe der Angebotspreise.

4.4.3.2 Arten der Preispolitik

Für die Preisfindung haben sich insbesondere drei Entscheidungskriterien als nützlich erwiesen:

- die **kostenorientierte Preisfindung,**
- die **abnehmerorientierte (nachfrageorientierte) Preisfindung** und
- die **wettbewerbsorientierte (konkurrenzorientierte) Preisfindung.**

4.4.3.2.1 Kostenorientierte Preispolitik

Sollen im Unternehmen **alle anfallenden** Kosten auf die Erzeugnisse (Kostenträger) verteilt werden, so spricht man von einer **Vollkostenrechnung**. Werden hingegen zunächst nur solche Kosten berücksichtigt, die in einem direkten Verursachungszusammenhang mit den Kostenträgern stehen **(variable Kosten)**, handelt es sich um eine **Teilkostenrechnung**.[1]

> **Merke:**
>
> - Eine **kostenorientierte Preisfindung** geht grundsätzlich davon aus, dass der Verkaufspreis die anfallenden Kosten decken soll.
> - Damit ein Hersteller keine Verluste macht, sollte sein **Verkaufspreis** mindestens die Selbstkosten decken.
> - Bedient der Hersteller eine Marktnische, so kann er seinen Listenverkaufspreis ohne Rücksicht auf die Konkurrenzpreise kalkulieren.

---

[1] Auf die Kostenrechnung wird hier nicht eingegangen. Sie wird im Band 2 für die Jahrgangsstufen dargestellt.

4.4.3.2.2 Abnehmerorientierte (nachfrageorientierte) Preispolitik

(1) Überblick

Um eine abnehmerorientierte Preispolitik betreiben zu können, bedarf es zuverlässiger Informationen über die Wechselwirkung zwischen der Höhe des Preises und der zu erwartenden Nachfrage. Mithilfe einer **Preis-Absatz-Funktion** wird die Veränderung der Nachfragemenge nach einem Gut bei variierenden Preisen erfasst.

In den nachfolgenden Beispielen werden die Daten der Preis-Mengenentwicklung jeweils vorgegeben. Es werden zwei abnehmerorientierte preispolitische Maßnahmen (Entscheidungen) vorgestellt:

- die Festlegung der **preispolitischen Obergrenze** und
- die **Preisdifferenzierung**.

(2) Festlegung der preispolitischen Obergrenze

Bei Preisänderungen ist im Normalfall mit folgenden Nachfragerreaktionen zu rechnen: Bei Preiserhöhungen springen die Kunden ab, bei Preissenkungen werden neue Kunden gewonnen (preisreagible Nachfrage).

Beispiel:

Ein Unternehmen bietet nur ein Produkt an. Aufgrund exakter Marktforschung kennt es die Reaktionen seiner Kunden auf Preisänderungen. Es stellt fest, dass es sich einer normalen Nachfrage gegenübersieht, d.h., bei Preiserhöhungen nimmt die mengenmäßige Nachfrage ab, bei Preissenkungen nimmt sie zu.

Die fixen Kosten belaufen sich auf 10 000,00 EUR je Periode, die variablen Kosten auf 6,00 EUR je Stück. Der Verkaufserlös beträgt 10,00 EUR je Stück. Die Preis-Mengenentwicklung (Nachfragefunktion) ist der nachfolgenden Tabelle (Spalte 1 und 2) zu entnehmen.

Aufgabe:
Ermitteln Sie die preispolitische Obergrenze!

Lösung:

Erlös/St. in EUR	Absetzbare Menge	Umsatz in EUR	Kosten fK: 10 000,00 EUR vK: 6,00 EUR/St.	Gewinn/ Verlust in EUR
13,00	2 000	26 000,00	22 000,00	4 000,00
12,50	2 500	31 250,00	25 000,00	6 250,00
12,00	3 000	36 000,00	28 000,00	8 000,00
11,50	3 500	40 250,00	31 000,00	9 250,00
11,00	4 000	44 000,00	34 000,00	10 000,00
10,50	4 500	47 250,00	37 000,00	10 250,00
10,00	5 000	50 000,00	40 000,00	10 000,00
9,50	5 500	52 250,00	43 000,00	9 250,00
9,00	6 000	54 000,00	46 000,00	8 000,00
8,50	6 500	55 250,00	49 000,00	6 250,00

Ergebnis:

Den maximalen Gewinn in Höhe von 10 250,00 EUR erzielt das Unternehmen bei einem Preis von 10,50 EUR pro Stück.

(3) Preisdifferenzierung

■ **Begriff Preisdifferenzierung und die Auswirkungen von Preisdifferenzierungen**

> **Merke:**
>
> Die **Preisdifferenzierung** hat das Ziel, die Konsumentenrente[1] abzuschöpfen, indem das anbietende Unternehmen Teilmärkte bildet, auf welchen unterschiedliche Preise verlangt werden.

Die Bildung der **Teilmärkte (Marktsegmente)** setzt voraus, dass es gelingt, jene Kunden, die bereit sind, den höheren Preis zu bezahlen, am Übergang zum günstigeren Marktsegment zu hindern. Die Abgrenzung der Teilmärkte wird in erheblichem Maße dadurch erleichtert, dass sich die Konsumenten nicht konsequent rational verhalten, sondern sich relativ freiwillig in teurere Marktsegmente einordnen (z. B. bei Preisdifferenzierung in Verbindung mit Produktdifferenzierung).

Beispiel:

Angenommen, es gelingt, aus dem Gesamtmarkt (vgl. S. 266) zwei Teilmärkte zu bilden, auf welchen ein Preis von 12,00 EUR (Teilmarkt I) und ein Preis von 10,50 EUR (Teilmarkt II) verlangt werden kann.

Aufgabe:
Ermitteln Sie, ob durch die Bildung von zwei Teilmärkten eine Gewinnsteigerung eintritt!

Lösung:

	Erlöse ohne Preisdifferenzierung in EUR	Erlöse mit 2 Teilmärkten und differenzierten Preisen in EUR
Umsatzerlös	47 250,00	TM I (3000 · 12,00)　　36 000,00 TM II (1500 · 10,50)　　15 750,00 　　　　　　　　　　　　51 750,00
Kosten	37 000,00	37 000,00
Gewinn	10 250,00	14 750,00
Gewinnsteigerung		4 500,00

---

[1] Zur Konsumentenrente vgl. Kapitel 1.12.2, S. 83.

■ **Arten der Preisdifferenzierung**

Begriffe	Beispiele
Preisdifferenzierung in Verbindung mit Produktdifferenzierung	Relativ geringfügige Produktunterschiede mit erheblich unterschiedlichem Prestigewert, z. B. Ausstattung, Lackierung, PS-Zahl eines Pkw
Preisdifferenzierung nach Abnehmergruppen oder nach Verwendungszweck	Strom für private Haushalte – Strom für gewerbliche Verbraucher; normale Fahrkarten – Schülerfahrkarten; Alkohol – Spiritus; Dieselkraftstoff – Heizöl
Räumliche Preisdifferenzierung	Pkw-Preise im Ausland günstiger als im Inland Benzin an Autobahntankstellen
Zeitliche Preisdifferenzierung	Haupt- und Nebensaison Tag-/Nachtstrom
Zeitlich gestaffelte Preisdifferenzierung	Ein erfolgreiches Buch wird zunächst als Leinenband, dann in Halbleinen und anschließend als Taschenbuch verkauft
Preisdifferenzierung durch Bildung von Herstellerpräferenzen	Schaffung eines Markennamens, Bildung von Erst- und Zweitmarken, Herstellermarke, Händlermarke
Preisdifferenzierung nach Abnahmemenge	Großabnehmer erhalten Sonderpreise im Vergleich zu Kleinabnehmern, insbesondere im Energiesektor (Aluminiumherstellung)

4.4.3.2.3 Wettbewerbsorientierte (konkurrenzorientierte) Preispolitik

> **Merke:**
>
> Unter **wettbewerbsorientierter (konkurrenzorientierter) Preispolitik** versteht man das Ausrichten des eigenen Preises an den Preisstellungen der Konkurrenten, wobei vor allem der Leitpreis (Preis des Preisführers, Branchenpreis) sowie die oberen und unteren Preisgrenzen der Wettbewerber von Bedeutung sind.

Grundsätzlich eröffnen sich einem Unternehmen, das seine Preispolitik an den Konkurrenten ausrichtet, drei Verhaltenswege:

- **Anpassung an den Leitpreis,**
- **Unterbietung des Leitpreises** und
- **Überbietung des Leitpreises.**

(1) Orientierung am Leitpreis

Sich auf einen Preiswettbewerb einzulassen, stellt keine sinnvolle Maßnahme dar, wenn die Wettbewerber stark und willens sind, ihre Preispositionen auf Biegen und Brechen zu verteidigen. In solchen Fällen ist es sinnvoll, sich den Preisvorgaben des Preisführers[1]

---

[1] Als **Preisführer** bezeichnet man einen Anbieter, dem sich bei Preisänderungen die übrigen Anbieter anschließen. Preisführer treten insbesondere in oligopolistischen Marktstellungen wie bei Öl, Stahl, Papier oder Kunstdünger auf.

unterzuordnen und sich durch andere Leistungsmerkmale (z. B. andere Qualitätsabstufungen, Sondermodelle, besondere Vertriebswege) von der Konkurrenz abzuheben. Wird der Preis des Preisführers für die eigene Preisfindung herangezogen, dann ändert das Unternehmen immer dann seine Preise, wenn der Preisführer dies tut. Eine Preisänderung erfolgt dagegen nicht, wenn sich lediglich seine eigene Nachfrage- oder Kostensituation ändert.

(2) Unter- oder Überbietung des Leitpreises

Unterbietung des Leitpreises	▪ Die Unterbietung des Leitpreises ist für ein Unternehmen nur bis zur **kurzfristigen (absoluten) Preisuntergrenze** des Produkts sinnvoll. Sie liegt dort, wo die Summe der dem Produkt direkt zurechenbaren Kosten **(variable Kosten)** noch gedeckt ist. Kurzfristig kann das Unternehmen nämlich die fixen Kosten außer Acht lassen, denn diese fallen an, ob ein Verkauf getätigt wird oder nicht. ▪ Langfristig hingegen kann ein Unternehmen nicht mit Verlusten produzieren, es muss zumindest (gesamt-)kostendeckend arbeiten. Die **langfristige Preisuntergrenze** wird daher durch die Selbstkosten je Produkteinheit bestimmt.
Überbietung des Leitpreises	▪ Die Überbietung des Leitpreises ist prinzipiell nur möglich, wenn das Produkt hinsichtlich seiner Innovation oder seiner Alleinstellung aufgrund seiner Ausstattungselemente im Markt eine Sonderstellung einnimmt. ▪ Gleiches gilt, wenn sich das Unternehmen wegen seines Images oder seiner Trendstellung von den anderen Unternehmen abhebt. Da es sich hier um Einzelfälle handelt, wird hierauf nicht weiter eingegangen.

4.4.3.3 Lieferbedingungen[1]

Die unterschiedliche Gestaltung der Lieferbedingungen hat – wie der Einsatz eines jeden absatzpolitischen Instruments – die Aufgabe, bisherige Kunden zu halten und neue Kunden hinzuzugewinnen, d. h. Kaufanreize zu schaffen. Kaufanreize können z. B. darin liegen, dass das Erzeugnis frei Haus, frei Keller, frei Lager oder frei Werk **zugestellt** wird. In der Zustellung wird eine besondere Leistung gesehen, die auch bezahlt werden muss. Andererseits kann eine werbende Wirkung auch in der **Selbstabholung** liegen, z. B. dann, wenn damit ein begehrtes Ereignis verbunden ist (z. B. Werksbesichtigung bei Selbstabholung eines Neuwagens beim Hersteller). Eine Selbstabholung kann dann gegeben sein, wenn der Abnehmer über eigene Transportmittel verfügt. Er kommt dann in den Genuss niedrigerer Beschaffungspreise und kann außerdem Bezugskosten einsparen.

Kaufentscheidungen werden auch beeinflusst durch die Festlegung von Leistungsorten und Gerichtsständen, der Lieferzeiten und der Qualitäten.

---

[1] **Lieferbedingungen** sind neben den Zahlungsbedingungen Teil der allgemeinen Geschäftsbedingungen. Die sogenannten allgemeinen Geschäftsbedingungen werden vor allem von den Wirtschaftsverbänden der Industrie, des Handels, der Banken, der Versicherungen, der Spediteure usw. normiert (vereinheitlicht) und den Verbandsmitgliedern zur Verwendung empfohlen (z. B. „Allgemeine Lieferbedingungen für Erzeugnisse und Leistungen der Elektroindustrie", „Allgemeine Deutsche Spediteurbedingungen").
Vgl. hierzu auch Seite 169f. und 175ff.

4.4.3.4 Finanzdienstleistungen

Die Gewährung von Finanzdienstleistungen hat insbesondere die Aufgabe, die Finanzierung eines Auftrags zu erleichtern bzw. erst zu ermöglichen. Die Finanzbelastung eines Kunden wird z. B. beeinflusst durch:

- Maßnahmen der **unmittelbaren Preisgestaltung** wie z. B. der Gewährung verschiedener Rabatte, z. B. für Menge, Treue, Wiederverkäufer.
- Gestaltung der **Zahlungsbedingungen**. Diese drücken sich aus

  - in der Höhe des Skontos,
  - in der Dauer des Zeitraumes, innerhalb dessen Skonto abgezogen werden kann,
  - in der Dauer des Zahlungsziels, also des Zeitraumes, in welchem die Rechnung ohne Abzug von Skonto bezahlt werden kann,
  - in der Zahlungsweise (Vorauszahlung, Barzahlung, Ratenzahlung, Höhe der Raten),
  - in der Zahlungssicherung (z. B. Eigentumsvorbehalt).

- Gewährung von **Absatzkrediten**.

  Durch die Gewährung von Absatzkrediten wird der Käufer darin unterstützt,
  - sich das Produkt durch Gewährung eines Darlehens **überhaupt zu beschaffen,** falls seine Bonität für ein Bankdarlehen nicht ausreicht oder
  - das Produkt zu **günstigen Darlehenskonditionen** (Zins, Ratenhöhe) zu bekommen, was letztlich einer Reduzierung des Kaufpreises entspricht.

Zusammenfassung

- Unter der **Preispolitik** versteht man das Herab- oder Heraufsetzen der Absatzpreise mit der Absicht, den Absatz und/oder Gewinn zu beeinflussen.
- Die **Liefer- und Zahlungsbedingungen (Konditionen)** ergänzen die Preispolitik.

Preispolitik

- **abnehmerorientiert**
  - Berücksichtigung des Nachfrageverhaltens bei verschiedenen Preisen
  - Nutzung des Instruments der Preisdifferenzierung
    - Bildung von Teilmärkten mit unterschiedlichen Preisen
    - Abschöpfung der Konsumentenrente
- **kostenorientiert**
  - angefallene Kosten bestimmen den Preis
- **wettbewerbsorientiert**
  - Preise der Konkurrenten ausschlaggebend
  - Leitpreis sowie obere und untere Preisgrenzen der Wettbewerber wichtig

> **Übungsaufgabe**

54 1. Ein Unternehmen steht vor der Entscheidung, eine Zahncreme unter neuer Marke einzuführen.

   Aufgaben:

   1.1 Nennen Sie Kriterien, mit denen der Einführungspreis bestimmt werden kann!

   1.2 Begründen Sie, für welchen Weg der Preisbestimmung Sie sich einsetzen würden!

2. Bearbeiten Sie allein, in Partner- oder Gruppenarbeit folgenden Fall:

   > Die Kalle & Sohn OHG, Importeur von speziellen Sportbrillen, will ihre Preise von durchschnittlich 38,00 EUR auf 41,80 EUR erhöhen. Die Abteilung „Marktforschung" warnt: Der (mengenmäßige) Absatz wird von bisher 12 000 Stück auf 11 000 Stück je Monat zurückgehen. (Die fixen Kosten betragen 175 000,00 EUR monatlich, die variablen Kosten 20,00 EUR je Stück.)[1]

   Aufgaben:

   2.1 Erläutern Sie, wie die Geschäftsleitung entscheidet, wenn sie vorrangig das Ziel vor Augen hat, einen möglichst großen Marktanteil zu erobern!

   2.2 Begründen Sie mit Zahlen, wie die Geschäftsleitung entscheidet, wenn sie nach dem kurzfristigen Gewinnmaximierungsprinzip handelt!

   2.3 Prüfen Sie, ob die Entscheidung zu 2.2 anders ausfiele, wenn aufgrund der Preiserhöhung der Absatz

   2.3.1 um 2 000 Stück,

   2.3.2 um 3 000 Stück zurückginge!

   2.4 Begründen Sie mit Zahlen, ob im Fall 2.2 zwischen den Zielen „Gewinnmaximierung" und „Vergrößerung des Marktanteils" ein Zielkonflikt oder Zielharmonie besteht!

3. Geben Sie an, welche Art Preispolitik die Kalle & Sohn OHG betreibt, wenn sie ihre Entscheidungen von den Reaktionen ihrer Abnehmer abhängig macht!

4.4.4 Distributionspolitik

> **Merke:**
>
> ■ **Distribution** heißt Verteilung der Produkte. Die Distributionspolitik befasst sich mit der Frage, auf welchem Weg das Produkt an den Käufer herangetragen werden kann.
>
> ■ Aufgabe der Distributionspolitik ist es, die **Absatzorgane** festzulegen, die **Absatzorganisation** aufzubauen und die **Durchführung des Gütertransports (Absatzlogistik)** zu planen und abzuwickeln.

---

[1] **Fixe Kosten** sind Kosten, die sich bei Änderung der Beschäftigung in ihrer **absoluten Höhe nicht verändern**.
Variable Kosten sind Kosten, die sich bei Änderung der Beschäftigung in ihrer **absoluten Höhe verändern**.

4.4.4.1 Absatzorgane

Die Festlegung der **Absatzorgane** zeigt, welche Personen/Institutionen den Vertrieb der Leistungen vornehmen.

(1) Absatzformen mit Mitarbeitern des Unternehmens

■ Handlungsreisender

> **Merke:**
>
> **Handlungsreisende** sind **kaufmännische Angestellte,** die damit betraut sind, außerhalb des Betriebs Geschäfte **im Namen** und **für Rechnung des Arbeitgebers** zu vermitteln oder abzuschließen (vgl. § 55 I HGB).

Reisende sind weisungsgebundene Angestellte des Arbeitgebers. Sie schließen also **in fremdem Namen** und für **fremde Rechnung** Geschäfte (z. B. Kaufverträge) ab. Ist nichts anderes vereinbart, sind die Reisenden nur ermächtigt zum **Abschluss von Kaufverträgen** und zur **Entgegennahme von Mängelrügen**.

■ Sonstige Absatzformen mit Mitarbeitern

Verkaufs-niederlassungen	Großunternehmen können eigene Verkaufsniederlassungen einrichten. Diese stellen „Verkaufsfilialen" dar. Preis- und verkaufspolitische Anweisungen erteilt die Zentrale.
Vertriebs-gesellschaften	Es können auch eigene Vertriebsgesellschaften gegründet werden. Sie sind zwar rechtlich selbstständig, wirtschaftlich jedoch vom Gesamtunternehmen abhängig.
Electronic Shop	Im Falle von **Electronic Shops** werden Produkte über das Internet an private Endkunden (B2C)[1] oder an Unternehmen verkauft (B2B)[2]. Der Vertrieb erfolgt dabei über den traditionellen Weg via Post bzw. die Paketdienste oder ebenfalls über das Internet, z. B. bei Software.

(2) Ausgegliederter Absatz

Zur Vermeidung der hohen Kosten durch ein werkseigenes Vertriebssystem wird der Vertrieb häufig selbstständigen Kaufleuten übertragen, die als **Handelsvertreter, Vertragshändler** oder **Franchisenehmer**[3] tätig werden. Diese Vertriebsorgane werden durch Verträge an den Hersteller gebunden, in denen z. B. der Umfang des Produktprogramms, der Kunden- und Reparaturdienst, die Größe des Lagers oder die Lieferungs- und Zahlungsbedingungen geregelt werden. Die Verkaufsorgane tragen als **selbstständige Kaufleute** ihre Geschäftskosten selbst und erhalten vom Hersteller entweder eine Umsatzprovision oder eine Gewinnspanne von ihrem Warenverkauf.

---

1 B2C: Business-to-Consumer.
2 B2B: Business-to-Business.
3 Franchisenehmer: Unternehmer, der die Geschäftsidee und das Image des Franchisegebers nutzt, z.B. McDonald's.

4.4.4.2 Absatzwege

> **Merke:**
>
> Mit der Entscheidung über den **Absatzweg** legt die Unternehmung fest, ob die Ware ohne Einschaltung des Handels oder unter Einschaltung des Handels zum Verbraucher gelangen soll.

(1) Direkter Absatz

Wenden sich Herstellungsbetriebe (Industriebetriebe) bei der marktlichen Verwertung (Absatz) **unmittelbar** an die Verbraucher, Gebraucher und Weiterverarbeiter, liegt **direkter Absatz** vor. Beim direkten Absatz werden also **keine** Zwischenhändler eingeschaltet.

Der **Vorteil** des direkten Absatzes ist, dass Gewinnanteile, die fremden Unternehmen zufließen würden, dem Hersteller selbst zugute kommen. Der **Nachteil** ist, dass wegen der fehlenden räumlichen Nähe zum Kunden hohe Vertriebskosten entstehen.

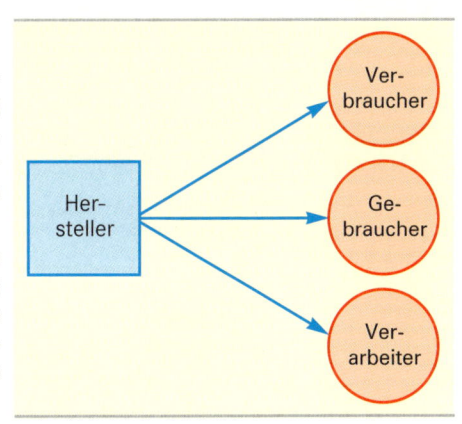

(2) Indirekter Absatz

Verkaufen Herstellungsbetriebe an solche Personen oder Betriebe, die die Erzeugnisse nicht für ihren eigenen Verbrauch oder Gebrauch verwenden, sondern diese mehr oder weniger **unverändert weiterverkaufen** (Händler), spricht man von **indirektem Absatz**. Der Absatzweg ist also länger, weil andere Unternehmen eingeschaltet werden.

Möglichkeiten des indirekten Absatzes (Beispiele)

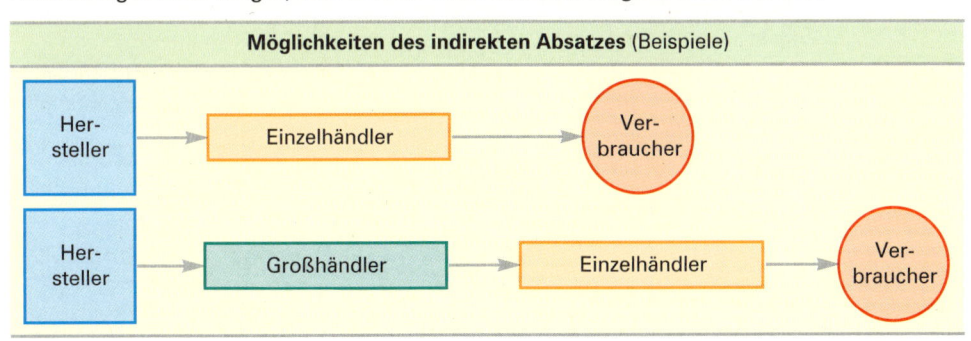

Hersteller → Einzelhändler → Verbraucher

Hersteller → Großhändler → Einzelhändler → Verbraucher

Vorteile für den Hersteller sind, dass Vertriebskosten eingespart werden können, der Handel (meist) kurz- und mittelfristig das Absatzrisiko übernimmt und die Kunden die Erzeugnisse in den Lagern besichtigen können. Der **Nachteil** ist, dass der Handel Gewinnanteile beansprucht, die andernfalls (beim direkten Absatz) dem Hersteller zufließen würden.

Distributionsentscheidungen sind sorgfältig abzuwägen, da jedes Distributionssystem zu **unterschiedlichen** Umsätzen und **Kosten** führt. Hinzu kommt, dass man ein einmal gewähltes Distributionssystem in der Regel für einen längeren Zeitraum beibehalten muss, da es häufig auf **mittel- bis langfristigen** Verträgen beruht.

Zusammenfassung

- **Distribution** heißt Verteilung der Produkte.
- Die **Distributionspolitik** befasst sich mit der Frage, wie das Produkt an den Käufer herangetragen werden kann.
- Eine Aufgabe der Absatzmethode ist die Wahl der **geeigneten Absatzwege** (Vertriebswege).
- Es ist zwischen **direktem Absatz** und **indirektem Absatz** zu unterscheiden.
- Zu den **Absatzhelfern (Absatzmittlern)** gehören z. B. Handlungsreisende, die Handelsvertreter und die Vertragshändler.

Übungsaufgabe

55

1. Entscheiden Sie, ob aus der Sicht der Hersteller indirekter oder direkter Absatz vorliegt. Begründen Sie Ihre Antwort!

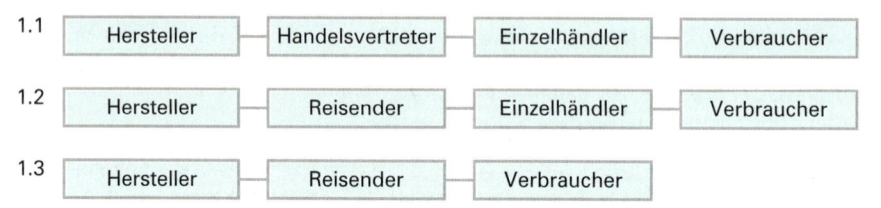

   1.1 Hersteller — Handelsvertreter — Einzelhändler — Verbraucher

   1.2 Hersteller — Reisender — Einzelhändler — Verbraucher

   1.3 Hersteller — Reisender — Verbraucher

2. 2.1 Beschreiben Sie die Aufgaben der Distributionspolitik!

   2.2 Zeigen Sie in einer schematischen Darstellung auf, welche Absatzwege grundsätzlich möglich sind!

   2.3 Sie sind Distributionsmanager eines Textilunternehmens. Ihnen wird der Auftrag übertragen, für das spezielle Produkt „Jagdbekleidung" einen Distributionsplan zu erstellen.
   Aufgabe:
   Entwerfen Sie unter Verwendung der verschiedenen distributionspolitischen Instrumente eine Distributionsvariante!

3. Die Möbelfabrik Schreiner GmbH verkauft ihre Produkte sowohl an Großhändler, Einzelhändler und Hotels als auch an Privatleute.

   3.1 Erläutern Sie, welche Absatzwege beschritten werden!

   3.2 Erörtern Sie die Vor- und Nachteile der von Ihnen genannten Absatzwege!

4. **Textauszug:**

   > Der überwiegende Teil der Umsätze im Netz entfällt heute übrigens schon auf die Geschäfte der Unternehmen untereinander (B2B). Doch auch der Verkauf an Privathaushalte (B2C) blüht, vor allem weil die Produktpalette immer bunter wird. Längst ordern die Verbraucher nicht mehr nur Hard- und Software per Mausklick, sondern auch Eintrittskarten, Mode, Haushaltsgeräte und sogar Nahrungsmittel und Getränke.
   > Ob B2B oder B2C – für beides gibt es inzwischen viele Erfolgsbeispiele. [...]

   Quelle: iwd vom 23. September 1999.

   Erklären Sie die im Textauszug beschriebenen Arten des E-Commerce!

4.4.5 Kommunikationspolitik

> **Merke:**
>
> - Die **Kommunikationspolitik** trifft die **Entscheidungen** darüber, wie das Unternehmen und seine Produkte in der Öffentlichkeit dargestellt und bekannt gemacht werden sollen.
> - Wichtige Teilbereiche der Kommunikationspolitik sind die **Werbung**, die **Verkaufsförderung** und die **Öffentlichkeitsarbeit**.

4.4.5.1 Werbung

(1) Grundsätze der Werbung

Klarheit und Wahrheit	Die Werbung muss für den Kunden klar und leicht verständlich sein. Sie sollte sachlich unterrichten, die Vorzüge eines Artikels eindeutig herausstellen, keine Unwahrheiten enthalten und nicht täuschen. Falsche Informationen (Versprechungen) führen zu Enttäuschungen und langfristig zu Absatzverlusten. Eine irreführende Werbung ist verboten [§ 5 UWG].
Wirksamkeit	Die Werbung muss die Motive der Umworbenen ansprechen, Kaufwünsche verstärken und letztlich zum Kauf führen. Eine wichtige Voraussetzung für eine wirksame Werbung ist eine genaue Bestimmung der Zielgruppe.
Einheitlichkeit, Stetigkeit, Einprägsamkeit	Die Werbung sollte stets einen gleichartigen Stil aufweisen (bestimmte Farben, Symbole, Figuren, Slogans), um beim Kunden einen Wiedererkennungseffekt zu erzielen. Durch die regelmäßige Wiederholung der Werbebotschaft wird deren Einprägsamkeit erhöht.
Wirtschaftlichkeit	Die Aufwendungen der Werbung finden ihre Grenzen in ihrer Wirtschaftlichkeit. Die Werbung ist dann unwirtschaftlich, wenn der auf die Werbung zurückzuführende zusätzliche Ertrag niedriger ist als der Aufwand.
Soziale Verantwortung	Die Werbung darf keine Aussagen oder Darstellungen enthalten, die gegen die guten Sitten verstoßen oder ästhetische, moralische oder religiöse Empfindungen verletzen. Die rechtliche Umsetzbarkeit von Werbemaßnahmen hängt insbesondere von den Bestimmungen des Gesetzes gegen den unlauteren Wettbewerb [UWG] ab.

(2) Werbemittel und Werbeträger

> **Merke:**
>
> - **Werbemittel** sind Kommunikationsmittel (z.B. Wort, Bild, Ton, Symbol, Kostprobe), mit denen eine Werbebotschaft dargestellt wird (z.B. Anzeige, Rundfunkspot, Plakate usw.).

- **Werbeträger** sind das Medium, durch das ein Werbemittel an den Umworbenen herangetragen werden kann (z. B. Zeitung, Kino, Internet).

(3) Streukreis und Streugebiet

Merke:

- Der **Streukreis** beschreibt den Personenkreis, der umworben werden soll. Der Personenkreis wird häufig noch nach **Zielgruppen** (z. B. Berufs-, Alters-, Kaufkraftgruppen, Geschlecht) untergliedert.
- Das **Streugebiet** (Werbeverbreitungsgebiet) ist das Gebiet, in welchem die Werbemaßnahmen durchgeführt werden sollen.

Streugebiete sind deswegen festzulegen, weil Art und Umfang des Bedarfs in den einzelnen Gebieten (beispielsweise sei auf die andersartigen Bedürfnisse von Stadt- und Landgemeinden hingewiesen) unterschiedlich sein können.

(4) Werbeetat

Da die Werbung in manchen Wirtschaftszweigen erhebliche Mittel verschlingt – der Prozentsatz der Werbekosten am Umsatz liegt in der deutschen Wirtschaft zwischen 1 % und 20 % –, ist ein genauer Haushaltsplan (Etat, Budget) für die Werbung aufzustellen. In der Regel gilt für den Mitteleinsatz Folgendes: Sinkt der Umsatz, werden die Werbeanstrengungen verstärkt, steigt der Umsatz, werden sie verringert. Diese **antizyklische Werbung** erfüllt den Zweck, einen gleichbleibenden Absatz und Gewinn zu sichern.

4.4.5.2 Verkaufsförderung (Salespromotion)

Sie beinhaltet in der Regel eine enge Zusammenarbeit zwischen Händler und Hersteller – zu beiderseitigem Vorteil. Während der Hersteller durch die persönliche Ansprache der Zielgruppe (in der Regel Stammkunden des Händlers) wenig Streuverlust erleidet, profitiert der Händler vom Image einer großen Herstellermarke. Der Spielraum möglicher Salespromotion-Aktionen ist dabei sehr vielfältig. In der Regel lassen sich jedoch umsatz-, produkt- und imagebezogene Zielvorstellungen harmonisch miteinander verbinden.

Beispiele:

Eine Parfümerie lädt zu einer Typ- und Hautberatung ein und hat als Berater einen Visagisten eines Kosmetikherstellers im Haus.

In einem Haushaltswarengeschäft demonstriert ein bekannter Koch im Rahmen einer Kochvorführung die Verwendung von Küchengerätschaften eines bestimmten Herstellers.

Zugleich werden Bücher dieses Kochs verkauft und zudem führt das Haushaltswarengeschäft eine Umtauschaktion „Alt gegen Neu" für Kochtöpfe dieses Herstellers durch. Jeder Kochtopf – gleich welcher Marke – wird beim Kauf eines neuen Kochtopfs dieses einen Herstellers mit 8,00 EUR vergütet.

4.4.5.3 Öffentlichkeitsarbeit (Public Relations)

(1) Begriff

Während die Absatzwerbung eine Werbung für das Erzeugnis darstellt, werben die Public Relations für den guten Ruf, das Ansehen eines Unternehmens oder einer Unternehmensgruppe in der Öffentlichkeit (Verbraucher, Lieferer, Kunden, Gläubiger, Aktionäre, Massenmedien, Behörden usw.). Mithilfe der Öffentlichkeitsarbeit soll z. B. gezeigt werden, dass ein Unternehmen z. B. besonders fortschrittlich, sozial oder ein guter Steuerzahler ist oder dass es die Belange des Umweltschutzes in besonderem Maße berücksichtigt.

(2) Mittel

Mittel der Public-Relations-Politik sind u. a. die Abhaltung von Pressekonferenzen, Tage der offenen Tür, Einrichtung von Sportstätten und Erholungsheimen, Spenden.

(3) Moderne Formen

- **Sponsoring** basiert auf dem Prinzip des gegenseitigen Leistungsaustauschs. So stellt ein Unternehmen Fördermittel nur dann zur Verfügung, wenn es hierfür eine Gegenleistung vom Gesponserten (z. B. die Duldung von Werbemaßnahmen) erhält.

> **Merke:**
>
> Beim **Sponsoring** stellt der Sponsor dem Gesponserten Geld oder Sachmittel zur Verfügung. Dafür erhält er Gegenleistungen, die zur Erreichung der Marketingziele beitragen sollen.

- Das **Eventmarketing** modelliert Veranstaltungen (Events) zur erlebnisorientierten Darstellung des Unternehmens und seiner Produkte. Eine zielgruppenspezifische Mixtur aus Show-, Musik-, Mode- und/oder Sportaktionen, dekoriert mit populären Persönlichkeiten als Publikumsmagnet, entfaltet eine aufnahmewillige Kommunikationsbasis.

> **Merke:**
>
> **Eventmarketing** ist eine erlebnisorientierte Darstellung des Unternehmens und seiner Produkte in einer Mixtur aus Showaktionen, die den Erwartungshorizont der Zielgruppe treffen.

Zusammenfassung

- Die **Werbung** hat zum Ziel, bisherige und mögliche (potenzielle) Abnehmer auf die eigene Betriebsleistung (Waren, Erzeugnisse, Dienstleistungen) aufmerksam zu machen und Kaufwünsche zu erhalten bzw. zu erzeugen.
- Unter **Salespromotion** versteht man verkaufsfördernde Maßnahmen, bei denen in der Regel Händler und Hersteller zusammenarbeiten. Zielgruppe können daher der Handel sein (Verkäuferschulung, Beratung, Schaufensterdekoration, Displaymaterial) oder auch der Endkunde (Beratung, Produktproben, Preisausschreiben).
- Die **Public Relations** werben für den guten Ruf (das „Image") eines Unternehmens.
- Zu den modernen Kommunikationsmitteln gehören z. B. das **Sponsoring** und das **Eventmarketing**.

Übungsaufgaben

56 Die Lorenz OHG in Weinheim stellt Haushaltsgeräte her. Weil der Absatz an Geschirrspülmaschinen stagniert, soll die Produktpalette erweitert werden.

Aufgaben:

1. Die Geschäftsleitung der Lorenz OHG beschließt, einen neuen, energiesparenden „Ökospüler" auf den Markt zu bringen.

   1.1 Schlagen Sie der Geschäftsleitung begründet drei Werbemittel bzw. -medien vor, die geeignet sind, das neue Produkt erfolgreich auf den Markt zu bringen!

   1.2 Die Werbung sollte bestimmten Grundsätzen genügen. Nennen Sie drei wichtige Werbegrundsätze!

   1.3 In der Diskussion über die durchzuführenden Werbemaßnahmen fallen auch die Begriffe Streukreis und Streugebiet. Beschreiben Sie diese Begriffe!

2. Die Geschäftsleitung der Lorenz OHG prüft, ob auch Maßnahmen der Verkaufsförderung ergriffen werden sollen.

   2.1 Erläutern Sie den Begriff Verkaufsförderung!

   2.2 Schlagen Sie der Geschäftsleitung der Lorenz OHG Maßnahmen aus dem Bereich Salespromotion vor, um den Absatz des „Ökospülers" zu fördern!

57
1. Erläutern Sie nebenstehende Abbildung!

2. Die Kommunikationspolitik kann dazu beitragen, das umweltbewusste Marktsegment[1] zu vergrößern.

   Aufgaben:

   2.1 Begründen Sie, warum die Kommunikationspolitik das umweltbewusste Marktsegment vergrößern kann!

   2.2 Erklären Sie, welche Bedeutung die Vergrößerung des umweltbewussten Marktsegments für das Unternehmen haben kann!

   2.3 Sammeln Sie aus Zeitungen und Zeitschriften ökologisch orientierte Werbeanzeigen!

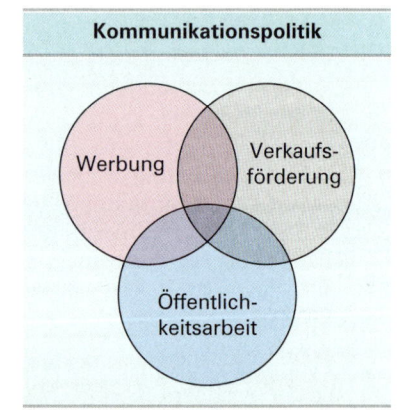

3. Ein Autohändler plant eine Werbeaktion zur Vorstellung des „Autos des Jahres".

   3.1 Stellen Sie ein Veranstaltungsprogramm auf für ein Marketing-Event in der Ausstellungshalle und auf dem Freigelände des Automobilhändlers!

   3.2 Beschreiben Sie wie Ihr Veranstaltungsprogramm die Aspekte Information, Emotion, Aktion und Motivation an die Zielgruppe vermitteln will!

---

[1] Unter Marktsegment versteht man einen Teil (einen Ausschnitt) aus einem Gesamtmarkt, z.B. enthält der Gesamtmarkt für Kraftstoffe das Marktsegment Diesel.

4.4.6 Beispiel für einen Marketing-Mix

Die Seifenfabrik Gabriele Schwarz e. Kfr. unterscheidet sich nicht nur durch das von ihr hergestellte Produkt von ihren Konkurrenzunternehmen, sondern auch durch den ergänzenden individuellen Einsatz weiterer Marketinginstrumente wie z. B. Preispolitik, Distributionspolitik und Kommunikationspolitik.

Beispiel:

Marketing-Mix zweier Seifenfabriken (Ausschnitt)

Marketinginstrumente	Marketing-Mix der Seifenfabrik Schwarz e. Kfr.	Marketing-Mix der Seifenfabrik Weiß GmbH
Produktpolitik (einschließlich Gestaltung der Verpackung)	Form: kantig; Farbe: kräftig; Duft: herb; Verpackung: Karton.	Form: weich, gerundet; Farbe: pastell; Duft: zart; Verpackung: Plastikdose.
Preispolitik	Durchschnittspreis	Preis überdurchschnittlich
Distributionspolitik	Einschaltung des Großhandels	Direktbelieferung des Einzelhandels
Kommunikationspolitik	Großhandel stellt Display-Material zur Verfügung; nur Zeitschriftenwerbung; Hinweise auf die männliche Note der Seife.	Rundfunk-, Fernseh- und Zeitschriftenwerbung; Hinweise auf Eignung der Seife für die Schönheitspflege.

Übungsaufgabe

58 Das obige Beispiel zeigt auf vereinfachende Weise den Marketing-Mix zweier Industrieunternehmen.

Aufgaben:
1. Erläutern Sie, was unter einem Marketing-Mix zu verstehen ist!
2. Erklären Sie, warum eine eigenständige Produktgestaltung dazu beitragen kann, den preispolitischen Spielraum eines Unternehmens zu vergrößern!

4.5 Aufgabenbereich Personal

4.5.1 Personalauswahl

Merke:

Die **Hauptaufgabe der Personalwirtschaft** besteht darin, das zur Erreichung der Unternehmensziele erforderliche Personal in quantitativer und qualitativer Hinsicht (z. B. nach Leistungsfähigkeit und -bereitschaft) zur rechten Zeit und am rechten Ort bereitzustellen.

(1) Ablauf der Besetzung eines Arbeitsplatzes

Unmittelbare Personalwerbung	
z. B.: ■ interne Stellenausschreibung ■ Stellenanzeigen ■ Arbeitsagenturen	■ private Arbeitsvermittlung ■ Personalleasing-Unternehmen ■ Internetveröffentlichungen

führt zu

Bewerbungen	
enthalten in der Regel ■ Bewerbungsunterlagen ■ Lebenslauf ■ Lichtbild	■ Zeugnisabschriften ■ Auskunftspersonen („Referenzen") ■ evtl. firmeneigener Fragebogen

falls für den Arbeitgeber interessant, Einladung zur

persönlichen Vorstellung	
unter Umständen mit ■ Einstellungstests ■ Einstellungsgespräch	■ Gruppendiskussionen ■ Assessmentcenter

falls Bewerber geeignet ist, erforderlichenfalls noch

Zustimmung des Betriebsrats und ärztliche Untersuchungen
falls keine gesundheitlichen Bedenken und falls Betriebsrat keinen Einspruch erhebt

Einstellung (Arbeitsvertrag)

(2) Auswahlkriterien

Geordnet nach ihrer Bedeutung in der Praxis gibt es bei der Neueinstellung von Mitarbeitern folgende Einstellungskriterien:

- die Ergebnisse des Einstellungsgesprächs (Interviews),
- Praxiszeugnisse,
- Ausbildungszeugnisse,
- Auswertung des Lebenslaufs,
- Schulzeugnisse,
- Ergebnisse von Arbeitstests bzw. -proben,
- Gutachten und Referenzen[1] und die Analyse psychologischer Tests bzw. Eignungsuntersuchungen.

(3) Rechtliche Bedingungen der Personalauswahl

■ **Sorgfaltspflicht des Arbeitgebers bei Bewerbungsunterlagen**

Dem Arbeitgeber obliegt hinsichtlich der eingereichten Bewerbungsunterlagen eine besondere Sorgfaltspflicht. Insbesondere muss der Arbeitgeber die Bewerbungsunterlagen sicher aufbewahren, er darf die Unterlagen nicht beliebigen Betriebsangehörigen

---
1 Referenzen: Empfehlungen, Auskünfte von Personen.

und schon gar nicht betriebsfremden Personen zugänglich machen. Außerdem darf er die Bewerbungsunterlagen an kein anderes Unternehmen weiterleiten. Nach Ablehnung der Bewerbung hat der Arbeitgeber die Bewerbungsunterlagen unverzüglich zurückzusenden. Verletzt der Arbeitgeber eine der angeführten Pflichten, so ist er dem Bewerber zum Schadensersatz verpflichtet.

- **Mitwirkung des Betriebsrats bei Einstellungen** [§§ 99–101 BetrVG]

In Betrieben mit i. d. R. mehr als zwanzig wahlberechtigten Arbeitnehmern hat der Arbeitgeber den Betriebsrat z. B. vor jeder Einstellung, Eingruppierung, Umgruppierung und Versetzung zu unterrichten, ihm die erforderlichen Bewerbungsunterlagen vorzulegen, Auskunft über die Person der Beteiligten zu geben und die Zustimmung des Betriebsrats einzuholen. Der Betriebsrat kann die Zustimmung unter bestimmten Umständen verweigern.

- Verstoß gegen eine rechtliche Vorschrift,
- Verstoß gegen eine Auswahlrichtlinie,
- Befürchtung einer Störung des Betriebsfriedens,
- Unterlaufen einer innerbetrieblichen Stellenausschreibung oder
- Nachteile für betroffene Arbeitskräfte.

Schweigt der Betriebsrat, gilt dies als Zustimmung. Die Ablehnung muss innerhalb einer Woche nach der Unterrichtung durch den Arbeitgeber unter Angabe von Gründen schriftlich erfolgen. Der Arbeitgeber hat dann die Möglichkeit, sich die fehlende Zustimmung durch das Arbeitsgericht ersetzen zu lassen. Das Arbeitsgericht muss prüfen, ob die vom Betriebsrat angegebenen Tatbestände zutreffen.

Der Arbeitgeber kann, wenn dies aus sachlichen Gründen dringend erforderlich ist, eine vorläufige Einstellung vornehmen, bevor sich der Betriebsrat geäußert hat, oder wenn er die Zustimmung verweigert hat. Der Arbeitnehmer muss über die Sach- und Rechtslage dieser Einstellung informiert werden [§ 100 I BetrVG].

Vor ihrer Einstellung müssen sich Bewerber erforderlichenfalls einer ärztlichen Untersuchung unterziehen. Ergeben sich keine gesundheitlichen Bedenken, können die Arbeitsverträge abgeschlossen werden.

4.5.2 Arbeitsvertrag

(1) Begriff des Arbeitsvertrags

> **Merke:**
>
> - Ein **Arbeitsvertrag** liegt vor, wenn Arbeitnehmer in einem **Unternehmen angestellt** sind, um nach **Weisungen des Arbeitgebers** Leistungen zu erbringen.
> - Als Gegenleistung hat der Arbeitgeber **Fürsorgepflichten** für seine Arbeitnehmer zu erbringen.

Ein Arbeitsvertrag ist eine **besondere Form des Dienstvertrags** nach § 611 BGB. Das **HGB** enthält weitere Bestimmungen für kaufmännische Angestellte [§§ 59 ff. HGB], die **Gewerbeordnung** für die gewerblichen Angestellten [§§ 105 ff. GewO]. Weitere wichtige Bestimmungen enthält das **Nachweisgesetz**, das **Arbeitsschutzrecht** (z. B. Arbeitszeitgesetz, Arbeitsschutzgesetz), das **Kündigungsschutzgesetz**, das **Sozialrecht** (z. B. die Sozialgesetzbücher) sowie das **Betriebsverfassungs- und Tarifvertragsrecht**.

(2) Abschluss von Arbeitsverträgen

Für den Abschluss eines **Einzelarbeitsvertrags**[1] **(Individualarbeitsvertrags)** bestehen grundsätzlich keine gesetzlichen Formvorschriften. Aus Gründen der Rechtssicherheit und zum Schutz der Arbeitnehmer ist es jedoch allgemein üblich, den Arbeitsvertrag **schriftlich** abzuschließen.

Nach dem Gesetz über den Nachweis der für ein Arbeitsverhältnis geltenden wesentlichen Bedingungen (Nachweisgesetz [NachwG]) ist der Arbeitgeber verpflichtet, spätestens einen Monat nach dem vereinbarten Beginn des Arbeitsverhältnisses die wesentlichsten Vertragsbedingungen **schriftlich** (nicht elektronisch) niederzulegen. Diese Niederschrift muss vom Arbeitgeber unterzeichnet und dem Mitarbeiter ausgehändigt werden. Bestimmte Mindestinhalte des Arbeitsverhältnisses sind schriftlich niederzulegen (Näheres siehe § 2 NachwG). Dies gilt grundsätzlich auch bei Änderungen wesentlicher Vertragsbedingungen (Näheres siehe § 3 NachwG).

(3) Inhalt des Arbeitsvertrags

Ein typischer Arbeitsvertrag zwischen einem Arbeitgeber und einem Arbeitnehmer umfasst folgende Vertragsinhalte:

Vertragsinhalte	Erläuterungen
Bezeichnung der Vertragsparteien	▪ Arbeitgeber: Firma, Rechtsform, Sitz des Unternehmens. ▪ Arbeitnehmer: Vor- und Zuname, Anschrift.
Vertragsbeginn	Angabe des Datums für den Beginn des Arbeitsverhältnisses.
Dauer	Die Laufzeit des Arbeitsvertrags kann befristet oder unbefristet sein.
Arbeitsort	In Unternehmen mit mehreren Standorten ist eine Vereinbarung über den Arbeitsort von großer Bedeutung.
Probezeit	Allgemein wird eine Probezeit vereinbart. Sie beträgt für Angestellte drei bis sechs Monate. Vorsichtige Unternehmen vereinbaren keine Probezeit, sondern ein Probearbeitsverhältnis, also ein befristetes Arbeitsverhältnis.
Arbeitsentgelt/ Sozialleistungen	Hier wird die Entgeltform, die Höhe, die Fälligkeit und die Auszahlungsweise vereinbart. Sozialleistungen wie Vermögensbildung, Altersversorgung, Geschäftswagen u. Ä. sind im Arbeitsvertrag festzuhalten.
Arbeitszeit/ Urlaub	Entweder wird auf den Tarifvertrag Bezug genommen oder es werden individuelle Vereinbarungen getroffen.
Arbeitsversäumnisse	Hier werden die Folgen einer unverschuldeten Arbeitsverhinderung und die Nachweispflicht bei Erkrankungen geregelt.
Kündigung	Die Kündigungsfrist wird regelmäßig in den Arbeitsvertrag aufgenommen. Erfolgt keine individuelle Regelung, so gilt der Tarifvertrag oder die Kündigungsfristen des § 622 BGB.

---

[1] Man spricht vom **Einzelarbeitsvertrag (Individualarbeitsvertrag),** weil er individuell (einzeln) zwischen Arbeitgeber und Arbeitnehmer abgeschlossen wird. Ein **Kollektivarbeitsvertrag** wird hingegen von Gewerkschaften einerseits und Arbeitgeberverbänden (Regel) andererseits für eine Gruppe (ein „Kollektiv") von Arbeitnehmern abgeschlossen.
Der Einzelarbeitsvertrag darf die Regelungen des Tarifvertrags **nicht unterschreiten.** Gleiches gilt für **Betriebsvereinbarungen,** die Fragen der Arbeitsbedingungen für ein Unternehmen zwingend regeln. Betriebsvereinbarungen sind Verträge zwischen Arbeitgeber und Betriebsrat.

Beispiel für einen unbefristeten Arbeitsvertrag

Zwischen der Firma *Werkzeugfabrik Franz Klein GmbH*, Steubenstr. 11–14, 70190 Stuttgart im Folgenden (Firma)
und Frau/Herrn *Doris Walcher* im Folgenden (Arbeitnehmer)
wird nachfolgender – **unbefristeter Arbeitsvertrag** – vereinbart:

§ 1 Beginn des Arbeitsverhältnisses/Tätigkeit

Der Arbeitnehmer wird ab *15. 01. 20...* als *Assistentin des Geschäftsführers im Werk Stuttgart, Steubenstr. 11–14* eingestellt.

§ 2 Befristung/Beendigung des Arbeitsverhältnisses

Das Arbeitsverhältnis ist unbefristet.

Als Probezeit werden *3 Monate* vereinbart. Während dieser Zeit kann das Arbeitsverhältnis unter Einhaltung einer Frist von zwei Wochen gekündigt werden.

§ 3 Arbeitszeit

Die regelmäßige Arbeitszeit richtet sich nach der betriebsüblichen Zeit. Sie beträgt derzeit *40* Stunden in der Woche ohne die Berücksichtigung von Pausen.

Regelmäßiger Arbeitsbeginn ist um *8:00 Uhr*, Arbeitsende ist um *17:00 Uhr*.

Die Frühstückspause dauert von *10:00 Uhr* bis *10:15 Uhr*, die Mittagspause von *12:30 Uhr* bis *13:15 Uhr*.

Der Arbeitnehmer erklärt sich bereit, im Falle betrieblicher Notwendigkeit bis zu *2* Überstunden pro Woche zu leisten.

§ 4 Vergütung

Der Arbeitnehmer erhält eine monatliche Bruttovergütung von EUR *3 178,00*. Die Vergütung ist jeweils am Monatsende fällig und wird auf das Konto des Arbeitnehmers bei der *Landesbank Baden-Württemberg, Konto Nr. 114710, BLZ 600 501 01*, angewiesen.

Etwa angeordnete Überstunden werden mit einem Zuschlag von *20 %* vergütet.

§ 5 Urlaub

Der Arbeitnehmer hat Anspruch auf *24* Werktage Urlaub. Die Lage des Urlaubs ist mit der Firma abzustimmen.

§ 6 Arbeitsverhinderung

Im Falle einer krankheitsbedingten oder aus sonstigen Gründen veranlassten Arbeitsverhinderung hat der Arbeitnehmer die Firma unverzüglich zu informieren. Bei Arbeitsunfähigkeit infolge Erkrankung ist der Firma innerhalb von drei Tagen ab Beginn der Arbeitsunfähigkeit eine ärztliche Bescheinigung über die Dauer der voraussichtlichen Arbeitsunfähigkeit vorzulegen.

§ 7 Verschwiegenheitspflicht

Der Arbeitnehmer wird über alle betrieblichen Angelegenheiten, die ihm im Rahmen oder aus Anlass seiner Tätigkeit in der Firma bekannt geworden sind, auch nach seinem Ausscheiden Stillschweigen bewahren.

§ 8 Nebenbeschäftigung

Während der Dauer der Beschäftigung ist jede entgeltliche oder unentgeltliche Tätigkeit, die die Arbeitsleistung des Arbeitnehmers beeinträchtigen könnte, untersagt. Der Arbeitnehmer verpflichtet sich, vor jeder Aufnahme einer Nebenbeschäftigung die Firma zu informieren.

§ 9 Ausschlussklausel/Zeugnis

Ansprüche aus dem Arbeitsverhältnis müssen von beiden Vertragsteilen spätestens innerhalb eines Monats nach Beendigung schriftlich geltend gemacht werden. Andernfalls sind sie verwirkt.

Bei Beendigung des Arbeitsverhältnisses erhält der Arbeitnehmer ein Zeugnis, aus dem sich Art und Dauer der Beschäftigung sowie, falls gewünscht, eine Beurteilung von Führung und Leistung ergeben.

Stuttgart, den 10. Januar 20..   *Stuttgart, den 10. Januar 20..*
(Ort, Datum)   (Ort, Datum)

i. A. Mayer   *Doris Walcher*
(Firma)   (Arbeitnehmer)

(4) Rechte und Pflichten aus dem Arbeitsvertrag

Pflichten der Arbeitgeber	Pflichten der Arbeitnehmer
■ Zahlung der vereinbarten Vergütung, ■ Fürsorgepflicht, ■ Informations- und Anhörungspflicht, ■ Pflicht zur Austellung eines Zeugnisses, ■ Pflicht zur Gewährung von Urlaub und Zahlung von Urlaubsentgelt, ■ Entgeltfortzahlung an gesetzlichen Feiertagen, im unverschuldeten Krankheitsfall.	■ Dienstleistungspflicht, ■ Pflicht zur Verschwiegenheit, ■ Pflicht zur Einhaltung des gesetzlichen und ggf. des vertraglichen Wettbewerbsverbots, ■ Pflicht zur unverzüglichen Anzeige der Arbeitsunfähigkeit, ■ Schadensersatzpflicht.

Zusammenfassung

- Das **Personalauswahlverfahren** geht in der Regel in folgenden Stufen vor sich:
  - **Vorauswahl** anhand der Bewerbungsunterlagen und der Referenzen, gegebenenfalls Eignungstests, Arbeitsproben, Bewerbergespräche,
  - **Auswahlentscheidung** aufgrund von zuvor festgelegten Einstellungskriterien,
  - **endgültige Einstellung** nach Anhörung des Betriebsrates und Ablauf der Probezeit.
- Ein **Arbeitsvertrag** liegt vor, wenn Arbeitnehmer mit Weisungsbefugnissen und Fürsorgepflichten ihres Dienstherrn (Arbeitgeber) in einem Unternehmen mitarbeiten.
- Partner des **Arbeitsvertrags** sind ein einzelner Arbeitnehmer und ein bestimmter Arbeitgeber. Rahmenvorgaben aus einer Betriebsvereinbarung und einem Tarifvertrag sind zu beachten. Eine Schlechterstellung des Arbeitnehmers ist grundsätzlich nicht möglich.
- In der Praxis wird der **Arbeitsvertrag** regelmäßig schriftlich abgeschlossen.

Übungsaufgaben

59 Bei den Design-Möbelwerken GmbH hängt folgende interne Stellenausschreibung am schwarzen Brett:

Außerdem wurde eine fast gleichlautende Anzeige in der Schwäbischen Zeitung veröffentlicht.

STELLENAUSSCHREIBUNG 8. Januar 20..

Sachbearbeiter/in – Auftragsbearbeitung Vertrieb

Aufgaben:
- Tagfertige Bearbeitung der eingehenden Aufträge zur Einhaltung der gewünschten Liefertermine
- Klärung entstandener Rückfragen mit Kunden bzw. Verkäufern
- Bearbeiten und Eingeben der Aufträge über PC
- Anfertigen von Skizzen für die Produktion
- Kontrollieren der bearbeiteten Aufträge innerhalb des Teams (definiertes Ziel: 0-Fehler-Weitergabe)

Anforderungen:
- Kaufmännische Ausbildung (Industriekaufmann, Großhandelskaufmann), von Vorteil wären Kenntnisse im technischen Bereich
- Wünschenswert: Erfahrung im Verkauf
- PC-Erfahrung in Text, Tabelle, Grafik
- Technisches Verständnis
- Teamfähigkeit

Interessenten werden gebeten, ihre schriftliche Bewerbung an Frau Kessler zu senden. Die Stelle ist zum 1. Februar 20.. zu besetzen.

Daraufhin sind nachstehende Bewerbungen eingegangen:

Maria Lindner
Müllergasse 10
88629 Pfullendorf

Design-Möbelwerke GmbH
Frau Kessler
Postfach 11 60
88630 Pfullendorf

13. Jan. 20..

Sehr geehrte Frau Kessler,

ich bewerbe mich um die ausgeschriebene Stelle als Sachbearbeiterin in Ihrem Unternehmen.

Ich habe die Prüfung zur Bürokauffrau mit gutem Erfolg bestanden und war anschließend noch einige Jahre in meinem Ausbildungsbetrieb beschäftigt. Der Umgang mit Kunden hat mir immer besondere Freude bereitet.

Nach der Geburt meiner beiden Kinder habe ich in der Zeit des Erziehungsurlaubes mehrere EDV-Kurse besucht und mich so auf diesem Gebiet weitergebildet.

Ich füge diesem Schreiben meinen Lebenslauf und Zeugniskopien bei. Gerne würde ich mich persönlich bei Ihnen vorstellen.

Mit freundlichem Gruß

Maria Lindner

Lebenslauf

13. Jan. 20..

Name:	Lindner, geb. Heinrich
Vorname:	Maria
Geburtsdatum:	28. 01. 1980
Geburtsort:	Bad Waldsee
Wohnort:	Pfullendorf
Familienstand:	verheiratet, 2 Kinder
Konfession:	römisch-katholisch

1997	Qualifizierter Hauptschulabschluss
1997– 2000	Ausbildung zur Bürokauffrau beim Autohaus Deuchert e. K. in Pfullendorf
2000– 2012	Übernahme im Ausbildungsbetrieb als Kontoristin
2012	Geburt meines ersten Kindes
2014	Geburt meines zweiten Kindes
bis heute	Erziehungsurlaub, Hausfrau und Mutter

Pfullendorf, 13. Jan. 20..

Maria Lindner

Frau Kessler ließ Frau Schneider aufgrund der Bewerbung beurteilen:

Johanna Schneider
im Hause

13. Jan. 20...

Design-Möbelwerke GmbH
Personaleinsatz
Frau Kessler

Interne Stellenausschreibung
Sachbearbeiterin – Auftragsbearbeitung Vertrieb

Sehr geehrte Frau Kessler,

aufgrund der internen Stellenausschreibung wurde ich darauf aufmerksam, dass der o.a. Arbeitsplatz neu besetzt werden soll. Ich interessiere mich sehr für diese Stelle und möchte mich gerne bewerben.

Im August 2011 begann ich in unserem Hause die Ausbildung zur Industriekauffrau. Die Prüfung habe ich im Juli 2014 bestanden.

Bereits in meiner Ausbildungszeit habe ich festgestellt, dass mir die Arbeit in der Vertriebsabteilung besonders gut gefällt, deshalb würde ich mich sehr freuen, wenn Sie meine Bewerbung berücksichtigen. Durch meine Tätigkeit in den verschiedenen Abteilungen unseres Hauses beherrsche ich das Arbeiten mit der EDV-Anlage und ich wäre gerne bereit mich weiterzubilden.

Sie können mich jederzeit unter der internen Telefonnummer 3245 erreichen. Bitte geben Sie mir die Möglichkeit für ein persönliches Gespräch.

Johanna Schneider

(Johanna Schneider)

Personalbeurteilungsbogen

Mitarbeiter:	Johanna Schneider
Tätig in unserem Unternehmen seit:	1. Aug. 2011
Tätig als:	Industriekauffrau
Abteilung:	lt. Einsatzplan
Anlass der Beurteilung:	interne Bewerbung
Datum der Beurteilung:	20. Jan. 20...

Einzelmerkmale	Bewertung
1. Beurteilung der fachlichen Leistung	
Fachkönnen	2,5
Konzentrations-, Planungsvermögen	3,0
Arbeitsausführung (Sorgfalt, Genauigkeit, Belastbarkeit)	2,0
mündliches Ausdrucks-, Kontaktvermögen	3,5
2. Beurteilung der Erfüllung der Mitarbeiterpflichten	
Selbstständigkeit, Teamarbeit, Informieren des Vorgesetzten, Lernbereitschaft	4,0
Gesamtbeurteilung	3,0

Besonderheiten:

Selbstständiges Arbeiten ist bei Frau Schneider aufgrund der geringen Berufserfahrung noch nicht genügend ausgeprägt. Wegen ihrer zurückhaltenden Art konnte sie sich nur langsam in das Team integrieren.

Gaby Hofmann
Akazienstraße 8
80899 München
Tel.: 089 568299

München, 11. Jan. 20..

Design-Möbelwerke GmbH
Frau Kessler
Postfach 11 60
88630 Pfullendorf

Stellenanzeige vom 11. Januar 20.. in der Schwäbischen Zeitung

Sehr geehrte Frau Kessler,

mit Ihrem o. a. Inserat suchen Sie eine Sachbearbeiterin für die Auftragsabteilung in Ihrem Möbelwerk in Pfullendorf. Ich möchte mich hiermit um diesen Arbeitsplatz bewerben. Da ich mich beruflich gerne weiterentwickeln möchte, stellt der Ortswechsel kein Problem für mich dar.

Nach dem Abschluss der mittleren Reife habe ich eine Ausbildung zur Industriekauffrau absolviert. Wie Sie aus meinen beiliegenden Bewerbungsunterlagen ersehen können, kann ich heute eine mehrjährige Berufserfahrung in dem genannten Arbeitsgebiet aufweisen und aus meiner Tätigkeit als Sachbearbeiterin in einem Möbelhaus bringe ich gutes technisches Verständnis mit.

Eigenverantwortliches Arbeiten ist für mich ebenso selbstverständlich wie der tägliche Umgang mit der elektronischen Datenverarbeitung. Ich engagiere mich gern, bin flexibel, belastbar und teamfähig.

Alle weiteren Fragen beantworte ich Ihnen gerne in einem persönlichen Gespräch und würde mich deshalb über eine positive Nachricht hinsichtlich eines Vorstellungstermins sehr freuen.

Mit freundlichen Grüßen

Gaby Hofmann

Anlagen
Bewerbungsunterlagen

LEBENSLAUF

Name:	Hofmann
Vorname:	Gaby
Geburtsdatum:	26. März 1985
Geburtsort:	Fürstenfeldbruck
Wohnort:	München
Familienstand:	ledig
Eltern:	Peter Hofmann, Dipl.-Betriebswirt, Maria Hofmann, Arzthelferin
Geschwister:	Gudrun Hofmann, 30 Jahre Markus Hofmann, 32 Jahre

Schulbildung

1991 – 1996	Grund- und Hauptschule, Fürstenfeldbruck
1996 – 2002	Realschule, Fürstenfeldbruck mit Abschluss der mittleren Reife, Notendurchschnitt 2,0

Beruflicher Werdegang

2002 – 2005	Ausbildung zur Industriekauffrau bei Dornier Reparaturwerft GmbH, Oberpfaffenhofen mit erfolgreichem Abschluss, Notendurchschnitt 1,8
2005 – 2010	Sekretärin in der Vertriebsabteilung bei Dornier Reparaturwerft GmbH, Oberpfaffenhofen
2010 bis heute	Auftragssachbearbeitung bei Möbel Krügel, München

München, 11.01.20..

Gaby Hofmann

Thomas Reichert
Hauptstr. 26
88348 Bad Saulgau
Telefon: 07581 43210

Design-Möbelwerke GmbH
Frau Kessler
Postfach 11 60
88630 Pfullendorf

Bad Saulgau, 14. Januar 20...

Bewerbung um den Arbeitsplatz als Sachbearbeiter im Vertrieb

Sehr geehrte Frau Kessler,

durch Ihre Stellenanzeige in der Schwäbischen Zeitung habe ich erfahren, dass Sie einen Auftragssachbearbeiter für die Vertriebsabteilung suchen. Ich bewerbe mich um diese Stelle.

Ich habe eine abgeschlossene Berufsausbildung als Industriekaufmann. Nach der Erfüllung meiner Bundeswehrpflicht war ich als Handelsreisender tätig. Danach arbeitete ich jedoch wieder als Industriekaufmann in verschiedenen Betrieben, zuletzt in der Auftragsannahme in einer Druckerei. Aufgrund der schlechten Wirtschaftslage wurde dieses Unternehmen wegen Zahlungsunfähigkeit aufgelöst und ich verlor dadurch meinen Arbeitsplatz.

Ich kann gute Kenntnisse in allen anfallenden Büroarbeiten und in der EDV aufweisen.

Zu Ihrer Information lege ich Ihnen meine kompletten Bewerbungsunterlagen bei. Bitte geben Sie mir die Möglichkeit für ein Vorstellungsgespräch.

Mit freundlichem Gruß

Thomas Reichert

Anlage
Lebenslauf

Tabellarischer Lebenslauf

Name:	Reichert
Vorname:	Thomas
geboren am:	25. Mai 1966 in Ochsenhausen
wohnhaft in:	Bad Saulgau
Familienstand:	verheiratet
1972 – 1981	Besuch der Grund- und Hauptschule mit Abschluss
1981 – 1984	Lehre als Industriekaufmann, Abschlussnote 3,0
1984 – 1986	Erfüllung der Wehrpflicht
1986 – 1988	Handlungsreisender für verschiedene Unternehmen
1988 – 1992	Außendienstmitarbeiter im Versicherungswesen
1992 – 1993	Filialleiter einer Lebensmittelkette
1993 – 1995	Leitung des Ersatzteillagers einer Kfz-Werkstätte
1995 – 2013	Auftragsannahme in einer Druckerei
seit Januar 2014	arbeitssuchend

Bad Saulgau, den 14. Januar 20...

Thomas Reichert

Aufgaben:

1. Entscheiden Sie sich in Gruppenarbeit für die geeignetste Bewerberin bzw. den geeignetsten Bewerber!

   Suchen Sie Beurteilungskriterien und bewerten Sie diese mithilfe folgender Tabelle:

ENTSCHEIDUNGSBEWERTUNGSTABELLE									
Kriterien	Gewichtung der Kriterien	Entscheidungsalternativen							
		Maria Lindner		Johanna Schneider		Gaby Hofmann		Thomas Reichert	
		Pkte.	gewichtete P.	Pkte.	gewichtete P.	Pkte.	gewichtete P.	Pkte.	gewichtete P.
Summe	100								

   Erläuterung zur Spalte Punkte: 5 = sehr gut, 4 = gut, 3 = befriedigend, 2 = ausreichend, 1 = schlecht.

2. Präsentieren und rechtfertigen Sie Ihre Entscheidung vor den anderen Gruppen!

60
1. Aufgrund des starken Unternehmenswachstums muss die Franz Schlick GmbH die meisten freien Stellen mit externen Bewerbern besetzen.

   Aufgabe:

   Stellen Sie den möglichen Personalbeschaffungsvorgang dar!

2. Beschreiben Sie die Sorgfaltspflicht des Arbeitgebers hinsichtlich der Bewerbungsunterlagen!

3. Nennen Sie das grundsätzliche Recht, das dem Betriebsrat bei Personaleinstellungen zusteht!

4. Beschreiben Sie die Widerspruchsgründe, die der Betriebsrat gegen eine beabsichtigte Personaleinstellung anführen kann!

5. Prüfen Sie, ob es dem Arbeitgeber erlaubt ist, eine vorläufige Personaleinstellung ohne Einschaltung des Betriebsrats vorzunehmen!

61
1. Frau Fleißig hilft ihrem Ehemann in dessen Unternehmen mit. Dieser hat sie beim Finanzamt und bei der Sozialversicherung angemeldet. Prüfen Sie mithilfe des § 59 HGB, ob Frau Fleißig kaufmännische Angestellte ist!

2. Der Industriekaufmann Knurr stellt sich beim Personalchef der Raststatter Elektro-AG vor. Dieser sagt ihm, dass er am 1. des folgenden Monats seine Arbeit in dem Unternehmen beginnen könne. Herr Knurr sagt zu. Schriftlich wird nichts vereinbart. Beurteilen Sie, ob der Arbeitsvertrag geschlossen ist!

5 Einführung in das externe Rechnungswesen[1]

5.1 Kontoführung

5.1.1 Begriff kaufmännische Buchführung

In den privaten Unternehmen fällt täglich eine Vielzahl von baren und unbaren Vorgängen an, die den Wert des Vermögens und/oder der Schulden verändern. Man bezeichnet sie als Geschäftsvorfälle.

> **Merke:**
>
> **Geschäftsvorfälle** sind Vorgänge, die eine Veränderung der **Vermögenswerte** bzw. der **Schulden** auslösen, zu **Geldeinnahmen** oder **Geldausgaben** führen, einen Werteverzehr (**Aufwand**) oder einen Wertezuwachs (**Ertrag**) darstellen.

Um die Übersicht über sein Vermögen und seine Schulden zu behalten, muss der Kaufmann die zu Beginn der Geschäftsperiode vorhandenen Bestände an Vermögen und Schulden sowie die durch die Geschäftsvorfälle hervorgerufenen Veränderungen festhalten, d. h., er muss über die Geschäftsvorfälle „Buch führen".

> **Merke:**
>
> Die **Buchführung** ist die lückenlose und sachlich geordnete Aufzeichnung aller Geschäftsvorfälle eines Unternehmens aufgrund von Belegen.

5.1.2 Erfassung von Geschäftsvorfällen am Beispiel des Kontos Kasse

(1) Standpunkt für die Erfassung von Geschäftsvorfällen

Ein Geschäftsvorfall kann immer von zwei Seiten aus betrachtet werden.

> **Beispiel:**
>
> Wir kaufen einen PC bar
>
> Eigenes Unternehmen (hier: Käufer) ← Lieferung des PC / Barzahlung → Geschäftspartner (hier: Verkäufer)
>
> Auf der einen Seite haben wir den Käufer, auf der anderen Seite den Verkäufer. Es taucht daher die Frage auf, ob der Geschäftsvorfall aus Sicht des Käufers oder aus Sicht des Verkäufers erfasst werden soll.

Um keine Missverständnisse aufkommen zu lassen und um nicht ständig umdenken zu müssen, werden **alle Geschäftsvorfälle** nur von **einem Standpunkt** aus betrachtet und erfasst. Dabei versetzen wir uns in die Rolle eines Kaufmanns, der seine Bücher führt. **Alle Geschäftsvorfälle** werden aus **Sicht des eigenen Unternehmens** betrachtet. Wie der

---

[1] Das **externe Rechnungswesen** umfasst die Buchführung und den Jahresabschluss. Ziel des externen Rechnungswesens ist es, außenstehenden Personen und Institutionen (z.B. Gesellschafter, Banken, Finanzamt, Gericht) Einblicke in die Vermögens-, Finanz- und Ertragslage des Unternehmens zu geben. Das externe Rechnungswesen ist durch Gesetze (z.B. HGB, AktG, EStG u.a.) bestimmt.

Geschäftsvorfall bei unserem Geschäftspartner zu buchen ist, interessiert uns daher aufgrund dieser Vereinbarung im Allgemeinen nicht.

Die Fälle, in denen der „Wir-Standpunkt" nicht ausdrücklich in die Formulierung aufgenommen ist, sind in gleicher Weise zu verstehen.

> **Beispiele:**
>
> Kauf von Rohstoffen bar ⟶ d. h. „**Wir** kaufen Rohstoffe bar."
>
> Banküberweisung eines Kunden ⟶ d. h. „Der Kunde überweist **uns** einen Rechnungsbetrag."
>
> Zahlung einer Liefererrechnung ⟶ d. h. „**Wir** zahlen eine Liefererrechnung durch
> durch Banküberweisung Banküberweisung."

(2) Kassenbuch

Wir gehen von einer kleinen Werkzeugfabrik aus, die neben dem Verkauf an Großkunden noch einen kleinen Werksverkauf für die Handwerker der Region gegen Barzahlung betreibt. Die täglichen Einnahmen und Ausgaben erfasst der Werksverkauf über ein Kassenbuch.

Im Kassenbuch werden alle Barvorgänge entsprechend der zeitlichen Reihenfolge aufgezeichnet. Damit kann jederzeit ein **rechnerischer (buchhalterischer) Kassenbestand (Soll-Kassenbestand)** ermittelt werden. Dieser Kassenbestand laut Kassenbuch muss dann mit dem **tatsächlichen Bargeldbestand in der Kasse (Ist-Kassenbestand)** übereinstimmen.

> **Beispiel für ein Kassenbuch:**
>
> Das Kassenbuch der Werkzeugfabrik Edgar Rohmer KG weist für den 13. Juni 20.. folgende Daten aus:
>
> | Vorgang | Einnahme/Bestand in EUR | Ausgabe in EUR |
> |---|---|---|
> | Kassenanfangsbestand | 1 750,00 | |
> | Barverkauf an Fritz Müller | 6 500,00 | |
> | Aushilfslohn bezahlt | | 620,00 |
> | Einlösung einer Nachnahme | | 1 480,00 |
> | Bareinzahlung vom Bankkonto | 1 980,00 | |
> | Barverkauf Anton Beyer | 1 460,00 | |
> | Kassenschlussbestand | 9 590,00 | |

Ergibt sich zwischen dem errechneten Kassenschlussbestand und dem gezählten Bestand eine Differenz, wurde entweder zu viel als Kasseneinnahme erfasst **(Kassenüberschuss)** oder eine Barausgabe nicht bzw. falsch im Kassenbuch eingetragen **(Kassenfehlbetrag)**. Das Führen eines Kassenbuches setzt also eine sorgfältige Verwaltung aller Barvorgänge voraus.

Die Eintragungen im Kassenbuch werden täglich an die Buchhaltung weitergeleitet und dort auf dem Konto Kasse gebucht.

(3) Einführung des Kontos Kasse

Auf dem Konto Kasse werden grundsätzlich zwei Vorgänge erfasst: Zahlungseingänge und Zahlungsausgänge. Es bietet sich daher an, zwischen diesen beiden unterschiedlichen Tatbeständen, die es zu erfassen gilt, eine Trennungslinie zu ziehen. Zu diesem Zweck teilen wir unser Aufzeichnungsblatt in zwei Hälften und vereinbaren, dass wir unsere **Geldeingänge** auf der **linken Hälfte der Seite** erfassen (wir nennen sie **Sollseite**[1]) und die **Geldausgänge** auf der **rechten Seite** (diese nennen wir **Habenseite**[1]). Diese Art der Erfassung der Geschäftsvorfälle nennen wir **Kontoform**. Das Konto, auf dem die Kassenvorgänge festgehalten werden, bezeichnet man als **Konto Kasse**.

Merke:

Für die Erfassung der Bargeschäfte auf dem Konto Kasse gilt das folgende Grundschema:

Soll	**Kasse**	Haben
Geldeinnahmen		Geldausgaben

Beispiel:

Wir beziehen uns auf die Angaben im Kassenbuch von S. 291 und buchen die Einnahmen und Ausgaben auf dem Kassenkonto.

Lösung:

Soll		Kasse		Haben
Anfangsbestand	1 750,00	Aushilfslohn		620,00
Fritz Müller	6 500,00	Nachnahme		1 480,00
Bank	1 980,00			
Anton Beyer	1 460,00			

Zur Feststellung des Schlussbestandes muss das Konto **abgeschlossen** werden. Den ermittelten Schlussbestand nennt man in der Sprache des Buchhalters **Saldo**, den Vorgang des Kontoabschlusses bezeichnet man als **Saldieren**.

Um **nach dem Abschluss** weitere Eintragungen vornehmen zu können, muss ein bereits abgeschlossenes Konto wieder **neu eröffnet** werden. Dabei wird der Wert des **Schlussbestands (Saldo)** beim Abschluss auf dem neu zu eröffnenden Konto als **Anfangsbestand (Saldovortrag)** übernommen.

---

[1] Die Seitenbezeichnungen „Soll" und „Haben" hängen mit der Entwicklungsgeschichte der Buchführung zusammen. Es sind Restbestände aus der Führung der ersten Konten, bei denen es sich um Personenkonten handelte (Kunden **„sollen"** zahlen [Warenlieferungen] und sie **„haben"** gezahlt [Zahlungen]). Diese für **alle** Konten geltenden Seitenbezeichnungen können bei anderen Konten nicht mehr zum Konteninhalt in Beziehung gebracht werden.

Dies ergibt folgende Darstellung:

Abschluss des Kontos:[1]

Soll		Kasse		Haben
Anfangsbestand	1750,00	Aushilfslohn		620,00
Fritz Müller	6500,00	Nachnahme		1480,00
Bank	1980,00	Schlussbestand (Saldo)		9590,00
Anton Beyer	1460,00			
	11690,00			11690,00

Neueröffnung des Kontos:

Soll		Kasse	Haben
Anfangsbestand (Saldovortrag)	9590,00		

Schematische Darstellung:

Soll	Kasse	Haben
Anfangsbestand		Barauszahlungen
Bareinnahmen		Schlussbestand (Saldo)

Soll	Kasse	Haben
Anfangsbestand (Saldovortrag)		Barauszahlungen
Bareinnahmen		Schlussbestand

Erläuterungen:

Der ermittelte **Restbetrag (Saldo)** auf einem Konto heißt **Schlussbestand**. Dieser steht immer auf der wertmäßig kleineren Seite. Das ist bei einem Kassenkonto die Habenseite (niemand kann mehr Geld aus der Kasse entnehmen als vorher hineingelegt wurde).

Der **Anfangsbestand (Saldovortrag)** auf dem neu eröffneten Konto steht immer auf der entgegengesetzten Seite wie der Schlussbestand (Saldo). Da auf dem Kassenkonto der Schlussbestand auf der Habenseite steht, muss der Anfangsbestand auf der Sollseite erscheinen.

Der Abschluss eines Kontos vollzieht sich in fünf Schritten:

1. Schritt: Das Wort Schlussbestand (Saldo) wird auf der wertmäßig kleineren Seite eingetragen.

2. Schritt: Die wertmäßig größere Seite wird addiert.

3. Schritt: Die errechnete Summe wird auf die wertmäßig kleinere Seite übertragen.

4. Schritt: Der Schlussbestand (Saldo) wird ermittelt und zum Ausgleich der Seiten auf der wertmäßig kleineren Seite eingetragen.

5. Schritt: Die Abschlussstriche sind zu ziehen.

---

[1] Auf die **Entwertung des freien Raums** beim Abschluss des Kontos durch die sogenannte „Buchhalternase" wird im Folgenden **verzichtet**. Dies entspricht der Vorgehensweise in der EDV-Buchhaltung.

Übungsaufgabe

62 1. 1.1 Führen Sie das Kassenbuch für den 25. November 20.. aufgrund folgender Angaben:

Kassenanfangsbestand am 25. November 20..	246,32 EUR
Tageslosung[1]	1 826,65 EUR
Entnahmen:	
– Ausgabe für Reinigungsmittel	63,84 EUR
– Barzahlung einer Eingangsrechnung	866,85 EUR
– für Privatzwecke	342,00 EUR

1.2 Übertragen Sie die Daten des Kassenbuchs auf das Konto Kasse und schließen Sie es nach Buchung der Geschäftsvorfälle ab!

2. Führen Sie das Konto **Kasse** und schließen Sie es nach Buchung der Geschäftsvorfälle ab!

> **Bearbeitungshinweis:** Denken Sie daran, dass alle Geschäftsvorfälle jeweils nur nach ihrer Auswirkung auf den Kassenbestand befragt werden müssen. Für die Beantwortung gibt es nur zwei Möglichkeiten: Entweder der Kassenbestand nimmt durch den Geschäftsvorfall zu oder er nimmt ab. Zugänge gehören bei der Kasse auf die Sollseite, Abgänge auf die Habenseite.

I. Anfangsbestand:

Die Kasse weist einen Anfangsbestand (Saldovortrag) von 2 160,00 EUR aus.

II. Geschäftsvorfälle:

Es ereignen sich folgende Geschäftsvorfälle, die den Kassenbestand verändern:

1. Barverkauf von Waren	3 070,00 EUR
2. Zeitungsinserat bar bezahlt	190,00 EUR
3. Kauf von Briefmarken	45,00 EUR
4. Barzahlung eines Kunden	910,00 EUR
5. Mietzahlung unseres Mieters bar	300,00 EUR
6. Barzahlung einer Lieferantenrechnung	1 940,00 EUR
7. Barverkauf von Waren	180,00 EUR
8. Provisionszahlung bar	2 700,00 EUR

3. Führen Sie das Konto **Kasse** und schließen Sie es nach Buchung der Geschäftsvorfälle ab!

I. Anfangsbestand:

Die Kasse weist einen Anfangsbestand von 2 370,00 EUR aus.

II. Geschäftsvorfälle:

Es ereignen sich folgende Geschäftsvorfälle, die den Kassenbestand verändern:

1. Ein Kunde zahlt einen Rechnungsbetrag bar	350,00 EUR
2. Wir kaufen Waren bar ein	500,00 EUR
3. Wir heben vom Bankkonto ab und legen das Geld in die Geschäftskasse	1 000,00 EUR
4. Wir zahlen die Aushilfslöhne bar	900,00 EUR
5. Wir kaufen Waren bar	850,00 EUR
6. Wir kaufen Büromaterial bar	78,00 EUR
7. Wir kaufen einen Bürostuhl bar	425,00 EUR
8. Wir zahlen auf unser Bankkonto bar ein	400,00 EUR

---

[1] Die Tageslosung ist der Wert der täglichen Barverkäufe.

5.2 Inventur und Inventar

5.2.1 Inventur

5.2.1.1 Ablauf der Inventur

Nach § 240 HGB ist jeder Kaufmann verpflichtet, „zu Beginn seines Handelsgewerbes" (d. h. bei der Gründung) und danach „für den Schluss eines jeden Geschäftsjahres" seine Vermögens- und Schuldposten mit ihren Werten anzugeben. Diese Aufstellung nennt der Gesetzgeber **Inventar**.

Durch den Vorgang der **Inventur** wird vor Ort festgestellt, welche Vermögens- und Schuldwerte tatsächlich vorhanden sind. Die Inventur ist also eine **Tätigkeit (körperliche Bestandsaufnahme)**.

- Man geht in das Lager und schaut z. B. nach, welche Menge einer **Werkstoffart**[1] noch vorhanden ist. Typische Tätigkeiten für diesen ersten Vorgang der Inventur sind: Zählen, Messen, Wiegen, notfalls auch Schätzen. Durch die Rechnung Menge · Einstandspreis wird anschließend der Wert der vorhandenen Werkstoffe ermittelt.
- Zur Feststellung des Wertes an **Bargeld** muss das in der Kasse vorhandene Geld gezählt werden.
- Bei anderen Geldvermögensarten, z. B. dem **Bankguthaben,** geben die Kontoauszüge Auskunft über das gegenwärtige Guthaben.
- **Kundenforderungen** bzw. **Lieferantenschulden** werden namentlich aufgelistet. Die ermittelten Salden lässt man sich von den einzelnen Kunden bzw. Lieferanten bestätigen.
- Der Wert der einzelnen Gegenstände der **Betriebs- und Geschäftsausstattung** wird unter Berücksichtigung planmäßiger Abschreibungsbeträge ermittelt.

Beispiel für eine Inventur-Aufnahmeliste (Einzelinventurliste):

Inventur-Aufnahmeliste

Filiale:	Ravensburg	Blatt-Nr.:	14	Aufnahme:	Fischer
Abteilung:	Möbel	Datum:	31.12.20..	Ausrechnung:	Troll
				Kontrolle:	Spralte

Position	Menge	Artikel-nummer	Artikelbezeichnung	Warengruppe	Nettoverkaufspreis in EUR	Einstandspreis in EUR
(1)	30	30111	Matratzen	5	299,00	185,00
(2)	25	30222	Tische	7	119,00	69,00
(3)						

Merke:

Die **Inventur** ist die mengen- und wertmäßige Erfassung aller Vermögens- und Schuldenwerte eines Kaufmanns zu einem bestimmten Zeitpunkt. Die Inventur ist also eine Tätigkeit.

---

1 Zu den Werkstoffen zählen z. B. Rohstoffe, Betriebsstoffe, Hilfsstoffe. Siehe hierzu S. 310.

5.2.1.2 Zielsetzung der Inventur

Die vom Gesetzgeber geforderte Inventur ist wesentlicher Bestandteil einer ordnungsmäßigen Buchführung. Die Inventur dient in erster Linie dem **Schutz der Gläubiger**. Durch eine körperliche Bestandsaufnahme soll überprüft werden, ob die in der Buchführung **ausgewiesenen Bestände (Sollbestände)** mit den **tatsächlichen Beständen (Istbeständen) übereinstimmen,** die durch die Inventur ermittelt werden. Treten Differenzen zwischen Soll- und Istbeständen auf, müssen die Ursachen aufgedeckt und entsprechende Korrekturen in der Buchführung vorgenommen werden, damit solche Differenzen nicht noch weitergeschleppt werden. Insofern übt die **Inventur** gegenüber der Buchführung eine **Kontrollfunktion** aus.

5.2.2 Inventar

> **Merke:**
>
> Das **Inventar** ist das übersichtlich zusammengestellte **wertmäßige Ergebnis** der Inventur. Das Inventar ist also ein Verzeichnis über die tatsächlich vorhandenen Vermögens- und Schuldenwerte an einem bestimmten Tag (Stichtag).

Obschon es **keine gesetzlichen Vorschriften** für die **formale Darstellung eines Inventars** gibt, hat es sich in der Praxis allgemein durchgesetzt, dass die Ergebnisse der Inventur nochmals zusammengefasst werden. Bei einzelnen Posten wird dann auf die Einzelverzeichnisse verwiesen.

Das Beispiel auf S. 297 soll Ihnen als Muster für den Inhalt und den Aufbau eines Inventarverzeichnisses und für die darin verwendeten Begriffe dienen.

Erläuterungen zum Inhalt und Aufbau des Inventars von S. 297

Das Inventar besteht aus drei Teilen: dem **Vermögen**, den **Schulden** und dem **Reinvermögen** (Eigenkapital).

- Das **Vermögen** gibt Aufschluss darüber, welche Gegenstände in einem Unternehmen vorhanden sind. Man unterscheidet zwischen Anlage- und Umlaufvermögen.

    - Zum **Anlagevermögen** gehören alle Vermögensposten, die dazu bestimmt sind, dem Unternehmen langfristig zu dienen. Sie bilden die Grundlage für die Betriebsbereitschaft.

        > **Beispiele:**
        >
        > Lizenzen, geschützte Marken, Gebäude, Grundstücke, Maschinen, Betriebs- und Geschäftsausstattung, Beteiligung an anderen Unternehmen.

    - Zum **Umlaufvermögen** zählen alle Vermögensposten, die dadurch charakterisiert sind, dass sie sich durch die Geschäftstätigkeit laufend verändern.

        > **Beispiele:**
        >
        > Kassenbestand, Guthaben bei Kreditinstituten, Werkstoffe, Handelswaren, Forderungen aus Lieferungen und Leistungen.

- Die **Schulden** (Verbindlichkeiten) stellen Fremdkapital dar, das Dritte dem Unternehmen zur Verfügung stellen. Sie werden z.B. nach der Art der Schuld gegliedert.

    > **Beispiele:**
    >
    > Verbindlichkeiten gegenüber Kreditinstituten, Verbindlichkeiten aus Lieferungen und Leistungen.

Inventar zum 31. Dezember
der Möbelfabrik Franz Merkurius e. Kfm., Humpisstraße 15, 88212 Ravensburg

A. Vermögen			
I. Anlagevermögen:			
1. Grundstücke			
– Humpisstraße 15		175 000,00 EUR	
– Georgstraße 21		125 000,00 EUR	300 000,00 EUR
2. Bauten auf eigenen Grundstücken			
– Fabrikgebäude Humpisstraße 15		429 450,00 EUR	
– Verwaltungsgebäude Georgstraße 21		675 000,00 EUR	1 104 450,00 EUR
3. Maschinen lt. Inventurliste 1			749 800,00 EUR
4. Fuhrpark			
– Pkw: RV – BE 44		45 800,00 EUR	
– Lkw: RV – LU 855		98 750,00 EUR	144 550,00 EUR
5. Betriebs- und Geschäftsausstattung			
– Lagereinrichtung lt. Inventurliste 2		45 600,00 EUR	
– Verwaltungseinrichtung lt. Inventurliste 3		29 275,00 EUR	
– EDV-Anlagen lt. Inventurliste 4		20 725,00 EUR	95 600,00 EUR
II. Umlaufvermögen:			
1. Rohstoffe lt. Inventurliste 5			350 750,00 EUR
2. Hilfsstoffe lt. Inventurliste 6			118 450,00 EUR
3. Betriebsstoffe lt. Inventurliste 7			147 620,00 EUR
4. Fertigerzeugnisse			
– 360 Schränke V 17/2		203 400,00 EUR	
– 210 Schreibtische S 22/4		193 200,00 EUR	
– Diverse Kleinmöbel lt. Inventurliste 8		310 400,00 EUR	707 000,00 EUR
5. Unfertige Erzeugnisse lt. Inventurliste 9			70 200,00 EUR
6. Forderungen aus Lieferungen und Leistungen			
– Möbelhaus Schmid OHG, Karlsruhe		12 125,00 EUR	
– Möbel Meierhofer KG, Stuttgart		11 900,00 EUR	
– Möbel Discount Dresden GmbH		9 550,00 EUR	33 575,00 EUR
7. Kassenbestand lt. Inventurliste 10			1 250,00 EUR
8. Guthaben bei Banken			
– Guthaben Volksbank Lindau		28 780,00 EUR	
– Guthaben Kreissparkasse Ravensburg		5 900,00 EUR	34 680,00 EUR
Summe des Vermögens (Rohvermögens)			**3 857 925,00 EUR**
B. Schulden			
1. Verbindlichkeiten gegenüber Kreditinstituten			
– Darlehen bei der Volksbank Lindau			890 600,00 EUR
– Kontokorrentkredit bei der Kreissparkasse Ravensburg			50 145,00 EUR
2. Verbindlichkeiten aus Lieferungen und Leistungen			
– Metall- und Kunststoffwerke Leipzig AG		55 150,00 EUR	
– Großhandelshaus Stark GmbH Freiburg		47 350,00 EUR	102 500,00 EUR
3. Liefererdarlehen bei der Rado GmbH			73 000,00 EUR
Summe der Schulden			**1 116 245,00 EUR**
C. Ermittlung des Reinvermögens (Eigenkapitals)			
Summe des Vermögens			3 857 925,00 EUR
– Summe der Schulden			1 116 245,00 EUR
= Reinvermögen (Eigenkapital)			**2 741 680,00 EUR**

Übungsaufgabe

63
1. Geben Sie die Gesetzesvorschrift an, die den Kaufmann zur Aufstellung eines Inventars verpflichtet!
2. Nennen Sie drei Angaben, die in einem Inventar enthalten sein müssen!
3. Nennen Sie die Zeitpunkte, zu denen jeweils ein Inventar aufgestellt werden muss!
4. Erläutern Sie die Begriffe Inventar und Inventur!
5. Erläutern Sie die praktische Bedeutung der Inventur im Zusammenhang mit der Buchführung!
6. Begründen Sie, welche Werte beim Auftreten von Differenzen zwischen Soll- und Istwerten berichtigt werden müssen!
7. Stellen Sie aufgrund der angegebenen Inventurergebnisse ein Inventar auf!

Bebaute Grundstücke		478 790,00 EUR
Fabrikgebäude		2 121 180,00 EUR
Verwaltungsgebäude		535 925,00 EUR
Büroeinrichtung lt. Inventurliste 1		148 500,00 EUR
Maschinen lt. Inventurliste 2		2 470 100,00 EUR
Werkzeuge lt. Inventurliste 3		272 800,00 EUR
Fuhrpark: 2 Lkw	205 000,00 EUR	
3 Pkw	64 300,00 EUR	269 300,00 EUR
Betriebs- und Geschäftsausstattung lt. Inventurliste 4		330 000,00 EUR
Rohstoffe lt. Inventurliste 5		1 420 000,00 EUR
Betriebsstoffe lt. Inventurliste 6		87 200,00 EUR
Hilfsstoffe lt. Inventurliste 7		54 750,00 EUR
Unfertige Erzeugnisse lt. Inventurliste 8		321 800,00 EUR
Fertige Erzeugnisse lt. Inventurliste 9		1 790 000,00 EUR
Kundenforderungen lt. bestätigter Saldenliste		222 400,00 EUR
Kassenbestand lt. Inventurliste 10		15 100,00 EUR
Guthaben bei Kreditinstituten		
– Guthaben auf dem Kontokorrentkonto bei der A-Bank		29 900,00 EUR
Verbindlichkeiten gegenüber Kreditinstituten		
– Darlehen bei der B-Bank		3 720 000,00 EUR
Verbindlichkeiten aus Lieferungen und Leistungen:		
– Esslinger Maschinen AG	820 000,00 EUR	
– Technik & Service Fritz GmbH	188 100,00 EUR	1 008 100,00 EUR

5.3 Bilanz

5.3.1 Gesetzliche Grundlagen zur Aufstellung der Bilanz

(1) Aufstellungspflicht

Nach § 242 HGB hat der Kaufmann zu Beginn seines Handelsgewerbes und danach für den Schluss eines jeden Geschäftsjahres eine Bilanz[1] aufzustellen, aus der das Verhältnis zwischen seinem Vermögen und seinen Schulden erkennbar ist.

---

[1] Das Wort **Bilanz** stammt aus dem Italienischen. Dort heißt es so viel wie Gleichgewicht bzw. Waage.

Im Gegensatz zum Inventar stellt die Bilanz eine **kurz gefasste Übersicht** dar, die es ermöglicht, das Verhältnis zwischen Vermögen und Schulden in kurzer Zeit zu erkennen. Die Bilanz ist eine **Kurzfassung des Inventars**.

(2) Form und Gliederung der Bilanz nach § 266 HGB

Nach § 266 I, S. 1 HGB ist die Bilanz in **Kontoform** aufzustellen. Die **linke Seite der Bilanz** ist die **Aktivseite**. Auf ihr stehen die **Aktiva (Vermögensposten)**. Die **rechte Seite der Bilanz** ist die **Passivseite**. Auf ihr stehen die **Passiva**. Die Passivseite der Bilanz weist das Kapital, getrennt nach Kapitalgebern (**Eigenkapital** und **Verbindlichkeiten [Fremdkapital]**) aus.

Da wir uns in der Schule, namentlich im Anfangsunterricht, nur mit einfachen Bilanzen beschäftigen können, verwenden wir für unsere vorläufige Arbeit mit Bilanzen folgendes, an der Praxis orientiertes, vereinfachtes Bilanzschema.

Aktiva	Bilanz zum 31. Dezember 20..	Passiva

I. **Anlagevermögen**
   1. Grundstücke und Bauten
   2. technische Anlagen und Maschinen
   3. And. Anl., Betr.- u. G.-Ausstattung[1]
II. **Umlaufvermögen**
   1. Roh-, Hilfs- und Betriebsstoffe[2]
   2. unfertige Erzeugnisse
   3. fertige Erzeugnisse und Waren[3]
   4. Ford. aus Lieferungen u. Leistungen
   5. Kassenbestand
   6. Guthaben bei Kreditinstituten
		I. **Eigenkapital**
		II. **Verbindlichkeiten**
		   1. Verbindlichkeiten gegenüber Kreditinstituten
		   2. Verbindlichkeiten aus Lieferungen und Leistungen
		   3. Sonstige Verbindlichkeiten[4]

Beispiel:

Wir stellen zu dem Inventar auf S. 297 die entsprechende Bilanz auf!

---

1 Zu diesem Bilanzposten gehört bei Kapitalgesellschaften auch der Fuhrpark. In Bilanzen von Nichtkapitalgesellschaften wird der Fuhrpark häufig als gesonderter Bilanzposten ausgewiesen.

2 – **Rohstoffe** werden nach der Bearbeitung oder Verarbeitung wesentliche Bestandteile der Fertigerzeugnisse, z.B. Eisen und Stahl im Maschinenbau; Wolle und Baumwolle in der Textilindustrie.
   – **Hilfsstoffe** sind Stoffe, die bei der Bearbeitung verbraucht werden, um das Erzeugnis herzustellen, die aber nicht als wesentliche Bestandteile der Fertigerzeugnisse zu betrachten sind, z.B. Farben in der Tapetenherstellung oder Lacke, Schrauben, Muttern, Nieten in der Automobilindustrie.
   – **Betriebsstoffe** dienen dazu, die Maschinen zu „betreiben", z.B. Schmierstoffe, Kühlmittel, Reinigungsmittel. Sie gehen nicht in das fertige Produkt ein.

3 Es handelt sich um **fertige Waren** (sogenannte **Handelswaren**), die der Industriebetrieb einkauft und unverändert weiterverkauft, z.B. eine Möbelfabrik kauft Bilder, Wäsche und Teppiche ein, die sie an interessierte Kunden weiterverkauft.

4 Zu diesem Bilanzposten zählen z.B. ein Liefererdarlehen, Sonstige Verbindlichkeiten gegenüber dem Finanzamt und Verbindlichkeiten gegenüber Sozialversicherungsträgern.

Lösung:

Aktiva	Bilanz der Möbelfabrik Franz Merkurius e. Kfm. zum 31. Dez. 20..		Passiva
I. Anlagevermögen		**I. Eigenkapital**	2 741 680,00
1. Grundstücke u. Bauten	1 404 450,00	**II. Verbindlichkeiten**	
2. techn. Anl. u. Maschinen	749 800,00	1. Verbindlichkeiten gegenüber Kreditinstituten	940 745,00
3. andere Anlagen, Betriebs- u. Geschäftsausstattung	240 150,00	2. Verbindlichkeiten aus Lieferungen und Leistungen	102 500,00
II. Umlaufvermögen		3. Sonstige Verbindlichkeiten	73 000,00
1. Roh-, Hilfs- u. Betr.-Stoffe	616 820,00		
2. unfertige Erzeugnisse	70 200,00		
3. fert. Erzeugn. u. Waren	707 000,00		
4. Ford. a. Lief. u. Leist.	33 575,00		
5. Kassenbestand	1 250,00		
6. Guthaben b. Kreditinstituten	34 680,00		
	3 857 925,00		**3 857 925,00**

Ravensburg, den 10. März 20..   *Franz Merkurius*

Die Bilanz lässt auf einen Blick erkennen, wer das Kapital aufgebracht hat (Passivseite) und wie es verwendet wurde (Aktivseite).

Aktiva	Bilanz der Möbelfabrik Franz Merkurius e. Kfm.		Passiva
Wie wurde das Kapital verwendet?		**Wer hat das Kapital aufgebracht?**	
I. Anlagevermögen	2 394 400,00	I. Eigenkapital	2 741 680,00
II. Umlaufvermögen	1 463 525,00	II. Verbindlichkeiten	1 116 245,00
Vermögen	**3 857 925,00**	**Kapital**	**3 857 925,00**
↑		↑	
Verwendung finanzieller Mittel (Investierung)		**Beschaffung** finanzieller Mittel (Finanzierung)	

> **Merke:**
>
> Die **Aktivseite** der Bilanz gibt die **Mittelverwendung (Investierung)** des Unternehmens wieder, die Passivseite die **Mittelbeschaffung (Finanzierung)**.

(3) Bilanzgleichungen

Für jede Bilanz gilt folgende Grundgleichung:

$$\text{Aktiva} \stackrel{\wedge}{=} \text{Passiva}$$

Dabei gilt:

$$\text{Aktiva} \stackrel{\wedge}{=} \text{Vermögen}$$
$$\text{Passiva} \stackrel{\wedge}{=} \text{Eigenkapital} + \text{Fremdkapital}[1]$$

---

[1] Unter dieser mehr betriebswirtschaftlichen Betrachtungsweise benutzen wir den Begriff **Fremdkapital** (statt Verbindlichkeiten).

Hieraus lassen sich folgende weitere **Bilanzgleichungen** ableiten:

Für die Berechnung des Vermögens

$$\text{Vermögen} \triangleq \text{Eigenkapital} + \text{Fremdkapital}$$

Für die Berechnung des Kapitals

$$\text{Eigenkapital} \triangleq \text{Vermögen} - \text{Fremdkapital}$$
$$\text{Fremdkapital} \triangleq \text{Vermögen} - \text{Eigenkapital}$$

(4) Aussagekraft der Bilanz

Am vorgegebenen Beispiel der Möbelfabrik Franz Merkurius e.Kfm. wird im Folgenden ein kurzer Überblick über die Aussagekraft einer Bilanz gegeben. Dabei beschränken wir uns darauf, das Verhältnis des Anlage- und Umlaufvermögens sowie des Eigen- und Fremdkapitals zur Bilanzsumme aufzuzeigen und auszuwerten.

Aktiva			Bilanz der Möbelfabrik Franz Merkurius e.Kfm.			Passiva
Wie wurde das Kapital verwendet?				**Wer** hat das Kapital aufgebracht?		
I. Anlagevermögen	2 394 400,00	62,1 %		I. Eigenkapital	2 741 680,00	71,1 %
II. Umlaufvermögen	1 463 525,00	37,9 %		II. Verbindlichkeiten	1 116 245,00	28,9 %
Vermögen	3 857 925,00	100,0 %		**Kapital**	3 857 925,00	100,0 %

↑
Verwendung finanzieller Mittel
(Investierung)

↑
Beschaffung finanzieller Mittel
(Finanzierung)

Zur Vermögenszusammensetzung:

Wir sehen, dass das Anlagevermögen einen höheren Anteil hat als das Umlaufvermögen. Das war zu erwarten, denn eine Möbelfabrik benötigt zur Produktion Fabrikhallen, Lagerbestände, Maschinen, Fließbänder u.Ä. Diese Anlagegüter sind kapitalintensiv. Das Anlagevermögen ist dabei umso höher, je stärker ein Unternehmen die Produktion automatisiert.

Im Umlaufvermögen sind bei einer Möbelfabrik naturgemäß die Roh-, Hilfs- und Betriebsstoffe sowie die Fertigerzeugnisse die größten Posten, da sie unmittelbar mit der Produktion zusammenhängen. Erwähnenswert ist, dass die Forderungen sehr niedrig sind. Dies bedeutet, dass die Erzeugnisse sehr begehrt sind und die Möbelfabrik auf die Gewährung langer Zahlungsfristen verzichten kann.

Zur Kapitalzusammensetzung:

Das Verhältnis Eigen- und Fremdkapital zur Bilanzsumme zeigt, dass der Anteil des Eigenkapitals höher ist als der des Fremdkapitals. Das bedeutet, die Möbelfabrik ist nicht von den Gläubigern abhängig und die Zinslast ist überschaubar.

Übungsaufgaben

64 Stellen Sie unter Beachtung des einfachen Bilanzgliederungsschemas auf Seite 299 aus dem Inventar der Aufgabe 63, Nr. 7 (S. 298) die entsprechende Bilanz auf!

65 1. Erstellen Sie für die Plastikwerke Hübner GmbH aufgrund folgender Angaben die Bilanz und berechnen Sie das Verhältnis von Anlage- und Umlaufvermögen sowie von Eigen- und Fremdkapital zur Bilanzsumme:

Fertige Erzeugnisse	620 400,00 EUR	Kassenbestand	17 000,00 EUR
Handelswaren	68 200,00 EUR	Verbindlichkeiten gegenüber Kreditinstituten	1 810 000,00 EUR
Grundstücke u. Bauten	570 800,00 EUR		
Ford. a. Lief. u. Leist.	115 000,00 EUR	Roh-, Hilfs- und Betriebsstoffe	490 500,00 EUR
Verbindl. a. Lief. u. Leist.	975 000,00 EUR		
Techn. Anl. u. Maschinen	1 700 400,00 EUR	Guthaben bei Kreditinst.	48 400,00 EUR
Büroausstattung	75 150,00 EUR	Liefererdarlehen	97 700,00 EUR
Fuhrpark	82 200,00 EUR		

2. Beurteilen Sie die Vermögens- und Kapitalstruktur der Plastikwerke Hübner GmbH!

5.3.2 Gegenüberstellung von Inventar und Bilanz

Inventar	Bilanz
■ Das Inventar ist eine **ausführliche wert- und mengenmäßige** Gegenüberstellung der Vermögens- und Schuldposten.	■ Die Bilanz ist eine **gedrängte wertmäßige** Gegenüberstellung aller Vermögens- und Schuldposten.
■ Im Inventar werden alle selbstständig bewertbaren Gegenstände eines Postens erfasst. Es ist **sehr ausführlich** und dadurch **unübersichtlich**.	■ Die Bilanz weist jeden Posten nur mit einer Summe aus. Sie ist **weniger ausführlich,** dadurch aber **übersichtlich**.
■ Im Inventar stehen Vermögen und Schulden **untereinander**.	■ In der Bilanz stehen Vermögen und Schulden **nebeneinander**.
■ Die Differenz zwischen Vermögen und Schulden heißt **Reinvermögen**.	■ Die Differenz zwischen Vermögen und Schulden heißt **Eigenkapital**.
■ Das Inventar bzw. die Inventur übt gegenüber den Ergebnissen der Buchführung eine **Kontrollfunktion** aus.	■ Die Bilanz **baut auf den Zahlenunterlagen der Buchführung und denen der Inventar auf**.
■ Das Inventar (die Inventur) dient **innerbetrieblichen Zwecken** (Soll-Ist-Vergleich).	■ Die Bilanz informiert die **Außenwelt**.
■ Gesetzliche **Gliederungsvorschriften** für das Inventar **bestehen nicht**.	■ Es **bestehen gesetzliche Gliederungsvorschriften**.[1]

5.3.3 Zusammenhang zwischen Inventur, Inventar, Bilanz und Buchführung

Zwischen der Buchführung und der Bilanz besteht ein enger Zusammenhang, denn jede Bilanz – mit Ausnahme der Eröffnungsbilanz – baut auf den Zahlengrundlagen der Buchführung auf. Bevor jedoch diese Ergebnisse der Buchführung über die Bilanz der Öffent-

---

[1] Auf die gesetzlichen Vorschriften zur Gliederung der Bilanz wird in der Jahrgangsstufe 2 eingegangen.

lichkeit präsentiert werden, soll sichergestellt sein, dass diese Werte auch tatsächlich vorhanden sind. Es könnten ja Unregelmäßigkeiten (z. B. Rechenfehler, Buchungsfehler, Diebstahl, Bewertungsabweichungen usw.) aufgetreten sein. Diese Sicherstellung erfolgt über die Inventur, bei der – völlig unabhängig von der Buchführung – vor Ort festgestellt wird, was vorhanden ist. Ohne die Inventur ist ein ordnungsmäßiger Jahresabschluss nicht möglich.

> **Merke:**
>
> ■ Man unterscheidet **Inventurbestand (Istbestand)** und **Buchbestand (Sollbestand)**.
>
> ■ Der **Buchbestand** muss eventuell durch Korrekturbuchungen dem **Istbestand** entsprechend **angepasst werden**.

Liegen Abweichungen zwischen Soll- und Istbeständen vor, müssen die Gründe dafür aufgedeckt und entsprechende Korrekturen in der Buchführung vorgenommen werden, damit die Werte der Buchführung auch mit den tatsächlich vorhandenen übereinstimmen. Die Inventur – mit dem Inventar als Ergebnis – hat also gegenüber der Buchführung eine **Kontrollfunktion**.

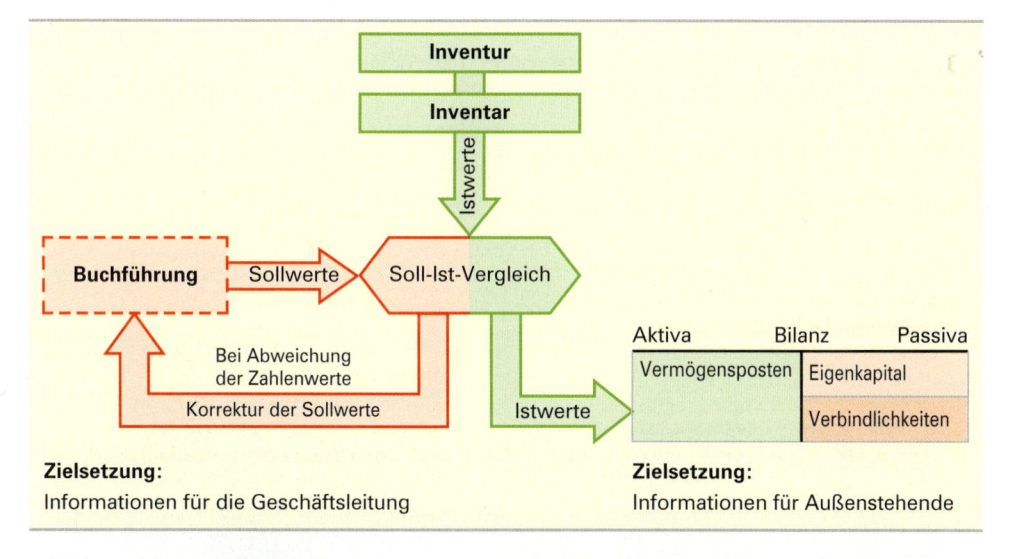

Übungsaufgabe

66 1. Geben Sie einige wichtige Unterscheidungsmerkmale zwischen Inventar und Bilanz an!
2. Nennen Sie die beiden Hauptgruppen auf der Aktivseite der Bilanz!
3. 3.1 Erläutern Sie den Begriff Anlagevermögen!
   3.2 Nennen Sie drei Posten, die zum Anlagevermögen gehören!
4. 4.1 Erläutern Sie den Begriff Umlaufvermögen!
   4.2 Nennen Sie vier Posten, die zum Umlaufvermögen zählen!
5. Deuten Sie das Wort Bilanz!
6. Stellen Sie die Grundgleichung einer Bilanz auf!

7. Geben Sie die Formel für die rechnerische Ermittlung des Eigenkapitals an!
8. Erläutern Sie den Inhalt der beiden Bilanzseiten!
9. Beschreiben Sie den Zusammenhang zwischen Buchführung, Inventar (Inventur) und Bilanz!

5.3.4 Wertveränderungen der Bilanzposten durch Geschäftsvorfälle (vier Grundfälle)

Die Bilanz stellt die Werte des Vermögens und der Schulden zu einem ganz bestimmten Zeitpunkt dar, und zwar im Allgemeinen für den Schluss eines jeden Geschäftsjahres. Durch Gegenüberstellung der Werte am Schluss des laufenden Geschäftsjahres mit den Werten am Schluss des vorangegangenen Geschäftsjahres können dann die Wertveränderungen der einzelnen Bilanzposten festgestellt werden. Ursache für diese Wertveränderungen sind die **Geschäftsvorfälle.** Will man diese Wertveränderungen in der übersichtlichen Form einer Bilanz verfolgen, müssten Bilanzen in kürzeren Zeitabständen aufgestellt werden, aus theoretischer Sicht nach jedem Geschäftsvorfall. Die ist zu umständlich. Daher werden die Veränderungen aufgrund von Geschäftsvorfällen außerhalb der Bilanz, nämlich in der Buchführung, festgehalten.

Im Folgenden benutzen wir diese unrealistische Sicht jedoch, um grundsätzlich die unterschiedlichen Auswirkungen der verschiedenen Geschäftsvorfälle auf die in der Bilanz dargestellten Vermögens- und Schuldenwerte darzustellen.

Merke:

- **Bilanzen** gelten immer nur für einen ganz **bestimmten Zeitpunkt.**
- Die in der Bilanz dargestellten Werte werden durch jeden danach erfolgten **Geschäftsvorfall verändert.**
- **Geschäftsvorfälle** sind Vorgänge, die Veränderungen des Vermögens bzw. der Schulden auslösen.
- Die Veränderungen aufgrund der Geschäftsvorfälle werden in der **Buchführung** festgehalten.
- Unter **Buchführung** versteht man die planmäßige und lückenlose Erfassung aller Geschäftsvorfälle eines Betriebs innerhalb eines bestimmten Zeitabschnitts.

Beispiel:

Aktiva	Ausgangsbilanz		Passiva
Techn. Anlagen u. Maschinen	37 000,00	Eigenkapital	42 000,00
Roh-, Hilfs- u. Betriebsstoffe	2 000,00	Verb. a. Lief. und Leistungen	16 000,00
Fertige Erzeugnisse	3 000,00		
Kassenbestand	4 000,00		
Guthaben bei Kreditinstituten	12 000,00		
	58 000,00		58 000,00

Anmerkung:
Wegen der geringen Anzahl von Posten wird auf die Gliederung in Anlagevermögen und Umlaufvermögen bzw. Eigenkapital und Verbindlichkeiten verzichtet.

Aufgaben:
Stellen Sie nach jedem Geschäftsvorfall die Bilanz neu auf, geben Sie an, in welche Richtung (+ oder –) sich die einzelnen Bilanzposten geändert haben und charakterisieren Sie jeweils die Bilanzveränderungen. Machen Sie außerdem eine Aussage über die Bilanzsumme.

Lösung:

1. Geschäftsvorfall: Wir kaufen Rohstoffe gegen Barzahlung für 1 800,00 EUR.

Auswirkungen auf die Bilanz

Aktiva	1. veränderte Bilanz		Passiva
Techn. Anlagen u. Maschinen	37 000,00	Eigenkapital	42 000,00
Roh-, Hilfs- u. Betriebsstoffe	3 800,00	Verb. a. Lief. und Leistungen	16 000,00
Fertige Erzeugnisse	3 000,00		
Kassenbestand	2 200,00		
Guthaben bei Kreditinstituten	12 000,00		
	58 000,00		58 000,00

Roh-, Hilfs- u. Betriebsstoffe (Aktivposten) +		**AKTIVTAUSCH**
Kassenbestand (Aktivposten) –		Die Bilanzsumme bleibt unverändert

Erläuterungen:
Es werden zwei Aktivposten verändert. Der Aktivposten Roh-, Hilfs- u. Betriebsstoffe nimmt um 1 800,00 EUR zu, der Aktivposten Kassenbestand nimmt um den gleichen Betrag ab.

2. Geschäftsvorfall: Eine Verbindlichkeit aus Lieferungen und Leistungen von 5 000,00 EUR wird in ein Liefererdarlehen (Bilanzposition „Sonstige Verbindlichkeiten") umgewandelt.

Auswirkungen auf die Bilanz

Aktiva	2. veränderte Bilanz		Passiva
Techn. Anlagen u. Maschinen	37 000,00	Eigenkapital	42 000,00
Roh-, Hilfs- u. Betriebsstoffe	3 800,00	Verb. a. Lief. und Leistungen	11 000,00
Fertige Erzeugnisse	3 000,00	Sonstige Verbindlichkeiten	5 000,00
Kassenbestand	2 200,00		
Guthaben bei Kreditinstituten	12 000,00		
	58 000,00		58 000,00

Sonstige Verbindlichkeiten (Passivposten) +		**PASSIVTAUSCH**
Verb. a. Lief. und Leistungen (Passivposten) –		Die Bilanzsumme bleibt unverändert

Erläuterungen:
Die Veränderungen erfolgen auf der Passivseite. Der Passivposten Verbindlichkeiten aus Lieferungen und Leistungen nimmt um 5 000,00 EUR ab. In Höhe des gleichen Betrages kommt der neue Passivposten Sonstige Verbindlichkeiten hinzu.

3. Geschäftsvorfall: Eine Verbindlichkeit aus Lieferungen und Leistungen in Höhe von 3000,00 EUR wird durch eine Banküberweisung getilgt.

Auswirkungen auf die Bilanz

Aktiva	3. veränderte Bilanz		Passiva
Techn. Anlagen u. Maschinen	37 000,00	Eigenkapital	42 000,00
Roh-, Hilfs- u. Betriebsstoffe	3 800,00	Verb. a. Lief. und Leistungen	8 000,00
Fertige Erzeugnisse	3 000,00	Sonstige Verbindlichkeiten	5 000,00
Kassenbestand	2 200,00		
Guthaben bei Kreditinstituten	9 000,00		
	55 000,00		55 000,00

Verb. a. Lief. und Leistungen (Passivposten) –	**AKTIV-PASSIVMINDERUNG**
Guth. bei Kreditinstituten (Aktivposten) –	Die Bilanzsumme wird verringert

Erläuterungen:

Es werden ein Aktivposten und ein Passivposten berührt. Der Passivposten Verbindlichkeiten aus Lieferungen und Leistungen nimmt um 3000,00 EUR ab, der Aktivposten Guthaben bei Kreditinstituten nimmt ebenfalls um den gleichen Betrag ab.

4. Geschäftsvorfall: Wir kaufen Betriebsstoffe auf Ziel (Kredit) für 6000,00 EUR.

Auswirkungen auf die Bilanz

Aktiva	4. veränderte Bilanz		Passiva
Techn. Anlagen u. Maschinen	37 000,00	Eigenkapital	42 000,00
Roh-, Hilfs- u. Betriebsstoffe	9 800,00	Verb. a. Lief. und Leistungen	14 000,00
Fertige Erzeugnisse	3 000,00	Sonstige Verbindlichkeiten	5 000,00
Kassenbestand	2 200,00		
Guthaben bei Kreditinstituten	9 000,00		
	61 000,00		61 000,00

Roh-, Hilfs- u. Betr.-Stoffe (Aktivposten) +	**AKTIV-PASSIVMEHRUNG**
Verb. a. Lief. und Leistungen (Passivposten) +	Die Bilanzsumme wird erhöht

Erläuterungen:

Es werden ein Aktivposten und ein Passivposten berührt. Der Aktivposten Roh-, Hilfs- und Betriebsstoffe nimmt um 6000,00 EUR zu, der Passivposten Verbindlichkeiten aus Lieferungen und Leistungen nimmt ebenfalls um diesen Betrag zu.

Ein Blick auf das Eigenkapital zeigt, dass bei allen vier Geschäftsvorfällen das Eigenkapital unverändert blieb. Es handelte sich also um **erfolgsunwirksame (erfolgsneutrale) Geschäftsvorfälle.**

Merke:

- Jeder Geschäftsvorfall verändert die Bilanz.

- Bezüglich der Auswirkungen von Geschäftsvorfällen auf die Bilanz sind nur vier Grundfälle denkbar:
  - **Aktivtausch:** Ein Aktivposten nimmt im gleichen Maße ab, wie ein anderer Aktivposten zunimmt. Die Bilanzsumme bleibt unverändert.
    - Beispiel: Wir kaufen Rohstoffe gegen Barzahlung.
  - **Passivtausch:** Ein Passivposten nimmt im gleichen Maße ab, wie ein anderer Passivposten zunimmt. Die Bilanzsumme bleibt unverändert.
    - Beispiel: Eine Verbindlichkeit aus Lieferungen und Leistungen wird in ein Lieferer-darlehen umgewandelt.
  - **Aktiv-Passivminderung:** Auf der Aktiv- und der Passivseite nimmt jeweils ein Posten um den gleichen Wert ab. Die Bilanzsumme wird verringert.
    - Beispiel: Wir zahlen eine Liefererrechnung durch Banküberweisung (wobei das Bankkonto ein Guthaben aufweist).
  - **Aktiv-Passivmehrung:** Auf der Aktiv- und der Passivseite nimmt jeweils ein Posten um den gleichen Wert zu. Die Bilanzsumme wird dadurch erhöht.
    - Beispiel: Wir kaufen Betriebsstoffe auf Ziel (Kredit).
- Geschäftsvorfälle, die das **Eigenkapital nicht verändern,** nennt man **ergebnis-unwirksame** (ergebnisneutrale) **Geschäftsvorfälle.**

Übungsaufgaben

67 I. Geschäftsvorfälle:

1.	Wir zahlen eine Lieferantenrechnung durch Banküberweisung	4 500,00 EUR
2.	Wir kaufen einen Schreibtisch bar	1 020,00 EUR
3.	Wir kaufen Hilfsstoffe bar	821,00 EUR
4.	Wir zahlen ein Liefererdarlehen durch Banküberweisung zurück	9 500,00 EUR
5.	Ein Kunde zahlt einen Rechnungsbetrag durch Banküberweisung	1 100,00 EUR
6.	Wir kaufen einen Laptop auf Ziel	845,00 EUR
7.	Wir heben von unserem Bankkonto bar ab und legen das Geld in die Geschäftskasse	3 000,00 EUR
8.	Eine Verbindlichkeit aus Lieferungen und Leistungen wird in ein Liefererdarlehen umgewandelt	12 000,00 EUR
9.	Wir zahlen auf unser Bankkonto bar ein	3 400,00 EUR
10.	Verkauf eines nicht mehr benötigten Büroschrankes zum Buchwert gegen Bankscheck	250,00 EUR

II. Aufgaben:
1. Geben Sie bei den angegebenen Geschäftsvorfällen jeweils die Änderungen der Bilanzposten an!
2. Zeigen Sie auf, um welchen der vier Grundfälle es sich jeweils handelt!

Bearbeitungshinweis:
Zur Lösung der Aufgabe verwenden Sie bitte das folgende Schema:

Nr.	Bilanzposten		Art des Grundfalles
1.	Verb. aus Lief. u. Leistungen	– 4 500,00	Aktiv-Passivminderung
	Guthaben bei Kreditinstituten	– 4 500,00	

68 1. Lesen Sie die nachfolgenden Aussagen zur Bilanz:

1.1 Der Geschäftsvorfall führt zu einer Vermehrung des Vermögens und der Schulden.

1.2 Der Geschäftsvorfall führt zu einer Vermehrung eines Vermögenspostens und gleichzeitig zu der Verminderung eines anderen Vermögenspostens.

1.3 Der Geschäftsvorfall führt zu einer Verminderung des Vermögens und der Schulden.

1.4 Der Geschäftsvorfall erhöht die Bilanzsumme.

Aufgabe:
Bilden Sie zu jeder angegebenen Aussage als Beispiel einen Geschäftsvorfall!

2. In einem Industriebetrieb weist die Bilanz folgende Veränderungen auf:

2.1 Kassenbestand	+	1 400,00 EUR
Forderungen aus Lieferungen und Leistungen	−	1 400,00 EUR
2.2 Verbindlichkeiten gegenüber Kreditinstituten	−	5 000,00 EUR
Guthaben bei Kreditinstituten	−	5 000,00 EUR
2.3 Verbindlichkeiten aus Lieferungen und Leistungen	−	10 000,00 EUR
Sonstige Verbindlichkeiten	+	10 000,00 EUR
2.4 Roh-, Hilfs- u. Betriebsstoffe	+	4 100,00 EUR
Verbindlichkeiten aus Lieferungen und Leistungen	+	4 100,00 EUR

Aufgabe:
Formulieren Sie jeweils den zugrunde liegenden Geschäftsvorfall und geben Sie an, um welche Art der Bilanzveränderung es sich handelt!

5.4 Bestandskonten

5.4.1 Von der Bilanz zu den Konten

Es ist nicht notwendig, nach jedem Geschäftsvorfall eine Bilanz neu zu erstellen, da wir die Wertveränderungen, die durch Geschäftsvorfälle hervorgerufen werden, auch **außerhalb der Bilanz** auf besonderen **Konten in der Buchführung** erfassen können. Wir müssen also nur für jeden Vermögens- und Schuldposten – einschließlich für den Posten Eigenkapital – entsprechende Konten einrichten und den vorhandenen Anfangsbestand darauf vortragen. Die **Summe dieser benötigten Konten** bezeichnen wir als unsere **Buchführung.**

Da auf diesen Konten Bestände und deren Veränderungen erfasst werden, nennt man diese Konten **Bestandskonten** (bzw. **Bilanzkonten**).

> **Merke:**
>
> ■ In der **Buchführung** werden alle **Veränderungen der Bestände** auf Konten erfasst. Ursache für diese Veränderungen sind die **Geschäftsvorfälle.**
>
> ■ In unserer Buchführung führen wir **Vermögenskonten (Aktivkonten)** und **Schuldkonten (Passivkonten).** Zu den Schuldkonten gehört auch das **Eigenkapitalkonto.**
>
> ■ Die **Vermögens- und Schuldkonten** bilden die Gruppe der **Bestandskonten (Bilanzkonten).**

> **Beispiel:**
>
> Die Anfangsbestände zu Beginn der Geschäftsperiode sind in nachfolgender Bilanz zusammengefasst.
>
> **Aufgabe:**
>
> Richten Sie für die einzelnen Bilanzposten Konten ein und tragen Sie die Bilanzwerte als Anfangsbestände darauf vor!
>
> Dabei vereinbaren wir, dass wir die **Anfangsbestände** bei den **Aktivkonten auf der Sollseite** und die **Anfangsbestände** bei den **Passivkonten** auf der **Habenseite** eintragen. Zu beachten ist, dass die Bezeichnung der Bilanzposten nicht mit der Bezeichnung der Konten übereinstimmen muss und dass für bestimmte Bilanzposten eventuell auch mehrere Konten einzurichten sind.

Lösung:

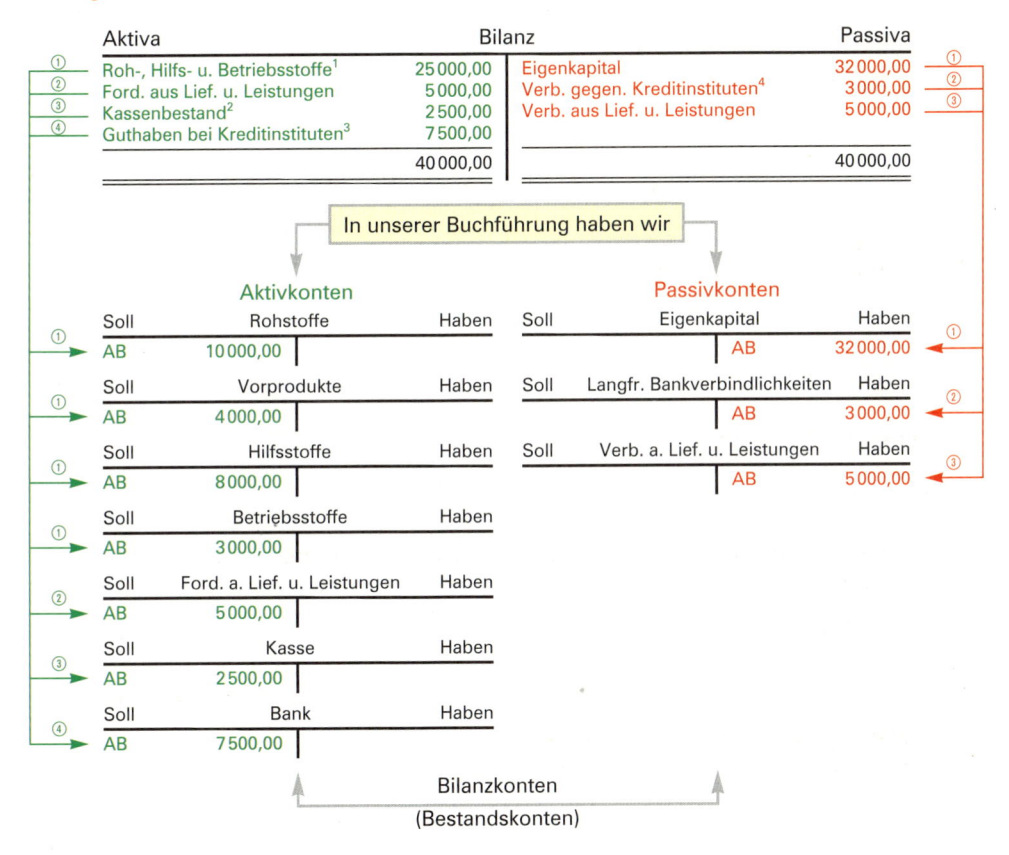

Aktiva	Bilanz		Passiva
Roh-, Hilfs- u. Betriebsstoffe[1]	25 000,00	Eigenkapital	32 000,00
Ford. aus Lief. u. Leistungen	5 000,00	Verb. gegen. Kreditinstituten[4]	3 000,00
Kassenbestand[2]	2 500,00	Verb. aus Lief. u. Leistungen	5 000,00
Guthaben bei Kreditinstituten[3]	7 500,00		
	40 000,00		40 000,00

In unserer Buchführung haben wir

Aktivkonten

Soll	Rohstoffe	Haben
AB	10 000,00	

Soll	Vorprodukte	Haben
AB	4 000,00	

Soll	Hilfsstoffe	Haben
AB	8 000,00	

Soll	Betriebsstoffe	Haben
AB	3 000,00	

Soll	Ford. a. Lief. u. Leistungen	Haben
AB	5 000,00	

Soll	Kasse	Haben
AB	2 500,00	

Soll	Bank	Haben
AB	7 500,00	

Passivkonten

Soll	Eigenkapital	Haben
	AB	32 000,00

Soll	Langfr. Bankverbindlichkeiten	Haben
	AB	3 000,00

Soll	Verb. a. Lief. u. Leistungen	Haben
	AB	5 000,00

Bilanzkonten
(Bestandskonten)

---

1 Der Bilanzposten „Roh-, Hilfs- und Betriebsstoffe" wird in die vier Konten „Rohstoffe", „Vorprodukte", „Hilfsstoffe" und „Betriebsstoffe" aufgegliedert.
2 Für den Bilanzposten „Kassenbestand" bezeichnen wir das einzurichtende Konto mit **Kasse**.
3 Für den Bilanzposten „Guthaben bei Kreditinstituten" bezeichnen wir das einzurichtende Konto kurz mit **Bank**.
4 Für den Bilanzposten „Verbindlichkeiten gegenüber Kreditinstituten" ist je nach Art der Verbindlichkeiten das Konto **„Langfristige Bankverbindlichkeiten"** oder **„Kurzfristige Bankverbindlichkeiten"** einzurichten.

5.4.2 Buchungen auf Aktivkonten (Vermögenskonten)

5.4.2.1 Begriffsklärungen, Buchungsregeln und die einseitigen Buchungen auf den Aktivkonten (Vermögenskonten)

(1) Begriffsklärungen

Die Hauptaufgabe der Industriebetriebe besteht darin, die zu verkaufenden Produkte selbst herzustellen. Sie kaufen hierfür **Werkstoffe** (Roh-, Hilfs- und Betriebsstoffe sowie Vorprodukte [Fremdbauteile]) ein und verarbeiten diese im Produktionsprozess zu neuen Produkten (Erzeugnissen), die sie am Markt absetzen.

Zu den **Werkstoffen** zählen:

Arten von Werkstoffen	Beispiele
■ **Rohstoffe (Fertigungsmaterial)** Unter **Rohstoffen** versteht man die Stoffe, die Hauptbestandteile des Fertigprodukts darstellen.	Holz in einer Möbelfabrik, Bleche in der Autoindustrie, Leder in einer Schuhfabrik.
■ **Vorprodukte (Fremdbauteile)** Es handelt sich um Teile oder Baugruppen (zusammengesetzte Teile) von Vorlieferern, die zur Erstellung eigener Produkte benötigt werden.	Schlösser in einer Möbelfabrik, Autositze für die Automobilindustrie, Elektromotoren in der Maschinenindustrie.
■ **Hilfsstoffe** Hilfsstoffe gehen zwar auch in das Fertigprodukt ein, sie bilden aber nur Nebenbestandteile der Erzeugnisse.	Nägel, Schrauben, Leim in einer Möbelfabrik oder Lacke, Dichtungsringe, Schrauben in der Autoindustrie.
■ **Betriebsstoffe** Sie gehen nicht in das fertige Produkt ein, werden aber im Fertigungsprozess verbraucht.	Eine Möbelfabrik kauft Öl, Brennstoffe, Strom, um die Maschinen zu betreiben.

Zur Ergänzung der Produktpalette kaufen Industriebetriebe häufig noch fertige Waren (sogenannte **Handelswaren**) hinzu, die sie dann unverändert weiterverkaufen.

> **Beispiel:**
>
> Eine Möbelfabrik kauft Bilder, Wäsche und Teppiche ein, die sie an interessierte Kunden weiterverkauft.

Für Handelswaren sowie für jede Art von Werkstoffen ist ein besonderes Konto einzurichten. Da wir auf diesen Konten die Bestände ausweisen, gehören sie zu den **Bestandskonten (Bilanzkonten)**. Es handelt sich um **Aktivkonten**.

(2) Buchungsregeln für die Buchungen auf den Aktivkonten

Bei den **Aktivkonten** gehören

- der **Anfangsbestand** und die **Zugänge** auf die **Sollseite**,
- die **Abgänge** und der **Schlussbestand** (Saldo) auf die **Habenseite**.

Soll	Aktivkonten	Haben
Anfangsbestand (AB)		Abgänge
Zugänge		Schlussbestand (SB)

Bei den folgenden Aufgaben sollen die Auswirkungen von Geschäftsvorfällen zunächst nur im Hinblick auf **ein Konto** betrachtet werden. Dieses Konto soll jeweils ein **Aktivkonto** sein. Auf diese Weise werden die Auswirkungen eines Geschäftsvorfalles zunächst nur **einseitig beurteilt**, nämlich im Hinblick auf das vorgegebene Vermögenskonto.

Übungsaufgabe

69 Führen Sie die folgenden Aktivkonten und stellen Sie jeweils durch Abschluss der Konten den Schlussbestand fest!

Forderungen aus Lieferungen und Leistungen
Anfangsbestand 4 150,00 EUR
1. Ein Kunde zahlt einen Rechnungsbetrag bar 2 000,00 EUR
2. Ein Kunde überweist einen Rechnungsbetrag auf unser Bankkonto 1 500,00 EUR

Betriebs- und Geschäftsausstattung[1]
Anfangsbestand 3 750,00 EUR
3. Wir kaufen einen Laptop bar 1 350,00 EUR
4. Wir verkaufen ein ausgedientes Faxgerät bar zum Buchwert 50,00 EUR

Waren (Handelswaren)
Anfangsbestand 4 750,00 EUR
5. Wir kaufen Ware bar 750,00 EUR
6. Wir kaufen Ware gegen Banküberweisung 1 250,00 EUR

Bank[2]
Anfangsbestand 5 150,00 EUR
7. Wir heben Bargeld vom Bankkonto ab und legen das Geld in die Geschäftskasse 1 200,00 EUR
8. Ein Kunde überweist einen Rechnungsbetrag auf unser Bankkonto 1 500,00 EUR
9. Wir kaufen Ware gegen Banküberweisung 1 250,00 EUR

Kasse
Anfangsbestand 560,00 EUR
10. Ein Kunde zahlt einen Rechnungsbetrag bar 2 000,00 EUR
11. Wir heben Bargeld vom Bankkonto ab und legen das Geld in die Geschäftskasse 1 200,00 EUR
12. Wir kaufen einen Laptop bar 1 350,00 EUR
13. Wir kaufen Ware bar 750,00 EUR
14. Wir verkaufen ein ausgedientes Faxgerät bar zum Buchwert 50,00 EUR

5.4.2.2 Überleitung zum System der doppelten Buchführung

(1) Erfassung der doppelseitigen Auswirkungen von Geschäftsvorfällen mithilfe eines Überlegungsschemas

Anstatt die Auswirkungen eines Geschäftsvorfalles nur einseitig von einem bestimmten Konto ausgehend zu betrachten, wollen wir jetzt den Geschäftsvorfall in seinen gesamten Auswirkungen untersuchen. Das führt zu einem anderen Ausgangspunkt in unserer

---

[1] Bis zur Einführung des Kontenrahmens verwenden wir dieses Sammelkonto für alle Büro- und Betriebseinrichtungsgegenstände.
[2] In diesem Lehrbuch gehen wir davon aus, dass das Bankkonto immer ein Guthaben aufweist.

Betrachtungsweise und daher auch zu einer anderen Fragestellung. Wir wählen nicht mehr ein bestimmtes Konto zum Ausgangspunkt unserer Betrachtung, sondern den Geschäftsvorfall selbst. Wir fragen daher nicht mehr: Wie wird dieses Konto durch einen bestimmten Geschäftsvorfall verändert, sondern wir fragen jetzt: Welche Konten werden durch diesen Geschäftsvorfall verändert und erst danach: Wie verändert sich jeweils der Bestand auf den Konten?

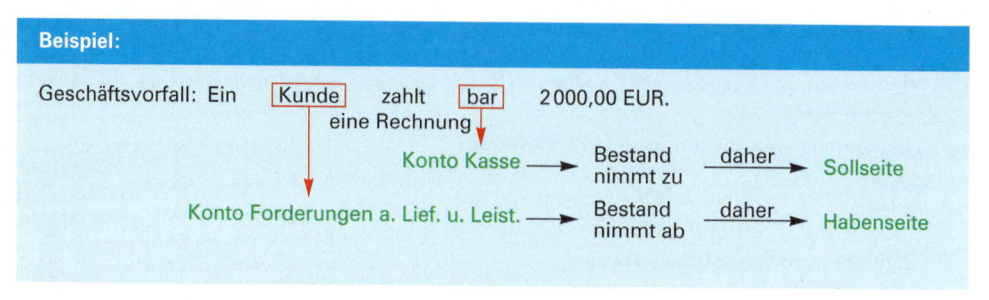

Beispiel:

Geschäftsvorfall: Ein [Kunde] zahlt [bar] 2 000,00 EUR. eine Rechnung

Konto Kasse → Bestand nimmt zu → daher → Sollseite

Konto Forderungen a. Lief. u. Leist. → Bestand nimmt ab → daher → Habenseite

Um die Auswirkungen von mehreren Geschäftsvorfällen übersichtlich darstellen zu können, schlagen wir das folgende Überlegungsschema vor:

Nr.	Geschäftsvorfälle	I. Welche Konten werden berührt?	II. Wie verändert sich jeweils der Bestand auf den Konten?	III. Auf welcher Kontoseite ist jeweils zu buchen?	
				Soll	Haben
1.	Ein Kunde zahlt einen Rechnungsbetrag bar 2 000,00 EUR.	Kasse Ford.a.Lief.u.Leist.	Zugang Abgang	2 000,00	2 000,00

Übungsaufgabe

Stellen Sie anhand des Überlegungsschemas fest, welche Konten durch die folgenden Geschäftsvorfälle berührt werden, welche Veränderung sich auf dem jeweiligen Konto ergibt und auf welcher Seite jeweils zu buchen ist!

70
1. Ein Kunde zahlt einen Rechnungsbetrag bar — 350,00 EUR
2. Wir kaufen Rohstoffe gegen Banküberweisung — 1 250,00 EUR
3. Wir verkaufen einen gebrauchten Schreibtisch bar zum Buchwert — 150,00 EUR
4. Ein Kunde bezahlt einen Rechnungsbetrag mit Bankscheck — 720,00 EUR
5. Wir heben Bargeld vom Bankkonto ab und legen das Geld in die Geschäftskasse — 900,00 EUR
6. Wir kaufen eine kompakte EDV-Anlage gegen Bankscheck — 4 310,00 EUR
7. Wir verkaufen einen nicht mehr benötigten Büroschrank gegen Bankscheck zum Buchwert — 680,00 EUR
8. Wir kaufen einen gebrauchten Kombi gegen Barzahlung — 7 500,00 EUR
9. Kundenüberweisung lt. Bankauszug — 910,00 EUR

(2) Buchung von Geschäftsvorfällen im System der doppelten Buchführung

Um die Vorteile der neuen Sichtweise, bei der als Ausgangspunkt nicht ein bestimmtes Konto, sondern der Geschäftsvorfall gewählt wird, besser verstehen zu können, greifen wir auf die Aufgabe Nr. 69 auf der S. 311 zurück. Bei der alten Sichtweise, bei der wir von einem bestimmten Konto ausgingen, musste jeder Geschäftsvorfall zweimal erscheinen, da jeder Geschäftsvorfall zwei Konten berührt (vgl. in Aufgabe 69 z.B. Nr. 1 und Nr. 10, Nr. 2 und Nr. 8 usw.). Bei der neuen Vorgehensweise, bei der wir den Geschäftsvorfall als Ausgangspunkt unserer Bearbeitung wählen, kommen wir bei der gleichen Aufgabe mit der Hälfte der Geschäftsvorfälle aus. Wir wählen dabei nur eine andere Form der Aufgabenstellung und kommen zu den gleichen Ergebnissen auf den Konten.

Beispiel mit Lösung (Rückgriff auf Aufgabe 69):

I. Anfangsbestände:
Forderungen aus Lieferungen und Leistungen 4 150,00 EUR; Betriebs- und Geschäftsausstattung 3 750,00 EUR; Waren (Handelswaren) 4 750,00 EUR; Bank 5 150,00 EUR; Kasse 560,00 EUR.

II. Aufgaben:
1. Stellen Sie mithilfe des eingeführten Überlegungsschemas jeweils fest, wie sich die folgenden Geschäftsvorfälle auf die Kontobestände auswirken!
2. Übertragen Sie die Ergebnisse auf die Konten und ermitteln Sie den Schlussbestand!

Lösungen:

Zu 1.: Feststellung der Auswirkungen der Geschäftsvorfälle mithilfe des eingeführten Überlegungsschemas

Nr.	III. Geschäftsvorfälle:	I. Welche Konten werden berührt?	II. Wie verändert sich jeweils der Bestand auf den Konten?	III. Auf welcher Kontoseite ist zu buchen? Soll	Haben
1.	Ein Kunde zahlt einen Rechnungsbetrag bar 2 000,00 EUR	Kasse Ford.a.Lief.u.Leist.	Zugang[1] Abgang[1]	2 000,00	2 000,00
2.	Ein Kunde überweist einen Rechnungsbetrag auf unser Bankkonto 1 500,00 EUR	Bank Ford.a.Lief.u.Leist.	Zugang Abgang	1 500,00	1 500,00
3.	Wir kaufen einen Laptop bar 1 350,00 EUR	Betr.- u. G.-Ausst. Kasse	Zugang Abgang	1 350,00	1 350,00
4.	Wir verkaufen ein ausgedientes Faxgerät bar zum Buchwert 50,00 EUR	Kasse Betr.- u. G.-Ausst.	Zugang Abgang	50,00	50,00
5.	Wir kaufen Handelsware bar 750,00 EUR	Waren Kasse	Zugang Abgang	750,00	750,00
6.	Wir kaufen Handelsware gegen Banküberweisung 1 250,00 EUR	Waren Bank	Zugang Abgang	1 250,00	1 250,00
7.	Wir heben vom Bankkonto bar ab und legen das Geld in die Geschäftskasse 1 200,00 EUR	Kasse Bank	Zugang Abgang	1 200,00	1 200,00

---

[1] **Hinweis:** Die scheinbare Gesetzmäßigkeit in Spalte II (Zugang einerseits, Abgang andererseits) haben wir bewusst nicht angesprochen. Dieses Wechselspiel gilt nur im Bereich der Aktivkonten. Nach Einbeziehung der Schuldkonten (Passivkonten) werden wir sehen, dass durchaus auf beiden Konten ein Zugang bzw. Abgang möglich ist, ohne dass dabei das aus Spalte III ableitbare Grundprinzip des Systems der doppelten Buchführung (Sollbuchung entspricht der Habenbuchung) durchbrochen wird.

Zu 2.: Übertragung der festgestellten Auswirkungen auf die Konten und Abschluss der Konten

Soll	Forderungen a. Lief. u. Leist.		Haben
AB	4 150,00	Kasse	2 000,00
		Bank	1 500,00
		SB	650,00
	4 150,00		4 150,00

Soll	Betriebs- u. Geschäftsausst.		Haben
AB	3 750,00	Kasse	50,00
Kasse	1 350,00	SB	5 050,00
	5 100,00		5 100,00

Soll	Waren (Handelswaren)		Haben
AB	4 750,00	SB	6 750,00
Kasse	750,00		
Bank	1 250,00		
	6 750,00		6 750,00

Soll	Bank		Haben
AB	5 150,00	Waren	1 250,00
Ford.a.L.u.L.	1 500,00	Kasse	1 200,00
		SB	4 200,00
	6 650,00		6 650,00

Soll	Kasse		Haben
AB	560,00	BGA	1 350,00
Ford.a.L.u.L.	2 000,00	Waren	750,00
BGA	50,00	SB	1 710,00
Bank	1 200,00		
	3 810,00		3 810,00

Erläuterungen zu den Buchungen auf den Konten:

- Die erforderlichen Buchungen auf den Konten sind jeweils aus dem Überlegungsschema abzulesen. Aus dem Geschäftsvorfall Nr. 1 ist z. B. ablesbar, dass auf dem Kassenkonto auf der Sollseite 2 000,00 EUR einzutragen sind und auf dem Konto Forderungen aus Lieferungen und Leistungen ebenfalls 2 000,00 EUR, allerdings auf der Habenseite.
- Um feststellen zu können, wie es zu diesem Betrag auf dem betreffenden Konto gekommen ist, trägt man in Höhe des gebuchten Betrages jeweils das andere Konto (das sogenannte Gegenkonto) ein. Aus praktischen Gründen (Platzmangel, Zeit) kann der Kontoname abgekürzt werden.

> **Merke:**
>
> - Jeder Geschäftsvorfall wird **doppelt gebucht** und berührt (mindestens) **zwei Konten**.
> - Bei jedem Geschäftsvorfall wird der Betrag auf einem Konto auf der **Sollseite** und auf einem anderen Konto auf der **Habenseite** gebucht.
> - Für jeden Geschäftsvorfall gilt: **gebuchter Sollbetrag ≙ gebuchter Habenbetrag**. Das ist das **Grundprinzip** des Systems der doppelten Buchführung.[1]

Übungsaufgaben

71 I. Anfangsbestände:

Grundstücke und Bauten[2] 420 000,00 EUR; Betriebs- und Geschäftsausstattung 20 000,00 EUR; Rohstoffe 35 900,00 EUR; Forderungen aus Lieferungen und Leistungen 16 450,00 EUR; Kasse 3 500,00 EUR; Bank 9 100,00 EUR.

---

1 Das System der doppelten Buchführung war bereits im Mittelalter bekannt. Es ist von dem Grundgedanken her so genial, dass es sich bis in unsere heutigen Tage bewährt hat.
2 Bis zur Einführung des Kontenrahmens wird der Wert der Grundstücke und Bauten nicht aufgeteilt und der angegebene Anfangsbestand daher auf dem gleichlautenden Konto erfasst.

II. Geschäftsvorfälle:

1.	Wir kaufen Rohstoffe bar	3 000,00 EUR
2.	Wir heben vom Bankkonto ab und legen das Geld in die Geschäftskasse	2 500,00 EUR
3.	Wir kaufen einen Aktenschrank und zahlen mit Bankscheck	1 750,00 EUR
4.	Ein Kunde überweist einen Rechnungsbetrag auf unser Bankkonto	2 000,00 EUR
5.	Wir kaufen Rohstoffe gegen Banküberweisung	2 100,00 EUR
6.	Ein nicht mehr benötigtes Notebook wird zum Buchwert bar verkauft	250,00 EUR

III. Aufgaben:

1. Richten Sie für die angegebenen Anfangsbestände die Konten ein und tragen Sie die Anfangsbestände vor!
2. Erfassen Sie die Veränderungen durch die Geschäftsvorfälle zunächst in dem eingeführten Überlegungsschema und übertragen Sie diese unter Angabe des entsprechenden Gegenkontos anschließend auf die Konten!
3. Schließen Sie die Konten ordnungsmäßig ab!

72 I. Anfangsbestände:

Betriebs- und Geschäftsausstattung 12 400,00 EUR; Hilfsstoffe 8 900,00; Forderungen aus Lieferungen und Leistungen 10 400,00 EUR; Kasse 1 700,00 EUR; Bank 4 200,00 EUR.

II. Geschäftsvorfälle:

1.	Wir kaufen eine Werkbank gegen Banküberweisung	1 400,00 EUR
2.	Ein Kunde zahlt den Rechnungsbetrag bar	2 200,00 EUR
3.	Wir kaufen Hilfsstoffe gegen Bankscheck	460,00 EUR
4.	Wir heben vom Bankkonto ab und legen das Geld in die Geschäftskasse	900,00 EUR
5.	Ein Kunde zahlt den Rechnungsbetrag durch Überweisung auf das Bankkonto	1 050,00 EUR
6.	Wir verkaufen ein gebrauchtes Lagerregal zum Buchwert bar	400,00 EUR

III. Aufgaben:

1. Richten Sie für die angegebenen Anfangsbestände die Konten ein und tragen Sie die Anfangsbestände vor!
2. Erfassen Sie die Veränderungen durch die Geschäftsvorfälle zunächst in dem eingeführten Überlegungsschema und übertragen Sie diese anschließend unter Angabe des entsprechenden Gegenkontos auf die Konten!
3. Schließen Sie die Konten ordnungsmäßig ab!

5.4.3 Buchungen auf Passivkonten (Schuldkonten)

Der gegensätzliche Charakter von Vermögen und Schulden führt zwangsläufig dazu, dass auf den Passivkonten **anders** zu buchen ist als auf den Aktivkonten. Auf einem Konto, das durch die zweiseitige Verrechnungsmöglichkeit charakterisiert ist (Soll- oder Habenseite), kann das Wort „anders" nur bedeuten: „auf der **anderen Kontoseite**". Das führt zu der Konsequenz, dass auf den **Passivkonten** der **Anfangsbestand** und die **Zugänge** auf der **Habenseite**, die **Abgänge** und der **Schlussbestand** auf der **Sollseite** zu buchen sind.

Buchungsregeln

Bei den **Passivkonten** erscheinen

- der **Anfangsbestand** und die **Zugänge** auf der **Habenseite**,
- die **Abgänge** und der **Schlussbestand** (Saldo) auf der **Sollseite**.

Soll	Passivkonten	Haben
Abgänge		Anfangsbestand
Schlussbestand		Zugänge

Beispiel:

Wir kaufen bei der Karl Sende OHG Büromöbel auf Ziel (Zahlung später) für 5 000,00 EUR.

Aufgabe:
Buchen Sie den Geschäftsvorfall auf den entsprechenden Konten!

Lösung:

Der Geschäftsvorfall besagt, dass wir bei der Karl Sende OHG Waren einkaufen und zunächst Verbindlichkeiten eingehen, weil wir die Rechnung nicht unverzüglich zahlen. Die Karl Sende OHG ist unser Lieferant. Verbindlichkeiten bei Lieferanten buchen wir auf dem Passivkonto „Verbindlichkeiten aus Lieferungen und Leistungen".

Der Geschäftsvorfall berührt also die beiden Konten **Betriebs- und Geschäftsausstattung** und **Verbindlichkeiten aus Lieferungen und Leistungen**.

Betrachtungspunkt: Konto Betriebs- und Geschäftsausstattung

Durch den Kauf der Büromöbel nimmt der Bestand auf dem Konto Betriebs- und Geschäftsausstattung **zu**. Das Konto Betriebs- und Geschäftsausstattung ist ein Aktivkonto. Der **Zugang** auf einem **Aktivkonto** wird nach den festgelegten Buchungsregeln auf der **Sollseite** erfasst.

Betrachtungspunkt: Konto Verbindlichkeiten aus Lieferungen und Leistungen

Durch den Einkauf der Büromöbel auf Ziel nehmen die Verbindlichkeiten aus Lieferungen und Leistungen **zu**. Das Konto Verbindlichkeiten aus Lieferungen und Leistungen ist ein Passivkonto. Der **Zugang** bei **Passivkonten** wird nach den geltenden Buchungsregeln auf der **Habenseite** erfasst.

Soll	Betr.- u. Geschäftsausstattung	Haben	Soll	Verbindlichkeiten a. Lief. u. Leist.	Haben
Verb.a.L.u.L. 5 000,00				BuG.-Ausst.	5 000,00

Erläuterungen:

Wir stellen fest, dass auf beiden Konten ein Zugang zu verzeichnen ist. Damit wird klargestellt, dass das Prinzip der doppelten Buchführung nicht in einem Wechsel von Zugang und Abgang besteht. Das ist, wie dieser Fall zeigt, eben nicht so. Dagegen bleibt das Grundprinzip der doppelten Buchführung (Sollbuchung auf dem einen Konto, Habenbuchung auf dem anderen Konto) selbstverständlich erhalten. Um nachvollziehen zu können, wie es jeweils zu dem Betrag auf dem Konto gekommen ist, tragen wir vor dem Betrag jeweils das andere Konto (Gegenkonto) ein.

Übungsaufgaben

73 Stellen Sie mithilfe des unten vorgegebenen Überlegungsschemas dar, wie die nachfolgenden Geschäftsvorfälle zu buchen sind!

1. Wir kaufen Hilfsstoffe auf Ziel — 340,00 EUR
2. Wir bezahlen eine bereits gebuchte Liefererrechnung mit Bankscheck[1] — 1 210,00 EUR
3. Wir kaufen ein Lagerregal auf Ziel — 980,00 EUR
4. Wir tilgen einen Teil des Bankdarlehens durch Banküberweisung — 600,00 EUR
5. Ein Kunde zahlt einen Rechnungsbetrag bar[1] — 55,00 EUR
6. Kauf eines Laptops auf Ziel — 3 980,00 EUR
7. Zielkauf von Rohstoffen — 1 720,00 EUR
8. Kauf eines Büroschrankes auf Ziel — 598,00 EUR

Bearbeitungshinweis:

Um Fehler zu vermeiden, verwenden Sie bitte das nachfolgende **Überlegungsschema**. Da wir es jetzt mit zwei unterschiedlichen Kontoarten zu tun haben, müssen wir das bereits auf S. 312 eingeführte Überlegungsschema um eine Spalte erweitern.

Nr.	Geschäftsvorfälle	I. Welche Konten werden berührt?	II. Um welche Kontoart handelt es sich?	III. Wie verändert sich jeweils der Bestand auf den Konten?	IV. Auf welcher Kontoseite ist jeweils zu buchen?	
					Soll	Haben
1.	Wir kaufen Hilfsstoffe auf Ziel für 340,00 EUR	Hilfsstoffe Verb.a.Lief.u.Leist.	Aktivkonto Passivkonto	Zugang Zugang	340,00	340,00

74 Stellen Sie mithilfe des Überlegungsschemas dar, wie die nachfolgenden Geschäftsvorfälle zu buchen sind!

1. Barverkauf einer nicht mehr benötigten Maschine zum Buchwert von — 450,00 EUR
2. Ein Kunde überweist einen Rechnungsbetrag auf unser Bankkonto — 3 470,00 EUR
3. Einkauf von Rohstoffen auf Ziel — 1 760,00 EUR
4. Rücksendung eines bereits bei uns gebuchten Rohstoffeingangs an den Lieferer im Wert von — 500,00 EUR
5. Zahlung einer Liefererrechnung durch Banküberweisung — 2 543,00 EUR
6. Barabhebung vom Bankkonto zur Auffüllung der Geschäftskasse — 2 000,00 EUR
7. Barkauf eines Schreibtisches für das Chefbüro — 1 780,00 EUR
8. Ein Geschäftsfahrzeug wird zum Buchwert gegen Barzahlung verkauft — 8 000,00 EUR
9. Ein Geschäftsfahrzeug wird zum Buchwert von gegen Barzahlung verkauft — 4 500,00 EUR
10. Bareinzahlung auf das Bankkonto — 4 200,00 EUR
11. Ein Kunde zahlt eine Rechnung auf unser Bankkonto durch Banküberweisung — 430,00 EUR

---

[1] Bei Zahlungen an Lieferanten bzw. Zahlungseingängen von Kunden ist stets davon auszugehen, dass die entsprechenden Eingangs- bzw. Ausgangsrechnungen bereits gebucht wurden, auch wenn nicht ausdrücklich darauf hingewiesen wird.

	12.	Kundenüberweisung lt. Bankauszug	7 070,00 EUR
	13.	Wir richten bei einer Bank ein Konto ein und zahlen darauf bar ein	800,00 EUR
	14.	Die Forderung gegenüber einem Kunden beträgt nur 7 000,00 EUR (vgl. Fall 12). Wir zahlen daher dem Kunden den von ihm irrtümlich zu viel gezahlten Betrag durch Bankscheck zurück.	70,00 EUR
	15.	Von der bereits gebuchten Rohstoffeingangsrechnung werden Rohstoffe im Wert von 180,00 EUR an den Lieferanten zurückgeschickt.	
	16.	Wir vereinbaren mit einem Lieferer, dass die (kurzfristige) Verbindlichkeit aus Lieferungen und Leistungen in Höhe von 19 450,00 EUR in ein langfristiges Darlehen (Konto: Sonstige Verbindlichkeiten) umgewandelt wird.	
	17.	Wir kaufen Betriebsstoffe bar	750,00 EUR
	18.	Wir zahlen die erste Tilgungsrate für das Liefererdarlehen durch Banküberweisung	500,00 EUR

75 Buchen Sie mithilfe des Überlegungsschemas die nachfolgenden Geschäftsvorfälle für die Metallwerke Singen AG!

1.	Einkauf von Blechen für die Produktion von Stanzteilen gegen Rechnung	14 950,00 EUR
2.	Einkauf von Elektromotoren für den Einbau in Maschinen gegen Bankscheck	21 748,00 EUR
3.	Zahlung der Liefererrechnung durch Banküberweisung (Fall 1)	14 950,00 EUR
4.	Banküberweisung zwecks Tilgung eines Bankdarlehens	7 000,00 EUR
5.	Einkauf von vorgefertigten Gussteilen auf Ziel	6 812,00 EUR
6.	Einkauf von Maschinenöl bar	1 745,00 EUR
7.	Bareinzahlung auf unser Bankkonto	10 800,00 EUR
8.	Ein Kunde begleicht eine Rechnung durch Banküberweisung	14 500,00 EUR
9.	Barkauf einer EDV-Anlage	19 220,00 EUR
10.	Aufnahme eines Darlehens bei der Bank in Höhe von Der Betrag wird uns von der Bank auf dem Kontokorrentkonto zur Verfügung gestellt.	50 000,00 EUR

5.4.4 Buchungssatz

5.4.4.1 Einfacher Buchungssatz ohne Buchungen nach Belegen

Das bisher benutzte „Überlegungsschema" (vgl. S. 317) zur Festlegung der erforderlichen Buchungen auf den Konten ist recht aufwendig. Es genügt, wenn wir uns in Zukunft auf zwei Angaben beschränken:

- die **Konten,** auf denen zu buchen ist,
- die Angabe der **Kontoseite,** auf der zu buchen ist.

Diese beiden Angaben sind in den Spalten I und IV unseres Überlegungsschemas enthalten. Die übrigen Spalten (II und III) sind daher entbehrlich. Eine solche auf das Mindestmaß beschränkte Buchungsanweisung nennen wir **Buchungssatz.**

Beispiel:

Geschäftsvorfälle	Konten	Soll	Haben
Wir kaufen einen Büroschrank auf Ziel für 800,00 EUR	Betriebs- u. Geschäftsausstattung an Verbindlichkeiten a. L. u. L.	800,00	800,00

Buchungssatz

Erläuterungen:

- Da bezüglich der Kontoseite immer nur zwei Möglichkeiten infrage kommen können (Soll- oder Habenseite), hat man die Vereinbarung getroffen, dass das Konto, auf dem auf der **Sollseite** zu buchen ist, immer **zuerst** genannt wird. Des Weiteren hat man vereinbart, **vor** das Konto, auf dem auf der Habenseite zu buchen ist, das Wörtchen **„an"** zu setzen. Unter Beachtung dieser Vereinbarung kann ein Buchungssatz daher immer nur lauten:

> Konto mit der **Sollbuchung**
> **an** Konto mit der **Habenbuchung.**

- Zur Vereinheitlichung der Schreibweise legen wir fest, dass beim Bilden von Buchungssätzen für jedes Konto eine Zeile benutzt wird. Es sollen auch immer die drei Spalten des oben dargestellten Schemas eingerichtet werden. Nur so ist eine eindeutige Zuordnung von Konto und Betrag möglich.

Zur Bildung des richtigen Buchungssatzes müssen auch weiterhin die Denkschritte 1–5 vollzogen werden.

Beispiel:

Geschäftsvorfall: Wir kaufen Betriebsstoffe auf Ziel für 1 500,00 EUR.	**Aufgabe:** Bilden Sie zu dem Geschäftsvorfall den Buchungssatz!

Lösung:

Wir fragen:	Wir antworten:
1. Welche Konten werden berührt?	Das Konto Betriebsstoffe und das Konto Verbindlichkeiten aus Lieferungen und Leistungen.
2. Um welche Kontoart handelt es sich jeweils?	Das Konto Betriebsstoffe ist ein Aktivkonto. Das Konto Verbindlichkeiten aus Lieferungen und Leistungen ist ein Passivkonto.
3. Welche Veränderungen ergeben sich jeweils auf den Konten?	Der Betriebsstoffbestand nimmt durch Betriebsstoffeinkäufe zu, die Verbindlichkeiten aus Lieferungen und Leistungen nehmen ebenfalls zu.
4. Welche Buchungsregeln sind jeweils anzuwenden?	Zugänge auf dem Konto Betriebsstoffe (Aktivkonto) erscheinen auf der Sollseite. Zugänge auf dem Konto Verbindl. a. Lief. u. Leist. (Passivkonto) gehören auf die Habenseite.
5. Wie lautet der Buchungssatz?	

Konten	Soll	Haben
Betriebsstoffe	1 500,00	
an Verbindl. a. Lief. u. Leist.		1 500,00

Übungsaufgaben

76 Bilden Sie zu folgenden Geschäftsvorfällen die Buchungssätze bzw. formulieren Sie zu den angegebenen Buchungssätzen die Geschäftsvorfälle:

1. Wir zahlen auf unser Bankkonto bar ein — 1 400,00 EUR
2. Wir zahlen eine Lieferantenrechnung durch Banküberweisung — 375,00 EUR
3. Ein Kunde zahlt einen Rechnungsbetrag bar — 570,00 EUR
4. Wir kaufen Rohstoffe bar — 1 250,00 EUR
5. Wir kaufen einen Büroschrank bar — 1 320,00 EUR
6. Wir zahlen die Tilgungsrate für ein Bankdarlehen bar — 2 000,00 EUR
7. Ein Kunde zahlt einen Rechnungsbetrag durch Banküberweisung — 650,00 EUR
8. Wir heben vom Bankkonto bar ab und legen das Geld in die Kasse — 750,00 EUR
9. Welche Geschäftsvorfälle lagen folgenden Buchungssätzen zugrunde?

Nr.	Konten	Soll	Haben
9.1	Verbindlichkeiten a. Lief. u. Leist.	900,00	
	an Bank		900,00
9.2	Kasse	500,00	
	an Bank		500,00
9.3	Hilfsstoffe	350,00	
	an Kasse		350,00

10. Barverkauf eines nicht mehr benötigten Computers zum Buchwert — 1 050,00 EUR
11. Kauf einer Stanzmaschine auf Ziel — 22 400,00 EUR
12. Kauf eines Baugrundstücks gegen Bankscheck — 105 900,00 EUR
13. Wir kaufen Betriebsstoffe auf Ziel — 1 500,00 EUR

14. Von der bereits gebuchten Rohstoffeingangsrechnung werden Rohstoffe
 im Wert von 300,00 EUR an den Lieferer zurückgeschickt.
15. Ein Kunde zahlt eine Rechnung durch Banküberweisung 775,00 EUR
16. Ein Kunde zahlt einen Rechnungsbetrag bar 700,00 EUR
17. Eine Liefererrechnung wird durch Bankscheck beglichen 450,00 EUR

77 Bilden Sie zu folgenden Geschäftsvorfällen die Buchungssätze bzw. formulieren Sie zu den angegebenen Buchungssätzen die Geschäftsvorfälle!

1. Banküberweisung der Eingangsrechnung ER 541 7 170,00 EUR
2. Aufnahme eines Darlehens bei der Bank. Die Bank stellt uns den
 Darlehensbetrag auf dem Girokonto zur Verfügung 50 000,00 EUR
3. Zielkauf von Hilfsstoffen 8 200,00 EUR
4. Zieleinkauf einer Verpackungsmaschine für das Lager 48 800,00 EUR
5. Teilweise Tilgung der Darlehensschuld durch Bankabbuchung 3 800,00 EUR
6. Wir verkaufen nicht mehr benötigte Lagerregale gegen Barzahlung 970,00 EUR
7. Kauf einer DV-Anlage auf Ziel 17 430,00 EUR
8. Rücksendung mangelhafter Betriebsstoffe an den Lieferer 625,00 EUR
9. Kauf einer Fertiggarage gegen Bankscheck 15 400,00 EUR
10. Begleichung der Eingangsrechnung mit Banküberweisung 9 190,00 EUR
11. Zur Erhöhung unseres Bankguthabens tätigen wir
 eine Bareinzahlung 6 000,00 EUR
12. Kauf von Büromöbeln auf Ziel 12 600,00 EUR
13. Wir kaufen einen neuen Pkw für unseren Vertreter. Den alten Pkw
 nimmt das Fahrzeughaus mit 9 300,00 EUR in Zahlung. Den Restbetrag
 in Höhe von 31 000,00 EUR zahlen wir mit Bankscheck.
14. Wir zahlen eine Eingangsrechnung durch Banküberweisung 4 312,00 EUR
15. Welche Geschäftsvorfälle liegen folgenden Buchungssätzen zugrunde?

Nr.	Konten	Soll	Haben
15.1	Fuhrpark an Bank	44 800,00	44 800,00
15.2	Langfristige Bankverbindlichkeiten an Bank	8 000,00	8 000,00

5.4.4.2 Einfacher Buchungssatz mit Buchungen nach Belegen

(1) Grundsätzliches

In der Praxis existiert über jeden Geschäftsvorfall ein Beleg, d. h., die Buchungssätze werden dort immer nur aufgrund von Belegen (Überweisungen, Rechnungen, Quittungen, Lohnlisten usw.) gebildet.

Merke:

In der Praxis gilt der Grundsatz: **Keine Buchung ohne Beleg!**

(2) Bearbeitung der Buchungsbelege

Die **Buchungsanweisung (Buchungssatz, Kontierung)** wird auf dem Beleg festgehalten. Zu diesem Zweck benutzt man in der Regel einen sogenannten **Kontierungsstempel,** mit dem man die benötigten Spalten auf den Beleg aufdruckt, sodass diese nur noch mit den erforderlichen Daten versehen werden müssen. Da später so gebucht wird wie kontiert wurde, ist die Kontierungsarbeit von grundlegender Bedeutung.

An die Kontierung schließt sich dann der eigentliche **Buchungsvorgang** an. Hierbei wird bei jeder Buchung im Grundbuch[1] die Belegnummer vermerkt (z.B. ER 9 entspricht der Eingangsrechnungsnummer 9), um jederzeit von der Buchung auf den Beleg schließen zu können. Da der Buchhalter auch den Beleg mit einem Buchungsvermerk versieht (Buchungsnummer, Seitennummer, Datum, Zeichen des Buchhalters), kann umgekehrt auch vom Beleg auf die Buchung geschlossen werden.

Beispiel:

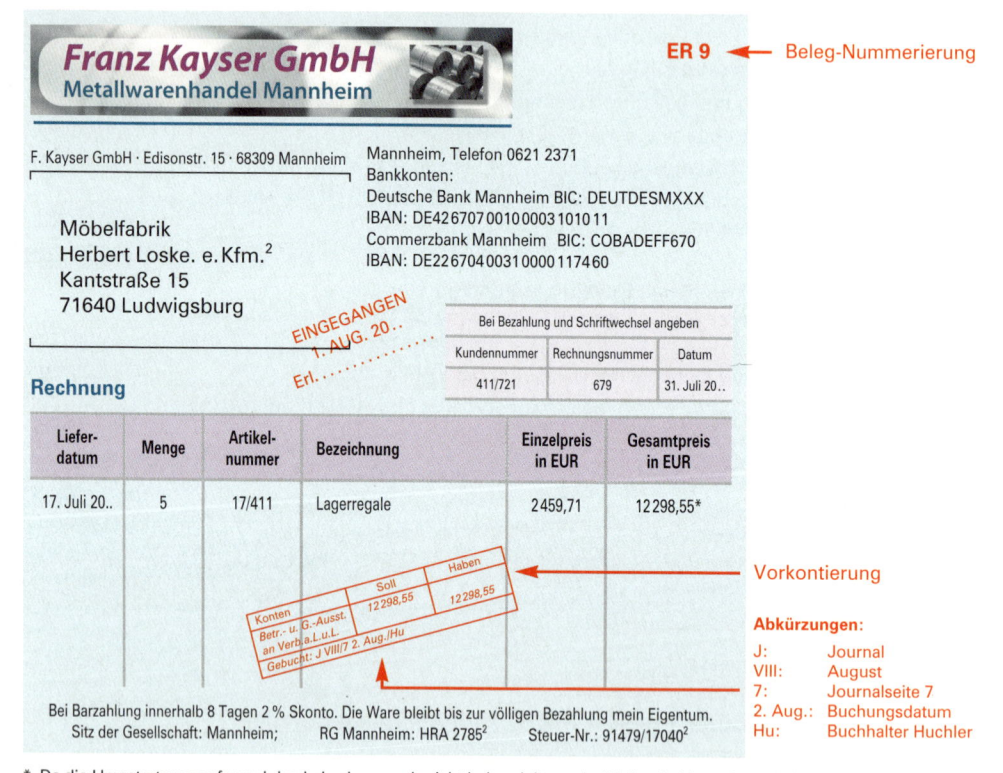

Franz Kayser GmbH
Metallwarenhandel Mannheim

ER 9 ← Beleg-Nummerierung

F. Kayser GmbH · Edisonstr. 15 · 68309 Mannheim

Mannheim, Telefon 0621 2371
Bankkonten:
Deutsche Bank Mannheim BIC: DEUTDESMXXX
IBAN: DE42 6707 0010 0003 1010 11
Commerzbank Mannheim BIC: COBADEFF670
IBAN: DE22 6704 0031 0000 1174 60

Möbelfabrik
Herbert Loske. e. Kfm.[2]
Kantstraße 15
71640 Ludwigsburg

EINGEGANGEN
1. AUG. 20..
Erl. ....

Rechnung

Bei Bezahlung und Schriftwechsel angeben

Kundennummer	Rechnungsnummer	Datum
411/721	679	31. Juli 20..

Liefer-datum	Menge	Artikel-nummer	Bezeichnung	Einzelpreis in EUR	Gesamtpreis in EUR
17. Juli 20..	5	17/411	Lagerregale	2459,71	12298,55*

Konten: Betr.- u. G.-Ausst. an Verb. a.L.u.L.
Soll 12298,55 | Haben 12298,55
Gebucht: J VIII/7 2. Aug./Hu

← Vorkontierung

Abkürzungen:
J: Journal
VIII: August
7: Journalseite 7
2. Aug.: Buchungsdatum
Hu: Buchhalter Huchler

Bei Barzahlung innerhalb 8 Tagen 2 % Skonto. Die Ware bleibt bis zur völligen Bezahlung mein Eigentum.
Sitz der Gesellschaft: Mannheim; RG Mannheim: HRA 2785[2]   Steuer-Nr.: 91479/17040[2]

* Da die Umsatzsteuer aufgrund des Lehrplans noch nicht behandelt wurde, bleibt sie hier unberücksichtigt.

---

1 Im **Grundbuch** werden die Buchungen in zeitlicher Reihenfolge (chronologisch) erfasst.
2 Bei allen Kaufleuten ist auf den Geschäftsbriefen die Firma, die Bezeichnung als Kaufmann (z.B. e. Kfm., GmbH, KG), der Ort der Handelsniederlassung, das Registergericht (HRA → für Einzelunternehmen und Personengesellschaften, HRB → für Kapitalgesellschaften) und die Nummer, unter der die Firma in das Handelsregister eingetragen ist, anzugeben. Zudem muss die Steuernummer oder die Umsatzsteuer-Identifikationsnummer des Bundesamtes für Finanzen ausgewiesen werden [§ 14 IV, S. 1, Nr. 2 UStG]. Zu weiteren Pflichtangaben nach dem Umsatzsteuergesetz siehe S. 365.

Merke:

- Belege dokumentieren den Geschäftsvorfall und bilden die Grundlage für die Überprüfung der ordnungsmäßigen Verbuchung.
- Durch entsprechende Vermerke muss vom Beleg aus auf die Buchung und umgekehrt geschlossen werden können.

Übungsaufgaben[1]

78
1. Formulieren Sie aufgrund der vorliegenden Belege den jeweils zugrunde liegenden Geschäftsvorfall!
2. Bilden Sie die Buchungssätze für die Druckerei Claus Weber GmbH, Huberweg 8, 91058 Erlangen!

Beleg 1

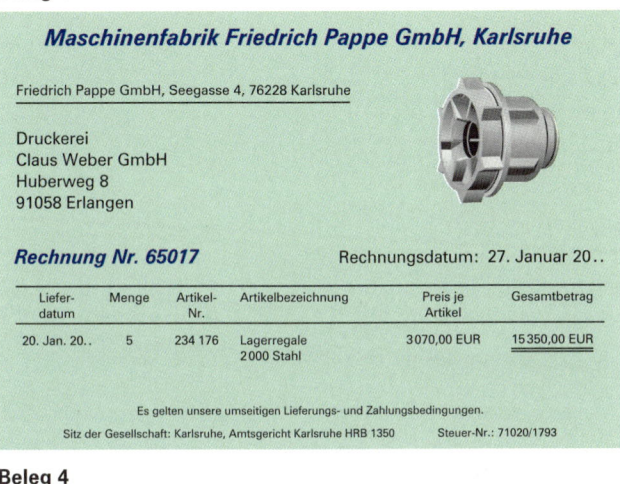

Maschinenfabrik Friedrich Pappe GmbH, Karlsruhe

Friedrich Pappe GmbH, Seegasse 4, 76228 Karlsruhe

Druckerei
Claus Weber GmbH
Huberweg 8
91058 Erlangen

Rechnung Nr. 65017   Rechnungsdatum: 27. Januar 20..

Lieferdatum	Menge	Artikel-Nr.	Artikelbezeichnung	Preis je Artikel	Gesamtbetrag
20. Jan. 20..	5	234 176	Lagerregale 2000 Stahl	3070,00 EUR	15350,00 EUR

Es gelten unsere umseitigen Lieferungs- und Zahlungsbedingungen.
Sitz der Gesellschaft: Karlsruhe, Amtsgericht Karlsruhe HRB 1350   Steuer-Nr.: 71020/1793

Beleg 2

Sparkasse Nürnberg   SSKNDE77XXX   Einzahlung

Kontoinhaber: Weber GmbH
IBAN: DE46 7605 0101 0003 2379 82
Betrag: 500,00

27. 01. 20..   Weber
27. 01. 20..   Maier

Beleg 3

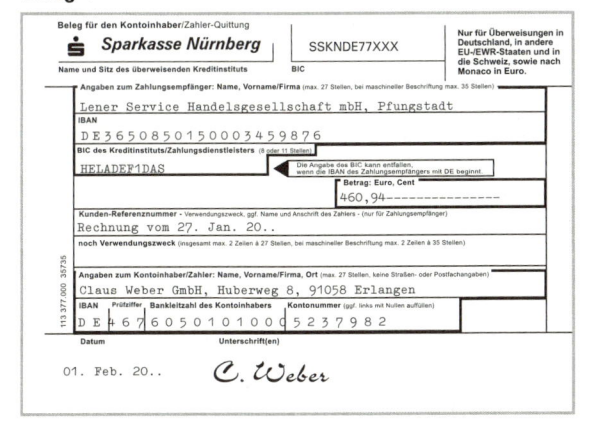

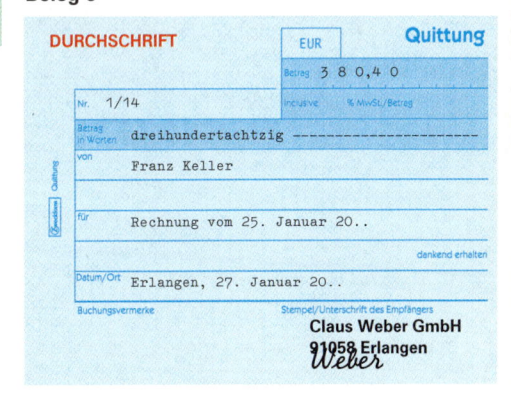

DURCHSCHRIFT   EUR   Quittung
Betrag: 380,40
Nr. 1/14
Betrag in Worten: dreihundertachtzig
von Franz Keller
für Rechnung vom 25. Januar 20..
Datum/Ort: Erlangen, 27. Januar 20..
Claus Weber GmbH
91058 Erlangen
Weber

Beleg 4

Sparkasse Nürnberg   SSKNDE77XXX
Zahlungsempfänger: Lener Service Handelsgesellschaft mbH, Pfungstadt
IBAN: DE36 5085 0150 0003 4598 76
BIC: HELADEF1DAS
Betrag: 460,94
Kunden-Referenznummer/Verwendungszweck: Rechnung vom 27. Jan. 20..
Kontoinhaber: Claus Weber GmbH, Huberweg 8, 91058 Erlangen
IBAN: DE46 7605 0101 0005 2379 82
Datum: 01. Feb. 20..   Unterschrift: C. Weber

---

[1] Bei den Belegen in den Aufgaben 78 und 79 wird auf den Ausweis der Umsatzsteuer verzichtet, weil die Buchung der Umsatzsteuer noch nicht behandelt wurde.

Beleg 5

BüTop
Büromöbel Topauer KG

Büromöbel Topauer KG, Tengstr. 28, 80798 München

Druckerei
Claus Weber GmbH
Huberweg 8
91058 Erlangen

Kunden-nummer	Rechnungs-nummer	Rechnungs-datum	Liefer-datum	Auftrags-datum	Bestell-nummer
24003	1502	27-01-20..	10-01-20..	08-01-20..	268F1

Rechnung

Pos.	Art.Nr.	Bezeichnung	Menge	Einzelpreis EUR	Gesamtpreis EUR
1	20100	Computertisch Standard 160 x 80 x 75	12	525,00	6300,00
2	10100	Schreibtisch Eibe furniert 180 x 80 x 75	8	980,00	7840,00
		Rechnungsbetrag			14140,00

Zahlungs-bedingungen: Innerhalb 8 Tagen abzüglich 2 % Skonto = 278,84 EUR
Innerhalb 30 Tagen rein netto

Sitz der Gesellschaft: München
Registergericht München
HRA 8966
UID-Nr. DE 129 000 000
St.-Nr. 91417/77/040

Tengstr. 28
80798 München
Tel. 089 25919-0
Fax 089 25919-10

Postbank München
BIC: PBNKDEFF700
IBAN: DE53 7001 0080 1343 8364 62
HypoVereinsbank München
BIC: HYVEDEMMXXX
IBAN: DE17 7002 0270 0004 6462 32

Beleg 6

Elektrohaus Orion GmbH

Elektrohaus Orion GmbH 73728 Esslingen

Druckerei
Claus Weber GmbH
Huberweg 8
91058 Erlangen

Rechnung Nr. 120/90

Ihre Bestellung 17.08.20..	Unsere Lieferung 30.08.20..	Rechnungsdatum 02.09.20..

Menge	Warenbezeichnung	Einzelpreis EUR	Gesamtbetrag EUR
2	Laserkopierer AX–411	1380,00	2760,00

79
1. Formulieren Sie aufgrund der nachfolgenden Belege den jeweils zugrunde liegenden Geschäftsvorfall!
2. Bilden Sie die Buchungssätze für die Möbelwerke Konrad Krause KG, Schlesienstr. 14–18, 88400 Biberach!

Beleg 1

Maschinenfabrik Hans Werner GmbH
ESSEN

Hans Werner GmbH, Winkelstr. 20, 45149 Essen

Möbelwerke
Konrad Krause KG
Schlesienstr. 14–18
88400 Biberach

Rechnung 144/80

Ihre Bestellung 15.10.20..	Unsere Lieferung 28.10.20..	Rechnungsdatum 05.11.20..

Menge	Warenbezeichnung	Einzelpreis EUR	Gesamtbetrag EUR
4	Schleifmaschine	1420,00	5680,00

Beleg 2

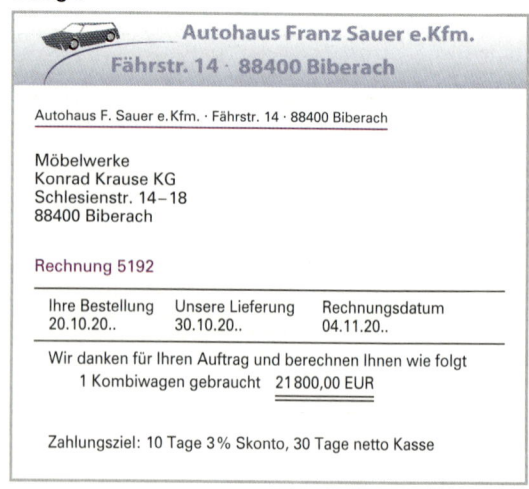

Autohaus Franz Sauer e.Kfm.
Fährstr. 14 · 88400 Biberach

Autohaus F. Sauer e.Kfm. · Fährstr. 14 · 88400 Biberach

Möbelwerke
Konrad Krause KG
Schlesienstr. 14–18
88400 Biberach

Rechnung 5192

Ihre Bestellung 20.10.20..	Unsere Lieferung 30.10.20..	Rechnungsdatum 04.11.20..

Wir danken für Ihren Auftrag und berechnen Ihnen wie folgt
1 Kombiwagen gebraucht   21800,00 EUR

Zahlungsziel: 10 Tage 3% Skonto, 30 Tage netto Kasse

Beleg 3

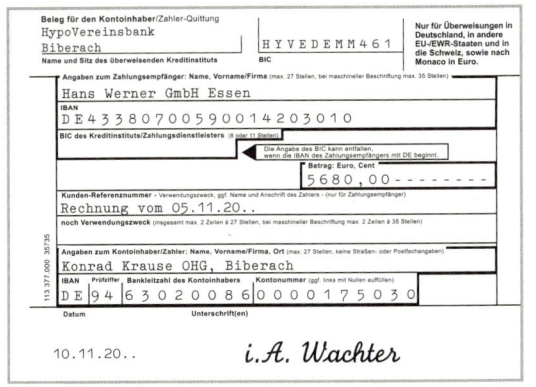

```
Beleg für den Kontoinhaber/Zahler-Quittung        Nur für Überweisungen in
HypoVereinsbank                                   Deutschland, in andere
Biberach                        HYVEDEMM461       EU-/EWR-Staaten und in
Name und Sitz des überweisenden Kreditinstituts   BIC   die Schweiz, sowie nach
                                                        Monaco in Euro.
Angaben zum Zahlungsempfänger: Name, Vorname/Firma (max. 27 Stellen, bei maschineller Beschriftung max. 35 Stellen)
Hans Werner GmbH Essen
IBAN
DE43380700590014203010
BIC des Kreditinstituts/Zahlungsdienstleisters
                                       Betrag: Euro, Cent
                                          5680,00
Kunden-Referenznummer – Verwendungszweck, ggf. Name und Anschrift des Zahlers – (nur für Zahlungsempfänger)
Rechnung vom 05.11.20..
noch Verwendungszweck

Angaben zum Kontoinhaber/Zahler: Name, Vorname/Firma, Ort
Konrad Krause OHG, Biberach
IBAN   Prüfziffer  Bankleitzahl des Kontoinhabers   Kontonummer
DE 94  63020086  0000175030
Datum            Unterschrift(en)
10.11.20..         i.A. Wachter
```

Beleg 4

Bürotechnik + Organisation Haffner
Sachsenweg 18 | 88400 Biberach | 07531 7721

Fa. *Möbelwerke Krause KG*

Anz.	Datum 02.11.20..	Einzelpreis EUR	Gesamtpreis EUR
3	*Aktenvernichter*	415,00	1 245,00
	Betrag dankend erhalten.		*Be*
Verk. *Be*	000195-11	Bei Irrtum oder Umtausch bitte diesen Beleg vorlegen.	

Haffner Bürotechnik + Organisation
St.-Nr. 44 111 17931

5.4.4.3 Zusammengesetzter Buchungssatz

Sind für einen Buchungssatz **mehr als zwei Konten** erforderlich, spricht man von einem **zusammengesetzten Buchungssatz**. Auch für den zusammengesetzten Buchungssatz gilt, dass bei jedem Buchungssatz die Summe der gebuchten Sollbeträge mit der Summe der gebuchten Habenbeträge übereinstimmen muss.

> **Beispiel:**
>
> **I. Anfangsbestände:**
> Verbindlichkeiten a. Lief. u. Leist. 10 000,00 EUR; Bank 7 000,00 EUR; Kasse 5 000,00 EUR.
>
> **II. Geschäftsvorfall:**
> Wir zahlen eine bereits gebuchte Eingangsrechnung über 3 700,00 EUR, und zwar durch Banküberweisung 3 000,00 EUR, in bar 700,00 EUR.
>
> **III. Aufgaben:**
> 1. Buchen Sie den Geschäftsvorfall auf den Konten!
> 2. Bilden Sie den Buchungssatz!

Lösungen:

Zu 1.: Buchung auf den Konten

Soll	Bank		Haben		Soll	Verbindl. a. Lief. u. Leist.		Haben
AB	7 000,00	Verb.a.L.u.L.	3 000,00		Ba/Ka	3 700,00	AB	10 000,00

Soll	Kasse		Haben
AB	5 000,00	Verb.a.L.u.L.	700,00

Zu 2.: Buchungssatz

Geschäftsvorfall	Konten	Soll	Haben
Wir bezahlen eine bereits gebuchte Eingangsrechnung über 3 700,00 EUR durch Banküberweisung 3 000,00 EUR und Barzahlung 700,00 EUR	Verbindl. a. Lief. u. Leist. an Bank an Kasse	3 700,00	3 000,00 700,00

> **Merke:**
>
> Für den **einfachen Buchungssatz** wie für den **zusammengesetzten Buchungssatz** gilt:
>
> **Summe der gebuchten Sollbeträge ≙ Summe der gebuchten Habenbeträge**

Übungsaufgaben

80 Bilden Sie zu den folgenden Geschäftsvorfällen die Buchungssätze bzw. ermitteln Sie die Geschäftsvorfälle!

1. Ein Kunde zahlt einen Rechnungsbetrag über 725,00 EUR
   in bar   225,00 EUR
   durch Banküberweisung   500,00 EUR
2. Wir kaufen Lagerregale für insgesamt 3 500,00 EUR
   gegen Barzahlung   1 500,00 EUR
   auf Ziel   2 000,00 EUR
3. Wir verkaufen einen nicht mehr benötigten Lieferwagen in Höhe des Buchwertes von 3 800,00 EUR gegen Barzahlung   800,00 EUR
   Restforderung   3 000,00 EUR
4. Ein Kunde zahlt einen Rechnungsbetrag über 1 750,00 EUR
   durch Banküberweisung   1 000,00 EUR
   bar   750,00 EUR
5. Wir bezahlen eine Liefererrechnung über 2 550,00 EUR
   bar   550,00 EUR
   durch Banküberweisung   2 000,00 EUR
6. Wir kaufen einen Kombiwagen zum Preise von 25 000,00 EUR
   gegen Barzahlung   5 500,00 EUR
   durch Banküberweisung   10 000,00 EUR
   Restverbindlichkeit   9 500,00 EUR
7. Wir tilgen eine Darlehensschuld bei der Bank über 5 000,00 EUR
   bar   1 500,00 EUR
   durch Banküberweisung   3 500,00 EUR
8. Welche Geschäftsvorfälle liegen folgenden Buchungssätzen zugrunde?

Nr.	Konten	Soll	Haben
8.1	Betriebs- und Geschäftsausstattung an Bank an Kasse	3 750,00	3 000,00 750,00
8.2	Verbindlichkeiten a. Lief. u. Leist. an Bank an Kasse	2 350,00	2 000,00 350,00

Nr.	Konten	Soll	Haben
8.3	Bank	750,00	
	Kasse	250,00	
	an Forderungen a. Lief. u. Leist.		1 000,00
8.4	Unbebaute Grundstücke	400 000,00	
	an Bank		370 000,00
	an Kasse		30 000,00

81 1. Formulieren Sie aufgrund des Belegs die zugrunde liegenden Geschäftsvorfälle!
2. Bilden Sie die Buchungssätze für die Druckerei Schön & Dörfer OHG, Mozartstr. 15, 70180 Stuttgart!

Deutsche Bank AG

BIC: DEUTDESSXXX
IBAN: DE11 6007 0070 0007 6523 40

Stuttgart

Kontoauszug
Nr. 28   vom 24.05.20..   Blatt 1

Buchungstag/Wert/Vorgang			Soll	Haben
		ALTER SALDO VOM 21.05.20..		7 929,80 H
24 05	24 05	Frieda Freund e.Kfr. Erlangen Rechnung 20.05.20..		3 160,10 H
24 05	24 05	Alltrop GmbH Rechnung 17.05.20..		6 985,40 S
SCHÖN & DÖRFER OHG MOZARTSTR. 15 70180 STUTTGART			NEUER SALDO	4 104,50 H

5.4.5 Eröffnung und Abschluss der Bestandskonten (Eröffnungsbilanzkonto und Schlussbilanzkonto)

Das **Prinzip der doppelten Buchführung** ist ein **generelles Prinzip** und gilt folglich auch für die Anfangs- und Schlussbestände auf den Konten. Wenn bei der Eröffnung der Konten mit den Anfangsbeständen und beim Abschluss der Konten mit den Schlussbeständen jeweils eine Gegenbuchung erfolgen soll, benötigen wir dafür entsprechende Gegenkonten.

- Die **Buchung der Anfangsbestände** erfolgt mithilfe des **Eröffnungsbilanzkontos (EBK)** und
- die **Buchung der Schlussbestände** erfolgt über das **Schlussbilanzkonto (SBK)**.

Merke:

- Das **Eröffnungsbilanzkonto** und das **Schlussbilanzkonto** bringen die **Geschlossenheit des Systems der doppelten Buchführung** zum Ausdruck.
- Durch die beiden Konten wird sowohl bei der Erfassung der Anfangsbestände als auch bei der Erfassung der Schlussbestände **jeder Betrag doppelt gebucht**.

> **Beispiel:**
>
> **I. Anfangsbestände:**
>
> Betriebs- u. Geschäftsausstattung 41 355,00 EUR; Kasse 1 670,00 EUR; Bank 33 975,00 EUR; Forderungen aus Lieferungen und Leistungen 12 150,00 EUR; Rohstoffe 24 570,00 EUR; Verbindlichkeiten aus Lieferungen und Leistungen 13 220,00 EUR; Langfristige Bankverbindlichkeiten 5 000,00 EUR; Eigenkapital 95 500,00 EUR.
>
> **II. Geschäftsvorfälle:**
>
> 1. Wir verkaufen nicht mehr benötigte Lagerschränke bar zum Buchwert — 2 500,00 EUR
> 2. Neuanschaffung einer Büroeinrichtung gegen Banküberweisung — 30 000,00 EUR
> 3. Ein Kunde überweist einen Rechnungsbetrag auf das Bankkonto — 2 120,00 EUR
> 4. Zur Auffüllung des Kassenbestandes heben wir vom Bankkonto bar ab — 500,00 EUR
> 5. Wir zahlen eine Lieferantenrechnung bar — 1 200,00 EUR
> 6. Teilweise Tilgung des Bankdarlehens bar — 1 000,00 EUR
>
> **Aufgaben:**
>
> 1. Eröffnen Sie die Konten mit den angegebenen Anfangsbeständen mithilfe des Eröffnungsbilanzkontos!
> 2. Bilden Sie zu den Geschäftsvorfällen die Buchungssätze und buchen Sie die Vorgänge anschließend auf den eröffneten Konten!
> 3. Schließen Sie die Konten über das Schlussbilanzkonto ab!

Lösung:

Zu 2.: Bildung der Buchungssätze für die Geschäftsvorfälle

Nr.	Konten	Soll	Haben
1.	Kasse	2 500,00	
	an Betriebs- u. Geschäftsausstattung		2 500,00
2.	Betriebs- u. Geschäftsausstattung	30 000,00	
	an Bank		30 000,00
3.	Bank	2 120,00	
	an Ford. a. Lief. u. Leist.		2 120,00
4.	Kasse	500,00	
	an Bank		500,00
5.	Verb. a. Lief. u. Leist.	1 200,00	
	an Kasse		1 200,00
6.	Langfristige Bankverbindlichkeiten	1 000,00	
	an Kasse		1 000,00

Zu 1. und 3.:

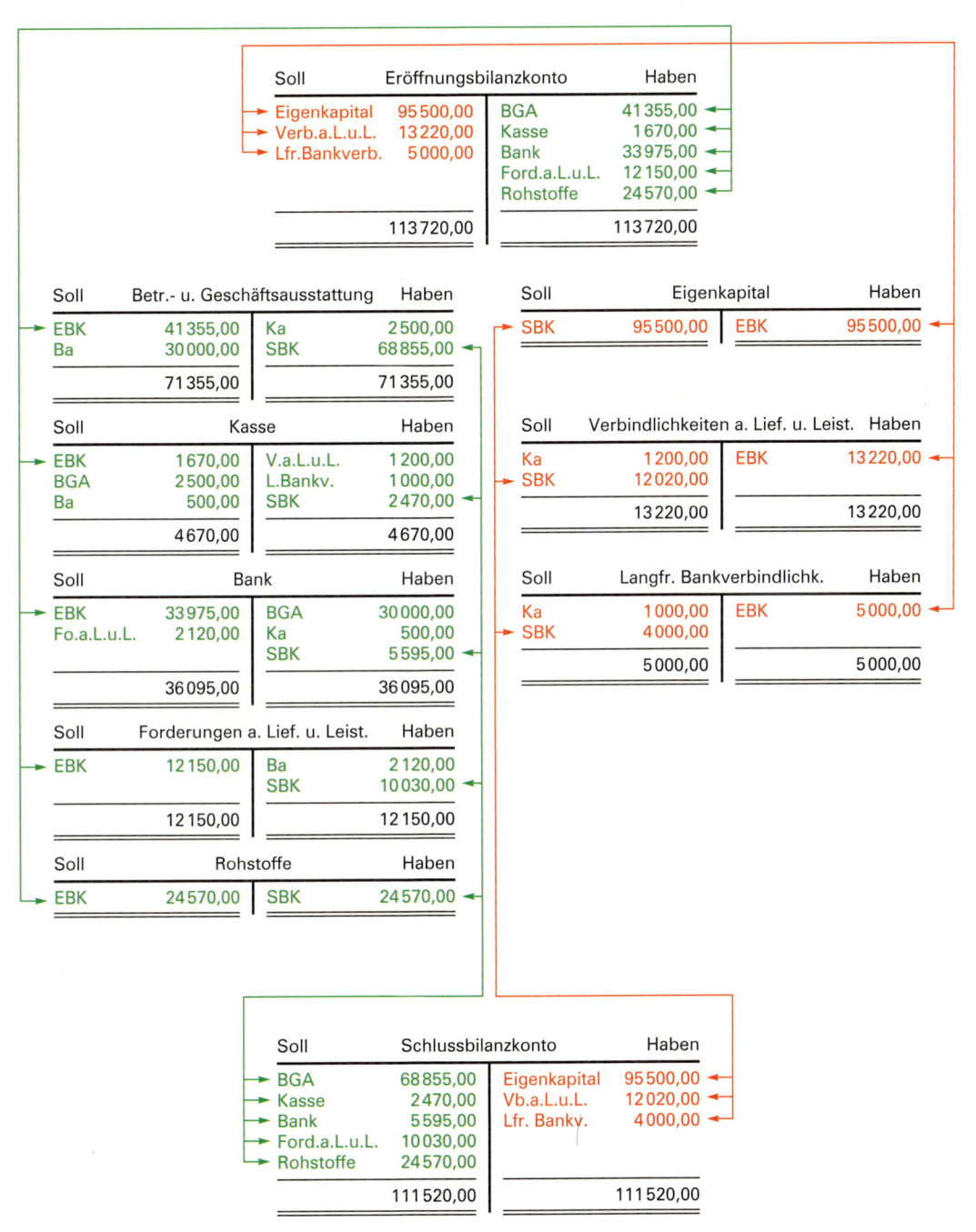

Soll	Eröffnungsbilanzkonto		Haben
Eigenkapital	95 500,00	BGA	41 355,00
Verb.a.L.u.L.	13 220,00	Kasse	1 670,00
Lfr.Bankverb.	5 000,00	Bank	33 975,00
		Ford.a.L.u.L.	12 150,00
		Rohstoffe	24 570,00
	113 720,00		113 720,00

Soll	Betr.- u. Geschäftsausstattung		Haben
EBK	41 355,00	Ka	2 500,00
Ba	30 000,00	SBK	68 855,00
	71 355,00		71 355,00

Soll	Eigenkapital		Haben
SBK	95 500,00	EBK	95 500,00

Soll	Kasse		Haben
EBK	1 670,00	V.a.L.u.L.	1 200,00
BGA	2 500,00	L.Bankv.	1 000,00
Ba	500,00	SBK	2 470,00
	4 670,00		4 670,00

Soll	Verbindlichkeiten a. Lief. u. Leist.		Haben
Ka	1 200,00	EBK	13 220,00
SBK	12 020,00		
	13 220,00		13 220,00

Soll	Bank		Haben
EBK	33 975,00	BGA	30 000,00
Fo.a.L.u.L.	2 120,00	Ka	500,00
		SBK	5 595,00
	36 095,00		36 095,00

Soll	Langfr. Bankverbindlichk.		Haben
Ka	1 000,00	EBK	5 000,00
SBK	4 000,00		
	5 000,00		5 000,00

Soll	Forderungen a. Lief. u. Leist.		Haben
EBK	12 150,00	Ba	2 120,00
		SBK	10 030,00
	12 150,00		12 150,00

Soll	Rohstoffe		Haben
EBK	24 570,00	SBK	24 570,00

Soll	Schlussbilanzkonto		Haben
BGA	68 855,00	Eigenkapital	95 500,00
Kasse	2 470,00	Vb.a.L.u.L.	12 020,00
Bank	5 595,00	Lfr. Bankv.	4 000,00
Ford.a.L.u.L.	10 030,00		
Rohstoffe	24 570,00		
	111 520,00		111 520,00

Erläuterungen:

- Die Buchung der Anfangsbestände führt dazu, dass die Anfangsbestände der Aktivkonten auf der Habenseite des Eröffnungsbilanzkontos und die Anfangsbestände der Passivkonten auf der Sollseite des Eröffnungsbilanzkontos erscheinen. Im Vergleich zum Schlussbilanzkonto sind die Seiten vertauscht. Das zeigt, dass das **Eröffnungsbilanzkonto** lediglich ein **Hilfskonto** ist, um das System der doppelten Buchung nicht zu durchbrechen. Gleichzeitig aber wird damit auch die Gleichheit der Soll- und Habenbeträge zu Beginn der Geschäftsperiode dokumentiert. Das ist ein **Grundprinzip des Systems der doppelten Buchführung,** das zu jeder Zeit als Kontrollmechanismus in diesem System eingebaut ist, denn auch bei der Eröffnung der Konten muss sichergestellt sein, dass die Summe der gebuchten Sollbeträge mit der Summe der gebuchten Habenbeträge übereinstimmt.

- Das **Schlussbilanzkonto** hat die Aufgabe, die vom Unternehmen verwendeten Aktiv- und Passivkonten einander gegenüberzustellen. Das **Schlussbilanzkonto** dient allein **innerbetrieblichen Zwecken** und ist an **keine gesetzlichen Gliederungsvorschriften** gebunden. Anders die **Schlussbilanz**. Sie dient außenstehenden Personen (z.B. Mitinhabern, Gläubigern) oder Institutionen (z.B. Steuerbehörde, Gerichte, Banken) als Auskunfts- und Beweismittel und **unterliegt gesetzlichen Vorschriften**. Das Schlussbilanzkonto darf somit nicht mit der Schlussbilanz verwechselt werden.

Beachte:

Das Eröffnungsbilanzkonto und das Schlussbilanzkonto wurden hier aus methodischen und systematischen Überlegungen dargestellt. Ob in den nachfolgenden Übungsaufgaben das Eröffnungsbilanzkonto geführt werden soll, bleibt der individuellen Entscheidung der Lehrenden vorbehalten. In elektronischen Finanzbuchhaltungssystemen ist es allerdings aus abstimmungstechnischen Gesichtspunkten unverzichtbar.

Übungsaufgaben

82 I. **Anfangsbestände:**

Unbebaute Grundstücke 965 000,00 EUR; Maschinen 470 500,00 EUR; Betriebs- und Geschäftsausstattung 84 900,00 EUR; Rohstoffe 54 800,00 EUR; Forderungen aus Lieferungen und Leistungen 105 450,00 EUR; Bank 17 770,00 EUR; Kasse 25 100,00 EUR; Eigenkapital 892 320,00 EUR; Langfristige Bankverbindlichkeiten 450 000,00 EUR; Verbindlichkeiten aus Lieferungen und Leistungen 381 200,00 EUR.

II. Geschäftsvorfälle:

1.	Eingangsrechnung für Büromöbel	27 500,00 EUR
2.	Von der bereits gebuchten Büromöbellieferung schicken wir einen nicht bestellten Posten zurück	4 000,00 EUR
3.	Ein Kunde zahlt einen Rechnungsbetrag durch Banküberweisung	32 000,00 EUR
4.	Wir tilgen teilweise die Darlehensschuld bei der Bank durch Barzahlung	7 200,00 EUR
5.	Wir kaufen eine Abfüllmaschine auf Ziel	87 700,00 EUR
6.	Wir zahlen eine Lieferantenrechnung über 28 570,00 EUR bar	6 570,00 EUR
	durch Bankscheck	22 000,00 EUR
7.	Barkauf mehrerer Schreibtische für das Büro	2 600,00 EUR
8.	Kauf eines Grundstücks für einen Parkplatz auf Ziel	67 000,00 EUR

III. Aufgaben:

1. Eröffnen Sie die Konten mithilfe des Eröffnungsbilanzkontos!
2. Bilden Sie die Buchungssätze und buchen Sie auf den Konten!
3. Schließen Sie die Konten über das Schlussbilanzkonto ab!

83 I. **Anfangsbestände:**

Grundstücke und Bauten 200 000,00 EUR; Betriebsgebäude 335 850,00 EUR; Betriebs- und Geschäftsausstattung 228 710,00 EUR; Kasse 7 350,00 EUR; Bank 62 550,00 EUR; Forderungen aus Lieferungen und Leistungen 98 720,00 EUR; Rohstoffe 165 750,00 EUR; Verbindlichkeiten aus Lieferungen und Leistungen 154 820,00 EUR; Langfristige Bankverbindlichkeiten 200 000,00 EUR; Eigenkapital 744 110,00 EUR.

II. **Geschäftsvorfälle:**

1.	Einkauf einer Maschine	23 500,00 EUR
	gegen Banküberweisung	12 000,00 EUR
	auf Ziel	11 500,00 EUR
2.	Ein Kunde bezahlt einen Rechnungsbetrag über 1 250,00 EUR,	
	bar	750,00 EUR
	durch Banküberweisung	500,00 EUR
3.	Barkauf eines Laptops	950,00 EUR
4.	Teilrückzahlung eines Bankdarlehens durch Banküberweisung	4 500,00 EUR
5.	Barverkauf eines nicht benötigten Büroschrankes zum Buchwert	650,00 EUR
6.	Begleichung einer Eingangsrechnung in Höhe von 7 820,00 EUR,	
	bar	2 350,00 EUR
	durch Banküberweisung	5 470,00 EUR

III. **Aufgaben:**
1. Eröffnen Sie die Konten mithilfe des Eröffnungsbilanzkontos!
2. Bilden Sie die Buchungssätze und buchen Sie auf den Konten!
3. Schließen Sie die Konten über das Schlussbilanzkonto ab!

5.4.6 Zusammenhang zwischen Bestandskonten, Inventur, Inventar und Bilanz

Bestandskonten – unter Einbeziehung des Schlussbilanzkontos und des Eröffnungsbilanzkontos – bilden eine in sich geschlossene Einheit: Das **Kontensystem der doppelten Buchführung.**

Die Bilanz baut auf den Zahlen der Buchführung auf, wobei diese Zahlen jedoch vor ihrer Übernahme in die Bilanz durch die Inventur auf ihre Richtigkeit hin überprüft werden. Vom buchtechnischen Standpunkt aus und auch von der Tatsache ausgehend, dass die Bilanz für die Öffentlichkeit entsprechend aufbereitet werden muss [§§ 247, 266 HGB], stehen **Inventur** (bzw. **Inventar**) und **Bilanz außerhalb der Buchführung.**

Die grafische Darstellung auf S. 332 veranschaulicht den Zusammenhang zwischen dem Kontensystem der Buchführung und der Bilanz sowie der Inventur (bzw. dem Inventar).

Außerhalb der Buchführung haben wir Bilanzen:

Aktiva	Eröffnungsbilanz	Passiva
Vermögens- posten	Eigenkapital	
	Verbindlichk.	

Merke:

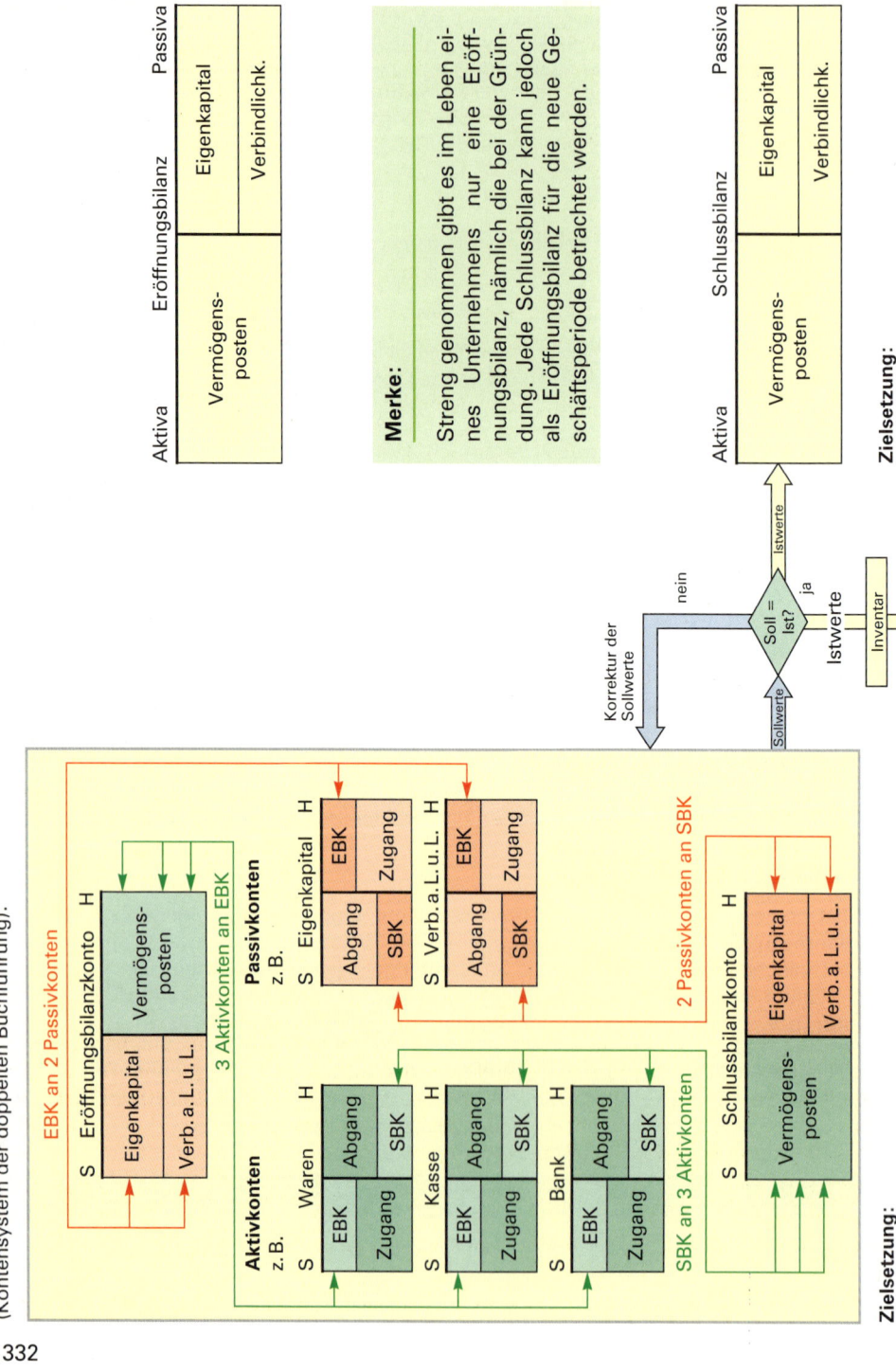

Streng genommen gibt es im Leben eines Unternehmens nur eine Eröffnungsbilanz, nämlich die bei der Gründung. Jede Schlussbilanz kann jedoch als Eröffnungsbilanz für die neue Geschäftsperiode betrachtet werden.

Aktiva	Schlussbilanz	Passiva
Vermögens- posten	Eigenkapital	
	Verbindlichk.	

Zielsetzung: Informationsinstrument für Außenstehende

Innerhalb der Buchführung haben wir Konten (Kontensystem der doppelten Buchführung):

EBK an 2 Passivkonten

S Eröffnungsbilanzkonto H
| Eigenkapital | Vermögens- posten |
| Verb.a.L.u.L. | |

3 Aktivkonten an EBK

Passivkonten z. B.

S Eigenkapital H
| Abgang | EBK |
| SBK | Zugang |

S Verb.a.L.u.L. H
| Abgang | EBK |
| SBK | Zugang |

Aktivkonten z. B.

S Waren H
| EBK | Abgang |
| Zugang | SBK |

S Kasse H
| EBK | Abgang |
| Zugang | SBK |

S Bank H
| EBK | Abgang |
| Zugang | SBK |

SBK an 3 Aktivkonten

2 Passivkonten an SBK

S Schlussbilanzkonto H
| Vermögens- posten | Eigenkapital |
| | Verb. a. L. u. L. |

Korrektur der Sollwerte — nein

Soll = Ist? — ja — Istwerte

Sollwerte · Istwerte

Inventar · Inventur

Zielsetzung: Informationen für die Geschäftsleitung

5.5 Organisation der Buchführung

Hinweis:

Das Kapitel „Organisation der Buchführung" wird – entgegen den Vorgaben des Lehrplans – vor der Darstellung der Ergebniskonten eingeführt, damit die Schülerinnen und Schüler jeweils das betreffende Aufwands- und Ertragskonto zutreffend benennen können, und nicht auf eigene „Wortschöpfungen" angewiesen sind. Zudem wird durch die Vorgabe des Kontenrahmens die Arbeit der Schülerinnen und Schüler beim Erstellen des Jahresabschlusses erleichtert.

5.5.1 Bücher der Buchführung

(1) Allgemeines

Aufgrund der dynamischen Weiterentwicklung der Informationstechnologie muss man sich lösen von einer allzu wörtlichen Vorstellung des Wortbestandteils „Buch", wenn von „Buchführung" die Rede ist. Die Grundsätze ordnungsgemäßer DV-gestützter Buchführungssysteme (GoBS)[1] klären die rechtlichen Ansprüche, welche an moderne, IT-gestützte Buchführungssysteme gestellt werden. So müssen z. B. Geschäftsvorfälle (von der Aufzeichnung im Grundbuch über das Hauptbuch, GuV bzw. Bilanz) nachprüfbar bzw. rückverfolgbar sein. Mit Ausnahme der Jahresabschlüsse und der Eröffnungsbilanz ist die Speicherung der aufbewahrungspflichtigen Unterlagen auf digitalen Datenträgern zulässig, wenn diese jederzeit verfügbar sind und unverzüglich lesbar gemacht werden können [§ 147, Abs. 2, AO].

(2) Grundbuch und Hauptbuch

■ **Grundbuch**

Alle Geschäftsvorfälle müssen lückenlos und fortlaufend aufgezeichnet werden. Man spricht auch von **chronologischer Aufzeichnungspflicht** [vgl. § 239 II HGB]. Unabhängig von der Art des dabei verwendeten Mediums wird die Zusammenfassung dieser Eintragungen als **Grundbuch** bezeichnet.

Beispiel:

Grundbuch: Monat Februar 20..					Seite
Tag	Beleg-Nr.	Geschäftsvorfall	Buchungssatz	Soll	Haben
15. Febr.	173	Zahlung einer Eingangsrechnung durch Banküberweisung	Verb. a. L. u. L. an Bank	500,00	500,00

■ **Hauptbuch**

Die zeitliche Auflistung der Buchungen allein genügt nicht. Sie müssen vielmehr auch in ihren **sachlichen** Auswirkungen dargestellt werden, d.h., die Buchungen im Grundbuch sind auf die Sachkonten zu übertragen. Dies geschieht im sogenannten **Hauptbuch**. Die Sachkonten werden daher auch als **Hauptbuchkonten** bezeichnet. Erst durch die sachliche Aufgliederung ist der Stand des Vermögens und der Schulden ersichtlich.

Beispiel:

Die Buchung im Grundbuch führt zu der nachfolgenden Buchung im Hauptbuch.

---

1 Schreiben des Bundesministeriums der Finanzen an die obersten Finanzbehörden der Länder vom 7. November 1995 – IV A 8 – S 0316 – 52/95 – BStBl 1995, S. 738.

S	Verbindl. a. Lief. u. Leist.		H	S	Bank		H
Bank	500,00	AB	15 000,00	AB	3 000,00	V.a.L.u.L.	500,00

> **Merke:**
>
> - Im **Grundbuch** werden alle buchungsbedürftigen Geschäftsvorfälle **chronologisch**, d. h. in der zeitlichen Reihenfolge ihres tatsächlichen Anfalls erfasst.
> - Im **Hauptbuch** werden mithilfe von Konten die **sachlichen** Auswirkungen aller Geschäftsvorfälle erfasst.

(3) Zusammenhang von Beleg, Grundbuch und Hauptbuch

Grundlage aller Buchungen sind die vorkontierten Belege. Im Grundbuch erfolgen die Buchungen in zeitlicher Reihenfolge, während auf den Konten des Hauptbuches die sachlichen Auswirkungen der Geschäftsvorfälle erfasst werden.

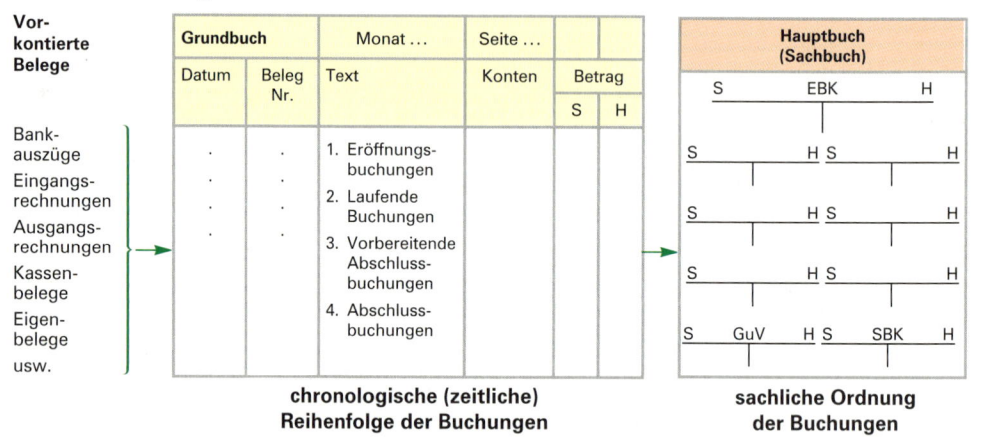

Vor-kontierte Belege	Grundbuch						Hauptbuch (Sachbuch)
	Datum	Beleg Nr.	Text	Monat ...	Konten	Seite ... Betrag S H	
Bank-auszüge Eingangs-rechnungen Ausgangs-rechnungen Kassen-belege Eigen-belege usw.	. . . .	. . . .	1. Eröffnungs-buchungen 2. Laufende Buchungen 3. Vorbereitende Abschluss-buchungen 4. Abschluss-buchungen				S EBK H S H S H S H S H S H S H S GuV H S SBK H
	chronologische (zeitliche) Reihenfolge der Buchungen						**sachliche Ordnung der Buchungen**

(4) Nebenbücher

Wenn sich auf den Konten des Hauptbuches eine Vielzahl von Veränderungen ergibt oder zusätzliche Daten erfasst werden sollen, können zur Entlastung des Hauptbuches **Nebenbücher** geführt werden. Die Nebenbücher erfassen den Buchungsinhalt für jeden einzelnen Beleg und ergänzen somit die zusammengefassten Buchungsinhalte des Hauptbuches. Wegen dieses sachlichen Zusammenhangs muss jedem Nebenbuch, in dem die Einzelvorgänge erfasst werden, ein Konto des Hauptbuches entsprechen, das die gesammelten Werte periodenweise aufnimmt. Wichtige Nebenbücher sind: das Kundenbuch (Debitorenbuch), das Lieferantenbuch (Kreditorenbuch), das Kassenbuch, das Lagerbuch, das Anlagebuch.

> **Merke:**
>
> **Nebenbücher** erfassen alle Wertveränderungen **im Einzelnen**. Diese werden periodenweise gesammelt und auf die Hauptbuchkonten übertragen. Erst nach dieser Übertragung ist das Hauptbuch abschlussfähig.

5.5.2 Kontenrahmen als Organisationsmittel der Buchführung

5.5.2.1 Allgemeines zum Kontenrahmen

Die Buchführung eines Kaufmanns besteht aus einer Vielzahl von Konten. Um hierüber die wünschenswerte Übersicht zu behalten, bedarf es einer Ordnung. Sie wird mithilfe des Kontenrahmens erreicht. Dieses bewährte Ordnungsmittel wurde bereits 1937 in der deutschen Wirtschaft eingeführt. Neben dem genannten Zweck der Übersichtlichkeit sollte mit der Einführung des Kontenrahmens auch die Vergleichbarkeit und Kontrolle der Betriebe besser ermöglicht werden. Die Einführung eines Kontenrahmens kann nur als Empfehlung an die Betriebe angesehen werden, eine gesetzliche Verpflichtung dazu besteht nicht.

Um den individuellen Bedürfnissen optimal zu entsprechen, hat jeder Wirtschaftszweig seinen eigenen Kontenrahmen entwickelt. Daneben haben bekannte Softwarefirmen spezielle EDV-Kontenrahmen herausgebracht. Das dabei zugrunde gelegte Ordnungsprinzip ist einheitlich. Die Gesamtmenge der Konten wird mithilfe der zehn Ziffern unseres Zahlensystems nach bestimmten Gesichtspunkten in Klassen und Gruppen gegliedert.

5.5.2.2 Bedeutung des Kontenrahmens

Dadurch, dass nicht mehr jeder Unternehmer seine Buchführung nach eigenem Ermessen und Gutdünken aufbaut, werden insbesondere folgende zwei Vorteile erzielt:

- Der Inhalt der einzelnen Konten ist genau bestimmt. Dadurch können die verschiedenen Inhalte scharf gegeneinander abgegrenzt werden. Verschiedene Industrieunternehmen buchen daher unter der gleichen Kontenbezeichnung den gleichen Inhalt. Dadurch wird die **Organisation** der Buchführung **einheitlicher** und **übersichtlicher**.
- Durch die Vereinheitlichung der Buchführung von der Grundkonpeztion her ist es dem Unternehmer möglich, Vergleiche vorzunehmen, und zwar

  - **innerhalb des Unternehmens:** Vergleich der Entwicklung der Konteninhalte von Rechnungsjahr zu Rechnungsjahr **(Zeitvergleich)**, aber auch
  - **außerhalb des Unternehmens:** z.B. Vergleich der eigenen Buchführungsergebnisse mit denen anderer Unternehmen **(Betriebsvergleich)**.

5.5.2.3 Vom Kontenrahmen zum Kontenplan

Innerhalb des Kontenrahmens, dessen Anwendung allen Unternehmen des betreffenden Wirtschaftszweiges empfohlen wird, stellt jedes Unternehmen den individuellen Bedürfnissen entsprechend seinen eigenen **Kontenplan** auf. In diesem werden jene Konten ausgelassen, die für das betreffende Unternehmen keine Bedeutung haben.

> **Merke:**
>
> - Der **Kontenrahmen** bezieht sich auf eine bestimmte **Wirtschaftsbranche**.
> - Der **Kontenplan** bezieht sich auf ein bestimmtes **Unternehmen**.

Mithilfe der zehn Ziffern unseres Zahlensystems wird die Gesamtmenge der Konten nach sachlichen Gesichtspunkten (z.B. alle Finanzanlagen, alle Ertragskonten usw.) zunächst in 10 **Kontenklassen** gegliedert.

> **Beispiel:**
>
> | Kontenklasse 0 | Kontenklasse 1 | Kontenklasse 2 |
> |---|---|---|
> | AKTIVA |||
> | Anlagevermögen || Umlaufvermögen |

Da es in jeder Kontenklasse mehrere Konten gibt, muss man zur eindeutigen Unterscheidung eine zweite Ziffer hinzufügen. Dabei beginnt man ebenfalls wieder mit der Ziffer 0. Diese zweistellige Kontenkennzeichnung bildet jeweils eine **Kontengruppe**.

> **Beispiel:**
>
> | Kontenklasse 0 | usw. |
> |---|---|
> | AKTIVA ||
> | Anlagevermögen ||
> | .
.
02 Konzessionen, gewerbliche Schutzrechte und ähnliche Rechte und Werte sowie Lizenzen an solchen Rechten und Werten
.
05 Grundstücke, grundstücksgleiche Rechte und Bauten einschließlich der Bauten auf fremden Grundstücken | |

Da auch innerhalb einer Kontengruppe im Allgemeinen unterschiedliche Konten vorkommen, muss jede Kontengruppe wieder nach dem gleichen Verfahren unterteilt werden. Man spricht dann von einer bestimmten **Kontenart**. Notfalls müssen zu einer Kontenart auch **Kontenunterarten** gebildet werden.

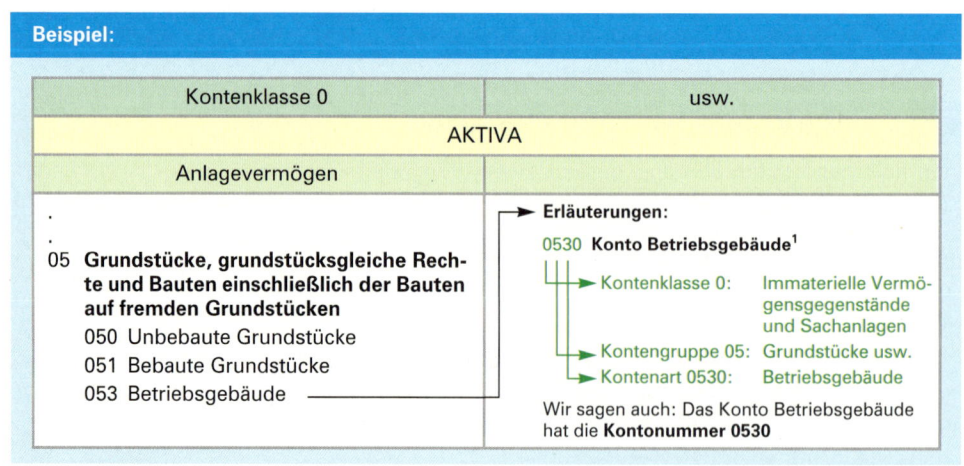

> **Beispiel:**
>
> | Kontenklasse 0 | usw. |
> |---|---|
> | AKTIVA ||
> | Anlagevermögen ||
> | .
.
05 **Grundstücke, grundstücksgleiche Rechte und Bauten einschließlich der Bauten auf fremden Grundstücken**
   050 Unbebaute Grundstücke
   051 Bebaute Grundstücke
   053 Betriebsgebäude | **Erläuterungen:**
0530 **Konto Betriebsgebäude**[1]
Kontenklasse 0: Immaterielle Vermögensgegenstände und Sachanlagen
Kontengruppe 05: Grundstücke usw.
Kontenart 0530: Betriebsgebäude
Wir sagen auch: Das Konto Betriebsgebäude hat die **Kontonummer 0530** |

---

[1] Die EDV-Kontenrahmen verwenden im Allgemeinen für jede Kontoart des Hauptbuchs eine vierstellige Kontoziffer. Personenkonten (Lieferer- und Kundenkonten) haben dann fünfstellige Kontoziffern. Dieser 4-stelligen Kontobezifferung wollen wir uns anschließen.

5.5.2.4 Aufbauprinzip eines Kontenrahmens am Beispiel des Industriekontenrahmens

Der Industriekontenrahmen in der Neufassung von 1986 ist ein abschlussorientierter Kontenrahmen. Das bedeutet, dass sich die Reihenfolge der Kontengruppen an den Abschlussgliederungsprinzipien der Bilanz und der Gewinn- und Verlustrechnung bei Kapitalgesellschaften orientiert.

Da sich diese Gliederungsprinzipien für den Jahresabschluss – besonders die für die Bilanz, wenn auch in vereinfachter und verkürzter Form – auch bei Nichtkapitalgesellschaften immer stärker durchsetzen, ist damit die Erstellung des Jahresabschlusses wesentlich erleichtert. Das gilt besonders beim Einsatz eines Finanzbuchhaltungsprogrammes. Im DV-System wird hinterlegt, auf welchen Posten der Bilanz bzw. der Gewinn- und Verlustrechnung der Saldo eines Kontos im Rahmen des automatisierten Jahresabschlusses übertragen werden soll.

In seiner Grobstruktur weist der angesprochene Industriekontenrahmen in den einzelnen Kontenklassen folgende Positionen aus:

Klasse 0: Immaterielle Vermögensgegenstände und Sachanlagen ← Bestandskonten
Klasse 1: Finanzanlagen ← Bestandskonten
Klasse 2: Umlaufvermögen und aktive Rechnungsabgrenzung ← Bestandskonten
Klasse 3: Eigenkapital und Rückstellungen ← Bestandskonten
Klasse 4: Verbindlichkeiten und passive Rechnungsabgrenzung ← Bestandskonten
Klasse 5: Erträge ← Ergebniskonten
Klasse 6: Betriebliche Aufwendungen ← Ergebniskonten[1]
Klasse 7: Weitere Aufwendungen ← Ergebniskonten[1]
Klasse 8: Ergebnisrechnungen ← Abschlusskonten
Klasse 9: Kosten- und Leistungsrechnung (KLR)[2]

In den folgenden Kapiteln werden wir die Buchungssätze nur noch unter Zuhilfenahme des Industriekontenrahmens (IKR) bilden, d. h., bei den Buchungen im Grundbuch setzen wir vor den Kontonamen die entsprechende Kontonummer und im Hauptbuch werden die Gegenkonten nur mit den Kontonummern angegeben.

Beispiel:

Geschäftsvorfall:
Wir zahlen eine bereits gebuchte Eingangsrechnung über 3 850,00 EUR
durch Banküberweisung   3 000,00 EUR
in bar   850,00 EUR

Aufgaben:
1. Buchen Sie den Geschäftsvorfall auf den Konten!
2. Bilden Sie den Buchungssatz zu dem Geschäftsvorfall!

---

[1] Vgl. hierzu Kapitel 5.6, S. 340 ff.
[2] In der Praxis wird die Kosten- und Leistungsrechnung tabellarisch durchgeführt. Die Kosten- und Leistungsrechnung wird in der Jahrgangsstufe 1 behandelt.

Lösung:

Zu 1.: Buchung auf den Konten

S	2800 Bank		H
AB	5 000,00	4400	3 000,00

S	4400 Verbindl. a. Lief. u. Leist.		H
2800/2880	3 850,00	AB	10 000,00

S	2880 Kasse		H
AB	3 140,00	4400	850,00

Zu 2.: Buchungssatz

Geschäftsvorfall	Konten	Soll	Haben
Wir zahlen eine bereits gebuchte Eingangsrechnung über 3 850,00 EUR durch Banküberweisung 3 000,00 EUR durch Barzahlung 850,00 EUR	4400 Verbindl. a. L. u. L. an 2800 Bank an 2880 Kasse	3 850,00	3 000,00 850,00

Übungsaufgaben

84 1. Gegeben ist die Kontobezeichnung 0830!
   1.1 Nennen Sie die Information, die die erste Ziffer 0 liefert!
   1.2 Interpretieren Sie die Ziffernfolge 08!
   1.3 Geben Sie an, was die Ziffernfolge 0830 ausdrückt!

2. 2.1 Nennen Sie die Ihnen bekannten Abschlusskonten und ordnen Sie ihnen jeweils die richtige Kontoziffernfolge zu! (Name des Kontos, Kontonummer)
   2.2 Geben Sie den Namen des Kontos mit der Ziffernfolge 2030 an!

3. 3.1 Nennen Sie den Oberbegriff unter dem sich die Konten der Klasse 0 und 1 zusammenfassen lassen!
   3.2 Nehmen Sie zu dieser Begriffsbildung begründet Stellung!

85 Bilden Sie unter Angabe der Kontonummern und Kontonamen für folgende Geschäftsvorfälle die Buchungssätze:

1. Kauf von Hilfsstoffen bar — 5 800,00 EUR
2. Ein Kunde überweist einen Rechnungsbetrag auf unser Bankkonto — 896,00 EUR
3. Wir kaufen eine Glasvitrine bar — 120,00 EUR
4. Wir verkaufen einen gebrauchten Geschäftswagen bar — 9 280,00 EUR
5. Wir zahlen eine Liefererrechnung durch Banküberweisung — 560,00 EUR
6. Ein Kunde zahlt einen Rechnungsbetrag über — 1 750,00 EUR
   in bar   750,00 EUR
   per Bankscheck   1 000,00 EUR
7. Wir kaufen eine Verpackungsmaschine — 11 600,00 EUR
   Finanzierung:
   Banküberweisung   3 500,00 EUR
   Barzahlung   200,00 EUR
   Restverbindlichkeit   7 900,00 EUR

86 Bilden Sie die Buchungssätze für die folgenden Belege der Möbelfabrik Franz Merkurius e. Kfm.!

Beleg 1

NÜMASCH AG
Budapester Str. 7 - 90459 Nürnberg

NÜMASCH AG, Postfach 145, 90458 Nürnberg

Möbelfabrik
Franz Merkurius e. Kfm.
Humpisstr. 15
88212 Ravensburg

Kunden-nummer	Liefer-datum	Rechnungs-nummer	Rechnungs-datum	Bestell-nummer
35689	24. Juni 20..	5608-01	30. Juni 20..	14500

Rechnung Nr. 414

Pos.	Art.Nr.	Bezeichnung	Gesamtpreis
1	500	Sägemaschine, elektr.	10 000,00 EUR[1]

Bankverbindung: Deutsche Bank Nürnberg   IBAN DE94 7607 0012 0655 3219 87
UID-Nr. DE 129 044 007   BIC DEUTDEMM760

NÜMASCH AG, Budapester Str.7, 90459 Nürnberg   Sitz der Gesellschaft: RG Nürnberg: Steuer-Nr.:
Tel. 0911 2456-0   Nürnberg   HRB 7004   72317/54690
Fax 0911 2456-1

Beleg 2

IBAN DE79650501100000013597	SPARKASSE Ravensburg	BIC SOLADES1RVB
		alter Kontostand + 1 220,50

Buchungs-tag	Tag der Wertstellung	Verwendungszweck/Buchungstext	
30.06.	16.06.20	Rechnung Franz Zeh	− 2 810,20
30.06.		Bareinzahlung	+ 2 000,00

Möbelfabrik
Franz Merkurius e. Kfm.
Humpisstraße 15
88212 Ravensburg

+ 410,30
neuer Kontostand

UST-ID DE 146350450   30.06.20..   34   1
                       Kontoauszug vom   Auszug   Blatt

[1] Auf die Buchung der Umsatzsteuer wird hier verzichtet, weil die Umsatzsteuer lt. Lehrplan erst später zu behandeln ist.

5.6 Ergebniskonten (Erfolgskonten)[1]

5.6.1 Aufwendungen, Erträge, Aufwandskonten, Ertragskonten

(1) Aufwendungen und Erträge

Bisher wurde das Eigenkapital durch die Geschäftsvorfälle nicht berührt. Dies ändert sich jetzt. Das Eigenkapital kann entweder zunehmen oder abnehmen. Die **Zugänge des Eigenkapitals** ergeben sich durch **Erträge**, die **Abgänge** durch **Aufwendungen**.

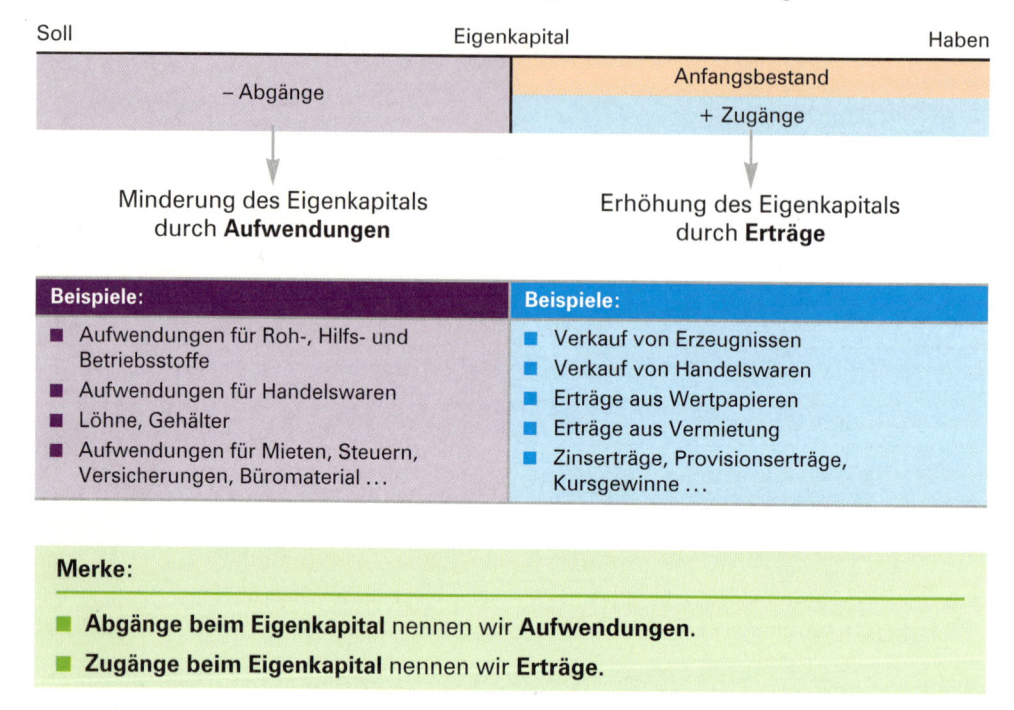

Soll	Eigenkapital	Haben
– Abgänge	Anfangsbestand	
	+ Zugänge	

Minderung des Eigenkapitals durch **Aufwendungen**

Erhöhung des Eigenkapitals durch **Erträge**

Beispiele:
- Aufwendungen für Roh-, Hilfs- und Betriebsstoffe
- Aufwendungen für Handelswaren
- Löhne, Gehälter
- Aufwendungen für Mieten, Steuern, Versicherungen, Büromaterial ...

Beispiele:
- Verkauf von Erzeugnissen
- Verkauf von Handelswaren
- Erträge aus Wertpapieren
- Erträge aus Vermietung
- Zinserträge, Provisionserträge, Kursgewinne ...

Merke:

- **Abgänge beim Eigenkapital** nennen wir **Aufwendungen**.
- **Zugänge beim Eigenkapital** nennen wir **Erträge**.

(2) Aufwands- und Ertragskonten

Um die einzelnen Aufwendungen und Erträge übersichtlich und jederzeit verfügbar zu haben, werden die Aufwendungen und Erträge nicht direkt auf dem Eigenkapital gebucht, sondern es werden **Unterkonten des Eigenkapitals** gebildet. Die **Aufwendungen** werden auf **Aufwandskonten**, die **Erträge** auf **Ertragskonten** gebucht.

---

[1] Die Begriffe Ergebniskonten und Erfolgskonten sind identisch (gleichwertig). Beide Begriffe werden in Zukunft synonym verwandt.

In schematischer Zusammenfassung ergibt sich die folgende Darstellung:

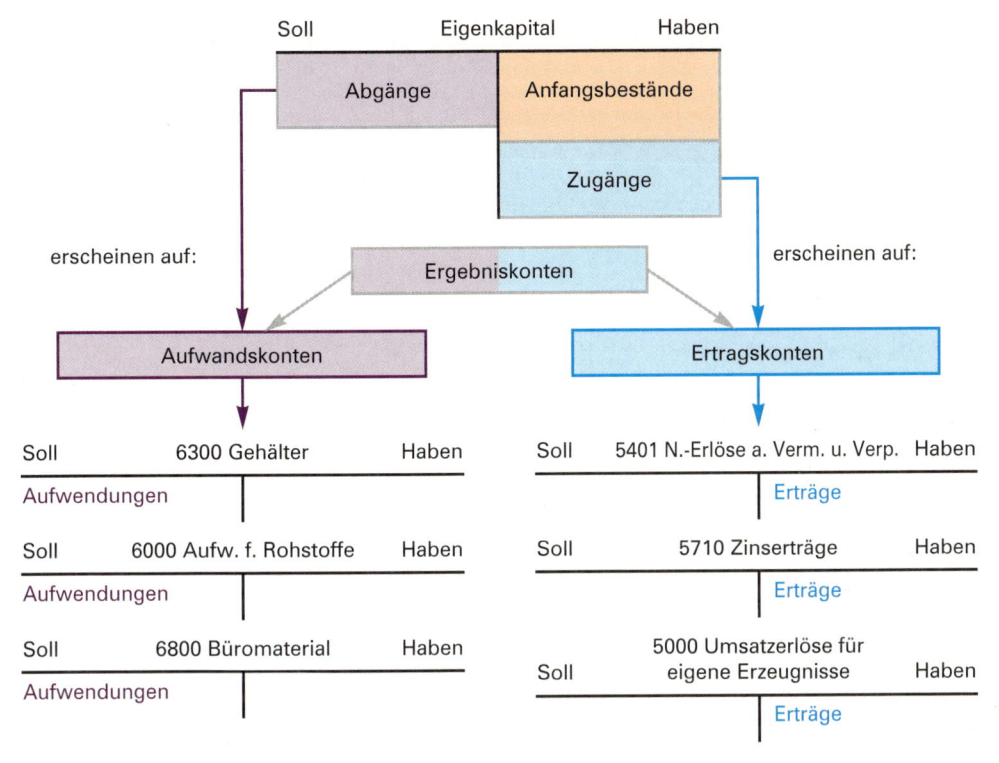

	Soll	Eigenkapital	Haben	
		Abgänge	Anfangsbestände	
			Zugänge	

erscheinen auf: Ergebniskonten   erscheinen auf:

Aufwandskonten   **Ertragskonten**

Soll	6300 Gehälter	Haben	Soll	5401 N.-Erlöse a. Verm. u. Verp.	Haben
Aufwendungen				Erträge	

Soll	6000 Aufw. f. Rohstoffe	Haben	Soll	5710 Zinserträge	Haben
Aufwendungen				Erträge	

Soll	6800 Büromaterial	Haben	Soll	5000 Umsatzerlöse für eigene Erzeugnisse	Haben
Aufwendungen				Erträge	

- **Aufwandskonten** erfassen die **Minderungen (Abgänge) beim Eigenkapital.**
- **Ertragskonten** erfassen die **Mehrungen (Zugänge) beim Eigenkapital.**

Durch die Aufwands- und Ertragskonten werden die **Ursachen des Unternehmensergebnisses** (Gewinn oder Verlust) deutlich. Die Aufwands- und Ertragskonten werden daher als **Ergebniskonten (Erfolgskonten)** bezeichnet. Geschäftsvorfälle, die das **Eigenkapital verändern,** bezeichnet man als **erfolgswirksame Geschäftsvorfälle.** Solche Geschäftsvorfälle, die das Eigenkapital nicht verändern, bezeichnet man als **erfolgsunwirksame (erfolgsneutrale) Geschäftsvorfälle.**

Merke:

- Die Aufwands- und Ertragskonten sind **Unterkonten des Eigenkapitalkontos.**
- Bei den Aufwandskonten erscheinen die **Aufwendungen** immer auf der **Sollseite.**
- Bei den Ertragskonten erscheinen die **Erträge** immer auf der **Habenseite.**
- Für jede Aufwendungs- und Ertragsart wird jeweils ein **eigenes Konto** eingerichtet.
- Da die Aufwands- und Ertragskonten Auskunft darüber geben, wodurch das Ergebnis (Gewinn oder Verlust) zustande gekommen ist, nennen wir sie **Ergebniskonten.**

Übungsaufgabe

87
1. Erläutern Sie den Zusammenhang zwischen den Ergebniskonten und dem Eigenkapitalkonto!
2. Erklären Sie, ob das System der doppelten Buchführung auch ohne die Einrichtung von Ergebniskonten funktionieren würde!
3. Stellen Sie die Gründe für die Einrichtung von Ergebniskonten dar!
4. Erläutern Sie, warum es auf den Ergebniskonten keine Anfangsbestände geben kann!
5. Beschreiben Sie die Wirkung von Aufwendungen in Bezug auf das Eigenkapital!
6. Erklären Sie, weshalb Aufwendungen auf der Sollseite und Erträge auf der Habenseite gebucht werden!
7. Begründen Sie, warum die Aufwendungen und Erträge nicht direkt auf dem Eigenkapitalkonto gebucht werden!
8. Beurteilen Sie folgende Geschäftsvorfälle hinsichtlich ihrer Erfolgswirksamkeit. Sofern Sie nicht Eigentümer des Buches sind, übertragen Sie die Tabelle in Ihr Hausheft und kreuzen Sie die entsprechende Spalte in dem vorgesehenen Schema an!

Nr.	Geschäftsvorfälle	erfolgs-unwirksam	erfolgs-wirksam	Aufwand	Ertrag
1.	Wir zahlen eine Liefererrechnung durch Banküberweisung				
2.	Wir verkaufen Handelswaren auf Ziel				
3.	Wir kaufen Büromaterial bar				
4.	Verbrauch von Rohstoffen				
5.	Ein Kunde zahlt durch Banküberweisung				
6.	Wir verkaufen Fertigerzeugnisse bar				
7.	Die Bank belastet uns mit Zinsen				
8.	Barzahlung für ein Werbeinserat				
9.	Banküberweisung für Grundsteuer				
10.	Barkauf eines Büroschrankes				
11.	Barkauf von Hilfsstoffen zum sofortigen Verbrauch				

5.6.2 Buchungen auf den Ergebniskonten

(1) Buchungsregeln für die Ergebniskonten

Auf den Ergebniskonten gibt es nur Aufwendungen und Erträge. Die **Aufwendungen** (Abgänge auf dem Eigenkapitalkonto) sind auf der **Sollseite des entsprechenden Aufwandskontos** zu buchen. Die **Erträge** (Zugänge auf dem Eigenkapitalkonto) sind auf der **Habenseite des entsprechenden Ertragskontos** zu buchen. Daher kommen wir zu folgenden Buchungsregeln:

Soll	Aufwandskonto	Haben
Aufwendungen		

Soll	Ertragskonto	Haben
		Erträge

Bei den Aufwandskonten erscheinen die **Aufwendungen** immer auf der **Sollseite**.

Bei den Ertragskonten erscheinen die **Erträge** immer auf der **Habenseite**.

> **Merke:**
> - Auf den **Ergebniskonten** gibt es **keinen Anfangsbestand, keine Zugänge, keine Abgänge** und **keinen Schlussbestand**. Diese Begriffe bleiben den Bilanzkonten (Bestandskonten) vorbehalten.
> - Bei den **Ergebniskonten** gibt es nur **Aufwendungen** und **Erträge**.

(2) Beispiele für die Buchungen von Aufwendungen[1] und Erträgen

Bilden Sie zu den nachfolgenden Geschäftsvorfällen die Buchungssätze!

1. Geschäftsvorfall: Für eine Werbeanzeige in der Fachzeitschrift bezahlen wir die Rechnung über 1 250,00 EUR durch Banküberweisung.

Konten	Soll	Haben
6870 Werbung	1 250,00	
an 2800 Bank		1 250,00

2. Geschäftsvorfall: Wir bezahlen die Leasingrate in Höhe von 1 050,00 EUR durch Banküberweisung.

Konten	Soll	Haben
6710 Leasing	1 050,00	
an 2800 Bank		1 050,00

3. Geschäftsvorfall: Die Bank schreibt uns Zinsen in Höhe von 950,00 EUR gut.

Konten	Soll	Haben
2800 Bank	950,00	
an 5710 Zinserträge		950,00

4. Geschäftsvorfall: Wir verkaufen eigene Erzeugnisse im Wert von 8 500,00 EUR gegen Bankscheck.

Konten	Soll	Haben
2800 Bank	8 500,00	
an 5000 Umsatzerlöse f. eig. Erzeugnisse		8 500,00

---

[1] Auf die Buchungen des Werkstoffverbrauchs wird auf S. 345f. eingegangen.

Übungsaufgabe

88 Formulieren Sie aufgrund der vorliegenden Belege[1] die zugrunde liegenden Geschäftsvorfälle und buchen Sie die Belege im Grundbuch der Metallwerke Hans Wanner GmbH, Kornstraße 80, 38640 Goslar!

Beleg 1

EBE - WERKE AG
DORTMUND

Hans Wanner GmbH
Kornstraße 80
38640 Goslar

Kurzmitteilung: 15.01.20..

Sehr geehrte Damen und Herren,

wir haben festgestellt, dass Sie unsere Rechnung Nr. 501 vom 10.01.20.. doppelt bezahlt haben.

Den Rechnungsbetrag in Höhe von 8140,20 EUR haben wir heute auf Ihr Konto bei der Volksbank Nordharz zurücküberwiesen.

Mit freundlichen Grüßen
EBE-Werke AG
i. A. Potte

Beleg 2

NOTHHAFT
FÜR BÜRO, SCHULE UND ZUHAUSE
NONNENWEG 8 - 38640 GOSLAR

BARVERKAUF

Nopi Paketklebeband 66x50 57212				
57212	1,00	2,19	1	2,19 EUR
PRITT Klebestift WA 13 40 g				
PRI 371047	2,00	3,85	1	7,70 EUR
E-1800/0,1 FARBE 002 rot				
edd1800	1,00	2,89	1	2,89 EUR
Kopierpapier A4 weiß 80 g/qm				
8078451a8	1,00	3,49	1	3,49 EUR
		Gesamtsumme:		16,27 EUR

Beleg 3

Josef Sigg OHG
Buch- und Offsetdruck · Blumenstr. 17 · 30159 Hannover

Hans Wanner GmbH
Kornstraße 80
38640 Goslar

Rechnung Nr. 1572

Lieferdatum: 24.01.20..
Rechnungsdatum: 30.01.20..

Auftrags-Nr.		Preis in EUR
519	5 000 Vordrucke für Ausgangsrechnungen	295,00
	– Lieferschein Nr. 1010 –	

Sitz der Gesellschaft: Hannover   RG Hannover: HRA 195   Steuer-Nr.: 88712/15945
IBAN: DE05 2505 0180 0003 3447 65   BIC: SPKHDE2HXXX

---

[1] Bei den Belegen in dieser Aufgabe wird auf den Ausweis der Umsatzsteuer verzichtet, weil diese noch nicht behandelt wurde.

Beleg 4

```
DEUTSCHE POST AG
38640 GOSLAR
85051034    6941    15.01.20..

LABELFREIMACHUNG         1 STÜCK X 4,70 EUR
*4,70 EUR                              A,1

BRUTTOUMSATZ                     *4,70 EUR

VIELEN DANK FÜR IHREN BESUCH.
IHRE DEUTSCHE POST AG
```

Beleg 5

Firma: Möbelfabrik Tobias Hauser KG
Karlstraße 20–24 · 38259 Salzgitter

QUITTUNG   EINGEGANGEN 30. Jan. 20..

1 Büroschrank   1 927,80 EUR

Hans Wanner GmbH
Kornstraße 80   Betrag dankend erhalten
38640 Goslar   30.01.20..

Heim

Beleg 6

Kontoauszug Nr. 10	COMMERZBANK AG – BIC: DRESDEFF268		
IBAN: DE51 2688 0063 0000 6100 03	* Datum 27. 01. 20.. *		Blatt 1
Wert	Buchungstext	Umsätze Soll	Umsätze Haben
	ALTER SALDO VOM 24.01.20..		12 895,40 H
6.1 26. 01. 20..	Rechnung 20.01.20..		8 720,10 H
6.2 26. 01. 20..	Zinsgutschrift		520,00 H
6.3 26. 01. 20..	Feuerversicherung (Lastschrift)	1 100,00 S	
6.4 26. 01. 20..	Grundsteuer (Geschäft)	1 450,50 S	
	Hans Werner GmbH		
	Kornstraße 80		
	38640 Goslar		NEUER SALDO 19 585,00 H

5.6.3 Buchung des Verbrauchs an Werkstoffen und Handelswaren[1]

(1) Direkte Verbrauchsermittlung (Skontrationsmethode) am Beispiel des Rohstoffverbrauchs

Bei der direkten Verbrauchsermittlung wird der Verbrauch an Werkstoffen jeweils beim Übergang der Werkstoffe vom Lager in den Fertigungsbetrieb gebucht. Die Erfassung erfolgt aufgrund von **Entnahmescheinen,** ohne die der Lagerverwalter keine Werkstoffe für die Fertigung ausgibt.

> **Beispiel:**
>
> Anfangsbestand an Rohstoffen 35 000,00 EUR; Zieleinkauf von Rohstoffen 80 000,00 EUR; Verbrauch von Rohstoffen lt. Materialentnahmescheinen 65 000,00 EUR.
>
> **Aufgabe:**
> Ermitteln Sie buchhalterisch den Schlussbestand!

---
1 Die Verfasser ziehen diese Lehrplaneinheit im Hinblick auf den Abschluss der Ergebniskonten vor.

Lösung:

Soll	2000 Rohstoffe		Haben		Soll	6000 Aufw. f. Rohstoffe	Haben
AB	35 000,00	6000	65 000,00	⟷	2000	65 000,00	
4400	80 000,00	8010	50 000,00				
	115 000,00		115 000,00				

Geschäftsvorfall	Konten	Soll	Haben
Wir entnehmen Rohstoffe aus dem Lager und geben sie in die Produktion 65 000,00 EUR.	6000 Aufw. für Rohstoffe an 2000 Rohstoffe	65 000,00	65 000,00

> **Merke:**
>
> Bei der **direkten Verbrauchsermittlung** wird der jeweilige Verbrauch direkt bei der Entnahme vom Lager gebucht. Der verbleibende Saldo auf dem Werkstoffkonto stellt dann den Schlussbestand dar, der durch die Inventur überprüft wird.
>
> Anfangsbestand + Zugänge – **Abgänge (Verbrauch lt. Entnahmescheinen)** = Schlussbestand

(2) Indirekte Verbrauchsermittlung (Inventurmethode) am Beispiel des Rohstoffverbrauchs

Bei der indirekten Verbrauchsermittlung wird zunächst **durch Inventur** der **Schlussbestand der betreffenden Werkstoffe** ermittelt. Würde im Laufe der Geschäftsperiode nichts verbraucht worden sein, müsste die Summe aus Anfangsbestand und Zugängen mit dem ermittelten Schlussbestand übereinstimmen. Ist der Schlussbestand geringer, muss die Differenz verbraucht worden sein.

> **Beispiel:**
>
> Anfangsbestand an Rohstoffen 35 000,00 EUR; Zieleinkauf von Rohstoffen 80 000,00 EUR insgesamt; Schlussbestand an Rohstoffen 50 000,00 EUR.
>
> **Aufgabe:**
> Ermitteln Sie buchhalterisch den Rohstoffverbrauch!

Lösung:

Soll	2000 Rohstoffe		Haben		Soll	6000 Aufw. f. Rohstoffe	Haben
AB	35 000,00	8010	50 000,00	→	2000	65 000,00	
4400	80 000,00	6000	65 000,00				
	115 000,00		115 000,00				

Geschäftsvorfall	Konten	Soll	Haben
Umbuchung des Rohstoffverbrauchs vom Konto 2000 Rohstoffe auf das Konto 6000 Aufwendungen für Rohstoffe.	6000 Aufw. für Rohstoffe an 2000 Rohstoffe	65 000,00	65 000,00

> **Merke:**
>
> Bei der **indirekten Verbrauchsermittlung** wird der jeweilige Werkstoffverbrauch **nach** der Feststellung des jeweiligen Schlussbestandes ermittelt.
>
> Anfangsbestand + Zugänge − Schlussbestand lt. Inventur = **Abgänge (Verbrauch)**

(3) Buchung des Einsatzes von Handelswaren

Für die Ermittlung und Buchung der Abgänge von Handelswaren (Wareneinsatz) gelten vergleichbare Regeln.

Beispiel:

Anfangsbestand an Handelswaren 10 000,00 EUR, Zugänge durch Einkäufe 22 000,00 EUR, Schlussbestand an Handelswaren 9 000,00 EUR.

Aufgabe:
Berechnen Sie den Wareneinsatz und bilden Sie den Buchungssatz!

Lösung:

Berechnung des Wareneinsatzes: Anfangsbestand 10 000,00 EUR + Einkäufe 22 000,00 EUR − Schlussbestand 9 000,00 EUR = 23 000,00 EUR Wareneinsatz

Buchungssatz:

Geschäftsvorfall	Konten	Soll	Haben
Umbuchung des Wareneinsatzes vom Konto 2280 Handelswaren auf das Konto 6080 Aufwendungen für Handelswaren.	6080 Aufw. für Handelsw. an 2280 Handelswaren	23 000,00	23 000,00

Übungsaufgaben

89
1. Nennen Sie zwei Möglichkeiten der Verbrauchsermittlung!
2. Stellen Sie das Rechenschema der indirekten Verbrauchsermittlung dar!
3. Erörtern Sie die Nachteile der indirekten Verbrauchsermittlung!
4. Nennen Sie den Wert, der bei der direkten Verbrauchsermittlung in der Buchführung ermittelt werden kann!
5. Geben Sie die Gründe dafür an, dass bei einer direkten Verbrauchsermittlung der Sollbestand der Waren bzw. Werkstoffe vom Istbestand abweicht!

90 Es liegen Ihnen zur indirekten Ermittlung des Hilfsstoffverbrauchs bzw. des Wareneinsatzes folgende Werte vor:

	Hilfsstoffe	Handelswaren
Anfangsbestände	120 780,00 EUR	96 500,00 EUR
Schlussbestände lt. Inventur	210 500,00 EUR	27 150,00 EUR
Wert der Einkäufe innerhalb der Geschäftsperiode	380 650,00 EUR	191 490,00 EUR

Aufgabe:
Ermitteln Sie den Verbrauchswert für Hilfsstoffe und den Wareneinsatz!

5.6.4 Abschluss der Aufwands- und Ertragskonten über das Gewinn- und Verlustkonto

Als Unterkonten des Eigenkapitals müssten die Ergebniskonten direkt über das Eigenkapitalkonto abgeschlossen werden. Aus Gründen der Übersichtlichkeit wird auf dem Konto Eigenkapital jedoch nur das **Gesamtergebnis**, d. h. die Differenz zwischen der Summe der Erträge und der Summe der Aufwendungen (Gewinn bzw. Verlust) in einer Summe ausgewiesen. Das bedeutet, dass die einzelnen Aufwendungen und Erträge auf einem Zwischenkonto einander gegenübergestellt werden müssen. Da aus der Gegenüberstellung aller Erträge mit allen Aufwendungen der Gewinn oder Verlust des Unternehmens errechnet wird, heißt dieses Zwischenkonto **Gewinn- und Verlustkonto (GuV-Konto)**.

> **Merke:**
>
> - Auf dem **GuV-Konto** werden die **Aufwendungen** und **Erträge** einander gegenübergestellt.
> - Der **Saldo** auf dem GuV-Konto weist den **Gewinn** bzw. **Verlust** des Unternehmens aus.
>
> Erträge > Aufwendungen = Gewinn
> Erträge < Aufwendungen = Verlust

Der auf dem GuV-Konto ermittelte Gewinn oder Verlust wird anschließend auf das Konto **Eigenkapital** umgebucht. Das **GuV-Konto** ist daher ein **Unterkonto des Eigenkapitalkontos**. Dabei erhöht ein Gewinn das Eigenkapital, ein Verlust vermindert es.

> **Beispiel:**
>
> Das folgende Beispiel beschränkt die kontenmäßige Darstellung auf die Ergebniskonten. Die Bilanzkonten werden bewusst ausgeklammert, um den Abschluss der Ergebniskonten deutlich herausstellen zu können.
>
> **I. Anfangsbestand auf dem Konto 3000 Eigenkapital:** 30 000,00 EUR
>
> **II. Erfolgswirksame Geschäftsvorfälle:**
>
> | | | Konten | Soll | Haben |
> |---|---|---|---|---|
> | 1. Verbrauch von Rohstoffen | 20 000,00 EUR | 6000 Aufw. f. Rohstoffe an 2000 Rohstoffe | 20 000,00 | 20 000,00 |
> | 2. Kauf von Büromaterial bar | 80,00 EUR | 6800 Büromaterial an 2880 Kasse | 80,00 | 80,00 |
> | 3. Abbuchung der Stromkosten vom Bankkonto | 150,00 EUR | 6050 Aufw. f. Energie an 2800 Bank | 150,00 | 150,00 |
> | 4. Verkauf von Erzeugnissen auf Ziel | 45 000,00 EUR | 2400 Ford. a. L. u. L. an 5000 UE f. eig. Erz. | 45 000,00 | 45 000,00 |
> | 5. Gutschrift der Bank für Zinsen | 140,00 EUR | 2800 Bank an 5710 Zinserträge | 140,00 | 140,00 |
>
> **III. Aufgabe:**
> Führen Sie den Abschluss der Ergebniskonten bis zum Eigenkapital durch!

Lösung:

Aufwandskonten

S	6000 Aufw. f. Rohstoffe	H
2000	20 000,00	8020	20 000,00

S	6800 Büromaterial	H
2880	80,00	8020	80,00

S	6050 Aufw. f. Energie	H
2800	150,00	8020	150,00

S	8020 GuV-Konto	H
6000	20 000,00	5000	45 000,00
6800	80,00	5710	140,00
6050	150,00		
3000	24 910,00		
	45 140,00		45 140,00

S	3000 Eigenkapital	H
8010	54 910,00	AB	30 000,00
		8020	24 910,00
	54 910,00		54 910,00

Ertragskonten

S	5000 UE. f. eig. Erzeugn.	H
8020	45 000,00	2400	45 000,00

S	5710 Zinserträge	H
8020	140,00	2800	140,00

Der Abschluss der Ergebniskonten vollzieht sich in drei Schritten:

1. **Schritt:** Abschluss der Aufwandskonten über das GuV-Konto.
2. **Schritt:** Abschluss der Ertragskonten über das GuV-Konto.
3. **Schritt:** Abschluss des GuV-Kontos über das Eigenkapitalkonto.

Aus dem vorhergehenden Geschäftsgang geht hervor, dass in der doppelten Buchführung auch eine **doppelte Möglichkeit der Ergebnisermittlung (Erfolgsermittlung)** besteht:

■ **Im Ergebniskontenbereich:**

Hier wird das Ergebnis (Gewinn oder Verlust) durch die Gegenüberstellung der Aufwendungen mit den Erträgen auf dem GuV-Konto ermittelt. Auf dem GuV-Konto sind auch die einzelnen Ertrags- und Aufwandsarten ersichtlich.

		Soll	8020 GuV		Haben
Summe der Erträge	45 140,00 EUR	6000	20 000,00	5000	45 000,00
− Summe der Aufwendungen	20 230,00 EUR	6800	80,00	5710	140,00
Ergebnis (Gewinn)	24 910,00 EUR	6050	150,00		
		3000	24 910,00		
			45 140,00		45 140,00

■ **Im Bilanzkontenbereich:**

Hier wird das Ergebnis (Gewinn oder Verlust) durch den Vergleich des Eigenkapitals am Ende des Geschäftsjahres mit dem Eigenkapital am Anfang des Geschäftsjahres ermittelt.

		Soll	3000 Eigenkapital		Haben
Eigenkapital am Ende des Geschäftsjahres	54 910,00 EUR				
− Eigenkapital am Anfang des Geschäftsjahres	30 000,00 EUR	8010	54 910,00	AB	30 000,00
Ergebnis (Gewinn)	24 910,00 EUR			8020	24 910,00
			54 910,00		54 910,00

Übungsaufgaben

91 **I. Anfangsbestände:**

2800 Bank 150 000,00 EUR; 3000 Eigenkapital 150 000,00 EUR

II. Geschäftsvorfälle:

1.	Banküberweisung für den Beitrag zur Industrie- u. Handelskammer	2 800,00 EUR
2.	Zinsgutschrift der Bank	490,00 EUR
3.	Die Reparaturkosten für ein Kopiergerät werden mit Bankscheck bezahlt	512,00 EUR
4.	Lohnzahlung durch Banküberweisung	1 290,00 EUR
5.	Banküberweisung der Kfz-Steuer für die Betriebsfahrzeuge	950,00 EUR
6.	Mieteinnahmen per Bankscheck	4 650,00 EUR
7.	Banküberweisung für die Feuerversicherung des Lagers	460,00 EUR
8.	Büromaterial wird mit Bankscheck gekauft.	370,00 EUR
9.	Wir erhalten Provision durch Banküberweisung	9 980,00 EUR
10.	Ein Zeitungsinserat wird mit Banküberweisung beglichen	290,00 EUR

III. Aufgaben:

1. Eröffnen Sie die Konten Bank und Eigenkapital durch Vortrag der Anfangsbestände!
2. Bilden Sie die Buchungssätze und buchen Sie auf den Konten!
3. Führen Sie den Abschluss durch!

92 Einzelne Konten in einem Industriebetrieb weisen die folgenden Werte auf:

S	2000 Rohstoffe		H	S	6000 Aufw. für Rohstoffe	H
AB	85 910,00	6000	92 500,00	2000	92 500,00	
4400	78 650,00					

S	2010 Vorprodukte	H	S	6010 Aufw. für Vorprodukte	H
AB	22 425,00				
4400	7 835,00				

S	2280 Handelswaren	H	S	6080 Aufw. für Handelswaren	H
AB	48 650,00				
4400	36 280,00				

Schlussbestände lt. Inventur:

2010 Vorprodukte   12 950,00 EUR
2280 Handelswaren   50 730,00 EUR

Aufgabe:

Schließen Sie die Konten über die entsprechenden Abschlusskonten ab!

5.7 Privatentnahmen und -einlagen

5.7.1 Privatentnahmen von Geldmitteln

Wie jeder Privatmann, so gibt auch der Unternehmer für sich und seine Familie Geld aus. Er kauft z.B. Kleidung, Nahrung, er fährt in Urlaub, er geht ins Theater usw. Da der Unternehmer nicht wie jeder Arbeiter oder Angestellte Lohn bzw. Gehalt empfängt, muss er das

Geld für seine privaten Ausgaben aus dem Betrieb nehmen. Er hebt es vom Geschäftskonto ab bzw. entnimmt es der Kasse. **Privatentnahmen mindern das Eigenkapital.** Private Geldentnahmen werden auf dem Privatkonto gebucht.

> **Beispiel:**
>
> **I. Anfangsbestände:**
> 2880 Kasse 40 000,00 EUR; 3000 Eigenkapital 40 000,00 EUR.
>
> **II. Geschäftsvorfall:**
> Für den privaten Verbrauch werden 1 000,00 EUR aus der Geschäftskasse entnommen.
>
> **III. Aufgaben:**
> 1. Buchen Sie den Geschäftsvorfall auf Konten!
> 2. Schließen Sie die Konten ab!
> 3. Bilden Sie den Buchungssatz für die Privatentnahme!

Lösungen:
Zu 1./2.: Buchung des Geschäftsvorfalls auf Konten und Abschluss der Konten

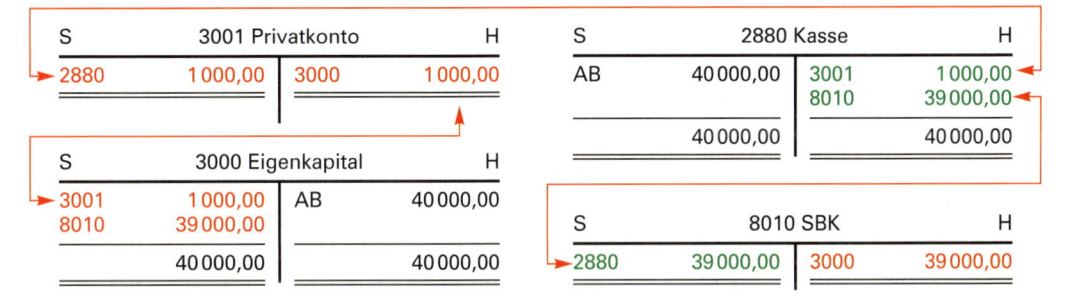

S	3001 Privatkonto		H
2880	1 000,00	3000	1 000,00

S	3000 Eigenkapital		H
3001	1 000,00	AB	40 000,00
8010	39 000,00		
	40 000,00		40 000,00

S	2880 Kasse		H
AB	40 000,00	3001	1 000,00
		8010	39 000,00
	40 000,00		40 000,00

S	8010 SBK		H
2880	39 000,00	3000	39 000,00

Zu 3.: Buchungssatz

Geschäftsvorfall	Konten	Soll	Haben
Privatentnahme des Geschäftsinhabers bar 1 000,00 EUR	3001 Privatkonto an 2880 Kasse	1 000,00	1 000,00

Erläuterungen:

Die Entnahme von Geld aus der Kasse verändert den Kassenbestand. Da es sich um einen Abgang handelt, muss auf dem **Konto 2880 Kasse** auf der **Habenseite** gebucht werden.

Durch die Abnahme des Barvermögens wird das Vermögen kleiner und damit auch das **Eigenkapital** auf der Passivseite der Bilanz. (Die Abnahme des Eigenkapitals wird im **Soll** gebucht.) Um das Konto Eigenkapital nicht über Gebühr zu belasten, werden die Privatentnahmen in der Praxis auf einem **Unterkonto** gebucht, und zwar auf dem **Konto 3001 Privatkonto**. Beim Abschluss wird das Privatkonto über das Eigenkapitalkonto abgeschlossen.

5.7.2 Privateinlagen von Geldmitteln

Wird aus der Privatsphäre eines Unternehmers z. B. Bargeld in das Geschäft eingebracht, hat dieser Vorgang die entgegengesetzte Wirkung, d. h., das Vermögenskonto **Kasse** nimmt zu. Daher erfolgt eine **Sollbuchung** auf dem Kassenkonto. Auf dem **Privatkonto** erfolgt die **Habenbuchung**. (Grund: Das Eigenkapital nimmt zu. Auf dem Privatkonto, als einem Unterkonto des Eigenkapitalkontos, wird genauso gebucht wie auf dem Ursprungskonto Eigenkapital.)

Geschäftsvorfall	Konten	Soll	Haben
Bareinlage des Geschäftsinhabers 5 000,00 EUR	2880 Kasse an 3001 Privatkonto	5 000,00	5 000,00

Übungsaufgabe

93 Sofern bei den folgenden Geschäftsvorfällen eine Buchung erforderlich ist, bilden Sie jeweils den Buchungssatz!

1. Der Kaufmann hebt für eine Urlaubsreise von seinem Geschäftskonto (Bankkonto) 5 000,00 EUR bar ab.
2. Der Kaufmann fährt mit dem Geschäftswagen. An der Tankstelle zahlt er für Benzin 52,50 EUR in bar.
3. Für die Hotelrechnung zahlt er bar 2 400,00 EUR.
4. Nach der Rückkehr zahlt er von dem übrig gebliebenen Geld wieder 500,00 EUR auf das Bankkonto (Geschäftskonto) ein.
5. Für den Haushalt werden aus der Geschäftskasse 1 000,00 EUR entnommen.
6. Mit dem entnommenen Geld werden für eine Geburtstagsfeier Waren im Wert von 345,00 EUR eingekauft.
7. Der Geschäftsinhaber kauft auf einer Geschäftsreise Schmuck für seine Frau im Wert von 800,00 EUR und bezahlt bar.
8. Ein Unternehmer zahlt aus dem Privatvermögen 7 000,00 EUR auf das Geschäftskonto (Bankkonto) ein.
9. Die private Krankenversicherung in Höhe von 220,00 EUR wird durch Einziehungsauftrag vom Geschäftsbankkonto abgebucht.
10. Anlässlich eines Geschäftsbummels kauft sich der Kaufmann ein Bild für sein Wohnzimmer und bezahlt 400,00 EUR in bar.
11. Ein Unternehmer zahlt aus dem Privatvermögen 4 000,00 EUR in die Geschäftskasse ein.
12. Der Erstattungsbetrag für Arztkosten in Höhe von 420,00 EUR wird von der privaten Krankenkasse auf das Bankkonto (Geschäftskonto) überwiesen.

5.7.3 Ergebnisermittlung (Erfolgsermittlung) durch Eigenkapitalvergleich unter Einbeziehung des Privatkontos

Das Eigenkapitalkonto kann durch zwei Vorgänge verändert werden:

- Durch die Übernahme des **Erfolgs (Gewinn oder Verlust)** vom Konto GuV (**erfolgswirksame Veränderung** des Eigenkapitalkontos).
- Durch **Privateinlagen bzw. Privatentnahmen**. Der Erfolg des Unternehmens wird durch die Bewegungen auf dem Konto Privat nicht beeinflusst (**erfolgsunwirksame Veränderung** des Eigenkapitalkontos).

Die Berechnung des Erfolgs unter Berücksichtigung von Privatentnahmen und Privateinlagen erfolgt nach folgender Formel:

> Eigenkapital am Ende des Geschäftsjahres
> − Eigenkapital am Anfang des Geschäftsjahres
>
> Zwischensumme
> + Privatentnahmen
>
> Zwischensumme
> − Privateinlagen
>
> = Erfolg (Gewinn oder Verlust)

Merke:

Privateinlagen/Privatentnahmen verändern zwar das Eigenkapital, nicht jedoch den Erfolg.

Übungsaufgaben

94 Die Buchführung eines Unternehmens weist am Ende des Geschäftsjahres Vermögen in Höhe von 1 520 400,00 EUR, Schulden von 465 000,00 EUR und ein Eigenkapital von 1 055 400,00 EUR aus. Die Privatentnahmen betrugen 32 800,00 EUR. Privateinlagen wurden nicht getätigt. Der Anfangsbestand des Eigenkapitals belief sich auf 1 018 200,00 EUR.

Aufgabe:
Ermitteln Sie den Jahresgewinn in EUR!

95 1. Berechnen Sie durch Eigenkapitalvergleich den Reingewinn bzw. -verlust!

Eigenkapital am Anfang des Geschäftsjahres	140 000,00 EUR
Eigenkapital am Ende des Geschäftsjahres	168 000,00 EUR
Privatentnahmen	4 200,00 EUR
Privateinlagen	2 800,00 EUR

2. Das Eigenkapital eines Unternehmens hat sich gegenüber dem Anfang der Geschäftsperiode um 46 780,00 EUR vermindert und beträgt am Ende der Geschäftsperiode 475 352,00 EUR.

   Aufgaben:
   2.1 Bestimmen Sie das Eigenkapital am Anfang der Geschäftsperiode, wenn der Geschäftsinhaber 12 500,00 EUR für private Zwecke entnommen hat!
   2.2 Berechnen Sie die Eigenkapitalminderung in Prozent!
   2.3 Nehmen Sie Stellung zu der Erfolgssituation des Unternehmens!

96 Geben Sie den Vorgang an, der dem Buchungssatz: „Eigenkapital an Privat" zugrundeliegt!
   [1] Der Großhändler bringt ein Auto in den Betrieb ein.
   [2] Abschluss des Kontos Privat.
   [3] Geldentnahme des Geschäftsinhabers.
   [4] Wir zahlen auf das Geschäftskonto bei der Bank bar ein.
   [5] Der Inhaber entnimmt Waren für den Eigenverbrauch.
   Übertragen Sie die entsprechende Ziffer als Lösung in Ihr Hausheft!

97 Der nachfolgende Beleg wurde über das Geschäftskonto von Volker Leberer e.K. abgewickelt.

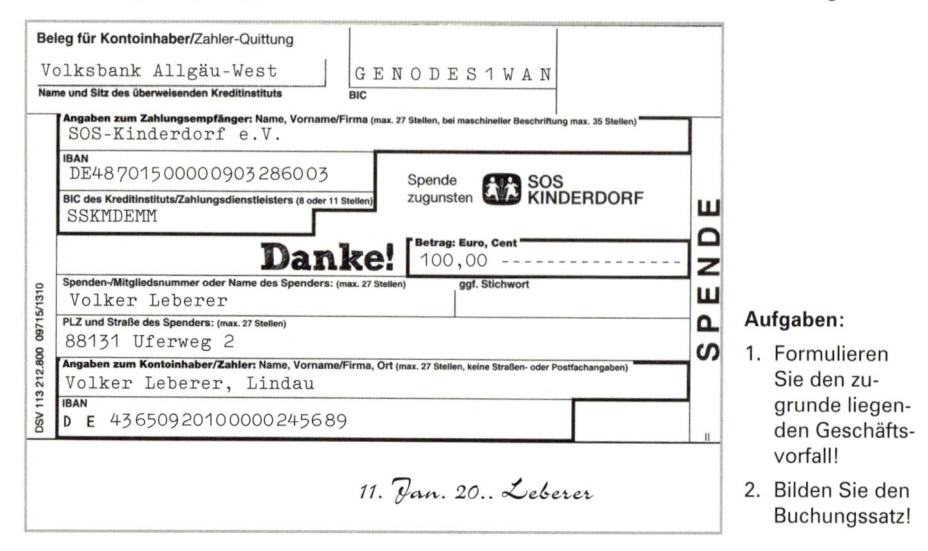

```
Beleg für Kontoinhaber/Zahler-Quittung
Volksbank Allgäu-West          GENODES1WAN
Name und Sitz des überweisenden Kreditinstituts    BIC
Angaben zum Zahlungsempfänger: Name, Vorname/Firma
SOS-Kinderdorf e.V.
IBAN
DE48 7015 0000 0903 286003
BIC des Kreditinstituts/Zahlungsdienstleisters
SSKMDEMM
                               Spende      SOS
                               zugunsten   KINDERDORF
            Danke!    Betrag: Euro, Cent
                      100,00
Spenden-/Mitgliedsnummer oder Name des Spenders       ggf. Stichwort
Volker Leberer
PLZ und Straße des Spenders
88131 Uferweg 2
Angaben zum Kontoinhaber/Zahler
Volker Leberer, Lindau
IBAN
DE 4365092010 0000 245689

        11. Jan. 20.. Leberer
```

Aufgaben:
1. Formulieren Sie den zugrunde liegenden Geschäftsvorfall!
2. Bilden Sie den Buchungssatz!

5.8 Jahresabschluss

5.8.1 Einfacher Jahresabschluss – Gesetzliche Regelungen

(1) Allgemeine Aufgabe des Jahresabschlusses

Der Jahresabschluss einer Kapitalgesellschaft soll einen möglichst sicheren Einblick in die Vermögens-, Ertrags- und Finanzlage des Unternehmens gewährleisten. Deshalb stellt der Gesetzgeber hohe Anforderungen an den Inhalt und die Form des Jahresabschlusses.

> **Merke:**
>
> Der **Jahresabschluss** ist ein **Dokument** (Beweisstück) und eine **Rechnungslegung** für eine bestimmte Rechnungsperiode.

(2) Gesetzliche Regelungen am Beispiel Einzelkaufleute und Personengesellschaften

Die gesetzlichen Vorschriften zum Jahresabschluss sind je nach Rechtsform des Unternehmens unterschiedlich. Wir beziehen uns hier auf die allgemeinen Bestimmungen, die für Einzelkaufleute und Personengesellschaften gelten, die eine bestimmte Größenordnung nicht überschreiten.

Inhalt des Jahresabschlusses [§ 242 III HGB]	Bei Einzelkaufleuten[1] und Personengesellschaften besteht der Jahresabschluss aus der **Bilanz** und der **Gewinn- und Verlustrechnung**.

---

1 Diese gesetzliche Vorschrift gilt nicht für Einzelkaufleute, die an den Abschlussstichtagen von zwei aufeinanderfolgenden Geschäftsjahren nicht mehr als 500 000,00 EUR Umsatzerlöse und 50 000,00 EUR Jahresüberschuss aufweisen [§ 242 III i.V.m. § 241a HGB].

Aufstellungs-grundsätze [§ 243 HGB]	„Der Jahresabschluss ist nach den Grundsätzen ordnungsmäßiger Buchführung aufzustellen. Er muss klar und übersichtlich sein. Der Jahresabschluss ist innerhalb der einem ordnungsmäßigen Geschäftsgang entsprechenden Zeit aufzustellen." Aus diesen allgemeinen Formulierungen des Gesetzgebers geht hervor, dass **keine bestimmte Form** für die Aufstellung der Bilanz und der Gewinn- und Verlustrechnung vorgeschrieben ist. Üblicherweise werden die Bilanz und die Gewinn- und Verlustrechnung bei Einzelkaufleuten und Personengesellschaften in der Kontoform erstellt. Der Gesetzgeber hat für den einfachen Jahresabschluss **keine bestimmte Frist**, bis zu der die Aufstellung erfolgt sein muss, vorgegeben.
Sprache und Währungseinheit [§ 244 HGB]	„Der Jahresabschluss ist in deutscher Sprache und in Euro aufzustellen." Wurden die Bücher in einer anderen lebenden Sprache geführt, was nach § 239 HGB möglich ist, muss jedoch für den Jahresabschluss eine **Übersetzung stattfinden**. Forderungen und Verpflichtungen in fremder Währung sind **in Euro umzurechnen**.
Unterzeichnung [§ 245 HGB]	„Der Jahresabschluss ist vom Kaufmann unter Angabe des Datums zu unterzeichnen. Sind mehrere persönlich haftende Gesellschafter vorhanden, so haben sie alle zu unterzeichnen." Die Unterschrift muss **am Ende des Jahresabschlusses** erfolgen, also **nach der Gewinn- und Verlustrechnung**.
Vollständigkeit, Verrechnungs-verbot [§ 246 HGB]	Weitere Vorschriften betreffen die Vollständigkeit und das Verrechnungsverbot, wonach der Jahresabschluss alle Vermögensgegenstände, Schulden, Rechnungsabgrenzungsposten, Aufwendungen und Erträge zu enthalten hat. Nach dem Verrechnungsverbot dürfen **Aktiva nicht mit Posten der Passivseite** und **Aufwendungen nicht mit Erträgen verrechnet werden**.
Inhalt und Gliederung [§ 247 HGB]	Zum Inhalt der Bilanz wird lediglich festgestellt, dass in der Bilanz das **Anlagevermögen**, das **Umlaufvermögen**, das **Eigenkapital**, die **Schulden** und die **Rechnungsabgrenzungsposten** in hinreichender Aufgliederung gesondert auszuweisen sind. Wie diese Untergliederungen vorzunehmen und wie sie zu bezeichnen sind, hat der Gesetzgeber nicht im Einzelnen festgelegt.

5.8.2 Zusammenhang zwischen Buchführung und Jahresabschluss

(1) Grundlagen

Zwischen Jahresabschluss und Buchführung besteht ein enger wechselseitiger Zusammenhang. Da jeder Jahresabschluss auf den Zahlenunterlagen der Buchführung aufbaut, sind die gesetzlichen Vorschriften zum Jahresabschluss gleichzeitig auch Vorgaben für die Buchführung. Bevor jedoch die Zahlen der Buchführung in den Jahresabschluss übernommen werden dürfen, muss sichergestellt sein, dass sie auch den tatsächlichen Verhältnissen entsprechen. Deshalb müssen die **Werte der Buchführung (Sollwerte)** durch eine körperliche Bestandsaufnahme in Form einer Inventur kontrolliert und nötigenfalls an die **ermittelten Inventurwerte (Istwerte)** angepasst werden.[1] Insofern ist die Inventur ein unverzichtbarer Bestandteil für den Abschluss des Geschäftsjahres.

---
1 Auf Inventurdifferenzen wird auf Seite 360ff. eingegangen.

(2) Beispiel

I. Anfangsbestände:
0510 Bebaute Grundstücke 150 000,00 EUR, 0530 Betriebsgebäude 350 000,00 EUR, 2000 Rohstoffe 320 000,00 EUR, 2020 Hilfsstoffe 80 000,00 EUR, 2400 Forderungen aus Lieferungen und Leistungen 160 320,00 EUR, 2800 Bank 137 850,00 EUR, 3000 Eigenkapital 660 000,00 EUR, 4250 Langfristige Bankverbindlichkeiten 400 000,00 EUR, 4400 Verbindlichkeiten aus Lieferungen und Leistungen 138 170,00 EUR.

II. Geschäftsvorfälle:

1. Verbrauch von Rohstoffen lt. Entnahmescheinen	85 000,00 EUR
2. Einkauf von Hilfsstoffen auf Ziel	14 500,00 EUR
3. Verkauf von Erzeugnissen auf Ziel	214 948,00 EUR
4. Banküberweisung für das gemietete Verwaltungsgebäude	12 000,00 EUR
5. Die Bank belastet unser Kontokorrentkonto mit den Halbjahreszinsen für das aufgenommene Bankdarlehen	16 000,00 EUR
6. Banküberweisung für die Grundsteuer	4 000,00 EUR
7. Bankgutschrift für Zinsen	1 750,00 EUR

III. Abschlussangabe:
Der Schlussbestand der Hilfsstoffe beträgt lt. Inventur 75 000,00 EUR.

IV. Aufgaben:
1. Buchen Sie die Anfangsbestände unter Einbeziehung des Eröffnungsbilanzkontos!
2. Bilden Sie die Buchungssätze für die Geschäftsvorfälle!
3. Buchen Sie auf den Konten!
4. Schließen Sie die Konten ab!
5. Stellen Sie einen Jahresabschluss in Form der Bilanz und der Gewinn- und Verlustrechnung auf!

Lösungen:

Zu 2.: Buchungssätze für die Geschäftsvorfälle

Nr.	Konten	Soll	Haben
1.	6000 Aufwendungen für Rohstoffe	85 000,00	
	an 2000 Rohstoffe		85 000,00
2.	2020 Hilfsstoffe	14 500,00	
	an 4400 Verbindlichkeiten aus Lieferungen und Leistungen		14 500,00
3.	2400 Forderungen aus Lieferungen und Leistungen	214 948,00	
	an 5000 Umsatzerlöse für eigene Erzeugnisse		214 948,00
4.	6700 Mieten, Pachten	12 000,00	
	an 2800 Bank		12 000,00
5.	7510 Zinsaufwendungen	16 000,00	
	an 2800 Bank		16 000,00
6.	7020 Grundsteuer	4 000,00	
	an 2800 Bank		4 000,00
7.	2800 Bank	1 750,00	
	an 5710 Zinserträge		1 750,00

Zu 1., 3. und 4.: Buchung auf den Konten des Hauptbuches und Abschluss der Konten

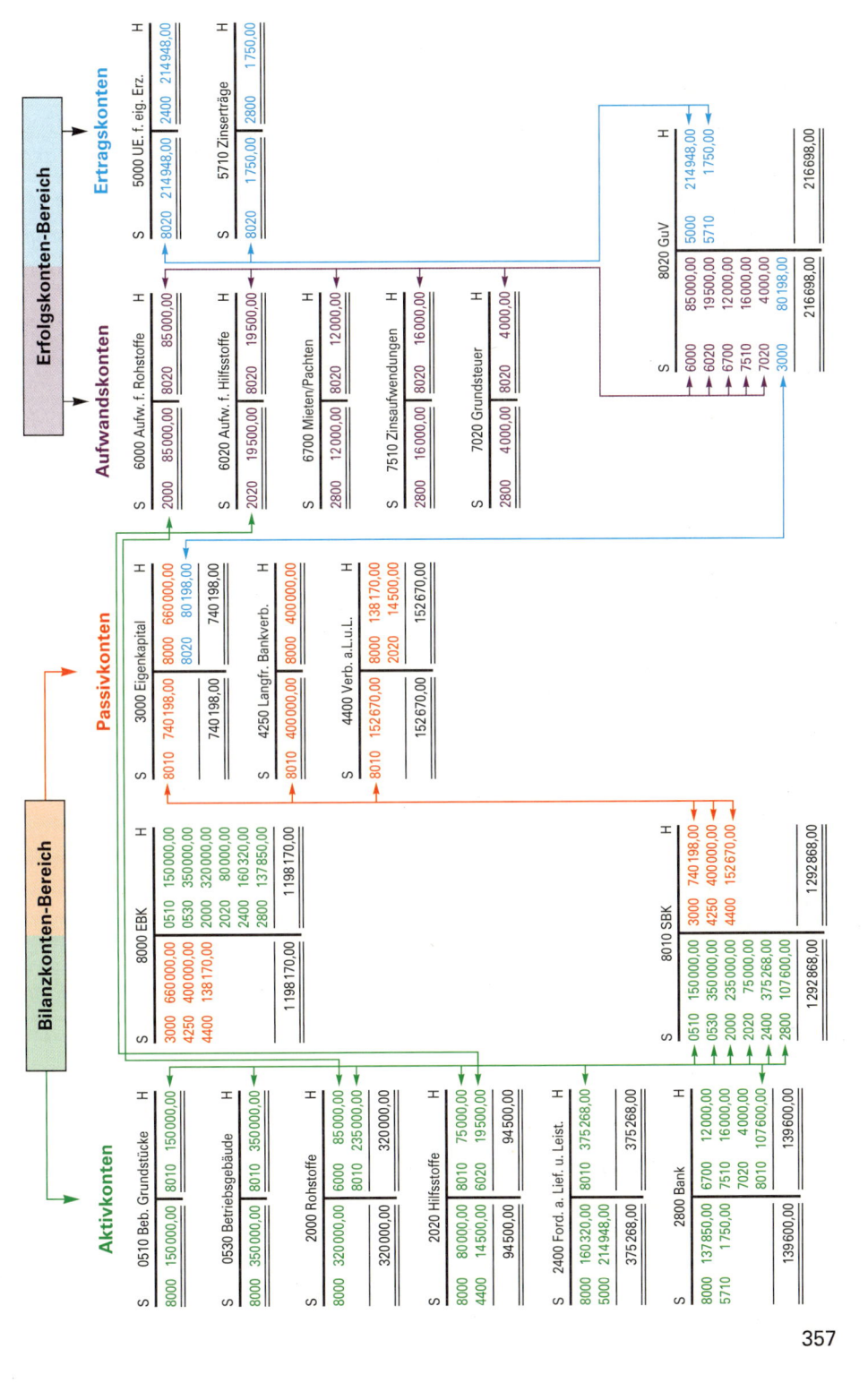

Zu 5.: Jahresabschluss

Aktiva	Schlussbilanz		Passiva
I. **Anlagevermögen**		I. **Eigenkapital**	740 198,00
Grundstücke und Bauten	500 000,00	II. **Verbindlichkeiten**	
II. **Umlaufvermögen**		1. Verbindlichkeiten gegen-	
1. Rohstoffe	235 000,00	über Kreditinstituten	400 000,00
2. Hilfsstoffe	75 000,00	2. Verb. a. Lief. u. Leist.	152 670,00
3. Forderungen a. L. u. L.	375 268,00		
4. Guthaben b. Kreditinstuten	107 600,00		
	1 292 868,00		1 292 868,00

Aufwendungen	Gewinn- und Verlustrechnung		Erträge
Aufwendungen für Rohstoffe	85 000,00	Umsatzerlöse	214 948,00
		Zinserträge	1 750,00
Aufwendungen für Hilfsstoffe	19 500,00		
Aufwendungen für Miete	12 000,00		
Zinsaufwendungen	16 000,00		
Steuern	4 000,00		
Gewinn	80 198,00		
	216 698,00		216 698,00

Übungsaufgaben

98 I. **Anfangsbestände**:

0720 Technische Anlagen und Maschinen 255 000,00 EUR; 2000 Rohstoffe 70 000,00 EUR; 2010 Vorprodukte 17 000,00 EUR; 2020 Hilfsstoffe 32 000,00 EUR; 2030 Betriebsstoffe 41 000,00 EUR; 2400 Forderungen aus Lieferungen und Leistungen 38 400,00 EUR; 2800 Bank 13 700,00 EUR; 2880 Kasse 4 100,00 EUR; 3000 Eigenkapital 345 500,00 EUR; 4250 Langfristige Bankverbindlichkeiten 50 000,00 EUR; 4400 Verbindlichkeiten aus Lieferungen und Leistungen 75 700,00 EUR.

II. **Kontenplan**:

0720, 2000, 2010, 2020, 2030, 2400, 2800, 2880; 3000, 4250, 4400, 5000, 6000, 6010, 6020, 6030, 6200, 7510, 8010, 8020

III. **Geschäftsvorfälle**:

1.	Wir kaufen Rohstoffe auf Ziel	12 200,00 EUR
2.	Verbrauch von Rohstoffen lt. Entnahmescheinen	42 100,00 EUR
3.	Verkauf von eigenen Erzeugnissen auf Ziel	78 700,00 EUR
4.	Verbrauch von Betriebsstoffen lt. Entnahmescheinen	23 900,00 EUR

5. Bankbelastungen:
   - Tilgung eines Bankdarlehens — 8 000,00 EUR
   - Zinszahlung — 3 100,00 EUR
6. Verkauf von eigenen Erzeugnissen gegen Bankscheck — 57 800,00 EUR
7. Verbrauch lt. Materialentnahmeschein
   - von Vorprodukten — 9 000,00 EUR
   - von Hilfsstoffen — 17 000,00 EUR
8. Banküberweisung für Löhne — 28 500,00 EUR
9. Eine schon gebuchte Rechnung wird durch den Kunden bar bezahlt — 7 700,00 EUR
10. Banküberweisung an einen Lieferer — 6 900,00 EUR

IV. Abschlussangabe:
Die Buchbestände stimmen mit den Inventurbeständen überein.

V. Aufgaben:
1. Erstellen Sie die Eröffnungsbilanz und eröffnen Sie die Konten!
2. Bilden Sie die Buchungssätze und buchen Sie auf den Konten!
3. Schließen Sie die Konten über das Schlussbilanzkonto ab!
4. Stellen Sie auf der Grundlage des buchhalterischen Abschlusses eine nach handelsrechtlichen Vorschriften gegliederte Bilanz sowie eine Gewinn- und Verlustrechnung auf!

99

I. Anfangsbestände:
0510 Bebaute Grundstücke 200 000,00 EUR, 0530 Betriebsgebäude 750 000,00 EUR, 0540 Verwaltungsgebäude 178 000,00 EUR, 0700 Anlagen und Maschinen der Energieversorgung 120 000,00 EUR, 0720 Anlagen und Maschinen der mechanischen Materialbearbeitung, -verarbeitung und -umwandlung 180 000,00 EUR, 0840 Fuhrpark 210 500,00 EUR, 0860 Büromaschinen, Organisationsmittel und Kommunikationsanlagen 85 700,00 EUR, 0870 Büromöbel und sonstige Geschäftsausstattung 110 750,00 EUR, 2000 Rohstoffe 420 800,00 EUR, 2010 Vorprodukte 65 200,00 EUR, 2020 Hilfsstoffe 80 400,00 EUR, 2030 Betriebsstoffe 25 300,00 EUR, 2400 Forderungen aus Lieferungen und Leistungen 138 410,00 EUR, 2800 Bank 210 700,00 EUR, 2880 Kasse 45 680,00 EUR, 3000 Eigenkapital 2 129 040,00 EUR, 4250 Langfristige Bankverbindlichkeiten 500 000,00 EUR, 4400 Verbindlichkeiten aus Lieferungen und Leistungen 192 400,00 EUR.

II. Kontenplan:
0510, 0530, 0540, 0700, 0720, 0840, 0860, 0870, 2000, 2010, 2020, 2030, 2400, 2800, 2880, 3000, 4250, 4400, 5000, 5710, 6000, 6010, 6020, 6030, 6200, 7030, 8010, 8020.

III. Geschäftsvorfälle:
1. Verbrauch von Rohstoffen lt. Entnahmescheinen — 55 000,00 EUR
2. Einsatz von Fremdbauteilen bei der Fertigung lt. Entnahmescheinen — 15 500,00 EUR
3. Lohnzahlung durch Banküberweisung — 40 000,00 EUR
4. Verkauf von Erzeugnissen auf Ziel — 232 000,00 EUR
5. Einkauf von Hilfsstoffen gegen Bankscheck — 9 744,00 EUR
6. Bankgutschrift für Zinsen — 1 250,00 EUR
7. Barverkauf von Erzeugnissen — 4 036,80 EUR
8. Banküberweisung für die Anschaffung eines Computers für die Lagerbuchhaltung. Die Rechnung ist noch nicht gebucht. — 9 860,00 EUR
9. Banküberweisung für Kraftfahrzeugsteuer — 1 480,00 EUR

IV. **Abschlussangaben:**
1. Schlussbestände: 2020 Hilfsstoffe   68 750,00 EUR
                     2030 Betriebsstoffe 20 100,00 EUR
2. Die Buchbestände stimmen mit den Inventurbeständen überein.

V. **Aufgaben:**
1. Eröffnen Sie die Konten mit den angegebenen Anfangsbeständen!
2. Bilden Sie zu den Geschäftsvorfällen die Buchungssätze und buchen Sie diese anschließend auf den eröffneten Konten!
3. Schließen Sie die Konten über die entsprechenden Abschlusskonten ab!
4. Stellen Sie die Schlussbilanz und die Gewinn- und Verlustrechnung auf!

5.8.3 Inventurdifferenzen

(1) Allgemeines

> **Merke:**
>
> Die **Inventurdifferenz** ist die **Differenz** zwischen dem **Buchbestand (Sollbestand)** und dem durch den tatsächlich vor Ort ermittelten **Inventurbestand (Istbestand)**.

Solche Differenzen können nur bei inventurfähigen Beständen auftreten. Das betrifft einerseits **Kassenbestände** und andererseits **Lagerbestände**. Bei den Lagerbeständen handelt es sich um **Werkstoffe und sonstige Materialien,** die für die Produktion benötigt werden und um die im Rahmen des Produktionsprozesses entstandenen **fertigen und unfertigen Erzeugnisse**.[1]

(2) Lagerbestandsdifferenzen bei Werkstoffen (Inventurdifferenzen bei Werkstoffen und sonstigem Materialeinsatz bei der Produktion)

Die Bedeutung von Lagerbestandsdifferenzen hängt einerseits von der Länge der Zeitabstände, in denen regelmäßig eine Inventur vorgenommen wird, und andererseits auch von der Vielzahl und der Höhe der Lagerbestände ab.

Je kürzer die Zeitabstände zwischen den durchgeführten Inventuren sind, je stärker sind die Fehlerquellen eingekreist, sodass sie entdeckt und in Zukunft vermieden werden können. Inventurdifferenzen treten umso häufiger auf, je höher die Lagerbestände sind.

Die folgenden Beispiele setzen voraus, dass nach dem bestandsorientierten Verfahren gebucht wurde und eine eigenständige, aber **nicht integrierte Lagerbuchführung** als Nebenbuchhaltung geführt wird.

> **Beispiel:**
>
> In einer Autofabrik beträgt der Anfangsbestand an Batterien 500 Stück zum Einkaufswert von 150,00 EUR. Im Laufe der Geschäftsperiode wurden 2 100 Stück auf Ziel eingekauft. Es wurden aber nur 1 850 Stück für die Produktion benötigt.
>
> Laut Lagerbuchführung ergibt das einen Schlussbestand von 750 Stück.
> Laut Inventur sind aber nur 740 Stück vorhanden.

---
[1] Wir beschränken uns aufgrund des Lehrplans auf die exemplarische Behandlung der Inventurdifferenzen bei Werkstoffen und sonstigen Materialien.

Aufgaben:

Ermitteln Sie in einer Gegenüberstellung den Materialverbrauch
1. ohne die Differenz
   1.1 rechnerisch,
   1.2 durch Darstellung auf den Konten;
2. mit der Inventurdifferenz
   2.1 rechnerisch,
   2.2 durch Darstellung auf den Konten!

Lösungen:

Zu 1.: Ermittlung des Materialverbrauchs ohne die Inventurdifferenz

1.1 Rechnerische Lösung:

Einkauf 2 100 Stück zu je 150,00 EUR =	315 000,00 EUR
− Bestandsmehrung 250 Stück zu je 150,00 EUR =	37 500,00 EUR
= Verbrauch	277 500,00 EUR

1.2 Darstellung auf den Konten:

S	2010 Vorprodukte			H	S	6010 Aufw. f. Vorprodukte		H
AB	75 000,00	8010	112 500,00	┌2010	277 500,00	8020	277 500,00
4400	315 000,00	6010	277 500,00 ┘				
	390 000,00		390 000,00				

Soll	8010 SBK	Haben	Soll	8020 GuV	Haben
2010	112 500,00		6010	277 500,00	

Zu 2.: Ermittlung des Materialverbrauchs mit der Inventurdifferenz

2.1 Rechnerische Lösung:

Einkauf 2 100 Stück zu je 150,00 EUR =	315 000,00 EUR
− Bestandsmehrung 240 Stück zu je 150,00 EUR =	36 000,00 EUR
= Verbrauch	279 000,00 EUR

2.2 Darstellung auf den Konten:

S	2010 Vorprodukte			H	S	6010 Aufw. f. Vorprodukte		H
AB	75 000,00	8010	111 000,00	┌2010	279 000,00	8020	279 000,00
4400	315 000,00	6010	279 000,00 ┘				
	390 000,00		390 000,00				

Soll	8010 SBK	Haben	Soll	8020 GuV	Haben
2010	111 000,00		6010	279 000,00	

Erläuterungen:

Bei der Darstellung ohne die Inventurdifferenz beträgt der Verbrauch 277 500,00 EUR. Bei der Darstellung mit der Inventurdifferenz wird zunächst die Lagerbuchhaltung um die fehlenden 10 Stück korrigiert. In der Hauptbuchhaltung wird dieser korrigierte Inventurbestand von 740 Stück zu je 150,00 EUR (111 000,00 EUR) als Schlussbestand gebucht.

Da der Korrekturwert (Schlussbestand an Vorprodukten) wegen der Inventurdifferenz um 1 500,00 EUR niedriger ist, erhöht sich der Verbrauchswert um diesen Betrag auf 279 000,00 EUR (gegenüber 277 500,00 EUR ohne die Inventurdifferenz).

> **Merke:**
>
> - Ist bei den Werkstoffen, den Vorprodukten oder anderen Materialien, die für die Produktion verwendet werden, der Inventurbestand niedriger als der Buchbestand, dann erhöht sich um den Wert dieser Differenz der Verbrauchswert.
> - Ein Minderbestand wird also als Aufwand verrechnet.

Übungsaufgaben

100 I. Bestände:

In einer Maschinenfabrik beträgt der Reservevorrat an Vorprodukten zu Beginn der Geschäftsperiode 1 000 Stück zu je 15,00 EUR.

Am Ende der Geschäftsperiode beträgt der Bestand lt. Lagerbuchhaltung 1400 Stück zu je 15,00 EUR. Tatsächlich aber sind lt. Inventur nur 1 350 Stück vorhanden.

II. Geschäftsvorfälle:
1. Einkauf von Vorprodukten auf Ziel 2 000 Stück zum Durchschnittspreis von 15,00 EUR.
2. Verkauf von Erzeugnissen auf Ziel zum Nettopreis von 35 000,00 EUR.

III. Aufgaben:
1. Ermitteln Sie rechnerisch den Verbrauch an Vorprodukten!
2. Stellen Sie die Angaben des Beispiels auf den entsprechenden Konten dar!
   Hinweis: Bei den Geschäftsvorfällen sind die Gegenkonten anzugeben, aber nicht zu führen.
3. Schließen Sie die Konten ab!
4. Erläutern Sie, wie sich die Inventurdifferenz in der Buchführung auswirkt!

101 I. Bestände:

	Rohstoffe	Hilfsstoffe
Anfangsbestände	18 500,00 EUR	10 750,00 EUR
Schlussbestände	25 000,00 EUR	7 525,00 EUR

II. Geschäftsvorfälle:
1. Einkauf von Rohstoffen auf Ziel 125 000,00 EUR.
2. Einkauf von Hilfsstoffen auf Ziel 7 125,00 EUR.
3. Verkauf von Erzeugnissen auf Ziel 325 700,00 EUR.

III. Aufgaben:
1. Ermitteln Sie rechnerisch
   1.1 den Rohstoffverbrauch,
   1.2 den Verbrauch an Hilfsstoffen!
2. Stellen Sie die Angaben des Beispiels auf Konten dar!
   Hinweis: Bei den Geschäftsvorfällen sollen die Gegenkonten angegeben, aber nicht geführt werden.
3. Schließen Sie die Konten ab!

4. Bilden Sie die Buchungssätze:
   4.1 für den Verbrauch an Rohstoffen,
   4.2 für den Verbrauch an Hilfsstoffen!
5. Erläutern Sie die Auswirkungen der beiden Bestandsveränderungen!

5.9 Umsatzsteuer (Mehrwertsteuer)

5.9.1 Aufbau der Umsatzsteuer

(1) Betriebswirtschaftliche und rechtliche Grundlagen

Bis die Waren zum Verkauf im Einzelhandel angeboten werden, durchlaufen sie häufig mehrere Unternehmen.

Beispiel:	
Bis der Kunde in einem Lebensmittelgeschäft eine Ecke Schmelzkäse kaufen kann, hat das Produkt in der Regel folgende Unternehmen durchlaufen:	Milcherzeugung im **landwirtschaftlichen Betrieb** → Verarbeitung zu Käse im **Milchwerk** → Fertigung im **Schmelzkäsewerk** → Vertrieb über den **Großhandel** zum → **Einzelhandel**.

Durch **Kosten** und **Gewinn** erhöht sich in jedem Unternehmen jeweils der **Wert** des Produktes. Diesen **Mehrwert** (Unterschied zwischen Verkaufswert und Einstandswert) besteuert der Staat, d. h., jeder **Unternehmer** hat von dem Mehrwert, der von seinem Unternehmen geschaffen wird, **Umsatzsteuern [USt]** zu entrichten. Aus diesem Grunde wird die Umsatzsteuer häufig auch als **Mehrwertsteuer** bezeichnet. Rechtliche Grundlage der Umsatzsteuer (Mehrwertsteuer) ist das **Umsatzsteuergesetz [UStG]**.

In vereinfachter und verkürzter Form dargestellt beantwortet das Umsatzsteuergesetz folgende Fragen:

Wer ist umsatzsteuerpflichtig?	Der **Unternehmer**, der die Leistung ausführt. Er ist **Steuerschuldner**.
Welche Umsätze sind steuerpflichtig?	■ **Lieferungen**, die ein Unternehmer **im Inland gegen Entgelt** im Rahmen seines Unternehmens ausführt. ■ **Leistungen**, die ein Unternehmer **im Inland gegen Entgelt** im Rahmen seines Unternehmens ausführt (z. B. Reparaturen, Transport von Waren, Errichtung neuer Anlagen usw.). ■ Die **Einfuhr von Gegenständen** aus einem Drittlandsgebiet **in das Inland** (Einfuhrumsatzsteuer). ■ **Innergemeinschaftlicher Erwerb** im Inland **gegen Entgelt** (z. B. Kauf von Betriebsstoffen, eines Kassensystems).
Welche Umsätze sind steuerfrei (Beispiele)?	Ausfuhrlieferungen in ein Drittland;[1] innergemeinschaftliche[2] Lieferungen; Umsätze im Geld- und Kapitalverkehr (z. B. die Gewährung und die Vermittlung von Krediten, die Umsätze von Wertpapieren); Vermietung und Verpachtung von Grundstücken; Umsätze von Bausparkassenvertretern, Versicherungsvertretern und Versicherungsmaklern; Umsätze aus der Tätigkeit als Arzt, Zahnarzt, Heilpraktiker und Krankengymnast; Zahlung von Versicherungsbeiträgen.

---

1 **Drittlandstaaten** sind Staaten, die nicht zur Europäischen Union (EU) gehören.
2 **Gemeinschaftsgebiet** umfasst das Gebiet der europäischen Staaten, die der Europäischen Union angehören (EU-Länder).

Wie viel Prozent beträgt der Steuersatz?	■ Allgemeiner Steuersatz 19 % ■ Ermäßigter Steuersatz 7 % Dem ermäßigten Steuersatz unterliegen z. B. die Personenbeförderung im Linienverkehr; der Verkauf von Grundnahrungsmitteln (außer dem Verzehr an Ort und Stelle); der Umsatz aus dem Verkauf von Büchern und Zeitschriften.
Von welchem Betrag wird die Umsatzsteuer berechnet?	■ Die Umsatzsteuer wird vom **Entgelt** berechnet. Das ist der vom Empfänger der Leistung zu **entrichtende Nettopreis (Bemessungsgrundlage)**. ■ Die Umsatzsteuer fällt im Allgemeinen bereits dann an, wenn eine Lieferung bzw. Leistung erbracht wird, also die Forderung entsteht (**Sollbesteuerung**).

(2) Berechnung und Zahlungszeitpunkt der Umsatzsteuer

■ **Berechnung der Zahllast**

Bei der Berechnung der Umsatzsteuer wird zunächst vom gesamten Umsatzwert ausgegangen: 19 % bzw. 7 % vom Umsatzwert ergibt die vorläufige Umsatzsteuer. Die Umsatzsteuer stellt eine **Schuld** an das Finanzamt dar. Von dieser so berechneten Steuerschuld können die auf den **Eingangsrechnungen ausgewiesenen Umsatzsteuerbeträge** als sogenannte **Vorsteuer** abgezogen werden. Die Vorsteuer stellt für den Kaufmann eine **Forderung** an das Finanzamt dar. Die **Differenz zwischen Umsatzsteuer und Vorsteuer** ist dann die tatsächlich zu zahlende Steuerschuld. Wir nennen sie **Zahllast**.

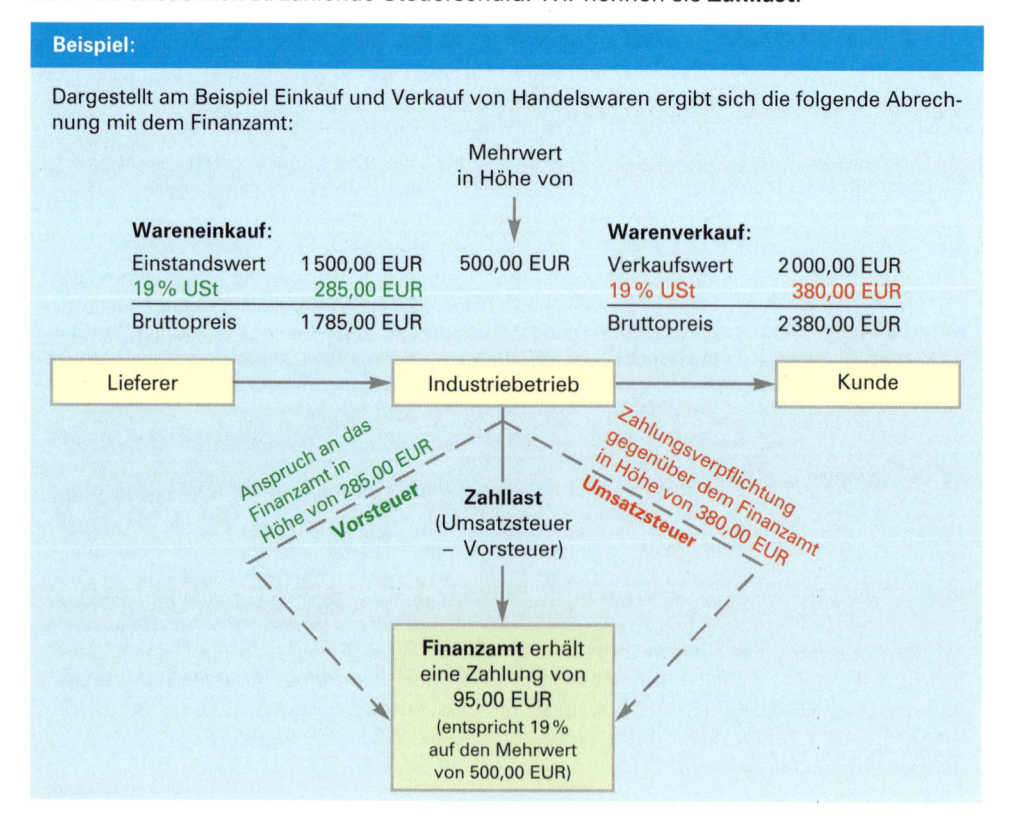

Beispiel:

Dargestellt am Beispiel Einkauf und Verkauf von Handelswaren ergibt sich die folgende Abrechnung mit dem Finanzamt:

Wareneinkauf:		Mehrwert in Höhe von	Warenverkauf:	
Einstandswert	1 500,00 EUR	500,00 EUR	Verkaufswert	2 000,00 EUR
19 % USt	285,00 EUR		19 % USt	380,00 EUR
Bruttopreis	1 785,00 EUR		Bruttopreis	2 380,00 EUR

Lieferer → Industriebetrieb → Kunde

Anspruch an das Finanzamt in Höhe von 285,00 EUR **Vorsteuer**

Zahlungsverpflichtung gegenüber dem Finanzamt in Höhe von 380,00 EUR **Umsatzsteuer**

Zahllast (Umsatzsteuer – Vorsteuer)

Finanzamt erhält eine Zahlung von 95,00 EUR (entspricht 19 % auf den Mehrwert von 500,00 EUR)

■ **Abrechnung mit dem Finanzamt:**

	19% v. Nettoverkaufspreis	2 000,00 EUR	380,00 EUR → Umsatzsteuer	→ Verbindlichkeiten
−	19% v. Nettoeinkaufspreis	1 500,00 EUR	285,00 EUR → Vorsteuer	→ Forderungen
=	Mehrwert	500,00 EUR	95,00 EUR → Zahllast	→ Restschuld

■ **Auswirkungen der Umsatzsteuer auf den Erfolg am Beispiel eines Handelswarengeschäftes:**

Industriebetrieb **zahlt USt**
  ■ an den Lieferer lt. ER   285,00 EUR
  ■ an das Finanzamt   95,00 EUR
                                       380,00 EUR

Industriebetrieb **erhält USt**
vom Kunden lt. AR   380,00 EUR

Erkenntnis:

- Durch die USt entstehen dem Industriebetrieb keine Kosten (Aufwendungen). Die USt ist daher ergebnisunwirksam. Sie ist ein **durchlaufender Posten**.
- Die Umsatzsteuer muss allein der **Endverbraucher** tragen. Endverbraucher sind in der Regel die **Privatverbraucher**. Der Endverbraucher ist **nicht** vorsteuerabzugsberechtigt.

(3) Voraussetzungen für den Vorsteuerabzug

Damit die Unternehmer und ihre Leistungsempfänger den Vorsteuerabzug erhalten, müssen die **Rechnungen** folgende **Angaben** enthalten:

- **Vollständiger Name** und **vollständige Anschrift** des leistenden Unternehmers und des Leistungsempfängers,
- die **Steuernummer** oder die **Umsatzsteuer-Identifikationsnummer**,
- das **Ausstellungsdatum**,
- eine **fortlaufende Nummer** mit einer oder mehreren Zahlenreihen, die zur Identifizierung der Rechnung vom Rechnungssteller einmal vergeben wird **(Rechnungsnummer)**,
- die **Menge**, die **Art** und die **handelsübliche Bezeichnung** der gelieferten Gegenstände oder die Art und den Umfang der **sonstigen Leistung**,
- den **Zeitpunkt der Lieferung** oder **sonstigen Leistung**,
- das nach **Steuersätzen** und einzelnen **Steuerbefreiungen** aufgeschlüsselte Entgelt für die Lieferung oder sonstige Leistung sowie jede im Voraus vereinbarte Minderung des Entgelts,
- der **anzuwendende Steuersatz** sowie der auf das Entgelt entfallende Steuerbetrag oder im Falle einer Steuerbefreiung der Hinweis darauf, dass für die Lieferung oder sonstige Leistung eine Steuerbefreiung gilt.

Beachte:

Bei **Rechnungen** über **Kleinbeträge** von bis zu 150,00 EUR muss lediglich angegeben werden: Name und Anschrift des leistenden Unternehmens, Ausstellungsdatum, Menge bzw. Umfang und Art der Leistung, das Entgelt und der darauf entfallende Steuerbetrag in einer Summe sowie der anzuwendende Steuersatz.

(4) Zahlungszeitpunkt der Umsatzsteuer

Die Umsatzsteuer ist eine **Jahressteuer.** Der Unternehmer muss aber bis zum 10. Tag nach Ablauf des Voranmeldungszeitraums[1] eine **elektronische Umsatzsteuervoranmeldung** beim Finanzamt einreichen. Bei geringem Umsatz kann die Umsatzsteuervoranmeldung auch vierteljährlich eingereicht werden. Gleichzeitig ist für die darin zu ermittelnde Zahllast eine entsprechende Vorauszahlung auf die Jahressteuer zu leisten.

Beispiel:	
Verkaufsumsatz im Monat Juni 20.. 80 000,00 EUR	
19 % USt von 80 000,00 EUR	15 200,00 EUR
– Vorsteuer auf Eingangsrechnungen für den Monat Juni 20..	4 600,00 EUR
Zahllast (an das Finanzamt zu zahlen)	10 600,00 EUR

Sind die Vorsteuern eines Monats höher als die eigene Umsatzsteuerschuld (z.B. bei saisonalen Einkäufen), so erstattet das Finanzamt die überschüssigen Vorsteuern. Man spricht in diesem Zusammenhang von einem **Vorsteuerüberhang.**

Am Jahresende erfolgt die Endabrechnung mithilfe der **Jahressteuererklärung** und des **Jahressteuerbescheides.** Nachzahlungen bzw. Rückerstattungen sind nicht ausgeschlossen, da sich die Bemessungsgrundlage durch nachträgliche Skonti, Rabatte, Preisnachlässe oder aufgrund von Forderungsausfällen ändern kann.

5.9.2 Buchhalterische Erfassung der Geschäftsvorfälle Ein- und Verkauf von Handelswaren, Beschaffung von Material und Verkauf von Erzeugnissen[2]

5.9.2.1 Ein- und Verkauf von Handelswaren

Die Buchungen beim Ein- und Verkauf von Handelswaren ohne Umsatzsteuer sind bereits bekannt. Jetzt werden die Buchungen beim Ein- und Verkauf von Handelswaren mit Umsatzsteuer dargestellt.

Da dem Unternehmen durch die Umsatzsteuer **keine Kosten** (Aufwendungen) entstehen, kann für die buchhalterische Erfassung der Umsatzsteuer nur der Bereich der **Bilanzkonten** Infrage kommen.

---

1 **Voranmeldungszeitraum** ist das Kalendervierteljahr. Beträgt die Steuer für das vorangegangene Kalenderjahr mehr als 7 500,00 EUR (Normalfall), ist der Kalendermonat der Voranmeldungszeitraum [§ 18 II UStG].
2 **Wichtiger Hinweis:** Die bisher eingeführte Farbzuordnung der verschiedenen Vorgänge bei den Buchungssätzen und auf den unterschiedlichen Kontenarten diente als zusätzliche Anschauungshilfe bei der Einführung in die Buchführung. Von hier ab halten wir die konsequente Farbzuordnung nicht mehr für erforderlich.
Daher dienen die **Farben** im Folgenden nur noch als **Hervorhebung der Unterschiede.**

> **Beispiel:**
>
> Kauf von Handelswaren auf Ziel lt. folgender Eingangsrechnung:
>
> | | |
> |---|---:|
> | Ware, netto | 1 500,00 EUR |
> | + 19 % USt | 285,00 EUR |
> | Rechnungsbetrag | 1 785,00 EUR |

> **Beispiel:**
>
> Verkauf von Handelswaren auf Ziel lt. folgender Ausgangsrechnung:
>
> | | |
> |---|---:|
> | Ware, netto | 2 000,00 EUR |
> | + 19 % USt | 380,00 EUR |
> | Rechnungsbetrag | 2 380,00 EUR |

> **Aufgabe:**
> Buchen Sie die beiden Geschäftsvorfälle auf den Konten und bilden Sie anschließend die Buchungssätze!

Lösungen:

Buchung auf den Konten:

S	2280 Waren	H
4400 1 500,00		

S	2400 Forderungen a. Lief. u. Leist.	H
5100/4800 2 380,00		

S	2600 Vorsteuer	H
4400 285,00		

S	5100 Umsatzerlöse für Waren	H
		2400 2 000,00

S	4400 Verbindlichkeiten a. Lief. u. Leist.	H
		2280/2600 1 785,00

S	4800 Umsatzsteuer	H
		2400 380,00

Buchungssatz:

Konten	Soll	Haben
2280 Waren	1 500,00	
2600 Vorsteuer	285,00	
an 4400 Verb. a. L. u. L.		1 785,00

Buchungssatz:

Konten	Soll	Haben
2400 Ford. a. L. u. L.	2 380,00	
an 5100 UE f. Waren		2 000,00
an 4800 Umsatzsteuer		380,00

> **Merke:**
>
> Die **Umsatzsteuer auf Eingangsrechnungen** stellt eine **Forderung** des Unternehmers gegenüber dem Finanzamt dar. Sie wird auf dem Forderungskonto **2600 Vorsteuer** gebucht.
>
> Das Konto **Vorsteuer** ist ein **Aktivkonto**.

> **Merke:**
>
> Die **Umsatzsteuer auf Ausgangsrechnungen** stellt eine **Verbindlichkeit** des Unternehmers gegenüber dem Finanzamt dar. Sie wird auf dem Schuldkonto **4800 Umsatzsteuer** gebucht.
>
> Das Konto **Umsatzsteuer** ist ein **Passivkonto**.

Übungsaufgaben

102 Bilden Sie zu den folgenden Geschäftsvorfällen die Buchungssätze!

1. Wir kaufen Handelswaren auf Ziel 1 350,00 EUR
   + 19 % USt 256,50 EUR
   _____
   1 606,50 EUR

2. Kauf von Handelswaren gegen Bankscheck einschließlich 19 % USt 3 805,62 EUR

3. Wir verkaufen Handelswaren bar   10 391,20 EUR
   + 19 % USt   1 974,33 EUR
                                                                             12 365,53 EUR
4. Verkauf von Handelswaren auf Ziel einschließlich 19 % USt   7 401,80 EUR

103 Bilden Sie den Buchungssatz für die nachfolgenden Belege für Handelswaren aus Sicht der Sportsware Meindl GmbH!

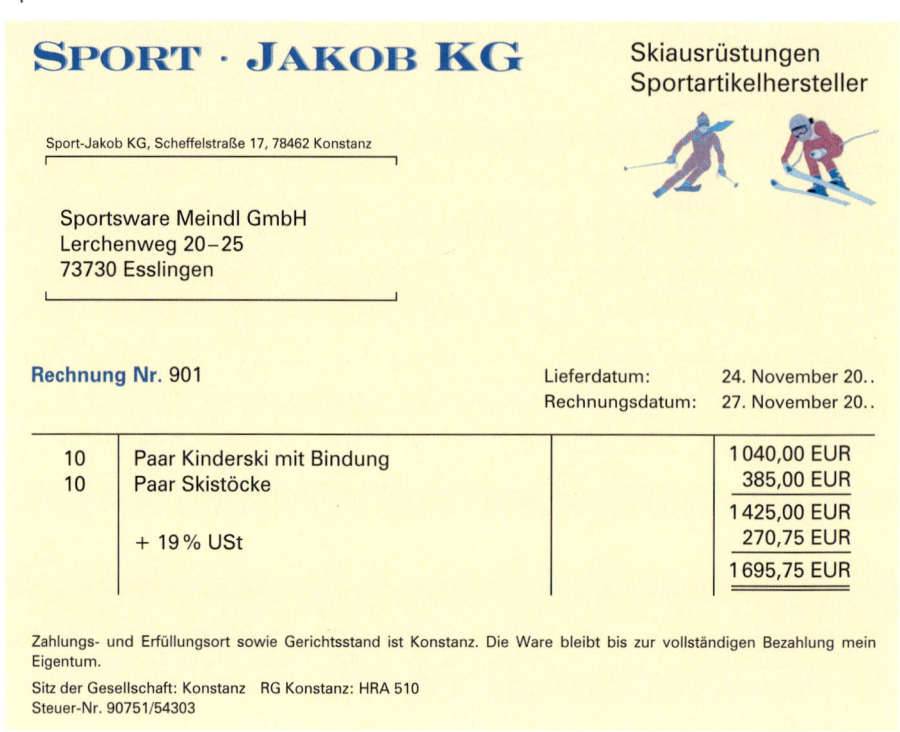

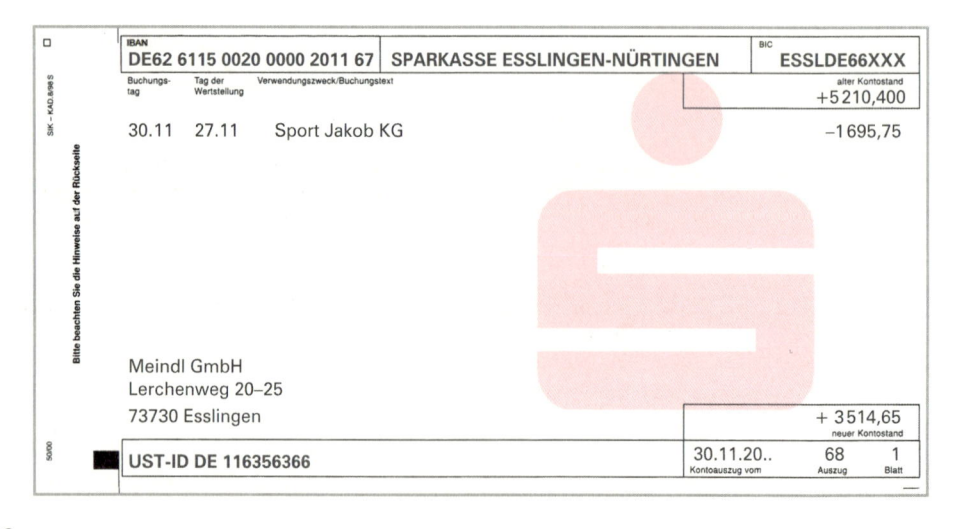

Sport · Jakob KG

Skiausrüstungen
Sportartikelhersteller

Sport-Jakob KG, Scheffelstraße 17, 78462 Konstanz

Sportsware Meindl GmbH
Lerchenweg 20–25
73730 Esslingen

Rechnung Nr. 901

Lieferdatum: 24. November 20..
Rechnungsdatum: 27. November 20..

10	Paar Kinderski mit Bindung	1 040,00 EUR
10	Paar Skistöcke	385,00 EUR
		1 425,00 EUR
	+ 19 % USt	270,75 EUR
		1 695,75 EUR

Zahlungs- und Erfüllungsort sowie Gerichtsstand ist Konstanz. Die Ware bleibt bis zur vollständigen Bezahlung mein Eigentum.

Sitz der Gesellschaft: Konstanz   RG Konstanz: HRA 510
Steuer-Nr. 90751/54303

IBAN DE62 6115 0020 0000 2011 67   SPARKASSE ESSLINGEN-NÜRTINGEN   BIC ESSLDE66XXX

Buchungs-tag | Tag der Wertstellung | Verwendungszweck/Buchungstext | alter Kontostand +5 210,400

30.11 | 27.11 | Sport Jakob KG | −1 695,75

Meindl GmbH
Lerchenweg 20–25
73730 Esslingen

+ 3 514,65
neuer Kontostand

30.11.20..   68   1
Kontoauszug vom   Auszug   Blatt

UST-ID DE 116356366

5.9.2.2 Einkauf von Werkstoffen und Verkauf von Fertigerzeugnissen

(1) Bestandsorientierte Buchung

Die Buchungen beim Einkauf von Werkstoffen bzw. Verkauf von Fertigerzeugnissen sind bereits bekannt. Jetzt werden die Buchungen beim Einkauf von Werkstoffen und dem Verkauf von Fertigerzeugnissen mit Umsatzsteuer dargestellt.

Beispiel:		Beispiel:	
Kauf von Rohstoffen auf Ziel nach folgender Eingangsrechnung:		Verkauf von Erzeugnissen auf Ziel nach folgender Ausgangsrechnung:	
Rohstoffe, netto	3 000,00 EUR	Erzeugnisse, netto	4 000,00 EUR
+ 19 % USt	570,00 EUR	+ 19 % USt	760,00 EUR
Rechnungsbetrag (ER)	3 570,00 EUR	Rechnungsbetrag (AR)	4 760,00 EUR

Aufgabe:
Buchen Sie die beiden Geschäftsvorfälle auf Konten und bilden Sie anschließend die Buchungssätze!

Lösungen:

Buchung auf den Konten:

```
S          2000 Rohstoffe          H    S     2400 Forderungen a. Lief. u. Leist.   H
4400        3 000,00                     5000/4800    4 760,00

S          2600 Vorsteuer          H    S    5000 Umsatzerlöse für eig. Erzeugnisse  H
4400          570,00                                      2400        4 000,00

S    4400 Verbindlichkeiten a. Lief. u. Leist.  H    S     4800 Umsatzsteuer        H
             2000/2600    3 570,00                        2400          760,00
```

Buchungssatz:

Konten	Soll	Haben
2000 Rohstoffe	3 000,00	
2600 Vorsteuer	570,00	
an 4400 Verb. a. L. u. L.		3 570,00

Buchungssatz:

Konten	Soll	Haben
2400 Ford. a. L. u. L.	4 760,00	
an 5000 UE f. eig. Erz.		4 000,00
an 4800 Umsatzsteuer		760,00

> **Beachte:**
> Gelegentlich bieten Industriebetriebe ihren Kunden zusätzliche Leistungen an. So können zum Beispiel auch nach Ablauf der Garantiefrist Reparaturen durchgeführt werden. In diesem Fall werden keine Erzeugnisse verkauft, sondern **Dienstleistungen**. Der Industriekontenrahmen sieht dafür das **Konto 5050 Umsatzerlöse für andere eigene Leistungen** vor.

Dadurch, dass wir die Werkstoffe auf ein Bestandskonto buchen, unterstellen wir, dass die Werkstoffe zunächst auf Lager genommen werden, und erst bei Bedarf in die Produktion eingehen. Diese Form der Werkstoffbuchung bezeichnet man als **bestandsorientierte Buchung**.

(2) Verbrauchsorientierte Buchung

Der durch den starken Konkurrenzdruck ausgelöste Zwang zur Kostensenkung hat in der Praxis dazu geführt, nach Wegen zu suchen, wie man auch die nicht unerheblichen Lagerkosten minimieren kann. Daher wird in einem modernen Industriebetrieb nach Möglichkeit immer nur so viel an Werkstoffen eingekauft, wie auch unmittelbar für die Produktion benötigt wird. Das bedingt natürlich eine sehr genaue Abstimmung der Bedarfs- und Beschaffungspläne. Werkstoffe müssen also genau dann im Betrieb ankommen, wenn sie benötigt werden. Daher spricht man auch vom **Just-in-time-Verfahren**.

Da die **eingekauften Werkstoffe** direkt in den Fertigungsprozess eingehen, werden sie auch direkt auf den entsprechenden **Aufwandskonten** erfasst. Man spricht vom **aufwandsrechnerischen Verfahren (Just-in-time-Verfahren)**. Für die Werkstoffeinkäufe und die Einkäufe für Vorprodukte stehen folgende **Aufwandskonten** zur Verfügung:

- 6000 Aufwendungen für Rohstoffe
- 6010 Aufwendungen für Vorprodukte
- 6020 Aufwendungen für Hilfsstoffe
- 6030 Aufwendungen für Betriebsstoffe

Beispiele:

Nr.	Geschäftsvorfälle	Konten	Soll	Haben
1.	Einkauf von Rohstoffen auf Ziel 25 000,00 EUR	6000 Aufw. f. Rohstoffe an 4400 Verb. a. Lief. u. Leist.	25 000,00	25 000,00
2.	Einkauf von Hilfsstoffen bar 3 450,00 EUR	6020 Aufw. f. Hilfsstoffe an 2880 Kasse	3 450,00	3 450,00
3.	Einkauf von Vorprodukten gegen Bankscheck 7 850,00 EUR	6010 Aufw. f. Vorprodukte an 2800 Bank	7 850,00	7 850,00

Übungsaufgabe

104 Bilden Sie zu den folgenden Geschäftsvorfällen die Buchungssätze nach dem bestandsorientierten Verfahren und nach dem verbrauchsorientierten Verfahren!

1. Wir kaufen Fremdbauteile auf Ziel — 1 240,50 EUR
   + 19 % USt — 235,70 EUR
   1 476,20 EUR

2. Kauf von Rohstoffen gegen Bankscheck — 2 990,70 EUR
   + 19 % USt — 568,23 EUR
   3 558,93 EUR

3. Kauf von Vorprodukten bar einschließlich 19 % USt — 10 852,80 EUR

4. Wir kaufen Betriebsstoffe bar — 7 190,50 EUR
   + 19 % USt — 1 366,20 EUR
   8 556,70 EUR

5. Verkauf von Fertigerzeugnissen auf Ziel — 11 080,00 EUR
   + 19 % USt — 2 105,20 EUR
   13 185,20 EUR

6.	Kauf von Hilfsstoffen gegen Rechnung + 19 % USt		798,90 EUR 151,79 EUR 950,69 EUR
7.	Banküberweisung des Kunden zum Ausgleich einer Rechnung		5 881,45 EUR
8.	Banküberweisung an einen Lieferer zum Ausgleich einer Rechnung		1 134,78 EUR
9.	Verkauf von Fertigerzeugnissen bar + 19 % USt		778,00 EUR 147,82 EUR 925,82 EUR
10.	Für die Überprüfung und Reparatur einer gelieferten Verpackungsmaschine werden in Rechnung gestellt: 5 Arbeitsstunden zu je 75,00 EUR + 19 % USt	375,00 EUR 71,25 EUR	446,25 EUR
11.	Verkauf von Fertigerzeugnissen einschließlich 19 % USt gegen Rechnung		15 113,00 EUR

Wichtiger Hinweis:

Aufgrund des Lehrplans buchen wir im Folgenden die Werkstoffe und Handelswaren nach der **bestandsorientierten Buchung**.

Beachte:

Die Umsatzsteuer erscheint nicht nur auf den Rechnungen der vorgestellten Geschäftsvorfälle, sondern ebenfalls bei einer Reihe weiterer Geschäftsvorfälle.

■ **Auf der Eingangsseite**

Neben den Eingangsrechnungen für den Einkauf von Werkstoffen oder Handelswaren erhalten wir z. B. Rechnungen für den Kauf von Anlagegegenständen (Fahrzeugen, Teilen, die zur Betriebs- und Geschäftsausstattung zählen), Rechnungen von Handwerkern für Reparaturleistungen, Rechnungen für den Einkauf von Büromaterial usw. Die Umsatzsteuer dieser Rechnungen erscheint ebenfalls auf dem **Aktivkonto „Vorsteuer"**.

■ **Auf der Ausgangsseite**

Neben dem Verkauf von Fertigerzeugnissen oder Handelswaren können gebrauchte Fahrzeuge oder Teile der Betriebs- und Geschäftsausstattung verkauft werden. Auch solche sogenannten Hilfsgeschäfte sind umsatzsteuerpflichtig. Beim Verkauf müssen wir Umsatzsteuer in Rechnung stellen. Sie erscheint auf dem **Passivkonto „Umsatzsteuer"**.

Übungsaufgaben

105 Buchen Sie im Grundbuch[1] der Möbelfabrik Bruno Bernhardt GmbH folgende Geschäftsvorfälle:

1. Wir kaufen 100 Zeituhren zum Einbau in Küchenmöbel auf Ziel netto 1 430,00 EUR zuzüglich 19 % USt.
2. Wir bezahlen die bereits gebuchte Liefererrechnung über 1 700,00 EUR bar.
3. Einkauf von Spanplatten lt. Eingangsrechnung 2 737,00 EUR einschließlich 19 % USt gegen Bankscheck.
4. Ein Kunde bezahlt die Ausgangsrechnung durch Überweisung auf unser Bankkonto 2 464,45 EUR.
5. Barzahlung einer noch nicht gebuchten Handwerkerrechnung für Malerarbeiten im Büro netto 300,00 EUR zuzüglich 19 % USt.
6. Wir kaufen einen PC gegen Barzahlung netto 1 300,00 EUR zuzüglich 19 % USt.
7. Verkauf von Bürotischen auf Ziel. Rechnungsbetrag einschließlich 19 % USt 10 055,50 EUR.
8. Kauf von Schreibwaren für das Büro bar 685,00 EUR zuzüglich 19 % USt.
9. Bankabbuchung für Telefongebühren einschl. 19 % Umsatzsteuer 1 195,95 EUR.
10. Banküberweisung für Stromverbrauch lt. vorliegender Rechnung: Nettowert 2 210,00 EUR zuzüglich 19 % USt.
11. Einkauf von Leim für die Fertigung 890,00 EUR zuzüglich 19 % USt gegen Bankscheck.
12. Einkauf von Schmieröl 1 420,00 EUR zuzüglich 19 % USt auf Ziel.
13. Bareinkauf von Schrauben und Nägeln in Höhe von 275,00 EUR zuzüglich 19 % USt.

106 Bilden Sie zu den nachfolgenden Belegen aus der Sicht der Tobias Hanselmann KG die Buchungssätze!

Beleg 1

FREIE TANKSTELLE
AUTOWASCHZENTRALE

Heinz Gruber GmbH · Nachtigallplatz 10 · 13351 Berlin

Werkzeugfabrik
Tobias Hanselmann KG
Edisonstr. 20–24   Auftrags-Nr. 00-0398
12459 Berlin   Leistungsdatum: 28.07.20..

Geleistete Arbeiten

Arbeits-Nr.	Art der ausgeführten Arbeiten	EUR
92 3004	Fahrzeugwäsche mit Teilhochglanzprogramm Interieur für den Geschäftswagen + 19 % USt	71,43 13,57 85,00

IBAN: DE60 1005 0000 0003 2145 24
BIC: BELADEBEXXX

Beleg 2

Stadtschmiede GmbH
Bernd King
Dresdener Str. 10
45145 Essen

Stadtschmiede GmbH · Bernd King · Eilerstr. 10 · 14165 Berlin

Werkzeugfabrik
Tobias Hanselmann KG
Edisonstr. 20–24
12459 Berlin

Rechnung Nr. 176   Datum: 30.07.20..

Beschreibung	Menge	Stückpreis EUR pro m	Gesamtpreis EUR
Anfertigen von Geländer für die Fabrikhalle	20,4 m	195,00	3 978,00
		+ 19 % USt	755,82
Bitte um Überweisung innerhalb 14 Tage ohne Skontoabzug.			4 733,82

IBAN: DE28 1004 0062 0046 5423 06
BIC: COBADEFF102

---

[1] Das Grundbuch erfasst die anfallenden Buchungssätze in chronologischer (zeitlicher) Reihenfolge (vgl. S. 333).

Beleg 3

| Firma: | Werkzeugfabrik Tobias Hanselmann KG |
| | Edisonstraße 20–24 · 12459 Berlin |

QUITTUNG

EINGEGANGEN
30. Juli 20..

1 Bürolampe	162,00 EUR
+ 19 % USt	30,78 EUR
	192,78 EUR

Elektro Heim
Sternstr. 40a
12349 Berlin

Betrag dankend erhalten
30.07.20..

Hauser

Beleg 4

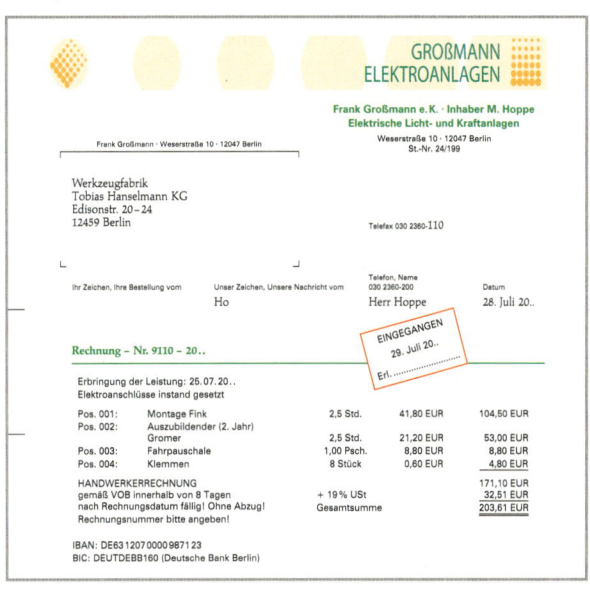

GROSSMANN ELEKTROANLAGEN

Frank Großmann e. K. · Inhaber M. Hoppe
Elektrische Licht- und Kraftanlagen

Frank Großmann · Weserstraße 10 · 12047 Berlin

Weserstraße 10 · 12047 Berlin
St.-Nr. 24/199

Werkzeugfabrik
Tobias Hanselmann KG
Edisonstr. 20–24
12459 Berlin

Telefax 030 2360-110

Ihr Zeichen, Ihre Bestellung vom: Ho
Unser Zeichen, Unsere Nachricht vom:
Telefon, Name: 030 2360-200 Herr Hoppe
Datum: 28. Juli 20..

Rechnung – Nr. 9110 – 20..

EINGEGANGEN
29. Juli 20..
Erl. ....

Erbringung der Leistung: 25.07.20..
Elektroanschlüsse instand gesetzt

Pos. 001:	Montage Fink	2,5 Std.	41,80 EUR	104,50 EUR
Pos. 002:	Auszubildender (2. Jahr) Gromer	2,5 Std.	21,20 EUR	53,00 EUR
Pos. 003:	Fahrpauschale	1,00 Psch.	8,80 EUR	8,80 EUR
Pos. 004:	Klemmen	8 Stück	0,60 EUR	4,80 EUR

HANDWERKERRECHNUNG
gemäß VOB innerhalb von 8 Tagen
nach Rechnungsdatum fällig! Ohne Abzug!
Rechnungsnummer bitte angeben!

		171,10 EUR
+ 19 % USt		32,51 EUR
Gesamtsumme		203,61 EUR

IBAN: DE63 1207 0000 9671 23
BIC: DEUTDEBB160 (Deutsche Bank Berlin)

Beleg 5

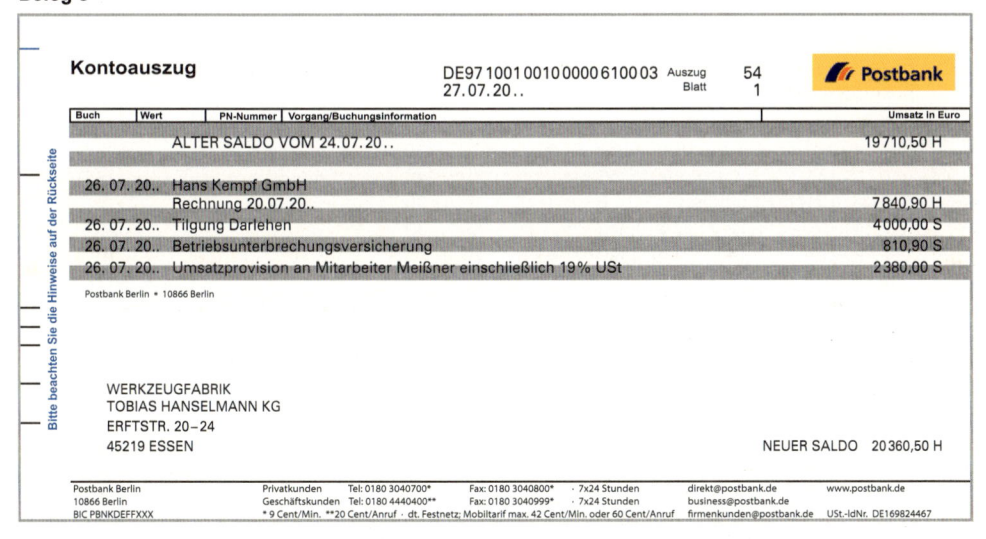

Kontoauszug   DE97 1001 0010 0000 6100 03   Auszug 54
                      27.07.20..   Blatt 1

Postbank

Buch	Wert	PN-Nummer	Vorgang/Buchungsinformation	Umsatz in Euro
		ALTER SALDO VOM 24.07.20..		19 710,50 H
26.07.20..			Hans Kempf GmbH Rechnung 20.07.20..	7 840,90 H
26.07.20..			Tilgung Darlehen	4 000,00 S
26.07.20..			Betriebsunterbrechungsversicherung	810,90 S
26.07.20..			Umsatzprovision an Mitarbeiter Meißner einschließlich 19 % USt	2 380,00 S

Postbank Berlin • 10866 Berlin

WERKZEUGFABRIK
TOBIAS HANSELMANN KG
ERFTSTR. 20–24
45219 ESSEN

NEUER SALDO   20 360,50 H

Postbank Berlin   Privatkunden   Tel: 0180 3040700*   Fax: 0180 3040800*   7x24 Stunden   direkt@postbank.de   www.postbank.de
10866 Berlin   Geschäftskunden Tel: 0180 4440400** Fax: 0180 3040999*   7x24 Stunden   business@postbank.de
BIC PBNKDEFFXXX * 9 Cent/Min. **20 Cent/Anruf – dt. Festnetz; Mobiltarif max. 42 Cent/Min. oder 60 Cent/Anruf   firmenkunden@postbank.de   USt.-IdNr. DE169824467

107 Buchen Sie im Grundbuch der Industriewerke Franz Keller KG die folgenden Geschäftsvorfälle:

1. Wir verkaufen Erzeugnisse gegen Ratenzahlung. Anzahlung einschließlich 19 % USt bar: 38 675,00 EUR.
   Restzahlung in 5 Raten
   (12 500,00 EUR + 800,00 EUR Zinsen* + 19 % USt) zu je 15 675,00 EUR.
   Bilden Sie die Buchungssätze am Verkaufstag!
   * **Hinweis:** Zinsen sind umsatzsteuerfrei, da ein Kreditvertrag vorliegt!

2. Wir zahlen für folgenden Beleg bar aus der Kasse:

> 196,35 EUR einschließlich 19 % USt für Reparatur des Kopiergeräts erhalten.
>
> Calw, den 2. April 20.. *Ferner*

3. Bankgutschrift für Zinsen   720,00 EUR

4. Barzahlung für Reparaturen am Maschinenpark, netto   874,00 EUR
   + 19 % USt   166,06 EUR   1 040,06 EUR

5. Verkauf von Erzeugnissen frei Haus lt. AR 143 netto   42 765,00 EUR
   + 19 % USt   8 125,35 EUR   50 890,35 EUR

6. Buchen Sie die Eingangsrechnung aus der Sicht der Industriewerke Franz Keller KG!

Büro-Service – Handelsgesellschaft GmbH
Bahnhofstraße 3 · 45259 Essen

Industriewerke
Franz Keller KG
Hauptstraße 12
89079 Ulm

Seite	Kunden-Nr.	Rechnung Nr.	Lieferdatum	Rechnungsdatum	SR
1	20671	24793	21.10.20..	27.10.20..	2110

Artikel-Nr.	Artikel-Berechnung	Menge	Einzelpreis EUR	Gesamtpreis EUR
40 082	Ringbucheinlagen A4 50 Blatt	10	2,59	25,90
40 151	Spiralblock A5 50 Blatt kar	40	1,89	75,60
41 103	Füllhalter	15	4,99	74,85
41 107	Super Tintenhai 2 ER	30	2,79	83,70
41 261	Buntstifte 12 ER	25	4,49	112,25
				372,30
			+ 19 % USt	70,74
				443,04

Sitz der Gesellschaft: Essen;   Registergericht Essen: HRB 910   Steuer-Nr. 705/4411
IBAN: DE14 3601 0105 0006 7899 32   BIC: SPESDE3EXXX (Sparkasse Essen)

108 Buchen Sie im Grundbuch für die Stahlwerke Heimann KG die folgenden Geschäftsvorfälle:

1. Nach Ablauf der Garantiefrist wird eine Stahltreppe
   von uns repariert. Wir stellen die Selbstkosten
   in Rechnung:
   für Material und Arbeitsstunden   186,00 EUR
   + 19 % USt   35,34 EUR   221,34 EUR

2. Verkauf von Erzeugnissen auf Ziel einschließlich 19 % USt   24 276,00 EUR

3.

EVENTEC Randlinger & Jell

EVENTEC Randlinger & Jell · 83123 Amerang · Kammer 12

Stahlwerke
Heimann KG
Waldeckhof 12
73035 Göppingen

Rechnungsdatum:	12.06.20..
Kunden-Nr.:	13483
Steuer-Nr.:	156 173 41503
USt-Id-Nr.:	DE 228486 140
Lieferdatum:	12.06.20..

Rechnung-Nr. 2214

Pos.	Menge	Bezeichnung	Einzelpreis EUR	Gesamtbetrag EUR
1	1	Hochleistungskopierer	5 950,00	5 950,00
		Gesamtbetrag		5 950,00

Der Gesamtbetrag setzt sich aus netto 5000,00 EUR zuzüglich 19 % USt. = 950,00 EUR zusammen.

Besuchen Sie auch unsere Internetadresse unter www.eventec-randlinger.de.

EVENTEC Randlinger & Jell   Kammer 12   83123 Amerang   Tel.: 08075 8239   Fax: 08075 9752   Sparkasse Amerang
Ust.Id-Nr.: DE 228486140   IBAN: DE 52711526800000962787   SWIFT-BIC: BYLADEM 1 WSB   www.eventec-randlinger.de
E-Mail: info@eventec-randlinger.de   Gerichtsstand Traunstein. Die Ware bleibt bis zur vollständigen Bezahlung Eigentum der Firma.

4.

SEPA-Überweisung/Zahlschein

Kreissparkasse Göppingen
Name und Sitz des überweisenden Kreditinstituts

BIC: GOPSDE66XXX

Nur für Überweisungen in Deutschland, in andere EU-/EWR-Staaten und in die Schweiz, sowie nach Monaco in Euro.

Angaben zum Zahlungsempfänger: Name, Vorname/Firma (max. 27 Stellen, bei maschineller Beschriftung max. 35 Stellen)
EVENTEC Randlinger & Jell, Kammer 11, 83123 Amerang

IBAN: DE52 7115 2680 0000 9627 87

BIC des Kreditinstituts/Zahlungsdienstleisters (8 oder 11 Stellen)
BYLADEM1WSB

Die Angabe des BIC kann entfallen, wenn die IBAN des Zahlungsempfängers mit DE beginnt.

Betrag: Euro, Cent
5950,00

Kunden-Referenznummer - Verwendungszweck, ggf. Name und Anschrift des Zahlers - (nur für Zahlungsempfänger)
Rechnung-Nr. 2214 vom 12.06.20..

noch Verwendungszweck (insgesamt 2 Zeilen à 27 Stellen, bei maschineller Beschriftung max. 2 Zeilen à 35 Stellen)

Angaben zum Kontoinhaber/Zahler: Name, Vorname/Firma, Ort (max. 27 Stellen, keine Straßen- oder Postfachangaben)
Heimann KG, 73033 Göppingen

IBAN: DE38 6105 0000 0009 4006 49   08

Datum: 28.06.20..

Unterschrift(en): *G. Heimann*

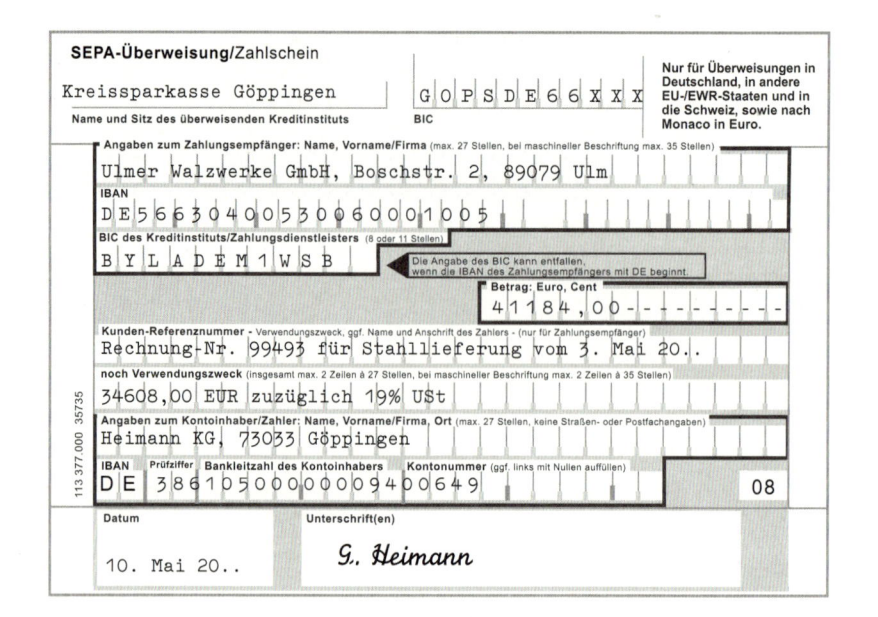

5.

SEPA-Überweisung/Zahlschein

Kreissparkasse Göppingen
Name und Sitz des überweisenden Kreditinstituts

BIC: GOPSDE66XXX

Nur für Überweisungen in Deutschland, in andere EU-/EWR-Staaten und in die Schweiz, sowie nach Monaco in Euro.

Angaben zum Zahlungsempfänger: Name, Vorname/Firma (max. 27 Stellen, bei maschineller Beschriftung max. 35 Stellen)
Ulmer Walzwerke GmbH, Boschstr. 2, 89079 Ulm

IBAN: DE56 6304 0053 0060 0010 05

BIC des Kreditinstituts/Zahlungsdienstleisters (8 oder 11 Stellen): BYLADEM1WSB

Die Angabe des BIC kann entfallen, wenn die IBAN des Zahlungsempfängers mit DE beginnt.

Betrag: Euro, Cent: 41184,00

Kunden-Referenznummer - Verwendungszweck, ggf. Name und Anschrift des Zahlers - (nur für Zahlungsempfänger)
Rechnung-Nr. 99493 für Stahllieferung vom 3. Mai 20..

noch Verwendungszweck (insgesamt max. 2 Zeilen à 27 Stellen, bei maschineller Beschriftung max. 2 Zeilen à 35 Stellen)
34608,00 EUR zuzüglich 19% USt

Angaben zum Kontoinhaber/Zahler: Name, Vorname/Firma, Ort (max. 27 Stellen, keine Straßen- oder Postfachangaben)
Heimann KG, 73033 Göppingen

IBAN: DE 38 61050000 0009400649   08

Datum: 10. Mai 20..

Unterschrift(en): *G. Heimann*

6.

IBAN DE38610500000009400649	SPARKASSE Göppingen		BIC GOPSDE66XXX
Buchungs-tag	Tag der Wertstellung	Verwendungszweck/Buchungstext	alter Kontostand + 4 791,20
12.05.	10.05.	Dosenwerk WIPPER GmbH Rechnung Nr. 2007 einschl. 19% USt	+ 2 867,90
		Stahlwerke Heimann KG Waldeckhof 12 73035 Göppingen	+ 7 659,10 neuer Kontostand
UST-ID DE 451710290		Kontoauszug vom 12.05.20..	Auszug 24 Blatt 1

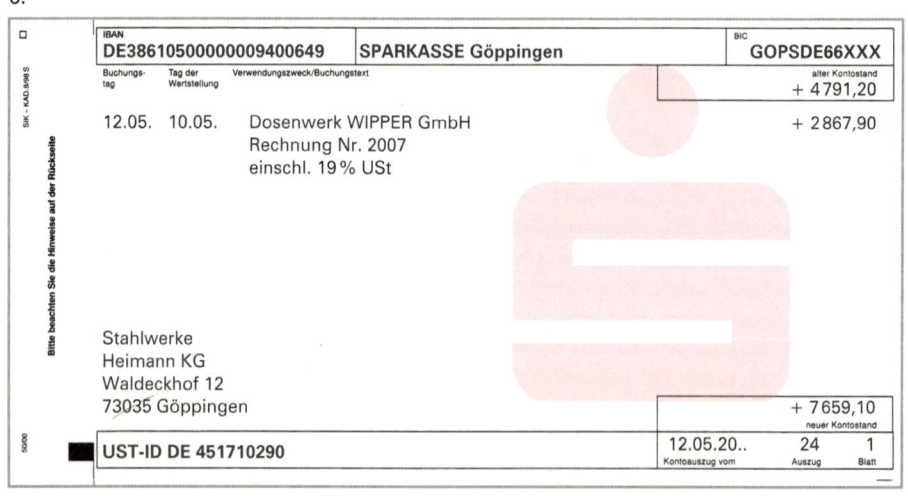

Hinweis:

Die **Buchung des Materialverbrauchs,** der nach dem Lehrplan im Anschluss an die Beschaffung der Werkstoffe zu behandeln ist, wurde bereits bei der Einführung der Ergebniskonten in Kapitel 5.6.3 behandelt. Dies war erforderlich, um den Jahresabschluss verständlich darstellen zu können.

5.9.3 Ermittlung und Buchung der Zahllast

(1) Ermittlung und Begleichung der Zahllast

Beispiel für den Monat November:

2600 Vorsteuer: Summe 1800,00 EUR; 4800 Umsatzsteuer: Summe 6000,00 EUR. Die Zahllast von 4200,00 EUR wird an das Finanzamt durch die Bank überwiesen.

Aufgaben:
1. Stellen Sie die Vorgänge auf Konten dar!
2. Bilden Sie die Buchungssätze!

Lösungen:

Zu 1.: Buchung auf den Konten

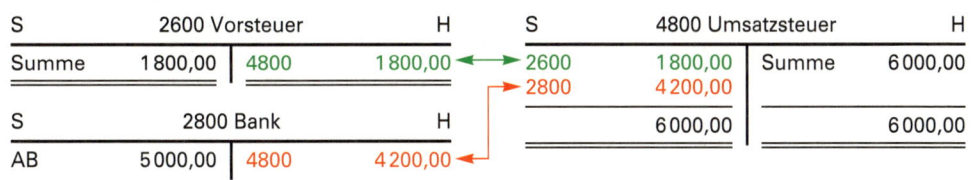

S	2600 Vorsteuer		H		S	4800 Umsatzsteuer		H
Summe	1800,00	4800	1800,00		2600	1800,00	Summe	6000,00
					2800	4200,00		
S	2800 Bank		H			6000,00		6000,00
AB	5000,00	4800	4200,00					

Zu 2.: Buchungssätze

Geschäftsvorfälle	Konten	Soll	Haben
Ermittlung der Zahllast	4800 Umsatzsteuer an 2600 Vorsteuer	1800,00	1800,00
Banküberweisung der Zahllast	4800 Umsatzsteuer an 2800 Bank	4200,00	4200,00

(2) Ermittlung und Passivierung der Zahllast am Ende des Geschäftsjahres

Weil am Bilanzstichtag die **Zahllast** noch **nicht überwiesen** ist, muss sie **passiviert** werden, d.h. als Schuld gegenüber dem Finanzamt in das Schlussbilanzkonto übernommen werden.

Geschäftsvorfall	Konten	Soll	Haben
Die Zahllast im Monat Dezember ist am 31.12. zu passivieren 5000,00 EUR.	4800 Umsatzsteuer an 8010 SBK	5000,00	5000,00

Beachte:

Ist innerhalb eines Abrechnungszeitraumes (Monats) die Vorsteuer höher als die Umsatzsteuer, was z.B. aufgrund von saisonbedingten Einkäufen durchaus vorkommen kann, entsteht ein sogenannter **Vorsteuerüberhang**. In diesem Fall ist die Forderung gegenüber dem Finanzamt höher als die Verbindlichkeit. Diesen Vorsteuerüberhang muss das Finanzamt auszahlen bzw. verrechnen.

Übungsaufgaben

109

S	2600 Vorsteuer	H	S	4800 Umsatzsteuer	H
2800	991,80			2880	4 870,00
4400	3 431,40			2800	12 130,70

Aufgaben:

1. Übertragen Sie die Konten in Ihr Hausheft und ermitteln Sie buchhalterisch die Zahllast!
2. Die Zahllast ist zu passivieren.
3. Bilden Sie zu 1. und 2. die Buchungssätze!

110

S	2600 Vorsteuer	H	S	4800 Umsatzsteuer	H
Su	12 900,00			Su	8 300,00

Aufgaben:

1. Übertragen Sie die Konten in Ihr Hausheft und ermitteln Sie buchhalterisch den Vorsteuerüberhang!
2. Der Vorsteuerüberhang wird vom Finanzamt auf unser Bankkonto überwiesen.
3. Bilden Sie zu 1. und 2. die Buchungssätze!

111 Bilden Sie den Buchungssatz aus Sicht der Maschinenfabrik Wachter GmbH für den folgenden Beleg!

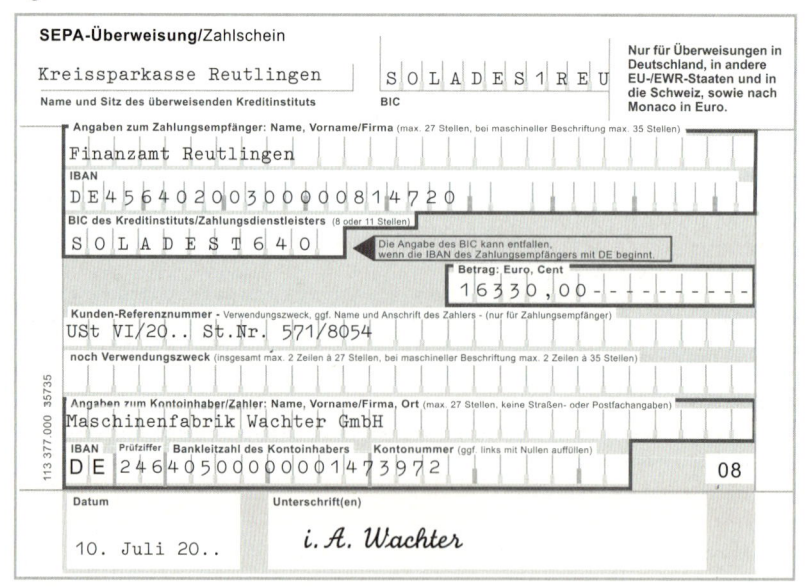

SEPA-Überweisung/Zahlschein

Name und Sitz des überweisenden Kreditinstituts: Kreissparkasse Reutlingen
BIC: SOLADES1REU

Nur für Überweisungen in Deutschland, in andere EU-/EWR-Staaten und in die Schweiz, sowie nach Monaco in Euro.

Angaben zum Zahlungsempfänger: Finanzamt Reutlingen
IBAN: DE45 6402 0030 0000 8147 20
BIC des Kreditinstituts/Zahlungsdienstleisters: SOLADEST640

Betrag: Euro, Cent: 16 330,00

Kunden-Referenznummer: USt VI/20.. St.Nr. 571/8054

Angaben zum Kontoinhaber/Zahler: Maschinenfabrik Wachter GmbH
IBAN: DE24 6405 0000 0001 4739 72   08

Datum: 10. Juli 20..
Unterschrift: i. A. Wachter

5.10 Bestandsveränderungen

5.10.1 Bestandsveränderungen bei fertigen Erzeugnissen

5.10.1.1 Problemstellung

Bisher gingen wir davon aus, dass die Menge der hergestellten Güter mit der Menge der verkauften Güter innerhalb der Geschäftsperiode übereinstimmt. Diese Annahme ist jedoch unrealistisch und träfe nur durch Zufall ein. Wenn aber hergestellte und verkaufte Menge nicht übereinstimmen, dann beziehen sich die für die Produktion angefallenen Aufwendungen (Kosten) auf eine andere Gütermenge als die beim Verkauf erzielten Erträge (Verkaufserlöse; Leistungen). Ist z.B. die hergestellte Menge größer als die verkaufte, dann bedeutet dies, dass ein Teil der Produktion auf Lager genommen wurde (Bestandsmehrung an Fertigerzeugnissen). Wurde dagegen mehr verkauft als produziert, dann kann dieser Mehrverkauf nur aus dem Lager stammen. Ein aussagekräftiges Periodenergebnis entsteht aber nur, wenn sich die Aufwands- und Ertragsseite auf die gleiche Menge beziehen. Mit anderen Worten: Die Bestandsveränderungen müssen berücksichtigt werden.

> **Merke:**
>
> ■ Stimmt die hergestellte Menge der Erzeugnisse mit der verkauften Menge nicht überein, müssen die **Bestandsveränderungen der fertigen Erzeugnisse** in die Ergebnisermittlung einbezogen werden.
>
> ■ Die **Menge an Erzeugnissen** auf der Aufwands- und Ertragsseite innerhalb einer Geschäftsperiode **müssen sich entsprechen**.

5.10.1.2 Buchung von Bestandsveränderungen

Beispiel:

I. Ausgangssituation:
In einem Industriebetrieb werden Kühlschränke einer bestimmten Art und Qualität hergestellt. Die Herstellungskosten eines Kühlschrankes betragen 1700,00 EUR. Davon entfallen 700,00 EUR auf Werkstoffkosten (500,00 EUR Rohstoffe, 200,00 EUR Hilfsstoffe) und 1000,00 EUR auf Fertigungslöhne. Der Nettoverkaufspreis eines Kühlschranks beträgt 2000,00 EUR.

II. Anfangsbestände:
2000 Rohstoffe 120 000,00 EUR, 2020 Hilfsstoffe 45 000,00 EUR 2800 Bank 125 000,00 EUR, 3000 Eigenkapital 290 000,00 EUR.

(1) Fall 1: Keine Bestandsveränderung (die Menge der hergestellten und verkauften Erzeugnisse ist gleich)

Hinweis:

Um einen besseren Zugang in die schwierigen Gedankengänge bei Bestandsveränderungen an fertigen Erzeugnissen zu finden, gehen wir im ersten Fall von der unrealistischen Annahme aus, dass die innerhalb der Geschäftsperiode hergestellte und verkaufte Menge übereinstimmt. Erst danach wird als zweiter Fall eine Bestandsmehrung und als dritter Fall eine Bestandsminderung behandelt.

III. 1. Sachverhalt (Fortführung der Ausgangssituation von S. 379):

Innerhalb der Geschäftsperiode werden 100 Kühlschränke hergestellt, die auch in der gleichen Geschäftsperiode verkauft werden. Das führt zu folgenden Geschäftsvorfällen mit den entsprechenden Buchungssätzen:

Nr.	Geschäftsvorfälle	Konten	Soll	Haben
1.	Verbrauch von Rohstoffen 50 000,00 EUR.	6000 Aufw. für Rohstoffe an 2000 Rohstoffe	50 000,00	50 000,00
2.	Verbrauch von Hilfsstoffen 20 000,00 EUR.	6020 Aufw. für Hilfsstoffe an 2020 Hilfsstoffe	20 000,00	20 000,00
3.	Banküberweisung für Fertigungslöhne 100 000,00 EUR.	6200 Löhne an 2800 Bank	100 000,00	100 000,00
4.	Verkauf der 100 hergestellten Kühlschränke zum Stückpreis von netto 2 000,00 EUR gegen Bankscheck: Nettowert 200 000,00 EUR + 19 % USt 38 000,00 EUR Bruttowert 238 000,00 EUR	2800 Bank an 5000 UE f. eig. Erz. an 4800 Umsatzsteuer	238 000,00	200 000,00 38 000,00

IV. Abschlussangaben:
1. Lt. Inventur ist kein Schlussbestand an Fertigerzeugnissen vorhanden.
2. Die Umsatzsteuer ist zu passivieren!

V. Aufgaben:
1. Richten Sie die erforderlichen Konten ein und tragen Sie die angegebenen Anfangsbestände darauf vor!
2. Buchen Sie die vier Geschäftsvorfälle auf den entsprechenden Konten!
3. Richten Sie die beiden Abschlusskonten ein und schließen Sie die Konten ab!
4. Geben Sie das buchhalterische Ergebnis der Geschäftsperiode an und bestätigen Sie die Richtigkeit des Ergebnisses durch eine Berechnung außerhalb der Buchführung!

Lösungen:

Zu 1. bis 3.: Buchung auf den Konten

S	2000 Rohstoffe	H
8000	120 000,00	6000 50 000,00
		8010 70 000,00
	120 000,00	120 000,00

S	3000 Eigenkapital	H
8010	320 000,00	8000 290 000,00
		8020 30 000,00
	320 000,00	320 000,00

S	6000 Aufw. f. Rohstoffe	H
2000	50 000,00	8020 50 000,00

S	2020 Hilfsstoffe	H
8000	45 000,00	6020 20 000,00
		8010 25 000,00
	45 000,00	45 000,00

S	4800 Umsatzsteuer	H
8010	38 000,00	2800 38 000,00

S	6020 Aufw. f. Hilfsstoffe	H
2020	20 000,00	8020 20 000,00

S	6200 Löhne	H
2800	100 000,00	8020 100 000,00

S	2800 Bank	H
8000	125 000,00	6020 100 000,00
5000/4800	238 000,00	8010 263 000,00
	363 000,00	363 000,00

S	5000 UE f. eig. Erzeugnisse	H
8020	200 000,00	2800 200 000,00

S	8010 SBK	H
2000	70 000,00	4800 38 000,00
2020	25 000,00	3000 320 000,00
2800	263 000,00	
	358 000,00	358 000,00

S	8020 GuV	H
6000	50 000,00	5000 200 000,00
6020	20 000,00	
6200	100 000,00	
3000	30 000,00	
	200 000,00	200 000,00

Zu 4.: Berechnung des Gesamtgewinns

Auf dem GuV-Konto wird ein Ergebnis (Gewinn) von 30 000,00 EUR ausgewiesen. Das wird durch folgende Berechnung außerhalb der Buchführung bestätigt:

Verkaufserlös je Stück	2 000,00 EUR
− Herstellungsaufwendungen je Stück	1 700,00 EUR
Stückgewinn:	300,00 EUR
Gesamtgewinn: 300 · 100 =	30 000,00 EUR

(2) Fall 2: Bestandsmehrung

III. 2. Sachverhalt (Fortführung der Ausgangssituation von S. 379):

Unter den gleichen Bedingungen werden innerhalb der Geschäftsperiode wiederum 100 Kühlschränke hergestellt, aber nur 60 Stück verkauft. Ein Anfangsbestand an Kühlschränken war nicht vorhanden. Daher ergeben sich folgende Geschäftsvorfälle mit den entsprechenden Buchungssätzen:

Nr.	Geschäftsvorfälle	Konten	Soll	Haben
1.	Verbrauch von Rohstoffen 50 000,00 EUR.	6000 Aufw. für Rohstoffe an 2000 Rohstoffe	50 000,00	50 000,00
2.	Verbrauch von Hilfsstoffen 20 000,00 EUR.	6020 Aufw. für Hilfsstoffe an 2020 Hilfsstoffe	20 000,00	20 000,00
3.	Banküberweisung für Fertigungslöhne 100 000,00 EUR.	6200 Löhne an 2800 Bank	100 000,00	100 000,00

Nr.	Geschäftsvorfälle	Konten	Soll	Haben
4.	Verkauf der 60 hergestellten Kühlschränke zum Stückpreis von netto 2 000,00 EUR: Nettowert 120 000,00 EUR + 19 % USt 22 800,00 EUR Bruttowert 142 800,00 EUR gegen Bankscheck.	2800 Bank an 5000 UE f. eig. Erz. an 4800 Umsatzsteuer	142 800,00	120 000,00 22 800,00

IV. Abschlussangaben:
1. Der Schlussbestand an Fertigerzeugnissen beträgt lt. Inventur 40 Stück zu Herstellungskosten von 1 700,00 EUR je Stück = 68 000,00 EUR.
2. Die Umsatzsteuer ist zu passivieren!

V. Aufgaben:
1. Richten Sie die erforderlichen Konten ein und tragen Sie die angegebenen Anfangsbestände darauf vor!
2. Buchen Sie die vier Geschäftsvorfälle auf den entsprechenden Konten!
3. Richten Sie die beiden Abschlusskonten ein und schließen Sie die Konten ab!
4. Bilden Sie zu den drei Schritten zur Erfassung der Bestandsmehrung die erforderlichen Buchungssätze!
5. Bestätigen Sie das buchhalterische Ergebnis durch eine Berechnung außerhalb der Buchführung!

Lösungen:

Zu 1. bis 3.: Buchung auf den Konten

S	2000 Rohstoffe		H
8000	120 000,00	6000	50 000,00
		8010	70 000,00
	120 000,00		120 000,00

S	3000 Eigenkapital		H
8010	308 000,00	8000	290 000,00
		8020	18 000,00
	308 000,00		308 000,00

S	6000 Aufw. f. Rohstoffe		H
2000	50 000,00	8020	50 000,00

S	2020 Hilfsstoffe		H
8000	45 000,00	6020	20 000,00
		8010	25 000,00
	45 000,00		45 000,00

S	4800 Umsatzsteuer		H
8010	22 800,00	2800	22 800,00

S	6020 Aufw. f. Hilfsstoffe		H
2020	20 000,00	8020	20 000,00

S	6200 Löhne		H
2800	100 000,00	8020	100 000,00

S	2800 Bank		H
8000	125 000,00	6200	100 000,00
5000/4800	142 800,00	8010	167 800,00
	267 800,00		267 800,00

S	5000 UE f. eig. Erzeugnisse		H
8020	120 000,00	2800	120 000,00

S	2200 Fert. Erzeugnisse		H
5202	68 000,00	8010	68 000,00

S	5202 Best.-Veränd. a. f. Erz.		H
8020	68 000,00	2200	68 000,00

S	8010 SBK		H
2000	70 000,00	4800	22 800,00
2020	25 000,00	3000	308 000,00
2200	68 000,00		
2800	167 800,00		
	330 800,00		330 800,00

S	8020 GuV		H
6000	50 000,00	5000	120 000,00
6020	20 000,00	5202	68 000,00
6200	100 000,00		
3000	18 000,00		
	188 000,00		188 000,00

Zu 4.: Buchungssätze

Nr.	Geschäftsvorfälle	Konten	Soll	Haben
4.1	Buchung des Schlussbestandes der 40 Kühlschränke zu den Herstellungskosten in Höhe von 1 700,00 EUR je Stück = 68 000,00 EUR.	8010 SBK an 2200 Fertige Erzeugnisse	68 000,00	68 000,00
4.2	Umbuchung der Bestandsmehrung auf das Bestandsveränderungskonto 68 000,00 EUR.	2200 Fertige Erzeugnisse an 5202 B.-Veränd. a. f. Erz.	68 000,00	68 000,00
4.3	Abschluss des Kontos 5202 über das GuV-Konto.	5202 B.-Veränd. a. f. Erz. an 8020 GuV	68 000,00	68 000,00

Zu 5.: Bestätigung des buchhalterischen Ergebnisses durch folgende Berechnung

```
        Verkaufserlöse           60 Stück zu je   2 000,00 EUR =   120 000,00 EUR
    +   Bestandsmehrung          40 Stück zu je   1 700,00 EUR =    68 000,00 EUR
        Leistungen des Betriebes                                   188 000,00 EUR
    -   Kosten für 100 Stück zu je 1 700,00 EUR                    170 000,00 EUR
        Gewinn                                                      18 000,00 EUR
```

Erläuterungen zur Buchung der Bestandsmehrung und der Ermittlung des Ergebnisses

Da 100 Kühlschränke hergestellt wurden, aber nur 60 Stück verkauft werden konnten, verbleiben 40 Kühlschränke als Lagerbestand. Da vorher kein Kühlschrank vorhanden war, bedeutet das eine Bestandsmehrung von 40 Kühlschränken mit einem Wert von 68 000,00 EUR. Es leuchtet ein, dass den Verkaufserlösen von 60 Stück (60 · 2 000,00 EUR = 120 000,00 EUR) nicht die Herstellungsaufwendungen für 100 Stück (100 · 1 700,00 EUR = 170 000,00 EUR) gegenübergestellt werden können. Dabei würde sich ein Verlust von 50 000,00 EUR ergeben. Bei einem Stückgewinn von 300,00 EUR und einer Verkaufsmenge von 60 Stück muss sich aber ein Gewinn von 18 000,00 EUR ergeben. Dieser Gewinn muss sich auch in der Buchführung als Saldo auf dem Gewinn- und Verlustkonto darstellen.

Da am Anfang keine fertigen Erzeugnisse vorhanden waren, am Ende der Geschäftsperiode jedoch 40 Kühlschränke im Lager verbleiben, bedeutet das eine Bestandsmehrung von 40 Kühlschränken. Die Herstellungskosten hierfür betragen: 40 · 1 700,00 EUR = 68 000,00 EUR. Um diesen Wert der Bestandsmehrung müssen wir daher die Ertragsseite (Verkaufserlöse) erhöhen.

Die **Summe aus Verkaufserlösen und dem Wert der Bestandsmehrung** wird in der Fachsprache auch als **Leistung** des Betriebes bezeichnet, ein Begriff, auf den wir später zurückkommen werden. Diesen Leistungen des Betriebes können die durch die Produktion innerhalb der Geschäftsperiode entstandenen **betrieblichen Aufwendungen (Kosten)** gegenübergestellt werden. Auf beiden Seiten liegen dann gleiche Mengen zugrunde. Auf der Ertragsseite haben wir die Verkaufserlöse von 60 Kühlschränken und den Wert der Bestandsmehrung von 40 Kühlschränken. Auf der Aufwandsseite haben wir die Aufwendungen von 100 Kühlschränken.

> **Merke:**
>
> ■ Weil am Ende der Geschäftsperiode unverkaufte Fertigfabrikate vorhanden sind, muss das Bestandskonto **2200 Fertige Erzeugnisse** eingerichtet werden. Das Aktivkonto 2200 Fertige Erzeugnisse wird über das Schlussbilanzkonto abgeschlossen.

- Da der **Schlussbestand** an Erzeugnissen höher ist als der **Anfangsbestand** an Erzeugnissen, liegt eine **Bestandsmehrung** vor, d.h., es wurden mehr Erzeugnisse produziert als verkauft.
- Für die Bestandsmehrung benötigen wir ein Erfolgskonto, das diesen Wert aufnimmt. Dieses Konto finden wir in der Kontenklasse 5 unter der Bezeichnung **5202 Bestandsveränderungen an fertigen Erzeugnissen**.
- Die **Bestandsmehrung,** die sich als Saldo auf dem Bestandskonto 2200 ergibt, ist auf das Ertragskonto 5202 umzubuchen und „wandert" von dort auf die **Habenseite** des Kontos **8020 GuV**.
- **Bestandsmehrungen** werden rechnerisch zu den **Erlösen** für die in der Rechnungsperiode verkauften Erzeugnisse **hinzuaddiert**.

Übungsaufgabe

112 I. Anfangsbestände:

2000 Rohstoffe 75 000,00 EUR, 2020 Hilfsstoffe 35 000,00 EUR, 2200 Fertige Erzeugnisse 17 000,00 EUR, 2800 Bank 396 000,00 EUR, 3000 Eigenkapital 472 000,00 EUR, 4800 Umsatzsteuer 51 000,00 EUR.

II. Kontenplan:

2000, 2020, 2200, 2400, 2600, 2800, 3000, 4800, 5000, 5202, 6000, 6020, 6200, 8010, 8020.

III. Geschäftsvorfälle:

1.	Einkauf von Rohstoffen durch Banküberweisung	75 000,00 EUR
	+ 19 % Umsatzsteuer	14 250,00 EUR
		89 250,00 EUR
2.	Verbrauch von Rohstoffen	60 000,00 EUR
3.	Verbrauch von Hilfsstoffen	24 000,00 EUR
4.	Verkauf von fertigen Erzeugnissen auf Ziel zuzüglich 19 % Umsatzsteuer	270 000,00 EUR
5.	Einkauf von Hilfsstoffen durch Banküberweisung	15 000,00 EUR
	+ 19 % Umsatzsteuer	2 850,00 EUR
		17 850,00 EUR
6.	Banküberweisung für Fertigungslöhne	120 000,00 EUR

IV. Abschlussangaben:
1. Der Schlussbestand an fertigen Erzeugnissen beträgt lt. Inventur 22 500,00 EUR.
2. Die Zahllast ist zu passivieren!

V. Aufgaben:
1. Richten Sie die erforderlichen Konten ein und tragen Sie die Anfangsbestände darauf vor!
2. Bilden Sie zu den Geschäftsvorfällen die Buchungssätze und übertragen Sie die Buchungen auf die Konten!
3. Ermitteln Sie durch Abschluss der Konten das Ergebnis der Geschäftsperiode!
4. Bilden Sie für die Erfassung der Bestandsveränderungen an fertigen Erzeugnissen die drei erforderlichen Buchungssätze!

(3) Fall 3: Bestandsminderung

III. 3. Sachverhalt:

Wir gehen von folgenden Annahmen aus:

Anfangsbestand auf dem Konto 2200 Fertigerzeugnisse	40 Kühlschränke
Wert der Kühlschränke	68 000,00 EUR
Anfangsbestand auf dem Konto 2880 Kasse	175 000,00 EUR
Anfangsbestand auf dem Konto 3000 Eigenkapital	243 000,00 EUR

Nr.	Geschäftsvorfälle	Konten	Soll	Haben
1.	Verbrauch von Rohstoffen 50 000,00 EUR.	6000 Aufw. für Rohstoffe an 2000 Rohstoffe	50 000,00	50 000,00
2.	Verbrauch von Hilfsstoffen 20 000,00 EUR.	6020 Aufw. für Hilfsstoffe an 2020 Hilfsstoffe	20 000,00	20 000,00
3.	Banküberweisung für Fertigungslöhne 100 000,00 EUR.	6200 Löhne an 2800 Bank	100 000,00	100 000,00
4.	Verkauf der 120 hergestellten Kühlschränke zum Stückpreis von 2 000,00 EUR gegen Bankscheck: Nettowert 240 000,00 EUR + 19 % USt 45 600,00 EUR 285 600,00 EUR	2800 Bank an 5000 UE f. eig. Erz. an 4800 Umsatzsteuer	285 600,00	240 000,00 45 600,00

IV. Abschlussangaben:

1. Der Schlussbestand an Fertigerzeugnissen beträgt lt. Inventur 20 Stück zu Herstellungskosten von 1 700,00 EUR je Stück = 34 000,00 EUR.
2. Die Zahllast ist zu passivieren!

V. Aufgaben:

1. Richten Sie die erforderlichen Konten ein und tragen Sie die angegebenen Anfangsbestände darauf vor!
2. Buchen Sie die vier Geschäftsvorfälle auf den entsprechenden Konten!
3. Richten Sie die beiden Abschlusskonten ein und schließen Sie die Konten ab!
4. Bilden Sie zu den drei Schritten zur Erfassung der Bestandsminderung die erforderlichen Buchungssätze!
5. Bestätigen Sie das buchhalterische Ergebnis durch eine Berechnung außerhalb der Buchführung!

Lösungen:

Zu 1. bis 3.: Buchung auf den Konten

S	2000 Rohstoffe		H
8000	120 000,00	6000	50 000,00
		8010	70 000,00
	120 000,00		120 000,00

S	3000 Eigenkapital		H
8010	394 000,00	8000	358 000,00
		8020	36 000,00
	394 000,00		394 000,00

S	6000 Aufw. f. Rohstoffe		H
2000	50 000,00	8020	50 000,00

S	2020 Hilfsstoffe		H
8000	45 000,00	6020	20 000,00
		8010	25 000,00
	45 000,00		45 000,00

S	4800 Umsatzsteuer		H
8010	45 600,00	2800	45 600,00

S	6020 Aufw. f. Hilfsstoffe		H
2020	20 000,00	8020	20 000,00

S	6200 Löhne		H
2800	100 000,00	8020	100 000,00

S	2800 Bank		H
8000	125 000,00	6020	100 000,00
5000/4800	285 600,00	8010	310 600,00
	410 600,00		410 600,00

S	5000 UE f. eig. Erzeugnisse		H
8020	240 000,00	2800	240 000,00

S	2200 Fert. Erzeugnisse		H
8000	68 000,00	8010	34 000,00
		5202	34 000,00
	68 000,00		68 000,00

S	5202 Best.-Veränd. a. f. Erz.		H
2200	34 000,00	8020	34 000,00

S	8010 SBK		H
2000	70 000,00	4800	45 600,00
2020	25 000,00	3000	394 000,00
2200	34 000,00		
2800	310 600,00		
	439 600,00		439 600,00

S	8020 GuV		H
6000	50 000,00	5000	240 000,00
6020	20 000,00		
6200	100 000,00		
5202	34 000,00		
3000	36 000,00		
	240 000,00		240 000,00

Zu 4.: Buchungssätze

Nr.	Geschäftsvorfälle	Konten	Soll	Haben
4.1	Buchung des Schlussbestandes der noch vorhandenen Kühlschränke: 20 zu je 1 700,00 EUR = 34 000,00 EUR.	8010 SBK an 2200 Fertige Erzeugnisse	34 000,00	34 000,00
4.2	Umbuchung der Bestandsminderung von 34 000,00 EUR vom Konto 2200 auf das Konto 5202.	5202 B.-Veränd. a. f. Erz. an 2200 Fertige Erzeugnisse	34 000,00	34 000,00
4.3	Abschluss des Kontos 5202 über das GuV-Konto.	8020 GuV an 5202 B.-Veränd. a. f. Erz.	34 000,00	34 000,00

Zu 5.: Bestätigung des buchhalterischen Ergebnisses durch folgende Berechnung

Verkaufserlöse	120 Stück zu je	2 000,00 EUR =	240 000,00 EUR
− Bestandsminderung	20 Stück zu je	1 700,00 EUR =	34 000,00 EUR
Leistungen des Betriebes in dieser Geschäftsperiode			206 000,00 EUR
− Kosten für 100 Stück zu je 1 700,00 EUR			170 000,00 EUR
Gewinn			36 000,00 EUR

Dieses Ergebnis wird auch durch folgende Überlegung bestätigt:

Bei einem Stückgewinn von 300,00 EUR und einer Verkaufsmenge von 120 Stück muss das zu einem Gewinn von 120 · 300,00 EUR = 36 000,00 EUR führen, der sich auch in unserer Buchführung als Saldo auf dem GuV-Konto darstellen muss.

Erläuterungen zur Buchung der Bestandsminderungen

In diesem Fall wurden in der Geschäftsperiode mehr Kühlschränke verkauft, als in der gleichen Geschäftsperiode hergestellt wurden. Das war nur möglich, weil zu Beginn der Geschäftsperiode noch ein Lagerbestand von 40 Stück vorhanden war.

Da ein sinnvolles Ergebnis nur auf der Grundlage gleicher Mengen auf der Aufwands- und auf der Ertragsseite erzielt werden kann, müssen wir den Erlösen von 120 Stück auch die Aufwendungen von 120 Stück gegenüberstellen, d. h., wir müssen die Herstellkosten der 100 Stück um die Herstellkosten der Bestandsminderung erhöhen. Dies erfolgt buchhalterisch über die Sollseite des GuV-Kontos.

Merke:

- Die **Mengen an Erzeugnissen** auf der **Aufwands-** und auf der **Ertragsseite** innerhalb einer Geschäftsperiode **müssen sich entsprechen**.

- Ist der **Schlussbestand** an Erzeugnissen **größer als der Anfangsbestand** an Erzeugnissen, liegt eine **Bestandsmehrung** vor. In diesem Fall ist die **Herstellmenge** in einer Geschäftsperiode größer als die **Absatzmenge**.

- **Bestandsmehrungen** werden rechnerisch **zu den Erlösen** für die verkauften Erzeugnisse **hinzuaddiert** und dadurch auf der **Habenseite des GuV-Kontos erfasst**.

Soll	GuV	Haben
Aufwendungen für die hergestellten Erzeugnisse der Rechnungsperiode	Erlöse für die verkauften Erzeugnisse der Rechnungsperiode + Bestandsmehrung (Wert der in der Rechnungsperiode hergestellten, aber noch nicht verkauften Erzeugnisse zu Herstellkosten)	

- Ist der **Schlussbestand** an Erzeugnissen **kleiner als** der **Anfangsbestand** an Erzeugnissen, liegt eine **Bestandsminderung** vor. In diesem Fall ist die **Herstellmenge** in einer Geschäftsperiode **kleiner als** die **Absatzmenge**.

- **Bestandsminderungen** werden rechnerisch zu den Aufwendungen für die hergestellten Erzeugnisse hinzuaddiert und auf der **Sollseite des GuV-Kontos** erfasst.

Soll	GuV	Haben
Aufwendungen für die hergestellten Erzeugnisse der Rechnungsperiode + Bestandsminderungen (Dadurch werden die Aufwendungen der Rechnungsperiode an die in dieser Zeit erzielten Erlöse angepasst.)	Erlöse für die verkauften Erzeugnisse der Rechnungsperiode	

> **Übungsaufgabe**

113 **I. Anfangsbestände:**

2000 Rohstoffe 150 000,00 EUR, 2020 Hilfsstoffe 65 000,00 EUR, 2200 Fertige Erzeugnisse 51 000,00 EUR, 2800 Bank 155 000,00 EUR, 3000 Eigenkapital 421 000,00 EUR.

II. Kontenplan:

2000, 2020, 2200, 2800, 3000, 4800, 5000, 5202, 6000, 6020, 6200, 8010, 8020.

III. Geschäftsvorfälle:

1.	Verbrauch von Rohstoffen	75 000,00 EUR
2.	Verbrauch von Hilfsstoffen	30 000,00 EUR
3.	Banküberweisung für Fertigungslöhne	150 000,00 EUR
4.	Verkauf von fertigen Erzeugnissen gegen Bankscheck zuzüglich 19 % Umsatzsteuer	340 000,00 EUR

IV. Abschlussangaben:

Schlussbestand an fertigen Erzeugnissen lt. Inventur 17 000,00 EUR.

V. Aufgaben:

1. Richten Sie die erforderlichen Konten ein und tragen Sie die Anfangsbestände darauf vor!
2. Bilden Sie zu den Geschäftsvorfällen die Buchungssätze und übertragen Sie die Buchungen auf die Konten des Hauptbuches!
3. Ermitteln Sie durch Abschluss der Konten das Ergebnis der Geschäftsperiode!
4. Bilden Sie für die Erfassung der Bestandsveränderungen an fertigen Erzeugnissen die drei erforderlichen Buchungssätze!

5.10.2 Bestandsveränderungen bei unfertigen Erzeugnissen

Die Herstellung von Gütern verläuft über mehrere Produktionsstufen. Güter, die ihre endgültige Verkaufsreife noch nicht erreicht haben, bezeichnet man als **unfertige Erzeugnisse**.[1] Bestandsveränderungen bei unfertigen Erzeugnissen haben in der Buchführung die gleichen Auswirkungen wie die Bestandsveränderungen an fertigen Erzeugnissen. Das bedeutet, dass **Bestandsmehrungen** auf der **Habenseite des GuV-Kontos** und **Bestandsminderungen** auf der **Sollseite des GuV-Kontos** erscheinen müssen.

> **Beispiel:**
>
> **I. Sachverhalt:**
>
> Zu Beginn der Geschäftsperiode sind keine Bestände an fertigen und unfertigen Erzeugnissen vorhanden. Innerhalb der Geschäftsperiode wurden unter den uns bekannten Bedingungen 100 Kühlschränke hergestellt, die auch in dieser Geschäftsperiode verkauft wurden.
>
> Des Weiteren nehmen wir an, dass 20 Kühlschränke ihre Endstufe noch nicht erreicht haben und als unfertige Erzeugnisse gelagert werden. Diese unfertigen Erzeugnisse sollen Herstellungsaufwendungen in Höhe von 300,00 EUR an Werkstoffen und 700,00 EUR an Fertigungslöhnen je Stück verursacht haben. Der Schlussbestand an unfertigen Erzeugnissen beträgt damit 20 000,00 EUR.

---

[1] Moderne ERP-Softwaresysteme sind in der Lage, auch Bestandsveränderungen an unfertigen Erzeugnissen automatisch zu erfassen.

II. Aufgaben:

1. Stellen Sie auf Konten nur dar, wie sich die Bestandserhöhung bei den unfertigen Erzeugnissen in der Buchführung auswirkt!
2. Bilden Sie die Buchungssätze
   2.1 für den Abschluss des Kontos 2100 Unfertige Erzeugnisse,
   2.2 für die Erfassung der Bestandsmehrung an unfertigen Erzeugnissen,
   2.3 für den Abschluss des Kontos 5201 Bestandsveränderungen an unfertigen Erzeugnissen und nicht abgerechneten Leistungen!

Lösungen:

Zu 1.: Buchung auf den Konten

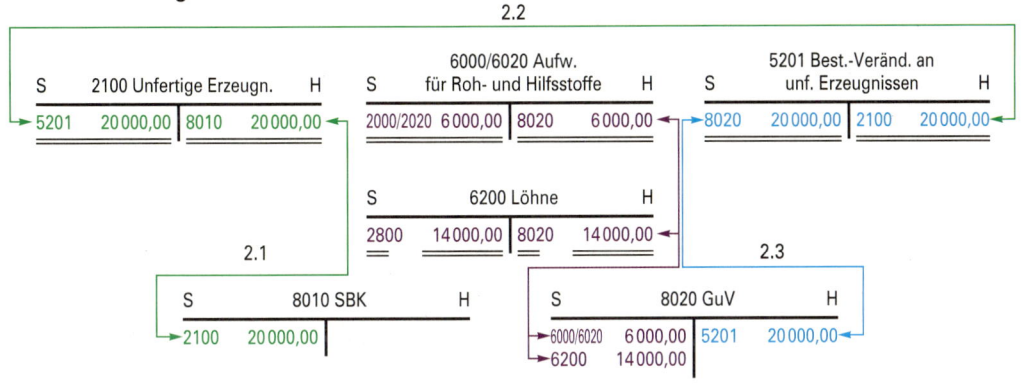

```
                                           2.2
S    2100 Unfertige Erzeugn.  H      S    6000/6020 Aufw.         H     S   5201 Best.-Veränd. an      H
                                          für Roh- und Hilfsstoffe             unf. Erzeugnissen
5201   20 000,00 | 8010  20 000,00   2000/2020  6 000,00 | 8020  6 000,00    8020  20 000,00 | 2100  20 000,00

                                     S       6200 Löhne           H
                                     2800  14 000,00 | 8020  14 000,00

              2.1                                              2.3

S       8010 SBK         H              S       8020 GuV          H
2100   20 000,00                        6000/6020  6 000,00 | 5201  20 000,00
                                        6200      14 000,00
```

Zu 2.: Buchungssätze

Nr.	Geschäftsvorfälle	Konten	Soll	Haben
2.1	Erfassung des Schlussbestandes der unfertigen Erzeugnisse mit den Herstellungsaufwendungen in Höhe von 20 000,00 EUR.	8010 SBK an 2100 Unfertige Erzeugn.	20 000,00	20 000,00
2.2	Umbuchung der Bestandsmehrung an unfertigen Erzeugnissen von dem Bestandskonto 2100 auf das Ertragskonto.	2100 Unfertige Erzeugnisse an 5201 Be.-Veränd.a.unf.Erz.	20 000,00	20 000,00
2.3	Abschluss des Kontos 5201.	5201 Be.-Veränd.a.unf.Erz. an 8020 GuV	20 000,00	20 000,00

Übungsaufgaben

114 Zu Beginn der Geschäftsperiode befinden sich 20 Stück unfertige Erzeugnisse im Wert von 20 000,00 EUR auf dem Lager. Am Ende der Geschäftsperiode sind nur noch 5 Stück im Wert von 5 000,00 EUR vorhanden.

Aufgaben:
1. Richten Sie die Konten 2100 Unfertige Erzeugnisse, 5201 Bestandsveränderungen an unfertigen Erzeugnissen sowie die Konten 8010 SBK und 8020 GuV ein!
2. Tragen Sie den Anfangsbestand an unfertigen Erzeugnissen auf dem Konto 2100 vor!

3. Stellen Sie die Auswirkungen der Bestandsminderung auf den Konten dar und bilden Sie dazu die entsprechenden Buchungssätze:

   3.1 für den Abschluss des Kontos 2100 Unfertige Erzeugnisse,

   3.2 für die Erfassung der Bestandsminderung an unfertigen Erzeugnissen,

   3.3 für den Abschluss des Kontos 5201 Bestandsveränderungen an unfertigen Erzeugnissen!

115 1. **Bestände an fertigen Erzeugnissen:**

Anfangsbestand: 125 350,00 EUR; Schlussbestand: 150 000,00 EUR

Aufgaben:

1.1 Richten Sie die Konten 2200 Fertige Erzeugnisse, 5202 Bestandsveränderungen an fertigen Erzeugnissen, 8010 SBK und 8020 GuV ein!

1.2 Tragen Sie den Anfangsbestand an fertigen Erzeugnissen auf dem entsprechenden Konto vor!

1.3 Buchen Sie den Schlussbestand an fertigen Erzeugnissen sowie die Bestandsveränderungen!

1.4 Schließen Sie das Konto 5202 Bestandsveränderungen an fertigen Erzeugnissen!

2. **Bestände an unfertigen Erzeugnissen:**

Anfangsbestand: 86 500,00 EUR; Schlussbestand: 71 200,00 EUR

Aufgaben:

2.1 Richten Sie die Konten 2100 Unfertige Erzeugnisse, 5201 Bestandsveränderungen an unfertigen Erzeugnissen, 8010 SBK und 8020 GuV ein!

2.2 Tragen Sie den Anfangsbestand an unfertigen Erzeugnissen auf dem entsprechenden Konto vor!

2.3 Buchen Sie den Schlussbestand an unfertigen Erzeugnissen sowie die Bestandsveränderung!

2.4 Schließen Sie das Konto 5201 Bestandsveränderungen an unfertigen Erzeugnissen!

116 Führen Sie die folgenden Konten: 2100 Unfertige Erzeugnisse, 2200 Fertige Erzeugnisse, 5201 Bestandsveränderungen an unfertigen Erzeugnissen, 5202 Bestandsveränderungen an fertigen Erzeugnissen, 8010 SBK und 8020 GuV.

	Anfangsbestände	Schlussbestände
2100 Unfertige Erzeugnisse	75 710,00 EUR	80 430,00 EUR
2200 Fertige Erzeugnisse	57 500,00 EUR	66 840,00 EUR

Die Aufwendungen betragen insgesamt: 521 300,00 EUR
Die Erträge betragen insgesamt: 804 890,00 EUR

Aufgaben:

1. Tragen Sie die Summe der Aufwendungen und Erträge auf dem GuV-Konto ein!

2. Ermitteln Sie buchhalterisch den Erfolg des Industrieunternehmens!

3. Erläutern Sie, wie die Bestandsveränderungen in die Erfolgsermittlung einbezogen werden!

4. Begründen Sie, warum ein Mehrbestand an Erzeugnissen über die Habenseite und ein Minderbestand an Erzeugnissen über die Sollseite des GuV-Kontos abzuschließen ist!

5. Geben Sie an, aus welchen Teilleistungen sich die Gesamtleistung eines Industriebetriebs zusammensetzt!

117 **I. Anfangsbestände:**

Die Geschäftsperiode eines Industriebetriebes beginnt mit folgenden Anfangsbeständen, die auf den entsprechenden Konten im Hauptbuch vorzutragen sind:

2000 Rohstoffe	20 000,00 EUR	2400 Ford. a. L. u. L.	75 000,00 EUR
2020 Hilfsstoffe	10 000,00 EUR	2800 Bank	98 000,00 EUR
2100 Unfertige Erzeugnisse	15 000,00 EUR	3000 Eigenkapital	288 000,00 EUR
2200 Fertige Erzeugnisse	70 000,00 EUR		

II. Kontenplan:

2000, 2020, 2100, 2200, 2400, 2600, 2800, 3000, 4400, 4800, 5000, 5201, 5202, 6000, 6020, 6200, 8010, 8020.

III. Geschäftsvorfälle:

1. Einkauf von Rohstoffen per Banküberweisung netto 60 000,00 EUR
 + 19 % USt 11 400,00 EUR 71 400,00 EUR
2. Einkauf von Hilfsstoffen auf Ziel netto 20 000,00 EUR
 + 19 % USt 3 800,00 EUR 23 800,00 EUR
3. Zahlung von Fertigungslöhnen per Banküberweisung:
 Bruttolohn 25 000,00 EUR
4. Verkauf von fertigen Erzeugnissen auf Ziel netto 120 000,00 EUR
 + 19 % USt 22 800,00 EUR 142 800,00 EUR

IV. Abschlussangaben:

1. Schlussbestände: 2000 Rohstoffe 30 000,00 EUR
 2020 Hilfsstoffe 12 000,00 EUR
 2100 Unfertige Erzeugnisse 10 000,00 EUR
 2200 Fertige Erzeugnisse 77 000,00 EUR
2. Die Zahllast ist zu passivieren!

V. Aufgaben:

Bilden Sie zu den Geschäftsvorfällen die Buchungssätze, übertragen Sie die Buchungssätze auf die Konten und schließen Sie die Konten über die entsprechenden Abschlusskonten ab!

118

	fertige Erzeugnisse	unfertige Erzeugnisse
1. Eröffnungsbestände	437 200,00 EUR	56 950,00 EUR
Schlussbestände	372 700,00 EUR	83 320,00 EUR
2. Eröffnungsbestände	201 500,00 EUR	196 510,00 EUR
Schlussbestände	241 100,00 EUR	127 790,00 EUR

Aufgabe:

Bilden Sie für beide Fälle die Buchungssätze für die Bestandsveränderungen bei den fertigen Erzeugnissen und den unfertigen Erzeugnissen!

5.11 Lohn- und Gehaltsbuchungen

5.11.1 Aufbau der Lohn- und Gehaltsabrechnung

Die Lohn- und Gehaltsabrechnung vollzieht sich in drei Stufen:

- Ermittlung des **Arbeitsentgeltes** (Gesamtentgelt),
- Ermittlung des **Nettoentgeltes**,
- Ermittlung des **Auszahlungsbetrages**.

(1) Ermittlung des Arbeitsentgeltes (Bruttoentgeltes)

Zum Arbeitsentgelt (Arbeitslohn) gehören alle Einnahmen, die dem Arbeitnehmer aus dem Dienstverhältnis zufließen. Es ist gleichgültig in welcher Form oder unter welcher Bezeichnung die Einnahmen gewährt werden. Neben **Geldbeträgen** können dem Arbeitnehmer auch **Sachwerte** (freie Kost und Wohnung oder Waren) zugeflossen sein. Welcher Wert für derartige Sachbezüge anzusetzen ist, richtet sich nach besonderen Verordnungen bzw. orientiert sich am Marktpreis. Neben den Sachbezügen zählen auch sogenannte **geldwerte Vorteile**, z. B. die kostenlose Zurverfügungstellung eines Firmenwagens, zum Arbeitsentgelt. Dem Arbeitnehmer werden dann die ersparten Aufwendungen, die für ein eigenes Auto dieses Typs anfallen, als Arbeitslohn hinzugerechnet.

(2) Ermittlung des Nettoentgeltes

Zieht man vom steuer- und sozialversicherungspflichtigen Bruttoentgelt die vom Arbeitnehmer zu tragende Lohn- und Kirchensteuer, den zurzeit erhobenen Solidaritätszuschlag und den Arbeitnehmeranteil an den Sozialversicherungsbeiträgen (Kranken-, Renten-, Pflege- und Arbeitslosenversicherung) ab, erhält man das Nettoentgelt.

(3) Ermittlung des Auszahlungsbetrages

Das Nettoentgelt stellt nicht zwangsläufig auch den Auszahlungsbetrag dar. In vielen Fällen wird das Nettoentgelt um bestimmte Abzugsbeträge gekürzt. Als Abzugsbeträge können z. B. infrage kommen: vermögenswirksame Anlagen, Verrechnung von Vorschüssen, Kostenanteil für das Kantinenessen, Mietverrechnung für eine Werkswohnung, evtl. auch Lohnpfändungen.

In schematischer Darstellung erhalten wir folgendes Abrechnungsschema:

Ermittlung des Bruttoentgeltes[1]	Addition von Gehalt, Überstundenvergütungen, vermögenswirksame Leistungen des Arbeitgebers, Urlaubsgeld, Sachwerte, geldwerte Vorteile
− Steuern[2]	Lohnsteuer, Solidaritätszuschlag, Kirchensteuer
− Sozialversicherungsbeiträge[3]	Kranken-, Pflege-, Renten- und Arbeitslosenversicherung (unter Berücksichtigung der Beitragsbemessungsgrenzen)
Nettoentgelt − sonstige Abzüge Auszahlungsbetrag	Verrechnung von Vorschüssen, Kantinenessen, Lohnpfändung, vermögenswirksame Leistungen

[1] Das Arbeitsentgelt wird im Folgenden nicht berechnet, sondern jeweils vorgegeben.
[2] Vgl. hierzu die Ausführungen auf Seite 393f.
[3] Zur Berechnung der Sozialversicherungsbeiträge siehe Seite 395f.

5.11.2 Berechnung der Lohnsteuer, des Solidaritätszuschlags und der Kirchensteuer

(1) Lohnsteuer und Solidaritätszuschlag

Nach dem Einkommensteuergesetz sind alle inländischen natürlichen Personen – von einer bestimmten Einkommenshöhe ab – zur Zahlung von Steuern aus dem Einkommen verpflichtet. Die Lohnsteuer ist eine Sonderform der Einkommensteuer. Besteuert werden dabei die **Einkünfte aus nichtselbstständiger Arbeit**. Die **Höhe der Lohn- bzw. Einkommensteuer** wird bestimmt durch die **Höhe des Bruttolohns** bzw. **-gehalts**, den **Familienstand**, die **Anzahl der Kinder** und durch bestimmte **Freibeträge**. Auf die Lohnsteuer wird derzeit ein Solidaritätszuschlag von 5,5 % erhoben.

Die Feststellung der Lohnsteuer, der Kirchensteuer und des Solidaritätszuschlags erfolgt in der Regel unter Einsatz spezieller Anwendungsprogramme, welche die entsprechenden Beträge automatisch ermitteln. Innerhalb der Lohnsteuer unterscheidet man sechs Lohnsteuerklassen, in denen die persönlichen Verhältnisse des Arbeitnehmers berücksichtigt werden.

Übersicht über die Lohnsteuerklassen

Steuerklasse	Personenkreis	Pauschbeträge u. Freibeträge[1]	EUR[2]
I	Arbeitnehmer, die ■ ledig oder geschieden sind, ■ verheiratet sind, aber von ihrem Ehegatten dauernd getrennt leben, oder wenn der Ehegatte nicht im Inland wohnt, ■ verwitwet sind, und bei denen die Voraussetzungen für die Steuerklasse III und IV nicht erfüllt sind.	Grundfreibetrag Arbeitnehmer-Pauschbetrag	8 354,00 1 000,00
II	Arbeitnehmer der Steuerklasse I, wenn bei ihnen der **Entlastungsbetrag für Alleinerziehende** zu berücksichtigen ist.	Grundfreibetrag Arbeitnehmer-Pauschbetrag	8 354,00 1 000,00
III	**Verheiratete** Arbeitnehmer, von denen nur ein Ehegatte in einem Dienstverhältnis steht oder der andere Partner zwar arbeitet, aber in der Steuerklasse V eingestuft ist, und verwitwete Arbeitnehmer für das Kalenderjahr, in dem der Ehegatte verstorben ist.	Grundfreibetrag Arbeitnehmer-Pauschbetrag	16 708,00 1 000,00
IV	**Verheiratete** Arbeitnehmer, wenn **beide** Ehegatten Arbeitslohn beziehen.	Grundfreibetrag Arbeitnehmer-Pauschbetrag	8 354,00 1 000,00
V	**Verheiratete** Arbeitnehmer, die unter die Lohnsteuerklasse IV fallen würden, bei denen jedoch ein Ehegatte nach Steuerklasse III besteuert wird.	Arbeitnehmer-Pauschbetrag	1 000,00
VI	Arbeitnehmer, die aus **mehr** als einem Arbeitsverhältnis (von verschiedenen Arbeitgebern) Arbeitslohn beziehen.		

Neben dem Einsatz spezieller Anwendungsprogramme können die Steuerbeträge auch mithilfe von **Lohnsteuertabellen** ermittelt werden.

---
1 Aus Vereinfachungsgründen werden nur die wichtigsten Pauschalen und der wichtigste Freibetrag angeführt.
2 Stand Juli 2014.

Auszug aus der allgemeinen Lohnsteuertabelle

MONAT 1 938,– *

Lohn/ Gehalt	Abzüge an Lohnsteuer, Solidaritätszuschlag (SolZ) und Kirchensteuer (8%, 9%) in den Steuerklassen																			
	I–VI				I, II, III, IV														
		ohne Kinderfreibeträge							mit Zahl der Kinderfreibeträge ...										
						0,5		1		1,5		2		2,5		3**	
bis €*		LSt	SolZ	8%	9%		LSt	SolZ	8%	9%	SolZ	8%	9%	SolZ	8%	9%	SolZ	8%	9%	SolZ	8%	9%	SolZ	8%	9%
1 940,99	I,IV II III V VI	195,91 167,41 18,50 417,83 448,66	10,77 9,20 — 22,98 24,67	15,67 13,39 1,48 33,42 35,89	17,63 15,06 1,66 37,60 40,37	I II III IV	195,91 167,41 18,50 195,91	6,65 2,63 — 8,68	9,68 7,53 — 12,62	10,89 8,47 — 14,20	— — — 6,65	4,17 2,45 — 9,68	4,69 2,75 — 10,89	— — — 0,85	0,06 — — 6,82	0,07 — — 7,67	— — — —	— — — 4,17	— — — 4,69	— — — —	— — — 1,92	— — — 2,16	— — — —	— — — 0,06	— — — 0,07
1 943,99	I,IV II III V VI	196,58 168,08 19,— 418,83 449,50	10,81 9,24 — 23,03 24,72	15,72 13,44 1,52 33,50 35,96	17,69 15,12 1,71 37,69 40,45	I II III IV	196,58 168,08 19,— 196,58	6,68 2,76 — 8,71	9,72 7,58 — 12,68	10,94 8,53 — 14,26	— — — 6,68	4,21 2,49 — 9,72	4,73 2,80 — 10,94	— — — 0,96	0,10 — — 6,86	0,11 — — 7,72	— — — —	— — — 4,21	— — — 4,73	— — — —	— — — 1,96	— — — 2,20	— — — —	— — — 0,10	— — — 0,11
1 946,99	I,IV II III V VI	197,33 168,75 19,33 419,66 450,66	10,85 9,28 — 23,08 24,78	15,78 13,50 1,54 33,57 36,05	17,75 15,18 1,73 37,76 40,55	I II III IV	197,33 168,75 19,33 197,33	6,72 2,88 — 8,75	9,78 7,63 — 12,73	11,— 8,58 — 14,32	— — — 6,72	4,26 2,53 — 9,78	4,79 2,84 — 11,—	— — — 1,10	0,12 — — 6,92	0,14 — — 7,78	— — — —	— — — 4,26	— — — 4,79	— — — —	— — — 1,99	— — — 2,24	— — — —	— — — 0,12	— — — 0,14

Durch ein **elektronisches Verfahren zur Erhebung der Lohnsteuer** werden die Daten für die Besteuerung der Arbeitnehmer in einer Datenbank bei dem Bundeszentralamt für Steuern (BZSt) in Form von „**E**lektronischen **L**ohn**st**euer**a**bzugs**m**erkmalen" (kurz: **ELStAM**) gesammelt.

Die Finanzverwaltung ist dafür zuständig, dem Arbeitgeber die notwendigen Merkmale für die Besteuerung des Arbeitnehmers zu übermitteln. Der Arbeitgeber ist **verpflichtet,** die Lohnsteuerabzugsmerkmale seiner Mitarbeiter elektronisch aus der ELStAM-Datenbank der Finanzverwaltung abzurufen. Dazu muss er sich über das **ElsterOnline-Portal** bei der Finanzverwaltung authentifizieren.[1] Die dem Lohnsteuerabzug zugrunde gelegten Lohnsteuerabzugsmerkmale muss der Arbeitgeber **in der Gehaltsabrechnung** ausweisen.

Die Arbeitnehmer müssen bei Beginn des Arbeitsverhältnisses lediglich ihre **steuerliche Identifikationsnummer** und das **Geburtsdatum** angeben. Außerdem ist dem Arbeitgeber mitzuteilen, ob es sich um einen Haupt- oder Nebenjob handelt.

Am Ende des Jahres erhält der Arbeitnehmer vom Arbeitgeber eine **Lohnsteuerbescheinigung**[2] mit den Angaben über Bruttoverdienst und einbehaltene Abzüge (Lohnsteuer, Solidaritätszuschlag und Kirchensteuer). Sie dient dann dem Arbeitnehmer im Falle der Einkommensteuerveranlagung als Nachweis über die gezahlten Abzüge.

(2) Kirchensteuer

Die Kirchensteuer erheben die Kirchen von ihren Mitgliedern. Die Veranlagung erfolgt durch die Finanzämter, an die auch die Zahlungen zu leisten sind. Bei den Arbeitnehmern wird die Kirchensteuer zusammen mit der Lohnsteuer und dem Solidaritätszuschlag vom Arbeitgeber einbehalten und abgeführt. Zurzeit beträgt die Kirchensteuer 9 % von der zu zahlenden Lohn- bzw. Einkommensteuer. Lediglich in Baden-Württemberg und Bayern beträgt der Kirchensteuersatz 8 %.

---

[1] **Authentifizieren:** beglaubigen, die Echtheit bezeugen.
[2] Die Arbeitgeber sind verpflichtet, die ausgestellten Lohnsteuer-Bescheinigungen bis zum 28. Februar des Folgejahres elektronisch an die Finanzverwaltung zu übermitteln.

> **Beispiel:**
>
> Edda Meyer, Kornacker 2, 70329 Stuttgart, ist Angestellte bei der Lampenfabrik Franz Kraemer OHG. Sie bezieht für den Monat Juli ein Bruttogehalt in Höhe von 1941,00 EUR. Sie ist ledig (Lohnsteuerklasse I) und hat keine Kinder. Konfession: röm.-kath.
>
> | | |
> |---|---|
> | Bruttogehalt | 1 941,00 EUR |
> | Lohnsteuer lt. LSt.-Tabelle (Klasse I, ohne Kinder) | 196,58 EUR |
> | Solidaritätszuschlag | 10,81 EUR |
> | Kirchensteuer 8 % | 15,72 EUR |
>
> Die Angestellte hat insgesamt 223,11 EUR an Steuern zu entrichten. (Siehe Auszug aus der Lohnsteuertabelle auf S. 394!)

> **Beachte:**
>
> Die Lohnsteuer wird im **Abzugsverfahren** erhoben, d. h., die Arbeitgeber sind verpflichtet, die Lohnsteuer, die Kirchensteuer und den Solidaritätszuschlag einzubehalten und bis zum 10. des folgenden Monats an das Finanzamt abzuführen.

5.11.3 Berechnung der Sozialversicherungsbeiträge

Die Sozialversicherung ist eine gesetzliche Versicherung (Pflichtversicherung), der ca. 90 % der Bevölkerung angehören. Sie soll die Versicherten vor finanzieller Not bei Krankheit **(gesetzliche Krankenkasse),** bei Arbeitslosigkeit **(gesetzliche Arbeitsförderung),** bei Pflegebedürftigkeit **(soziale Pflegeversicherung)** und bei Erwerbsunfähigkeit, meistens aus Altersgründen **(gesetzliche Rentenversicherung),** schützen.

Außer der **Unfallversicherung,** die der Arbeitgeber allein zu tragen hat, müssen Arbeitnehmer und Arbeitgeber je 50 % der Beiträge zur Kranken-, Pflege-, Renten- und Arbeitslosenversicherung zahlen. Die Beiträge für jeden Sozialversicherungszweig werden bis zur jeweiligen **Beitragsbemessungsgrenze** über einen festen Prozentsatz vom jeweiligen Bruttoverdienst berechnet. Über die Beitragsbemessungsgrenze hinaus werden keine Beiträge zur jeweiligen Sozialversicherung erhoben.

Derzeit gelten für die Sozialversicherung folgende monatliche **Beitragssätze** bzw. **Beitragsbemessungsgrenzen** (seit 1. Januar 2014):[1]

			In den alten Bundesländern	In den neuen Bundesländern
Krankenversicherung:*	15,5 %	Beitragsbemessungsgrenze:	4 050,00 EUR	4 050,00 EUR
Pflegeversicherung:	2,05 %	Beitragsbemessungsgrenze:	4 050,00 EUR	4 050,00 EUR
Rentenversicherung:	18,9 %	Beitragsbemessungsgrenze:	5 950,00 EUR	5 000,00 EUR
Arbeitslosenversicherung:	3,0 %	Beitragsbemessungsgrenze:	5 950,00 EUR	5 000,00 EUR

* Der Beitragssatz zur Krankenversicherung in Höhe von 15,5 % gilt **bundeseinheitlich.** Er enthält einen Sonderbeitrag für Beschäftigte und Rentner von 0,9 %. An diesem Beitrag ist der **Arbeitgeber nicht beteiligt,** d. h., der Arbeitgeberanteil zur Krankenversicherung beträgt 7,3 % und der Arbeitnehmeranteil beträgt 8,2 %.

> **Sonderregelungen zur Finanzierung der Pflegeversicherung**
>
> Für alle kinderlosen Pflichtversicherten erhöht sich der Beitrag zur Pflegeversicherung um 0,25 % des beitragspflichtigen Einkommens. Für diesen Personenkreis beträgt daher der Beitragssatz 1,275 %. An dieser Erhöhung ist der **Arbeitgeber nicht beteiligt.**

---

1 Die Beitragssätze für die Sozialversicherung bzw. die Beitragsbemessungsgrenzen werden in der Regel jährlich neu festgelegt. Informieren Sie sich bitte über die derzeit geltenden Beitragssätze und Bemessungsgrenzen.

> **Beispiel 1:**
>
> Die kinderlose Angestellte Edda Meyer, 25 Jahre alt, erhält ein Bruttogehalt in Höhe von 1 941,00 EUR.
>
> **Aufgaben:**
> Berechnen Sie
> 1. den Arbeitnehmeranteil zum Sozialversicherungsbeitrag,
> 2. den Arbeitgeberanteil zum Sozialversicherungsbeitrag!

Lösungen:

Bruttogehalt	1 941,00 EUR
Krankenversicherung: 14,6 % (7,3 % AN-Anteil)	141,69 EUR
Sonderbeitrag für Arbeitnehmer: 0,9 %	17,47 EUR
Pflegeversicherung: 2,05 % (1,025 % AN-Anteil)	19,90 EUR
Sonderbeitrag für kinderlose Arbeitnehmer: 0,25 %	4,85 EUR
Rentenversicherung: 18,9 % (9,45 % AN-Anteil)	183,42 EUR
Arbeitslosenversicherung: 3,0 % (1,5 % AN-Anteil)	29,12 EUR
1. Arbeitnehmeranteil	396,45 EUR
2. Arbeitgeberanteil (396,45 EUR – 22,32 EUR)	374,13 EUR

> **Beispiel 2:**
>
> Der Abteilungsleiter Peter Sonnenschein arbeitet in Köln, ist verheiratet und hat ein Kind. Er verdient 6 020,00 EUR. Herr Sonnenschein ist in der gesetzlichen Krankenkasse versichert.
>
> **Aufgaben:**
> Berechnen Sie
> 1. den Arbeitnehmeranteil zu den Sozialversicherungsbeiträgen,
> 2. den Arbeitgeberanteil zu den Sozialversicherungsbeiträgen!

Lösungen:

Bruttogehalt	6 020,00 EUR
Krankenversicherung: 7,3 % (von 4 050,00 EUR)	295,65 EUR
Sonderbeitrag für Arbeitnehmer: 0,9 % (von 4 050,00 EUR)	36,45 EUR
Pflegeversicherung: 1,025 % (von 4 050,00 EUR)	41,51 EUR
Rentenversicherung: 9,45 % (von 5 950,00 EUR)	562,28 EUR
Arbeitslosenversicherung: 1,5 % (von 5 950,00 EUR)	89,25 EUR
1. Arbeitnehmeranteil	1 025,14 EUR
2. Arbeitgeberanteil (1 025,14 EUR – 36,45 EUR)	988,69 EUR

Die Lohnabrechnung erfolgt heute in der Regel mithilfe eines EDV-Programms. In diesem EDV-Programm werden die Beitragssätze der Sozialversicherung im Rahmen regelmäßiger Updates aktualisiert. Das Programm rechnet dann die entsprechenden Sozialversicherungsbeiträge für jede Gehaltshöhe automatisch aus. Die Arbeitnehmeranteile zur Sozialversicherung werden zusammen mit den Arbeitgeberanteilen vom Arbeitgeber an die zuständigen Krankenkassen abgeführt, welche die entsprechenden Beiträge an die Träger der Renten- und Arbeitslosenversicherung weiterleiten.

5.11.4 Problem der Lohnnebenkosten

(1) Begriff und Arten der Lohnnebenkosten

Entscheidend für die Höhe der Personalkosten einer Volkswirtschaft sind **nicht** nur die Bruttolöhne bzw. Bruttogehälter, sondern auch die **zusätzlich** zum Arbeitsentgelt vom Arbeitgeber zu tragenden Lohnnebenkosten.

> **Merke:**
>
> Die **Lohnnebenkosten (Personalzusatzkosten)** umfassen **gesetzlich** vorgeschriebene wie auch **tarifvertraglich** vereinbarte und **freiwillige** betriebliche Leistungen.

- Zu den **gesetzlich** vorgeschriebenen Leistungen zählen in erster Linie die Sozialversicherungsbeiträge des Arbeitgebers, die Beiträge für die Berufsgenossenschaft, Aufwendungen nach dem Mutterschutzgesetz, bezahlte Feiertage und sonstige Ausfalltage.
- Tarifvertraglich **vereinbarte** und **freiwillige** betriebliche Leistungen umfassen u.a.: Urlaubsgeld, Sonderzahlungen (Weihnachtsgeld oder Gratifikationen), betriebliche Altersversorgung, Familienbeihilfen, Hilfen für Aus- und Weiterbildung.

(2) Auswirkungen der Lohnnebenkosten auf die Entwicklung der Arbeitsplätze

Der **größte** Teil der Lohnnebenkosten wird hierzulande durch die **soziale Sicherung** verursacht. Da in den letzten Jahrzehnten die Kosten in diesem Bereich stark angestiegen sind, haben die hiermit einhergehenden Erhöhungen der Personalzusatzkosten (z.B. über steigende Beträge zur Sozialversicherung) den Produktionsfaktor Arbeit zunehmend **verteuert**. Diese Entwicklung hat dazu geführt, dass Unternehmen aus Kostengründen den Faktor Arbeit – dort wo möglich – durch den Faktor Kapital (Maschinen) **ersetzt** haben bzw. die Zahl der Arbeitnehmer auf das absolut notwendige Maß reduziert oder Arbeitsplätze in das Ausland verlagert haben.

Um diesen Abbau von Arbeitsplätzen zu stoppen und die Krise auf dem Arbeitsmarkt zu verringern, haben die jeweiligen Bundesregierungen Maßnahmen zur Senkung der Lohnnebenkosten eingeleitet. Ziel dieser Politik ist es, die Arbeitskosten der inländischen Unternehmen zu reduzieren und damit die Wettbewerbsfähigkeit deutscher Unternehmen auf den zunehmend **globalen** Märkten wieder zu erhöhen.

Zu nennen sind in diesem Zusammenhang insbesondere die Reformen im Gesundheitswesen zur **Verringerung** der Krankenversicherungsbeiträge (z.B. Einführung einer Praxisgebühr, Zuzahlungen bei Medikamenten) bzw. die **Verlagerung** von bestimmten Versicherungsleistungen in die alleinige Versicherungspflicht durch die Arbeitnehmer (z.B. Versicherung von Zahnersatz und Krankengeld) und die Reformen auf dem Arbeitsmarkt zur Senkung der Ausgaben der Bundesagentur für Arbeit (z.B. Sozialgeld, Absenken der Bezugsdauer von Arbeitslosengeld, Zusammenlegung von Sozialhilfe und Arbeitslosenhilfe zum Arbeitslosengeld II).

Übungsaufgaben

119 Ein Mitarbeiter erhält einschließlich vermögenswirksamer Leistung des Arbeitgebers (monatlich 36,00 EUR) einen Bruttolohn von 3610,00 EUR; Lohnsteuerklasse II/1. Abzüge: Vermögenswirksame Sparleistung 36,00 EUR, Lohnpfändung 110,00 EUR, Wareneinkauf im Betrieb 90,00 EUR zuzüglich 19 % USt, Miete für Geschäftswohnung 360,00 EUR.

Aufgabe:
Berechnen Sie den Auszahlungsbetrag für den Mitarbeiter! Die Kirchensteuer beträgt 8 %.

3 608,99* MONAT

Lohn/Gehalt bis €*		Abzüge an Lohnsteuer, Solidaritätszuschlag (SolZ) und Kirchensteuer (8%, 9%) in den Steuerklassen															
		I–VI ohne Kinderfreibeträge				I, II, III, IV mit Zahl der Kinderfreibeträge ...												
						0,5			1			1,5			2			2,5			3**	
		LSt	SolZ	8%	9%	LSt	SolZ	8%	9%	SolZ	8%	9%	SolZ	8%	9%	SolZ	8%	9%	SolZ	8%	9%	SolZ	8%	9%
3 608,99	I,IV	630,91	34,70	50,47	56,78	I	630,91	29,31	42,64	47,97	24,19	35,18	39,58	19,31	28,10	31,61	14,70	21,39	24,06	10,35	15,06	16,94	6,25	9,10	10,23
	II	593,83	32,66	47,50	53,44	II	593,83	27,37	39,81	44,78	22,34	32,50	36,56	17,56	25,55	28,74	13,05	18,98	21,35	8,79	12,79	14,39	1,23	6,97	7,84
	III	353,—	19,41	28,24	31,77	III	353,—	15,29	22,24	25,02	8,70	16,44	18,49	—	10,86	12,22	—	5,96	6,70	—	1,86	2,09	—	—	—
	V	997,50	54,86	79,80	89,77	IV	630,91	31,97	46,51	52,32	29,31	42,64	47,97	26,72	38,86	43,72	24,19	35,18	39,58	21,72	31,59	35,54	19,31	28,10	31,61
	VI	1033,75	56,85	82,70	93,03																					
3 611,99	I,IV	631,83	34,75	50,54	56,86	I	631,83	29,36	42,70	48,04	24,23	35,24	39,65	19,36	28,16	31,68	14,74	21,45	24,13	10,39	15,11	17,—	6,28	9,14	10,28
	II	594,66	32,70	47,57	53,51	II	594,66	27,41	39,88	44,86	22,38	32,56	36,63	17,60	25,61	28,81	13,09	19,04	21,42	8,82	12,84	14,44	1,35	7,02	7,89
	III	353,66	19,45	28,29	31,82	III	353,66	15,32	22,29	25,07	8,83	16,49	18,55	—	10,90	12,26	—	6,—	6,75	—	1,90	2,14	—	—	—
	V	998,58	54,92	79,88	89,87	IV	631,83	32,02	46,58	52,40	29,36	42,70	48,04	26,76	38,93	43,79	24,23	35,24	39,65	21,76	31,66	35,61	19,36	28,16	31,68
	VI	1034,83	56,91	82,78	93,13																					
3 614,99	I,IV	632,66	34,79	50,61	56,93	I	632,66	29,41	42,78	48,12	24,27	35,31	39,72	19,40	28,22	31,75	14,78	21,50	24,19	10,42	15,16	17,06	6,32	9,20	10,35
	II	595,58	32,75	47,64	53,60	II	595,58	27,46	39,94	44,93	22,42	32,62	36,69	17,65	25,67	28,88	13,13	19,10	21,48	8,86	12,89	14,50	1,46	7,06	7,94
	III	354,33	19,48	28,34	31,88	III	354,33	15,36	22,34	25,13	8,93	16,53	18,59	—	10,96	12,33	—	6,04	6,79	—	1,93	2,17	—	—	—
	V	999,66	54,98	79,97	89,96	IV	632,66	32,07	46,65	52,48	29,41	42,78	48,12	26,81	39,—	43,87	24,27	35,31	39,72	21,80	31,72	35,68	19,40	28,22	31,75
	VI	1035,91	56,97	82,87	93,23																					

120 Ein leitender Angestellter erhält ein Bruttogehalt von 5455,00 EUR einschließlich 36,00 EUR monatlich vermögenswirksame Leistung. Lohnsteuerklasse III/3. Für die Abwicklung eines Großauftrags erhält der Angestellte eine Sonderzahlung von 250,00 EUR. Abzüge: Vermögenswirksame Sparleistung 36,00 EUR, Tilgung und Zinsen für ein Arbeitgeberdarlehen 450,00 EUR, einbehaltener Vorschuss 500,00 EUR.

Aufgabe:
Berechnen Sie den Auszahlungsbetrag für den Angestellten! Die Kirchensteuer beträgt 8 %.

Allgemeine Monats-Lohnsteuertabelle/West Kirchensteuer 8 %.

ab €	StK	Steuer	Kinderfreibetrag 0		0,5		1		1,5		2		2,5		3	
			SolZ	KiStr	SolZ	KiStr	SolZ	KiStr	SolZ	KiStr	SolZ	KiStr	SolZ	KiStr	SolZ	KiStr
5.703,00 €																
	I	1.394,91	76,72	125,54	69,97	114,50	63,23	103,46	56,64	92,69	50,32	82,34	44,24	72,40	38,43	62,89
	II	1.349,16	-	-	67,45	110,38	60,74	99,39	54,25	88,77	48,02	78,58	42,04	68,80	36,32	59,44
	III	912,50	50,18	82,12	45,21	73,98	40,36	66,04	35,63	58,30	31,03	50,78	26,57	43,48	22,23	36,38
	IV	1.394,91	76,72	125,54	73,34	120,02	69,97	114,50	66,60	108,99	63,23	103,46	59,90	98,03	56,64	92,69
	V	1.815,08	99,82	163,35	-	-	-	-	-	-	-	-	-	-	-	-
	VI	1.851,33	101,82	166,61	-	-	-	-	-	-	-	-	-	-	-	-
5.706,00 €																
	I	1.396,16	76,78	125,65	70,04	114,61	63,30	103,59	56,70	92,79	50,37	82,44	44,30	72,50	38,49	62,98
	II	1.350,41	-	-	67,52	110,49	60,81	99,50	54,31	88,88	48,08	78,68	42,10	68,90	36,38	59,54
	III	913,50	50,24	82,21	45,25	74,05	40,40	66,11	35,67	58,37	31,08	50,86	26,62	43,56	22,28	36,46
	IV	1.396,16	76,78	125,65	73,41	120,13	70,04	114,61	66,66	109,09	63,30	103,58	59,97	98,13	56,70	92,79
	V	1.816,33	99,89	163,46	-	-	-	-	-	-	-	-	-	-	-	-
	VI	1.852,58	101,89	166,73	-	-	-	-	-	-	-	-	-	-	-	-

Quelle: www.imacc.de

5.11.5 Buchung von Personalaufwendungen

Die erforderlichen Buchungen lassen sich mithilfe der nachfolgenden Fragen ableiten. Hierbei gehen wir von der Entgeltabrechnung von Frau Edda Meyer, Angestellte der Lampenfabrik Franz Kraemer OHG für den Monat Juli aus.

Arbeitgeber-anteil an der Sozial-versicherung	Name	Brutto-gehalt	Abzüge			Abzüge insgesamt	Nettogehalt (Auszah-lungs-betrag)
			Lohnst./ Sol.-Zuschl.	Kirchen-steuer	Sozial-versicherung		
374,13	Edda Meyer	1 941,00	207,39	15,72	396,45	619,56	1 321,44

Aufwendungen des Arbeitgebers · Abzuführende Beträge (Verbindlichkeiten)
■ an das Finanzamt
■ an die zuständige Krankenkasse · Aus-zahlungs-betrag

(1) Welche Aufwendungen erwachsen der Lampenfabrik monatlich für diese Mitarbeiterin?

Für Frau Meyer hat die Lampenfabrik folgende Beträge aufzuwenden:

Personalkosten (Bruttogehalt)	1 941,00 EUR
+ Sozialversicherungsbeiträge (Arbeitgeberanteil)	374,13 EUR
	2 315,13 EUR

Diese beiden Aufwandsposten müssen auf entsprechenden Aufwandskonten in unserer Buchführung gebucht werden: das **Bruttogehalt** auf dem Konto **6300 Gehälter,** der **Arbeitgeberanteil zur Sozialversicherung** auf dem Konto **6400 Arbeitgeberanteil zur Sozialversicherung.**

(2) Welche Abzüge werden einbehalten?

An **Lohnsteuer, Solidaritätszuschlag und Kirchensteuer** werden 223,11 EUR (196,58 EUR + 10,81 EUR + 15,72 EUR) einbehalten. Solange die einbehaltenen Steuern nicht an das Finanzamt abgeführt sind, stellen sie für das Unternehmen Verbindlichkeiten dar. Die Buchung erfolgt auf dem Konto **4830 Sonstige Verbindlichkeiten gegenüber Finanzbehörden.**

Die **Sozialversicherungsbeiträge** umfassen 396,45 EUR. Sie werden am drittletzten Bankarbeitstag des laufenden Monats zur Zahlung an die zuständige Krankenkasse fällig (vgl. S. 395), d. h. bevor durch die Entgeltabrechnung die Beitragspflicht entstanden ist. Es handelt sich somit um einen Vorschuss an die Sozialkassen. Dieser wird auf dem Konto **2640 Sozialversicherungs-Beitragsvorauszahlung** gebucht. Mit dem Arbeitnehmeranteil wird gleichzeitig auch der Arbeitgeberanteil abgeführt, insgesamt also 770,58 EUR.

(3) Welcher Betrag wird monatlich an Frau Meyer ausbezahlt?

Frau Meyer erhält das Nettogehalt in Höhe von 1 321,44 EUR ausgezahlt. In Höhe dieses Betrages erfolgt bei der Gehaltsauszahlung ein Abgang auf dem Zahlungskonto. Bei Bankzahlung, wie wir annehmen wollen, bedeutet das eine Habenbuchung auf dem Bankkonto.

(4) Zu welchem Zeitpunkt sind die entsprechenden Beträge zu begleichen?

Die Sozialversicherungsbeiträge (Arbeitnehmeranteil und Arbeitgeberanteil) hier in Höhe von 770,58 EUR (Arbeitgeberanteil 374,13 EUR + Arbeitnehmeranteil 396,45 EUR) sind spätestens zum drittletzten Bankarbeitstag des laufenden Monats fällig. Damit der Zahlungszeitpunkt eingehalten werden kann und Säumniszuschläge vermieden werden, bedeutet das praktisch, dass die Berechnung der voraussichtlichen Beitragsschuld und die Zahlungsanweisung schon einige Tage vor diesem Fälligkeitstag erfolgen müssen. Bei sich ändernden Berechnungsgrundlagen (Änderungen des Personalbestandes, der Arbeitsstunden, der Arbeitstage, der Lohnsätze usw.) im Laufe des Monats, wie das in größeren Betrieben üblich ist, weicht die Berechnung der voraussichtlichen Beitragsschuld von der tatsächlichen Schuld ab. Eine erforderliche Nachverrechnung (Nachzahlung oder Überzahlung) wird bei der nächsten Abrechnung vorgenommen.

Unproblematisch erweist sich die Ermittlung der fälligen Beitragsschuld in den Fällen, bei denen sich die Abrechnungsgrundlagen nicht verändern. In diesen Fällen, von denen wir der Einfachheit halber hier ausgehen, kann auch die fällige Beitragsschuld in der korrekten Höhe ermittelt werden.

(5) Wie sind die einzelnen Beträge bei der Lohn- und Gehaltsabrechnung zu buchen?

Es ergeben sich folgende Buchungen:[1]

1. Zum drittletzten Bankarbeitstag des laufenden Monats:	▪ Zahlung der fälligen Sozialversicherungsbeiträge.
2. Am Monatsende	▪ Buchung des Bruttogehaltes mit Auszahlung des Nettogehaltes, Verrechnung des Arbeitnehmeranteils zur Sozialversicherung und der Erfassung der einbehaltenen und abzuführenden Beträge an das Finanzamt. ▪ Buchung des Arbeitgeberanteils zur Sozialversicherung mit Verrechnung des bereits bezahlten Arbeitgeberanteils zur Sozialversicherung.
3. Am 10. des folgenden Monats	▪ Zahlung der einbehaltenen Lohnsteuer, der Kirchensteuer und des Solidaritätszuschlags.

Beispiel:

Wir greifen zurück auf die Gehaltsabrechnung von Edda Meyer (siehe Seite 399).

Aufgabe:

Bilden Sie die Buchungssätze für die Gehaltsabrechnung!

---

1 Alle Zahlungen erfolgen durch Banküberweisung.

Lösung:

Nr.	Konten	Soll	Haben
1.	2640 SV-Beitragsvorauszahlung	770,58	
	an 2800 Bank		770,58
2.	6300 Gehälter	1 941,00	
	an 2800 Bank		1 321,44
	an 2640 SV-Beitragsvorauszahlung		396,45
	an 4830 Sonstige Verbindlichkeiten geg. Finanzbehörden		223,11
	6400 AG-Anteil zur Sozialversicherung	374,13	
	an 2640 SV-Beitragsvorauszahlung		374,13
3.	4830 Sonstige Verbindl. geg. Finanzbehörden	223,11	
	an 2800 Bank		223,11

Erläuterungen:

- Die Sozialversicherungsbeiträge werden spätestens bis zum drittletzten Bankarbeitstag des laufenden Monats und damit vor der eigentlichen Gehaltsbuchung der Krankenkasse gemeldet und durch Bankeinzug bezahlt. Die Vorauszahlung der Sozialversicherungsbeiträge (770,58 EUR) wird auf dem Konto 2640 SV-Beitragsvorauszahlung erfasst (Sollbuchung).
- Zusammen mit der Gehaltsbuchung werden die einbehaltenen Sozialversicherungsbeiträge der Arbeitnehmer (396,45 EUR) sowie der Arbeitgeberanteil zur Sozialversicherung (374,13 EUR) mit dem Konto 2640 SV-Beitragsvorauszahlung verrechnet (Habenbuchung).

Übungsaufgaben

121 Bilden Sie die Buchungssätze zu der folgenden Gehaltsabrechnung!

1. Wir überweisen die Sozialversicherungsbeiträge für unsere Mitarbeiter in Höhe von 10 188,12 EUR durch die Bank.
2.

Gehaltsliste Monat Juni				
Bruttogehälter	LSt, Sol.-Zuschlag und Kirchensteuer	Sozial-versicherung	Bank-überweisung	Arbeitgeber-anteil
25 440,00	3 869,00	5 196,12	16 374,88	4 903,56

122 Wir überweisen das Gehalt in Höhe von brutto 2 980,00 EUR an eine Mitarbeiterin durch die Bank. Der Arbeitnehmeranteil zur Sozialversicherung beträgt 608,67 EUR, die Lohnsteuer, der Solidaritätszuschlag und die Kirchensteuer betragen 278,04 EUR. Der Arbeitgeberanteil zur Sozialversicherung beträgt 581,85 EUR. Die Sozialversicherungsbeiträge werden am drittletzten Bankarbeitstag überwiesen.

Aufgabe:
Bilden Sie die Buchungssätze für obige Angaben!

123 1. Wir zahlen einbehaltene Abzüge (Lohnsteuer, Solidaritätszuschlag und Kirchensteuer) in Höhe von 4 670,00 EUR sowie die fällige Grundsteuer für die betrieblichen Grundstücke und Gebäude in Höhe von 3 120,80 EUR durch Banküberweisung.

Aufgabe:
Bilden Sie die Buchungssätze für die Geschäftsvorfälle!

2.

Gehaltsliste Monat Oktober

Bruttogehälter	Lohnsteuer/ Sol.-Zuschlag	Kirchensteuer	Sozial- versicherung	Gesamt- abzüge	Auszahlung Bank
30 390,00	4 686,00	393,00	6 131,18	11 210,18	19 179,82

Aufgabe:

Bilden Sie die Buchungssätze bei einem Arbeitgeberanteil zur Sozialversicherung in Höhe von 5 857,67 EUR!

124 Ein Filialleiter erhält ein monatliches Grundgehalt von 3 200,00 EUR. Sofern seine Verkaufserlöse 25 000,00 EUR übersteigen, erhält er vom Mehrbetrag 3 % Umsatzprovision, die im Folgemonat ausbezahlt wird.

Im Oktober beträgt sein Umsatz 51 400,00 EUR.

Aufgaben:

1. Berechnen Sie den Auszahlungsbetrag vom November, wenn folgende Abzüge anfallen: Lohnsteuer, Solidaritätszuschlag und Kirchensteuer 1 041,75 EUR. Der Arbeitnehmeranteil zur Sozialversicherung beträgt 805,39 EUR! Der Arbeitgeberanteil zur Sozialversicherung beträgt 769,46 EUR.
2. Bilden Sie die Buchungssätze
    2.1 für die Zahlung der Sozialversicherungsbeiträge (Banküberweisung) und
    2.2 für die Gehaltsabrechnung (Banküberweisung)!
3. Beschreiben Sie die Auswirkungen eines Steuerfreibetrages als Lohnsteuerabzugsmerkmal für den Steuerpflichtigen bei seiner Gehaltsabrechnung!

125 Die Prokuristin Frieda Fleißig hat ein Bruttogehalt von 5 690,00 EUR. Sie ist röm.-kath., unterliegt der Lohnsteuerklasse I und erhält einen Kinderfreibetrag. Frieda Fleißig ist in der gesetzlichen Krankenversicherung versichert.

Aufgaben:

1. Erstellen Sie die Gehaltsabrechnung aufgrund der abgedruckten Lohnsteuertabelle! Zu den Abzügen für die Sozialversicherung vergleichen Sie bitte die Angaben auf S. 395.
2. Berechnen Sie den Arbeitgeberanteil zur Sozialversicherung!
3. Bilden Sie die Buchungssätze
    3.1 für die Zahlung der Sozialversicherungsbeiträge (Banküberweisung),
    3.2 für die erstellte Gehaltsabrechnung (Banküberweisung)!

Kinderfreibetrag			0		0,5		1		1,5		2	
ab €	StK	Steuer	SolZ	KiStr	SolZ	KiStr	SolZ	KiStr	SolZ	KiStr	SolZ	KiStr
5.688,00 €												
	I	1.389,00	76,39	125,01	69,64	113,96	62,90	102,93	56,33	92,18	50,01	81,84
	II	1.343,16	-	-	67,13	109,85	60,42	98,87	53,94	88,27	47,72	78,09
	III	906,00	49,94	81,72	44,07	73,50	40,12	65,65	35,41	57,94	30,81	50,42
	IV	1.389,00	76,39	125,01	73,02	119,48	69,64	113,96	66,27	108,45	62,90	102,93
	V	1.809,16	99,50	162,82	-	-	-	-	-	-	-	-
	VI	1.845,41	101,49	166,08	-	-	-	-	-	-	-	-
5.691,00 €												
	I	1.390,16	76,45	125,11	69,71	114,07	62,97	103,04	56,39	92,28	50,07	81,94
	II	1.344,41	-	-	67,19	109,95	60,48	98,97	54,01	88,38	47,78	78,19
	III	909,00	49,99	81,81	45,01	73,66	40,16	65,72	35,45	58,01	30,86	50,50
	IV	1.390,16	76,45	125,11	73,08	119,59	69,71	114,07	66,34	108,56	62,97	103,04
	V	1.810,33	99,56	162,92	-	-	-	-	-	-	-	-
	VI	1.846,58	101,56	166,19	-	-	-	-	-	-	-	-

Quelle: www.imacc.de

5.12 Zugänge von Anlagegütern einschließlich Anschaffungsnebenkosten

Zum Anlagevermögen zählen die Vermögensposten, die dem Unternehmen langfristig dienen. Sie werden nur allmählich verbraucht (z B. Gebäude, Büromaschinen, Fuhrpark). Beim Erwerb werden die Güter des Anlagevermögens mit ihren **Anschaffungskosten** erfasst.

Die **Berechnung der Anschaffungskosten** erfolgt somit nach folgendem Schema:

Anschaffungspreis:	Nettopreis ohne Umsatzsteuer
− Anschaffungspreisminderungen:	z. B. Rabatte, Skonti, Boni, sonstige Nachlässe.
+ Anschaffungsnebenkosten:	Typische Beispiele sind: Transport-, Umbau-, Montagekosten, Aufwendungen für Provisionen, Notariats-, Gerichts- und Registerkosten.
= Anschaffungskosten	

Anmerkung:
Finanzierungskosten (z. B. Kreditzinsen, Diskont, Gebühren) gehören **nicht** zu den Anschaffungskosten.

Buchhalterisch gesehen ist die Anschaffung eines Anlagegutes ein **erfolgsunwirksamer** Vorgang. Es findet lediglich entweder ein **Aktivtausch** statt (z. B. Barkauf eines Autos: Zugang auf dem Konto 0840 Fuhrpark, Abgang auf dem Konto 2880 Kasse) oder eine **Aktiv-Passivmehrung** (z. B. beim Kreditkauf eines Autos: Zugang auf dem Konto 0840 Fuhrpark und Zugang auf dem Konto 4400 Verbindlichkeiten aus Lieferungen und Leistungen).

Beispiel:

Kauf von Lagerregalen gegen Rechnungsstellung. Nettopreis: 19 730,00 EUR zuzüglich 19 % USt. Die gesondert in Rechnung gestellten Transportkosten in Höhe von 1 230,00 EUR zuzüglich 19 % USt wurden sofort bar bezahlt.

Die Rechnung für die Regale wird später durch Banküberweisung unter Abzug von 3 % Skonto beglichen.

Aufgaben:
1. Berechnen Sie die Anschaffungskosten!
2. Buchen Sie die Geschäftsvorfälle auf Konten!
3. Bilden Sie die Buchungssätze:
   3.1 Bei der Anschaffung der Lagerregale,
   3.2 bei der Zahlung:
       3.2.1 der Eingangsrechnung für die Transportkosten bar,
       3.2.2 der Eingangsrechnung für die Lagerregale durch Banküberweisung!

Lösungen:

Zu 1.: Berechnung der Anschaffungskosten

Anschaffungspreis	19 730,00 EUR
− 3 % Skonto	591,90 EUR
	19 138,10 EUR
+ Transportkosten	1 230,00 EUR
Anschaffungskosten	20 368,10 EUR

Zu 2.: Buchung auf Konten

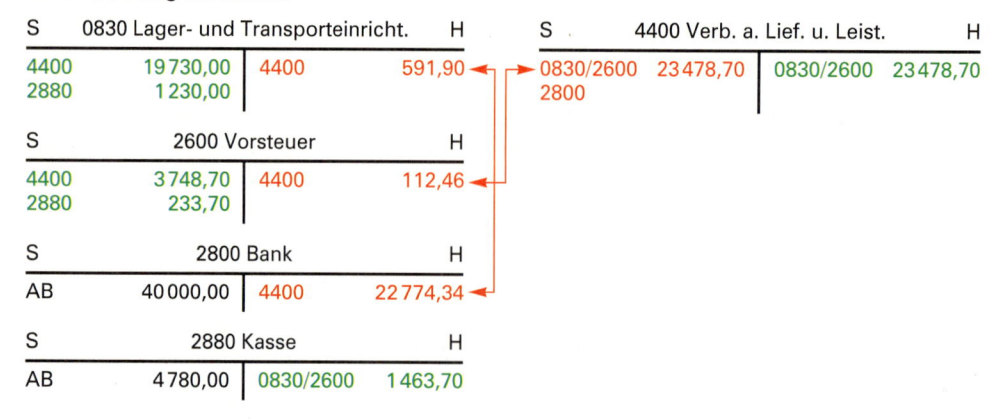

S	0830 Lager- und Transporteinricht.	H
4400	19 730,00	4400	591,90
2880	1 230,00		

S	4400 Verb. a. Lief. u. Leist.	H
0830/2600	23 478,70	0830/2600	23 478,70
2800			

S	2600 Vorsteuer	H
4400	3 748,70	4400	112,46
2880	233,70		

S	2800 Bank	H
AB	40 000,00	4400	22 774,34

S	2880 Kasse	H
AB	4 780,00	0830/2600	1 463,70

Erläuterungen zu den Zahlengrundlagen für die Buchung:

Bei der Anschaffung:

Anschaffungskosten	19 730,00 EUR
+ 19 % USt	3 748,70 EUR
Verbindlichkeiten	23 478,70 EUR

Berechnung des Zahlungsbetrages:

Rechnungsbetrag	23 478,70 EUR
− 3 % Skonto	704,36 EUR
Banküberweisung	22 774,34 EUR

Aufteilung des Skontobetrages:

119 % ≙ 704,36 EUR
19 % ≙ x EUR

$$x = \frac{704{,}36 \cdot 19}{119} = 112{,}46 \text{ EUR}$$

Skontobetrag brutto	704,36 EUR
− Vorsteuerkorrektur	112,46 EUR
Skontobetrag netto	591,90 EUR

Zu 3.: Buchungssätze

Nr.	Geschäftsvorfälle	Konten	Soll	Haben
3.1	Buchung bei der Anschaffung der Lagerregale	0830 L.- u. Transporteinr. 2600 Vorsteuer an 4400 Verb. a. L. u. L.	19 730,00 3 748,70	 23 478,70
3.2.1	Buchung der Barzahlung der Transportkosten	0830 L.- u. Transporteinr. 2600 Vorsteuer an 2880 Kasse	1 230,00 233,70	 1 463,70
3.2.2	Buchung bei der Zahlung der Rechnung der Trans AG unter Abzug von 3 % Skonto durch Banküberweisung	4400 Verb. a. L. u. L. an 0830 L.- u. Transporteinr. an 2600 Vorsteuer an 2800 Bank	23 478,70	 591,90 112,46 22 774,34

Übungsaufgabe

Hinweis: Berechnen Sie vor der Buchung jeweils die **Anschaffungskosten**!

126 Bilden Sie zu den folgenden Vorgängen die Buchungssätze!

1. 1.1 Wir kaufen für unsere Büroräume Möbel im Wert von 14 500,00 EUR zuzüglich 19 % USt. Der Lieferer räumt uns 10 % Rabatt ein.
   1.2 Die Begleichung der Rechnung erfolgt durch Banküberweisung unter Abzug von 2 % Skonto.
2. 2.1 Wir kaufen eine kleine Verpackungsmaschine zum Nettopreis von 1 800,00 EUR zuzüglich 19 % USt. Nach einer Überprüfung der Anlage wird noch ein Zusatzgerät im Wert von 480,00 EUR zuzüglich 19 % USt hinzugekauft.
   2.2 Die Zahlung erfolgt in Höhe von 1 200,00 EUR bar, über den Restbetrag wird ein Bankscheck akzeptiert.
3. 3.1 Sie sind Mitarbeiter der Plastikwerke Paulußen GmbH und erhalten folgende Eingangsrechnung.

Maschinenfabrik Weingarten AG

Maschinenfabrik Weingarten AG · Industriestr. 1–20 · 88250 Weingarten

Plastikwerke Paulußen GmbH
Zum Erlenholz
18147 Rostock

Rechnung Nr. 197/4

Lieferdatum: 16. Mai 20..
Rechnungsdatum: 20. Mai 20..

Menge	Bezeichnung	Gesamtpreis in EUR
1	Verpackungsautomat MS 100	3 140,00
5	Zubehörteile	420,00
	Transportverpackung und Transportkosten	240,00
	4 Stunden Montagearbeiten	320,00
		4 120,00
	+ 19 % USt	782,80
		4 902,80

Zahlungsbedingungen: 2 % Skonto innerhalb 14 Tagen, 30 Tage Ziel

Sitz der Gesellschaft: Weingarten; Registergericht: Weingarten; HRB 99
Steuer-Nr.: 91510/71720
IBAN: DE41 6505 0110 0000 6700 01   BIC: SOLADES1RVB (KSK Ravensburg)

3.2 Die Zahlung am 23. Mai erfolgt unter Abzug von 2 % Skonto durch Banküberweisung!

4. 4.1 Wir kaufen einen Geschäftswagen zum Listeneinkaufspreis von 28 500,00 EUR zuzüglich 19 % USt. Die Überführungskosten in Höhe von 680,00 EUR zuzüglich 19 % USt sowie die Zulassungsgebühren in Höhe von 38,00 EUR werden bar bezahlt.

   4.2 Die Zahlung der Eingangsrechnung erfolgt durch Bankscheck abzüglich $2^{1}/_{2}$ % Skonto.

   4.3 Der Pkw weist Lackschäden auf. Aufgrund unserer Reklamation erhalten wir vom Lieferer in Form einer Gutschrift einen Nachlass von 714,00 EUR (einschließlich 19 % USt).

5. Zum Ausbau unseres Werkgeländes kaufen wir ein 4500 m² großes Grundstück zum Preis von 20,00 EUR je m². An Nebenkosten fallen an: Grunderwerbsteuer 3,5 %, Notariatskosten 6420,00 EUR zuzüglich 19 % USt, Zeitungsinserat 840,00 EUR zuzüglich 19 % USt, Maklergebühren 5200,00 EUR zuzüglich 19 % USt und Erschließungs- und Anliegerkosten 15,00 EUR je m².

   Alle Zahlungen erfolgen durch Banküberweisung.

6. 6.1 Sie sind Mitarbeiter der Farbenfabrik Beate Bunt e. Kfr. und erhalten folgende Eingangsrechnung.

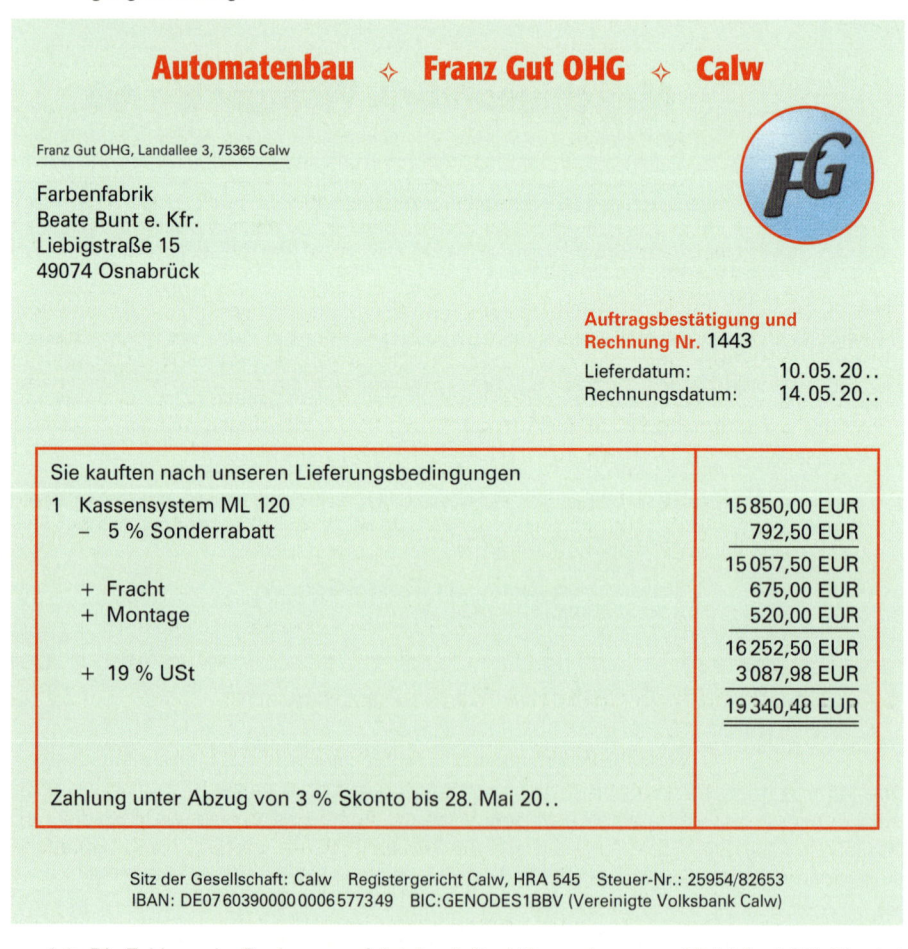

Automatenbau ⋄ Franz Gut OHG ⋄ Calw

Franz Gut OHG, Landallee 3, 75365 Calw

Farbenfabrik
Beate Bunt e. Kfr.
Liebigstraße 15
49074 Osnabrück

Auftragsbestätigung und Rechnung Nr. 1443

Lieferdatum: 10.05.20..
Rechnungsdatum: 14.05.20..

Sie kauften nach unseren Lieferungsbedingungen	
1 Kassensystem ML 120	15 850,00 EUR
− 5 % Sonderrabatt	792,50 EUR
	15 057,50 EUR
+ Fracht	675,00 EUR
+ Montage	520,00 EUR
	16 252,50 EUR
+ 19 % USt	3 087,98 EUR
	19 340,48 EUR

Zahlung unter Abzug von 3 % Skonto bis 28. Mai 20..

Sitz der Gesellschaft: Calw   Registergericht Calw, HRA 545   Steuer-Nr.: 25954/82653
IBAN: DE07 6039 0000 0006 5773 49   BIC: GENODES1BBV (Vereinigte Volksbank Calw)

   6.2 Die Zahlung der Rechnung erfolgt durch Banküberweisung am 28. Mai mit 3 % Skonto!

406

5.13 Abschreibungen

5.13.1 Ursachen der Abschreibung

Anlagegüter wie z. B. ein Gebäude, einen Aktenschrank, eine Maschine, einen Gabelstapler oder einen Lkw nutzt das Unternehmen langfristig. Durch den täglichen Gebrauch verlieren diese Güter an Wert (abnutzbare Güter[1]). Um ihren Wert auf dem Schlussbilanzkonto richtig darstellen zu können, ist ein bestimmter Betrag als **Wertminderung von den Anschaffungskosten** abzuschreiben.

> **Merke:**
>
> Durch die **Abschreibung** werden die Anschaffungskosten (aufgrund der geschätzten jährlichen Wertminderung) auf die Jahre der Nutzung als Aufwand verteilt.

Für die Bemessung der Höhe der Abschreibung können folgende Gründe eine Rolle spielen:

Gebrauch	Jeder Gebrauchsgegenstand hat eine begrenzte Lebensdauer, die u.a. von der Häufigkeit der Nutzung abhängt. Je häufiger ein Gegenstand genutzt wird, desto schneller verschleißt er und desto mehr verliert er an Wert. Ein Auto, das 100 000 km gefahren wurde, ist weniger wert als das sonst gleiche Auto, das in der gleichen Zeit nur 50 000 km gefahren wurde.
Technischer Fortschritt	In unserer durch hohe Technisierung und starken Konkurrenzdruck gekennzeichneten Wirtschaft werden die Produkte immer weiter verbessert. Sobald ein verbessertes Produkt auf den Markt kommt, verliert das alte Produkt schlagartig an Wert.
Wirtschaftliche Überholung	Geht die Nachfrage nach einem Gut aufgrund neuer Erfindungen oder aufgrund des Modewechsels zurück, so hat das wertmindernde Rückwirkungen sowohl auf die Güter selbst als auch auf die zu ihrer Herstellung benötigten Maschinen.
Natürlicher Verschleiß	Selbst wenn ein Gegenstand überhaupt nicht genutzt würde und auch die übrigen Ursachen der Abschreibung nicht infrage kämen, würde z.B. durch Witterungseinflüsse (Wechsel von Wärme und Kälte, Nässe und Trockenheit) eine wertmindernde Veränderung des Gegenstandes eintreten. Infolge der Abschreibung vermindern sich die Anschaffungskosten jährlich um die mit der Abschreibung erfassten Wertminderung, sodass sich der Buchwert von Jahr zu Jahr verringert.

Anschaffungskosten – Abschreibung = Buchwert

5.13.2 Berechnungsmethoden für die Abschreibung

(1) Berechnung der Abschreibungen nach der linearen Methode

Bei der linearen Abschreibung wird ein jährlich gleichbleibender Betrag von den **Anschaffungskosten** des Anlagegutes abgeschrieben. Auf diese Weise werden die gesamten Anschaffungskosten gleichmäßig auf die Nutzungsdauer verteilt. Nach Ablauf der Nutzungsdauer ist der Buchwert gleich null.

---

[1] Nicht abnutzbare Gegenstände des Anlagevermögens sind zum Beispiel Beteiligungen, unbebaute Grundstücke und der Wert des Grund und Bodens bebauter Grundstücke. Da unbebaute Grundstücke im Allgemeinen im Wert nicht sinken, ist eine planmäßige Abschreibung darauf nicht erlaubt. Bei bebauten Grundstücken ist daher immer nur vom Gebäudewert abzuschreiben.

> **Beispiel:**
>
> Die Anschaffungskosten eines Kombiwagens zu Beginn der Geschäftsperiode betragen 30 000,00 EUR. Es wird eine Nutzungsdauer von sechs Jahren angenommen. In diesem Fall beträgt der jährliche Abschreibungsbetrag 5 000,00 EUR und der Abschreibungssatz $16^2/_3\%$.
>
> **Aufgabe:**
>
> Führen Sie rechnerisch die Abschreibung über die gesamte Laufzeit durch!

Lösung:

Anschaffungskosten	30 000,00 EUR
− $16^2/_3\%$ Abschreibung 1. Jahr	5 000,00 EUR
Buchwert Ende 1. Jahr	25 000,00 EUR
− $16^2/_3\%$ Abschreibung 2. Jahr	5 000,00 EUR
Buchwert Ende 2. Jahr	20 000,00 EUR
− $16^2/_3\%$ Abschreibung 3. Jahr	5 000,00 EUR
Buchwert Ende 3. Jahr	15 000,00 EUR
− $16^2/_3\%$ Abschreibung 4. Jahr	5 000,00 EUR
Buchwert Ende 4. Jahr	10 000,00 EUR
− $16^2/_3\%$ Abschreibung 5. Jahr	5 000,00 EUR
Buchwert Ende 5. Jahr	5 000,00 EUR
− $16^2/_3\%$ Abschreibung 6. Jahr	5 000,00 EUR
Buchwert Ende 6. Jahr	0,00 EUR[1]

$$\text{Jährlicher Abschreibungsbetrag} = \frac{\text{Anschaffungskosten}}{\text{Nutzungsdauer}}$$

$$\text{Jährlicher Abschreibungssatz} = \frac{100\,\%}{\text{Nutzungsdauer}}$$

Bei der linearen Abschreibung geht man davon aus, dass sich das Wirtschaftsgut gleichmäßig abnutzt. Ein eventuell höherer Wertverlust durch technische oder wirtschaftliche Überholung oder infolge eines unterschiedlich hohen Verschleißes durch unterschiedliche Nutzung in den verschiedenen Nutzungsjahren wird dabei nicht berücksichtigt.

Die lineare Abschreibungsmethode hat insbesondere folgende Vorteile:

- **einfache** und nur **einmalige Berechnung** des Abschreibungsbetrags;
- **gute Vergleichbarkeit** der aufeinanderfolgenden Erfolgsrechnungen;
- **gleichmäßige Aufwandsbelastung** bzw. **Belastung der Kostenrechnung** mit Abschreibungen.

---

1 Die in der manuellen Buchführung übliche Abschreibung auf einen Erinnerungswert von 1,00 EUR, wenn das Wirtschaftsgut nach Ablauf der Nutzungsdauer noch weiter genutzt wird, ist in der als Nebenbuchhaltung betriebenen computerunterstützten Anlagenbuchführung nicht üblich. Hier wird auch bei Weiternutzung des Wirtschaftsgutes mit der letzten Rate auf den Restbuchwert von 0,00 EUR abgeschrieben.

Übungsaufgaben

127 Die Anschaffungskosten eines Autotelefons für den Geschäftswagen betragen zu Beginn der Geschäftsperiode 2 100,00 EUR.

Aufgaben:
1. Berechnen Sie den jährlichen Abschreibungsbetrag bei linearer Abschreibung!
2. Beschreiben Sie das Wesen der Abschreibung!

128 1. Eine Frankiermaschine wird am Ende des 3. Nutzungsjahres linear mit 930,00 EUR abgeschrieben, Abschreibungssatz: $12^{1}/_{2}$ %.

Aufgabe:
Ermitteln Sie die Anschaffungskosten für die Frankiermaschine!

2.

Anlagegüter	Buchwert am 31. Dez.	Anschaffungskosten zu Beginn des Geschäftsjahres	Nutzungsdauer
Ladeneinrichtung (Werkstattverkauf)	52 500,00 EUR	84 000,00 EUR	8 Jahre
Kombiwagen	38 000,00 EUR	57 000,00 EUR	6 Jahre

Aufgaben:
2.1 Berechnen Sie, wie viel Prozent bei linearer Abschreibung der jeweilige Abschreibungssatz beträgt!
2.2 Bestimmen Sie, wie viele Jahre die beiden Anlagegüter bisher abgeschrieben wurden!

3. Die Anschaffungskosten für einen Warenautomaten zu Beginn der Geschäftsperiode betragen 6 550,00 EUR.

Aufgabe:
Berechnen Sie den jährlichen Abschreibungsbetrag bei linearer Abschreibung und einer angenommenen Nutzungsdauer von fünf Jahren!

(2) Berechnung der Abschreibungen nach der degressiven Methode

Bei der degressiven Abschreibung wird die Abschreibung durch einen gleichbleibenden Prozentsatz auf den jeweiligen Buchwert (Restbuchwert) ermittelt. Da der Buchwert von Jahr zu Jahr geringer wird, werden bei einem gleichbleibenden Prozentsatz auch die Abschreibungsbeträge von Jahr zu Jahr geringer.

Beispiel:

Die Anschaffungskosten eines Kombiwagens zu Beginn der Geschäftsperiode betragen 30 000,00 EUR. Die betriebsgewöhnliche Nutzungsdauer beträgt 6 Jahre.

Aufgaben:
1. Ermitteln Sie, wie viel EUR bei degressiver Abschreibung die jährlichen Abschreibungsbeträge im Laufe der Nutzungsdauer betragen, wenn von einem Abschreibungssatz von 25 % ausgegangen wird!
2. Berechnen Sie die Abschreibungsbeträge, wenn im vierten Nutzungsjahr von der degressiven zur linearen Abschreibung übergegangen wird!

Lösungen:

Zu 1.: degressive Abschreibung   **Zu 2.: Übergang zur linearen Abschreibung**

Anschaffungskosten	30 000,00 EUR		
– 25 % Abschreibung 1. Jahr	7 500,00 EUR		
Buchwert Ende 1. Jahr	22 500,00 EUR		
– 25 % Abschreibung 2. Jahr	5 625,00 EUR		
Buchwert Ende 2. Jahr	16 875,00 EUR		
– 25 % Abschreibung 3. Jahr	4 218,75 EUR		
Buchwert Ende 3. Jahr	12 656,25 EUR	→	12 656,25 EUR
– 25 % Abschreibung 4. Jahr	3 164,06 EUR		4 218,75 EUR
Buchwert Ende 4. Jahr	9 492,19 EUR		8 437,50 EUR
– 25 % Abschreibung 5. Jahr	2 373,05 EUR		4 218,75 EUR
Buchwert Ende 5. Jahr	7 119,14 EUR		4 218,75 EUR
– Abschreibung 6. Jahr (Restwert)	7 119,14 EUR		4 218,75 EUR
Buchwert Ende 6. Jahr	0,00 EUR		0,00 EUR

Erkenntnisse:

- Bei degressiver Abschreibung sind die Abschreibungsbeträge in den **ersten Jahren höher als bei linearer Abschreibung**. Das ist zweifellos ein Vorteil, weil dadurch der anfänglich höhere Wertverlust beim Anlagegut ausgeglichen wird.
- Im Gegensatz zur linearen Abschreibung, bei der nach Ablauf der Nutzungsdauer die gesamten Anschaffungskosten abgeschrieben sind, wäre bei degressiver Abschreibung noch ein **erheblicher Restwert** vorhanden.
- Um auch bei (fortgesetzter) degressiver Abschreibung auf den Nullwert zu kommen, ist im letzten Jahr der zugrunde gelegten Nutzungsdauer der gesamte **verbleibende Restwert abzuschreiben**. Das führt dann zu einer sehr ungleichen Aufwandsbelastung.
- Um diesen Nachteil zu vermeiden, kann zu einem **beliebigen Zeitpunkt** ein **Wechsel zur linearen Abschreibung** vorgenommen werden. Dadurch wird dann der vorhandene Restwert gleichmäßig auf die noch verbleibende Nutzungsdauer verteilt. Allerdings ist es sinnvoll, diesen Wechsel zu dem Zeitpunkt vorzunehmen, von dem ab die Abschreibungsbeträge bei linearer Abschreibung höher sind als bei der degressiven Abschreibung. In unserem Beispiel ist dieser Übergang im vierten Jahr sinnvoll.
- Angenommen, der Wechsel findet am Ende des vierten Jahres (also nach der dritten Abschreibung) statt, ergibt sich für die Restlaufzeit der drei Jahre folgende Berechnung für die jährlichen Abschreibungsbeträge: 12 656,25 EUR : 3 = 4 218,75 EUR.

Die Abschreibungsmethode hat insbesondere folgende Vorteile:

- Die degressive Abschreibung geht von der Überlegung aus, dass der Wertverlust eines Wirtschaftsgutes in den ersten Nutzungsjahren wesentlich höher ist als in den Folgejahren.
- Dem Risiko, dass durch den technischen Fortschritt das Wirtschaftsgut schnell an Wert verlieren kann, wird durch die anfangs hohe Abschreibung entsprochen.
- Durch die Addition der jährlich abnehmenden Abschreibungsbeträge mit den jährlich ansteigenden Wartungs- und Reparaturaufwendungen (durch die Abnutzung des Wirtschaftsgutes) wird eine etwa gleichmäßige Gesamtbelastung der Erfolgs- und Kostenrechnung in den einzelnen Jahren erreicht.

Beachte:

Die degressive Abschreibung ist nur handelstrechtlich, **nicht jedoch steuerrechtlich erlaubt**.

(3) Beginn der Abschreibung abnutzbarer Anlagegüter im Jahr der Anschaffung

Die Abschreibung beginnt mit der **Anschaffung des Anlagegutes.** Wird ein Anlagegut im Laufe des Geschäftsjahres angeschafft, kann in diesem Jahr die **Abschreibung nur zeitanteilig** verrechnet werden, wobei monatsgenau gerechnet wird und der Monat der Anschaffung mitgezählt wird.

> **Beispiel:**
>
> Kauf von Lagerregalen am 30. September 2012 im Wert von 20000,00 EUR. Nutzungsdauer: 14 Jahre (Abschreibungssatz von 7,14 %). Eine Abschreibung auf die Lagerregale ist im Anschaffungsjahr nur für 4 Monate möglich.[1]
>
> $$\text{Abschreibung} = \frac{20\,000 \cdot 7{,}14 \cdot 4}{100 \cdot 12} = \underline{\underline{476{,}00 \text{ EUR}}}$$

Übungsaufgaben

129 Die Anschaffungskosten für die Ladeneinrichtung des Werkverkaufs betragen zu Beginn der Geschäftsperiode 35 000,00 EUR. Nutzungsdauer acht Jahre. Abschreibungssatz: 20 %.

Aufgaben:
1. Berechnen Sie die degressive Abschreibung ohne Übergang zur linearen Abschreibung über die gesamte Laufzeit!
2. Führen Sie rechnerisch die degressive Abschreibung mit Übergang zur linearen Abschreibung nach dem vierten Jahr über die gesamte Laufzeit durch!

130 Ein zu Beginn der Geschäftsperiode angeschaffter Gabelstapler wird mit 20 % degressiv abgeschrieben. Sein Buchwert beträgt am Ende des 2. Jahres (nach der Abschreibung) 14 700,00 EUR.

Aufgabe:
Ermitteln Sie die Anschaffungskosten!

131 Die Anschaffungskosten für einen am 15. Juli 20.. gekauften neuen Großrechner betragen 42 000,00 EUR. Die Nutzungsdauer beträgt sieben Jahre.

Aufgaben:
1. Erstellen Sie die Abschreibungstabelle für die gesamte Nutzungsdauer bei linearer Abschreibung!
2. Begründen Sie, warum die lineare Abschreibung für den Kaufmann sinnvoll ist!

132 1. Die Anschaffungskosten für drei am 15. September 20.. gekaufte Laptops betragen 3 528,00 EUR.

Aufgaben:
Ermitteln Sie den Bilanzwert der Laptops per 31. Dezember 20.. bei einer Nutzungsdauer von drei Jahren!

2. Vergleichen Sie die lineare und degressive Abschreibung!

---

[1] Da im ersten Jahr die Abschreibung nur für vier Monate erfolgen konnte, fehlt im letzten Jahr 2026 noch die Abschreibung für 8 Monate. Die Abschreibungszeit für die Lagerregale läuft daher von September 2012 bis August 2026.

5.13.3 Buchung der Abschreibungen

Die Wertminderung des Anlagevermögens stellt einen **betrieblichen Aufwand** dar. Er wird buchhalterisch auf dem Konto **6520 Abschreibungen auf Sachanlagen** erfasst.

> **Beispiel:**
>
> Die Anschaffungskosten zu Beginn einer Geschäftsperiode für eine EDV-Anlage betragen 21 000,00 EUR. Am Ende des Geschäftsjahres werden 7 000,00 EUR abgeschrieben.
>
> **Aufgaben:**
> 1. Buchen Sie die Abschreibung auf Konten und schließen Sie die Konten ab!
> 2. Bilden Sie die Buchungssätze!

Lösungen:

Zu 1.: Buchung auf den Konten

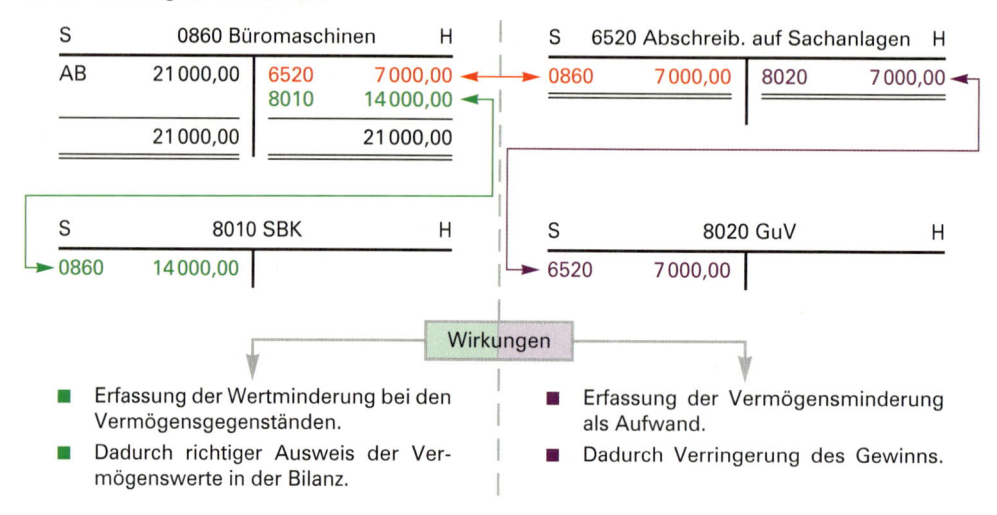

S	0860 Büromaschinen		H
AB	21 000,00	6520 7 000,00	
		8010 14 000,00	
	21 000,00	21 000,00	

S	6520 Abschreib. auf Sachanlagen		H
0860	7 000,00	8020	7 000,00

S	8010 SBK		H
0860	14 000,00		

S	8020 GuV		H
6520	7 000,00		

Wirkungen

- Erfassung der Wertminderung bei den Vermögensgegenständen.
- Dadurch richtiger Ausweis der Vermögenswerte in der Bilanz.

- Erfassung der Vermögensminderung als Aufwand.
- Dadurch Verringerung des Gewinns.

Zu 2.: Buchungssätze

Geschäftsvorfälle	Konten	Soll	Haben
Buchung der Abschreibung	6520 Abschr. a. Sachanlagen an 0860 Büromaschinen	7 000,00	7 000,00
Buchungen beim Abschluss	8010 SBK an 0860 Büromaschinen 8020 GuV an 6520 Abschr. a. Sachanlagen	14 000,00 7 000,00	14 000,00 7 000,00

Erläuterungen:

Für die ergebniswirksame Erfassung der jährlichen Abschreibungen auf das abnutzbare Anlagevermögen richten wir das Aufwandskonto **6520 Abschreibungen auf Sachanlagen** ein. Das Abschreibungskonto erfasst am Jahresende den festgestellten Abnutzungsbetrag als Aufwand. Dieser erscheint auf der **Sollseite** des Kontos 6520 Abschreibungen auf Sachanlagen.

Die **Gegenbuchung** erfolgt direkt auf dem entsprechenden **Anlagekonto auf der Habenseite,** in unserem Fall auf dem Konto 0860 Büromaschinen. Dort bewirkt sie, dass der entsprechende Anlageposten auf den jeweils gültigen **Zeitwert** fortgeschrieben wird.

Übungsaufgaben

133 1. Wir kaufen (für die Warenauslieferung) zu Beginn des Geschäftsjahres einen Pkw für netto 27 996,00 EUR zuzüglich 19 % USt. Anzahlung 15 000,00 EUR bar, 8 000,00 EUR werden mit Bankscheck beglichen und der Rest ist in 3 Monaten zur Zahlung fällig.

  1.1 Bilden Sie den Buchungssatz beim Kauf!

  1.2 Bilden Sie den Buchungssatz für die Abschreibung am Ende des ersten Geschäftsjahres! Es wird linear abgeschrieben. Die Nutzungsdauer beträgt 6 Jahre.

2. Kauf eines kleinen Betonmischers für 9 000,00 EUR zuzüglich 19 % USt. Datum der Anlieferung: 15. August 20..., Nutzungsdauer: 6 Jahre.

  2.1 Berechnen Sie die Abschreibung über die gesamte Nutzungsdauer nach dem linearen Abschreibungsverfahren!

  2.2 Buchen Sie die Abschreibung am Ende des 3. Jahres auf Konten und schließen Sie die Konten über das SBK und über das GuV-Konto ab!

3. Wir kaufen zu Beginn des Geschäftsjahres einen Pkw zum Anschaffungspreis von 48 500,00 EUR gegen Bankscheck. Der Autohändler gewährt uns einen Rabatt von 8 % sowie 2 % Skonto. Die Überführungskosten betragen 410,00 EUR, die Kosten für die Zulassung 118,40 EUR. Alle Beträge sind Nettowerte.

  3.1 Ermitteln Sie den jährliche Abschreibungsbetrag bei linearer Berechnung und einer angenommenen Nutzungsdauer von sechs Jahren!

  3.2 3.2.1 Richten Sie folgende Konten ein:
  0840 Fuhrpark, 6520 Abschreibungen auf Sachanlagen, 8010 SBK, 8020 GuV!

  3.2.2 Tragen Sie die Anschaffungskosten auf dem Fuhrparkkonto als Anfangsbestand vor und buchen Sie die Abschreibung im ersten Jahr! Schließen Sie anschließend die Konten ab!

134 Im Laufe des Geschäftsjahres werden folgende Anlagegüter per Bankscheck gekauft:

Lagerhaus	am 31. März	240 000,00 EUR	20 Jahre Nutzungsdauer
Betriebsmaschinen	am 18. April	32 000,00 EUR	10 Jahre Nutzungsdauer
Kombiwagen	am 19. Juni	42 000,00 EUR	6 Jahre Nutzungsdauer
Notebook	am 15. Oktober	2 400,00 EUR	3 Jahre Nutzungsdauer

Aufgaben:

1. Buchen Sie den Kauf am Anschaffungstag auf Konten zuzüglich 19 % USt! Der Anfangsbestand auf dem Bankkonto beträgt 420 000,00 EUR und auf dem Konto Umsatzsteuer 20 000,00 EUR.

2. Bilden Sie die Buchungssätze am Ende des 1. Geschäftsjahres bei direkter Abschreibung und linearer Berechnung der Abschreibung! Buchen Sie auf Konten!

3. Schließen Sie das Konto 6520 Abschreibungen auf Sachanlagen sowie die Anlagekonten ab!

5.14 Zeitliche Abgrenzung

5.14.1 Zahlungszeitpunkt liegt in der neuen Geschäftsperiode (nachträgliche Zahlung) – Übrige sonstige Verbindlichkeiten und Übrige sonstige Forderungen

5.14.1.1 Problemstellung

Bisher sind wir davon ausgegangen, dass alle Aufwendungen und Erträge, die in einem Geschäftsjahr angefallen sind, auch in diesem gebucht wurden. Da jedoch bis jetzt eine Erfolgsbuchung im Allgemeinen erst durch die Zahlung ausgelöst wird (Beispiel: Wir zahlen Löhne durch Banküberweisung), ist es möglich, dass am Ende des Geschäftsjahres noch **nicht gebuchte Aufwendungen** bestehen, weil die Zahlung erst im neuen Geschäftsjahr getätigt wird.

> **Beispiel:**
>
> Wir geben am 10. Dezember einen Lkw in die Reparaturwerkstätte. Die Rechnung, für die ein verbindlicher Kostenvoranschlag vorliegt, ist am 31. Dezember 20.. noch nicht bei uns eingegangen.

Außerdem gibt es **Erträge,** die wirtschaftlich im alten Jahr entstanden, aber noch nicht gebucht sind, da die Zahlung noch nicht eingetroffen ist.

> **Beispiel:**
>
> Wir haben am 1. Januar 20.. einem Kunden ein Darlehen über 10 000,00 EUR gewährt. Vereinbarter Zinssatz: 8 %. Zinszahlung: halbjährlich; nachträgliche Zahlung. Die Zinsen für das 2. Halbjahr in Höhe von 400,00 EUR gehen erst im Januar ein.

Wirtschaftlich gehört sowohl der Reparaturaufwand für unseren Lkw als auch der Zinsertrag für das gewährte Darlehen in das **alte** Geschäftsjahr. Die Erfolgsauswirkungen beider Geschäftsvorfälle müssen also am Ende des alten Geschäftsjahres noch erfasst werden, weil sonst der **ausgewiesene** Geschäftserfolg nicht mit dem **tatsächlich erzielten** Geschäftserfolg übereinstimmt.

> **Merke:**
>
> Alle Aufwendungen und Erträge sind (unabhängig vom Zeitpunkt der Zahlung) in dem Geschäftsjahr zu erfassen, dem sie wirtschaftlich zuzuordnen sind. Diese **periodengerechte Erfolgszurechnung** bezeichnen wir als **zeitliche Erfolgsabgrenzung.**

5.14.1.2 Buchhalterische Darstellung

(1) Übrige sonstige Verbindlichkeiten[1]

Beispiel:

Wir mieten am 1. September eine Garage. Die Miete ist nachträglich jeweils am 1. März und am 1. September zu zahlen. Die Halbjahresmiete beträgt 600,00 EUR. Die erste Mietzahlung erfolgt per Banküberweisung am 1. März im neuen Jahr.

Aufgaben:
Bilden Sie den Buchungssatz
1. im alten und
2. im neuen Geschäftsjahr!

Lösungen:

Folgende Skizze soll unsere Überlegungen unterstützen:

altes Geschäftsjahr	neues Geschäftsjahr
Mietaufwand: 400,00 EUR	Mietaufwand: 200,00 EUR
Sept. Okt. Nov. Dez.	Jan. Febr. März
400,00 EUR sind **erfolgswirksam** zu buchen	200,00 EUR sind **erfolgswirksam** zu buchen
	1. März. Bei der Zahlung von 600,00 EUR sind 400,00 EUR **erfolgsunwirksam** zu buchen.

Zu 1.: Buchung im alten Geschäftsjahr

Konten	Soll	Haben
6700 Mieten, Pachten	400,00	
an 4890 Übrige sonst. Verbindlichk.		400,00

Zu 2.: Buchung im neuen Geschäftsjahr

Konten	Soll	Haben
6700 Mieten, Pachten	200,00	
4890 Übrige sonst. Verb.	400,00	
an 2800 Bank		600,00

Merke:

Aufwendungen, die teilweise das alte und teilweise das neue Geschäftsjahr betreffen, sind periodengerecht aufzuteilen. Buchungssätze:

im alten Geschäftsjahr	im neuen Geschäftsjahr
Aufwandskonto an Übrige sonstige Verbindlichkeiten	Aufwandskonto Übrige sonstige Verbindlichkeiten an Zahlungskonto (z. B. Bank)

---

[1] Verbindlichkeiten aus **Dauerschuldverhältnissen** (z. B. Miete, Pacht, Leasing) werden in der Praxis in der Regel auf dem **Konto 4400 Verbindlichkeiten aus Lieferungen und Leistungen** gebucht.

(2) Übrige sonstige Forderungen

Beispiel:

Für die Zeit vom 1. November des laufenden Geschäftsjahres bis zum 31. Januar des neuen Geschäftsjahres stehen uns für ein kurzfristig gegebenes Darlehen Zinsen in Höhe von 300,00 EUR zu, die nachträglich am 15. Februar auf unserem Bankkonto eingehen.

Aufgaben:

Bilden Sie den Buchungssatz

1. im alten und
2. im neuen Geschäftsjahr!

Lösungen:

Folgende Skizze soll unsere Überlegungen unterstützen:

altes Geschäftsjahr	neues Geschäftsjahr
Zinserträge: 200,00 EUR	Zinserträge: 100,00 EUR
November Dezember	Januar Februar
erfolgswirksam zu buchen 200,00 EUR	**erfolgswirksam** zu buchen 100,00 EUR — 15. Febr. Bei der Zahlung von 300,00 EUR sind 200,00 EUR **erfolgsunwirksam** zu buchen.

Zu 1.: Buchung im alten Geschäftsjahr

Konten	Soll	Haben
2690 Übrige sonst. Forderungen an 5710 Zinserträge	200,00	200,00

Zu 2.: Buchung im neuen Geschäftsjahr

Konten	Soll	Haben
2800 Bank an 5710 Zinserträge an 2690 Übrige sonst. Forderungen	300,00	100,00 200,00

Merke:

Erträge, die teilweise das alte und teilweise das neue Geschäftsjahr betreffen, sind periodengerecht aufzuteilen. Buchungssätze:

im alten Geschäftsjahr	im neuen Geschäftsjahr
Übrige sonstige Forderungen an Ertragskonto	Zahlungskonto (z. B. Bank) an Ertragskonto an Übrige sonstige Forderungen

(3) Buchung der umsatzsteuerpflichtigen Vorgänge im Rahmen der zeitlichen Abgrenzung

■ Buchung der Vorsteuer

Für eine **erhaltene** Lieferung bzw. Leistung im alten Geschäftsjahr darf die **Vorsteuer** nur dann im alten Geschäftsjahr erfasst werden, wenn auch die Rechnung im alten Geschäftsjahr vorliegt.[1]

Beispiel:

Für eine im Dezember durchgeführte Lkw-Reparatur wurden verbindlich Reparaturkosten einschließlich 19 % Umsatzsteuer von 487,90 EUR vereinbart. Die am 10. Januar vorgelegte Rechnung über diesen Betrag wird durch Banküberweisung beglichen.

Aufgaben:
Bilden Sie jeweils den Buchungssatz
1. im alten und
2. im neuen Geschäftsjahr!

Lösungen:

Zu. 1.: Buchung im alten Geschäftsjahr

Konten	Soll	Haben
6160 Fremdinstandhaltung an 4890 Übrige sonst. Verbindlichkeiten	410,00	410,00

Zu 2.: Buchung im neuen Geschäftsjahr

Konten	Soll	Haben
4890 Übrige sonst. Verb.. 2600 Vorsteuer an 2800 Bank	410,00 77,90	487,90

■ Buchung der Umsatzsteuer

Für eine **erbrachte** Lieferung bzw. Leistung im alten Geschäftsjahr ist dagegen die **Umsatzsteuer** auch dann im alten Jahr zu erfassen, wenn die Rechnung erst im neuen Jahr ausgestellt wird.

Beispiel:

Für Vermittlungstätigkeiten im alten Geschäftsjahr haben wir noch netto 4 200,00 EUR zuzüglich 19 % USt zu fordern. Die Rechnung stellen wir erst im neuen Geschäftsjahr aus.

Aufgabe:
Bilden Sie jeweils den Buchungssatz im alten und im neuen Geschäftsjahr!

Lösungen:

Buchung im alten Geschäftsjahr:

Konten	Soll	Haben
2690 Übrige sonst. Ford. an 5410 Sonstige Erlöse an 4800 Umsatzsteuer	4 998,00	4 200,00 798,00

Buchung im neuen Geschäftsjahr bei Zahlungseingang:

Konten	Soll	Haben
2800 Bank an 2690 Übrige sonst. Forderungen	4 998,00	4 998,00

---

[1] In der Praxis ist es üblich, die noch nicht abziehbare Vorsteuer auf einem gesonderten Konto zu erfassen; dann kann die Sonstige Verbindlichkeit korrekt mit 487,90 EUR gebucht werden. Nach Eingang der Rechnung wird die nicht abziehbare Vorsteuer auf das Konto abziehbare Vorsteuer umgebucht.

Übungsaufgaben

135 Bilden Sie die Buchungssätze zum 31. Dezember des laufenden Geschäftsjahres!

1. Die Garagenmiete für Dezember in Höhe von 45,00 EUR wird von unserem Mieter am 3. Januar des folgenden Jahres überwiesen.
2. Die Zinsgutschrift bis einschließlich Dezember in Höhe von 400,00 EUR für unsere Termineinlage erfolgt erst im Januar des folgenden Jahres.
3. Für eine Reparatur an unserem Geschäftswagen im alten Jahr liegt die Rechnung in Höhe von 820,00 EUR zuzüglich 19 % USt beim Jahresabschluss noch nicht vor.
4. Die Auszahlung der Vertreterprovision in Höhe von 15 300,00 EUR zuzüglich 19 % USt für die Monate November und Dezember erfolgt erst im Januar. Die Abrechnungen werden erst Ende Januar erstellt.
5. Der Eingang der Dezembermiete für eine Werkswohnung in Höhe von 300,00 EUR steht zum 31. Dezember noch aus.

136 Formulieren Sie zu folgenden Geschäftsvorfällen die Buchungssätze zum 31. Dezember des laufenden Geschäftsjahres und bei der Zahlung im neuen Geschäftsjahr!

1. Die Vierteljahresmiete für eine gemietete Lagerhalle in Höhe von 3 000,00 EUR wird erst bei Eingang der Rechnung am 5. Januar des folgenden Jahres durch Banküberweisung gezahlt.
2. Die Darlehenszinsen für das zweite Halbjahr in Höhe von 3 600,00 EUR überweisen wir am 2. Januar des folgenden Jahres durch die Bank.
3. Für ein Darlehen erhalten wir die Zinsen für die Monate Oktober, November und Dezember in Höhe von 750,00 EUR erst am 8. Januar des neuen Jahres auf unser Bankkonto überwiesen.
4. Für eingekaufte Werbegeschenke, die zum Jahreswechsel an unsere Kunden verteilt werden, erhalten wir am 28. Dezember folgende Rechnung:
Werbegeschenke 2 500,00 EUR zuzüglich 19 % Umsatzsteuer.
Wir begleichen die Rechnung am 12. Januar durch Banküberweisung.
5. Für vermietete Garagen erhalten wir die Dezembermiete in Höhe von 450,00 EUR erst am 10. Januar auf unser Bankkonto überwiesen.

137 Erstellen Sie für die folgenden Geschäftsvorfälle die Buchungssätze beim Jahresabschluss im alten Geschäftsjahr und bei der Zahlung im neuen Geschäftsjahr!

1. Ein Darlehensschuldner zahlt uns die Zinsen nachträglich jeweils für ein halbes Jahr. Die Zinszahlungstermine sind: 30. November und 30. Mai.
Am 30. Mai ist ein Betrag von 600,00 EUR fällig.
   1.1 Buchung im alten Jahr zum 31. Dezember,
   1.2 Buchung bei der Zahlung per Bank am 30. Mai.
2. Für eine gemietete Lagerhalle zahlen wir die vierteljährliche Miete nachträglich. Für die Monate Dezember, Januar und Februar ist am 28. Februar ein Betrag von 450,00 EUR zu zahlen.
   2.1 Buchung im alten Jahr zum 31. Dezember,
   2.2 Buchung bei der Zahlung am 28. Februar durch Banküberweisung.
3. Die uns für Dezember zustehende Provision ist zum 31. Dezember noch nicht bei uns eingegangen. Die Abrechnung liegt am 31. Dezember vor. Der Betrag von 750,00 EUR zuzüglich 19 % USt wird uns am 20. Januar per Bank überwiesen.
   3.1 Buchung im alten Jahr zum 31. Dezember,
   3.2 Buchung bei der Zahlung am 20. Januar.

4. Wir vermieten eine leerstehende Fabrikhalle zum 31. Okt. Die Zahlung erfolgt vierteljährlich in Höhe von 4 500,00 EUR, erstmals am 1. Febr. des folgenden Jahres.

   4.1 Buchung im alten Jahr zum 31. Dezember,

   4.2 Buchung bei Zahlungseingang auf unserem Bankkonto am 1. Februar.

5. Am 15. Dezember wurden unsere Büromaschinen durch den Kundendienst überholt. Die Reparaturrechnung beläuft sich laut Auskunft des Monteurs auf 410,00 EUR zuzüglich 19 % USt. Die Rechnung über diesen Betrag trifft am 10. Januar bei uns ein und wird am gleichen Tag per Banküberweisung beglichen.

   5.1 Buchung im alten Jahr zum 31. Dezember,

   5.2 Buchung bei Zahlung am 10. Januar des folgenden Jahres.

138 Bilden Sie zu folgenden Geschäftsvorfällen die Buchungssätze beim Jahresabschluss zum 31. Dezember und bei der Zahlung im neuen Geschäftsjahr.

1. Die Zinsen für ein Darlehen an einen Geschäftsfreund sind vertragsgemäß halbjährlich jeweils am 30. April und am 30. Oktober nachträglich zu zahlen. Die erste Zahlung in Höhe von 660,00 EUR ging termingerecht am 30. April auf unserem Bankkonto ein.

2. Für die Monate November, Dezember und Januar betragen die Stromrechnungen jeweils 357,00 EUR, 476,00 EUR und 416,50 EUR einschließlich 19 % Umsatzsteuer. Die vierteljährliche Gesamtabrechnung in Höhe von 1 249,50 EUR geht am 5. Februar bei uns ein und wird am gleichen Tage durch Banküberweisung gezahlt.

3. Einem unserer Vertreter stehen für die abgelaufenen Monate noch Vermittlungsprovisionen einschließlich 19 % Umsatzsteuer in folgender Höhe zu: für Dezember 666,40 EUR, für November 1 047,20 EUR und für Januar 928,20 EUR.
   Die endgültige vierteljährliche Abrechnung wird am 5. März erstellt. Der Gesamtbetrag in Höhe von 2 641,80 EUR wird am 8. März per Bank überwiesen.

5.14.2 Zahlungszeitpunkt liegt in der alten Geschäftsperiode (Zahlung im Voraus) – Aktive Jahresabgrenzung und Passive Jahresabgrenzung

5.14.2.1 Problemstellung

Das Problem der periodengerechten Erfolgsrechnung taucht nicht nur in den Fällen auf, bei denen die Zahlung erst in einer späteren Periode als die Verursachung erfolgt, sondern es taucht ebenso für die Fälle auf, bei denen die Zahlung bereits in der laufenden Periode erfolgt, obschon der Vorgang erfolgsrechnerisch erst in die neue Periode gehört. Dies ist möglich, weil Einnahmen und Ausgaben zum Zeitpunkt der Zahlung gebucht werden, und zwar unabhängig davon, ob die zugrunde liegenden Aufwendungen oder Erträge das alte oder das neue Geschäftsjahr betreffen.

Beispiele:	
Die Januarmiete für eine an einen Mitarbeiter vermietete Wohnung geht bereits am 20. Dezember auf unserem Bankkonto ein.	Wir zahlen die Haftpflichtversicherung für das nächste Geschäftsjahr bereits im Dezember des laufenden Jahres.

Weil grundsätzlich zum Zeitpunkt der Zahlung gebucht wird, ergibt sich für diese Beispiele, dass die **Aufwendungen** und **Erträge**, die das **neue Geschäftsjahr betreffen,** bereits im **alten Geschäftsjahr gebucht wurden. Die gebuchten Aufwendungen bzw. Erträge im alten Geschäftsjahr sind also zu hoch.** Das würde zu einer falschen Erfolgsrechnung führen. Es muss also beim Jahresabschluss dafür gesorgt werden, dass die Erfolgswirkung in die Periode überführt wird, in die sie verursachungsgemäß gehört.

Bei diesen Fällen liegt die Situation bezüglich der Zahlung und ihrer Erfolgswirkung anders als bei den Fällen im Kapitel 5.14.1.2. Hier geht die Zahlung der Erfolgswirkung voraus. Deshalb benötigen wir auch andere Konten, nämlich sogenannte **Übergangskonten** (von der Wissenschaft auch **transitorische Posten** genannt): **2900 Aktive Jahresabgrenzung (Aktive JA)** und **4900 Passive Jahresabgrenzung (Passive JA).**

> **Merke:**
>
> - **Transitorische Posten** sind nach § 250 I, II HGB dann gegeben, wenn Ausgaben bzw. Einnahmen vor dem Abschlussstichtag vorgenommen werden, die Aufwand bzw. Ertrag innerhalb einer **bestimmten Zeit** nach dem Abschlussstichtag darstellen.
>
> - Ausgaben vor dem Abschlussstichtag, die Aufwand für eine **unbestimmte Zeit** danach darstellen, dürfen **nicht** als aktive Jahresabgrenzung in der Bilanz ausgewiesen werden.

> **Beispiel:**
>
> Kurz vor Ende des Wirtschaftsjahres hat eine Farbenfabrik einen Werbefeldzug für die im neuen Wirtschaftsjahr herauskommende Tapetenkollektion durchgeführt und für diesen Zweck 20 000,00 EUR ausgegeben.

Eine Rechnungsabgrenzung kommt in diesem Fall nicht in Betracht, da es sich um Aufwendungen mit **unbestimmter** Langzeitwirkung handelt.

5.14.2.2 Buchhalterische Darstellung

(1) Aktive Jahresabgrenzung

> **Beispiel:**
>
> Die Prämie für die betriebliche Feuerversicherung für die Zeit vom 1. November bis 30. April (halbjährlich) in Höhe von 300,00 EUR wird von uns am 1. Nov. per Banküberweisung gezahlt.
>
> **Aufgaben:**
> Buchen Sie den Geschäftsvorfall
> 1. im alten und
> 2. im neuen Geschäftsjahr auf Konten und bilden Sie jeweils den Buchungssatz!

Lösungen:

Folgende Skizze soll unsere Überlegungen unterstützen:

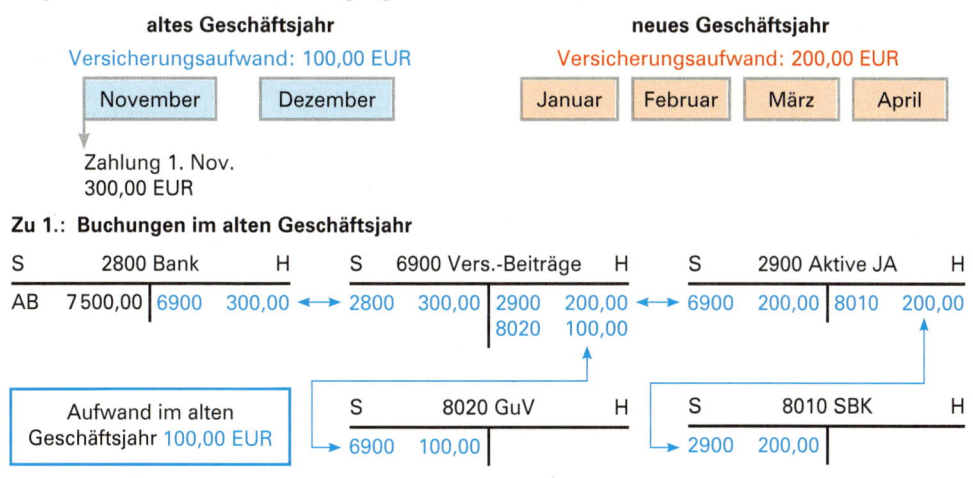

altes Geschäftsjahr	neues Geschäftsjahr
Versicherungsaufwand: 100,00 EUR	Versicherungsaufwand: 200,00 EUR
November	Dezember	Januar	Februar	März	April

Zahlung 1. Nov.
300,00 EUR

Zu 1.: Buchungen im alten Geschäftsjahr

S	2800 Bank	H		S	6900 Vers.-Beiträge	H		S	2900 Aktive JA	H
AB	7 500,00	6900 300,00	↔	2800	300,00	2900 200,00	↔	6900	200,00	8010 200,00
						8020 100,00				

Aufwand im alten Geschäftsjahr 100,00 EUR

S	8020 GuV	H
→ 6900	100,00	

S	8010 SBK	H
→ 2900	200,00	

Geschäftsvorfälle	Konten	Soll	Haben
Buchung beim Zahlungsvorgang am 1. November:	6900 Versicherungsbeiträge an 2800 Bank	300,00	300,00
Buchung der zeitlichen Abgrenzung am 31. Dezember:	2900 Aktive Jahresabgrenzung an 6900 Versicherungsbeiträge	200,00	200,00

Zu 2.: Buchung im neuen Geschäftsjahr

Aufwand im neuen Geschäftsjahr 200,00 EUR

S	6900 Vers.-Beiträge	H
2900	200,00	

S	2900 Aktive JA	H
AB	200,00	6900 200,00

Geschäftsvorfall	Konten	Soll	Haben
Auflösung des Kontos 2900 im neuen Geschäftsjahr	6900 Versicherungsbeiträge an 2900 Aktive Jahresabgrenzung	200,00	200,00

Merke:

- Auf dem Konto **2900 Aktive Jahresabgrenzung** werden die im alten Geschäftsjahr **gezahlten Aufwendungen,** die wirtschaftlich für eine bestimmte Zeit dem **neuen Geschäftsjahr zuzurechnen** sind, erfasst.

- Gezahlte Aufwendungen, die teilweise das alte Geschäftsjahr und für eine **bestimmte Zeit** das neue Geschäftsjahr betreffen, sind **periodengerecht aufzuteilen.**

- Das Konto Aktive Jahresabgrenzung ist im neuen Geschäftsjahr sofort **nach der Eröffnung aufzulösen,** indem der Betrag auf das **betreffende Aufwandskonto** umgebucht wird.

(2) Passive Jahresabgrenzung

Beispiel:

Ein Darlehensschuldner hat uns am 1. September Zinsen für die Zeit vom 31. August des laufenden Jahres bis zum 28. Februar des folgenden Jahres (halbjährlich) in Höhe von 300,00 EUR durch Banküberweisung gezahlt.

Aufgaben:
Buchen Sie den Geschäftsvorfall
1. im alten und
2. im neuen Geschäftsjahr auf den Konten und bilden Sie jeweils den Buchungssatz!

Lösungen:

Folgende Skizze soll unsere Überlegungen unterstützen:

altes Geschäftsjahr	neues Geschäftsjahr
Zinsertrag: 200,00 EUR	Zinsertrag: 100,00 EUR
Sept. Okt. Nov. Dez.	Januar Februar

Zahlungeingang
am 1. Sept. 300,00 EUR

Zu 1.: Buchungen im alten Geschäftsjahr

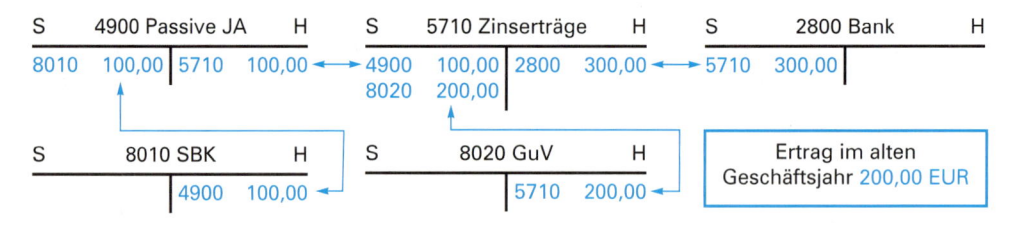

```
S    4900 Passive JA    H    S    5710 Zinserträge    H    S    2800 Bank    H
8010  100,00 | 5710 100,00      4900  100,00 | 2800 300,00    5710 300,00 |
                                8020  200,00 |

S       8010 SBK        H    S       8020 GuV        H      Ertrag im alten
        | 4900 100,00                5710 | 200,00          Geschäftsjahr 200,00 EUR
```

Geschäftsvorfälle	Konten	Soll	Haben
Buchung beim Zahlungseingang am 1. September:	2800 Bank an 5710 Zinserträge	300,00	300,00
Buchung der zeitlichen Abgrenzung am 31. Dezember:	5710 Zinserträge an 4900 Passive Jahresabgrenzung	100,00	100,00

Zu 2.: Buchung im neuen Geschäftsjahr

```
S    4900 Passive JA    H    S    5710 Zinserträge    H    Ertrag im neuen
   5710 100,00 | AB  100,00              | 4900 100,00     Geschäftsjahr 100,00 EUR
```

422

Geschäftsvorfall	Konten	Soll	Haben
Auflösung des Kontos 4900 im neuen Geschäftsjahr	4900 Passive Jahresabgrenzung an 5710 Zinserträge	100,00	100,00

Merke:

- Auf dem Konto **4900 Passive Jahresabgrenzung** werden die im alten Geschäftsjahr **eingegangenen Erträge,** die wirtschaftlich für eine bestimmte Zeit dem **neuen Geschäftsjahr** zuzurechnen sind, erfasst.
- Erhaltene Erträge, die teilweise das alte Geschäftsjahr und für eine **bestimmte Zeit** das neue Geschäftsjahr betreffen, sind **periodengerecht aufzuteilen.**
- Das Konto Passive Jahresabgrenzung ist im neuen Geschäftsjahr sofort **nach der Eröffnung aufzulösen,** indem der Betrag auf das **betreffende Ertragskonto** umgebucht wird.

Übungsaufgaben

139 Bilden Sie die Buchungssätze beim Jahresabschluss im alten Geschäftsjahr am 31. Dezember[1] und im neuen Geschäftsjahr!

1. Die Garagenmiete für den Monat Januar ging am 28. November auf unserem Bankkonto ein: 65,00 EUR.
2. Für ein von uns aufgenommenes Darlehen werden die Zinsen in Höhe von 300,00 EUR für das 4. Quartal erst am 2. Januar des folgenden Jahres durch Bankscheck beglichen.
3. Die Geschäftsmiete für den Monat Januar wird im Voraus am 28. November vom Bankkonto überwiesen: 5 825,00 EUR.
4. Die Stromkosten für den Monat November werden erst im Januar des folgenden Jahres mit 792,00 EUR zuzüglich 19 % USt überwiesen. Die Rechnung liegt bereits im alten Jahr vor.
5. Am 9. Dezember begleichen wir die Leasinggebühren für das erste Quartal des folgenden Jahres von 4 000,00 EUR zuzüglich 19 % USt aufgrund der bereits vorliegenden Rechnung durch Banküberweisung.
6. Auf unserem Bankkonto geht am 1. Dezember die Januarmiete für eine Werkswohnung in Höhe von 350,00 EUR ein.
7. Die Bank schreibt uns die Zinsen für das 4. Quartal in Höhe von 760,00 EUR erst im Januar gut.
8. Wir überweisen am 8. Dezember die Kfz-Steuer für unseren Lieferwagen für das kommende Jahr in Höhe von 420,00 EUR.

140 Nehmen Sie für die folgenden Fälle die erforderliche Kontierung im alten und im neuen Geschäftsjahr vor (Bildung der Buchungssätze)!

1. Wir zahlen durch Banküberweisung am 1. November Miete für die Geschäftsräume in Höhe von 4 500,00 EUR für 3 Monate im Voraus.
   1.1 Buchung bei Zahlung.
   1.2 Buchung am 31. Dezember.
   1.3 Buchung im neuen Geschäftsjahr nach Kontoeröffnung.

[1] Es ist davon auszugehen, dass die Zahlungen im alten Geschäftsjahr bereits erfolgt sind und nur die erforderlichen Abgrenzungsbuchungen zum Jahresabschluss durchgeführt werden sollen.

2. Wir erhalten am 1. September per Banküberweisung Darlehenszinsen für die Zeit vom 1. September bis zum 28. Februar in Höhe von 480,00 EUR im Voraus.
   2.1 Buchung beim Zahlungseingang.
   2.2 Buchung am 31. Dezember.
   2.3 Buchung im neuen Geschäftsjahr.

3. Die Haftpflichtversicherung für das kommende Jahr in Höhe von 800,00 EUR wird von uns bereits am 8. Dezember per Bankauftrag überwiesen.
   3.1 Buchung bei Zahlung.
   3.2 Buchung am 31. Dezember.
   3.3 Buchung im neuen Geschäftsjahr.

4. Wir erhalten für vermietete Büroräume die Januarmiete in Höhe von 560,00 EUR bereits am 9. Dezember auf das Bankkonto überwiesen.
   4.1 Buchung beim Zahlungseingang.
   4.2 Buchung am 31. Dezember.
   4.3 Buchung im neuen Geschäftsjahr.

141 Bilden Sie die Buchungssätze zu den folgenden Geschäftsvorfällen:

1. Für ein von uns aufgenommenes Darlehen sind die Zinsen für das laufende Quartal in Höhe von 450,00 EUR am Ende des Geschäftsjahres noch nicht beglichen. Die Zahlung erfolgt am 2. Januar des folgenden Jahres durch Banküberweisung.
   1.1 Buchung im alten Geschäftsjahr.
   1.2 Buchung im neuen Geschäftsjahr.

2. Am 1. September überweisen wir vom Bankkonto die Miete für eine Lagerhalle in Höhe von 600,00 EUR für ein halbes Jahr im Voraus.
   2.1 Buchung im alten Geschäftsjahr
      2.1.1 bei Zahlung,
      2.1.2 am Jahresende.
   2.2 Buchung im neuen Geschäftsjahr.

3. Wir erhalten vertragsgemäß am 2. April nachträglich Miete für die Zeit vom 1. Oktober bis 31. März in Höhe von 1 800,00 EUR auf das Bankkonto überwiesen.
   3.1 Buchung im alten Geschäftsjahr.
   3.2 Buchung im neuen Geschäftsjahr bei Erhalt der Bankgutschrift.

4. Die Kraftfahrzeugsteuer in Höhe von 360,00 EUR wurde zum 1. November für ein Jahr im Voraus durch die Bank überwiesen.

5. Für Instandsetzungsarbeiten am Geschäftsgebäude steht eine Rechnung in Höhe des Nettowertes von 6 500,00 EUR aus.

6. Das Honorar für den Rechtsanwalt für eine Vertretung vor Gericht steht noch offen. Als Festhonorar sind 3 500,00 EUR zuzüglich 19 % USt vereinbart.

7. Die Darlehenszinsen für die Zeit vom 1. Dezember bis 1. März in Höhe von 900,00 EUR wurden uns am 1. Dezember vom Kreditnehmer auf unser Bankkonto überwiesen.

8. Die Löhne der letzten Dezember-Woche in Höhe von 32 500,00 EUR werden erst am 2. Januar ausgezahlt. Die Beiträge zur Sozialversicherung in Höhe von 6 662,50 EUR wurden am drittletzten Bankarbeitstag im Dezember durch Banküberweisung beglichen.

9. Die Miete für eine vermietete Büroetage wurde uns vertragsgemäß bereits am 29. Oktober für die Monate November, Dezember und Januar überwiesen. Betrag 4 500,00 EUR.

5.15 Rückstellungen

5.15.1 Begriff Rückstellungen

> **Merke:**
>
> ■ **Rückstellungen** sind **Schulden für künftige Aufwendungen,** die dem alten Geschäftsjahr zuzurechnen sind, deren genaue **Höhe** und (oder) **Fälligkeit** am Jahresende (Bilanzstichtag) aber noch **nicht feststehen.**
>
> ■ Die **Bildung von Rückstellungen** bedeutet den **Ausweis einer Schuld** in der Bilanz und gleichzeitig eine **Aufwandserfassung in entsprechender Höhe.**

> **Beispiel:**
>
> Die Zwischenbesprechung einer Steuerprüfung am 20. Dezember ergab, dass mit einer Grundsteuernachzahlung zu rechnen ist. Der zuständige Prüfer gab uns die unverbindliche Auskunft, dass eine Grundsteuernachzahlung von ca. 4 000,00 EUR zu erwarten ist.
>
> **Aufgabe:**
>
> In welcher Höhe ist eine Rückstellung am Ende des Geschäftsjahres am 31. Dezember zu bilden?

Lösung:

Für die zu erwartende Grundsteuernachzahlung ist am 31. Dezember eine Rückstellung von 4000,00 EUR zu bilden.

Erläuterungen:

Obwohl der Betrag der Grundsteuerzahlung noch nicht genau bekannt ist, muss der (geschätzte) Steueraufwand dennoch dem alten Geschäftsjahr zugerechnet werden. Ohne die Berücksichtigung der Grundsteuernachzahlung als Aufwand wäre nämlich der ausgewiesene Gesamtaufwand in der Gewinn- und Verlustrechnung zu niedrig. Insofern liegt diesem Fall der Gedanke der **periodengerechten Erfolgsermittlung** zugrunde. Charakteristisch für den vorliegenden Geschäftsvorfall ist, dass die **Höhe der Schuld** und der **Fälligkeitstermin** zum Geschäftsjahresende **noch unbekannt** sind. Bei der buchhalterischen Behandlung dieser besonderen Aufwandsfälle sind **Rückstellungen** zu bilden.

5.15.2 Bildung von Rückstellungen

Für folgende (ungewisse) Aufwendungen besteht **handelsrechtlich** eine **Passivierungspflicht** [§ 249 I HGB]:

> ■ **ungewisse Verbindlichkeiten.** Hierzu zählen, neben Garantieverpflichtungen, zu erwartende Steuernachzahlungen, Prozesskosten und Jahresabschlusskosten, auch laufende Pensionen bzw. Pensionsanwartschaften;
>
> ■ **drohende Verluste aus schwebenden Geschäften** (z. B. Preisrückgang bei noch nicht gelieferten Waren, bei denen ein Festpreis vereinbart wurde).

- im Geschäftsjahr **unterlassene Instandhaltungsaufwendungen**, die **innerhalb** der ersten **drei Monate** des neuen Geschäftsjahres nachgeholt werden;
- **unterlassene Abraumbeseitigung**, die im folgenden Geschäftsjahr nachgeholt wird;
- **Gewährleistungen**, die **ohne rechtliche Verpflichtung** erbracht werden (Kulanz).

Für andere als in § 249 I HGB bestimmte Zwecke dürfen Rückstellungen nicht gebildet werden [§ 249 II, S. 1 HGB]. Rückstellungen dürfen nur aufgelöst werden, soweit der Grund hierfür entfallen ist [§ 249 II, S. 2 HGB].

Rückstellungen sind Schulden. Sie sind daher auf der **Passivseite der Bilanz** auszuweisen. In § 266 III B. HGB wird folgende Aufgliederung der Rückstellungen vorgeschrieben:

Rückstellungen für Pensionen und ähnliche Verpflichtungen	Steuerrückstellungen	Sonstige Rückstellungen (z. B. für Gewährleistungen)

5.15.3 Buchungen bei der Bildung und Auflösung von Rückstellungen

5.15.3.1 Bildung der Rückstellung im alten Jahr

Beispiel:

Für eine zu erwartende Grundsteuernachzahlung ist am 31. Dezember eine Rückstellung von 4 000,00 EUR zu bilden.

Aufgaben:
1. Buchen Sie den Geschäftsvorfall auf Konten,
2. schließen Sie die Konten ab und bilden Sie
3. die Buchungssätze!

Lösungen:

Zu 1./2.: **Buchung auf den Konten und Abschluss der Konten**

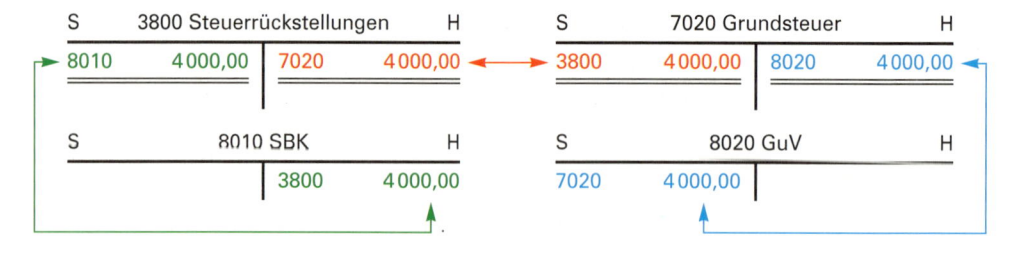

S	3800 Steuerrückstellungen	H		S	7020 Grundsteuer	H
8010	4 000,00	7020 4 000,00	↔	3800 4 000,00	8020	4 000,00

S	8010 SBK	H		S	8020 GuV	H
	3800	4 000,00		7020 4 000,00		

Zu 3.: Buchungssätze

Geschäftsvorfälle	Konten	Soll	Haben
Für eine zu erwartende Grundsteuernachzahlung ist eine Rückstellung in Höhe von 4 000,00 EUR zu bilden.	7020 Grundsteuer an 3800 Steuerrückstellungen	4 000,00	4 000,00
Abschluss der Konten 7020 und 3800.	8020 GuV an 7020 Grundsteuer 3800 Steuerrückstellungen an 8010 SBK	4 000,00 4 000,00	4 000,00 4 000,00

Erklärungen:

- Die Grundsteuer mit dem Schätzwert von 4 000,00 EUR gehört in voller Höhe als Aufwand in das alte Geschäftsjahr (also Konto 7020 Grundsteuer).
- Da am 31. Dezember des alten Jahres die Zahlung noch nicht erfolgt ist, besteht hinsichtlich des geschätzten Betrages noch eine Schuld, die auf dem Konto 3800 Steuerrückstellungen zu erfassen ist.

> **Beachte:**
>
> Bei der Bildung der Rückstellung wird immer auf dem Aufwandskonto gebucht, das vom Geschäftsvorfall her betroffen ist. So werden z. B. ein zu erwartender Aufwand für Instandhaltungsarbeiten auf dem Konto 6160 Fremdinstandhaltung oder Pensionsrückstellungen auf dem Konto 6440 Aufwendungen für Altersversorgung gebucht. Für die Gewährleistungen, soweit sie nicht unter anderen Aufwendungen erfassbar sind (z. B. 6930 Verluste aus Schadensfällen), steht das besondere Konto 6980 „Zuführung zu Rückstellungen für Gewährleistung" zur Verfügung.

5.15.3.2 Auflösung der Rückstellungen im neuen Jahr

Es liegt im Wesen der Schätzung, dass der tatsächliche Aufwand im Vergleich zur vorgenommenen Schätzung **höher** oder **niedriger** liegt. Nur theoretisch wäre auch noch der dritte Fall denkbar, nämlich der, dass der geschätzte Betrag genau der Höhe des tatsächlich zu zahlenden Betrages entspricht.

- **1. Fall: Der geschätzte Betrag war zu niedrig angesetzt**

Liegt der **geschätzte Betrag** im Vergleich zur tatsächlichen Schuld **zu niedrig,** ist eine Korrektur der abgelaufenen und abgeschlossenen Geschäftsperiode nicht mehr möglich. Der Differenzbetrag kann nur noch als zusätzlicher Aufwand in der neuen Geschäftsperiode erfasst werden. Dies geschieht bei der Zahlung, die gleichzeitig zur Auflösung der Rückstellung führt.

> **Beispiel:**
>
> Wir greifen auf das Beispiel von S. 426 zurück. Am 25. April des neuen Geschäftsjahres erhalten wir einen Steuerbescheid über eine Nachzahlung für Grundsteuer in Höhe von 4500,00 EUR. Die Steuerschuld wird am 30. April des neuen Jahres per Banküberweisung beglichen.
>
> **Aufgaben:**
> 1. Buchen Sie den Sachverhalt auf Konten und bilden Sie
> 2. den Buchungssatz!

Lösungen:

Zu 1.: Buchung auf den Konten

S	3800 Steuerrückstellungen	H
2800 4 000,00	AB 4 000,00	

S	2800 Bank	H
AB 12 500,00	7020/3800 4 500,00	

S	7020 Grundsteuer	H
2800 500,00		

Zu 2.: Buchungssatz

Geschäftsvorfall	Konten	Soll	Haben
Auflösung einer Rückstellung bei einem höheren Aufwand als die Schätzung.	3800 Steuerrückstellungen 7020 Grundsteuer an 2800 Bank	4 000,00 500,00	4 500,00

Erklärungen:

- Das Passivkonto 3800 Steuerrückstellungen ist mit dem Betrag von 4 000,00 EUR im neuen Jahr zu eröffnen.
- Bei der Zahlung im neuen Jahr sind die Steuerrückstellungen aufzulösen. Diese Buchung ist erfolgsunwirksam. (Der Steueraufwand von 4 000,00 EUR ist im alten Jahr ja schon gebucht.)
- Der tatsächliche Aufwand ist um 500,00 EUR höher als die Schätzung. Dieser zusätzliche Aufwand wird gleichzeitig mit der Zahlung in der neuen Geschäftsperiode auf dem betreffenden Aufwandskonto (hier dem Konto 7020 Grundsteuer) gebucht.

> **Merke:**
>
> **Rückstellungen < Zahlung:** Buchung der Differenz auf dem **betreffenden Aufwandskonto**.

■ **2. Fall: Der geschätzte Betrag war zu hoch angesetzt**

Liegt die gebildete **Rückstellung höher** als die tatsächlich anfallende Zahlung, ist die verbleibende **Differenz** auf dem Rückstellungskonto als **Ertrag** auszubuchen (**5480 Erträge aus der Herabsetzung von Rückstellungen**).

> **Beispiel:**
>
> Wir greifen auf das Beispiel von S. 426 zurück. Am 25. April des neuen Geschäftsjahres erhalten wir einen Steuerbescheid lt. dem die Nachzahlung für die Grundsteuer 3 800,00 EUR beträgt. Die Steuerschuld wird am 30. April des neuen Jahres per Banküberweisung beglichen.
>
> **Aufgaben:**
> 1. Buchen Sie den Sachverhalt auf Konten und bilden Sie
> 2. den Buchungssatz!

Lösungen:

Zu 1.: Buchung auf den Konten

S	3800 Steuerrückstellungen	H
2800/5480 4 000,00	AB	4 000,00

S	2800 Bank	H
AB 12 500,00	3800	3 800,00

S	5480 Erträge aus der Herabsetzung von Rückstellungen	H
	3800	200,00

Zu 2.: Buchungssatz

Geschäftsvorfall	Konten	Soll	Haben
Auflösung einer Rückstellung bei einem geringeren Aufwand als die Schätzung.	3800 Steuerrückstellungen an 2800 Bank an 5480 Erträge a. d. Herabsetzung v. Rückst.	4 000,00	3 800,00 200,00

Erklärungen:

- Das Passivkonto 3800 Steuerrückstellungen ist mit dem Betrag von 4 000,00 EUR zu eröffnen.
- Die Grundsteuerschätzung für das alte Jahr ist zu hoch angesetzt worden. Dadurch wurden zu hohe Rückstellungen gebildet bzw. es wurde zu viel Grundsteueraufwand für das alte Geschäftsjahr gebucht. Da eine Korrektur der abgelaufenen und abgeschlossenen Geschäftsperiode nicht mehr möglich ist, führt der Differenzbetrag zwischen der gebildeten Rückstellung (4 000,00 EUR) und der Zahlung (3 800,00 EUR) im neuen Geschäftsjahr zu einem Ertrag (200,00 EUR). Die Buchung erfolgt auf dem **Konto 5480 Erträge aus der Herabsetzung von Rückstellungen**.[1]

> **Merke:**
>
> **Rückstellungen > Zahlung:** Buchung der Differenz auf dem Konto **5480 Erträge aus der Herabsetzung von Rückstellungen**

5.15.3.3 Buchung der Umsatzsteuer

> **Beispiel:**
>
> Für einen noch nicht abgeschlossenen Prozess wird zur Deckung der Rechtsanwaltskosten eine Rückstellung gebildet. Geschätzter Betrag für die zu buchende Rückstellung am 31. Dezember netto 480,00 EUR.
>
> Die Rechtsanwaltskosten belaufen sich tatsächlich auf 520,00 EUR zuzüglich 19 % USt. Sie werden am 15. Januar des folgenden Jahres per Banküberweisung beglichen.
>
> **Aufgaben:**
> 1. Bilden Sie die Buchungssätze für die Buchung am 31. Dezember des alten Geschäftsjahres und
> 2. für die Buchung am 15. Januar des neuen Geschäftsjahres!

---

[1] Der IKR sieht dieses Konto vor. In der Praxis wird der Ertrag in der Regel direkt auf dem betroffenen Konto (im angegebenen Fall auf dem Konto 7020 Grundsteuer) gebucht.

Lösungen:

Geschäftsvorfälle	Konten	Soll	Haben
1. Buchung am 30. Dezember des alten Jahres:	6770 Rechts- und Beratungskosten an 3990 Sonstige Rückstellungen für Aufwendungen	480,00	480,00
2. Buchung am 15. Januar des neuen Jahres:	3990 Sonstige Rückstellungen für Aufwendungen 6770 Rechts- und Beratungskosten 2600 Vorsteuer an 2800 Bank	480,00 40,00 98,80	618,80

Merke:

Die **Vorsteuer** darf immer erst gebucht werden, wenn der **tatsächliche Aufwand** aufgrund einer vorliegenden Rechnung **feststeht**.

Übungsaufgaben

142 Bilden Sie die Buchungssätze für die im alten und für die im neuen Geschäftsjahr anfallenden Buchungen:

1. 1.1 Für eine im alten Jahr unterlassene Reparatur am Geschäftsgebäude soll beim Jahresabschluss eine Rückstellung in Höhe von 3000,00 EUR gebildet werden. Der Auftrag soll im Februar ausgeführt werden.

   1.2 Die Ausführung erfolgt tatsächlich im März.
   Der Rechnungsbetrag über netto .... 3500,00 EUR
   + 19 % USt .... 665,00 EUR
   wird per Bankscheck beglichen .... 4165,00 EUR

2. 2.1 Für einen schwebenden Prozess soll beim Jahresabschluss eine Rückstellung für Anwaltskosten in Höhe von 1500,00 EUR gebildet werden. Der Prozess wird wahrscheinlich im kommenden Geschäftsjahr beendet werden.

   2.2 Die per Banküberweisung im Januar gezahlten Rechtsanwaltskosten
   betragen netto .... 1200,00 EUR
   + 19 % USt .... 228,00 EUR
   .... 1428,00 EUR

3. Für eingegangene Kulanzverpflichtungen wurde zum 31. Dezember eine Rückstellung in Höhe von 20000,00 EUR gebildet. Darüber hinaus sind wir bei einem Kunden gezwungen, aus Kulanzgründen eine kostenlose Nachlieferung in Höhe von ca. 500,00 EUR vorzunehmen. Beide Verpflichtungen sind im kommenden Geschäftsjahr zu erfüllen.

4. 4.1 Für eine im kommenden Geschäftsjahr zu erwartende Körperschaftsteuerzahlung wird zum 31. Dezember eine Rückstellung von 5000,00 EUR gebildet.

   4.2 Die Steuerschuld beträgt lt. Steuerbescheid 5500,00 EUR und wird im Juni per Banküberweisung beglichen.

   4.3 Laut Steuerbescheid sind genau 5000,00 EUR zu leisten, die durch Banküberweisung im Juni überwiesen werden.

   4.4 Laut Steuerbescheid sind nur 4500,00 EUR zu zahlen. Die Banküberweisung erfolgt im Juni.

5. Für schon durchgeführte Instandhaltungsarbeiten am Geschäftsgebäude ist mit Aufwendungen in Höhe von 5600,00 EUR zuzüglich 19 % USt zu rechnen. Die Endabrechnung erfolgt erst im neuen Jahr.

143 1. Bilden Sie die Buchungssätze per 31. Dezember zu folgenden Geschäftsvorfällen:
  1.1 Für schon durchgeführte Instandhaltungsarbeiten am Lagergebäude ist mit Aufwendungen in Höhe von 12 200,00 EUR zuzüglich 19 % USt zu rechnen. Die Endabrechnung erfolgt erst im neuen Jahr.
  1.2 Für Prozesskosten soll eine Rückstellung in Höhe von 2 300,00 EUR gebildet werden.
2. Prüfen Sie, welche Aussage zur Bildung von Rückstellungen richtig ist!
  2.1 Rückstellungen müssen u. a. gebildet werden für ungewisse Verbindlichkeiten.
  2.2 Rückstellungen müssen gebildet werden, um eventuell entstehende Fehlbeträge ausgleichen zu können.
  2.3 Rückstellungen müssen gebildet werden, um die Eigenkapitalbasis zu stärken.
  2.4 Rückstellungen müssen gebildet werden, um das allgemeine Unternehmerwagnis auszugleichen.
  2.5 Rückstellungen dürfen gebildet werden zum Ausgleich drohender Verluste.
3. Erläutern Sie den Begriff „Rückstellungen" und die Gründe, weshalb sie gebildet werden!
4. Stellen Sie die Auswirkungen der Rückstellungen auf das Unternehmensergebnis dar!

144 Ein Industrieunternehmen unterlässt es, im abgelaufenen Geschäftsjahr wegen eines großen Auftragsbestandes die Fertigungsstraße zu warten. Dies wird im neuen Geschäftsjahr nachgeholt. Eine Maschinenfabrik wurde mit der Durchführung der Arbeiten beauftragt. Lt. Werkvertrag sind die Arbeiten bis zum 15. Februar des neuen Geschäftsjahres abzuschließen. Der Auftragswert beträgt 28 470,00 EUR zuzüglich 19 % USt.

Aufgabe:

Beurteilen Sie, ob das Industrieunternehmen diesen Vorgang beim Jahresabschluss am 31. Dezember berücksichtigen muss!

5.16 Beleggeschäftsgang

145 I. Sachverhalt:

Bei **Rudolf Walterbeck e. Kfm., Papierfabrik,** Brügmannstr. 101, 44135 Dortmund, handelt es sich um einen kleinen Papierhersteller mit den **Warengruppen:**

Druckpapiere, Korrespondenzpapiere, Kunststoffpapiere/Folien und Recyclingpapiere.

Die Buchungsbelege werden nach Belegkreisen sortiert und bearbeitet; hierzu hat die Buchhaltung folgende Belegkreise festgelegt:

1. Eingangsrechnungen
2. Ausgangsrechnungen
3. Kasse
4. Bankverkehr Volksbank Dortmund e. G.
5. Bankverkehr Postbank Niederlassung Dortmund
6. Personalwirtschaft
7. Anlagenwirtschaft

II. Saldenliste Sachkonten zum 25. März 20..:

Konto	Bezeichnung	Sollbetrag	Habenbetrag
0510	Bebaute Grundstücke	300 000,00	
0530	Betriebsgebäude	1 256 000,00	
0720	Anlagen und Maschinen	345 600,00	
0840	Fuhrpark	95 600,00	
0860	Büromaschinen	144 550,00	
2000	Rohstoffe	230 600,00	
2200	Fertige Erzeugnisse	150 700,00	

Konto	Bezeichnung	Sollbetrag	Habenbetrag
2400	Forderungen a. Lief. u. Leist.	47 778,50	
2600	Vorsteuer	6 225,00	
2800	Bank	35 848,70	
2880	Kasse	1 250,00	
3000	Eigenkapital		2 025 555,00
3001	Privatkonto	1 702,00	
4250	Langfristige Bankverbindlichkeiten		50 145,00
4400	Verbindlichkeiten a. Lief. u. Leist.		103 173,00
4800	Umsatzsteuer		13 347,00
4830	Sonst. Verbindlichk. gegenüber dem Finanzamt		6 730,00
4840	Verb. gegen Sozialversi.Trägern		
5000	Umsatzerlöse für eigene Erzeugnisse		499 800,00
5202	Bestandsveränderungen an fertigen Erzeugnissen		
6000	Aufwendungen für Rohstoffe	41 500,00	
6050	Aufwand für Energie	2 685,80	
6300	Gehälter	28 620,00	
6420	Beiträge zur Berufsgenossenschaft		
6520	Abschreibungen auf Sachanlagen		
6700	Mieten, Pachten	4 200,00	
6750	Kosten des Geldverkehrs	150,00	
6800	Büromaterial	1 240,00	
6820	Telefonentgelt	2 460,00	
6830	Postentgelt		
6870	Werbung	1 700,00	
6900	Versicherungsbeiträge	340,00	
7030	Kraftfahrzeugsteuer		

III. Aufgaben:

1. Übernehmen Sie die Saldovorträge zum 25. März 20.. in die T-Konten!
2. Bilden Sie zu den Belegen die Buchungssätze!
3. Buchen Sie die Belege in der Finanzbuchhaltung!
4. Bereiten Sie den Periodenabschluss zum 31. März 20.. unter Berücksichtigung folgender Abschlussangaben vor:
   - 4.1 Schlussbestand an fertigen Erzeugnissen   171 950,00 EUR
   - 4.2 Schlussbestand an Rohstoffen   45 800,00 EUR
   - 4.3 Abschreibungen auf
     - Betriebsgebäude   29 120,00 EUR
     - Anlagen und Maschinen   34 560,00 EUR
     - Fuhrpark   19 050,00 EUR
     - Büromaschinen   14 455,00 EUR
   - 4.4 Abschluss der Vor- und Umsatzsteuer
   - 4.5 Abschluss des Privatkontos
5. Führen Sie den Periodenabschluss zum 31. März 20.. durch!
6. Erstellen Sie die Schlussbilanz unter der Voraussetzung, dass es keine Abweichungen zur Buchführung gibt!

III. Belege: Belegkreis 1: Eingangsrechnungen

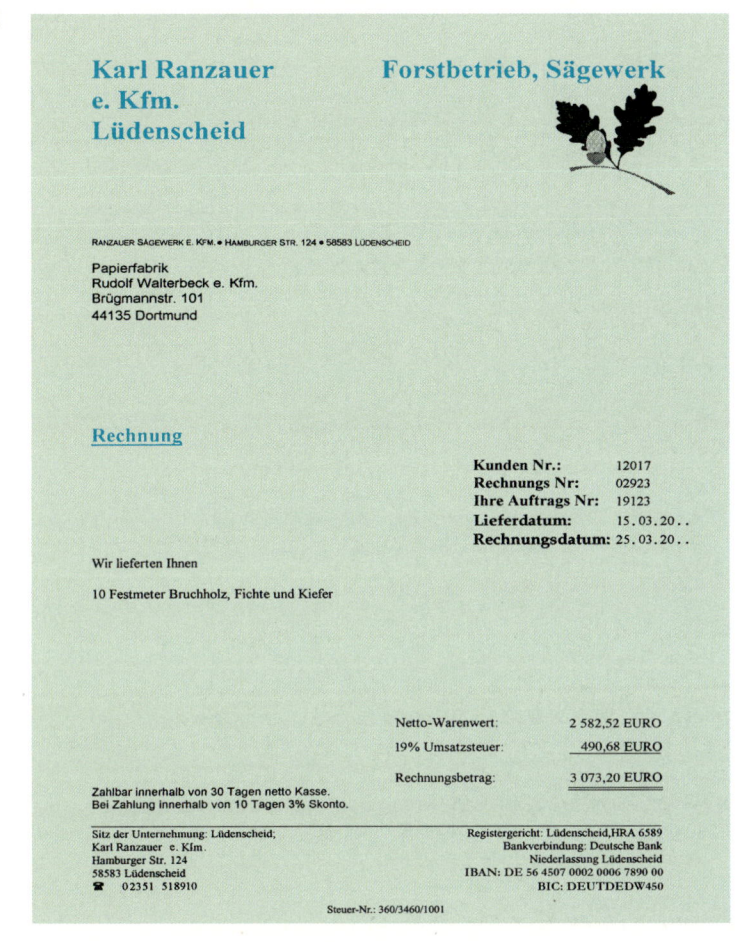

1.1

Karl Ranzauer e. Kfm. Lüdenscheid — **Forstbetrieb, Sägewerk**

RANZAUER SÄGEWERK E. KFM. • HAMBURGER STR. 124 • 58583 LÜDENSCHEID

Papierfabrik
Rudolf Walterbeck e. Kfm.
Brügmannstr. 101
44135 Dortmund

Rechnung

Kunden Nr.:	12017
Rechnungs Nr:	02923
Ihre Auftrags Nr:	19123
Lieferdatum:	15.03.20..
Rechnungsdatum:	25.03.20..

Wir lieferten Ihnen

10 Festmeter Bruchholz, Fichte und Kiefer

Netto-Warenwert:	2 582,52 EURO
19% Umsatzsteuer:	490,68 EURO
Rechnungsbetrag:	3 073,20 EURO

Zahlbar innerhalb von 30 Tagen netto Kasse.
Bei Zahlung innerhalb von 10 Tagen 3% Skonto.

Sitz der Unternehmung: Lüdenscheid;
Karl Ranzauer e. Kfm.
Hamburger Str. 124
58583 Lüdenscheid
☎ 02351 518910

Registergericht: Lüdenscheid, HRA 6589
Bankverbindung: Deutsche Bank
Niederlassung Lüdenscheid
IBAN: DE 56 4507 0002 0006 7890 00
BIC: DEUTDEDW450

Steuer-Nr.: 360/3460/1001

1.2

ANZEIGENRECHNUNG — ZEITUNGS GRUPPE WAZ

Westdeutsche Allgemeine
Neue Ruhr Zeitung / Neue Rhein Zeitung
Westfälische Rundschau · Westfalenpost

WAZ, 45123 Essen, Tel. 0201 / 8040

Papierfabrik
Rudolf Walterbeck e. Kfm.
Brügmannstraße 101
44135 Dortmund

WIRTSCHAFTLICH IM WESTEN WERBEN

BLATT 1

Ersch.-Datum Tag M. J.	Aus-gabe	Manuskript Nr	Rubrik	Sp.	Höhe	Größe	Preis EUR|Cent	Rechn.-Brutto-Betrag EUR|Cent	Ausgaben- u. Kunden-Rabatt % | % | EUR|Cent	Off.-Geb EUR|Cent	Rechn.-Netto-Betrag EUR|Cent
1903..	125	40536 16	0072 0		78	156	4|40	686|40			343|20
		Sonder-Rabatt							50|00 343|20		

Bankverbindungen:
Sparkasse Essen
BIC: SPESDE3XXX
IBAN: DE 76 3605 0105 0000 2697 37

Postbank:
Essen
BIC: PBNKDEFFXXX
IBAN: DE 94 3601 0043 0018 4224 30

Rechnungs-Datum 25.03.20..

Gesamt	343|20
Ges Rech Netto	65|21
Mehrwertsteuer	408|41
Gesamtbetrag	

311	25350000	4155138
Ber W Ihre Auftrags-Nummer	Kunden-Nr	Rechnungs-Nr

◀ Bitte bei Zahlungen unbedingt angeben

Zahlungsbedingungen:
Zahlbar 14 Tage nach Rechnungsdatum ohne Abzug, 2% Skonto bei Vorauszahlung und Zahlungseingang innerhalb von 10 Tagen nach Rechnungsdatum auf Einzelrechnungsbeträge über EUR500.00 sowie bei Bankeinzugsverfahren

Belegkreis 2: Ausgangsrechnungen

2.1

Papierfabrik
Rudolf Walterbeck e. Kfm., Dortmund

RUDOLF WALTERBECK e.Kfm. · BRÜGMANNSTR. 101 · 44135 DORTMUND

Merkur Verlag GmbH & Co. KG
Ritterstr. 24
31737 Rinteln

Rechnungsdatum: 25. März 20..
Lieferdatum: 20. März 20..

Rechnung Nr. 23081

Pos.	Menge	Bezeichnung	Einzelpreis in EUR	Gesamtbetrag in EUR
1	10.000 Bogen	IDEM-CB-80 Black Copy weiß 43,0 x 61,0	14,45 %Bogen	1 445,00
2	10.000 Bogen	IDEM-CFB-53 Black Copy weiß 43,0 x 61	12,19 %Bogen	1 219,00
3	10.000 Bogen	IDEM-CB-90 Black Copy weiß 43,0 x 61,0	15,83 %Bogen	1 583,00

                                                                4 247,00
19% Umsatzsteuer   806,93
Rechnungsbetrag   5 053,93

Sitz der Gesellschaft:
44135 Dortmund
Brügmannstr. 101
Telefon: 0231 593535
Telefax: 0231 593539

RG Dortmund:
HRA 2020
Steuer-Nr.:
340/3142/4610

Dortmunder Volksbank e.G.
BIC: GENODEMIDOR
IBAN: DE 93 4416 0014 0100 1088 00

Postbank Dortmund
BIC: PBNKDEFFXX
IBAN: DE 93 4401 0046 0134 3834 64

1.3

F & P
COMPUTERTECHNIK GMBH

F & P Computertechnik · Renoldistr. 17-19 · 44135 Dortmund

Papierfabrik
Rudolf Walterbeck e. Kfm.
Brügmannstraße 101
44135 Dortmund

Ihre Zeichen/Ihre Nachricht vom · Unsere Zeichen/Unsere Nachricht vom · ☎ 02 31 /52 35 26 · 44135 Dortmund
25. März 20..

RECHNUNG Nr. 65090

Lieferdatum: 18. 03. 20..

Menge	Bezeichnung	Einzelpreis	Gesamtpreis
2	F & P PC	1300,00	2 600,00
2	Monitor	490,00	980,00
2	Streamer Archive	164,00	329,00
			3 909,00
		+ 19 % USt	742,71
			4 651,71

Bankverbindung:
Stadtsparkasse Dortmund BIC: DORTDE33XXX
IBAN: DE 58 4425 0199 0001 0717 56

Registergericht Dortmund, HRB 8392
Geschäftsführer: Gerhard Fraßa
Steuer-Nr.: 381/1234/2/4680

2.2

Papierfabrik
Rudolf Walterbeck e. Kfm., Dortmund

RUDOLF WALTERBECK e.Kfm. · BRÜGMANNSTR. 101 · 44135 DORTMUND

Unternehmensberatung
Wolfgang Döhmann e. Kfm.
Herbeder Str. 54
58455 Witten

Rechnungsdatum: 25. März 20..
Lieferdatum: 20. März 20..

Rechnung Nr. 23082

Pos.	Menge	Bezeichnung	Einzelpreis in EUR	Gesamtbetrag in EUR
1	1.000 Bogen	Salamander holzfrei ledergeprägt Umschlagkarton silbergrau 70,0 x 100,0	155,30 % Bogen	1 553,00
2	5.000 Bogen	100 RC Script satiniert aus 100% Altpapier altweiß 43,0 x 61	5,69 % Bogen	284,50
3	500 Bogen	Senator leinengeprägt Porzellankarton weiß 61,0 x 86,0	85,40 % Bogen	427,00
				2 264,50
		19% Umsatzsteuer		430,26
		Rechnungsbetrag		2 694,76

Sitz der Gesellschaft:
44135 Dortmund
Brügmannstr. 101
Telefon: 0231 593535
Telefax: 0231 593539

RG Dortmund
HRA 2020
Steuer-Nr.:
340/3142/4610

Dortmunder Volksbank e. G.
BIC: GENODEM1DOR
IBAN: DE 93 4416 0014 0100 1088 00

Postbank Dortmund
BIC: PBNKDEFFXXX
IBAN: DE 39 4401 0046 0134 3834 64

2.3

Papierfabrik
Rudolf Walterbeck e. Kfm., Dortmund

RUDOLF WALTERBECK e.Kfm. · BRÜGMANNSTR. 101 · 44135 DORTMUND

EDV-Systembetreuung
Ralf Weybeck e.Kfm.
Seydlitzstr. 42
44263 Dortmund

Rechnungsdatum: 25. März 20..
Lieferdatum: 20. März 20..

Rechnung Nr. 23083

Pos.	Menge	Bezeichnung	Einzelpreis in EUR	Gesamtbetrag in EUR
1	30.000 Blatt	Primatocolor matt Offset chlorfrei gebleicht grün 61,0 x 86,0	20,00 % Blatt	6 000,00
				6 000,00
		19% Umsatzsteuer		1 140,00
		Rechnungsbetrag		7 140,00

Sitz der Gesellschaft:
44135 Dortmund
Brügmannstr. 101
Telefon: 0231 593535
Telefax: 0231 593539

RG Dortmund
HRA 2020
Steuer-Nr.:
340/3142/4610

Dortmunder Volksbank e. G.
BIC: GENODEM1DOR
IBAN: DE 93 4416 0014 0100 1088 00

Postbank Dortmund
BIC: PBNKDEFFXXX
IBAN: DE 39 4401 0046 0134 3834 64

Belegkreis 3: Kasse

Kassenbuchblatt Nr. 12

Monat: März 20..   **12. Kalenderwoche**

Beleg Nr.	Beleg Datum	Text	Einnahmen in EUR	Ausgaben in EUR
3.1	26. März 20..	Tanken DO-BE 44		73,50
3.2	28. März 20..	Postwertzeichen		130,00
3.3	28. März 20..	Barabhebung Bank	1 500,00	
3.4	28. März 20..	Barverkauf	446,25	
3.5	30. März 20..	Miete		700,00
3.6	31. März 20..	Bareinzahlung Bank		1 000,00
3.7	31. März 20..	Gehalt für Aushilfe		700,00
Datum: *31. März 20..*		Summen	1 946,25	2 603,50
		Anfangsbestand	1 250,00	
Unterschrift *Treu*		Schlussbestand		592,75
		Kontrollsummen	3 196,25	3 196,25

3.1

```
           RAN-STATION
           Ingrid Häusle
            Röntgenstraße 59
            44369 Dortmund
    TEL: 0231 593535   FAX: 593539


   *             54,44 Liter    SÄULENNr 3*
   *Super Blfr. A         73,50 EUR*
    1,35 EUR/Liter
             BAR          73,50 EUR

   TOTAL                  73,50 EUR

   MWST 19,00% A          11,74 EUR
   NETTO                  61,76 EUR



   # 5112  12.04.20..  13:17  B18  K.0001
   StNr.Kraftst.: 121/174/53705
   StNr.Shopware: 91158/58899

           Vielen Dank für Ihren Einkauf
                und gute Fahrt!
```

3.2

```
   Deutsche Post AG
   44135 Dortmund
   82571613 3655         28.März 20..

   130,00 EUR

   Postwertzeichen ohne Zuschlag
   Vielen Dank für Ihren Besuch.
   Ihre Deutsche Post AG
```

3.3

Papierfabrik
Rudolf Walterbeck e. Kfm., Dortmund

RUDOLF WALTERBECK e. Kfm. · BRÜGMANNSTR. 101 · 44135 DORTMUND

EDV-Systembetreuung
Ralf Weybeck e. Kfm.
Seydlitzstr. 42
44263 Dortmund

44135 Dortmund, 28. März 20..
Lieferdatum: 28. März 20..

Barverkauf Nr. 192

Pos.	Menge	Bezeichnung	Einzelpreis in EUR	Gesamtbetrag in EUR
1	50.000 Blatt	Kompass Copy Offset chlorfrei gebleicht holzfrei weiß 21,0 x 29,7	0,75 % Blatt	375,00
				375,00
		19% Umsatzsteuer		71,25
				446,25

Es gelten unsere umseitigen Lieferungs- und Zahlungsbedingungen.

Betrag dankend erhalten

Seelig

Sitz der Gesellschaft:
44135 Dortmund
Brügmannstr. 101
Telefon: 0231 59 35 35
Telefax: 0231 59 35 39

RG Dortmund:
HRA 2020
Steuer-Nr.:
340/3142/4610

Dortmunder Volksbank e.G.
BIC: GENODEM1DOR
IBAN: DE 93 4416 0014 0100 1088 00

Postbank Dortmund
BIC: PBNKDEFFXXX
IBAN: DE 39 4401 0046 0134 3834 64

3.4

Quittung EUR

Betrag: 700,00
inklusive %MwSt./Betrag

Nr.
Betrag in Worten: siebenhundert ----
von Walterbeck e. Kfm.
für Garagenmiete März
dankend erhalten
Datum/Ort: 30.03.20.. Dortmund
Buchungsvermerke Stempel/Unterschrift des Empfängers

K. Kluge

3.5

Dortmunder Volksbank GENODEM1DOR Einzahlung

Kontoinhaber: Name, Vorname/Firma (max. 27 Stellen)
Rudolf Walterbeck e. Kfm.
IBAN: DE93 4416 0014 0100 1088 00
Betrag: 1000,00
Handelnde Person bei regelm. Einzahler/Altheber: Art der Legitimation; Kennwort

× 28.03.20.. *Walterbeck*
Datum, Unterschrift des Einzahlers

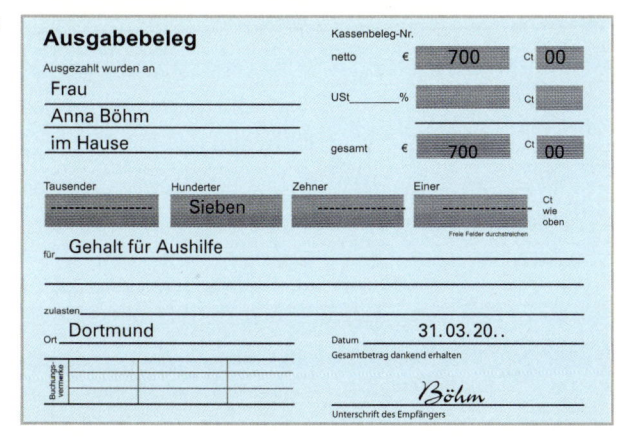

× 28.03.20.. *Fischer*
Datum, Unterschrift des Kassierers

3.6

Ausgabebeleg

Kassenbeleg-Nr.

Ausgezahlt wurden an
Frau
Anna Böhm
im Hause

netto € 700 Ct 00
USt ___ %   Ct
gesamt € 700 Ct 00

Tausender	Hunderter	Zehner	Einer
------	Sieben	------	------

Ct wie oben
Freie Felder durchstreichen

für Gehalt für Aushilfe

zulasten

Ort: Dortmund   Datum: 31.03.20..
Gesamtbetrag dankend erhalten

Böhm
Unterschrift des Empfängers

Belegkreis 4: Bankverkehr Dortmunder Volksbank e.G.

Der Bankverkehr wird durch die nachfolgenden Kontoauszugsblätter dokumentiert.

				IBAN		BIC	erstellt am	Auszug	Blatt
	Dortmunder Volksbank e.G.			DE93441600140100108800		GENODEM1DOR	29.03.20..	16	1
	Alter Kontostand							28 780,00 +	
4.1	27.03.	300007	27.03.	Re-Nr. 4155138 Empfänger: WAZ Essen		Überweisung		408,41 −	
4.2	28.03.	300102	28.03.	Auszahlung		Barauszahlung		1 500,00 −	
4.3	29.03.	300103	29.03.	Miete März 20.. Empfänger: Immobilien Meister		Lastschrift		600,00 −	
	Neuer Kontostand							26 271,59 +	

Papierfabrik
Rudolf Walterbeck e.Kfm.
Brügmannstr. 101
44135 Dortmund

Kontoauszug

Bitte Rückseite beachten.

				IBAN		BIC	erstellt am	Auszug	Blatt
	Dortmunder Volksbank e.G.			DE93441600140100108800		GENODEM1DOR	29.03.20..	17	1
	Alter Kontostand							26 271,59 +	
4.4	30.03.	300104	30.03.	Re-Nr. 23083 vom 25. März 20.. Auftraggeber: Ralf Weybeck		Gutschrift		7 140,00 +	
4.5	30.03.	300105	31.03.	Eigene Einzahlung		Bareinzahlung		1 000,00 +	
4.6	31.03.	300108	31.03.	Re-Nr. 65090 vom 22. März 20.. Empfänger: F&P Dortmund		Lastschrift		4 651,71 −	
4.7	31.03.	300109	31.03.	Tilgungsrate März 20.. Kreditkonto 100 109 222		Lastschrift		5 000,00 −	
4.8	31.03.	300110	31.03.	Re-Nr. 23042 vom 24. März 20.. Auftraggeber: Wolfgang Döhmann		Gutschrift		5 175,00 +	
6.1	31.03.	300111	31.03.	Finanzamt Dortmund		Überweisung		5 280,44 −	
6.2	31.03.	300112	31.03.	Berufsgenossenschaft		Überweisung		3 160,00 −	
6.3	31.03.	300113	31.03.	Gehaltszahlung				1 753,18 −	
	Neuer Kontostand							19 741,26 +	

Papierfabrik
Rudolf Walterbeck e.Kfm.
Brügmannstr. 101
44135 Dortmund

Kontoauszug

Bitte Rückseite beachten.

Belegkreis 5: Bankverkehr Postbank Dortmund

Kontoauszug in EUR

IBAN DE 39 4401 0046 0134 3834 64
Auszug 3
Datum 25.03.20..
Blatt 1

Postbank

Vorgang / Buchungsinformation	PN-Nummer	Buchung	Wertstellung	Umsatz in EUR
· Lastschrift Telekom				
Fernmeldekonto 237800002380	114	25.03.	25.03.	315,45−
· Lastschrift				
Finanzamt Dortmund				
Kfz-Steuer DO-BE 44	114	25.03.	25.03.	830,00−
· Lastschrift Anlage	117	25.03.	25.03.	847,60−
· Entgelte usw. Anlage	117	25.03.	25.03.	22,50−

5.1
5.2
5.3
5.4

150 / 01 / 012036 / 015   1,10
403298 − 1 − 1 − T

Zahlungseingänge	0,00+
Zahlungsausgänge	2.015,55−
Alter Kontostand	7.068,70+
Neuer Kontostand	5.053,15+

Papierfabrik
Rudolf Walterbeck e. Kfm.
Brügmannstr. 101
44135 Dortmund

Zinssatz für Dispositionskredit: 9,75%
Zinssatz für geduldete Überziehung: 13,25%
Dispositionskredit in EUR: 5.000,00

Postbank Dortmund   Privatkunden   Tel: 0180 3040500*   Fax: 0180 3040800*   · 7x24 Stunden   direkt@postbank.de   www.postbank.de
44131 Dortmund   Geschäftskunden   Tel: 0180 4440400**   Fax: 0180 3040999*   · 7x24 Stunden   business@postbank.de
BIC PBNKDEFFXXX   * 9 Cent/Min. **20 Cent/Anruf · dt. Festnetz; Mobiltarif max. 42 Cent/Min. oder 60 Cent/Anruf   firmenkunden@postbank.de   USt.-IdNr. DE169824467

IBAN: DE 39 4401 0046 0134 3834 64
Anlage 1
Datum 25.03.20..
Blatt 1

Postbank

Vorgang / Buchungsinformation	PN-Nummer	Buchung	Wertstellung	Umsatz in EUR
· Buchungsbestätigung				

Gemäß Ihrem Auftrag haben wir am 25.03.20.. überwiesen

Betrag   : EUR 847,60
Zahlungsempfänger   : HDI Hannover
Kontonummer   : 5405 72-305
Bankleitzahl   : 25010030
Verwendungszweck   : Kfz-Haftpflicht
Referenz-Nr.   : 122032102365

Ihre Postbank

Postbank Dortmund   Privatkunden   Tel: 0180 3040500*   Fax: 0180 3040800*   · 7x24 Stunden   direkt@postbank.de   www.postbank.de
44131 Dortmund   Geschäftskunden   Tel: 0180 4440400**   Fax: 0180 3040999*   · 7x24 Stunden   business@postbank.de
BIC PBNKDEFFXXX   * 9 Cent/Min. **20 Cent/Anruf · dt. Festnetz; Mobiltarif max. 42 Cent/Min. oder 60 Cent/Anruf   firmenkunden@postbank.de   USt.-IdNr. DE169824467

IBAN: DE 39 4401 0046 0134 3834 64
Anlage 2
Datum 25.03.20..
Blatt 1

Postbank

Vorgang / Buchungsinformation	PN-Nummer	Buchung	Wertstellung	Umsatz in EUR
· Zinsen, Porto und Entgelte für das abgelaufene Quartal				
Kontoführungsentgelt				22,50−
Gesamtsumme für Konto	0134383464 per 31.03.			22,50−

Postbank Dortmund   Privatkunden   Tel: 0180 3040500*   Fax: 0180 3040800*   · 7x24 Stunden   direkt@postbank.de   www.postbank.de
44131 Dortmund   Geschäftskunden   Tel: 0180 4440400**   Fax: 0180 3040999*   · 7x24 Stunden   business@postbank.de
BIC PBNKDEFFXXX   * 9 Cent/Min. **20 Cent/Anruf · dt. Festnetz; Mobiltarif max. 42 Cent/Min. oder 60 Cent/Anruf   firmenkunden@postbank.de   USt.-IdNr. DE169824467

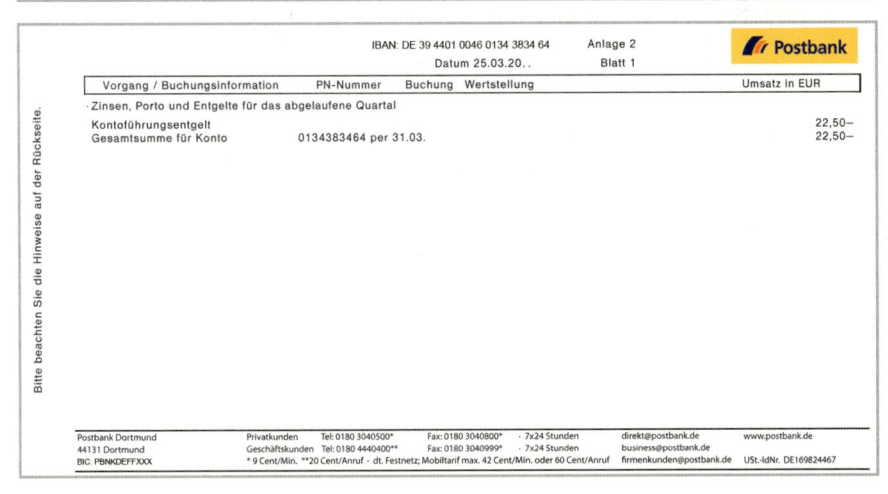

Belegkreis 6: Personalwirtschaft

6.1

€uro-Überweisung
GENODEM1DOR
Dortmunder Volksbank eG

Für Überweisungen in Deutschland, in andere EU-/EWR-Staaten und in die Schweiz in Euro.
Überweisender trägt Entgelte und Auslagen bei seinem Kreditinstitut; Begünstigter trägt die übrigen Entgelte und Auslagen.
Bitte Meldepflicht gemäß Außenwirtschaftsverordnung beachten!

Angaben zum Begünstigten: Name, Vorname/Firma (max. 27 Stellen, bei maschineller Beschriftung max. 35 Stellen)
Finanzamt Dortmund

IBAN
DE24 4405 0199 0123 4902 00

BIC des Kreditinstituts (8 oder 11 Stellen)
DORTDE33XXX

Betrag: Euro, Cent
5280,44

Kunden-Referenznummer - Verwendungszweck, ggf. Name und Anschrift des Überweisenden - (nur für Begünstigten)
Lohn- und Kirchensteuer, Soli.-Zuschlag März 20..

noch Verwendungszweck (insgesamt max. 2 Zeilen à 27 Stellen, bei maschineller Beschriftung max. 2 Zeilen à 35 Stellen)

Angaben zum Kontoinhaber: Name, Vorname/Firma, Ort (max. 27 Stellen, keine Straßen- oder Postfachangaben)
Walterbeck, Brügmannstr. 101, 44135 Dortmund

IBAN
DE93 4416 0014 0100 1088 00   16

Datum   Unterschrift(en)
31.03.20..   R. Walterbeck

6.2

€uro-Überweisung
GENODEM1DOR
Dortmunder Volksbank eG

Für Überweisungen in Deutschland, in andere EU-/EWR-Staaten und in die Schweiz in Euro.
Überweisender trägt Entgelte und Auslagen bei seinem Kreditinstitut; Begünstigter trägt die übrigen Entgelte und Auslagen.
Bitte Meldepflicht gemäß Außenwirtschaftsverordnung beachten!

Angaben zum Begünstigten: Name, Vorname/Firma (max. 27 Stellen, bei maschineller Beschriftung max. 35 Stellen)
Berufsgenossenschaft Dortmund

IBAN
DE84 4405 0199 0066 4563 21

BIC des Kreditinstituts (8 oder 11 Stellen)
DORTDE33XXX

Betrag: Euro, Cent
3160,00

Kunden-Referenznummer - Verwendungszweck, ggf. Name und Anschrift des Überweisenden - (nur für Begünstigten)
Beitrag März 20..

noch Verwendungszweck (insgesamt max. 2 Zeilen à 27 Stellen, bei maschineller Beschriftung max. 2 Zeilen à 35 Stellen)

Angaben zum Kontoinhaber: Name, Vorname/Firma, Ort (max. 27 Stellen, keine Straßen- oder Postfachangaben)
Walterbeck, Brügmannstr. 101, 44135 Dortmund

IBAN
DE93 4416 0014 0100 1088 00   16

Datum   Unterschrift(en)
31.03.20..   R. Walterbeck

6.3

Entgeltabrechnung			03/20..
Firmen-Nr.			12345
Firma	Rudolf Walterbeck e. Kfm.		
	Brügmannstr. 101, 44135 Dortmund		

Personal-Nr.				8
Krankenkasse	DAK Dortmund			
SV-Nummer	02160182S008	Steuer-ID-Nr.	46 367 975	
Eintritt	1.11.04	Letzt-Eintritt		
Austritt				

Seite: 1
Datum: 15.03.20..

Diese Abrechnung wurde mit dem
SBS *Lohn plus* ® der SBS Software GmbH
erstellt und dient als Verdienstbescheinigung.
lohnexperte.de * 06842 Dessau   X

Text-Nachricht

Rudolf Walterbeck e.Kfm., Brügmannstr. 101, 44135 Dortmund

P-Nr.: 10
KoSt.: 200

Persönlich / Vertraulich

Frau
Lena Müller
Rotkäppchenweg 14
44339 Dortmund

Info

Urlaub			
Tage VJ alt	4,00		
Tage LJ alt	30,00		
Genommen	9,00		
Tage neu	25,00		
Tage verfügbar			
Vergütung VJ			
Vergütung LJ			
Pool/Freizeit		**ZK/AGK**	
Stand alt		Stand alt	
Zu- /Abgang		Zu- /Abgang	
Stand neu		Stand neu	
AG-Darlehen		**Pfändung**	**Standard** **Unterhalt**
Stand alt		Stand alt	
Darlehensrate		Pfänd.-Netto	
Stand neu		Pfänd.-Rate	
		Stand neu	

	Bezeichnung	St	SV	Anzahl	Satz	Faktor	Betrag
6300	Bruttogehalt März						2.582,59

(S) = bAV-Steuerkorrektur

Gesamt-Bruttoentgelt				20.382,72
Steuer	BG 3	Monat		Jahr
Freibetrag		0		0
Steuer-Brutto		30 2.582,59	90	7.747,77
davon einmalig		0,00		0,00
LSt	4/0,765/0,0	277,66		832,98
SoliZ		15,27		45,81
KiSt	rk/--	22,21		66,63
Kammer		0,00		0,00
SV	PG 101	Monat		Jahr
SV-Brutto		2.582,59		7.747,77
davon einmalig		0,00		0,00
KV-Brutto		30 2.582,59	90	7.747,77
RV-Brutto		30 2.582,59	90	7.747,77
AV-Brutto		30 2.582,59	90	7.747,77
PV-Brutto		30 2.582,59	90	7.747,77
KV (7,3 %)	1	188,53		565,59
RV (9,45 %)	1	254,05		762,15
AV (1,5 %)	1	38,74		116,22
PV (1,025+0,25 %)	1 / Z	32,93		98,79
ZVK-Brutto (Bau)		0,00		0,00
ZVK-Beitrag (Bau)		0,00		0,00

Summe der Brutto-Bezüge	2.582,59
Steuer	315,16-
Sozialversicherung	514,25-
Netto	1.753,18

Überweisung	1.753,18
Bank	Sparkasse Dortmund
	BIC: DORTDE33XXX, IBAN: DE 38 4405 0199 0000 1024 56

Belegkreis 7: Anlagenwirtschaft

7.1

Voth Maschinenbau OHG, Altdorf

Voth Maschinenbau OHG · Industriestraße 1 – 20 · 72655 Altdorf

Rudolf Walterbeck e. Kfm.
Brügmannstr. 101
44135 Dortmund

Lieferdatum:	25.03.20..
Rechnungsdatum:	30.03.20..

Rechnung Nr. 197/4

Menge	Bezeichnung	Gesamtpreis
1	Schneideautomat Typ 37-AC	15 200,00 EUR
	Transportverpackung	1 400,00 EUR
		16 600,00 EUR
	+ 19 % USt	3 154,00 EUR
		19 754,00 EUR

Zahlungsbedingungen: 2 % Skonto innerhalb 14 Tage, 30 Tage Ziel

Sitz der Gesellschaft: Altdorf; Registergericht Nürnberg; HRA 99; Steuer-Nr.: 47895/23685

7.2

AUTOHAUS SIGEL GMBH & CO. KG

Autohaus Sigel GmbH & Co. KG · Waterloostr. 8 · 28201 Bremen

Rudolf Walterbeck e. Kfm.
Brügmannstr. 101
44135 Dortmund

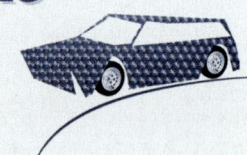

Bitte stets angeben:
Lieferdatum:	22.03.20..
Rechnungsdatum:	26.03.20..
Kunden-Nr.:	1199
Rechnungs-Nr.:	3456

Rechnung

Pos.	Menge	Artikelbezeichnung	Einzelpreis in EUR	Betrag in EUR
34	2	Pkw	23 200,00	46 400,00
		Sonderausstattung:		
		Radio-Navigations-System	2 000,00	4 000,00
		Anhängevorrichtung	529,00	1 058,00
				51 458,00
		+ 19 % USt		9 777,02
				61 235,02

Zahlungsbedingungen: 2% Skonto innerhalb 14 Tage, 30 Tage Ziel.

Sitz der Gesellschaft:	RG Bremen	Bremische Volksbank
28201 Bremen	HRA 621 060	IBAN: DE61 2919 0024 0000 5643 77
Telefon: 0421 6914	Steuer-Nr.:	BIC: GENODEF1HB1
Telefax: 0421 29950	91223/08076	

6 Wettbewerbssimulation

6.1 Modellcharakter von Unternehmensplanspielen

6.1.1 Begriff Unternehmensplanspiele

Das Wirtschaftsgeschehen ist sehr vielschichtig und durch eine Vielzahl gegenseitiger Wechselwirkungen gekennzeichnet. Jedes Unternehmen ist in sich ein komplexes System, das sich im vernetzten Gesamtsystem der Märkte erfolgreich behaupten muss.

Planspielunternehmen stellen eine vereinfachte, modellhafte, aber realistische Abbildung eines Unternehmens dar. Auch die volkswirtschaftlichen Rahmenbedingungen werden vereinfacht abgebildet. So sind häufig keine staatlichen Einflüsse und auch keine Außenhandelsbeziehungen (Import, Export) vorgesehen. Die Planspielteilnehmer machen sich durch die Arbeit in ihrem Unternehmen mit betriebswirtschaftlichen Grundbegriffen und Denkweisen vertraut. Die Simulation bietet Ihnen dabei ein schnelles, risikoloses und nachhaltiges Sammeln von praxisbezogenen Erfahrungen.

Bei den gängigen Unternehmensplanspielen konkurrieren in der Regel drei bis sechs Unternehmen mit einem vergleichbaren Produkt (z. B. einem Surfbrett) auf einem gemeinsamen Absatzmarkt um die Gunst der Käufer. Die Ausgangssituation ist für alle Planspielunternehmen identisch. Die Planspielgruppen übernehmen die Leitung eines fiktiven Unternehmens und treffen typische unternehmerische Entscheidungen hinsichtlich Verkaufspreis, Aufwendungen für Werbung, Fertigungsmenge usw. Im Computer des Lehrers werden die Entscheidungen aller Unternehmen zusammengefasst und vom Planspielprogramm, das das Käuferverhalten „kennt", verarbeitet. Jedes Unternehmen erhält Rückmeldungen in Form von Berichten. Jeder Simulationslauf entspricht in der Realität z. B. einem Monat oder einem Jahr.

> **Merke:**
>
> **Unternehmensplanspiele** bilden jeweils nur einen Ausschnitt der wirtschaftlichen Realität ab. Wie alle **gedanklichen Modelle** sollen sie den Zugang zu grundsätzlichen Erkenntnissen erleichtern.

6.1.2 Märkte als Bindeglieder

Die Arbeitsteilung ist ein wichtiges Kennzeichen unserer Wirtschaft und Gesellschaft, in der Gütererstellung und Bedarfsdeckung in verschiedenen Zweigen der Wirtschaft erfolgen. Die Spezialisierung zwingt alle zu effizienter Zusammenarbeit. Diese kann nur gelingen, wenn funktionierende Märkte als Bindeglieder zwischen den Wirtschaftssubjekten zur Verfügung stehen.

Zur Herstellung des vorgesehenen Produktes muss sich zunächst jedes Unternehmen alle erforderlichen **betriebswirtschaftlichen Produktionsfaktoren** beschaffen:

- **menschliche Leistungsfaktoren** als dispositive Faktoren (Unternehmensführung, hier: Planspielgruppe) und ausführende Faktoren (z. B. Fertigungspersonal),
- **materielle Leistungsfaktoren** in Form von Geldkapital, Grundstücken und Gebäuden, Betriebsmitteln (z. B. Maschinen) sowie Werkstoffen und
- **immaterielle Leistungsfaktoren** (z. B. Lizenzen, Pachtverträge).

Erst danach können die gefertigten Erzeugnisse abgesetzt werden. Die Verkaufserlöse werden größtenteils für die Bezahlung der eingesetzten Produktionsfaktoren (Werkstoffe und Betriebsmittel, Löhne und Gehälter, Zinsen, Mieten und Pachten) benötigt. Außerdem wünschen die Eigenkapitalgeber (Unternehmer) eine angemessene Gewinnbeteiligung.

Den **Güterströmen** (Sachgüter und Dienstleistungen) fließen also **Geldströme** entgegen, die z. B. in der Finanzbuchhaltung und der Kosten- und Leistungsrechnung ihren Niederschlag finden.

> **Merke:**
>
> Unternehmerisches Handeln schlägt sich in entsprechenden Wertezuflüssen und Werteabflüssen nieder. Dem **Güterstrom** (Sachgüter und Dienstleistungen) fließt jeweils ein **Geldstrom** entgegen.

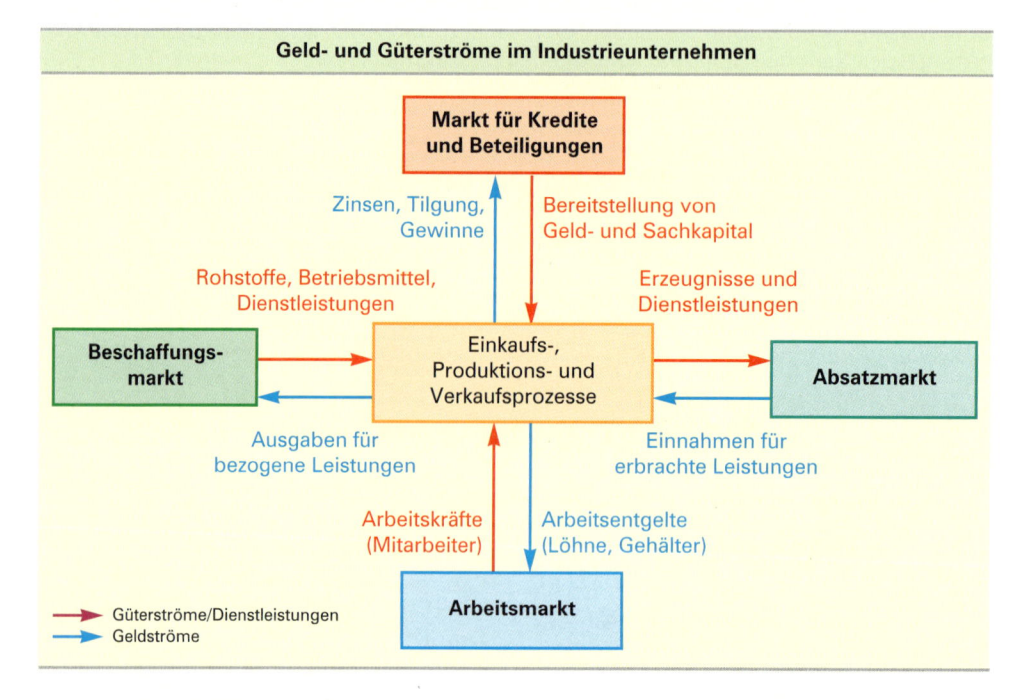

Geld- und Güterströme im Industrieunternehmen

- Markt für Kredite und Beteiligungen
  - Zinsen, Tilgung, Gewinne
  - Bereitstellung von Geld- und Sachkapital
- Beschaffungsmarkt
  - Rohstoffe, Betriebsmittel, Dienstleistungen
  - Ausgaben für bezogene Leistungen
- Einkaufs-, Produktions- und Verkaufsprozesse
- Absatzmarkt
  - Erzeugnisse und Dienstleistungen
  - Einnahmen für erbrachte Leistungen
- Arbeitsmarkt
  - Arbeitskräfte (Mitarbeiter)
  - Arbeitsentgelte (Löhne, Gehälter)

→ Güterströme/Dienstleistungen
→ Geldströme

Die Abbildung verdeutlicht die Bedeutung der Märkte als wichtige Bindeglieder eines Unternehmens zu anderen Bereichen der Volkswirtschaft, ohne die eine arbeitsteilige Wirtschaft nicht funktionieren könnte.

> **Merke:**
>
> Beim Unternehmensplanspiel übernimmt der Computer die Simulation der volkswirtschaftlichen Schnittstellen (Märkte). Die auf den verschiedenen Märkten herrschenden Bedingungen können von der Spielleitung verändert werden.

6.2 Durchführung einer Wettbewerbssimulation[1]

6.2.1 Entscheidungsprozesse

6.2.1.1 Entscheidungsformular[2]

Die in jeder Periode zu treffenden Entscheidungen der Planspielunternehmen können sowohl elektronisch als auch auf einem Entscheidungsblatt erfasst werden. Das unten stehende Formular enthält den Entscheidungsumfang für die ersten Spielperioden.

Der Umfang der Entscheidungen wird mit zunehmender Planspieldauer erweitert.

Unternehmen : ☐   **Periode** ☐

			Surfboard
Vertrieb und Marketing	Ladenpreis (Euro)		
	Werbung (Euro)		
	Mitarbeiter im Vertrieb (Endbestand)		

	Teile/Einsatzstoffe	Glasfaserkunststoff	Hartschaumstoff
Einkauf	Menge		

	Produkt		Surfboard
F&E	Externe Aufwendungen (Euro)		

Mitarbeiter in der Produktion	Einstellungen (Anz.)	
	Entlassungen (Anz.)	

Finanzen	Kredit kurzfristig (Euro)	

		Surfboard
Planwerte	Umsatz (Euro)	

Erläuterungen:

F&E: Forschung und Entwicklung. Es handelt sich um externe Aufwendungen, weil keine eigene Forschung und Entwicklung betrieben wird, sondern das Know-how von Ingenieurbüros bezogen wird.

---

[1] Die nachfolgenden Ausführungen sind von grundsätzlicher Bedeutung und daher weitgehend unabhängig von der verwendeten Planspielsoftware.
[2] Vgl. http://www.topsim.com/downloads/planspiele/TOPSIM_easyStartup!_1.01_PB.pdf, S. 15f.; im Hinblick auf die Handreichungen des Landesinstituts für Schulentwicklung, Stuttgart, zu TOPSIM-Delta entsprechend angepasst.

6.2.1.2 Informationsbeschaffung und -verarbeitung

Die Steuerung der Geld- und Güterströme ist nur mithilfe eines funktionierenden Informationssystems möglich. Wichtige Bausteine sind dabei die Finanzbuchhaltung und die Kostenrechnung.

Die Mitteilung (Weitergabe) der Informationen an andere bezeichnen wir als **Kommunikation**. In einem wirtschaftlichen Betrieb findet ein ständiger Informationsfluss zwischen den einzelnen Stellen und Abteilungen und zwischen dem Betrieb und seiner Außenwelt (z. B. den Lieferern, den Kunden, den Behörden, den Versicherungen usw.) statt. Fehlende Informationen müssen umgehend beschafft werden.

Je vollständiger die Informationen sind und je schneller sie von den verschiedenen Abteilungen übermittelt werden können, desto besser ist die Geschäftsführung in der Lage, die erforderlichen Entscheidungen zu fällen, weil der Grad der Unsicherheit verringert wird.

Auch der Erfolg einer Planspielgruppe ist stark abhängig von der Qualität der Informationsaufbereitung und einer funktionierenden Kommunikation zwischen den Gruppenmitgliedern. Bei der Entscheidungsfindung ist vor allem darauf zu achten, dass die Entscheidungen in einzelnen Bereichen nicht isoliert betrachtet werden dürfen. Es empfiehlt sich folgende Reihenfolge:

① Entscheidung treffen hinsichtlich des Marketing-Mixes (Preis, Werbung usw.).
② Festlegung der Angebotsmenge.
③ Festlegung der Fertigungsmenge unter Berücksichtigung des vorhandenen Lagerbestandes an Erzeugnissen.
④ Entscheidung treffen bezüglich der erforderlichen Produktionsfaktoren (Materialeinkauf, Bestellung von Maschinen, Einstellung oder Entlassung von Personal).

Jede Entscheidung führt zu Änderungen in den Planungsrechnungen der betroffenen Abteilungen. Auch gegenseitige Wechselwirkungen sind zu beachten.

Beispiel:

Entscheidungen über die Höhe der Werbeausgaben beeinflussen die Selbstkosten. Diese wiederum bilden eine wichtige Grundlage für die Preisfestsetzung. Die Preishöhe beeinflusst ihrerseits den Umfang der Werbeanstrengungen.

6.2.1.3 Entscheidungsprozesse als Regelkreise

Im Verlauf eines Planspiels bilden aufbereitete Informationen den wichtigsten Anhaltspunkt für die Setzung der Unternehmensziele,[1] die Vorbereitung der Entscheidungen, die Simulation der Produktion und des Absatzmarktes und schließlich die Kontrolle der Planzahlen.

In der Entscheidungsphase geht es darum, ein angemessenes Ziel und den geeigneten Lösungsweg aus verschiedenen Alternativen auszuwählen. Im Hinblick auf die nachfolgende Kontrollphase ist es notwendig, die Begründungen für die Entscheidungen zu protokollieren.

---
[1] Bei vielen Unternehmensplanspielen steht das Ziel der Gewinnmaximierung im Vordergrund. Andere Ziele könnten ein hoher Marktanteil oder ein möglichst umweltfreundliches Produkt sein.

> **Beispiel:**
>
> In einem Planspiel mit vier simulierten Unternehmen hat sich ein Unternehmen einen Marktanteil von 30% zum Ziel gesetzt. Auf der Grundlage des Marktforschungsberichts über die Vorperiode sowie der bisherigen Absatzentwicklung wird die Absatzmenge der nächsten Periode geplant. Das hat Konsequenzen für die zu planende Fertigungsmenge und die dazu erforderlichen Produktionsfaktoren sowie den Umfang der Ausgaben für Werbung.
>
> Nach Ablauf der Periode erhält die Planspielgruppe von der Spielleitung die Simulationsergebnisse (Tabellen und Grafiken). Der Vergleich der Planzahlen (Sollzahlen) mit den tatsächlich erreichten Zahlen (Istzahlen) – die Kontrolle – ergibt, dass das gesteckte Ziel nicht erreicht wurde. Nunmehr ist zu überlegen, welche Ursachen (Störgrößen) zur Planabweichung führten und welche Maßnahmen zu ergreifen sind, damit zukünftige Planabweichungen verringert oder ganz vermieden werden.

Diese Zusammenhänge lassen sich in übersichtlicher Weise im Regelkreis darstellen:

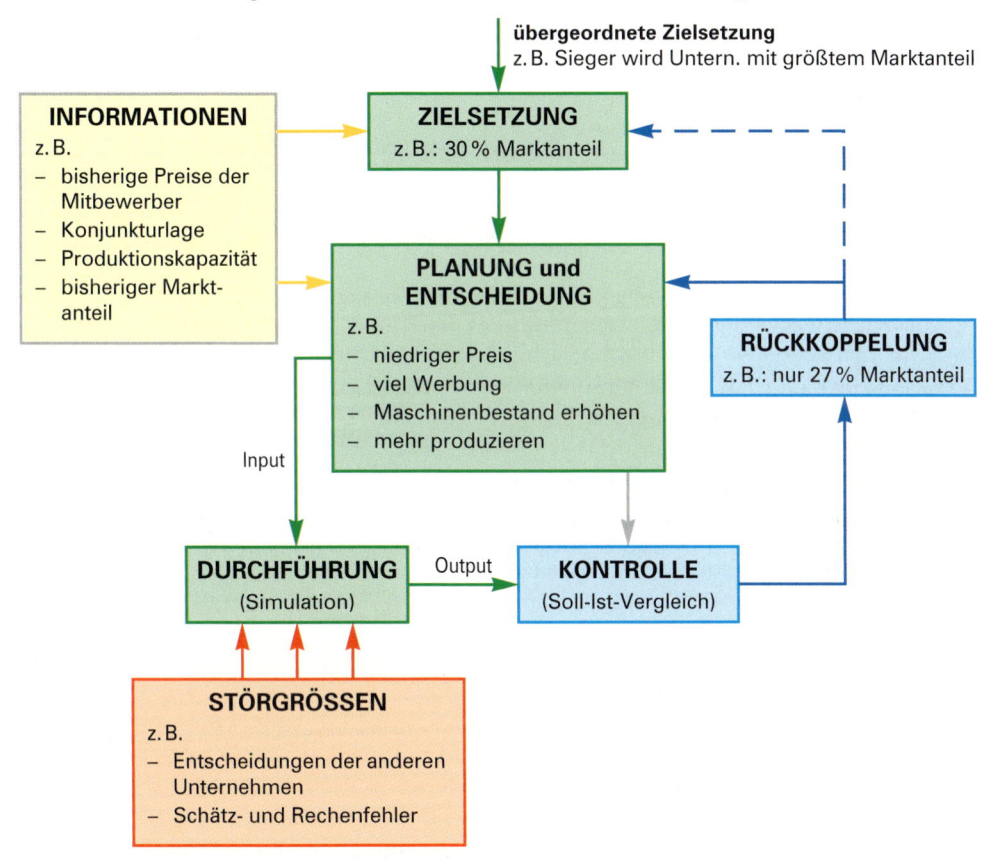

übergeordnete Zielsetzung
z. B. Sieger wird Untern. mit größtem Marktanteil

INFORMATIONEN
z. B.
- bisherige Preise der Mitbewerber
- Konjunkturlage
- Produktionskapazität
- bisheriger Marktanteil

ZIELSETZUNG
z. B.: 30 % Marktanteil

PLANUNG und ENTSCHEIDUNG
z. B.
- niedriger Preis
- viel Werbung
- Maschinenbestand erhöhen
- mehr produzieren

RÜCKKOPPELUNG
z. B.: nur 27 % Marktanteil

Input

DURCHFÜHRUNG
(Simulation)

Output

KONTROLLE
(Soll-Ist-Vergleich)

STÖRGRÖSSEN
z. B.
- Entscheidungen der anderen Unternehmen
- Schätz- und Rechenfehler

Die **Abweichungsanalyse (Soll-Ist-Vergleich)** ist ebenfalls sorgfältig zu dokumentieren, denn nur dann sind im Rahmen der Rückkoppelung sachliche Diskussionen über erforderliche Korrekturen an den Planungen und Entscheidungen sowie vielleicht an der Zielsetzung möglich. Auch in realen Unternehmen besteht in der Umsetzung von Erkenntnissen aus dem Rückkoppelungsprozess eine wesentliche Aufgabe von Führungskräften.

> **Merke:**
>
> Da der Wettbewerb der Planspielunternehmen über mehrere Perioden verläuft, wird der beschriebene Regelkreis in jeder Periode erneut durchlaufen.

Übungsaufgabe

146
1. Beschreiben Sie den Modellcharakter von Unternehmensplanspielen!
2. Erläutern Sie die Bedeutung der Märkte als Bindeglieder einer Volkswirtschaft!
3. Beschreiben Sie den Stellenwert der Informationsbeschaffung und -verarbeitung im Rahmen eines Unternehmensplanspiels!
4. Begründen Sie, warum die Entscheidungen im Marketingbereich zuerst getroffen werden sollten!
5. Bei einem Unternehmensplanspiel soll die Gruppe siegen, die über alle Perioden gerechnet am meisten Gewinn erzielt. Ein Unternehmen erzielte in den Perioden 1 und 2 zwar jeweils gute Umsätze; der Gewinn blieb jedoch hinter den Erwartungen zurück.
   Aufgabe:
   Skizzieren Sie den Regelkreis des Entscheidungsprozesses für Periode 3!

6.2.2 Unternehmerische Entscheidungen in den einzelnen Bereichen

Die bisherigen Ausführungen zeigen, dass bei einem funktionsübergreifenden Geschäftsprozess (z. B. Gestaltung eines Design-Boards nach den Wünschen des Kunden) alle Unternehmensbereiche zusammenarbeiten müssen, um die Unternehmensziele erreichen zu können. In den einzelnen Unternehmensbereichen können die Entscheidungen unter Nutzung der Fachkenntnisse und der Vorteile der Arbeitsteilung zwar vorbereitet, jedoch endgültig erst auf einer bereichsübergreifenden Sitzung beschlossen werden.

6.2.2.1 Überlegungen zum Marketing-Mix

Auf der Grundlage der zuvor festgelegten strategischen Marketingziele sind in jeder Planspielperiode konkrete Marketingentscheidungen hinsichtlich Preis, Werbung und Mitarbeiterzahl im Verkauf zu treffen.

> **Beispiel:**
>
> Der Marketing-Fachmann der Planspielgruppe rechnet für sein Unternehmen mit einer Absatzmenge von 160 Design-Boards und schlägt für Periode 1 folgenden Marketing-Mix vor:
>
> Verkaufspreis   590,00 EUR
> Werbeaufwand   9 000,00 EUR
> Mitarbeiter im Verkauf: 1 Stelle

Auf dem vom Planspielprogramm[1] simulierten Absatzmarkt zeigt es sich, ob die Marketingentscheidungen den Käufererwartungen und der Konkurrenz standhalten können.

---
[1] Vom Landesinstitut für Schulentwicklung, Stuttgart, wird die Verwendung von TOPSIM-Delta der TERTIA Edusoft GmbH, Tübingen, empfohlen.

Die gesamte Nachfragemenge ist von der simulierten Konjunkturlage und vom Preisniveau (Durchschnittspreis aller Unternehmen) abhängig. Durch diesen Zusammenhang und die nachfolgend beschriebenen Wechselwirkungen ist eine genaue Vorhersage nicht möglich.

Folgende Wirkungszusammenhänge sind in diesem Entscheidungsprozess von Bedeutung:

(1) Zusammenhang zwischen Stückkosten und Verkaufspreis

Neben den Preisen der Konkurrenzunternehmen sind vor allem die eigenen Kosten[1] eine wichtige Orientierungsgröße für die Preisfestsetzung. Die Stückkosten werden vereinfacht ermittelt, indem die gesamten Aufwendungen auf die produzierte Stückzahl umgelegt werden.

Beispiel:

Für die Herstellung von 160 Surfboards fallen folgende Aufwendungen an:

Hartschaumstoffe, Glasfaserkunststoffe und Betriebsstoffe (160 · 95,00 EUR)	15 200,00 EUR
Personalaufwand (Beschaffung, Produktion, Vertrieb)	39 640,00 EUR
Abschreibungen (Maschine, Geschäftsausstattung)	1 000,00 EUR
Miet- und Zinsaufwand	8 200,00 EUR
Aufwand für Werbung sowie Forschung und Entwicklung	12 000,00 EUR

Aufgaben:
1. Ermitteln Sie die Stückkosten!
2. Berechnen Sie, wie hoch die Stückkosten wären, wenn aufgrund der Marktanalyse nur für 140 Boards Material eingekauft und auch nur 140 Boards produziert und verkauft wurden!
3. Angenommen, bei zusätzlichen Werbeaufwendungen in Höhe von 2 500,00 EUR könnten wieder 160 Boards verkauft werden. Prüfen Sie, ob sich die Werbung bezahlt machen würde!

Lösungen:

zu 1.: Stückkosten = Summe der Aufwendungen : Stückzahl
= 76 040,00 EUR : 160 Stück = <u>475,25 EUR/Stück</u>

zu 2.: Die Summe der Aufwendungen sinkt um 20 · 95,00 EUR = 1 900,00 EUR
Stückkosten = 74 140,00 EUR : 140 Stück = <u>529,57 EUR/Stück</u>

zu 3.: Die Summe der Aufwendungen steigt von 76 040,00 EUR auf 78 540,00 EUR
Stückkosten = 78 540,00 EUR : 160 Stück = <u>490,88 EUR/Stück</u>

Der höhere Werbeaufwand würde sich im Vergleich zu 2. lohnen.

Zur Gewinnerzielung muss ein Verkaufspreis festgelegt werden, der über den ermittelten Stückkosten liegt. Höhere Absatzmengen führen zu günstigeren Stückkosten und ermöglichen damit niedrigere Verkaufspreise.

(2) Zusammenhang zwischen Preis und Absatzmenge

In der Regel werden bei Preiserhöhungen Kunden „abspringen", bei Preissenkungen hingegen neue Kunden gewonnen. Die Abbildung auf S. 450 zeigt, dass Preisabweichungen bis zu etwa ±10% des Durchschnittspreises (z.B. 600,00 EUR/Board) in der Regel noch zu

---

[1] Aus Vereinfachungsgründen wird an dieser Stelle noch nicht zwischen fixen und variablen Kosten unterschieden. Kosten, die unabhängig von der produzierten Stückzahl anfallen, nennt man **fixe Kosten** (z.B. Miete, ein Teil der Löhne, Abschreibungen, Werbekosten). Die Summe der **variablen Kosten** ist hingegen abhängig von der hergestellten Menge (z.B. Roh-, Hilfs- und Betriebsstoffe).

keinen großen Kundenwanderungen führen. In diesem Bereich führt eine prozentuale Änderung des Durchschnittspreises zu einer deutlich geringeren prozentualen Änderung der Gesamtabsatzmenge.

Weicht der Preis eines Unternehmens jedoch deutlich vom Durchschnittspreis aller Unternehmen ab, dann verringert sich (bei hohem Preis) oder vergrößert sich (bei niedrigem Preis) die Nachfrage für das Produkt dieses Unternehmens stark. Eine prozentuale Änderung des Durchschnittspreises führt dann zu einer deutlich höheren Änderung in der Gesamtabsatzmenge. Ab einem Preis von z. B. 1 000,00 EUR/Stück lassen sich keine Surfbretter mehr verkaufen.

Diese Zusammenhänge haben erhebliche Auswirkungen auf Umsatz und Gewinn.

Beispiel:

Der Durchschnittspreis für ein Surfbrett liegt bei 600,00 EUR. Zu diesem Preis sind bei einem bestimmten Aufwand für Werbung ca. 160 Surfbretter absetzbar. Bei einem Preis von 700,00 EUR sinkt der Absatz auf ca. 135 Surfbretter; bei 500,00 EUR steigt er auf 180 Surfbretter.

Aufgaben:
1. Bestimmen Sie die Absatzmenge mit dem größten Periodenumsatz!
2. Ermitteln Sie, bei welcher Absatzmenge der Gewinn am größten ist, wenn folgende Kostensituation vorliegt:

Produktionsmenge (Boards)	**Stückkosten** (EUR/St.)
135	545,67
160	475,25
180	433,00

3. Erläutern Sie die Beziehungen zwischen Umsatzmaximum, Gewinnmaximum und Absatzmenge bestehen!

Lösungen:

Zu 1.: Folgende Periodenumsätze sind erzielbar: 135 · 700,00 = 94 500,00 EUR
160 · 600,00 = **96 000,00 EUR**
180 · 500,00 = 90 000,00 EUR

Zu 2.: Die Gewinnsituation stellt sich so dar: 135 · 154,33 = **20 834,55 EUR**
160 · 124,75 = 19 960,00 EUR
180 · 67,00 = 12 060,00 EUR

Zu 3.: Umsatzmaximum und Gewinnmaximum liegen bei unterschiedlichen Absatzmengen.

Allgemein lässt sich der Zusammenhang zwischen Preis und Absatzmenge wie folgt skizzieren:

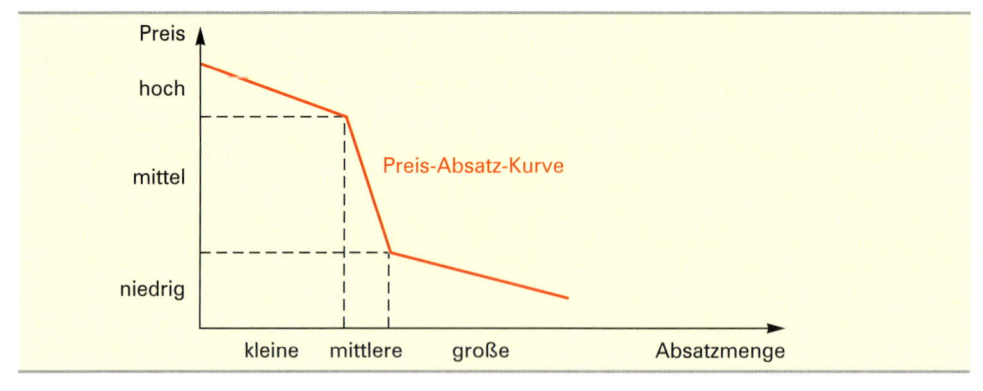

(3) Zusammenhang zwischen Werbeaufwand und Absatzmenge

Aufwendungen für Werbung fördern im Allgemeinen den Absatz. Nicht jeder Euro, der für die Werbung ausgegeben wird, hat jedoch die gleiche Absatzwirkung (vgl. Abbildung):

- Zu wenig Werbung wirkt kaum, weil sie nicht ausreichend wahrgenommen wird.
- Zu viel Werbung steigert die Absatzmenge nur minimal; sie „verpufft", d.h., das Geld ist nahezu umsonst ausgegeben worden. Ähnlich verhält es sich mit anderen Vertriebsanstrengungen (z. B. Service).
- Dazwischen gibt es einen Bereich, in dem die Werbeausgaben den größten Nutzen bringen.

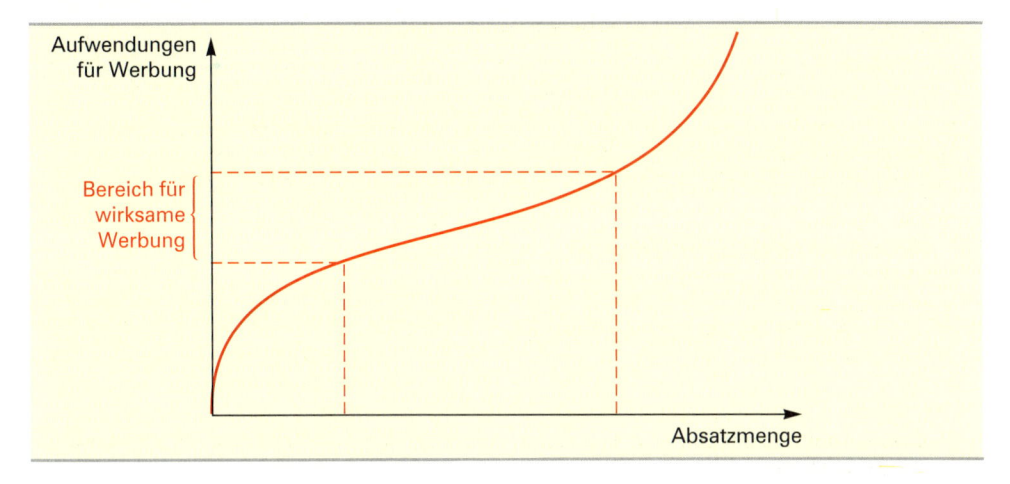

Der Preis und die geschätzte Absatzmenge sind die Grundlage für die Berechnung des voraussichtlichen Umsatzes. Große Absatzmengen sind nur bei niedrigem Preis und hohen Aufwendungen für Werbung zu erreichen. In der Regel ist damit aber nicht der größte Gewinn zu erzielen.

Merke:

Werbung ist dann unwirtschaftlich, wenn der auf die Werbung zurückzuführende zusätzliche Gewinn niedriger als die Aufwendungen für Werbung ist.

(4) Zusammenhang zwischen F&E-Aufwendungen und Absatzmenge

Wer eigene Erzeugnisse herstellen möchte, braucht dazu das erforderliche Know-how. Bis eine Produktidee die Marktreife erlangt, kann viel Zeit vergehen.

In beiden Fällen sind zunächst hohe Aufwendungen für Forschung und Entwicklung erforderlich, bevor das erste Produkt verkauft werden kann. Danach sind weitere Aufwendungen zur Weiterentwicklung und Verbesserung in der Regel gut angelegt. Ab einem bestimmten Punkt werden Weiterentwicklungen jedoch unwirtschaftlich, weil nur noch geringe Absatzsteigerungen zu erwarten sind. Wer nicht warten will oder keine eigene Produktidee hat, kann z.B. das Recht an einem Produkt kaufen, indem er eine **Lizenz**[1] erwirbt.

---

[1] Lizenz: Die vom Inhaber eines Patents oder sonstigen Nutzungsrechts erteilte Erlaubnis, das Recht gegen Bezahlung der Lizenzgebühr zu nutzen.

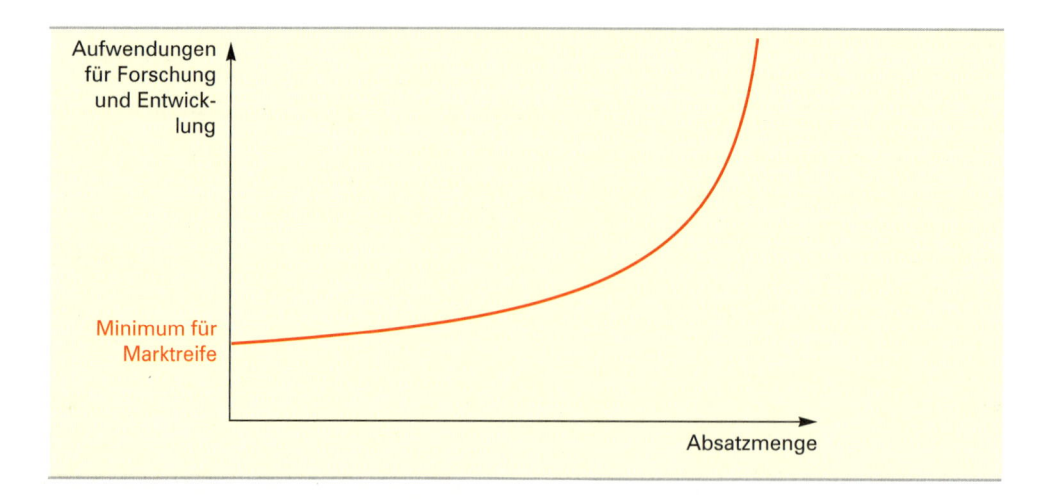

Diagramm: Aufwendungen für Forschung und Entwicklung in Abhängigkeit von der Absatzmenge; Minimum für Marktreife.

(5) Bedeutung der Lieferfähigkeit

Wird durch die Marketingentscheidungen eine stärkere Nachfrage erzeugt als das Unternehmen befriedigen kann, so verteilt sich die überschießende Nachfragemenge teilweise oder ganz auf die anderen Anbieter. In diesem Fall profitieren die Mitbewerber von den Absatzbemühungen des nicht lieferfähigen Unternehmens, weil dieses entweder zu wenig produziert hat, der verlangte Preis zu niedrig festgesetzt und/oder zu viel geworben wurde.

> **Beispiel:**
>
> Ein Planspielunternehmen produziert 160 Surfbretter. Da der Preis auf 549,00 EUR festgesetzt und kräftig geworben wird, könnten 192 Boards verkauft werden. Die nicht lieferbaren 32 Surfbretter kaufen diese Kunden nun bei den Konkurrenzunternehmen.

> **Merke:**
>
> - Ist die **Nachfrage** nach dem Produkt eines Unternehmens **größer als** dessen **Lieferfähigkeit**, so geht dieser **Nachfrageüberhang** an die Mitbewerber verloren.
> - Die durch Preis und Werbung hervorgerufene Nachfragemenge ist mit der angebotenen Menge in Einklang zu bringen. Dazu sind wegen den **Wechselwirkungen zwischen den Einflussfaktoren** Schätzungen erforderlich.

6.2.2.2 Materialdisposition

Die Herstellung der Erzeugnisse ist nur möglich, wenn Roh-, Hilfs- und Betriebsstoffe zur Verfügung stehen.

> **Beispiel:**
>
> Für die geplante Produktion von 160 Design-Boards müssen 160 Hartschaumkerne und 160 Glasfaserkunststoffe sowie die erforderliche Menge an Hilfs- und Betriebsstoffen beschafft werden.

Werden beispielsweise wegen eines Mengenrabatts mehr Materialien eingekauft als verarbeitet, ist ein Lager einzurichten. Es entstehen Lagerkosten.

Lagerkosten fallen auch dann an, wenn nicht alle Fertigerzeugnisse verkauft werden können und daher ein Teil der Fertigerzeugnisse aus dem Lager genommen werden muss.

Nebenstehende Abbildung[1] beschreibt die Situation, in der ein Planspielunternehmen nur einen Teil der Produktion verkaufen konnte. Der Materialdisponent ist also auch für die Lagerbuchhaltung zuständig.

Fertigproduktlager	Surfboard
Lageranfangsbestand aktuelle Periode	0
Bewertung pro Stück	-
+ produzierte Menge akt.Periode	160
Herstellkosten in Euro/Stück	270,94
= verfügbare Fertigprodukte	160
Wert pro Einheit (Euro)	270,94
Abgang an Verkauf	80
Lagerendbestand	80
Lagerkosten pro Einheit (Euro)	10,00
Lagerkosten gesamt (Euro)	800,00

Die Auswirkungen eines solchen Lagerbestandes sind auch in der Bilanz zu erkennen (vgl. Seite 454).

6.2.2.3 Entscheidungen im Produktionsbereich

In Abstimmung mit dem Marketingbereich sollte die Produktionsmenge so gewählt werden, dass eine hohe Kapazitätsauslastung gewährleistet ist. Diese Vorgehensweise ermöglicht niedrige Stückkosten (vgl. Beispiel, S. 449).

Der Ausschnitt aus dem Planungstool zur Produktion[2] belegt die Vielzahl der anstehenden Entscheidungen in diesem Unternehmensbereich.

Es ist zu klären, ob die vorhandenen Anlagen und Mitarbeiter ausreichen, die geplanten Fertigungsmengen zu erzeugen. Insbesondere das Leistungsvermögen der Mitarbeiter und die Maschinenkapazität sind aufeinander abzustimmen.

Bei Bedarf kann der Kauf weiterer Maschinen und die Einstellung (oder Entlassung) von Mitarbeitern in der Produktion vorgeschlagen werden.

Investition	
Kauf von Anlagen in der akt. Periode (in Euro!!)	-
Laufende Kosten	
Abschreibungen Anlagen (Euro)	750
sonstige Fixkosten Anlagen (Euro)	500
Instandhaltungskosten der Anlagen (Euro)	500
Gesamtkapazität der Anlagen in Einheiten	180
=> Auslastung der Anlagen	88,89%
Mitarbeiter in der Produktion	
Anzahl Mitarbeiter Produktion (auch halbtags)	2,00
Fertigungsmenge	Surfboard
erwartete grundsätzliche Kapazität pro Mitarbeiter	80
geplante Fertigungsmengen	160
=> benötigte Kapazität der Fertigungsanlagen	0,89
=> benötigte Mitarbeiter	2,0
=> Auslastung der Mitarbeiter	100,00%
=> ggf. MA der Zeitarbeitsfirma	0,00

---
1 Ausschnitt aus dem Musterbeispiel zum Planungstool von TOPSIM-easyStartup!, 2. Absatzmarkt.
2 Ausschnitt aus dem Musterbeispiel zum Planungstool von TOPSIM-easyStartup!, 3. Produktion.

Ferner müssen die für die Produktion zuständigen Planspieler ermitteln, welche Kosten die vorhandenen Anlagen verursachen.

6.2.2.4 Ermittlung des Personalbedarfs

Das Entscheidungsformular erlaubt Einstellungen und Entlassungen im Produktions- und Vertriebsbereich. Da das erforderliche Personal in der Regel bereits in der Gründungsphase eingestellt wurde, gibt es normalerweise frühestens in Periode 2 einen Entscheidungsbedarf. Dann allerdings ist ein reger Informationsaustausch zwischen den betroffenen Funktionsbereichen unerlässlich.

Zu beachten ist ferner, dass Einstellungen und Entlassungen zusätzliche Aufwendungen verursachen.

Die Personaleinstellungen für Verwaltung und Einkauf wird bei TOPSIM[1] vom System vorgenommen.

Die einzelnen Mitglieder eines Planspielteams arbeiten mit und stellen somit selbst einen Teil des Personals dar.

6.2.2.5 Finanzwirtschaftliche Vorausschau

Viele wichtige Planungshilfen liefert das Rechnungswesen. Es stellt umfangreiche Informationen für den Entscheidungsprozess zur Verfügung.

Beispielsweise können die verschiedenen Entscheidungsalternativen hinsichtlich ihrer finanzwirtschaftlichen Auswirkungen durchgerechnet werden.

Aus der nebenstehenden Planbilanz[2] ist z. B. ersichtlich, dass die nicht verkauften 80 Boards (vgl. Seite 453) Geldmittel in Höhe von 21 675,20 EUR (270,94 EUR · 80 Stück) binden.

Angesichts der angespannten Finanzlage sind daher die vorgesehenen Entscheidungen noch einmal zu überprüfen: Entweder sollten die Marketing-Maßnahmen (z. B. Preis, Werbung) verbessert oder die Produktion und damit die Beschaffung der Produktionsfaktoren von vornherein auf 80 Boards ausgelegt werden.

Bilanz		
AKTIVA	Vorperiode	aktuelle Periode
ANLAGEVERMÖGEN		
Sachanlagen	12.500	11.250
UMLAUFVERMÖGEN		
Vorräte		21.675
Materialien		
Fertige Erzeugnisse		21.675
Ford. aus Lief. & Leistung		12.800
Kassenbestand	52.500	-8.950
BILANZSUMME	65.000	36.775
PASSIVA	Vorperiode	aktuelle Periode
EIGENKAPITAL	45.000	29.775
Stammkapital	45.000	45.000
Periodenüberschuss/-fehlbetrag		-15.225
VERBINDLICHKEITEN	20.000	7.000
Langfr. Verbindl. ggü. Kreditinst.		
Kurzfr. Verbindl. ggü. Kreditinst.	20.000	7.000
Überziehungskredit		
BILANZSUMME	65.000	36.775

---

1 Vgl. TOPSIM-easyStartup! Seminarleiterhandbuch – Erläuterungen, S. 10.
2 Ausschnitt aus dem Musterbeispiel zum Planungstool von TOPSIM-easyStartup!, 10. Bilanz; aufgrund des Lehrplans wurden einige Bilanzpositionen gestrichen.

Zusammenfassung

- **Planspielentscheidungen** dürfen nicht isoliert getroffen werden. Sie sind Teil eines funktionsübergreifenden Geschäftsprozesses.

- Es empfiehlt sich folgende **Reihenfolge** bei der **Entscheidungsfindung**:
  1. Entscheidungen hinsichtlich des Marketing-Mix (Preis, Werbung usw.)
  2. Festlegung der Angebotsmenge
  3. Festlegung der Fertigungsmenge unter Berücksichtigung des vorhandenen Lagerbestandes an Erzeugnissen
  4. Entscheidungen bezüglich der erforderlichen Produktionsfaktoren (Materialeinkauf, Bestellung von Maschinen, Einstellung oder Entlassung von Personal)

- **Interne Wechselwirkungen** einzelner Entscheidungen müssen Beachtung finden (z.B. ist die Festlegung der Angebotsmenge u.a. abhängig von der Fertigungskapazität). Sie sind bei sorgfältiger, funktionsübergreifender Planung auflösbar.

- Nur grob abschätzbar sind die **externen Wechselwirkungen**. Insbesondere die Marketing-Entscheidungen treffen auf dem Absatzmarkt auf die zunächst unbekannten Entscheidungen der Konkurrenzunternehmen.

- Hilfreich bei der Festlegung des Marketing-Mix sind Kenntnisse über die **absatzwirksamen Zusammenhänge** zwischen Preis, Werbung, Lieferbereitschaft sowie Forschung und Entwicklung.

- **Planungsrechnungen** können wertvolle Informationen hinsichtlich der finanzwirtschaftlichen Auswirkungen von Entscheidungsalternativen liefern.

Übungsaufgabe

147 1. Den Entscheidungen über den Marketing-Mix unterliegen große Unsicherheiten.

   Aufgaben:

   1.1 Charakterisieren Sie die grundsätzliche Wechselwirkung zwischen Produktionsmenge (Absatzmenge) und der Preisgestaltung!

   1.2 Ein Shirt-Shop kann individuell bedruckte T-Shirts bei einem durchschnittlichen Marktpreis von 20,00 EUR/Stück aus Kostengründen nur für 23,00 EUR anbieten.

   Begründen Sie, welche Auswirkungen dies auf die zu erwartende Absatzmenge hat!

   1.3 Der Shirt-Shop will seine Absatzchancen durch intensive Werbung verbessern.

   Beraten Sie den Inhaber des Shirt-Shops!

   1.4 Der Shirt-Shop wirbt u.a. mit einem schnellen Lieferservice.

   Erläutern Sie, inwiefern hohe Lieferbereitschaft ein Plus gegenüber der Konkurrenz ist!

2. Ein Planspielunternehmen, das CD-Ständer herstellt, kann 115000 Stück produzieren und anbieten. Gegeben ist folgende Absatzsituation:

Preis (EUR)	Werbung (EUR)	Absatzmenge (Stück)	
		theoretisch	tatsächlich
4,00	50 000,00	120 000	115 000
5,00	50 000,00	90 000	97 000
5,00	60 000,00	106 000	106 000
5,00	70 000,00	113 000	113 000
5,00	80 000,00	117 000	115 000

Aufgaben:

2.1. Erklären Sie die Abweichungen zwischen theoretischer und tatsächlicher Absatzmenge!

2.2. Stellen Sie dar, warum es keinen linearen Zusammenhang zwischen Preishöhe und Absatzmenge gibt!

2.3. Die Stückkosten des Planspielunternehmens liegen vor Verrechnung des Werbeaufwands bei 3,60 EUR.

Berechnen Sie, bei welchem Werbeaufwand das Unternehmen das beste Ergebnis erzielt, wenn es den Verkaufspreis auf 5,00 EUR festlegt!

2.4. Angenommen, eine andere Planspielgruppe setzt den Preis bei gleicher Kostenstruktur auf 4,00 EUR und gibt für Werbung 50 000,00 EUR aus.

Nennen Sie mögliche Gründe für diese Entscheidungen!

3. Die Boarder GmbH hat in der zweiten Periode 160 Design-Boards verkauft. Für Periode 3 rechnet die Geschäftsleitung mit einem Umsatzanstieg um 10 %. Der Lieferant räumt bei Abnahme bestimmter Mengen von Einsatzstoffen folgende Konditionen ein:

Abnahmemenge	Glasfaserkunststoff	Hartschaumstoff
bis 175 Stück	60,00 EUR	15,00 EUR
ab 176 Stück	52,00 EUR	12,00 EUR

Aufgabe:

Begründen Sie rechnerisch, ob sich die Ausnutzung der Mengenrabatte lohnt!
Hinweis: Bitte beachten Sie den zusätzlichen Personalaufwand in Höhe von 2000,00 EUR aufgrund der im Produktionsplan, Seite 453, genannten Kapazitätsgrenzen!

4. Fünf Planspielunternehmen konkurrieren auf dem deutschen Markt um die Kunden einer neuartigen, besonders hautfreundlichen Duschlotion. Die Zutatenmischung kaufen sie von einem französischen Kosmetikhersteller. Für das Planspielunternehmen „Saubermann AG" gilt für die 3. Periode folgende Ausgangssituation:

Die Saubermann AG besitzt eine Abfüllanlage mit einer Jahreskapazität von 500 000 Dosierspendern zu je 250 ml. Die Lieferzeit für eine Abfüllanlage beträgt eine Periode. Jede Abfüllanlage erfordert drei Mitarbeiter, die in der Periode vor dem Arbeitseinsatz in der Produktion eingestellt werden müssen.

Für jede Packung sind neben dem Dosierspender 50 g der Zutatenmischung erforderlich. Die Einkäufe sind zu Beginn der folgenden Periode verfügbar.

Laut Marktforschungsbericht kann die Saubermann AG für die Perioden 3 bzw. 4 mit einer Nachfrage von 600 000 bzw. 800 000 Packungen Duschlotion rechnen.

Aufgaben:

4.1 Beurteilen Sie folgende Entscheidungen der Planspielgruppe am Ende der zweiten Periode!

Produktionsmenge	500 000 Stück
Bestellung Dosierspender (leer)	500 000 Stück
Bestellung Zutatenmischung	30 000 kg
Personaleinstellungen	3 Mitarbeiter
Bestellung Abfüllanlagen	1 Stück
Preis pro Packung	2,90 EUR

4.2 Bestimmen Sie die Ergebnisse, welche die Saubermann AG für die Periode 3 vom Spielleiter mitgeteilt werden!

Nachfragemenge	600 000 Stück
Angebotsmenge	? Stück
Absatzmenge	? Stück
Umsatzerlöse	? EUR

4.3 Treffen Sie die Beschaffungsentscheidungen am Ende der Periode 3 unter Berücksichtigung der Entscheidungen der Periode 2!

4.4 Ein Mitglied der Planspielgruppe „Saubermann AG" hatte in der Entscheidungsphase am Ende der Periode 3 für die Planung einer Produktionsmenge von 1 000 000 Packungen Duschlotion in Periode 4 plädiert.

Beurteilen Sie, unter welchen Umständen dies sinnvoll sein könnte!

Abkürzungen

Gesetze, Rechtsverordnungen

AktG	Aktiengesetz	GenG	Gesetz betreffend die Erwerbs- und Wirtschaftsgenossenschaften (Genossenschaftsgesetz)
AltersTG	Altersteilzeitgesetz		
AltZertG	Gesetz über die Zertifizierung von Altersvorsorgeverträgen (Altersvorsorgeverträge-Zertifizierungsgesetz)	GewO	Gewerbeordnung
		GG	Grundgesetz für die Bundesrepublik Deutschland
AO	Abgabenordnung	GmbHG	Gesetz betreffend die Gesellschaften mit beschränkter Haftung
ArbSchG	Gesetz über die Durchführung von Maßnahmen des Arbeitsschutzes zur Verbesserung der Sicherheit und des Gesundheitsschutzes der Beschäftigten bei der Arbeit (Arbeitsschutzgesetz)	GVG	Gerichtsverfassungsgesetz
		GWB	Gesetz gegen Wettbewerbsbeschränkungen (Kartellgesetz)
		HGB	Handelsgesetzbuch
ArbSichG	Gesetz über Betriebsärzte, Sicherheitsingenieure und andere Fachkräfte für Arbeitssicherheit (Arbeitssicherheitsgesetz)	HRV	Handelsregisterordnung
		InsO	Insolvenzordnung
		MitbestG (1976)	Gesetz über die Mitbestimmung der Arbeitnehmer (Mitbestimmungsgesetz) von 1976
ArbStättV	Verordnung über Arbeitsstätten (Arbeitsstättenverordnung)		
AVmG	Altersvermögensgesetz	NachwG	Gesetz über den Nachweis der für ein Arbeitsverhältnis geltenden wesentlichen Bedingungen (Nachweisgesetz)
BAföG	Bundesausbildungsförderungsgesetz		
BBiG	Berufsbildungsgesetz		
BetrVG	Betriebsverfassungsgesetz	PAngV	Preisangabenverordnung
BGB	Bürgerliches Gesetzbuch	ProdHaftG	Gesetz über die Haftung für fehlerhafte Produkte (Produkthaftungsgesetz)
BImSchG	Gesetz zum Schutz vor schädlichen Umwelteinwirkungen durch Luftverunreinigungen, Geräusche, Erschütterungen und ähnliche Vorgänge (Bundes-Immissionsschutzgesetz)	RVO	Reichsversicherungsordnung
		SGB	Sozialgesetzbuch (12 Bücher)
		StabG	Gesetz zur Förderung der Stabilität und des Wachstums der Wirtschaft
BNatSchG	Gesetz über Naturschutz und Landschaftspflege (Bundesnaturschutzgesetz)	StGB	Strafgesetzbuch
		TVG	Tarifvertragsgesetz
ChemG	Gesetz zum Schutz vor gefährlichen Stoffen (Chemikaliengesetz)	UmweltHG	Gesetz über die Umwelthaftung (Umwelthaftungsgesetz)
DrittelbG	Gesetz über die Drittelbeteiligung der Arbeitnehmer im Aufsichtsrat (Drittelbeteiligungsgesetz)	UStDV	Umsatzsteuer-Durchführungsverordnung
		UStG	Umsatzsteuergesetz
EGBGB	Einführungsgesetz zum BGB	WHG	Gesetz zur Ordnung des Wasserhaushalts (Wasserhaushaltsgesetz)
EStDV	Einkommensteuer-Durchführungsverordnung		
EStG	Einkommensteuergesetz	ZPO	Zivilprozessordnung
EStR	Einkommensteuerrichtlinien		
FamFG	Gesetz über das Verfahren in Familiensachen und in den Angelegenheiten der freiwilligen Gerichtsbarkeit		

Stichwortverzeichnis

A

Abbaufaktor 34
Abgaben- und Steuerbelastung 138
Abnahme 172
Abnahmeverzug 187
abnehmerorientierte Preispolitik 266
Abraumbeseitigung 426
Absatz 233f., 255ff.
Absatzkredit 270
Absatzmarketingkonzept 279
Absatzmenge 451
Absatzorgane 272
Absatzwege 273
– Bestandskonten 327, 329f.
– Erfolgskonten 348f.
– Geschäftsgang 355ff.
Abschreibung 122, 408f.
– Beginn 411
– Begriff 407
– Berechnungsmethoden 407, 409
– Buchung 412
– degressive Abschreibung 409f.
– lineare 407f.
– Ursachen 407
– auf Sachanlagen 412
Abweichungsanalyse 447
Abzugsverfahren (Lohnsteuer) 395
Agenda 21 26
akquisitorisches Kapital 16
Aktiva 299f.
aktive Jahresabgrenzung 419ff.
Aktivkonten 292, 308ff., 331f.
Aktiv-Passivmehrung 306, 403
Aktiv-Passivminderung 306
Aktivtausch 305
Aliud 189
allgemeine Geschäftsbedingungen 175ff.
Allgemeinverbindlichkeit 106
Allgemeinverbindlichkeitserklärung 106
Allmendegüter 30
alternative Wohlstandsindikatoren 130
Alternativkosten 51, 59
Anbaufaktor 34
Anbieterrente 83
Anfangsbestand 292f.
Anfechtbarkeit 160ff.
Anfechtung wegen Irrtums 161
Angebot 166, 182
Angebotslücke 84
Angebotsvergleich 242ff.
angemessene Fristsetzung 207

Anlagegüter
– Abschreibungen 407f.
– Kauf 403f.
Anlageinvestition 44
Anlagevermögen 296, 299ff., 403
Annahme 148, 166, 172, 182
Ansatzgrundsätze 355
Anschaffungskosten 403, 407
Anschaffungsnebenkosten 403
Antrag 148, 166f., 182
Arbeitgeberverbände 104
Arbeitsförderung 116
Arbeitskampf 106f.
Arbeitslosengeld II 117
Arbeitslosigkeit 56
Arbeitsordnung 104, 1f.106
Arbeitsproduktivität 41f.
Arbeitsrecht 113
Arbeitsrisiken 115ff.
Arbeitsschutz 114
Arbeitsschutzgesetz 114
Arbeitsschutzpolitik 112ff.
Arbeitsschutzrecht 113
Arbeitsteilung 38
Arbeitsvertrag 281ff.
Arbeitszeitgesetz 114
Arbeitszeitkorridor 106
arglistig verschwiegene Mängel 189
arglistige Täuschung 162
Auflassung 157
Auftragsfertigung 236
Aufwandskonten 340ff., 348f.
aufwandsrechnerisches Verfahren 370
Aufwendungen 340
Aufwendungsersatzansprüche 192, 201
Ausgaben des Staates 125f.
Ausgleichsfunktion 85
Ausschlussprinzip 31
Aussperrung 106
Austauschpfändung 214

B

Banken 238f.
Basiszinssatz 206
Bedarf 14
Bedarfsgemeinschaft 116
Bedarfsprinzip 63
Bedürfnisse 13f.
Beförderungsaufwendungen 169
Beglaubigung 154
Beitragsbemessung 115
Beitragsbemessungsgrenze 395

459

Belege 321f., 334
Beleggeschäftsgang 431
Beratung 259
Beratungsrecht (Betriebsrat) 109
Berufsfreiheit 96f.
Berufsgenossenschaften 113
Berufung 212
Beschaffenheit 188
Beschaffenheitsgarantie 193, 260
Beschaffung 234, 241ff.
Beschaffung, Liefererauswahl 243
Beschaffung, Mengenplanung 248
Beschaffungsmarktforschung 242
Beschäftigungspolitik 112
beschränkte Geschäftsfähigkeit 143
Besitz 155
Besitzbeschaffung 172
Besitzkonstitut 156
Bestandskonten 308ff., 315f., 329, 331f.
Bestandsmehrung 381ff.
– bei fertigen Erzeugnissen 381ff.
Bestandsminderung 385ff.
– bei fertigen Erzeugnissen 385ff.
bestandsorientierte Buchung 369, 371
Bestandsveränderungen 379ff.
– bei fertigen Erzeugnissen 379, 380, 381
– bei unfertigen Erzeugnissen 388ff.
Bestellkosten 247f.
Bestellmenge 247f.
Bestellung 166
Bestellungsannahme 166
Betrieb 232ff.
betriebliche Mittel 232
Betriebs- und Gefahrenschutz 113
Betriebsrat 108ff., 281
Betriebsstoffe 299, 310
Betriebsvereinbarungen 282
Betriebsverfassung 107
Betriebsvergleich 335
Betriebswirtschaftslehre 141
Beurkundung 154
Beweislast 193
Beweislastumkehr 193
Bewerbungen 280
Bewerbungsunterlagen 280f.
Bezugskalkulation 242f.
Bilanz 298ff., 303, 308, 331f.
Bilanzgleichungen 300
Bilanzgliederungsschema 299
Bilanzkonten 308ff., 315f., 329, 332
Bildung 44f.
Bildung von Rückstellungen 425
Bildungspaket 118
Bildungspolitik 45
Bindungsfristen 167
Bodenbelastung 35

Bonus 169
Branding 258f.
Bruttoinlandsprodukt (BIP) 119ff.
Bruttoinvestition 44
Bruttonationaleinkommen 123
Bruttowertschöpfung 122
Buchbestand 303, 360
Bücher der Buchführung 333f.
Buchführung 290
– Begriff 304, 308
– doppelte 313f., 327, 331f.
– Organisation 333, 334
– und Jahresabschluss 355
– Zusammenhang Inventar, Bilanz 302f., 331f.
Buchungen nach Belegen 321f.
Buchungsanweisung 322
Buchungsbelege 322ff.
Buchungsregeln
– Aktivkonten 310
– Aufwandskonten 342
– Ertragskonten 342
– Passivkonten 316
Buchungssatz 319ff.
– einfacher Buchungssatz 319f.
– zusammengesetzter Buchungssatz 325
Buchungsvorgang 322
Budgetplanung 220ff.
Bundesausgaben 126
Bundeselterngeld und Elternzeitgesetz –
    BEEG 114
Bundeshaushalt 125
Bundeskartellamt 102
Bundesrechnungshof 125

C
Chancengleichheit 98

D
Darlehen 218
Deckungskauf 200f.
degressive Abschreibung 409f.
Devisenzwangswirtschaft 77
Dienstleistungen 232ff., 260
Dienstleistungsgesellschaft 120
Dienstleistungsunternehmen 232ff., 238f.
direkte Verbrauchsermittlung 345f.
direkter Absatz 273
Distribution 271
Distributionspolitik 271ff.
doppelte Buchführung 311ff., 327, 331f.
Drittlandstaaten 363
Dualismus 93
durchlaufender Posten 365
durchschnittliche Lagerdauer 251
durchschnittlicher Lagerbestand 250

E

eidesstattliche Versicherung 215
Eigenkapital 296, 299, 301, 340f., 348f.
Eigenkapitalvergleich 352
Eigentum 97, 156
Eigentumsübertragung 156, 172
einfacher Buchungssatz 319f.
einfacher Wirtschaftskreislauf 71
Einfaktorenvergleich 242f.
Eingliederungsvereinbarungen 117
Einigung 156
Einkauf von Werkstoffen 369
Einkommens- und Vermögensverteilung 63f.
Einnahmen des Bundes 127
Einnahmen des Staates 127
einseitig verpflichtende Verträge 148
einseitige Rechtsgeschäfte 147
Einstiegsgeld 117
Einwilligung 143
Einzelarbeitsvertrag 282
Einzelinventurliste 295
Electronic Shopping 272
elektronische Form 153
elektronischer Geschäftsverkehr 184
ELStAM 394
Elterngeld 114
Elternzeit 114
empfangsbedürftige Willenserklärungen 147
Enteignung 97
Entgeltabrechnung 393f.
Entlohnung der Mitarbeiter 397
 – Lohnnebenkosten 397
Entnahmeschein 345
Entscheidungsprozesse 445ff.
Entstehungsrechnung 121f.
Entwicklung 135
Entwicklungspolitik 67
Erbrecht 97
Erfolgsermittlung 349, 352
Erfolgskonten (siehe Ergebniskonten)
erfolgsunwirksame Geschäftsvorfälle 341, 403
erfolgswirksame Geschäftsvorfälle 341
Erfüllungsgeschäft 149, 172
Ergebnisermittlung 349, 352
Ergebniskonten 340ff., 348f.
Erinnerungswert (Fußnote 1) 408
Erklärung 146
Eröffnungsbilanz 332
Eröffnungsbilanzkonto 327ff., 332
Ersatz vergeblicher Aufwendungen 201
Ersatzinvestition 44
Ersatzlieferung 190
Erträge 340
Ertragskonten 340ff., 348f.
erwerbsfähige Leistungsberechtigte 117
Erziehungsfunktion 85

Eventmarketing 277
externe Effekte 57f.
externe Erträge 32, 57
externe Kosten 32, 57f.

F

Faktorsubstitution 55f.
Fälligkeit 198, 205
Falschlieferung 189
Fernabsatz 181
Fernabsatzverträge 180f.
Fernkommunikationsmittel 181
Fertigungsmaterial 310
Finanzdienstleistungen 270
Finanzierung 300f.
Finanzierungsfunktion 237
Fixkauf 200
Flächentarifvertrag 105
Formfreiheit 152
Formzwang 153
Forschung und Entwicklung 451
Franchisenehmer 272
Freibeträge 117
freie Güter 29
freie Marktwirtschaft 93
Freihandel 75
Freiklausel 167
Freizeichnungsklausel 167
Fremdbauteile 310
Fremdkapital 299, 301
Frist 207
Fristsetzung 190, 206
funktionale Einkommensverteilung 64
Funktionen des Geldes 70
Fusion 101
Fusionskontrolle 101ff.

G

G-20 66
Garantie 194, 260
Garantieerklärung 193
Gattungsschulden 168
Gattungswaren 168
Gebrauchsüberlassung 155
Gefahrübergang 171, 193
Gehalt
 – Aufbau der Lohn- und Gehaltsabrechnung 392
 – Berechnung der Lohnsteuer, des Solidaritätszuschlags und der Kirchensteuer 393
 – Buchung der Lohn- und Gehaltszahlungen 400
Gehaltsabrechnung 392, 441
Geld 70f.
Geldarten 71

Geldfunktionen 70
Geldkapital 43
Geldkreislauf 72
Geldschuld 204
Geldschuldner 171
Geldstrom 72, 238, 444
Geldwirtschaft 43, 75
Gemeinwohlorientierung 139
Genehmigung 143
Gerechtigkeit 63
gerichtliches Mahnverfahren 210 ff.
Gerichtsstand 170 ff.
geringfügige Beschäftigungsverhältnisse 397
gesamtwirtschaftliche Produktionsfunktion 49
Geschäftsfähigkeit 143 f., 159
Geschäftsgang mit Bestands- und Erfolgskonten 354 ff.
Geschäftsunfähigkeit 143
Geschäftsvorfälle 290, 304, 341
Geschäftswille 146
Gesetz gegen Wettbewerbsbeschränkungen (GWB) 101
Gesetz zum Elterngeld und zur Elternzeit 114
Gesetz zum sozialen Arbeitsschutz 114
gesetzliche Formen 153
gesetzliche Vertreter 143
gesetzlicher Gerichtsstand 171
gesetzlicher Leistungsort 171
Gestaltungsfreiheit 150
Gewährleistungen 426
Gewährleistungsrechte 190
Gewässerbelastung 35
Gewerbefreiheit 75, 95
Gewerkschaften 104
Gewinn 348 f.
Gewinn- und Verlustkonto 348
Gewinnmaximierung 79
Gewinnquote 124
Gleichgewichtspreis 82, 83
Gleichheit vor dem Gesetz 98
Globalisierung 139
Globalsourcing 139
Grundbuch 322, 333 f.
Grundgesetz 94, 95, 96
Grundnutzen 257
Grundsicherung für Arbeitsuchende 116 ff.
Güter 16, 30
Güterknappheit 16, 30
Güterkreislauf 72
Güterstrom 72, 238, 444
Güterverteilung 62
gutgläubiger Eigentumserwerb 157 f.

H

Haben 292
Habenbuchung 319

Haltbarkeitsgarantie 193, 260
Handel 233
Handelsunternehmen 232 ff., 236 ff.
Handelswaren 310, 347, 366 f.
Handlungsreisender 272
Handlungswille 146
Hauptbuch 333 f.
Haushaltsbudget 220 ff.
Haushaltskonsolidierung 128
Haushaltskreislauf 125
Herausgabeanspruch 156
Hilfe zur Selbsthilfe 94
hilfebedürftig 117
Hilfsstoffe 299, 310
Human Capital 44
Human Development Index (HDI) 131 f.

I

indirekte Verbrauchsermittlung 346 f.
indirekter Absatz 273
Individualarbeitsvertrag 282
Individualismus 89, 93
Industrie 232
Industriebetrieb 234, 236
Industriekontenrahmen 337
industrieller Sachleistungsprozess 235
Informationsfluss 236, 446
Informationspflichten des Unternehmers 182
Informationsrecht (Betriebsrat) 108
Insolvenzverfahren 224 ff.
Instandhaltungsaufwendungen, unterlassene 426
Internalisierung 58
Internetauktionen 182
Inventar 295 ff., 302 f., 331 f.
Inventur 295 ff., 331 f.
Inventurbestand 303, 360
Inventurdifferenzen 360, 361
Inventurlisten 295
Inventurmethoden 346 f.
Investierung 300 f.
Investition 43
IR-Marke 259
Irrtum 161
Istbestand 296, 360
Istwert 355

J

Jahresabschluss 354 ff.
Jugend- und Auszubildendenvertretung 108
Jugendarbeitsschutzgesetz 115
juristische Personen 142
Just-in-time-Verfahren 370

K

Kapazitätslinie 52

Kapital 44
Kapitalismus 90
Kartell 90, 101
Kassenbuch 291
Kassenfehlbetrag 291
Kassenüberschuss 291
Käufermarkt 255
Kaufvertrag 148, 165 ff.
Kirchensteuer 394
Klage auf Zahlung 212
Klauselverbote mit Wertungsmöglichkeit 177
Klauselverbote ohne Wertungsmöglichkeit 176 f.
Kollektivarbeitsvertrag 282
Kollektivbedürfnisse 91
Kollektiveigentum 77
Kollektivgüter 30, 51
Kollektivismus 89, 93
Kollektivmonopole 100
Kombinationsprozess 54
Kommunikation 446
Kommunikationspolitik 275 ff.
konkrete Schadensberechnung 201
konkurrenzorientierte Preispolitik 268 f.
Konsumentenrente 83
Konsumfreiheit 75, 95
Konsumkredite 217 ff.
Konsumverzicht 43
Kontenart 336
Kontenklassen 335 f.
Kontenplan 335
Kontenrahmen 335 f.
Kontenunterarten 336
Kontierung 322
Konto 311
Kontoform 299
Kontoführung 290 ff.
Konventionalstrafe 201
Konzentration 100
Konzerne 90, 101
Kooperation 100
Kosten 57 f., 449
kostenorientierte Preispolitik 265
Krankenversicherung 116
Kredite 218
Kritik am Modell des BIP 128 f.
Kundendienst 259 f.
Kündigung 147, 282

L

Lager
– Bestandsdifferenzen 360 f.
– durchschnittliche Lagerdauer 251
– durchschnittlicher Lagerbestand 250
– Lagerkennziffern 250 f.
– Lagerkosten 250
– Umschlagshäufigkeit 250 f.
– Zinsfuß 252
Lagerdauer 251
Lagerhaltungskosten 247 f.
Lagerhaltungskostensatz 248
latente Bedürfnisse 14
Lebensqualität 130
Leistung 197
Leistung eines Unternehmens 232 ff.
Leistungserstellung 234 ff.
Leistungserstellung, Banken 239
Leistungserstellung, Handelsunternehmen 238
Leistungserstellung, Industrieunternehmen 235
Leistungsfaktoren 443
Leistungskern 257
Leistungsort 170 f.
Leistungsprinzip 63, 90
Leistungsstörungen 186 f.
– Lieferungsverzug 199
– Nicht-Rechtzeitig-Abnahme 187
– Nicht-Rechtzeitig-Lieferung 198
– Nicht-Rechtzeitig-Zahlung 204 ff.
– Schlechtleistung 189
– Zahlungsverzug 204, 206
Leitpreis 268
Lenkungsfunktion 85
Lieferbedingungen 269
Lieferfähigkeit 452
Lieferfrist 170
Lieferungsbedingungen 169
Lieferungsverzug 187 ff.
– Begriff 197
– Rechte 199 f.
– Voraussetzungen 197
limitationale Produktionsfunktion 55
lineare Abschreibung 407 f.
Lohn (siehe Gehalt) 392
Lohn- und Gehaltstarifvertrag 105
Lohnnebenkosten 397
Lohnquote 123
Lohnsteuer 393
Lohnsteuer (Berechnung) 393
Lohnsteuerklassen 393
Luftverschmutzung 35
Luxusbedürfnisse 13

M

magisches Dreieck der Nachhaltigkeit 26
Mahnbescheid 210 ff.
Mahnung 198, 205
makroökonomische Betrachtung 141
Mängel 159
mangelhafte Lieferung 187 ff.
– Begriff 187
– Mängelarten 187
– Verjährungsfristen 194

manipulierte Bedürfnisse 14
Manteltarifvertrag 105
Marke 258f.
Markenpolitik 258f.
Markenregister 259
Markenschutz 258
Marketing 255ff.
– Distributionspolitik 273
– Kommunikationspolitik 275ff.
– Preispolitik 265ff.
– Produktpolitik 258
Marketing-Mix 257, 279, 448
Markierung 258f.
Markt 79
Marktautomatismus 75
marktbeherrschende Stellung 103
Marktbeherrschung 103
Märkte 443
Marktformen 79, 81
Marktmodell 79f.
Marktsegmente 267
Markttransparenz 80
Marktwirtschaft 75
marktwirtschaftliche Ordnung 90f.
Maschinenproduktivität 41
Materialbeschaffung 241
Materialdisposition 452f.
Materialfluss 236
Maximalprinzip 20
Mehrfaktorenvergleich 243f.
mehrseitig verpflichtender Vertrag 148
mehrseitige Rechtsgeschäfte 148
Mehrwert 363f.
Mehrwertsteuer (siehe Umsatzsteuer) 363
Mengenfunktion 237
Mengenplanung 248
Mengenrabatt 168
mikroökonomische Betrachtung 141
Minderlieferung 189
Minderung 192
Minimalkostenkombination 53
Minimalprinzip 20
Ministererlaubnis 102
Missbrauch 103
Missbrauchsaufsicht 101ff.
Mitbestimmung 107ff.
Mitbestimmungsrecht (Betriebsrat) 109
mittelbare Handlungen 146
Mittelbeschaffung 300
Mittelverwendung 300
Mitwirkungsrecht (Betriebsrat) 109
Montagemangel 188
Motivirrtum 161
Mutterschutzgesetz 114

N

Nacherfüllung 190, 200
Nachfrage 15
Nachfragelücke 84
nachfrageorientierte Preispolitik 266
Nachfragerrente 83
nachhaltiges Wirtschaften 25ff.
Nachtwächterstaat 75, 89
Natur 34
Naturalrabatt 168
natürliche Personen 142
Nebenbücher 334
Net Economic Welfare (NEW) 130f.
Nettoinlandsprodukt 122
Nettoinvestition 44
Nettowertschöpfung 122
nicht empfangsbedürftige Willenserklärungen 147
Nichtigkeit 154, 159f.
Nicht-Rechtzeitig-Lieferung 197
Nicht-Rechtzeitig-Zahlung 204f.
notarielle Beurkundung 154
Nutzenmaximierung 79

O

objektiver Tatbestand 160
offene Bedürfnisse 14
offene Mängel 189
öffentliche Beglaubigung 154
öffentliche Güter 30
Öffentlichkeitsarbeit 277
ökologisch-soziale Marktwirtschaft 25
ökonomisches Prinzip 19ff.
Onlineauktionen 182
Operativplanung 76
Opportunitätskosten 51ff., 59
optimale Bestellmenge 247f.
optimale Faktorallokation 50
Ordnungsmerkmale 75f.
Ordnungspolitik 96, 101ff.
Organisation der Buchführung 333ff.

P

Passiva 299f.
passive Jahresabgrenzung 419ff.
Passivierung der Zahllast 377
Passivierungspflicht 425
Passivkonten 308f., 315f., 331f.
Passivseite 299
Passivtausch 305
Personal, Entlohnung 393f.
Personalaufwendungen 399
Personalauswahl 279ff.
Personalbeschaffung 281
Personalwerbung 280
Personalwirtschaft 279ff.

Personalzusatzkosten 397
personelle Einkommensverteilung 64
persönliche Freiheitsrechte 95f.
persönliche Präferenz 15
Perspektivplanung 76
Pfändung 213ff.
Pfändungsbeschränkungen 215
Pflegeversicherung 395
Pflichtmitgliedschaft 115
Pflichtversicherung 115
Planungsbehörde 76
Planwirtschaft 76
Politik zur Absicherung von Arbeitsrisiken 112
Präferenz 80
Preis-Absatz-Funktion 266
Preis-Absatz-Kurve 450
Preisdifferenzierung 267f.
Preisgesetz 85
Preismechanismus 85
Preisnachlässe 265
Preispolitik 265ff.
– abnehmerorientierte 266f.
– Arten 265
– konkurrenzorientierte 268f.
– kostenorientierte 265
– nachfrageorientierte 266f.
preispolitische Obergrenze 266
preisreagible Nachfrage 266
Preisuntergrenze 269
Preisvergleich von Angeboten 242f.
Primäreinkommen 123
primärer Sektor 120f.
Primärverteilung 64
private Güter 30
Privateinlagen 351
Privatentnahmen 350
Probezeit 282
Produktgruppen 261
Produktinnovation 260f.
Produktionsfaktor 34, 36
Produktionsfreiheit 75
Produktionsfunktion 50
Produktionsmöglichkeitenkurve 51f.
Produktionsmöglichkeitskurve 53
Produktionspotenzial 50
Produktivität 41f.
Produktlinien 261
Produktmerkmale 257
Produktmix 261
Produktmodifikation 260f.
Produktnutzen 257
Produktpolitik 257ff.
Produktprogramm 260ff.
Produkttypen 261
Produktvariation 260f.
Produzentenrente 83

Public Relations 277
Punktebewertungstabelle 244
Punktmarkt 80

Q
Qualitätsfunktion 237

R
Rabatt 168
Rahmentarifvertrag 105
Ratenkredite 217, 218, 219
Rationalisierungsinvestition 44
räumliche Präferenz 15
Rechnungen 365
Rechnungswesen 290ff.
Recht auf Bildung 44
Rechtsfähigkeit 142
Rechtsgeschäfte 146ff., 159ff.
Rechtsmängel 189
Rechtssubjekte 142
Regelkreise 446
Reinvermögen 296
Rentenversicherung 116
Revision 212
Riester-Rente 65
Rivalitätsprinzip 30
Rohstoffe 299, 310
Rohstoffproduktivität 41
Rückstellungen 425ff.
Rücktritt vom Kaufvertrag 191, 200

S
Sachgüter 232
Sachleistungsunternehmen 232ff.
sachliche Präferenz 15
Sachmängel 187f.
Saldieren 292f.
Saldo 292f., 348
Salespromotion 276
Schadensberechnung 200f.
Schadensersatz
– neben der Leistung 191
– statt der Leistung 192, 200f., 207
– wegen Verzögerung der Leistung 200, 207
Schattenwirtschaft 129
Scheingeschäfte 159
Scherzgeschäfte 159
Schlecht-Leistung 187
Schlussbestand 292f.
Schlussbilanz 332
Schlussbilanzkonto 327ff., 330f.
Schriftform 153
Schulden 296
Schulden-Uhr 128
Schuldkonten 308f., 331f.
Schuldnerberatung 220

Schuldnerverzug 197, 206
Schweigen 146
Schwellenländer 66
Scoring-Modell 243f.
sekundärer Sektor 120f.
Sekundärverteilung 64f.
Selbststeuerungsmechanismus des Marktes 79
Service 259
Sicherheitsbeauftragte 114
Sicherungsübereignung 218
Signalfunktion 85
Skonto 169
Skontrationsmethode 345f.
Solidaritätsprinzip 115
Solidaritätszuschlag 393
Soll 292f.
Sollbestand 296, 303, 360
Sollbesteuerung 364
Sollbuchung 319
Soll-Ist-Vergleich 447
Sollwerte 355
Sonderrabatt 168
Sortimentsfunktion 237
Sortimentsgestaltung 237
soziale Bindung des Eigentums 97
soziale Kosten 57f., 129
soziale Leistungen 129
soziale Marktwirtschaft 93ff., 135f.
soziale Marktwirtschaft (Sozialpolitik) 112
soziale Pflegeversicherung 116
sozialer Arbeitsschutz 113
sozialer Indikator 130
soziales Netz 137f.
Sozialgeld 117
Sozialgesetzbuch 114
Sozialkosten 130
Sozialordnung 112ff.
Sozialpartner 104f.
Sozialstaatsprinzip 114
Sozialversicherung 115ff.
Sozialversicherungsbeiträge (Berechnung) 395f.
Sparen 43
sparen 46
Speziessachen 168
Spieltheorie 21
Sponsoring 277
Staatsverschuldung 125f., 128
Standortfaktor 35
stationäre Volkswirtschaft 72
Steuern 127
Steuersatz 364
Streik 106
streitiges Verfahren 212
Streugebiet 276
Streukreis 276

Strukturwandel 120
Stückkosten 449
Stückschulden 168
subjektiver Tatbestand 160
Subsidiaritätsprinzip 94
Substitutionstabelle 51
Substitutionsvorgang 53
sustainable development 26
System der doppelten Buchführung 311ff.

T

Tarifautonomie 64, 105
Tariffähigkeit 105
Tariföffnungsklausel 106
Tarifvertrag 104ff.
Tarifvertragsparteien 64, 105
Taschengeldparagraf 144
Teilmärkte 267
tertiärer Sektor 120f.
Testament 147
Textform 154
Transformationskurve 52
transitorische Posten 420
Transportkosten 171
Transportrisiko 171
Treuerabatt 168
Trittbrettfahrerverhalten 31

U

Überbrückungsfunktion 237
Übergabe 155f.
Überlegungsschema 311ff., 317, 319
Überschuldung privater Haushalte 217ff.
übrige sonstige Forderungen 416
übrige sonstige Verbindlichkeiten 415
Ultimatum-Spiel 21
Umlaufvermögen 296, 299ff.
Umsatzsteuer 363ff., 429
– betriebswirtschaftliche/
 rechtliche Grundlagen 363ff.
– Buchungen 366ff.
– Umsatzsteuer, Voranmeldung 366
– Vorsteuer 364f., 377
Umverteilung 63
Umweltbelastung 35, 138
Umweltschutzgesetze 96
unbeschränkt geschäftsfähig 144
unbeschränkte Geschäftsfähigkeit 144
Unfallversicherung 116
unfertige Erzeugnisse, Bestandsveränderungen 388, 389
unmittelbare Handlungen 146
Unmöglichkeit 197
Unpfändbarkeit 214f.
Unternehmen 232ff.
Unternehmensplanspiel 443f.

Unternehmensverfassung 107
Unternehmenszusammenschlüsse 99f., 102f.
Unternehmer 165
unternehmerische Entscheidungen 448ff.
unverzüglich 161
unvollkommener Markt 80f.

V

Verbindlichkeiten 296, 299
Verbindlichkeiten, ungewisse 425
Verbraucher 165
Verbraucherinsolvenz 224ff.
– Ablauf des Verbraucherinsolvenzverfahrens 225, 227
– Gründe für ein Insolvenzverfahren 225
– Voraussetzungen 225
Verbraucherkredite 217ff.
Verbraucherschutz 175
Verbrauchsgüterkauf 165f.
– Inhalt 168f.
– Rücktritt 207
verbrauchsorientierte Buchung 370
Vereinigungsfreiheit 97
Verjährung 194
Verkauf von Fertigerzeugnissen 369
Verkäufermarkt 255
Verkaufsförderung 276
Verkaufsniederlassungen 272
Verkaufspreis 449
Verlust 348
Verluste aus schwebenden Geschäften (drohende) 425
Verlustgefahr (Fußnote 4) 171
Vermögen 296, 300f.
Vermögenskonten 308f., 331f.
Vermögenskonzentration 91
Vermögenspolitik 64f.
Vermögensposten 299
Verpackung 258
Verpackungsaufwendungen 170
Verpflichtungsgeschäft 149, 166
Verschulden 198, 204
Versicherungsunternehmen 239
Versorgungsstaat 94
versteckte Mängel 189
Verteilungspolitik 63, 65, 112
Verteilungsprinzipien 63
Verteilungsrechnung 123
Vertrag (Begriff) 148
vertragliche Formen 153
Vertragseingehungsfreiheit 150
Vertragserfüllung 199
Vertragsfreiheit 75, 95, 150
Vertragsgestaltungsfreiheit 150
Vertragspflichten des Käufers 172
Vertragspflichten des Verkäufers 172

Vertrauensschaden 161
Vertriebsgesellschaften 272
Verursacherprinzip 58
Verwendungsrechnung 123
Verwertung von Forderungen 214
Verzögerung der Leistung (Schadensersatz) 207
Verzögerungsschäden 199
Verzugsschäden 207
Verzugszinsen 206
Vetorecht 109
Volkseinkommen 123
Volkswirtschaftslehre 141
vollkommener Markt 80
Vollstreckungsantrag 213
Vollstreckungsbescheid 211
Vollstreckungsklausel 213
Vollstreckungsrecht 212
Vollstreckungstitel 213
Vorjahrespreismethode 122
Vorkontierung 322
Vorleistungen 232
Vorprodukte 310
Vorratsinvestition 44
Vorsteuer 364f., 377
Vorsteuerüberhang 366, 377

W

Warenbuchungen 366f.
Wareneinsatz 347
Warenschulden 171
Warenschuldner 171
Weighted-Point-Method 243
Werbeaufwand 451
Werbeetat 276
Werbemittel 275
Werbeträger 276
Werbung 275
Werkstoffbuchungen 345, 369
Werkstoffe 310
Werkstoffverbrauch 345
Werkvertrag 164
Wertefluss 236
Wertezufluss 236
Wertveränderungen der Bilanzposten 304ff.
Wertverschaffungsschuld 204
Wettbewerbsordnung 99ff.
wettbewerbsorientierte Preispolitik 268f.
Wettbewerbspolitik 101ff.
Wettbewerbssimulation 443ff.
Wettbewerbsversagen 31
widerrechtliche Drohung 162
Willen 146, 159
Willenselemente 146
Willenserklärung 146
Wirtschaften 20

wirtschaftliches Handeln 13, 19
Wirtschaftsbereiche 120
Wirtschaftsethik 137
Wirtschaftskreislauf 71f., 140
Wirtschaftsordnung 74, 89, 94
Wirtschaftsprozess 71
Wirtschaftssektoren 119
Wirtschaftswachstum 97
Wirtschaftszweig 232f.
Wohlstandsgefälle 66

Z

Zahllast 364f., 377
Zahlung des Kaufpreises 172
Zahlungsbedingungen 169, 265, 270
Zahlungsfristen 169
Zahlungstermin 205
Zahlungsunfähigkeit 225
Zahlungsverzug 187, 204ff.
Zahlungszeitpunkt 204

zeitliche Abgrenzung 414ff.
zeitliche Erfolgsabgrenzung 414ff.
zeitliche Präferenz 15
Zeitvergleich 335
Zentralverwaltungswirtschaft 76f., 93
Zukunftsgüter 29
Zumutbarkeit 118
zusammengesetzter Buchungssatz 325
Zusammenschlusskontrolle 101f.
Zusatznutzen 257
Zustellungsnachweis 213
Zuteilungssystem 76
Zwangsversteigerung 213
Zwangsverwaltung 214
Zwangsvollstreckung 211ff.
zweiseitiges Rechtsgeschäft 148